中国社会科学院创新工程学术出版资助项目

国家社科基金重大特别委托项目

西南边疆历史与现状综合研究项目·档案文献系列

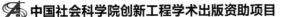中国社会科学院创新工程学术出版资助项目

国家社科基金重大特别委托项目
西南边疆历史与现状综合研究项目·档案文献系列

清前期云南督抚边疆事务奏疏汇编

（卷　二）

邹建达　　唐丽娟◎主编

社会科学文献出版社
SOCIAL SCIENCES ACADEMIC PRESS (CHINA)

本卷目录

440 云南巡抚沈廷正《奏报老挝国贡使抵省日期折》
雍正七年八月二十日

云南巡抚臣沈廷正九叩首，谨奏：为奏闻事。

窃照老挝南掌国王子岛孙，仰蒙圣主怀柔厚泽，倾心向化，恭象二只，臣业经缮折奏闻。兹贡使已于闰柒月贰拾日到省，据伴送元江协把总陈纶、目兵康天锡等禀称："贡使云：'南掌小国，离天朝最远，闻得黄河水清，知有大圣人在上，所以万国九州风调雨顺。我小国亦沾沐皇上洪福，数年以来，安享太平，田禾十分收成，较往年丰盛之时更好，人人欢乐。我国主感戴不尽，因土产只有象只，特遣我们进贡，聊展下情。不期象只途中不服水土，未得到省。我们心里甚是惶惧，已在思茅地方着人迅归南掌，另备驯象入贡。'"等语。臣随嘱布政使张允随择宽敞公馆将贡使安顿，妥适一应衣服供给等项，督臣鄂尔泰与臣委员加意照料，俾远人欣戴皇仁。兹臣因乡试，入闱监临，所有该国进贡缘由，统俟督臣鄂尔泰会疏题报外，谨将贡使抵省日期缮折奏闻，伏祈睿鉴。谨奏。

朱批：览。

（《雍正朝汉文朱批奏折汇编》第十六辑，第 420 页）

441 云南巡抚沈廷正《奏报饬查曲靖府被淹田亩情形折》
雍正七年八月二十日

云南巡抚臣沈廷正九叩首，谨奏：为据实奏闻事。

窃照曲靖府属南宁县东北二乡，前于五月内偶值起蛟发水，田禾被淹，经臣批令布政使张允随委员勘明被淹成灾分数，造册详报，会同督臣鄂尔泰具题请蠲在案。迨题报之后，□天晴日久。臣细思，该县被淹地方形如锅底，其地势稍高处所岂无渐次涸出？滇南天气和暖，非别省可比，小民又岂无补插禾苗，以冀秋成？若不将被淹与补插田亩分晰查明，使不幸成灾之百姓共邀蠲免，似非仰体圣主轸恤灾黎之至意。

伏查田禾被淹，民夷所关，当委员勘报之时，臣罔不敢因通省丰收，不为入告。具题之后，果有涸出补种田亩，臣亦何敢因已经具题，不为详查？恭逢圣明在上，凡事具当据实办理。虽请蠲银两为数无多，而滥行豁免以闻，愚民妄思逞利之端，实于人心风俗均有关系。臣曾嘱该府县确查其详，诚恐该府县因农户出结，不肯据实勘报，而小民因已题奏蠲免，部覆指日可到，不肯据实呈明，必须行文确查，始独隐瞒。臣将此情亦请教督臣鄂尔泰，云"此事应当如此办理"等语。臣是以敦促藩司及该府县确查被淹成灾田亩，于题报之后实在涸出补种若干，约可收成几分，现在被淹浸若干，另造清册详报。去后，兹据曲靖府知府刘斌、南宁县知县梁廷青禀称："查得前报成灾田亩，缘天晴日久，地势稍高之处渐有涸出，已经小民陆续补种，秋成当有可望。其最洼田亩积水尚未尽退，现在查勘另报。"等语。俟详报到日，臣当逐一分晰，核明实在应蠲银两数目，与督臣会题，伏祈皇上睿鉴。

朱批： 览。

442　云南巡抚沈廷正《奏报大理、赵州两处地震情形折》
雍正七年八月二十日

云南巡抚臣沈廷正九叩首，谨奏：为奏闻事。

窃臣前因大理府城并赵州城内于柒月间微有地动，随一面委官前往查勘，一面缮折奏闻。兹据委官、宾川州知州迟雄埏查明覆称："大理府及赵州两处，柒月拾伍前后地曾微动数次，至拾捌日，当即宁静，所有向日欹斜民房。缘今岁雨水稍多，淋久基松，又值地有微动，所以坍塌叁拾余间，并压损妇女贰口。其大理府及赵州两处城垣墙垛，亦间有坍塌。查勘之日，业经该州县等将城垛修葺告竣，坍房被压之家，亦俱酌量给银料理。"等情。具详督臣鄂尔泰与臣。随将详文批发在案。恐廑圣怀，理合奏闻，伏祈皇上睿鉴。谨奏。

朱批： 览。

443　云贵广西总督鄂尔泰《奏谢恩命臣曾祖图扪入祀昭忠寺并陈从龙家世始末折》
雍正七年九月十九日

云贵广西总督臣鄂尔泰谨奏：为恭谢天恩，并陈下悃事。

雍正七年八月十五日，臣接到家信，敬闻敕建昭忠寺大典告竣，复钦定表奖忠勋扁额，业于七月吉日悬挂，并安置牌位，读文致祭。而臣曾祖图扪亦得与祀典。臣随恭设香案，率同妻子望阙叩头，恭谢天恩讫。

窃念臣高祖屯太初，由汪钦地方率领七村亲族人等孝顺归诚。蒙太祖高皇帝以觉罗瓦尔喀厄七克之妹给屯太为妻，将屯太之妹给吕东巴突鲁郡王为配，即赏给全佐领，又一拜他拉布勒哈番。臣曾祖图扪承袭佐领，兼拜他拉布勒哈番，擒剿诸役，屡著勤劳。及大凌河被围，图扪领兵首先出战，杀入敌阵，又力击张理兵，奋勇阵亡。时臣祖图彦突甫年十九，蒙太宗文皇帝优恤垂问，赏袭佐领，兼拜他拉布勒哈番。图彦突历任参领，兼户部郎中，屡有战功，通旗首重。迨顺治元年平定北京，图彦突身故，年四十三。时臣两伯父才五六岁，臣父鄂拜甫二岁，众皆叙功，独遗未叙。臣父每向臣言："汝等但能上进，将尔祖事绩得一达天听，吾可见尔祖于地下。臣子效忠，功固非所计此。"此臣高曾祖从龙家世之始末也。

伏念臣以薄劣凡材，遭逢殊遇，位至总督，加衔尚书，并无寸功，而官荫二品。今又以苗疆之役交部议叙，虽臣实不称，而祖宗父母皆应感泣于泉下。琐屑私情，又何敢仰渎？但臣曾祖图扪既叨列昭忠牌位，仅书佐领。查固原提督臣纪成斌之父阵亡，守备纪法业蒙圣恩赏给诰封，得以赠官，位列大臣之末。恳祈圣恩矜怜臣志，将臣苗疆议叙之案准予销免，赏给臣职衔诰封，俾臣曾祖图扪亦得以赠官，位列大臣之末，而臣之父母并得受封赠，改换祠堂神主，则臣上至祖宗，下及子孙，生生世世光荣无既矣。谨此缮折恭谢天恩，并陈下悃，伏乞圣主睿鉴施行。臣谨奏。

朱批：此奏，朕实欣悦嘉是览之。待朕恩命可也。

（《朱批谕旨》鄂尔泰奏折）

444　云贵广西总督鄂尔泰《奏谢御赐御服织花屯绢袍褂等物及宽宥办理王志正亏空一案过失折》
雍正七年九月十九日

云贵广西总督臣鄂尔泰谨奏：为恭谢圣恩事。

雍正七年八月十五日，臣赍折家奴蒙恩赏银十两，驰驿赍回钦赐臣御服织花屯绢袍褂二件，红白月饼各一匣，白石榴一篓，绿葡萄一篓，大观釉三口，葫芦瓶一座，八方双管瓶一座，方胜花瓶一座，太平樽一件，水丞一件，均窑瓶一座抵滇。臣随郊迎至署，恭设香案，望阙叩头谢恩祗领讫。

伏念臣叨荷殊知，无能报称，每多错误，时切悚惶。兹复月饼宠颁，恰值中秋佳节，珍器罗列，鲜果具陈，万里九重，寸衷百结。仰窥天心之眷注，瞻依激切，不自禁涕泪之沾襟也。（**夹批**：总不必如此作儿女态。蒙上天慈恩，我君臣欢聚之日正长也。将朕此谕可日夕诵之。）

至于王志正亏空一案，既确系侵欺，则法所难宥。国家立法原以儆贪劣，非止为钱粮。臣不但不应入本请释，并先不应入折请免。乃不思体要，所关仅以钱粮，实系无著，遂冒昧无知，有干朦混。前在黔见抄，深自悔惧，寝食不能安，独以听候部议，未敢具陈。兹于八月二十九日，接准部咨，复蒙圣恩宽免处分，闻命之下，且感且惭。窃惟受恩重者，罚不宜轻。以臣受恩深重，中外皆知，而犹有不尽心，尚何所逃罪？仰祈圣鉴，凡臣有过愆，务加倍处分，庶臣益自奋惕，而天下臣工亦群知所儆戒矣。

为此缮折恭谢圣恩，伏乞圣主睿鉴。臣谨奏。

朱批：朕何忍加处分于卿也？与其有今日之宽，似不如初时即暗弭其议。但朕所见不然，一者卿有微过，今天下知，朕亦毫不容情；二者卿之所属员弁兵民，见朕如此信重于卿，或有分外希冀，及怨卿之不达于朕者，亦可令知少越准绳，即有势不可行之处。卿宜知朕用意可也。况在卿原不过为清理案件之举，前折请之时，朕亦未深悉，一时批谕，卿又何罪之有？

（《朱批谕旨》鄂尔泰奏折）

445 云贵广西总督鄂尔泰《奏报赵州白崖地方涌出甘泉，附近天地皆可灌溉折》

雍正七年九月十九日

云贵广西总督臣鄂尔泰谨奏：为地出醴泉，民沾厚泽事。

雍正七年九月十四日，据云南永昌道雷之瑜呈称："九月初八日，据大理府知府陈克复详据赵州知州徐树闳详称，据白崖乡约周泽等连名禀称：'本年闰七月，白崖五里路地方平地中忽涌出甘泉二股，一出于仙女庄后山之麓，一出于蛤蟆口，泉清味甘，一带雷鸣田地俱可赖以灌溉。小民等实切庆幸，理合禀报。'等情。卑职立即亲至其地，查勘得仙女庄泉水一股，约围圆八九寸许，蛤蟆口泉水一股，如珍珠上涌。随亲掬酌饮二泉，味极清甘。及遍问村民，佥供向来并无此泉，今于闰七月忽从平地迸出，雷鸣田地俱可借以灌溉，所有原纳地税，情愿皆改田粮等语。卑职勘明仙女庄与蛤蟆口相去里许，查赵州与云南县交界，该县并无水利，以故田号雷鸣。今得此二泉，两州县近泉田地皆可借灌溉，实大有裨益等情。详报到府，转详到道。除批行赵州细查泉流远近，或由某处入河，或至某地蓄聚，实可灌溉赵、云二州县田亩若干，另行绘图造册详报外，相应呈报。"等情到臣。

臣谨按《礼记》曰："天不爱其道，地不爱其宝，人不爱其情，是以地出醴泉。"又《礼运》云："王者政平，则醴泉出。"史载尧时醴泉出，夏后时亦出，鹖冠子曰："圣人之德上及太清，下及太宁，中及万灵，则醴泉出。"钦惟我皇上诚无不通明，无不照登万民于衽席，合九域以生成，诚足以感召天和，协应地灵。醴泉之出，实为难得之上瑞也。

伏查前古纵有甘泉，未必有关民命，可济田畴。今白崖地方，即汉时五色云现，而云南由此得名者。赵州、云南县绣壤相错，其他郡县俱有流泉挹注。臣经通檄全省相度水利，当疏者疏之，当塞者塞之，当分者别其支派，当防者厚其堤岸，各因其势而利导之，亦略有成效。独至云南一县，束手无策，智勇俱困。向来一带雷鸣田地皆属地税，民艰于耕种故也。今有二泉可资灌溉，百姓蒙福，踊跃称庆，无一不颂皇仁而荷天眷，臣实不胜忻幸感切。除俟查明流泉之远近，灌溉田地之多少，详覆到日，另当奏报外，合先缮折奏闻，伏乞圣主睿鉴。臣谨奏。

朱批： 欣悦览之，有旨谕内阁颁发。刻刻不可负上天神明、圣祖慈佑成全显应之大德深仁也。睹此，我君臣能不凛然于衷，存敬畏与兢影乎？期共勉之。

（《朱批谕旨》鄂尔泰奏折）

446 云贵广西总督鄂尔泰《议奏州县副员似无庸添设折》
雍正七年九月十九日

云贵广西总督臣鄂尔泰谨奏：为遵旨议奏事。

雍正七年八月二十九日，承准大学士公马尔赛、大学士张廷玉、蒋廷锡寄信，内开："雍正七年闰七月二十二日，奉上谕：'御史龚健飏所奏，着抄写分发与总督鄂尔泰、田文镜、李卫、巡抚尹继善、署巡抚费金吾、谢旻，令其各抒所见，确议据奏。朕又思迩来八旗于参领、佐领外添设副参领、副佐领办理旗下事务，甚有裨益。至于各省州县事务，实为繁多，或于知州、知县亦添设一官为副，地方如有查勘工程、检验命案等事，州县一人不能分身兼顾者，添设一人协同办理，亦不致耽延迟误。而州县官升迁离任之时，有平日同事熟悉之员接办，亦似有益。但两人同为一官，或因事无专责，互相推诿，或因意见不合，彼此争执，转致事务稽迟，即如从前宜兆熊、刘师恕之在直隶，于公事甚属无益。今添设州县副员，是否可行，有无裨益之处，亦着鄂尔泰、田文镜、李卫、尹继善、费金吾、谢旻各抒所见，一并议奏。钦此。'遵旨寄信前来。"等因。并抄掌山东道监察御史龚健飏奏请州县自牧令、丞尉而下，于东西南北四乡各设乡官一员，取用本乡之人以资治理，原奏稿递送到臣。

该臣查得，设官分职，各有专司，专司而外，原有佐理。如州牧、县令以下设有州同、州判、吏目、县丞、主簿、典史等官，而县分大者，则添设县丞为之征比钱粮，审理词讼，乡镇多者，则分设巡检为之缉捕匪类，查拿盗贼，定制立法固已尽善。况本朝定例，官员不许升任本省，其选授邻省距原籍五百里以内者亦应另补。亲属同官一处，又有回避之例。盖近邻本地，或易于嘱托、营私。而远离桑梓，可杜徇私报复诸弊也。今若添设乡官，即用本乡进士、举贡、生监、耆民人等，若辈世居其土，非亲即故，内有恩有德，亦有怨有嫌，一旦令其群居民上，予以事权，无论假公济私，施威市恩，料事所必有。即或皆属善人，存心利物，而拘鄙乖张，各逞己见，将议令纷出，民情观望，虽有贤牧令恐亦难于措手矣。据称人才不易，安所得尽皆有猷、有为、有守之人为之？星布而棋立，斯言诚是。但统合天下州县，计共一千四百余缺，尚虑其不尽贤能，若合计加三倍之乡官，共需五千六百余人，能保其尽得贤能而为有猷、有为、有守之人乎？既不能保其尽得贤能矣，不贤、不能之乡官纵能确知一乡之中某某刁恶，某某抗欠，某某酗酒赌博，某某行窃窝强，保其能秉公据实密告，牧令明申法纪乎？夫今之州同、州判、丞簿、巡检、吏典等官，即《论语》所云应先之有司，汉制所称三老、啬夫、游徼等职之属类也。《唐书》所载县下于乡者，即今之乡约、乡保、总甲、总练之属类也。名异实同，人存法立。如果牧令得人，则此等等人原俱可以助其不及而进其不知，即乡进士、举贡、生监内品行才德之选，亦未始不可以资耳目而益心思。是不必增乡官而堪以佐理者甚多。设使牧令不得其人，则虽贤能乡官亦原不能主其事，或遇不肖乡官，且适足济其恶。臣窃见出入衙门，包揽公事，把持官府，欺压善良之乡绅衿监，在在不少矣。十室之邑必有忠信，言必有者，正为不多有也，且乡官既应设，则佐贰可裁，佐贰不可裁，则乡官为冗。臣愚以为，该御史请设乡官之议，似不可行。

至所陈衙役、差票之为害，钱粮、盗贼、词讼、赌博、保甲之不清，与夫宣讲圣谕、解释律条之难周，实属切中。但差票可以酌裁，而衙役必难竟革，不但牧令在所必需，即乡官一身亦难日遍乡村，家至户晓，势必转用委差。谓乡官之委差必善于牧令之衙役，又谁能信其必然？如征收钱粮，则原有自封投柜并滚单纸皂之例。如缉拿盗贼，则原有著落邻佑保结之例。如查禁赌博，则原有责成佐贰，转责乡甲，逐户具结之例。如调处词讼，则原有户婚田土细事，先批乡邻公讲息结之例。如遍行保甲，则原有户口门牌，细开名数并记簿稽察之例。凡此诸条，并无遗法，皆仰烦睿虑详切开示，通饬遵守者。据该御史请委任乡官之事，皆牧令之所得为，亦牧令之所能为。下属奉行之不力，实由上司督率之不勤，人之过也，于法乎何尤？至于宣讲圣谕广训以及解释部颁律条，既非牧令一官所能遍及，亦非乡官四人所能周至。在乡官，既仍率用各乡村贡监生员，而牧令亦何不可分用各乡村贡监生员？语云："有治人无治法。"此虽恒言，实准至理。定制必有深意，俱难轻议纷更。臣惟愿天下大小官吏各抒实心，各宣实力，既谨依良法，更善体美意，则固执为法，权宜亦为法，于化民成俗之道，或庶几其有赖也。

再八旗事务原与州县不同，在参领、佐领半多世职，其所管辖半多旧属，虽有顽劣乖张之员，而瞻顾隐忍在所不免。今添设副参领、副佐领，既以贰其事，又以分其权，公同办理，实大有裨益。至于各省州县，虽事务繁多，要止不过数项，得其头绪，亦不难料理。况如边省简僻之州县，并未设有佐贰。如大省烦剧之州县，业经分画管理，若复添设副员于查勘、检验等事，固可以分任，而一治两官，非统非属，倘不能和衷共济，或复此忌彼猜。则诚如圣谕，或相推诿，或相争执，转致事务稽迟，甚属无益者也。据臣愚见，州县副员似亦无庸添设。

缘系奉旨各抒所见议奏事理，相应缮折陈明，伏乞圣主睿鉴。臣谨奏。

朱批：是与田文镜、费金吾之论大概相同。惟尹继善等之覆奏尚未到，此事可无庸议者。

（《朱批谕旨》鄂尔泰奏折）

447　云贵广西总督鄂尔泰《奏覆知府耿觐谟才守等事宜折》

雍正七年九月十九日

云贵广西总督臣鄂尔泰谨奏：为覆奏事。

窃臣前折内荷蒙朱谕："知府耿觐谟来引见时，观其人甚平庸，或老成谨慎则有之，若遇事未必能筹画措置也。留心试看。钦此。"臣查耿觐谟，系由云南普洱通判奉旨特授贵州正大营同知。该员貌似平庸，才颇明晰，行虽谨慎，人实深沉，从前两省厅员内皆推其能。臣因其才可办事，而习气苍滑，凡事不肯担承，必先讨着落，曾屡经严饬，不假以词色。续见伊知改，努力奉公，因题补贵阳府知府，俾得就近抚藩，以便委用，以便鞭策。昨赴京之日，臣仍面加开示。伊以微员末吏，或天威咫尺之下惶恐矜持，不能奏对，亦未可定。兹奉圣谕，臣谨当留心试看，如少不称职，或调或降，另请旨遵行。（**夹批**：此不过就朕一时之见问卿，不可因朕之谕，预横不足之见于中也。但留心试用而已。）

再臣恭进春豆折内荷蒙朱批："果然异常之大！此种类未知年年如是，抑但今岁如是也？钦此。"臣查云南蚕豆种原比他省独大，贵州次之，然如是大者亦少。豌豆种类，云南如常，贵州则较大。臣在黔据报，曾面问市民，并取旧豌豆比看，不但大不如是，而圆润光亮，白如珠色，更从前所未有。伏验今岁黔省叨荷圣恩，气象实别，无论庆云七现，遍地嘉禾，诚仅闻罕见，即瓜茄、花果等类种种奇异，并不止此，不敢复琐陈。现在省城米价，每石止五钱几分，其余郡县四五钱不等。而荞麦、燕麦，有贱至二三钱一石者，较之往岁减价几三倍。臣等敬承之下，感激弥切，悚仄不惶。又滇省年岁高下齐收，粤西秋成亦甚丰稔。除俟汇报到日另折奏闻外，合并附奏，伏乞圣主睿鉴。臣谨奏。

朱批：以手加额览之，庆悦之怀，实难笔谕。但天道朕实信得，及感应之理，真毫厘不爽者。

（《朱批谕旨》鄂尔泰奏折）

448 云贵广西总督鄂尔泰《奏请开黔省鼓铸折》

雍正七年九月十九日

云贵广西总督臣鄂尔泰谨奏：为请开黔省鼓铸，以利民用事。

窃照贵州一省汉少夷多，素无钱文行使，惟用散碎色银分厘交易。臣初欲运滇省制钱分交州县以济民用，而路远价贵，虑难以流通，继筹设局开铸，俾上下通行，又因本省乏铜，须由滇运，合算工价，得不偿费，遂尔暂停止。去岁秋冬间，黔属报有铜厂，批准采试，稍有成效，又以东川府厂铜甚旺，可就近运至威宁府以供鼓铸。臣随札行司道，先于威宁府属之毕节县地方酌量规模，置设炉局，将各厂收买铜铅运贮备用，并选拨滇省宝云局谙练匠役前往试铸钱样。随统核局务，可以不误鼓铸，而略无余息，必至折耗，终非久远计，犹未敢以定义也。

今臣自因公赴黔，连据呈报，威宁一带俱现有铜苗，各请开采。当经面委升任粮驿道杨永斌亲往各厂确查调剂，并嘱将新报厂地即劝本地苗民开采，不必多招闲人，一则使知有利，可以资生；二则各有所事，自必渐为良懦。续据杨永斌回省面禀："查得原有之铜厂现多发旺，其新报者，如稻田坝之八地厂，性化里之以尕猓厂、拖克厂，顺化里之落州厂、女罗厂，共十余处，或已经采验，或尚未开挖，虽铜矿成分不同，要皆可以供用。前缘该地夷民未识天地自然之利，致多委弃，以故抢掠为生。兹经详切开谕，令本处保正头目并雇募炉头、厢头督率教导，许伊等各开各地铜厂，除抽课外，其余铜斤俱发现银收买。随各欢忻踊跃，现议采试，计各厂出铜可以供鼓铸有余。"等语。

臣查铜铅既足，铸务可定，业委新任平远州知州介锡周等承管，并分委试用人员前往听用。其一切条例、工费等项，仿照滇局成规，复加斟酌，务期妥协，以便次第办理。除俟会同抚臣张广泗缮疏请旨外，所有黔省鼓铸缘由，合先缮折具奏，伏乞圣主睿鉴。臣谨奏。

朱批：*欣悦览之。向闻黔省从来不用钱文，今似此得毋可通行乎！*

（《朱批谕旨》鄂尔泰奏折）

449 云南巡抚沈廷正《奏报乌蒙、新平两处天现庆云并出醴泉折》

雍正七年十一月初七日

云南巡抚臣沈廷正谨奏：为奏闻事。

窃滇省自本年六月十五日以前日华庆云瑞应，俱经督臣鄂尔泰同臣会疏题达。嗣据布政司详报："乌蒙府于十月初九日，择吉营建万寿亭，阖郡文武兵民仰见日丽中天，彩云捧护，历午、未、申三时，至初十、十一两日，更觉光华倍常。新辟苗疆见此庆云，莫不欢欣踊跃，感颂皇仁。又临安府属之新平县，于九月二十八日，皎日当空，旁绕五色庆云，经卯、辰、巳三时。"等情到臣。臣已据详会同督臣现在恭疏具题外，又本年八月内，大理、武定两府地方山间俱产有灵芝。闰七月内，大理府属赵州详报，白崖地方仙女庄、蛤蟆口两处地涌醴泉二股，可以灌溉雷鸣田亩，有益民生，臣随批司道会勘。去后，兹据覆称："委员勘明仙女庄、蛤蟆口两处相隔二里，并出醴泉，且蛤蟆口于具报后九月内，泉旁又涌小泉两穴，汇入大泉，分流汩注，惠及七村。"等情。

臣谨按书史，昔时虽有醴泉，未必有益民生，可济农功。今所涌醴泉，实为从来未有之上瑞，要皆我皇上宵旰精勤，至诚昭格，是以天不爱道，地不爱宝，瑞应频仍，万姓蒙福，黄童白叟无不踊跃称庆，颂戴皇恩。臣身任封疆，屡蒙皇上提撕儆诚，遇此嘉征叠见，惟有益加敬谨，勉尽阙职，以图涓埃之报于万一耳。除会同督臣鄂尔泰恭疏题报外，理合一并奏闻。谨奏。

朱批：滇省此数种祥瑞，与尔毫无交涉，实系鄂尔泰忠诚感格之征应。朕亦不居也。莫存无耻之念。

（《朱批谕旨》沈廷正奏折）

450　云南巡抚沈廷正《奏报恭缴朱批并谨遵圣训铭勒情由折》
雍正七年十一月初七日

云南巡抚臣沈廷正谨奏：为恭缴朱批，仰祈睿鉴事。

窃臣前因南宁县起蛟发水，被淹田亩照例题蠲；又因滇省今岁入夏以来雨水过多，晋宁、宜良等州县近河田亩间有被淹，随缮折奏达圣聪。今奉到朱批，臣伏念天人感格之理昭然不爽，督臣鄂尔泰公忠体国，克著勋猷，是以滇省数年来时和年丰，兆民乐业。今岁督臣因公赴黔，暂离滇省，即蒙上天垂示小灾，实臣敷政不能上格苍穹所致，故前于祈祷之时，夙夜惶惧，痛自刻责。兹复蒙皇上谆谆告诫，臣虽愚钝，若不更加敬畏，时刻自省，则固犬马之不若也。所有微臣谨遵圣训铭勒情由，理合缮折奏闻，并缴朱批。谨奏。

朱批：鲁论云："君子有三畏。"可见畏之一念，时刻不可去怀。果能如此，日久无间，上天神明自有照鉴，为人为臣之道毕矣。

（《朱批谕旨》沈廷正奏折）

451　云南巡抚沈廷正《奏报与督臣鄂尔泰商酌以钱易银情形折》
雍正七年十一月初七日

云南巡抚臣沈廷正谨奏：为奏闻事。

窃臣前准户部咨文，钦奉谕旨："各省地方每银一两止许换大制钱一千文，不得过一千文之外等因。钦此。"伏查滇省出产铜铅，设炉鼓铸，且将铸出之钱文运送他省易银归本，与别省不同，故向来钱价每银一两换大制钱一千五百有零及一千四百余文不等。不惟官运无亏本之虞，即民间日逐零星使用，购买薪米食物等项亦称利便。昨部文到时，臣恐市肆贸易价值不能即随钱价低昂。彼时督臣鄂尔泰因公在黔，臣正与布政使张允随商酌间，适督臣亦寄札藩司，嘱令因地权宜，暂缓出示。臣又写书请教督臣，覆称滇省厂有铜铅，开局鼓铸，原与他省不同等语。及督臣回滇，臣复面为斟酌，督臣云："现在民间钱价已经渐次昂贵，今宜暂缓出示，将来自然归到每两一千之数。即得上遵谕旨，又可下便民情，因地制宜，似为妥协。"缘事关钱法，理合据实奏闻。谨奏。

朱批：朕谕盖为直省通盘大局而发也。其间斟酌损益，全在汝等因地制宜而时措之。此事若依汝庸愚之见，自必但以遵旨为然，拗直作曲，削方为圆，勉强驱迫，以图集事。而时势之经权，民情之便否，概置不论矣。朕之所以信重鄂尔泰、田文镜、李卫者，正在此等处。百凡但听督臣指示而行，未有不合朕意之理。汝等庸才，迎合之道迥异。似此以一是字求合，故群工胥莫能及。三臣之秉公顺理，不事迎合，所谓能尽恭顺之大者也。勉力则而效之。

（《朱批谕旨》沈廷正奏折）

452　云南巡抚沈廷正《恭缴朱批折》
雍正七年十一月初七日

云南巡抚臣沈廷正谨奏：为恭缴朱批，仰祈睿鉴事。

窃臣前奏恭缴朱批一折，奉有皇上训谕。伏念臣以驽骀下质，蒙圣主频赐教诲，期望成材，又谕臣竭力效法督臣鄂尔泰，俾有进益。臣每念高厚隆恩，不胜感激涕零。至"舍己之短，法人之长"，诚如圣谕，实为难事。以督臣鄂尔泰之学问经济，臣虽竭力效法，欲得其十分之一，尤非容易。是以臣不但事无巨细请教督臣，且复再四恳请督臣将臣素日弊病指出规诫，以便改勉。而督臣见臣诚恳，诸凡不吝指示，言臣办理一应事务，未免过于谨慎小心，所以觉得有一沾字，若能去此，再加开阔，则办事无不妥协。而臣闻言，自揣切中臣弊。因思前蒙朱批谕旨，令臣将智识局量再加扩充远大，庶免狭隘之疵。

（夹批：似汝庸材，仍未能解鄂尔泰同任封疆不便直言之意。朕始以数语譬晓之，令汝明悉。如鄂尔泰乃系为国家做官，沈廷正系为沈廷正做官，此所以二人有霄壤之分也。根本处见未透，枝叶边纵，千万言也讲不备。汝自言切中汝弊，尤属醉乡说梦，不但未解鄂尔泰之意，即朕训汝局浅量狭之意亦未能领会也。诚欲力改弊病，惟务本，毋逐末而已。）恭绎圣言至明至当，臣铭刻肺腑，知今日督臣之言，诚上合我皇上之训旨也。惟是臣自问何人，蒙皇上屡次谆切教导，及寤寐饮食，实多感愧。臣虽至愚至钝，宁不触目警心，益加努力向是处立脚，以期无负我皇上生成造就之恩于万一。所有奉到朱批，理合恭缴。谨奏。

朱批：朕拭目以观汝之勉励也。

（《朱批谕旨》沈廷正奏折）

453　云南巡抚沈廷正《恭绎圣训痛自刻责折》
雍正七年十一月初七日

云南巡抚臣沈廷正谨奏：为恭绎圣训，微臣愧悚难名，敬缴朱批，仰祈睿鉴事。

窃臣前因大理府城并赵州城内于七月间地动，随缮折奏闻，奉有朱批。臣当即免冠叩首，惶悚愧悔，流涕自责，望阙谢恩。伏念臣蒙皇上天恩，拔置巡抚，身膺重寄，不能上感天庥，以致大理府并赵州两处地动。臣初接该府州禀报，五内凛惕，战惧恐惶，日夜引咎自省，以冀感格苍穹。乃缮折之时，未曾将臣愚悃写入，竟将滇省俗传以地震之事为历来恒有等语缮写折内，罪实难逭。今蒙皇上谆谆教诲，提撕警觉。臣惟有谨志圣训，不敢以无忌惮居心，痛自刻责，益加信畏，以仰副皇上教诲成全之恩于万一耳。合将原奉朱批恭缴。谨奏。

朱批：从来小人但知畏威畏害畏贫而已，此外则恬然不以为意，不如是圣人何以言小人而无忌惮耶！正为其不当畏而畏，当畏而反不知畏也。

（《朱批谕旨》沈廷正奏折）

454　云南巡抚沈廷正《奏报督臣鄂尔泰起程赴粤西日期折》
雍正七年十一月初七日

云南巡抚臣沈廷正九叩首，谨奏：为奏闻事。

窃督臣鄂尔泰忠勤为国，朝夕靡宁，自黔省回滇未几，今又前往粤西。初拟兼程就道，臣恐早晚冲冒山岚之气，随与督臣商酌，应以接站而行，每早务须俟日出岚消，然后前进。督臣深以臣言为是，当即允从，已择于拾壹月初捌日起程赴粤。所有滇省一切地方事宜，臣已预期请教督臣指示办理，倘另遇要事，臣亦必寄书督臣请商妥协，不敢稍有怠忽。谨特缮折奏闻，伏祈皇上睿鉴。谨奏。

朱批：是。

（《雍正朝汉文朱批奏折汇编》第十七辑，第 146 页）

455　云南巡抚沈廷正《奏报滇省收成分数并米粮价值折》
雍正七年十一月初七日

云南巡抚臣沈廷正九叩首，谨奏：为恭报收成分数并米粮价值事。

窃照云南通省山田十居八九，今岁雨水充足，各属收成俱获丰稔。兹据布政使张允随详报："云南府属昆明县、嵩明州并广西、广南、元江、镇沅、开化、普洱、威远、永北、鹤庆、蒙化、丽江、顺宁、景东等府，并曲靖府属沾益、宣威、马龙、陆凉、罗平、寻甸等州，广南府属师宗、弥勒二州，临安府属建水、石屏、宁州、阿迷等州，澄江府属新兴、路南二州，大理府属赵州、邓川、宾川、云龙等州，楚雄府属镇南、南安二州，鹤庆府属剑川州，武定府属和曲、禄劝二州，曲靖府属平彝县，临安府属蒙自、河西、新平等县，澄江府属河阳、江川二县，镇沅府属恩乐县，大理府属太和、浪穹二县，永昌府属保山、永平二县，楚雄府属广通、定远、定边等县，姚安府属大姚县，武定府属元谋县，稻谷收成十分，荞麦收成八九分不等。东川府并永昌府属腾越州，顺宁府属云州，姚安府属姚州，乌蒙府属镇雄州，云南府属呈贡、罗次、禄丰等县，临安府属通海、嶍峨二县，大理府属云南县，东川府属会泽县，稻谷收成九分，荞麦收成八分。乌蒙府并云南府属晋宁、昆阳、安宁等州，宜良、易门、富民等县，乌蒙府属永善县，稻谷收成八分，荞麦收成七分。曲靖府属南宁县，除被水田地补种者稻谷收成有十分及六七分外，其余县属稻谷收成十分，荞麦收成九分。各府属收获瑞谷，自一茎至二三四五六七八九等穗，以至十二三穗者，共有一千九百余穗。"似此丰年瑞应，仓箱有庆，皆我皇上爱育黎元、默契天心，是以边徼遐陬连岁丰登，小民莫不嬉邀圣世，感颂皇仁。

至通省各属米粮价值，现今每京石卖银六钱七钱八钱以至九钱一两及一两一二钱不等，因各属产米有多寡之不齐，故价值有低昂之不一。再乌蒙府系新辟之疆，向来米价甚贵，今岁丰收，每京石卖银一两九钱。理合一并奏闻，伏祈睿鉴。谨奏。

朱批：览。

（《雍正朝汉文朱批奏折汇编》第十七辑，第 147~148 页）

456 云南巡抚沈廷正《奏报保举元江府知府
迟维玺可胜臬司之任折》
雍正七年十一月初七日

云南巡抚臣沈廷正九叩首，谨奏：为遵旨保举事。

案奉上谕："京官自学士、侍郎以上，外官自藩臬以上，着各人密保一人，将其人可胜督抚之任，或可胜藩臬之任，据实奏明。"等因。仰见我皇上立贤无方、广储人才之至意。

臣抵云南以来，于属员内悉心体访，查有元江府知府迟维玺，才具明晰，办事干练，经督臣鄂尔泰节次委令挽运进剿茶山、橄榄坝等各案军粮，招抚彝众，并审断案件，以至应办一切事物，俱有条理，应对之间言语明白，且该员熟谙彝情，绥辑地方一秉诚恳，为彝民信服。昨老挝边域输诚纳贡之时，贡使人等亦俱信服。以臣所见，迟维玺可胜臬司之任，相应据实保举。

至督抚乃封疆重寄，胜任不易。臣知识浅陋，蒙皇上拔置巡抚，夙夜冰兢，惧不克任。幸荷圣恩时时教导，仅免陨越人，何敢冒昧具保？总之大小臣工俱蒙皇上熏陶教育，而因材器使，自无一不在圣明洞瞩中也。伏乞睿鉴。谨奏。

朱批：览。

（《雍正朝汉文朱批奏折汇编》第十七辑，第149页）

457 云贵广西总督鄂尔泰《奏谢御赐花缎等物折》
雍正七年十一月初七日

云贵广西总督臣鄂尔泰谨奏：为恭谢圣恩事。

雍正七年七月十四日，臣赍折家奴蒙恩赏银十两，驰驿赍回御赐臣花缎四匹、宁绸四匹、貂皮四十张、哈密瓜二个抵滇。臣随郊迎至署，恭设香案，望阙叩头谢恩祗领讫。（**夹批**：览卿奏谢矣。）敬启折扣，跪捧庄诵，内请赴粤一折，荷奉朱批："好。应题奏者具题。但卿赴粤时，凡少有烟瘴处，万不可经历，若少疏忽，则违旨负恩，莫此为甚也。必遵旨行。钦此。"伏读之下，仰窥圣慈，感极涕零，莫能自解。

查粤西地方委属烟瘴，而百色、西隆一带为尤甚，惟冬至以后春分以前，行人可保无虞，其余月令，俱难免侵染。是以臣欲乘此时径由百色一路赴粤，经过提镇各协营，约于封印前可抵桂林省城，商酌诸事毕，即于正月初旬取道全州一路由黔回滇，是粤省地方既可以遍历，而回至镇远，再停驻数日，将新辟一带苗疆亲加查询，并接见古州等处苗民，面加抚绥，然后抵贵阳，过安顺，与抚、提二臣妥议诸务，由新开路沿途查勘，以入滇境，总不过三月初即可抵署，纵有烟瘴处，亦并非烟瘴时也。臣务当凛遵圣训，节饮食，慎寒暖，以自重自爱，万不敢少有疏忽，以自蹈背负。臣已定于本月初八日起程，所有赴粤日期另疏题报外，谨此缮折恭谢圣恩，伏乞圣主睿鉴。臣谨奏。

朱批： 欣悦览之，实慰朕念。

（《朱批谕旨》鄂尔泰奏折）

458　云贵广西总督鄂尔泰《奏谢圣训并续报庆云、芝草情形折》
雍正七年十一月初七日

云贵广西总督臣鄂尔泰谨奏：为恭奉圣训，一并陈明事。

雍正七年十月二十九日，准礼部咨称："为庆云一月七呈黔省，千秋一见事，仪制清吏司案呈礼科抄出云贵广西总督鄂尔泰题前事，奉旨：'据总督鄂尔泰奏称，黔属思州及古州之梅得等处，自七月初八日至闰七月十一日，有五色彩云，光辉灿烂，叠秀争华，历时经久，一月之内，七见嘉征等语。朕常言天人相感之理，捷于影响，督抚大臣等果能公忠体国，实心爱民，必能感召天和，锡嘉祥于其所辖之地。即如鄂尔泰频年驻扎本省，祥云三见于滇南。今年以公事前往贵州，庆云即见于黔省。又如今岁岳钟琪领兵甘肃，而甘肃禾稼丰登；田文镜节制山东，而山东秋成大稔。又如李卫总督浙江，比岁以来，境内农田丰熟，今年甫离浙境，而衢属山乡即有蛟水泛溢之事。举此近事数端，仰见上天昭示显然，欲使君臣共知儆惕也。朕素不言祥瑞，所以屡年以来从未曾因嘉征而受庆贺，而敬慎之念日益加虔，想中外臣民亦共知之矣。夫上天示人君以灾祥，一如人君加臣下以赏罚也。臣受君上之赏，固不可侈然自足，放逸骄矜，若并无欣慰之心，而不以为庆，则受君上之罚亦不知畏惧悛改，此非矫情违众之人，即胸无忌惮之辈矣。人君之于天，其理亦复如是。至于鄂尔泰之屡次奏报庆云者，盖以滇黔地方有此瑞应，万目共睹。在人臣之心，无不愿国家之蒙福兆，庶之凝禧。州县申详而督臣陈奏，此皆出于情理之不能自已。倘有心怀不肖之人，或且议其为迎合，或且议其为诡谀，此皆藏幸灾乐祸之邪心，不止于春秋责备贤者而已。惟是滇黔远省荷上天之垂象，加恩如此，则自大臣以及官弁兵民宜如何之敬谨虔恭，以永承天贶，是所当夙夜加勉者也。该部知道，图并发。钦此。'（**夹批：** 朕此谕乃有因而发者。朕向一迂阔之人，论及卿，伊言卿公忠体国、才猷夙著。但少疑者，喜言祥瑞，舆论未免有轻之者。世间竟有此等之人，真可发一大笑。既有此论入耳，所以有此晓谕也。）钦遵到部，将图存部外，相应行文直隶各省督抚，转行驻扎该省之提镇文武各衙门可也。"等因到臣。随钦遵转行外，臣跪读数四，敬仰我皇上发明天人感应之理，广大精微，而一本诚敬。值麻征之屡至，总兢业以相承，所以保泰持盈。钦若昊天者，无时无事而不然。是以上天申命，嘉祥叠见，此实圣德之隆有以感召。而臣等蒙福，得幸际其盛者也。于此而有不夙夜加勉，敬谨虔恭，以冀永承天贶。而或反侈然自足，不知惭惧，是不识天心之无私，不体圣训之至切，将自无承受。地而恩不可长灾，且逮身累及黎庶，其罪岂减于矫情违众，胸无忌惮之辈哉！

伏念身为大吏，凡所辖之地即为家，所辖之地之兵民即皆子弟，遇祥则喜，遇灾则忧，固人情同然矣。若地方宁谧，年谷顺成，忻太平之有象，致云物之呈祥，即愚鲁民苗、山童野叟尚且额手欢幸，颂万年有道之圣人。而职任封疆，或并不以为庆，故泛视以鸣高。是不但不仰体圣主廑念边方之至意，其于地方亦何殊视秦越而不关肥瘠者！况事须据实，何嫌数见？如以为诡谀，圣明不受。如以为迎合，诸臣且不能？盖能迎合尧舜之人，必系皋夔之选。以臣自揣，愧未能窥测万一，实不敢自欺也。

再臣于诸祥瑞，必彰明较著者，然后具题。若系边隅僻地，或即在会城而非万目共睹者，多未经具报。即如滇省庆云，其在省城，六月十八日五色云呈见，七月十七日巳时五色云呈见，十月初六、初十日五色云呈见，十二日五色云呈见。在各属，于九月二十八日，新平县呈见五色云，历辰、巳二时。十月初六日，安宁州呈见五色云，与省城同日。十月初九、初十、十一连三日，乌蒙府五色云见，正值建造万寿宫兴功之始，俱经地方官呈报。至月华之祥，亦不胜书。闰七月十四夜，省城月明如画，有五色云捧护照耀。十月初十、十一两夜，省城见月旁彩霞拥护。而八月初，据报大理、武定二府俱产有灵芝，此实时和年丰、汉夷安乐之兆。臣不胜庆幸，不胜儆惕。至于赵州醴泉，普安州稻孙，尤为从来所未有。又十一月初二日，据黔抚臣张广泗札并属员禀称："十月二十五日起，在省文武于万寿宫齐集坐班，据都匀府知府王钟珣差赍芝草一本，呈称系在苗疆开河处所从石中采取，并不附于草木，其芝如盖，似双如意，又合而为一，长盈尺许，其质甚坚，五色焕彩。"等语。此谓非圣德远被、风气转移之明验，是亦矫情违众、体国爱民之心者矣！（**夹批：**欣幸览之。此实卿忠诚之所感召，非朕推美于卿，作违心之谕也。然上天赐佑之德，朕亦不敢矫情，谓于朕无涉。盖君臣之间，若少不能视为一体，则为庸主愚臣矣。同喜二字，实为通论，馀无可谕。）除滇之醴泉、黔之稻孙、灵芝听两抚臣具疏题报外，所有恭奉圣训，理合奉谢，及续报庆云、芝草，一并附折奏明，伏乞圣主睿鉴。臣谨奏。

朱批：题到有旨。

459　云贵广西总督鄂尔泰《奏报滇、黔、粤西三省
秋收分数、米粮价值折》

雍正七年十一月初七日

云贵广西总督臣鄂尔泰谨奏：为恭报滇、黔、粤西三省秋收分数、米粮价值，仰祈睿鉴事。

窃照兆民乐利，端藉屡丰，终岁盈宁，尤期秋熟。况在边省，民之所依，惟稼穑是赖。滇、黔、粤三省丰熟气象，屡经折报，而实在分数，必俟秋成之候。臣前檄行各藩司确查详报。去后，兹据云南布政使张允随详称："雍正七年自夏徂秋，各属雨水调匀，高低田亩通得栽插。据广西、广南、元江、镇沅、开化、普洱、威远、永北、鹤庆、蒙化、丽江、顺宁、景东等府，嵩明、沾益、宣威、马龙、陆凉、罗平、寻甸、师宗、弥勒、建水、石屏、阿迷、宁州、新兴、路南、赵州、邓川、宾川、云龙、镇南、南安、剑川、和曲、禄劝等州，昆明、平彝、蒙自、河西、新平、河阳、江川、恩乐、太和、浪穹、保山、永平、楚雄、广通、定远、定边、大姚、元谋等州县具报，谷收实有十分，荞收实有八九分。据东川府并腾越、云州、姚州、镇雄等州，呈贡、罗次、禄丰、通海、嶍峨、云南、会泽等县具报，谷收实有九分，荞收实有八分。据乌蒙府并晋宁、昆阳、安宁等州，宜良、易门、富民、永善等县具报，谷收实有八分，荞收实有七分。据南宁县具报，除被水田地补种者有十分、六七分外，其余谷收实有十分，荞收实有九分。又据云南等府州县呈送瑞禾瑞谷，自一茎十三穗至七八穗、五六穗者一千余稞。目下米价，惟乌蒙夷地出产无多，现在每京斗卖银一钱九分。省城五方杂处，兵民众多，每京斗卖银一钱二分。各属之价，或六七分，或九分、一钱，较之省城颇贱。万姓欢呼，群工忭舞。凡此嘉祥上瑞，皆由我圣主敬天勤民、感格上苍之所致，相应据实详报。"等情。

据贵州布政使鄂弥达详称："今岁自夏入秋晴雨应节，高下田地俱得及时耕种。目今早稻已经收完，晚谷现在收获。稻谷有一茎数穗及谷穗长至二尺，自四百粒以至七百余粒者，小米有一茎二十七穗者，高粱、稗子有一茎十五穗者。黔省从来未见，咸称奇瑞。各府州县与各土司地方米谷杂粮收成虽止有十分，其实倍收于往昔，通省皆然，不敢分析渎陈。现今省城米价，每一市斗细为较量，折仓斗一斗六升，每一市斗卖银一钱。各属市斗大小不一，其价亦约略相同，以仓斗计算，每斗不过四五分至六分而止。黔省天末边疆，乃得岁登大有，户庆盈宁，皆我皇上德泽深厚、感召天和所致。除各种瑞谷委员赍送抚臣进呈外，理合呈详。"等情。

据广西布政使张元怀呈称："今岁风调雨顺。行据临桂、兴安、宣化三县报，早晚二稻收成均有十分，黄豆、小麦、荞麦各有八九分。灵川县报，早晚二稻收成十分，黄豆、

小米、麦各有七分，荞麦八分。阳朔县报，早稻收成九分，晚稻十分，黄豆六分，面麦、荞麦各有九分。永宁州报，早晚稻收成十分，黄豆、米麦、荞麦俱有八分。永福县报，早晚稻收成十分，黄豆、米麦七分，荞麦六分。义宁县报，早晚稻、黄豆、米麦、荞麦收成均有十分。全州报，早晚稻收成十分，黄豆七分，小米、麦八分，荞麦五分。灌阳县报，早晚稻收成十分，黄豆、荞麦六分，小米、麦八分。平乐县报，早晚稻、小米、粎子收成各十分，黄豆八分，芝麻七分，棉花九分。永安州修仁、苍梧、藤县等三县报，稻谷收成十分，豆八九分。恭城县报，谷豆收成均有十分。富川县报，早晚稻、黄豆、米麦收成各十分。贺县、象州报，稻谷收成十分，黄豆六分。荔浦、昭平二县报，稻谷、杂粮收成俱十分。泗城府、横州、上思、西隆等州，东兰、南丹、那地、田州等土州，容县、岑溪、怀集、思恩、荔波、武宣、西林等县，永顺、长司，各报稻谷收成十分。隆安县报，稻谷收成八分，豆与杂粮均有十分；新宁州、宾州，永淳、来宾、迁江三县，奉议土州，下旺、安定二土司，各报稻谷收成八九分。马平、罗城、怀远三县报，早晚稻、黄豆、小麦、荞麦、芝麻收成俱有十分。雒容县报，稻谷、粎子收成十分，黄豆八分，荞麦六七分。柳城县报，稻谷、黄豆、芝麻各十分，粟米、粎子九分，荞麦正在畅茂，面麦始行布种。融县报，稻谷、小米、黄豆、芝麻收成均有十分。宜山、天河二县，河池州、忻城土县、永定土司、永顺副司，各报田稻今岁倍收，实有十二分。武缘县报，稻谷收成八分，小米四五分，豆三分。郁林州，博白、北流、陆川、兴业等县报，早稻收成八分，晚稻收成七分。上林县报，早稻收成九分，晚稻收成十分。尚有浔州、太平二府所属汉、土州县未据报到。然而粤西处处丰登，柳州等处俱产嘉禾，自一穗两岐至六七穗者甚多，则浔、太二府亦无有歉收者，应俟详到另报。至省城米价，粗米每斗卖银六分四厘，细米每斗卖银七分三厘五毫。其余各属贵贱不同，贱者四五分一斗，贵者八九分以外，总不及一钱之数，百姓咸谓从来未有。此仓箱之庆，山农村老无不称觞，遥祝感戴圣恩。"等情各到臣。

除浔、太二府俟该司查覆，如果丰收，无庸再奏外，所有云南、粤西二省秋收丰稔，黔省年登大有，并三省米粮价值，理合奏报。再据贵州布政使鄂弥达禀称："普安州属早稻刈获之后，稻根上复生长稻孙，仍又吐花结实，重有三分收成，相应将送到谷穗呈验。"等语。此实罕见之奇事，异常之休征，（**夹批：此乃从未闻之，真祥瑞也。大奇。**）相应一并奏闻，伏乞圣主睿鉴。臣谨奏。

朱批：以手加额览之。朕向来深信天道捷如影响，今历睹滇黔之赐应，实愈加亲切，倍增寅畏也。不但当世封疆大臣起奋勉效法之心，即将来奕祀膺父母斯民之任者，亦莫不兴感忠诚任事之念也。卿之功大矣。上天圣祖赐朕之恩厚矣。我君臣惟愈加敬谨，以仰报天祖之罔极耳。期共勉之！

（《朱批谕旨》鄂尔泰奏折）

460　云贵广西总督鄂尔泰《奏明调剂黔省铅斤
并办获滇省铅息情形折》

雍正七年十一月初七日

云贵广西总督臣鄂尔泰谨奏：为奏明调剂黔省铅斤并办获滇省铅息事。

窃照贵州威宁、南笼二府所属马鬃岭、丁头山等厂出产倭铅，向供云南钱局之用，经委滇员管理。兹滇省罗平州地方出有铅矿，已足资配搭铸钱。而贵州现在请开鼓铸，需用铅斤，则威宁等处之厂应就近归黔经管，庶两有便益，亦易施调剂。查马鬃岭厂每年约可出铅一百万斤，大鸡厂约可出铅一百五六十万斤，砂朱厂约可出铅二三十万斤，江西沟厂约可出铅一二十万斤，四厂共计三百万斤，照例二八抽课，每年可得课铅五六十万斤，已敷新局之用。其炉户余铅，每年共有二百三四十万斤，又丁头山一厂可出铅十余万斤，柞子一厂可出铅一百余万斤。总缘开厂之处地僻山深，不通商贾，以致铅皆堆积。而炉户人等工本无几，时有停工误卯之虞，若不设法接济疏通，难期功效。况各省现有议开鼓铸者，徒以路远不前，即有一二官商前来，如听其赴厂购买，不特驮马雇脚呼应不灵，而携带重资深入险远之地，亦难保无疏失。是以臣驻黔时，即经面同司道商酌照滇省题明收买运售之例，借动库项，委员在厂，将余铅按数收买，就其取铅之难易，以定发价之重轻。如马鬃岭、砂朱、江西沟、柞子四厂，矿浅煤近，每百斤俱给银一两二钱；大鸡、丁头山二厂，煤远矿深，每百斤俱给银一两五钱，庶炉户等工费充足，且有余利，得以尽力攻采，而厂地始能兴旺。俟收买既定，陆续发运于楚、粤四达之区，公平转售，又可济官商之缓急。除脚价费用外，每铅百斤约可余银一两，总计一年可得三万余金归公充饷。如再有节省赢余，查黔省各员养廉尚有不敷，应另议酌添，并备公支用。此皆得有帑项，通融筹画，是以裕课利民，始获铅务之效也。

至于铅厂既经归黔，则从前滇员所收买之铅斤自应销售清项。臣前委武定府知府朱源淳收买黔铅，共发过本银二万两，曾经奏明。今据朱源淳除缴还原领工本银二万两，每百斤应归公银一两，共归公银六千八百七十两零外，尚赢余四千七百六十八两零，俱已兑交藩库，以备公用。而滇省罗平所出之卑浙、块泽两厂，仍委朱源淳承领工本买办供铸，每百斤已有银一两归公。现又议加课息，将来仍有赢余。除听滇、黔二抚臣会疏题报外，所有调剂黔省铅斤并办获滇省铅息缘由，合并奏明，伏乞圣主睿鉴。臣谨奏。

朱批：命该部抄录存案，俟题到查核。

（《朱批谕旨》鄂尔泰奏折）

461 云贵广西总督鄂尔泰《奏报滇省七年分盐、铜课息情形折》

雍正七年十一月初七日

云贵广西总督臣鄂尔泰谨奏：为报明七年分盐、铜课息事。

窃照滇省正赋为数无多，所有盐政、厂务最关紧要。臣自受事以来，极力清查，担任办理虽尚无大效，亦稍有头绪，曾经节次奏明。今盐道冯光裕自雍正六年十一月二十二日到任起，实心条理，丝毫无欺，计此一年内，共征获节年新旧正额课项赢余银四十二万八百六十一两零，较比额数，多催获银八万七千五百六十一两零。其额外赢余一项，共收获银四万七千六百八十两零，带征从前遗欠在内，若连题明抵补、减价、增薪、缺课等项，合算共有额外赢余银六万一千余两。其零星积余一项，前道刘业长在任共二十三个月，除开销公用外，实解司库银止二万二千六十四两零。今冯光裕十二个月内报出积余银共二万一千五百六十六两零，内除开销捐设通粤各驿马价等项公用银七千六百一十六两零外，实现存解司库银一万三千九百五十两零，是合每一年算，实较前道刘业长多收积余银四千八百两零。

至各厂铜斤，雍正六年分止办获二百七十余万者。缘夏秋之间时气盛行，厂地尤甚，厂丁难以存住，故铜数大减。今岁天气甚正，各厂兴旺，粮道黄士杰复能尽心努力，现据报，春夏秋三季已办获铜二百四十万。目下冬季三月，正出铜之时，只须接济工本，不误采煎，实可办铜一百六七十万。是七年分铜斤仍可办获四百万之数。其湖北铜运，因该省愿买滇铜，臣现在发运一百余万至永宁水路，听其收领。湖南、广东俱委员差役赴滇买铜，臣俱令粮道如数发卖，并些少减价，以恤远来。其吴省铜斤，因去岁运到之铜至今尚未收解，不便再运，应俟年终将铜数报部后，听候部拨。所有七年分盐务赢余、铜厂兴旺缘由，相应奏报。

再盐务、铜斤及银铅各厂事件，向俱系抚臣专政。臣到任后，因诸项不清，故一意经理。今已有成规，惟在调剂，仍应听抚臣总理，臣照旧稽察，亦并不敢少有诿卸。已面嘱沈廷正并通知司道。合并陈明，伏乞圣主睿鉴。臣谨奏。

朱批：办理妥协之至，有何可谕？但沈廷正操守甚不可信，卿酌量之。不可因专政避嫌，倘有疏虞，朕惟卿是问耳。回滇时将朕谕令沈廷正知之。

（《朱批谕旨》鄂尔泰奏折）

462 云南总督鄂尔泰《奏报滇省银铜锡各厂底母余息银情形折》

雍正七年十一月初七日

云南总督臣鄂尔泰谨奏：为奏明底母余息以充公用事。

窃照滇省银厂所出矿砂，必须用铅配合煎炼，方能分汁成银，盖矿内原带铅气之故也。缘矿砂有柔软、坚燥不一，柔矿出银之后出铅甚多，即为底母。坚矿出银之后，不特不能出铅，原用之底母亦必耗折过半，又借柔矿配煎，是以必须预为买备，运厂接济。历来系督抚衙门委差买运，发厂接济，除工本之外，稍有余息。统计一年约算，巡抚衙门可获息六七百两，臣衙门可获息银千余两，向俱留充赏号。又铜锡各厂亦需用底母，历系听厂民向龙树等厂炉户自相买卖，并无息银。去岁，经臣委差批议，据布政使张允随议详，照银厂之例酌定价值，令管厂官卖与铜锡各厂，约计一年又可获息银二千余两。以上二项，俱应以七年为始，归入银厂课内报销。

再陡属之都竜地方亦有银铜各厂，需用内地所出之底母配煎，向有附近之民人私运底母、油米等物到彼货卖射利，虽严行查禁，究难尽遏。与其私贩出境，不若于开化府之马白地方，委员设店查收发卖，照例给票放行，并严查一切禁物，不许私带出口。获息若干，并所收税银，年底一并归公。

以上三项，虽统计不过数千金，而于钱粮亦不无小补。其开化设店收税一件，臣已会疏题请，应俟部覆至日举行。理合一并奏闻，伏乞圣主睿鉴。臣尔泰谨奏。

朱批： 题到有旨。

（《雍正朝汉文朱批奏折汇编》第十七辑，第 158～159 页）

463　云南总督鄂尔泰《奏报委员前往江南收捐情形折》
雍正七年十一月初七日

云南总督臣鄂尔泰谨奏：为奏明事。

窃照滇省奉旨开捐垦田，因各省人员以路途遥远畏缩不前，所捐无几，经臣折奏，备带空白实收咨文，遴委妥员前往江南就近收捐，荷蒙俞允。臣随于上年四月内委遣楚雄府同知杨绂、候补知县田榕率同书役、家人前往江南扬州住坐开捐。初因该地方官未经出示晓谕，人多迟疑。臣复移咨江南督抚行知地方官，追出示后，始有投捐人员。查江南遣人赴滇捐纳，除加一公费外，途中往返费用实多，即托人代捐一监生，亦须费一百五六十两，而犹虑不确。是以臣酌拟，每捐正项银一百两，收公费银四十两，计与营田事例亦不相上下。后闻捐纳之人仍属无多，恐无济于滇项，又或有妨营田，臣随差人前往，一并撤回。今自上年八月十九日开捐起，至今年正月二十九日收捐止，江南共捐正项银五万三千六百一十六两，又加四公费银二万一千四百四十六两四钱，共银七万五千零六十二两四钱。除差员等一年余之盘缠日用，并来往差役诸费及解银回滇水陆脚价各项，共用去银四千七百六十二两四钱外，实存银七万零三百两，业于闰七月内解到，已交明云南布政司收库，并移明抚臣沈廷正咨明户部在案。

所有江南收捐缘由，相应奏明，伏乞圣主睿鉴。臣尔泰谨奏。

朱批：营田之捐业已充裕，有妨之念虑不必留意。有设法疏通处，只管为之。

（《雍正朝汉文朱批奏折汇编》第十七辑，第 162 ~ 163 页）

464 云南总督鄂尔泰《奏请以开化镇游击徐成贞升补参将并与禄鼎坤一同赴部引见折》

雍正七年十一月初七日

云南总督臣鄂尔泰谨奏：为奏明事。

窃臣前覆奏禄鼎坤折内荷蒙朱批："甚是。不必谕部，卿可引折谕，将禄鼎坤送部引见。朕观其人，自有令伊感恩安插之道。钦此。"臣回署后，随经宣示圣恩，将欲用参将、应给咨赴部之处明白谕知，禄鼎坤感激无地。臣当给银百两，令先备衣服行李，俟起程时再厚给盘费。今已引旨给咨，令禄鼎坤赴部。但禄鼎坤一人，路途多有未便，应得将弁同行，兼示照看。臣查开化镇游击徐成贞，才具强干，办事知机，屡经遣委，俱能努力，系滇弁中之有为者。独以器褊性躁，动口伤人，以故提镇以下皆厌妒其人。臣经痛加裁抑，谆切开导，并迟其保送，以折其气，二年以来，渐有成就。昨橄榄坝之役，伊带领弁兵背道入贼巢，复由贼巢迎官军于江上，剿平江坝，伊为首功，游击马成林等俱有不如。

近奉圣旨，广西浔州协副将员缺，着臣题补。臣已将云南寻沽营参将田玉题请升补，所遗参将员缺，请以永顺镇游击马成林补授。续准广东督臣郝玉麟咨称，业已遵旨将云南游击马成林题补广东督标前营参将，烦即给咨赴部等因。随经檄行该游击领咨在案，如蒙俞允，将田玉准补广西浔州副将，将马成林准补广东督标前营参将，则云南寻沽营参将遗缺，相应恳请圣恩，即以徐成贞补授，并示鼓励。除给咨徐成贞，令同禄鼎坤一并赴部听候引见外，理合奏明，伏乞圣主睿鉴施行。臣尔泰谨奏。

朱批：候二人到京，有旨。

（《雍正朝汉文朱批奏折汇编》第十七辑，第 164 ~ 165 页）

465 云贵广西总督鄂尔泰《奏谢恩加少保及给与曾祖祖父一品诰封折》

雍正八年正月十三日

云贵广西总督臣鄂尔泰谨奏：为恭谢天恩事。

雍正七年十二月十四日，接准部咨，奉上谕："鄂尔泰忠诚体国，经理苗疆勋绩懋著。伊曾祖图扞于开国时奋勇陷阵，效命疆场，忠节炳然，垂光衍庆，积于其孙鄂尔泰，为不世出之良臣。祖孙忠良，后先辉映，朕甚嘉焉。今鄂尔泰奏称曾祖图扞与祀昭忠寺牌位列衔佐领，请照固原提督纪成斌之父守备纪法业恩给诰封赠官之例，请将苗疆议叙之案移赏曾祖、祖父诰封。着将鄂尔泰之曾祖、祖父俱照总督加内大臣、兵部尚书职衔，给与一品诰封，其昭忠寺图扞牌位改书新赠之衔，入于大臣之列。鄂尔泰苗疆之案仍着议叙，该衙门知道。钦此。"知照到臣。臣随恭设香案，望阙叩头谢恩讫。

窃臣追忆髫龀时，臣父督课之余，谆谆以忠孝为训，谓"身不足学，当效尔祖"，每言及臣曾祖暨祖父，毋未尝不泪下。臣时虽无知，一一敬记，迄今四十年来，不敢一日忘。今荷蒙圣恩加三世以内大臣、兵部尚书职衔，给与一品诰封，臣曾祖牌位改书新衔，入于大臣之列，宠命自天，感泣无地。半生难遂之隐愿，至今日而毕伸。百身难报之洪恩，即累世而罔极。聆"后先辉映"之温纶，何敢负惭燕翼？奉"祖孙忠良"之宝训，岂忍贻辱祖宗？没齿不忘，臣无可宽之一息，毕生图报，臣惟誓尽其寸诚。

至"苗疆之案仍着议叙"之旨，伏念祖孙父子业邀非分之殊荣无惜，顶踵发肤，何数当身之薄效？除已经缮疏奏谢并陈愚悃外，相应恳祈圣鉴，俯允施行。（夹批：卿奏出于至诚，朕实知之，非常情之套文可比。但卿祖当年之功绩，朕实不知，若之，则早降谕旨矣。今卿苗疆议叙，乃赏功之典，若移封于卿祖，则卿祖非不应恩加诰封者也，不反淹没卿祖之功绩乎？不必固辞者。）又本年正月十二日，接准部咨，奉上谕："数年以来，怡亲王及内外大臣中数人协赞朕躬，忠诚宣猷，为国家办理政务，勤慎奉职，其属可嘉。怡亲王之仪仗，着增一倍。大学士马尔赛，着加太子太傅。大学士张廷玉，着加少保。大学士蒋廷锡，着加太子太傅。刑部尚书励廷仪，着加太子少傅。靖边大将军公傅尔丹、宁远大将军公岳钟琪、云贵广西总督鄂尔泰，俱着加少保。河东总督田文镜，着加太子太保。浙江总督李卫、吏部尚书查郎阿、宁夏将军西柏，俱着加太子少保。钦此。"知照到臣。臣随恭设香案，望阙叩头谢恩讫。

伏念臣自受事总督以来，叠蒙圣谕之褒嘉，惧负知人之哲，屡荷殊恩之宠赐，时怀逾分之羞。世袭二品之官，垂裕后昆于奕叶，诰赠三代之爵，重光前烈于千秋，业叨罔极之深恩，永下难酬之血泪。今复荷特加少保，器小任大，恩重命轻，寅亮之猷，实顾名而滋愧，凝丞之职，窃扪心而加惭。惟有敬诵王言，恪遵慈训，每事矢之以忠诚，勿懈夙夜庶务，必勉其勤慎，益凛冰渊。除俟开印日恭疏奏谢外，合先一并缮折，恭谢天恩，伏乞圣主睿鉴。臣尔泰无任激切屏营之至。谨奏。

朱批：览卿奏谢矣。

（《朱批谕旨》鄂尔泰奏折）

466 云贵广西总督鄂尔泰《敬陈兴修云南宜良县水利并改自滇通粤河道折》

雍正八年正月十三日

云贵广西总督臣鄂尔泰谨奏：为敬陈水利并改河道事。

窃照云南府属之宜良县原有水道，其在县之西者，有汤池龙泉，一十八村之田亩悉资灌溉，不过修整埂坝，开浚河身，便可无水旱之虞。其在县之东者有赤江一道，发源曲靖，穿过陆凉，流于该县，达于澄江，原属巨浸，但江深岸高，无济田亩。狗街六村计十五里，向无水以供栽插，业经臣于六年冬檄令该县相其水道，开引孙、王、吴营之水以灌田，赤江以东亦现受其利。独县治之东、赤江之西，自黑羊村以至水赶村，共四十余里，从来无水，田亩不下万顷，每栽插失时，所收歉薄，约计十亩尚不敌县北之一亩。

臣查宜良、河阳交界地方有阳宗海，宽十里，南北长三十里，其深莫测，前明有粮道文衡者，曾开挖此水，穿山过箐，从汤池已至黑羊村，今虽稍淤，田亩犹赖以利济。臣谕该县，前人既可行之于前，今人何不踵之于后？县北之四十余里既可挖，县南之四十余里宁不可凿乎？若能开至水赶村，通赤江，其济利甚溥。仰即传集绅士、耆老，公议开修。去后，续据知县邢恭先禀称："奉谕之后，即集阖邑士民公议疏凿，俱各欢忻踊跃，业择于十月初三日兴工，日有千夫，各开各界，并不要工价，但须接济食米。"等语。及臣赴粤之便经过该县，亲加查问，薄示犒奖，士民鼓舞倍常，约于岁底春初即可以竣事。但北屯疏浚，南屯开挖，共计八十余里，不无伤损民田。应俟事竣之日，或抵补，或开除，或给价，务使地无遗利而民享其成，此臣之所至愿也。（夹批：极好之举。）

至于通粤河道，自滇之阿迷州直达粤之八达汛中止，有土黄一百数十里之陆路，前经臣奏明。今查得由飞塘至八达河止，计水程二百四十里，水势平缓，易于疏凿，大可行舟。由八达河登陆，至土黄，计一百八十里，下船直通剥隘、百色，计水程六百九十四里。与其历诸险滩至阿迷州登陆，六日方到云南省城，不若由八达河下船至飞塘登陆，由广西府至省城，计程亦不过六日，既险易迥殊，且工费悬绝。臣随于途次面交广西府知府周琛，令将广西府至云南省城六站陆路修整宽平，务使可以行车。复札谕粮储水利道黄士杰，令于此一百八十里陆路两头盖车店两处，共打车一百辆，买大牛一百条，委妥人照管，以便载运钱铜，招引商贾。

至此条陆路，原系粤西西隆州地界，自八达至马蚌四十里有塘房可住，须添盖牛棚二十间；自马蚌至古障五十里，亦有塘房，须添盖牛棚二十间；自古障至央达六十五里，无屋可宿，须盖塘房十五间，牛棚二十间；自央达至土黄三十五里，须盖塘房十五间，牛棚二十间。业经檄饬西隆州照站起盖，并令该道一面差人支取臣存库养廉银，照价给发。兹据知府周垛禀报："至省陆路，业遵谕逐一修整平坦宽阔，牛车可以通行。（**夹批**：庆快事也。向闻此路甚属险峻，未料如此轻易就绪，可见未有实心办事者之所致。天工，人其代之，原不误也。）又据粮道禀报，车已打造，牛已买备，其河路船只早已足用。"等语。其塘房、牛棚，现又饬催西隆州作速兴造。缘为滇粤通道计，臣不敢少有将就，事期可久，不得不更为通酌者也。合并缮折具奏，伏乞圣主睿鉴。臣谨奏。

朱批：是当之至。

（《朱批谕旨》鄂尔泰奏折）

467　云贵广西总督鄂尔泰《奏报广南土富州土司土目投见归诚情形折》

雍正八年正月十三日

云贵广西总督臣鄂尔泰谨奏：为广南土司土目投见归诚事。

窃照云南广南府土同知侬绳英犯法，拟绞，业经监毙，其妻严氏抚幼管事，其权俱归土目。其四大头目，曰内甲，曰总管，曰板栏，曰内兵。其板栏，有陆顺达与其子陆尚安等，互相济恶，官府传唤，从不入城，即偶至城外，亦必带兵四路埋伏。其于村中占夺、烧抢，种种不法。曾于康熙五十六七年间，各头目遍起，土兵围城，几陷，亦惟事隐忍，不可奈何！及经臣出示，明书陆顺达、陆尚安等名，晓以改过从宽，怙恶必戮大意，后亦稍知敛迹。臣于雍正五年八月初一日覆奏升任广南府经历吴启文折内奏明，荷奉朱批："览此奏，朕明悉矣。次第缓为之。卿自有斟酌道理。朕意，凡烟瘴之地，改流极宜详慎。钦此。"臣即密谕该地方文武，外示宽容，密为防范，以便缓图。

今臣巡视粤西，路经广南，预行檄饬经过地方，凡土官、土目人等俱来听宣示皇仁，予以自新之路，开其迁善之心，如有隐匿不出者，定行严处。去后，到处土官、目民人等，无论远近，尽来投见，臣随加奖赏劝谕。于十一月十九日，将至广南，即有侬绳英之妻严氏，同其姑禄氏，率领伊子侬振裔并四大头目等泥首郊迎。臣于二十日逗留一天，尽传至行署，面加开示，若能改过自新，已往不究，若仍蹈前非，即严拿正法。该目人等无不感激泣下，誓为良善。内陆尚贵一目，前岁征剿八达寨时曾调领土兵奋勇效力，业造入军功册内。今因其来见，赏以绸缎、银牌等物，并令以外委把总随营行走，一以示奖励，一以便指使。陆尚贵涕泣叩头，感激悦服。时陆尚安一目犹畏罪未出，及至次早，将起行，陆尚安投到，俯首请死。臣历数其恶，故作必杀状，并令其回寨预作准备，以待屠灭。而陆尚安叩头设誓，愿永作良民，恳随赴广西，随回云南，以效犬马。迨随行两日，已入土富州境，臣许以不杀，令一听流官约束。时土官母子并大头目人等俱在，臣复剀切开示，令其各回，大众感谢，皆有依恋之意。盖广南夷患不在土官，而在土目，夷民受其残虐而无可告语者已非一日，故深有望于此举，而群以为大幸也。（**夹批**：是当之处！不胜批谕，惟以手加额，感谢上天、圣祖之默启卿衷耳。）随抵土富州，该土州沈肇乾力疾远迎，匍匐道左，夷目人等无不欢跃。臣亦加以奖励，谕令宁辑地方，各安本业。伊等皆知感戴，听受惟谨。嗣于十二月十四日，行抵广西柳州府，据广南府知府贾秉臣、广南营参将冯鸾禀称："有抚幼管理广南府土同知事务严氏，率领土目亲具印呈，内称：'自大宪节制抚恤，汉夷同视，近来年丰时和，祥瑞叠见。幸逢巡视粤西，沙侬今日见天，敢不及时向化？氏虽女流，亦具天良，诚心爱戴，情愿于原纳额粮一千八百二十二石零外，增输熟粮一千一百七十七石零，共足三千石。'又广南府向无城郭，愿捐己资建筑城垣一座，不敢派累夷民，以报国恩。土目陆顺达等众志如一，恳恩转达。"等情。又据广南府富州土知州沈肇乾亦具印呈，内称："自沐圣朝覆冒，生齿日蕃，荒土渐开。兹逢大宪冒瘴冲烟，为民筹画，虽属土夷，亦具天性，情愿照原额秋粮三百六十六石零外，增输粮米六百三十三石零，共足一千石，以供兵食。又卑州向无城垣，愿捐祖遗赀财在归朝地方建城一座，以固边防。职属九苟土目头人方准矩等纷纷踊跃，各各倾诚，永愿为圣世良民，伏乞转达。"等情。又据冯鸾禀报："有广南老土目陆顺达面禀：'今蒙大宪巡历，恩威普著，合门感激不杀之恩，谨缴从前收存大炮一座、过山鸟一尊，愿永为良善。此外尚有大炮，各头目情愿总缴，伏乞赏准从缓，查出一并缴上。'再广南土目俱已到齐，惟陆尚元盘踞弥勒湾地方，从不进城，今又未到，现已严檄土同知饬查另报。"各等情到臣。

臣查云南广、富二土司地广田肥，不让内地。广南一营兵米岁需不敷，仍须采买。而接壤粤界沙侬素多仇杀，又并无城垣可资防御，目前虽属宁帖，终非久远之计。臣曾委员料估城费，即石基土墙，亦需一万余金，而广、富粮米颇多，即加增一倍，亦甚属从容。今该土司、目民人等既自乐输将，愿捐建造，自应批准，令其据呈通详。（**夹批**：虽出伊等至诚，但此城不可听令捐修，当请动正项修理。可备叙情由，引朕谕旨具本题奏。）其陆尚元一目独未投见，未可竟置不问。臣已批令先行开导，予以生全，倘敢有顽抗，立即擒治。盖从前原不妨宽缓，以待徐图。此时则务当严急，以齐众志。陆尚元固无能为，恐将生众目之心也。其土同知嫡子侬振裔年已十六，例应承袭管事。臣已批令取结具详，并不许令伊有丝毫杂费去讫。

至于广南一营，地方辽阔，汛广兵单，实不足分布弹压。按旧制，广南营属广罗协兼辖，系臣衙门统辖，并不受开化镇节制，是以遇有事，故呼应不灵，彼此推诿，以致日久废弛。查广南府离省城十二站，离广罗协驻扎之广西府八站，而开化府一镇，离广西府、广南府皆止四五站。较论远近，此一协一营自应归并开化镇管辖，庶便酌缓急，以资调度，且此一隅系三省交界极边之地，今统归一镇，则黔有安笼镇，粤有右江镇，与滇镇三方鼎峙，连络声援，亦足以建威消萌，永谋宁谧。但道里形势臣尚未周悉，或将开化镇竟移驻广南，将副将移驻开化；或将广南改协，广罗改营，两相调换。容臣详悉筹画，再当会疏请旨遵行。（**夹批：**是。）

除输粮数目及建城日期俟详到题报外，所有广、富二土司、土目投见归诚情形，合先缮折奏闻，伏乞圣主睿鉴。臣谨奏。

朱批：览。

（《朱批谕旨》鄂尔泰奏折）

468　云贵广西总督鄂尔泰《为客民被劫揭参疏防武职疏》
雍正八年三月九日

少保兵部尚书兼都察院右都御史总督云南贵州广西三省等处地方事务兼理粮饷世袭三等阿思哈尼哈番加二级纪录二次鄂：为报明事。

据云南按察使常安详称："案拟云南府详拟昆阳州吏目童承恩报拟，内五甸火头普期鹅、李发甲报拟，寄居他得衣江西客民刘发万、刘殿宣、李选伟、刘偶兼报称：'雍正七年八月初六日三更时候，被贼将门撬开，入室将刘发万等银钱、衣服、什物等项尽劫一空。事关盗案，理合具报。'等情通详。奉云贵广西鄂部院批开，仰云按察司饬拿赃盗，务获完报，查开疏防职名，依限详参，仍候抚都院批示。缴奉云南沈抚院批开，仰按察司作速檄行昆阳、嶍峨等州县附近文武衙门，会差兵役，勒限跟拿，赃犯务获，审解追赃给主，毋任兔脱干咎。先取疏防文武职名报参，仍候督部院批示缴。又奉本部院批拟云南城守营，详同前由。奉批：仰云按察司，查照云南府详批示遵行，仍候抚都院批示缴。奉云南沈抚院批开，仰按察司查照云南府详批示遵行，仍候督部院批示缴各等因。奉遵，即移行云南城守营、府遵照。去后，嗣据该府详据昆阳州知州刘际平详称：'该卑职遵查，州属他得衣地方寄居客民刘发万等被盗一案，因属州徐本倦奉调入闱，卑职尚未到任，经吏目童承恩呈报在案。迨卑职于九月十五日到署，即会同兼汛把总吴澜星往他得地方查勘，刘发万等被劫情形，系撬开前门进屋。随差兵役，勒限严拿。去后，嗣于本年九月二十二日，拟捕役曹国兴等拿获盗首李应宗到案。随即当堂验无私拷伤痕，讯拟，李应宗供认，常往他得衣卖工，不时于刘发万家行走，探知刘发万们颇有积蓄，遂于七月二十八日前往新平县赶场，路遇贾骨，邀歇于家，饮酒起意，遂行纠约舍黑巴、马保、哈白巴、哈得赏、腊哈额、九月保、方所、期育、撒哥、纳第、哈作共一十四人，各持木棍，于八月初六日，在尾白果山会齐，至二更时分，齐至他得衣地方。留期育看守行李，余皆同至刘发万门首，各自在外把风并撬门，入室行劫，搜赃负往，到祖母山分赃而散。随又差捕役缉拿李应宗，供出伙盗。去后，嗣据捕役陆续拿获伙盗舍黑巴、哈得、赏腊、九月保、期育、马保、哈额、纳弟、哈作、撒哥、方所、哈白巴等十二名到案，当堂验无私拷伤痕，当即讯拟舍黑巴等俱与李应宗所供无异不录外，随于李应宗名下，起获蓝布银包一个，银一件，重七钱五分；舍黑巴名下起获锡盘四个；哈得名下起获被一床，缨子一头，卧单一床，蓝布衫一件，白布袜一双，赃银三两八钱；赏腊名下起获莺膀褂一件，夹袜一双，蓝布褂一件，竹青褂一件，赃银三两；九月保名下起获布口袋一条，裤一条，蓝布袄一件，蓝布褂一件，蓝布衫子一件，袜一双，纸袋一个，吊刀一把；期育名下起获蓝布衫二件，蓝裤一条，赃银二两七钱；马保名下起获蓝绫一丈二尺，竹青长褂一件，缨子一头，莺膀褂一件；哈额名下起获蓝布短袄一件，毛毯一床；纳第名下起获蓝布短袄一件，帽缨二头，蓝袜一双，白袜套一双，竹青褂一件；哈作名下起获蓝衣一件；哈白巴名下起获蓝棉袜一双，青滚身一件，竹青褂一件，蓝裤子一条，酒壶二把，赃银四两一钱；撒哥、方所等名下尚未起获赃物，现在查起。随唤失主刘发万等将所起赃物给认明白，贮库。现获各盗监禁，俟捕缉勒拿逸贼贾骨一名务获，确审定拟，招解追赃给主外，所有获盗日期、赃伙数目，合先通报。'等情。详批缉审在案。催据该营、府将文武疏防各职移报到司，准拟。此该按察使常安查看得：昆阳州属他得衣寄居江西客名刘发万等，于雍正七年八月初六日被盗，劫去衣服、银两、什物，拟云南府同详，奉批缉审，遵经移行云南城守营、府勒拿赃盗，照例取具疏防各职名报参。去后，嗣拟该州、府详报，于本年九月二十二日，拿获盗首李应宗，供出同伙十四人，并起获银、衣等各赃物。又续拟报获李应宗供出之同伙盗舍黑巴、哈得、赏腊、九月保、期育、马宝、哈额、纳第、哈作、撒哥、方所、哈白巴等十二名，止有逸贼贾骨一名未获，已获贼十三名。除饬拿逸贼，务获审转外，查署昆阳州事徐本倦，未经失盗之先，奉调入闱办事。现在知州刘际平，系于九月初四日到任，此案八月初六日夜失事，州牧正署缺员。查文武专汛，系昆阳州吏目童承恩兼辖，系云南府督捕通判杨玺，知府系不同城职名，应邀免并。统辖道员久经裁缺。其武职专汛，系云南城守营汛防易门左哨二司把总吴润兼辖，云南城守营参将相应照应，照例具揭详报，请祈查核题参。"等情到臣。

　　该臣看得云南昆阳州属他得衣地方寄居客民刘发万等，于雍正七年八月初六日夜被盗行劫一案，先拟府详，经臣批行云南按察司缉盗查参。去后，今拟按察使常安详称：此案已获盗犯李应宗等十三名，审供同伙十四人，止有贾骨一名未获，开列职名详参前来。除饬勒拿逸盗并审招报其疏防文武职名，听抚臣沈会参外，所有疏防武职、专汛云南城守营、分防易门县左哨二司把总吴润、兼辖云南城守营参将姚起龙，相应题参。至盗犯已获过半，合并声明，听候部议。臣谨会同云南巡抚臣沈、驻扎大理府提督臣张合词具题，伏乞皇上睿鉴，敕部议覆施行。再照臣因公赴粤，滇省事件例得展限。合并陈明。为此，除具题外，理合揭须至揭帖者。

469　云南巡抚沈廷正《奏覆遵谕效法鄂尔泰等公忠尽职并缴朱批折》
雍正八年三月二十一日

云南巡抚沈廷正谨奏：为恭缴朱批，仰祈睿鉴事。

窃臣前奏滇省叠次瑞应一折，奉有朱批；又奏滇省钱法事宜一折，奉有朱批。伏念臣赋质愚蒙，见理未能圆通，遇事遂多迟钝，（**夹批：** 非迟钝也，总为私心蒙蔽所致耳。）此所以远不及鄂尔泰、田文镜、李卫三臣能尽恭顺之大也。兹蒙皇上天恩，训诲周详，令臣效法三臣，臣得恍然觉悟，有所遵循，此诚从古以来之君上未有如此开导臣子者。臣何幸，而得遭逢圣主，且与督臣鄂尔泰同事一方，朝夕相晤。惟有夙夜孜孜，效法督臣鄂尔泰，以竭尽犬马之微诚耳。

至滇省嘉瑞叠见，实系皇上诚敬感召所致，且简任总督臣鄂尔泰节制三省，公忠宣力，故祥瑞屡昭。虽皇上谦抑不居，而勋猷如鄂尔泰，平日与臣言及，亦为推崇圣德，不敢稍有几微自居之心。（**夹批：** 朕与鄂尔泰非故为不居，乃真实不居。至如汝不居而居，居何堪居？所以小人两头不着，一无成就也。但当勉求诸本，何必徒掉空文。）臣何人，斯敢萌希冀？乃蒙皇上格外提撕，戒臣莫存无耻之念。臣跪诵感激，惟有时时敬畏，益加惕厉，凡事请教督臣鄂尔泰指示而行，以上酬高厚生成之恩于万一。理合将原折朱批恭缴。谨奏。

朱批： 览。

（《朱批谕旨》沈廷正奏折）

470　云南巡抚沈廷正《奏奉训谕指点学习鄂尔泰根源并缴朱批折》
雍正八年三月二十一日

云南巡抚沈廷正谨奏：为恭缴朱批，仰祈睿鉴事。

窃臣前恭缴朱批奏折三扣，内奉朱批："从来小人但知畏威畏害畏贫而已，此外则恬然不以为意。不如是，圣人何以言小人而无忌惮耶？正为其不当畏而畏，当畏而反不知畏也。"又蒙朱批："鲁论云'君子有三畏'。可见畏之一念，时刻不可去怀。果能如此，日久无间，上天神明自有照鉴，为人为臣之道毕矣。"又蒙朱批："似汝庸才，仍未解鄂尔泰同任封疆，不便直言之意。朕姑以数语譬晓之，令汝明悉。如鄂尔泰乃系为国家做官，沈廷正系为沈廷正做官，此所以二人有霄壤之分也。根本处见未透，枝叶边纵，千万言亦讲不备。汝自言切中汝弊，尤属醉乡说梦，不但未解鄂尔泰之意，即朕训汝局浅量狭之意亦未能领会也。诚欲力改弊病，惟务本，毋逐末而已。"又蒙朱批："朕拭目以观汝之勉励也。钦此。"（**夹批**：将朕数次训汝之谕旨令鄂尔泰知之。）臣恭绎圣训："小人非全无所畏，但不当畏而畏之，仍是小人之无忌惮，与三畏之君子迥然霄壤。"大哉王言！阐前圣之精微，发先儒之未及，诚足为万世之谟训矣。臣虽至愚，自当慎择其所当畏者，时刻提撕，以仰副我皇上恳切垂诫之至意。臣上不能体圣主之训，下不能喻督臣鄂尔泰之意，自是臣赋质愚昧，理会不到所致。今蒙皇上谆谆开导，又复直截提撕，指点根源。跪诵再三，感激流涕。臣惟有竭尽愚诚，夙夜敬畏，以仰报高厚于万一耳。所有原奉朱批，理合缮折恭缴。谨奏。

朱批：谆谆言之，不啻舌敝唇干，若犹不能领会而无愤悱之心，则为木石之无知，洵非人类矣。

（《朱批谕旨》沈廷正奏折）

471　云南巡抚沈廷正《奏谢恩命从宽降三级留任折》
雍正八年三月二十一日

云南巡抚沈廷正谨奏：为恭谢天恩事。

窃臣因原任陕西延安府任内，有鄜州革职知州高怡等各任内私借仓粮一案未经查出，经部议革职。奉旨：从宽降三级留任。臣跪读之下，感激涕零，愧悚靡涯。随恭设香案，望阙叩头，具本奏谢外，伏念臣一介庸愚，过愆丛积，寸长未效，屡蒙皇上逾格隆恩，正在惶愧恐惧，寤寐难安，兹复荷恩纶宽宥，臣益觉惭感交集。此生即捐糜顶踵，亦不足上酬高厚之恩。惟有夙夜冰兢，图赎前愆，恪遵谕旨，愈加勉励，以仰报皇上生成之恩于万一耳。臣不胜激切惶恐之至，谨缮折恭谢天恩，伏祈睿鉴。谨奏。

朱批：玷职之羞至于再三，不特汝怀惭恧，朕亦代汝愧之。

（《朱批谕旨》沈廷正奏折）

472　云南巡抚沈廷正《奏报保举乌蒙府经历金言可胜州县之任折》
雍正八年三月二十一日

云南巡抚沈廷正谨奏：为保举事。

前钦奉上谕："外官所辖之现任佐贰、杂职等属员，亦准其保荐。"等因。仰见我皇上因材器使，慎选庶职。臣至滇省以来，凡末僚进见，亦必加意体察，延访庶务，以观其才具。见乌蒙府经历金言，人颇明白，办事勤慎，可胜州县之任。臣于上年即与督臣鄂尔泰会商，据鄂尔泰亦云金言前往晋宁州吏目时，奉职勤敏，调升今职，在乌蒙办事努力，询堪保举之员。臣彼时因金言现委运制钱，前往广西，俟其回滇之日，再为保送。今金言已经回任，正在保送间，适接部文，奉上谕："着将各保一人之例停止。钦此。"臣不敢越例保送。但臣见金言能胜州县之任，亦何敢不据实奏闻，以仰副皇上爱惜人才之至意。倘蒙恩准引见，臣即给咨，令其赴部。伏祈皇上睿鉴，批示遵行。谨奏。

朱批：准尔保送，即援此旨咨明该部可也。

（《朱批谕旨》沈廷正奏折）

473　云南巡抚沈廷正《奏奉督臣转传谕旨恭谢垂训折》
雍正八年三月二十一日

云南巡抚沈廷正谨奏：为仰蒙圣恩垂训，感激难名，敬抒下悃，伏祈睿鉴事。

本年三月十九日，督臣鄂尔泰将前在桂林，接到"尔泰陈明盐务厂局事件，应听抚臣沈廷正总理"折内，钦奉朱批："沈廷正操守甚不可信，卿酌量之。回滇时，将朕谕令沈廷正知之。钦此。"臣跪读之下，惶悚无地，感激涕零，当即叩头谢恩。

窃念臣一介微末，素蒙圣恩豢养，知臣最深，且臣年年过愆丛积，（**夹批**：连年过愆尚可恕，若一生过愆则不可姑容矣。）屡蒙皇上特赐宽宥，谕旨教诫，开导谆切，靡所不至。若犹不能恪守清操，稍萌不肖之念，则实无以自列于人类。兹复蒙皇上令督臣鄂尔泰转传谕旨，臣惟有益加勉励，砥砺廉隅，以期无负皇上教育之洪恩于万一耳。所有督臣转传谕旨缘由，理合缮折恭奏，伏乞睿鉴。谨奏。

朱批：但当痛加洗涤，励心砥行，空言无益也。

（《朱批谕旨》沈廷正奏折）

474　云南巡抚沈廷正《奏谢恩赐御书福字又全羊一只折》
雍正八年三月二十一日

云南巡抚沈廷正九叩首，谨奏：为恭谢天恩事。

本年正月贰拾陆日，臣赍折家人回滇，敬捧皇上恩赐臣御书福字，又全羊壹只。臣出郊跪迎至署，恭设香案，望阙叩头谢恩讫。

窃臣才识庸愚，寸长莫效，愧悚方深。兹蒙圣恩赐以御书福字，则所以勉臣无忝厥职，以恭承天□者，实为至渥。臣敬谨祗领，奉为世宝后，幕勒悬供，每于瞻仰之时，感激愈深，敬畏弥切。惟有朝夕奋励，更加警惕，上以恪遵圣训，下以效法督臣鄂尔泰，以仰副皇上赐福之隆恩耳。至所赏之全羊，在省司道等各官，臣均行令分给，以广恩赐。理合缮折恭谢天恩，伏乞睿鉴。谨奏。

朱批： 览。

（《雍正朝汉文朱批奏折汇编》第十八辑，第227页）

475　云南巡抚沈廷正《奏报滇省叠现祥瑞折》
雍正八年三月二十一日

云南巡抚臣沈廷正九叩首，谨奏：为奏闻事。

据布政司张允随禀报："雍正柒年拾壹月贰日戌刻，见一星从东方起，色正黄，其光熊熊煌煌，并不芒射，较众星独明润而大。嗣后，每夕见光色相同，兵民共睹，额手欢忭。"臣随批令确查。因督臣鄂尔泰巡视粤西，写书通知，督臣亦谕令覆查。去后，复续据布政司张允随覆称："查得拾壹月贰日，岁星昏出，躔度井水，宿为升殿，属云、贵、川、陕分野。又查《天官书》云'岁星一曰摄提，曰重华，曰应星，曰纪星'；又曰'色光明润，君寿民富，主福，主五谷'；又曰'星色赤黄而沉，所居野大穰'；又云'其色明而内黄，天下安宁'。今按云南所见星象方位，正是岁星呈祥，占为人主仁德同天，锡福无疆，百姓安宁，五谷丰稔，实为瑞应。"等语。兹督臣鄂尔泰旋滇，臣复请教，督臣鄂尔泰云："虽不敢妄拟，但其色黄大明润，创见罕闻，即为岁星，亦属上瑞。"

又据新平县知县鲁应兆并新嶍营参将杨国华详报："雍正柒年拾贰月贰拾壹日，庆云捧日，历午、未、申至酉初之久。"又据云南府同知臧珊并昆阳等州、昆明等县合词详称："据昆阳州士民李超等禀称，本年正月贰拾肆日，粮道奉总督饬委大修海口，祭祀龙神，陈设方毕，午刻，见有白龙闪烁云端，起庙北之凤凰山，升东北之龙马山，约行伍里。于贰月拾伍日破土开工，复行祭告，正当午时，白龙如前再现，观者益众。"等因。臣窃思此实我皇上至诚昭孚，恩泽遐被，督臣鄂尔泰又能上体皇上兴修水利、惠养生民之至计，是以工程甫兴，而神龙现灵享祀。仰惟我皇上圣不自圣，从不轻言祥瑞，而滇省有此叠见之嘉征，既据各属申报前来，臣又何敢壅于上闻？谨特据实缮折恭奏，伏祈睿鉴。谨奏。

朱批： 览。

（《雍正朝汉文朱批奏折汇编》第十八辑，第232页）

476 云南巡抚沈廷正《奏报与广西府拿获接受位札人犯折》

雍正八年三月二十一日

云南巡抚臣沈廷正九叩首，谨奏：为奏闻事。

窃臣蒙皇上天恩，委以封疆重任。因滇南地处边徼，于弭奸剔暴、宁谧地方之务尤为切要。臣莅任时，即承督臣鄂尔泰将边境阨隘、汉奸苗僮出入情形备加详述，及督臣鄂尔泰将由广南至粤西时，臣复谆谆请教，督臣鄂尔泰又以广南邻近粤西地处交界，恐奸匪潜踪，更宜加意防范，无论远近，俱各密为通知。嗣接督臣鄂尔泰来信，云："广东肇庆府属之恩平、开平等县，有奸匪聚众，散布伪札，随即陆续擒获。"又粤西泗城府武举岑映纶首报："李天保等散布伪札，随与土田州知州岑应祺协力拿获。虽讯系挖窑刨银为词，但散有伪札，现在严审跟究。"等因到臣。

臣查泗城与滇省之广南府交界，其李天保等虽经拿获，恐有余党逃匿邻省，遂严谕各属协同地方文武密访巡拿。兹据广南营参将冯鸾禀据广南府属之土富州汛防把总范朝聘协同土富州知州沈肇乾，先后拿获受札犯人黄玘平、萧先生、赵大哥、黄国雄、罗老四等五名，俱饬令选差管队，并会同土富州差目于叁月初捌日押解粤西右江镇臣蔡成贵转解等因。其该犯等是否与分布伪札之李天保等各案一起，应听广西抚臣金鉷审明定案。督臣鄂尔泰与臣惟恐犹有余党潜伏，复会同严饬密查外，谨将获解黄玘平等伍名日期先行恭折奏闻，伏祈睿鉴。谨奏。

朱批：知道了。

（《雍正朝汉文朱批奏折汇编》第十八辑，第234页）

477 云贵广西总督鄂尔泰《奏谢御赐御书福字等物及朱批问好折》

雍正八年三月二十六日

云贵广西总督臣鄂尔泰谨奏：为恭谢圣恩事。

雍正七年十二月二十九日，臣赍折家人蒙恩赏银十两，驰驿赍回御赐臣御书福字一幅，御书对联"岁岁平安节，年年如意春"，十字平安如意荷包一个，堆锦荷包一个，内贮金钱宝玉等各十四枚，哈密瓜二圆，文旦四会，柑红柑卢柑甜橙共一箱，各种敖尔布哈一匣，奶饼一匣，鹿尾十条，树鸡六只，野鸡十只，细鳞白鱼二尾，多乐鱼二尾，鹿肉十四块，鹿肠二副抵广西省城。臣随郊迎至行署，恭设香案，望阙叩头谢恩祗领讫。敬启折扣，荷蒙朱批："朕躬甚安。卿好么？新春新喜，诸凡平安吉利如意也。钦此。"

又恭奉圣训折内荷蒙朱批："欣幸览之，此实卿忠诚之所感召，非朕推美于卿，作违心之谕也。然上天赐佑之德，朕亦不敢矫情，谓于朕无涉。盖君臣之间，若少不能视为一体，则为庸主愚臣矣。同喜二字，实为通论，余无可谕。钦此。"

伏念臣身在万里，心依九重，感圣恩之逾厚。顾臣职之匪轻，每自省自讼，斯惧斯惭，虽时敬体天心，未能步驱一二，幽独之地，只应自知。兹跪诵同喜，深维一体，心驰神悚，复不禁涕泪之盈襟也。至"诸凡平安如意"，臣自赴粤返滇，周行四省，气候各殊，水陆迭替，不但臣身体强健，精力倍增，即随从二百余人，并无一人疾病。而人情和悦，气象光昌，一切举行，半多顺遂。惟圣主之赐，直遍及庶人。臣之庆幸，实有莫可名言者。若恭逢至圣之主，而犹无所领受，顾自安于愚，是为下愚不移者，臣愈知所以自处矣。

再臣恭报三省秋收折内，荷蒙朱批："以手加额览之。朕向来深信天道捷如影响，今历睹滇黔之赐应，实愈加亲切，倍增寅畏也。不但当世封疆大臣起奋勉效法之心，即将来奕祀膺父母斯民之任者，亦莫不兴感忠诚任事之念也。卿之功大矣！上天圣祖赐朕之恩厚矣！我君臣惟愈加敬谨，以仰报天祖之罔极耳。期共勉之。钦此。"臣捧读数四，悚惕汗流。伏维天道无私，人心有著敬谨，所以修身寅畏，所以立命。但能深喻影响，自必各起奋兴，在上天之鉴察昭垂，固至公至信。实一人之忧勤惕励，必敬必诚。如微臣者，虽立心行事，不敢自甘暴弃。然数年以来，所以少有进境者，实惟圣训之裁成，而无他学问。感切忻幸，更有出于恩光荣宠之外者，扪心自审，殊未敢稍有欺饰，以上负我慈父也。忠诚敬谨，务期终身勉之，当世奕祀并非所敢计。谨此缮折恭谢圣恩，伏乞圣主睿鉴。臣谨奏。

朱批：览卿奏谢矣。

（《朱批谕旨》鄂尔泰奏折）

478 云贵广西总督鄂尔泰《奏报南宁府星辰呈祥折》

雍正八年三月二十六日

云贵广西总督臣鄂尔泰谨奏：为奏闻事。

窃臣巡视粤西，行抵南宁府，接据云南布政使张允随禀报："雍正七年十一月十二日戌刻，见一星从东方起，色正黄，其光熊熊煌煌，并不芒射，较众星独明润而大。嗣后，每夕见光色相同，兵民共睹，额首欢忭。"等因。臣经谕令查明分野，详考典籍，敬于御赐臣《古今图书集成》内确查详核。续据禀覆："查得十一月十二等日，岁星昏出，躔度井水，宿为升殿，属云、贵、川、陕分野。又查《天官书》云'岁星一日摄提，曰重华，曰应星，曰纪星'；又云'色光明润，君寿民富，主福，主五谷'；又云'星色赤黄而沈，所居野大穰'；又云'其色明而内黄，天下安宁'。今按云南所见星象方位，正是岁星呈祥，占为人主仁德同天，锡福无疆，百姓安宁，五谷丰稔，实为瑞应。"等情。臣经告知广西抚臣金鉷等，据称："查天文、考瑞星者，五行中和，旺相，喜合之所生也。王者，德至于天，则见其星有五，一曰景星，二曰周伯，三曰含誉，四曰格泽，五曰归邪。唐时李淳风瑞星辨有云'周伯赤色光润，或黄如橘'。按之滇省所见星出东方，黄大而明润无芒，以其状，则与黄大如橘相合，正系周伯瑞星，不得指为木星。"等语。该臣学识浅陋，负惭管窥，未有确见，不敢妄拟。但其色黄大明润，创见罕闻，即为岁星，亦实属上瑞，且臣自粤起程，由黔旋滇，一路雨旸应时，风和气暖，遍阅郊原，豆麦菜荞茂盛非常。而滇省春熟尤较往年加倍。其蚕豆一种，据农民亲说，可抵二三年收成，小麦现已将获，早田俱已插秧，是时和年丰已兆瑞应。惟一人之忧勤，俾万姓以乐利。臣得亲际其盛，感激庆幸，实莫可名言也。

再据张允随详报："临安府属新平县，于雍正七年十二月二十一日，庆云再见，历午、未、申三时。"臣虽未经题明，亦并不敢隐匿。在圣天子精神上格，德泽遐敷，符验自然，盈宁永赖。迄今八年，无论文武官弁感奋图报，即汉夷童叟皆激切输诚，此非臣之私言，亦非臣所得而私言者。天心可见，人事宜修。臣惟有时深敬畏，以自励自省已耳。

理合缮折，一并奏闻，伏乞圣主睿鉴。臣谨奏。

朱批：上天屡赐嘉应，朕从前所颁谕旨，实皆出于至诚。肺腑之论，不但可对天下臣民，即对天地神明、圣祖者亦此意念。实不敢自居，亦不敢不居。朕总不肯因此而稍存骄盈之念，谓已治已安也。惟尽一己之诚敬，如时对圣祖君父，朝乾夕惕，以仰邀上天之慈佑鉴照耳。然实赖卿等内外大臣一心一德，协赞朕躬之不逮，以利益苍生也。期共勉之。

（《朱批谕旨》鄂尔泰奏折）

479　云贵广西总督鄂尔泰《奏报云南府海口兴工、神龙示瑞及埂滩修挖情形折》

雍正八年三月二十六日

云贵广西总督臣鄂尔泰谨奏：为海口兴工、神龙示现事。

窃滇省为山多水少之区，水利尤宜调剂。其无水者固须相度水源，疏通灌溉，而有水之地又虑沙漩水溢，涨没田禾。查云南府昆明池，原需此以济昆明、呈贡、晋宁、昆阳等四州县之田地，但海口出水处既已狭隘，且众水汇入之处又复沙随水下，以至壅塞泛溢，而每年不无淹没。臣前檄另开子河以分其势，现已告成，奏报在案。而海口尚有旧埝一条，横塞其中，埝外有牛舌滩一个，又侧而下有牛舌洲一个，此一埝二滩拦阻，不能泻泄，以致田地被浸。其旧埝淤泥尚易挑挖，而牛舌滩、牛舌洲从来未经议挖。

臣窃思畏难观望，则膏腴非民有，罪实在官。因先测量水势，海沿深八九尺，近两滩之水仅止九寸，其不得条达畅流者，势使之然。臣于去冬赴粤时，将一埝二滩开挖工费切谕粮储水利道黄士杰确估，即令其遴员料理。今据黄士杰禀报："奉委修河，随于正月二十四日率领在工人员、云南府同知臧珊等同至海口敬祀龙神，忽见白龙摩空，全身俱现，闪烁有光，鳞、角、爪、尾无不毕露。其色初黑后白，起直北之凤凰山，升东北之龙马山，约行五六里，凌空而上，观者共惊奇异然，犹以为适逢其会，不敢具报。于二月十五日破土兴工，又临海口，虔备牲醴敬告，惠济龙王。忽见云从海起，风雨交作，见白龙上升，仿佛如前状。祭毕，依然风和雨霁，官民、匠役、滨海居民不下数千人，无不惊奇欣庆。窃思事关民命，工系创兴，惟神有灵，事必克济。此皆我皇上乾德升闻，神灵告瑞，不敢壅于禀达。"等语到臣。

臣念兴工祀告之日，而龙神两次显形是实，许可此举，将必默助成功。随批令致敬竭诚，以襄厥事，不可稍有懈忽，以负神庥去讫。续据黄士杰禀称："牛舌滩一座今已挖平至水面，牛舌洲亦已挖去其半，再得数日俱可挖平。并于滩底挖出古钱数百文，知此两滩俱由沙泥壅滞日积月累而致，原非生成，不可开凿。"等语。臣复思此一滩一洲，若仅与水平，尚未能畅达，必更深下三四尺方能通畅。随又饬令加工，并俟滩洲完工后即挑挖旧埝。再查得水尾有石龙坝横梗中流，水必迂回，不能直下，而石龙坝又断难开凿。臣已另买民田，照值给价，开筑成河，以便泄水，统计月内俱可以报竣。而四州县或能涸出良田，永利民生也。除俟工竣另报外，所有海口兴工、神灵告瑞及一埝二滩修挖缘由，合先奏闻，伏乞圣主睿鉴。臣谨奏。

朱批：以手加额览之。

（《朱批谕旨》鄂尔泰奏折）

480　云贵广西总督鄂尔泰《奏覆抚臣沈廷正操守才情折》

雍正八年三月二十六日

云贵广西总督臣鄂尔泰谨奏：为覆奏事。

窃臣报明监铜课息一折，荷蒙朱批："办理妥协之至，有何可谕？但沈廷正操守甚不可信，卿酌量之。不可因专政避嫌，倘有疏虞，朕惟卿是问耳。回滇时将朕谕令沈廷正知之。钦此。"臣于三月初八日回滇，随钦遵圣谕，密示闻知。沈廷正敬聆之下，激切惶悚，继以涕泣，据称："廷正以微末庸才，且屡有罪过，叨荷圣恩格外矜全，并授兹重任，若复少存不肖，岂是人类。"等语。

臣查沈廷正颇有历练，亦具才情。其向来行止原多不满人意，即莅任滇黔，共事几二岁，臣惟推诚相待，事事裁夷，时有劝词，务归以正。而沈廷正极相敬重，亦深信服。（**夹批：不过行不去耳。**）就现在操守，并未少有染指。但器局琐屑，意念游移，可以办细务而不足以当大事。（**夹批：画出伊形像矣。**）是则其短，臣不敢为之讳。至于一切钱粮，虽系抚臣专政，原属臣所兼理，本无嫌可避，亦何敢少有疏虞？独以臣衙门事务实数倍于抚臣，若得尽心协力，不因臣总理而有所诿卸，庶事益周详而可免遗漏。以故于离省赴粤时，面同司道，谆切言之，复经附陈，上渎圣听也。理合覆奏，伏乞圣主睿鉴。臣谨奏。

朱批： 览。

（《朱批谕旨》鄂尔泰奏折）

481　云贵广西总督鄂尔泰《奏报孟连土司刀派鼎愿纳厂课银两及怒江夷人愿纳土产折》
雍正八年四月二十日

云贵广西总督臣鄂尔泰谨奏：为土司纳课、野夷输诚事。

窃云南孟连土司地方逼近永昌，属隶缅国，其俗慓悍好劫，自古不通中国。本朝开滇以后，该土司仍不服提调，未经授职，每年止上差发银四十八两，交永昌府转解，此外一切公事，即奉牌谕，亦并不遵照，历久相安，业视为成例。昨岁，臣檄该府清查边界，据该土司刀派鼎申称："孟连一隅极处边末，内屏中夏，外捍野夷，山高箐密，民无恒产，惟赖募乃银厂以为用度。故自前明以来，世世相承，未曾贡赋。今圣天子在御，万国来朝，且孟连地方数年以来仰赖皇上洪福，安享太平，年年丰稔，情愿自雍正七年为始，每年纳厂课银六百两，以充兵饷。"等情。臣查边远酋长，惟应律以恭顺，原不必科其钱粮。但土夷重财即所以重礼，若无些须上纳，转难以示羁縻，随经批准令其按年交解。兹于雍正八年三月初五日，据布政使验报，孟连土司刀派鼎所认纳七年分厂课银六百两，业经解司兑收。除应会疏报明外，合先奏明。

又鹤庆府属维西边外有怒江三道，过江十余日，有野夷一种，名怒子，劫杀抢掠，久居化外。新设维西通判陈权约束抚绥颇有条理，怒子等群生感激，相率来维，将麂皮二十张，山驴皮十张，麻布三十筚，黄蜡八十斤，烦通事禀请，愿将此土产作赋，永隶圣朝。该通判加以劝谕，令将土产带回。而众怒子各交颈环叩，誓愿将前项土产者着为年例，以表倾心，情甚恳切。该通判始准收存，薄示奖赏，具报前来。

臣查怒子内向，愿纳土产，事虽微细，意颇谆诚，随经批司，准其交纳。该通判变价交司存公，并于奏销钱粮文尾叙明不入额款，其每年交纳之时，赏给盐三百斤，以为犒劳，业已存案讫。

合并奏闻，伏乞圣主睿鉴。臣谨奏。

朱批： 览。

（《朱批谕旨》鄂尔泰奏折）

482 云贵广西总督鄂尔泰《奏覆仓谷积贮管见折》
雍正八年四月二十日

云贵广西总督臣鄂尔泰谨奏：为遵旨酌覆事。

窃粤西抚臣金铁敬陈仓谷一折，荷蒙朱批："总与鄂尔泰商酌行之。钦此。"录示到臣。臣查粤西通省积贮，常平、社仓及捐谷三项，合计共一百五十三万余石，抚臣金铁拟共留贮谷一百六七万石，所余谷四十五六万石，概请粜卖充饷。伊为粤西一省计，自属可行。但据臣愚见，身任封疆，须合邻省而通算盈绌，不应就本省而独筹多寡。盖凡事有备则无患交济，斯有功，天时丰歉不齐，人事总可补救。即如广东一省，务末而贱农者多故仰食，而贩卖者众，岁即丰收，而乞余于西省者不下一二百万石。是西省之饶余，实以资东省之缺乏也。又如湖广全省，向为东南诸省所仰赖，谚所谓"湖广熟，天下足"者，诚以米既充裕，水又通流之故。而昨岁楚省歉收，吴省丰稔，江南之米且转运济荆南。是湖广之熟犹未可全恃矣。粤西界连衡永，溯湘江而直达长沙，倘有所需，粤未尝不可以济楚也。又如云南一省，山多田少，水路不通，大潦犹可望半收，小旱则难筹一策。臣到滇时，具悉从前米价竟有每石贵至十两、十五两者，纵使邻有余粟，无从接济。是以臣立意开浚通粤河道，务俾舟楫来往，以为缓急之资，原非仅为商贾货贷计也，且粤之柳、庆二府，与黔之都、黎二府接壤，今都江开通，无悍苗阻截，将来粤舟直可以抵黔。是粤省纵有余粟，未始不可济滇省，并以备黔省也。臣通盘核算，所贮一百五十余万石谷，止得米七十余万石，固不为过多，似无庸变价。况即以变价论，计四十五六万石谷，每石约价三钱上下，不过易银十四五万两。与其贮银，何若积谷？缘需用银时，每石谷总可得三钱上下之价，原无异于贮银。若需买谷时，恐三钱上下之价断不能得一石谷，适所以费帑矣。

又据云："不通水路之处不能接济邻封，脚价比米价多至两倍，万难出粜。拟减十分之七，或十之二三。其南、太、梧、浔、平五府及宣化、崇善二县酌请加增存贮。"等语。臣查裒多益寡，权有通无。仓储之要计，系属应行。但以不通水路，粜费倍多之州县不能接济邻封之故，始拟酌减存留，是通水路各属之谷原可以资接济，自不须议减。而南、太等府县应加增存贮之谷，势必仍令不通水路之州县拨运，则所需脚费谅亦不能太轻，而添盖仓厫等费又为所急需，若统于粜出三钱上下谷价内开销，似不若俟歉薄之岁，价值昂贵之时，先期拨谷，临时定价，既可无误接济，并亦可资运筹。（**夹批**：此论是当之处，不可言谕。天地神明必鉴之矣。）此件臣当再与金鉷妥酌，通变行之。

其桂林一府为省会重地，兵民商贾辐辏云集，食指浩繁，且与柳州为左右臂，原存谷数并不为多。今议府县两仓止贮谷六万石，减去五万三千石，是止实贮米三万石，非所以重省会也。据臣所虑，必不可行，至以霉浥折耗，损物累官为虑。臣思存七粜三，出陈易新，立法固已尽善，而调剂在人。其有亏空者，半系官吏侵那，其致霉浥者，多因仓厫渗漏，典守之责，参处何辞？若止于顶面气头，及积久因陈，稍有虫蛀等项，则情有可原，不难设法弥补。是惟在诸大吏秉公执法，就事察情。但能一视不偏，自可相安无怨。其多贮谷之各府州县，虽晾晒、出纳、盘运、交代之际原不无折累，然筹大益者，自不惜小损，计长久者，不徇目前。臣愚以为，粤西仓谷只应随时腾那，似未便易价减少者也。（**夹批**：是极！）

缘系奉旨酌行事理，除将臣所见备细札商抚臣金鉷外，谨缮折覆奏，伏乞圣主睿鉴，批示遵行。臣谨奏。

朱批：览。

（《朱批谕旨》鄂尔泰奏折）

483　云南总督鄂尔泰《奏呈永昌锦石调羹批子等物折》
雍正八年四月二十日

云南总督臣鄂尔泰谨进永昌锦石调羹批子八件、腾越碧玉调羹批子六件、古永石四块、三台石四块。

窃臣去岁冬月赴粤之前，赍折家奴回滇，传述奏事太监传旨，命"将云南所产似锦州石做成调羹批子附进，并发调羹样批子一只"到臣。随经臣差人往永昌采取，大小已得百十余块，因石质原有惊纹，又半夹杂砂子，匠作拙钝，多不能完成。兹仅得批子八件，赍呈御览，亦尚不能如式。臣意，或将大块锦石拣择赍进，命交内工制作，谅必自有巧法也。其腾越碧玉，质颇坚润，似可作调羹外，如古永石质亦细润，三台石内似宜兴色者；又石屏州有石一种，亦色似宜兴，而更深紫，似俱可制调羹。内庭如或可用，即当照式做成批子，陆续附进。（**夹批**：不必。）臣尔泰谨具请旨。

朱批：有口谕，来人有旨。

（《雍正朝汉文朱批奏折汇编》第十八辑，第 506～507 页）

484 云南总督鄂尔泰《奏报达赖喇嘛被劫请兵并川兵未动各情由折》

雍正八年四月二十日

云南总督臣鄂尔泰谨奏：为奏闻事。

雍正八年三月初一日，据鹤丽镇总兵官南天祥报称："据驻防中甸守备林发正禀，二月初二日，接据管理奔子栏事务土守备罗藏洛竹禀称：'昨岁差家人至里塘、巴塘一带地方探听，探得十二月二十，间有达赖喇嘛从藏来里塘，在吗喇丫、难泥坝两交界，被狔玀抢去东西四十余驮，云系珍珠、氆氇、藏毡、皮草等项物件。达赖喇嘛于正月十三日离里塘，坐格达因失盗，未去护官，行文至川省请兵。'"等语。又于二月初十日，据报探得里塘请川兵进剿狔玀情由，已准前站修路官兵已至里塘，有文云："喇嘛放心，昨岁因黎雅营高游击剿灭贼蛮未妥，今四川黄提督亲统官兵进剿，着令化林协副将开路先锋。达赖喇嘛欢喜，于正月十四日护送往格达去讫。"等情。理合转报到臣。

臣查达赖喇嘛久住里塘，现有拨护官兵，何致被狔玀抢劫什物？狔玀系何处管辖，何以漫无约束，亦无防范？护官何故请兵川兵，如何议剿？是否实情？行令该镇速饬将备逐一确查据报。去后，兹于四月初八日，复据该总兵验称："三月初一日，据报探得系西藏普拉台吉差人自西藏前来里塘进献达赖喇嘛，驮子行至呵喇冰松地方，被狔玀抢去是实，川兵并未有进剿之事。"等语到臣。除仍飞行饬不时差人侦探外，窃念里塘离川省较近，然与中甸首尾相连，是以臣谕令镇将等官时加巡查，于各隘口严行防御，并有无事情，不时禀报。今据报达赖喇嘛被劫请兵，并川兵未动各情由，理合据实奏闻，伏乞圣主睿鉴。臣尔泰谨奏。

朱批：川省现今奏请拨兵清理剿抚矣。若辈不加惩治一番，恶风不能尽息也。

（《雍正朝汉文朱批奏折汇编》第十八辑，第 507～508 页）

485　云南总督鄂尔泰《奏覆禄鼎坤若授职官宜于他省补用折》
雍正八年四月二十日

云南总督臣鄂尔泰谨奏：为钦奉上谕事。

雍正八年四月初七日，准兵部火牌递到大学士公马尔赛、大学士张廷玉寄字，内开："雍正八年二月二十八日，奉上谕：'昨禄鼎坤到京引见，朕看其人似尚老实。前鄂尔泰折奏禄鼎坤当留京，酌量于近省补用，不知鄂尔泰之意欲令禄鼎坤本身作宦于他省乎？抑欲令其家属俱随禄鼎坤移住于他省乎？从前曾降有免其迁移之旨，闻伊已置产业于滇省，今若又令迁移，未免前后不符。尔等可密寄信与鄂尔泰，令其详细商酌，速行回奏。禄鼎坤暂且留京，约计不过两月余，便可得鄂尔泰回奏之信。钦此。'遵旨寄信前来，总督可即定议回奏。"等因到臣。

臣查禄鼎坤前在乌蒙土府，凶残顽抗，实非善类，故川省皆欲杀之。及臣奉命协办乌蒙、巧家事案，自威宁缘牛栏江前赴东川，禄鼎坤带伊二子，率领土目土兵跪道投诚，臣直信不疑，令尽随入城，历数其罪，复恺切开示，禄鼎坤遂倾心效力。然密察其动静，凡于镇道等官，少有不如意，则气郁色怒，不为伏制。迨后乌蒙平定，荷蒙圣恩既宽其罪，复赏职衔。自安插省城以来，伊实深感激，诸事恂谨。然依恋故土，时刻未忘。臣知乌蒙、鲁甸土彝并亦未即忘禄鼎坤者，是以前折奏请留京，酌量于近省补用。兹禄鼎坤业得瞻仰天颜，亲聆天语，其感戴庆幸必有百倍于寻常者。此时或仍发滇省，或酌用近省，即终禄鼎坤之身，臣亦能料其必无异志。钦奉圣询，着臣详细商酌。据臣愚见，禄鼎坤若止给以空衔，即命回云南，臣自不难控驭，但伊鲁甸家产则必当移置，若补授职官，似当酌用他省。伊本身既任他省，家属自必随往，是不必明令迁移，日久皆将移住。谨此回奏，伏乞圣主睿鉴施行。臣尔泰谨奏。

朱批：是。朕酌量有旨。意欲用，或豫省，或江南城守之缺，令其学习。伊到任，可寄字问家属，伊若情愿搬移时，可厚赐以励之，令其感悦可也。

（《雍正朝汉文朱批奏折汇编》第十八辑，第 508～509 页）

486　云南巡抚沈廷正《奏谢恩命从宽免革职，着降二级留任折》
雍正八年五月二十四日

云南巡抚臣沈廷正谨奏：为恭谢天恩事。

窃臣因前任福建布政司任内将存库银内通融预给兵饷，虽循例借动，详明督抚，现今陆续解补还项，但造送雍正五年季报册内失于分析声明，疏忽之咎，实所难辞。兹经部议革职，奉旨："沈廷正从宽免革职，着降二级留任。"臣跪读之下，感激流涕。随恭设香案，望阙叩头，具本奏谢外，窃念臣以庸愚下质，历任过愆丛多，屡蒙皇上逾格隆恩，予以宽典。正在扪心惶恐，无地自容，兹复蒙恩纶宽免，许令自新，臣益觉渐感交集，恩重身轻，惟有朝夕儆惕，愈加奋励，以仰报高厚生成之恩于万一耳。臣不胜激切愧感之至，敬缮折恭谢天恩。谨奏。

朱批：朕代汝愧之。倘仍不知耻，诚可谓下愚不移者矣。自此以后，若不革面革心，改弦易辙，现在虽获侥幸，终至不能保全也。勉之！慎之！

（《朱批谕旨》沈廷正奏折）

487　云贵广西总督鄂尔泰《奏报黑盐井地涌卤泉情形折》
雍正八年五月二十六日

云贵广西总督臣鄂尔泰谨奏：为地涌卤泉，民沾膏泽事。

窃照雍正八年四月初一日，据黑井提举司安鼎和详称："黑井五马桥西岸河畔沙石地上，于本年正月初一日，忽涌沙卤一区。随行掘浚，流而不竭，报经盐道差人查验，可以成井，兼汲煎试看，俱可成盐。已奉盐道发银到井，卑职协同吏目孙复鸠工开挖，已见黄泥本土，实系盐卤正源，水味醲咸，昼夜不息，人民惊异，共庆嘉祥。现在督修井台，俟煎办成效，再请定额，合先详报。"等情到臣。

臣查云南各井，以黑井为最，所出之盐行销亦广。今五马桥畔以从无卤脉之地忽涌此泉，其味醲咸，其水旺盛，就现在试煎数目合算，一年应出盐斤不下一百万，将来可另成一井，于国课民食皆甚有裨益。但卤水之浓淡冬夏各殊，柴薪之远近运费不一，是应发薪本、应卖盐价以及出盐额数、行销地方，俱难以预定，而所当熟筹。随批行查议去后，今据布政使张允随、盐道冯光裕会详，请俟年底较定盐额多寡、卤味浓淡，量其所费薪本，定议请题等语。臣已准，令饬行该提举督率灶户，预领薪本，将新出卤水按日尽数汲出，竭力煎办，发运行销。将卖获盐价，除薪本、脚价外，余照数归公，暂作赢余具报，统俟年底，按实查明共煎出盐若干，运销若干，可定额数若干，应给薪本若干，再行会题请旨，著为成例。所有具报黑井地涌卤泉缘由，合先缮折奏闻，伏祈圣主睿鉴。臣谨奏。

朱批：大好事也。题到有旨。

（《朱批谕旨》鄂尔泰奏折）

488　云贵广西总督鄂尔泰《奏报酌筹开凿寻甸州河道缘由折》

雍正八年五月二十六日

云贵广西总督臣鄂尔泰谨奏：为开凿河道，以利民生事。

窃照云南寻甸州之宣甸二里、宣化七里之归龙寺、果马里、十甲之潘所海子、乞曲里之五里箐四处水利，俱已修浚完竣，前经臣奏明在案。复查得海子屯大河接连寻川河，系汇嵩明、寻甸两州之水，每至五六月间，雨水涝至，涨漫洋溢，加以马龙一州之水会于七星桥下，冲激寻河之水，逆流泛滥，漫于城南平川之内，不惟可耕之地尽弃为水宅，即沿山四隅成熟之田亦岁被湮没，历来无策捍御。臣细加博访，知寻川河之湮没，实由于马龙河之山高势急，冲激寻水，倒行逆流，不得畅泻之故。欲治寻河，使不逆流，莫若使马龙河不争水道。欲使马龙河不争水道，莫若使寻河泛滥之水另开一河，彼此不相冲激，则顺势安流，可以畅泻而无阻。

查该处木龙村后名曰"后海"，系泛滥之水蓄聚之区，海前横隔山梁，凿之使成子河，则泛滥之水从后海东流入于寻河之下，稍与马龙河分道别流，可以无忧涨溢。复经详谕该州知州崔乃镛，令于秋后覆勘，作速兴修，勿得畏难避怨，务期成功。去后，兹据崔乃镛详称："卑职遵谕，即亲往相度地势。自木龙村后开凿河口起，至桥头村大河口入于下流止，共丈量得七百四十余丈，中间坚硬顽石计有一百四十二丈，高三丈、二丈不等。于雍正七年七月，择吉致祭，十二月初二日鸠众兴工。卑职亲身调度，指画督率，尽力开挖。至今年正月二十五日，业将河形挖开，中间石梁凿通，计新开河口宽三丈、二丈不等，河底宽丈余、二丈不等，尽可泄后海之水归于下流，不复致泛溢。请委员勘验，计垂永久。再宣、甸两里现在耕种之田，较之水淹荒田，仅有十分之三。今寻川两岸涸出田地计可增二万余亩。可否将涸出田亩以一半赏给出夫应役人等并各效力士民，暨设立水利头人，领种纳粮，其一半令附近居民酌量纳价领田，永为己业，统俟秋成后，另行丈勘，造册申报。"等情。臣已批准，并行布政司会同粮道委员勘验定议，通详在案。

谨按水利之兴废，实关民生之休戚，属在滇南尤为要务。臣不自揣，欲将东西两迤凡有可兴之水利逐处兴修。此二年以来，勤访密查，不遗余力。除现在省城六河、昆明海口并迤东诸府所属一切河渠、闸坝各项疏浚开筑已粗有头绪，其余迤西各属，有已经查勘者，有未经查报者，务期确知，以便委办。在举事之始，虽不无所费，然皆臣力所能。嗣后则有涸出田地并丈出田地应行变价银两，现核数目已约有数万，即以此项办此事，总属有余，断无不足。是以臣屡蒙恩谕，恐力有不能，令请动正项。而并不敢请动正项，亦不敢请动赢余也。独是导水浚河，务期一劳永逸。暂行补救易，长筹通利难；就事治事易，以人治人难。臣愚，拟俟各工报竣，即备细汇叙，具本题明，请于道员、厅员并佐杂官员内，分别河道远近，酌量改衔、兼衔，令总理、分理各属水利。再酌留岁修银两，分定勤惰考成，立季报、月报之条，着具详具结之例。其督、抚、藩司，仍应将要紧河道分派着落，令不时勘修，俾于总管之外又各有专责，庶现在各属员役不敢怠忽从事，即后来大小官吏亦不致因循，并无可诿卸，或于边方水利实有裨益。合并附陈，伏乞圣主睿鉴。臣谨奏。

朱批：可谓大功德。代朕造福利，益苍生，永沾惠泽事也。

（《朱批谕旨》鄂尔泰奏折）

489　云贵广西总督鄂尔泰《奏报滇黔两省豆麦收成分数折》
雍正八年五月二十六日

云贵广西总督臣鄂尔泰谨奏：为恭报滇黔二省豆麦收成分数，仰祈睿鉴事。

窃臣从粤西由黔回滇，目击沿途所种豆麦各项茂盛倍常，丰收可卜，经檄行各布政司分析查报。去后，今据云南布政司张允随详报："除石屏、嶍峨、师宗、元江、腾越、新平、景东等府州县具报不产豆麦外，昆明、安宁、禄丰、呈贡、嵩明、沾益、寻甸、宣威、建水、河西、宁州、通海、开化、镇沅、恩乐、广南、普洱、威远、浪穹、邓川、永北、太和、云龙、云南、保山、永平、蒙化、剑川、广通、定远、镇南、南安、顺宁、云州、姚州、大姚、和曲、乌蒙、镇雄、永善等四十府州县，豆收俱有十分，麦收尚不止十分。晋宁、易门、富民、罗次、罗平、马龙、南宁、平夷、广西、蒙自、新兴、江川、宾州、赵州、鹤庆、丽江、楚雄等十七府州县，豆收实有九分，麦收实有十分。昆阳、弥勒、陆凉、宜良、阿迷、河阳、路南、禄劝、元谋、会泽等十州县，豆收实有八分，麦收实有九分。"等情。

据贵州布政司鄂尔达详报："民间布种豆麦杂粮等项，贵阳、贵筑、贵定、龙里、安顺、镇宁、永宁、普定、清镇、南笼、永丰、桐梓、平越府、平越县、黄平、思南、思州、青溪、大定、平远、黔西等二十一府州县，俱系十分收成。定番、广顺、开州、修文、安平、普安州、普安县、安南、遵义府、遵义县、正安、妥阳、仁怀、余庆、瓮安、湄潭、都匀府、都匀县、独山、麻哈、清平、镇远府、镇远县、施秉、安化、印江、婺川、石阡、龙泉、玉屏、铜仁府、铜仁县、黎平、永从、天柱、锦屏、开泰、威宁、毕节等三十九府州县，俱有九分收成。至于蚕豆、豌豆，尤肥大异常。"等情各到臣。

臣伏查滇黔两省自春入夏雨泽沾足，是以豆麦、杂粮俱获丰稔。虽云南省城于四月十七日酉戌之交，二十二日自亥正至子初暴雨如注，山水陡发，东北乡浅薄堤岸冲决数处，幸俱于次日旋即雨歇，兼因小麦已八九登场，秧苗半未栽插，故不致为患。臣立即亲勘，委员补筑。现在高低田亩业已遍栽，禾苗青葱盈尺，仰赖圣恩，或可群望有秋也。贵州、广西自四月中旬后亦雨水稍多，然俱无损春熟而有益秋成。除广西春熟分数俟呈覆到日，另行奏报外，所有云贵二省豆麦丰收分数，合先奏闻，伏祈圣主睿鉴。臣谨奏。

朱批：实慰朕念。

（《朱批谕旨》鄂尔泰奏折）

490　云南总督鄂尔泰《奏覆访求医生、道士情形折》
雍正八年五月二十六日

云南总督臣鄂尔泰谨奏：为钦奉朱谕事。

雍正八年五月二十日，奉到朱谕："可留心访问，有内外科好医生与深达修养性命之人，或道士，或讲道之儒士、俗家，倘遇缘访得时，必委曲开导，令其乐从方好，不可迫之以势，厚赠以安其家，一面奏闻，一面着人优待，送至京城，朕有用处。竭力代朕访求之，不必预存疑难之怀。便荐送非人，朕亦不怪也。朕自有试用之道。如有闻他省之人，可速将姓名、来历密奏以闻，朕再传谕该督抚访查。不可视为具文从事，可留神博问广访，以副朕意。慎密为之。钦此。"窃惟养生家术，不外祛病延年，既不能无病则必须药，既不能勿药则必须医，医之良庸，实有关生人者匪细。至于修养性命道士、儒士，半多讲贯，亦半多支离，须先认得性命，则修养即在手，果然识得修养，则性命斯由天。盖凡人为所能处，总不过还其本来，虽有所抽添，而终不为抽添者也。

臣少时多病，羸弱不能支，凡于医生道士，未尝不留心。而医能解望闻、道能明顺逆者，二十年来并无一遇。今膺恩命驻滇逾四载，闻碧鸡、金马及西黔南楚之交代，有神仙术，亦曾留心访问，而深达修养之人并了不可得。至于医道，则不但无好手，欲求一知经络、通脉理者，亦并无其人。此滇黔粤之通病，不得不以不服药为中医者。即臣前任苏州，意谓大江左右，或应有异人。又闻天医星属上海，应有名医，或不无秘授，皆曾经延访，总不过庸常。殆医理道术亦固有精以入神，曲能致化，实难得什一。于千百者，遇与不遇，或有因缘，究未敢以为竟无其人也。

兹蒙圣谕，臣务当加意留神，博问广访，但有所知，即一面奏闻，一面安置，选差妥人伴送上京。但有所闻，亦即开明姓名、来历，密行奏闻。虽以臣之识见未能定其是非，而一经圣明坐照，自必无有遁形也。合先覆奏，伏乞睿鉴。臣尔泰谨奏。

朱批：原非易得者，若不遇机缘，非可强求之事，且留心徐徐访问看。

（《雍正朝汉文朱批奏折汇编》第十八辑，第 769～771 页）

491　云南总督鄂尔泰《奏请添设迤东道管理地方事宜折》

雍正八年五月二十六日

云南总督臣鄂尔泰谨奏：为请添设巡道，以资控制事。

窃照云南一省僻处极边，接壤外域，自前明洪武十五年始初开辟，即分设安普、临元、金仓、洱海四道；又于成化十二年，巡抚王恕奏置临安、澜沧、金腾、曲靖四道。盖因番蒙苗猓不时蠢动，以故联络安设，分司统辖。迨我朝定鼎以来，百蛮慑服，边境乂安，兵制星罗棋布，无事冗员。于康熙二年间，设分守永昌道驻扎大理，复于康熙三年改为分巡道，其余道缺，自康熙六年至二十二年陆续题裁，仅于省城设粮、盐二道，兼带守巡，而两迤各府一切钱粮事件，俱责成三道盘查，遵循已久，何敢议更张？但查云南通省粮储道关系甚重，头绪亦多，一应察核拨运事务皆系粮道专责，而又兼管水利，并委办厂局。云南盐政为钱粮所首重，远近各井一应煎办运销等件固须事事稽查，时时调剂，而又兼管驿传，无可旁贷。是粮、盐二道本任职事已属繁剧，若仍令盘查各府，恐不能亲身遍历，亦属有名无实。况自我皇上御极以来，德威遐播，从古不通声教之区莫不献土归诚，悉为郡县。而云南省自东川归辖，乌蒙、镇雄又收入内地，又镇沅、威远、者乐、茶山、橄榄坝等处俱置府州县治，地方愈广，事务增繁，似不得不因时变通，以资控制者也。

臣查广西省有左江、右江二巡道，贵州省有贵东、贵西二巡道。今云南迤西一带已有永昌道驻扎大理府，应即改为分巡迤西道，将楚雄、姚安、大理、鹤庆、顺宁、永昌、永北、丽江、蒙化、景东等十府并维西、中甸、阿墩子等处皆属管辖。其迤东一带，云南、曲靖、武定、临安、澄江、广西、广南、元江、开化、东川、乌蒙、镇沅、普洱等十三府，请添设分巡迤东道一员统属管辖，驻扎寻甸州。其衙署，原有裁存援剿左协副将衙门，并无庸另建。应设衙役工食，即于粮、盐、迤西三道衙门抽拨，亦无庸添支。所有访缉逃盗、盘查钱粮及土司承袭一应事件，两巡道各照府分管理，如有谬误，照例分别处分。至于劝农课田，勘河查路，稽察保甲，严拿匪类，宣讲《圣谕广训》，晓谕《大义觉迷录》，俱令不时督察。粮道专管粮储、水利，盐道专管盐政、驿传，庶名实相副，职任可均，既各有专司，并无所借口，或于边方事务将更有裨益矣。

缘系更设官制，臣未敢擅便具本，合先缮折，恭请圣裁。

再迤东地方新辟、新改处甚多，如蒙俞允，则巡道一官洵属要缺，必须谙练精细之员方可胜任。臣查元江府知府迟维玺，原系命往云南以道府用之员，历俸已六年，心地明晰，办事勤慎，三年以来，屡经臣委，于镇沅、威远、茶山、橄榄坝等案，料理兵糈，协理军务，该员深知调剂，彝猓信服。应恳圣恩特授迤东巡道，庶人地相宜，臣亦得收指臂之效。合并陈明，伏乞圣主睿鉴，批示遵行。臣尔泰谨奏。

　　朱批：交廷臣议奏矣。

（《雍正朝汉文朱批奏折汇编》第十八辑，第773~775页）

492　云南总督鄂尔泰《奏报嵩明州属杨林海涸出田地变价升科缘由折》

雍正八年五月二十六日

　　云南总督臣鄂尔泰谨奏：为奏明涸出田地变价升科事。

　　窃照云南嵩明州所属杨林海，又名嘉丽泽，河湾迂回曲折，不能直泻，夏秋雨水过多，遍地汪洋，又药灵山下有石子流沙冲入河口，壅塞咽喉，去水太缓，以致海边四十八村成熟田亩辄被湮没。臣令该州改疏河道，使水势直达河口，俾前之迂回曲折者顺流而下，前之泥沙淤塞者通达无滞，沿海田地渐次涸出，经臣具折奏闻在案。

　　兹据知州安鼎和详称："履亩覆勘，共丈得涸出田地一万一百一十亩五分。酌议：中则田一亩，令纳变价银一两二钱；下则田一亩，纳变价银一两；中则地一亩，纳变价银六钱；下则地一亩，纳变价银四钱，合计共银六千六百三十六两零，照则按数征解归公，给纳户遵照，永远管业，以杜豪强侵占等情。又据折报涸出中、下二则田地内，中则民田四百一十八亩零，每亩照《全书》，科粮四升八合零，共应科粮二十石四斗四升一合零；下则民田三千三百四十亩，照《全书》，每亩科粮三升八合零，共应科粮一百二十九石八斗二升五合八勺；下则屯田四十亩八分，照《全书》，开垦成熟屯田，照民田上则，每亩科粮五升八合零，共应科粮二石四斗零；中则民地一千一百四十五亩五分，照《全书》，每亩科税二升零，共应科夏税二十三石九斗六升零；下则民屯地五千一百六十六亩，照《全书》，屯地下则，照民地下则，每亩科税一升九勺五抄，共应科夏税五十六石五斗六升零。以上民屯田地，应科税粮共二百三十三石二斗零，照《全书》，每亩税粮一石，合编条编银五钱八丝三忽，共该条编银一百一十六两六钱二分零，造归雍正七年分清出影射册内，以雍正八年为始征收，摊抵最重军丁。"等情。除批行布政司会同粮道再加查议，令该州造册，由司核详到日，再汇疏题报外，所有涸出田地变价升科缘由，合先奏闻，伏乞圣主睿鉴。臣尔泰谨奏。

　　朱批：览。

（《雍正朝汉文朱批奏折汇编》第十八辑，第779~780页）

493 云南总督鄂尔泰《奏谢御赐各种锭药等物并缴朱批折》
雍正八年五月二十六日

云南总督臣鄂尔泰谨奏：为恭谢圣恩事。

雍正八年五月二十日，臣赍折家奴戴住蒙恩赏银十两，驰驿赍回御赐臣各种锭药并扇器一匣、新花样纱八匹、蛏鲈鱼条十把、龙井雨前茶四瓶抵滇。臣随郊迎至署，恭设香案，望阙叩头谢恩祇领讫。

伏念臣尔泰身受殊知，无可比拟。臣弟鄂尔奇、臣弟鄂礼、臣兄鄂善之子鄂昌，均叨任使，荣幸殊常。兹臣兄鄂临泰之子鄂敏以应回避举人，复蒙特恩，叨中第一百七名进士，殿试第二甲第二十九名。是臣家一门，上自祖宗，下及子侄，俱邀异数，优渥频仍，此固略具心肝，凡有血气者皆应感泣奋勉，以矢效涓埃。臣等若不各知惭惧，交相警惕，是何异于禽兽，并木石之弗如者矣。是以每寄家信，一切无所及，惟训励诸弟侄自问良心，时凛天理，少或懈弛，即是悖负，生不可以对人，没无以对祖父。至圣恩深重，全家毕世无能报，但能自立，即是报恩。臣每手书谆嘱，心动神怆，辄泪堕满纸而无以自解。度才量力，实难酬万一。惟愿普天率土、子子孙孙人皆忠孝，各摅敬诚，共仰体我圣主天地父母之至意，以少答生成爱养之隆恩于生生世世已耳。谨此缮折，差臣家奴雅思哈赍奏，恭谢圣恩，并缴朱谕二道、朱批原折九扣，伏乞圣主睿鉴。臣尔泰无任瞻依激切之至。谨奏。

朱批：览卿奏谢矣。

（《雍正朝汉文朱批奏折汇编》第十八辑，第781～782页）

494 云贵广西总督鄂尔泰《奏覆整饬地方胥吏折》
雍正八年七月二十四日

云贵广西总督臣鄂尔泰谨奏：为钦遵谕旨，斟酌陈覆事。

案准吏部咨开广东道试监察御史高山奏前事，奉旨"通行直省实力奉行"粘单一纸，移咨到臣，当经移行三省钦遵在案。窃照驭吏不严，定滋蠹弊；外缘不绝，终难肃清。高山所称外班住省及更换、迭充，借厨役、水火夫之出入以暗通关节，招摇撞骗，事所必有，实属切中。在臣所辖三省，虽屡经察禁，现据督抚等衙门，各吏上班时止带水火夫二三名，并无厨役跟进。一经入署，原不许出入，所需食物，系将支领工食银两给令辖役代买，转接送入，并无亲戚子弟潜匿住省，亦从无外班之名。然日久懈生，犹应不时申饬。惟是督抚藩臬衙门上班书吏，俱令一年更换，因地审宜，似尚有未便。臣本拟备悉详查，务使三省画一，可以永远遵照，再行奏明。适广西调任布政使张元怀以势有难行折奏，奉旨："如秉公权宜，可与督抚斟酌地方情形而为之。钦此。"将折抄示到臣。

查云、贵、广西三省虽地方各异，而情形略同，所有各衙门书吏不独愚钝粗疏，半不解事，而文义之悖谬、字迹之错讹，亦殊属罕见。缘能干者不多，故巧诈者亦少，较诸江浙等省之猾吏奸胥，实大有间。是以臣衙门滇吏向系一季一换。黔吏因系隔省，向俱半年一换。惟粤吏拨自广东，其中不无奸猾，因无班可换，仍暂时留用。三省巡抚及滇、粤臬司衙门亦俱一季一换，独黔省藩臬衙门向系一两月换班不等，虽因从前事简，殊非防闲之意。至滇、粤两藩司衙门，政务丛杂，册籍繁多，向来书吏并不分班次，一切查算、书写俱系同房合办。然不换班者终年在署，于所承办事件犹多迟误，兼且糊涂。其换班者，每至上班时，诸务茫然，了无头绪，一经查问，则直认边愚。此督抚藩臬衙门皆然，固不胜责革，并无能教诲者也。今若俱令一年更换，在上班者经年在署，家计萦心，不免内顾，且为日既久，婚丧疾病等事仍不得不给假放归。其下班者经年在家，势难坐守，或就近营生，或他出贸易，及至该班时，将文移愈益生疏，案件更多遗忘，此又可以预料者。是一年换班之例，就三省论，实均有未便也。

至于藩司责任，系出纳总汇，甄别攸关，实较臬司为尤重。衙门封锁，自应一体遵行。虽据张元怀折奏意，恐两次开门，例须按时封锁，批解钱粮不能随到全收，支领兵饷不能即日全放，及一切事务或不免稽迟。殊不知国家定例，凡以防弊原不妨公，未有公事未毕即行封门之理，亦未有公务既集仍不开门之理，但无私曲，何碍料理？臣愚见，三省督抚臬司及黔藩司各衙门书吏，斟酌合宜，俱请半年一换。滇、粤两藩书吏虽难议换班，然统应关防，不得任其出入。三省藩署俱照例封锁，准其遇事随开，完事即闭，庶称妥便。是否有当，恭候批示遵行。

抑臣更有陈者，大凡胥役作奸，多半串通幕友，而幕友弄弊，必须勾结家人操纵。惟是本官把柄不在书吏，如果本官勤明，事事亲理，宽严有制，赏罚不扰，是即内户洞开，亦原无径可入。设使本官昏惰，一应委代事理不知准驳听便，将无论下贱书吏固惟利是图，便伊亲戚子弟俱或败乃事而遂己私。是即重门深锁，亦实有线可通。况封门不过半日，两次开门时，何纸不可夹递？正门尚有瞻顾，各署率有便门，何事不可暗投？物必先腐也，而后虫生之。未有勤明之官济以严正，而吏敢舞文，不惜身命者。臣愿与天下大吏务先反躬责己，然后执法绳人，庶于我皇上澄清吏治之盛心，或能仰副万一。

合并具陈，伏乞圣主睿鉴。臣谨奏。

朱批： 交部抄录，俟直省议覆俱到时一并议奏，有旨。

（《朱批谕旨》鄂尔泰奏折）

495　云南总督鄂尔泰《奏覆云贵广西三省布政使人员情形折》

雍正八年七月二十四日

云南总督臣鄂尔泰谨奏：为覆奏事。

雍正八年六月二十八日，臣奉到朱谕："鄂弥达，可着实寄字勉励他，应指示者劝导之。再葛森之调用滇省者，朕有意焉。此人聪明器度，满洲人员中似大有可望人也。但不知其居心立志何如？恐自恃其小才而不识大体，用聪明而不务诚实，操守未知出于勉强，自然公私二字恐认不的确，因特调用此任，欲令卿就近训诲，亦令伊知为封疆大臣，必如卿心行而方可之意也。俟到任后，卿加意训示，留心试观其心迹品行，有确见时，随便奏朕知之。再观伊办理甘肃军需，欲将大军进剿之紧要马驼而欲那用噶斯备用之兵之用。此一事，此人之但知一己，而不知国家事务为何如人也。因此，朕深疑之而寒心焉。卿可知之。钦此。"

臣看升任贵州布政使鄂弥达居心立志颇能向上，操守亦知自爱，办理亦皆为公，在满洲人员中实属可用。但尚少历练，识见犹未扩充，事体犹少通达，（**夹批**：甚是。不得人，皆无奈之用耳。试用看。）广东要任，似犹不甚相宜。臣遵奉圣谕，随经恺切劝勉，及准到部文后，又复谆恳致之。鄂弥达在黔任少所许，可惟于臣言是听，凡臣所知者，自应详悉寄知，嘱其随事裁量可也。

新调云南布政使葛森，臣未一见其人。敬绎圣谕所及，似为具材器，而尚未成就者。俟到任后，臣务当留心观察，加意开导，一有确见，再据实奏闻。至于公私二字，界限虽极分明，然根柢在心，形迹在事。有事类私而实为公者，有事本公而实为私者，公中私，私中公，宝训具在。但能事事自审，自必反心难欺。在止为一己而不为国家者固全然是私，而知为国家，兼为一己者，亦未尝非私。故但循天理而利害成败俱不暇计者，公之至也。一涉人欲，即忠孝廉节皆有所为者，私之归也。（**夹批**：到任时训导之。试看。）果能认得的确，自必行之自然。臣愿与大小同官共勉之。

再云南布政使张允随调补贵州布政使，葛森未到任之先，所有印务，奉旨着臣委署。臣看张允随勤慎诚实，办事精细，任滇日久，一切熟悉，所委管理事件甚多，俱有条理，实属滇省贤员。（**夹批**：未料张允随能如是也。已用滇省巡抚矣。）论其才具，即三省巡抚皆可以胜任，而于云南尤属相宜，在黔藩事简，自可优为之。伊任内经手钱粮，臣等新经盘查，毫无亏短，即银锡各厂款项，亦件件清楚。自应委署交代，即令赴黔任。但现因粮道黄士杰染病月余，所管钱局铜厂恐有贻误，前已委盐道冯光裕兼理，而按察司常安现亦患疮，尚未全愈，又未便委属。臣酌量缓急，因将贵州布政司印务暂委粮驿道王廷琬署理，以便速行交代，令鄂弥达早赴广东任，张允随仍暂留滇，俟葛森到任，新旧交代毕，再赴黔任，似属两便。（**夹批**：是可以不必事矣。）理合声明，附奏并缴朱谕一道，伏乞圣主睿鉴。臣尔泰谨奏。

朱批： 览。

（《雍正朝汉文朱批奏折汇编》第十八辑，第1031~1033页）

496　云南总督鄂尔泰《敬摅愚忱折》
雍正八年七月二十四日

云南总督臣鄂尔泰谨奏：为恭奉圣谕，敬摅愚忱事。

雍正八年六月二十八日，臣家奴保玉蒙恩赏银十两，驰驿赍折回滇。臣跪迎入署，随探问圣安。据保玉口传："五月二十八日，有老公张玉柱、王宝叫奴才到里面，口传旨意：自旧年冬天，皇上身子就不大爽快，似疟非疟。直到今年三月怡亲王事前，身子狠觉不安，然一天也没有倒下，照前办事。折子上有批示总督言语，恐怕总督看见着急，故叫进你传谕：'如今身子全好了，并不哄你主子。'"臣亟启折扣，捧诵朱批："朕自三月以来时觉违和，今已全愈矣。钦此。"又奉朱批："朕与卿身体虽隔万里，而心神时日相照。卿依恋思慕之悃诚，朕实深体之。而朕之想念，欲令卿来京。君臣相会之意，料卿亦必尽悉。但因三省事机重大，欲令卿多调停数载，可以委用他人代理时，酌量有旨也。今不料怡亲王贤弟仙逝。朕从前意望，凡朕生前身后，朝廷内外大纲节目，得王一人，朕实心神俱为之安悦，毫无疑顾。今不幸朕弟舍我先逝，朕之悲悼思痛且不必言。朕向日之所望一旦失矣，实如失倚护，方寸乱矣，心志灰矣。然断不肯轻宗社、负皇考，轻重倒置，为无益之伤心身也。但倘心力之所不能，无可奈何之事，亦不得不为预备，不然，则朕为天地列祖之罪臣矣。朕若精神、心力能常如此，内外大臣，朕一人调停训导，皆可为国家贤助。若求独立不倚，心如金石者，朕八年来观内外诸王大臣官员中，惟怡亲王与卿也。今王遐举矣。卿观朕此旨而不时加珍重，则负朕处，无可言谕也。皇子皆中庸之资，朕弟侄辈亦乏卓越之才。朕此血诚，上天、列祖、皇考早鉴之矣。朝廷若不得贤良硕辅书至此，卿自体朕之苦情也。当日以为朕有此贤弟，为在廷诸王大臣之表率，得卿为直省封疆之楷模，不数年，中外得以肃清，海内可望大治。朕私幸踊跃，心神俱为之宁贴。今事出意外，不但惊慌失措，自谓必有获罪天地神明、列祖、皇考处，畏怖之怀，寝食俱为之不宁也。朕今业已大愈矣。观下谕，不必惊畏。朕自去冬即觉不爽，以为忧烦所致，亦未令医视。至三月以来，或彻夜不成寐，或一二日不思食，寒热往来，阴阳相驳，然朕仍日见廷臣，办理事件，批谕折奏，引见官员，亦未甚勉强从事。至四月尽五月初数日，甚觉违和。亦大奇异，朕贤弟事一出，朕五内悲惜号痛，连日似此，应增病恙也，而似有默助使然者，顿然全愈矣。今复加意调摄此一月，安好如初矣。

观此番时势病景，系朕一大关，今既挽回，似尚可勉强支撑数载，然亦何敢自信。卿此奏暂时无益之，来往不必，卿可将三省事宜竭力办理一二年，如三省总督之代，内外满汉文武大臣中，除卿再不能得称任人也。惟高其倬心志尚可，才力不及。况此人，朕亦欲就近省以备用。朕意，或云南、粤西设一总督，川贵设一总督，或云川设一总督，贵州、广西设一督臣。应如何分理处，卿可代朕详细斟酌，筹画奏闻。内外满汉文武大臣，便微员中有可大任者，不妨拟奏，孰可应何任，孰可称何职，将卿尚有意清理而尚未举行者，可暂缓将就料理，一一妥协稳当，卿可信而不疑时，再奏请来京。得卿在廷，朕寝食俱为之安宁矣。但卿闻此谕，若草率办理，只图速慰朕念，倘三省新辟事宜或有乘隙反覆，文武属员变移心志，懈怠安抚，至令若辈少有蠢动，那时若再命卿来料理，则内外皆致遗误，则不但卿为国家之罪臣，而朕亦不免天祖之责咎也。暂时卿可为朕放怀，勉强摆脱鼓舞，料不致错误。不可以过忠爱朕之心，有负朕倚信之意。一一遵旨，徐徐详细斟酌，筹画奏闻。再生为忠正之人，没必为光明之神，从来至理。今如朕弟，实为天神矣。昭然可据，显应奇特处，不胜枚举。况朝野追慕之情，从来史策未闻。竭朕心思答朕恩弟，八载来忠爱之赤衷血诚，一切送朕弟之后事，亦似从古王臣身后遭逢，为第一人也。睹天理人事，悲忆痛念中又生一番代朕弟庆幸之意也。借此，尚稍慰朕万不能遏徂之苦中矣。卿可为朕宽怀，朕非不明大义、不识轻重主也。况朕弟生前爱朕之诚，便此仙举，亦代朕而逝。况朕恙之愈，有不便谕卿处。朕一者不忍负皇考，再者勉慰朕弟之仙灵，万不肯为无益伤理之举也。放心！放心！朕再不忍欺卿。钦此。"伏读之下，骨堕神飞，声泪俱咽。

敬念我皇上自御极以来，念念以上天之心为心，事事以列祖之政为政，权衡补救，备极营经儆惕，勤劳倍逾。臣庶稽自古帝王，代不乏贤圣，求如我皇上之身手心目，不少暇逸，犹惟日不足者，未之前闻。此非臣之私言，天下万世谅自有公论。是诚上天之令子，列祖之功臣，将保佑申命，有庆无疆。而圣子神孙，绵绵奕奕，皆可必之天理，必之人心，而百世其昌者也。今怡亲王仙逝之故，圣心悲悼，骤难宽解，以致引咎自伤，言言凄楚，所不忍读，所不敢知。在边方末吏仅于邸抄得见上谕数道，犹莫不感激哀痛，泣下沾襟，况受殊恩异数、无有伦比如鄂尔泰者。又蒙命大学士公马尔赛等抄录上谕共十七道寄阅，身在万里，缩地无由，而有不惊畏，尚能摆脱，岂复有天性、具人伦者哉？臣自五月二十日奉到朱谕，命访问名医修士以备试用，即时切疑虑，寝食靡宁。兹蒙谕知自旧冬至三月以来圣躬违和，及今已全愈、安好如初缘由，虽复少释忧郁，实倍切瞻依。伏思我圣主万方在宥，痛痒相关，即远省下邑偶有水旱灾祲，犹无不上触圣怀，先几烛照。况怡亲王之仙逝，实国家一大关系事，以情性之感通，遂警觉而兆验心动，病随气泄，病去固有不知然而然者。臣别无知解，惟于诚明日著、庄敬日强之一人信之。至于生为忠正，没证光明，神人虽隔，理本不贰。生为上柱国，死作阎罗王，彼壮夫且如此，何况名贤？在怡亲王之生前没后，实无微疵遗憾。而隆恩殊礼稠叠谆详，实为从古王臣遭逢之第一人。大福厚幸，无可悼伤。臣前疏有云，增感衔悲，观身饮泣，实自愧，用自勉也。念臣自顾行谊不及怡亲王什一，而身际尧舜，不敢以三代以下自处，此心此志，则鬼神鉴之。敬绎"朕与卿身体虽隔万里，而心神时日相照"；又"卿观朕此旨而不时加珍重，则负朕处，无可言喻也"等谕，臣无可复言，尽心竭力，自爱自强，时刻省惕，终身以之已耳。

其新辟黔省苗疆事宜，臣已另旨附陈。所有三省民苗事宜，并臣有意清理尚未举行事件，容当续奏。其云、贵、川、广应如何分理，及孰可应何任，孰可称何职之处，臣未敢孟浪冒昧，谨当遵旨徐徐斟酌，再具奏闻。惟名惟分，义属君臣，原性原情，恩同父子。但圣躬之康豫，即臣心之舒和，不尽微忱，曷胜寸结？谨此缮折，差臣家奴戴住赍奏，并缴朱批原折九扣，伏乞圣主睿鉴。臣尔泰无任依恋激切之至。谨奏。

朱批： 朕不但身总全愈如初，而小病亦豁然尽涤而无丝毫矣。朕自去冬以来，睹内景外缘，甚生疑虑。虑者，非为生死。所虑者，恐获罪于天地神明，有负皇考大恩，为宗社之罪人也。前次惟谕朕躬全愈，然仍觉心神不奕。八月初，得遇一奇人，此老者非凡夫，实神人也，奇异处，不能批谕。朕原料经此一番，精神气血万不能复旧，便勉强支撑，恐心力有所不能也。近日观之，不但望精力如初，而更可冀加倍强健聪明也。前番之谕，概可置之，不必论矣。朕实有所凭，非偶尔高兴之论也。卿可丝毫不必系念也。卿原请陛见，可或具明岁正月二十后自滇起程来京，或明秋末冬初来京见朕，卿可相地方机宜而行之。临行时，可具题以闻，督印可传谕张广泗署之。卿来回亦不过四五月之间耳，路上不必过劳贪程，可从容量力而行之。余俱面言。凡地方事宜，可缓料理者，俟卿回任时徐徐次第办理可也。特谕卿喜之。

（《雍正朝汉文朱批奏折汇编》第十八辑，第 1026 ~ 1031 页）

497 云贵广西总督鄂尔泰《奏谢御赐织花屯绢等物及陈下悃折》
雍正八年九月初四日

云贵广西总督臣鄂尔泰谨奏：为恭谢圣恩事。

雍正八年八月初二日，臣赍折家奴蒙恩赏银十两，驰驿赍回御赐臣圆明园养蚕内织花屯绢二件、蜜渍鲜荔枝二瓶到滇；又九月初一日，臣家奴赍折回滇，复蒙御赐臣蜜渍鲜荔枝二瓶，俱随郊迎至署，恭设香案，望阙叩头谢恩祗领讫。（**夹批：览卿奏谢矣。**）敬启前折，荷蒙朱批："朕安，朕躬已大愈矣，不必系念也。卿好么？朕此番愈后，光景精神力量较前更胜。卿料理地方诸务，便迟缓数载不妨也，不必急为措办矣。钦此。"臣伏读之下，额手忻忻，继以感泣。恭惟我圣主御极八年，无日无时不以百官万姓为虑，即圣躬违和，亦所为何事？臣饮食寤寐，一有不系念，是决无天性。即贱于臣，愚于臣，而凡属闻知尚有不系念，是皆薄天性者也。欢幸鼓舞。（**夹批：** 此其时也。）臣病方已大愈，乃昨接鄂尔奇手禀，知因直隶、山东、江南间被水灾，蠲赈兼施，日劳宵旰。（**夹批：** 夏秋间水涝、地震之灾，乃朕躬有过，上天慈恩薄惩，朕深感而敬受之。况地震之时，朕正在舟间，未受惊怖。宫中、园中内外眷从皆获平安。朕躬初愈，亦不敢再以忧烦致疾，所以遏情理遣，毫未焦劳。此朕之实意，不忍欺卿，况卿来人亦面见朕躬矣。可不必系念。）而云南省现又劣镇偾事，乌蒙叛乱。自念叨任封疆，并无一事能仰慰圣怀，转致屡烦睿虑，臣罪通天，置身无地。虽已调遣官兵立速援剿，而三省重寄，未便亲师。敢祈圣恩立赐罢斥，简命贤能大臣料理总督事务，暂假臣以兵权，俾亲往进讨。（**夹批：** 卿误矣。若以后天血气之私忿处事，何能当理？况此等事，岂人力之所能使然。祸兮福所依，焉知此举非上天赐以永远奠安之恩乎？倘蒙天地神明慈佑，经此一番，使顽蠢不敢再肆其狂，而地方文武亦不敢疏忽防范，何幸如之？朕从前屡次训诫者，意中只觉必有此一反复。卿可宁神平心，次第办理。愧愤二字，甚属可笑。亲往之说，割鸡焉用牛刀！至于刘起元，既忍负国负朕，其负卿又何待言？但卿当戒将来，不可轻信属员之忠诚，概必其人之皆能感化也。能悟此，不但知信人之不可，即自信亦不必也。顺应御人，听其自取，此一事即上天赐卿训诫之恩也。可欢欣鼓舞料理之，其他无益之意念，皆可不必。况此事非卿之咎，亦朕之过。卿乃因朕躬违和，系念至今，精神纷乱，料理地方不专不诚之所致，朕实毫无罪卿之意也。期共悔过祈恩，以迓天地之慈佑可耳。）臣虽不才，必能杀贼擒虏，以泄此恨，以雪此耻。谨缮折扣，差臣家奴赍奏，恭谢圣恩，附陈微悃，伏乞圣主睿鉴施行。臣谨奏。

（《朱批谕旨》鄂尔泰奏折）

498　云南总督鄂尔泰《奏报乌蒙总兵刘起元恣肆妄行并乌蒙猓彝叛乱情形折》

雍正八年九月初四日

云南总督臣鄂尔泰谨奏：为奏闻事。

窃照乌蒙地方猓蛮虽属凶悍，自改流设镇已经三年，臣不时谆嘱，不时查访，汉彝相安，颇称宁贴。乃总兵刘起元莅任既久，恣肆忽生。昨岁臣驻黔七阅月，赴粤四阅月，伊竟敢侵欺粮饷，扣克马价，私派公费，擅役兵民，并将恩赏兵丁搬家银两亦复侵那。及臣回署，先后访闻。至八月初间，乌蒙有客民被劫事，刘起元并无只字具报，又不查明名姓，混将各寨头人逐日拷打追比，以致彝民衔怨，情不能甘。臣一闻此信，随于八月二十日，开明劣款，密差中军副将魏翥国前往查讯确实，即一面摘印，以待题参。不意魏翥国行后，忽于本月三十日戌刻，据署威宁参将曾长治禀报："闻得二十五日，乌蒙彝众趁街期，围困府城，甚是危急。卑职已带兵前往，速请拨兵应援。"臣立刻派拨督抚两标兵二千名，即于九月初一日起程，复调曲寻镇兵一千名，武定寻沾、东川兵共一千名，星夜由威宁、东川分路前进；又飞调威宁附近官兵及移贵州提督速调官兵援剿，并飞移四川提督，着派兵于乌蒙接壤一带地方堵御。本日酉刻，接魏翥国禀称："八月二十八日卯刻，行至东川黄草坪塘，闻报称'本月二十五日晌午时分，乌蒙府城被左右四路彝贼围住，水泄不通'等语。卑职已飞调东川营兵四百名，亲领驻扎隘口，待援兵到日，立刻前进。"等情。初二初三两日，又据魏翥国、曾长治各禀报："探得彝贼数千，将土住汉民尽行抢掳，二十八日，乌蒙已失守，衙署烧毁，伤亡甚众，刘总兵不知下落。贼势猖獗，已至鲁甸，祈速发兵。"等情。臣复随于初二日，飞调楚姚镇官兵一千余员名，并飞札提臣张耀祖，酌带本标官兵，兼程赴省，更令就近檄调永北、鹤庆官兵一千名前来，以便接续进剿讫。

伏念臣以封疆重寄，叨荷殊恩，兼制三省，日夜筹画，寝食靡宁，唯求绥靖边方，仰慰圣虑。方幸滇黔两省大局粗定，渐次整理，或可图安宁。至乌蒙一镇，额兵三千名，而东川、威宁、镇雄三营又各兵一千名，俱属镇辖。该镇但少知防范，即便反覆，亦不难预调应援，并先事密报，以凭指示。乃毫无知觉，并不通闻，势如累卵，犹视为安巢。适闻据逃出客民传述，八月二十日，彝目已在纠约，有来密告者，该镇尚怒骂之，以为妄言。是该镇之负心负国，自取灭亡，犹为所应得。而连累地方，波及官民，愧觉察之已迟。恨参革之不早，刘起元之罪实即臣之罪。闻报以来，寝食俱废，无地自容。料此乌合之众，官兵既集，自不难屠灭凶残，恢复疆土。而现在猖獗，声息不通，凡一切详细，尚未备悉。除俟确报到日，另疏具题请旨，敕部严加议处外，所有乌彝叛逆情形，合先缮折奏闻，伏乞圣主训示施行。臣尔泰谨奏。

朱批：览。另有旨谕矣。

（《雍正朝汉文朱批奏折汇编》第十九辑，第102~104页）

499　云南巡抚沈廷正《奏报乌蒙总兵刘起元激变猓彝情由并自请议处折》

雍正八年九月初四日

云南巡抚臣沈廷正九叩首，谨奏：为奏闻事。

窃查乌蒙系新辟苗疆，界连黔蜀，峻岭密箐，苗猓出入无时，是以特设重镇，以资弹压。而总兵刘起元漫无调度觉察，且恣意巧取。督臣鄂尔泰时加训诲，臣晤面时亦加规勉，而刘起元从不悛改。及督臣访确刘起元侵冒各项，该镇游击汪仁、守备巫荣茂并具有印结，刘起元仍欲分辩，又作札与臣。捌月间，据乌蒙府知府陈克复详报傅永夭失盗，猓众百余明火劫杀一案，臣随与督臣即严饬缉究，而刘起元从无片纸只字寄与督臣及臣两人，及嘱游击汪仁与该府书信，云乌蒙从无此事，皆系营伍中错报，原因猓人酒醉起衅等语。而又复自行拿获头目，不论好歹善恶，严加监比。督臣鄂尔泰随密遣中军副将魏翥国驰赴乌郡，按款确查，令其无词，一面摘印看守，一面据实题参，并查明盗劫一案因何隐讳，又不分善恶，概乱胡拿。臣亦因该府通判刘□宝适因公在省，随令星速驰回查看，具禀报知。不期刘□宝才得到郡，不及详报，而魏翥国行至东川，乌郡已变生不测。魏翥国随飞调东川、寻沾等营官兵前往援剿矣。

兹于本年捌月叁拾日晚刻，据东川府知府罗得彦详据鲁甸巡检叶祚徽、把总王国卿禀称："本月贰拾伍日晌午，乌蒙府城被左近两路苗贼数千围住，事在危急，伏乞救援，调兵剿灭。"又同时，据署威宁参将曾长治禀据阿底首目安氏同子禄在国禀："本月贰拾伍日，猓众蜂起，将乌蒙旧府及八仙营之汉民各村寨尽行烧劫杀掠，新城内炮火连天。又据八仙海奔走居民禀称：'本年捌月贰拾伍日赶场，苗猓佩带刀弩，与往日赶场情形大不相同，刘总兵令巫守备查问，苗猓不遵化诲。后刘总兵亲出城安慰，众苗不遵，竟将府城围住。小的奔到沙子坡，尚闻枪炮之声。'"等语。督臣鄂尔泰随派督标兵壹千伍百名、臣抚标兵伍百名，共贰千名，即于玖月初壹日两路前进。臣即飞饬布政司、粮道派拨随营军需米石，务令充裕；又飞饬驿道添拨协济马匹，并酌量安设处所，以速邮递。去后，又据曾长治据保长吴朝勋等探听得乌贼猖獗，为首者系催黑窝□沮尔暮之子惟鸣，聚众数千，贰拾柒日午时，将府衙攻开抄掠，惟内衙刘通判在内，尚未动。其总兵衙门围得风闻不透。又曾长治报称："捌月叁拾日，在阿底地方催调土兵，候齐前进。拿获乌蒙奸细，询系乌蒙头目□沮打发过来探听救兵消息，并约会彝目之语。又据乌蒙把总丁□、刘士俊从乌蒙杀出，贼众约有贰叁万人，于叁拾日辰时，将镇衙后墙挖开，男妇尽行抢杀，把总等已将总兵救出，竟被贼直冲失散。把总等拼命杀出，总兵生死不知。"又据督标中军副将魏翥国所禀，内开："捌月叁拾日辰时，带兵行至努戛塘，询据难民供，捌月贰拾伍日，乌蒙猓贼不知多少，先打旧府。贰拾陆日巳时，猓众前后四路齐来，官兵即出打仗，至申时，兵即退回，贼将各衙门围困，兵的妻小都进刘总兵衙门，客商、匠役等项俱到知府衙门，有贰叁拾人，没壹个兵，有叁肆尊炮，亦不见有人放。贰拾柒日早晨，贼要先前打劫江西客人，做强盗的闻就，送出与他之后，就来打府衙，门一时打开，进来抢劫仓库。到晌午时，就打刘总兵的衙门，只听得枪炮响到二更时，后就不听见了。"又据乌蒙府禀称："在宣威途次，遇陆凉州解粮至乌蒙逃出之书办、衙役，询据：猓猓聚众，是刘总兵比众头人，要拿强盗，又监了几个头人，猓猓们急了，一时心变的。"

后准督臣鄂尔泰咨调遣汉土官兵进剿，威宁一路暂听副将徐成贞及参将梁彪调度；东川一路听总镇魏翥国调度。又云："彝众繁多，亦由凉山、川蛮勾结。凡我官军，须各审度地势，量兵多寡，守定要隘，切勿轻率前进。俟各路官兵齐到，然后约会日期，分路进攻，大约分兵四支：一由东川进鲁甸，一由威宁进八仙海，一由小关、大关进米贴，一由镇雄进魁戈河。此四条大路，有应间道分进者，有应乘虚潜进者，又不可拘定。其武定、威宁土兵已经檄调，应与官兵一体恩恤。镇雄、东川土兵切不可调用，宜加防范东川。威宁官兵亦须酌量弹压，以固根本。"又云："乌蒙、鲁甸失守，凉山诸蛮既已助恶，则大关、永善料亦难保。"又云："总兵刘起元平日毫无防范，临时又无知觉，偾事辱国，死有余辜。而连累官兵，波及百姓，本部院察参不早，罪无所辞。闻报以来，惭愧愤恨，寝食俱废。"又咨云南提督臣张耀祖云："乌彝抢杀鲁甸，将禄鼎坤之子俱已杀害，甚属猖獗。本部院已飞催各路官兵前往东川一路，听魏副将调遣。诚恐兵力尚不能□，续迅咨提督标内挑选精兵，一面亲带星夜赴省，并于迤西各镇协营内多拨官兵星驰来省，赴东川援剿。又据盘获曲靖赴考童生，系乌蒙猓彝头人之子鲁锡禄、何会元等师徒共拾余人，均称：我们起身时候，并不知乌郡的事。设若我们有歹心，如何还肯叫子弟考试呢？今现在曲靖府知府佟世荫查审。"各等情到臣。

臣自闻报之后，羞惭惶汗，无地自容。窃自念才识疏庸，不能绥靖地方，以致猓贼狂逞不法。臣罪实无可辞，伏乞皇上天恩，交部严加议处，以为不职之戒。臣不胜悚惧待命之至。谨奏。

朱批：览。

（《雍正朝汉文朱批奏折汇编》第十九辑，第104～106页）

500 云贵广西总督鄂尔泰《奏报禄鼎福谋反情实 并请即将禄鼎坤交部拿禁折》

雍正八年九月十四日

云贵广西总督臣鄂尔泰谨奏：为密奏事。

窃乌贼叛逆，经臣奏闻并备陈缘由。由于十三日题报及本章行后，于十四日子时，据东川知府罗得彦、武定营参将南天章、督标游击王联封等报称："禄鼎坤之子禄万福居住鲁甸，听信贼众，共行谋反，已紧逼东川。禄鼎坤之弟禄鼎明在大营胆敢行刺，已经伏诛。"等语。臣查禄鼎坤原系凶恶，终难革心，只因既已投顺，故暂请羁縻，示以诚信。荷蒙圣恩，着臣送京引见，补授河南参将，并着臣照看家口。因令伊子禄万福暂回鲁甸料理产业，其余妻女二幼子并伊弟鼎明仍留在省城，以为牵制。及报乌蒙叛乱，鼎明力求随军，臣准随往威宁。续威宁军前亦知禄万福被贼协从，叛逆显然，鼎明极力诉冤，欲赴东川魏翥国行营剖白招抚。臣以禄鼎明一人即便反覆，无所逃遁，因令本标随征刘汉甲押伴军前，并密谕魏翥国留心防范，但有行迹，即刻正法。乃禄鼎明知禄万福反谋情实必将不免，早差家人于东川一路布散流言，勾约旧东川府之的派、禄良珍等寨谋复东川，纠聚众猓，合并乌夷，欲攻府城。而府城内拿获奸细一名，即系鼎明家人。初九日，鼎明到营，即拔刀行刺魏翥国，立将鼎明正法。臣随于是夜，将禄鼎坤家口尽行拿禁，现在讯供。恳祈圣鉴，将禄鼎坤交部拿禁，严讯通谋情弊。如鼎坤已赴任，祈速敕下河东督臣田文镜密拿确讯，并飞移臣知，以便将伊家口正法。专此缮折，差臣家奴驰奏，伏乞圣主睿鉴施行。

再东川一路官兵已到二千余名，可以无虞。威宁一路已到官兵二千余名，且威宁土目誓不从贼，其余官土兵陆续可到，提臣张耀祖已先带本标官兵于十五日可以到省。合并陈明，臣谨奏。

朱批： 照所奏谕田文镜矣。但此事恐禄鼎坤未必知情，或有冤抑情节，亦未可定矣。审明自有分晓。

（《朱批谕旨》鄂尔泰奏折）

501　云南巡抚沈廷正《奏请令四川瓦寺土兵攻剿乌蒙凉山苗猓折》
雍正八年九月十五日

云南巡抚臣沈廷正九叩首，谨奏：为奏闻事。

臣窃见乌蒙逆猓悖叛，虽由土著苗蛮，然非勾结四川凉山诸蛮，断不能猖狂至此。查凉山与凂山相通，绵亘不止千余里，其中苗猓名黑骨头，极是凶悍，惟以杀夺为事，较他处苗猓倍甚。男女婚姻，必先问此女杀过几人，劫过人财物几次，较其多者方乐为配偶。女之问男亦复如是。残暴勇鸷，居民少与为敌。所畏者，惟川中瓦寺土兵。昔臣在陕西兰州、西宁时，闻征剿西番桌子山等处，独瓦寺土兵之功居多。瓦寺之人最喜战斗，贪取财物，若许其胜贼之后赏给贼资，则无不鼓舞踊跃争先矣。臣思乌蒙逼近凉山，猓贼敢于肆虐者，惟恃凉山为兔窟耳。若出瓦寺之兵来凂以损凉山，则凉山之贼腹心负痛，反顾不暇，焉能助恶？臣前与督臣鄂尔泰言之，督臣鄂尔泰随各行文四川抚臣宪德、提臣黄廷桂，檄调瓦寺土兵贰千名援剿矣。

再四川按察使刘应鼎，系贵州人，臣并未与识面，因臣前任贵州，闻其人甚强干，颇有谋略，熟悉凉山地理形势及行军虚实扼要。倘蒙圣恩加以师旅之任，兼率瓦寺之兵，必能奖励三军，奋勇直前。川兵击其右，滇兵攻其左，使凉猓与乌猓首尾不能自救，然后从而大创之，一洗其凶悍之习，不特乌蒙易于恢复，而蜀省边黎亦共享敉宁之福于无既矣。抑臣更有请者，闻建昌镇与凉山相隔甚远，恐有鞭长莫及之虞，若将凉山整顿料理之后，于适中形胜之区再设一重镇弹压，庶可为悠久善后之良图。

臣为地方起见，愚悃所及，不避冒昧渎陈，伏祈皇上睿鉴施行。谨奏。

朱批： 何代汝烦奏？

（《雍正朝汉文朱批奏折汇编》第十九辑，第 213～214 页）

502　云南巡抚沈廷正《奏报支放进剿乌蒙兵丁银米情形折》
雍正八年九月二十二日

云南巡抚臣沈廷正九叩首，谨奏：为奏闻事。

窃臣查此番进剿乌蒙，猝然闻信，立即发兵。臣诸凡请教督臣鄂尔泰，共为商酌，省城所出之兵丁，每兵先给银壹两，又量给家口米粮。因威宁、乌蒙天气甚寒，每兵给绵衣或毡衣壹件。其提镇各路协营兵丁，俱一体给与银、衣。各处土兵，每兵给银五钱。其提镇出兵，俱携带赏号盘费，以为军中之用，并各处有功报捷者，官兵俱加以赏赉。再运送军粮至威宁、东川两路之脚价，俱照例发给。若再从威宁、东川运入乌蒙之军粮，必须预备长夫，另买马匹委员押运，随营支放。原拟增添夫价，使其得所，无误运务。今因东川猓贼不法，劫粮阻路，而各州县之夫役已运至寻甸、功山等处之粮，给以食米守粮，随大兵前进，辗运东川，量增脚价，以速运务。

至往年运送军装之夫役，俱出之民间自备。兹因连年军务，夫役繁多，督臣与臣出示，俱给以工价，使其借此亦可养赡身家。至从东川、威宁运至乌蒙粮石，又不得不给以饭食，增添脚价，且随营塘驿又必须额外买添口马，以速辗运。省城发兵贰千陆百名，令先挑余丁肆百余名，每月量给银米，守夜当差。嗣后斟酌，再加挑选。

以上事宜，俱系从权料理，不敢循照常例。如有应在正项者，自应遵例开销。若有不合定例者，均于捐纳七分存剩司库内并盐余项下动支。臣谨缮折奏闻，伏祈皇上睿鉴施行。谨奏。

朱批： 览。

（《雍正朝汉文朱批奏折汇编》第十九辑，第 235 页）

503 云南巡抚沈廷正《奏报东川猓人叛乱情形折》
雍正八年九月二十二日

云南巡抚臣沈廷正九叩首，谨奏：为奏闻事。

窃臣于玖月贰拾贰日，据嵩明州知州苏曛报称："奉檄辇运，当即催夫叁千名，运米壹千石，亲身押运。玖月拾壹日，行至东川府之濯河，遇贼猓堵截大路，幸有同行武定营安马塘外委千总康起凤带领马兵贰拾名，同运夫、民壮、家人一同对敌，打退贼人，得以前进。又行至离府不远龙潭村面，猓贼无数，将粮米悉行抢去，并家人、书役、运夫多被伤害。"又接总兵魏翯国并武定营参将南天章、护东川营参将张其贵等报："玖月拾壹日，乌贼勾合东川猓人悖逆，即遣官兵于二十里外剿捕，贼众大溃。拾叁日，仍遣官兵剿捕，贼复溃散。但东川被贼阻塞，公文数日不通，非不欲清除大道，但恐首尾难以接应，是以各遣熟悉路径之民苗，由小路密行飞报，速请援兵内外夹攻，剿除逆猓。"又据东川府知府罗得彦报称："府城被围，亟请救援。"等情。随讯据东川投文之人供称："乌贼就是禄三官，即禄鼎坤的大儿子禄万富，引诱猓人叛逆。日间，离城十余里，焚掠村寨，遇汉民，则焚掠一空，遇猓人，则丝毫不动。夜间，扎营山头放火。白日里我们兵民还出城照常打柴草。又拿住禄鼎明的一个奸细，名叫安得，问明口供，立即枭示。"等语。

臣自闻乌蒙之信，即密谕所属州县团练、乡勇，而附近乌蒙之嵩明、马龙、寻甸、宣威等州县，尤谆切开谕，务令实力奉行，保固地方。今据宣威州报，有东川者海彝贼过江，因统率乡勇千余人，力为堵御，贼即潜退。今督臣鄂尔泰业经咨饬提镇统领大兵星速前进，自可立即剿除小丑。再督臣鄂尔泰柒月间气虚胁痛，服参加至叁两，渐觉痊好。自从闻乌蒙之信，日览手批，事事精详，昼夜筹画，刻无宁晷。臣见其谈论之间一腔忠勇之气发于面目，愈觉精神。谨特据实缮折奏闻，伏祈皇上睿鉴。谨奏。

朱批：览。

（《雍正朝汉文朱批奏折汇编》第十九辑，第236页）

504 云贵广西总督鄂尔泰《奏报官兵报捷、恢复乌蒙详请折》
雍正八年十月十七日

云贵广西总督臣鄂尔泰谨奏：为官兵报捷、恢复乌蒙事。

窃照乌蒙猓贼叛逆情形，已经臣奏闻并具题在案。随据东川、威宁、镇雄等处羽书告警，并据武定、宣威、沾益、寻甸、毕节等处请兵贴防。查东川一路乌猓万数，半已渡江，江外则勾连凉山、下方、阿驴各贼，以为倚仗，江内则纠合巧家营、者家海以为党援，其祸胎始于禄鼎坤，成于禄鼎新、禄万福，而东川之禄良珍、禄应爵、禄天锡、禄承鼎等，凡禄氏凶目皆起而应之。自近江如则补、以扯地方要截江路，近城如以则、以擢地方窥伺城垣。东川境内如挖泥、矣氏、歹补、阿汪等寨，东川境外如急罗箐、施鲁、古牛、毕古等寨迤逦。至于武定、寻甸，凡进东川隘口，拆毁桥梁，沿途堵塞，以致往来断绝，声息不通。咸宁一路，阿底为咽喉，则勾通头目、黑寡、暮末、构雄等贼。镇雄一路，奎乡为锁钥，则勾通头目、施额、法漏、阿路、副刀等贼，杀伤塘兵，抢劫粮运，施弩放炮，公然据敌，且串结汉奸，代传木刻，遍委奸细，四布流言，以致贼势汹涌，民心惶惑。

臣一面飞调各路官土兵丁，一面出示，谕以逆贼即时扑灭，毋得惊慌，令各地方官团练乡兵，以资守望。复严缉汉奸，密拿奸细，皆已屡经擒获，讯问确供，并得贼内情形，随皆枭示。至凡出师弁兵，因仓猝派调，已各赏银一两并毡衫、棉袄各一件。运粮夫役，各照民间价值，少酌加增。通计两省所调官兵共一万数千名，土兵半之，无不踊跃用命，宵夜前驱。除分防各城池、各要隘外，尽以拨东川、威宁、镇雄，先分三路扫除羽党群凶，再图会合进剿乌蒙逆贼。东川一路，经委新授临安总兵官魏翥国总统兵马，仍听提臣张耀祖调度，续因魏翥国被刺带伤，随改委楚姚总兵官官禄。威宁一路，委安笼总兵官哈元生总统兵马，以未到任梧州协副将徐成贞副之。镇雄一路，有镇雄营参将韩勋，勇敢可用，仍令听哈元生调度。自九月十八日至十月初七日，据韩勋报称："九月二十日，镇雄土目施额、者布、法漏、者约等勾通乌贼，聚众数千，将东蒙镇标所失盔甲、旗帜、号筒等大张声势，官兵目击心伤，奋勇争先，无不一以当十。于本日巳时至十三日巳时，在莫都都地方，一昼夜血战二十七次，杀贼三百余人，带伤者无算，夷贼奔号溃散，连破四寨，尽行烧毁。而州城附近有逆贼副刀、说革等，在雨撒河以那山箐抢劫行人，并诈称陇庆侯庶母二禄氏，招兵聚众，州城居民惊慌。贼复谋逼二禄氏往主贼寨，二禄氏矢死效忠，逆贼解散。知州徐德裕密差乡约兵役将副刀、说革并副刀之子阿夏等俱经拿获，讯明确供，皆立刻杖毙，民心始定。九月二十六日，又有夷良一带地方叛目阿路等带领乌贼共七八千，扎立奎乡对面山岭，至二更时候，掌号呐喊，甚是猖獗。因黑夜不便攻击，二十七日，带领官兵前往。贼胆敢分作九股迎来拒敌，官兵分七路攻击，自辰至申，枪炮刀箭伤死者百余人，带伤数百余人，斩献头目首级六颗，夷贼大败。二十八日，贼又于寸铁塘地方，离营盘五里，抢劫仓房，分十路前来。卑职等分五路攻击，自巳至酉，夷贼伤死者二百余人，带伤者三百余人，生擒四人，斩首级五十余颗。复令雄所土目安国兴抄截后路，杀贼五十余人，贼又大败。至十月初二日辰时，逆目等仍敢分兵十路，卑职带领官兵，仍分路攻击。自辰至午，剿杀夷贼，斩献首级六十余颗，伤死者二百余人，带伤者不计其数，贼奔入山谷，各官兵戮力追杀，直至贼营，焚其营寨，逆夷奔散。"等情。

臣查镇雄州属之奎乡，系接乌蒙要隘，离州城四站。该营额兵除留城分汛外，时韩勋所领驻扎奎乡者不过四百人，敌贼数千，血战一日夜，杀贼数百，连破四寨，非具忠勇之气不能奋力如此。即后三日连战，亦止一千五百兵，败贼八千，斩杀二千余众，大挫贼锋，实自韩勋始。（**夹批：韩勋此番之忠勇、所建功绩，实史册所罕载者。朕欲即用为乌蒙镇总兵，已有旨问卿矣。朕嘉喜之情笔不能谕，当优奖者。**）臣随从优奖劳，以示鼓励，并拨调汉土官兵二千余名星速前往，庶存防进剿皆可敷分布。此镇雄一路之情形也。

自九月二十二日至十月十五日，节据张耀祖咨，并镇将等验报："乌贼勾合东川诸夷，在府城四境大箐口、土城、马鞍山、马五寨、挖泥寨等处焚掠村寨，截断粮运，杀伤塘兵。魏鏊国于九月十一至十四等日遣将出剿，官兵奋勇，日斩数十级、百余级不等。九月二十一日，游击王曜祖、张超等前往隐革箐、海山箐搜剿，各遇贼数百人，杀死甚众，生擒猓贼九人，获有长枪并牛羊等件。又于二十三四等日，王曜祖等由小龙潭前进东川，有夷贼数千堵御拒敌，每日率领官兵奋勇对敌，斩获首级甚众。二十七日，总兵官禄自小龙潭起程前进。行至夕补，有夷目沙七、福受等诉求招安。二十九日，相率老幼男妇齐至行营叩见，准抚。行至以濯河，有夷贼数千阻住要口，于山梁安放滚木擂石，官兵奋勇，枪炮齐发，带伤滚崖而死者不计其数，连斩首级数十颗，获弩弓、长枪甚多，于戌刻抵东川府城。迨十月初四日，官禄遣游击纪龙等带领官兵直抵挖泥寨一带贼营，猓贼数千，攻击数次，贼众大败，烧毁扯戛、黑龙潭、拖姑等处十三寨，救获被掳民妇子女七名口。又游击王先由武定僻路前进东川，驻扎毕古坝，擒获贼人勿替等，讯取传播木刻并贼寨情形。随于十月初四日将勿替斩首祭旗，带领官土兵前进剿捕，贼众远望逃窜，追赶十余里。初五日，追至古牛寨后山，贼众躲藏密箐，官兵枪炮齐发，打死十余人，带伤滚箐者甚众。初七日，复追至古牛地，自辰至申，斩杀死伤无数。又初五日，游击何元、守备张其贵奉提臣委，剿捕阿旺、急罗箐，据报，自辰至申，杀贼三百余人，贼不能支，跑入箐口堵守寨栅，官兵于山上山下四路夹攻，贼哀求投降，我兵入箐追搜，活擒男妇大小二百三十一名口，又斩贼二百一十三人，夷贼遁入地顶，复追斩数十人。初六日辰刻，移兵到噶得、三台地、栅梁，贼众踞险施放擂石、弩箭，自辰至申，将坉打开，贼众杀伤甚多。于十五日，总兵官禄验报，遣游击纪龙等剿洗者家海逆猓。查者家海寨大人众，东川第一凶顽，即由鲁甸进乌蒙捷路也。访得者家海贼首陆承爵等皆聚于山后三多多等寨，初十日官兵分两路攻打，杀贼无数，贼众滚箐，奔至江边，官兵追至，贼众过渡不及，尽投水淹死。"等情。

查东川逆目半系禄姓，缘乌贼叛乱，禄鼎坤之子禄万福等遍行勾结，乘势过江，抢厂劫粮，肆行掳掠。幸臣于七日内已调到官兵二千名，东川得保无恙，且间日出剿，贼多死伤。随后官兵大集，初至数千，今满一万，但能鼓勇前驱，何难数日而定？乃提臣张耀祖震于贼势，惑于流言，不但未谙兵机，并亦毫无胆量。（**夹批：张耀祖，朕原不深**

取，因卿各处委遣，皆能干事，而李卫复数次陈奏其优。朕几自以为识错，观此，则朕前所观究属不爽，不过一老练俗将耳。此番举止，在伊亦竭尽心力，奈其才有限何！朕意，欲调署固原提印。哈元生，朕向来甚以大器赏之，此番恢复之功，实非寻常人之所能者。朕欲将哈元生补授滇省提督，卿以为如何？）而总兵官禄，本非庸弱，因听提督调度，亦不无迁延，以致夷情观望，煽惑愈众。臣不得已，屡檄严催，切札激励，示以我有必胜，贼无可恃，速则成功，缓则误事，战不利，罪不诿人，言不听，过不在我。张耀祖始拨官兵浅进分剿。及一进剿，而贼已披靡，望风奔窜，虽气已少振，终不免就易避难。臣因飞调官禄回省，面示机宜，令独任东川，酌行剿抚。咨会张耀祖，着领官兵六千名速进鲁甸，会合哈元生料理乌蒙事。缘乌蒙业已恢复，扫靖颇易，张耀祖熟悉形势，调度不难。此东川一路之情形也。

自九月二十四日至十月十五日，节据哈元生报称："九月二十一日，乌蒙逆贼约有二万，分作三股，漫过官防海子，张旗呐喊，杀奔前来。随亲同副将徐成贞、署参将曾长志，从得胜坡带领官兵分三路迎剿，枪炮打死贼众无数，斩贼首三十余颗，进退十数次，贼大败始散。于二十二日，贼又分十二三路而来。有威宁阿底叛目黑寡，胆敢冲锋直前，用长枪来刺，本职一手隔过，随拔箭射中，黑寡落马堕地，斩其首级，又随射死凶目暮末一名，杀死贼众无数，生擒贼十三名。随于本月初八日由得胜坡拔营，前进以那地方，逆贼数万在对过山梁张旗呐喊，接连十有余里，官兵虽强，几有众寡不敌之势。本职激励三军，宣谕宪令，于初九日夜，密令参将康世显、游击王友仁、曾长志各带领官土兵，分作两路潜绕贼营，左右后山埋伏奇兵，各听号炮，出奇攻击。至初十日五鼓，率同副将徐成贞并土千总安天爵等，带领官土兵由中路前进，贼众分数股前来迎敌，官兵一人不动，直至相近，号炮一声，然后一齐奋勇，枪炮并发，而此两路奇兵亦一齐突出，贼众不能抵敌，大败四奔，官兵乘势追杀，连踏贼营八十余座，追至稻田坝，复冒险杀过松林，直捣巢穴，凡东蒙镇所遗盔甲器械及贼众刀标、枪弩并窝棚、罗锅、衣服、干粮等件，沿山抛弃。即于本日，直抵乌蒙城外之凤凰山驻扎，恢复郡治，特差阵前守备段福飞报大捷。"等情。

臣查总兵哈元生调委总统，于九月十九日始抵威宁。时官兵不过二千余名，所带领驻扎得胜坡者才止千人，两战两胜，大挫贼锋。及至手射逆目，而贼胆已寒，有望见旗纛而即奔者。继官兵既集，不少停留，选兵三千人，副以土勇，克期进剿，士气百倍，不二三日破贼数万，恢复乌蒙。此非止谋勇过人，实由忠义在念。而副将徐成贞决策参谋，齐心努力，官民两称之。（夹批：凡见此奏，断无不欢庆鼓舞、爱服哈元生者，况朕躬耶！再徐成贞，朕甚爱赏之。前恐其行不逮言，今观此番奋勇，尚何不可信？卿前言只可副将之任，则朕观人之识似较胜也。朕今欲将徐成贞补哈元生之任，卿以为如何？可速回奏。）此威宁一路之情形也。

窃思乌蒙之变，固造谋于禄鼎坤，实成祸于刘起元。盖我多枪炮，贼止刀弩，如果兵有训练，官有防闲，贼便生心亦断不敢妄动，即或事起仓猝，寡不能支，时有商民万众，皆欲效死杀贼，亦可踞险抵御，以待援兵。乃刘起元并未一出衙署，拥兵护守，卑词求和，所有官私尽以予贼，而贼愈横逆，坐致倾陷。今哈元生于二旬之内已克复乌郡，各路弁兵奋勇，誓欲灭此朝食，即运粮夫役莫不踊跃前驱。此皆我皇上之深恩厚泽，浃骨沦髓，各思图报之所致。而年岁丰稔，天气晴和，于九月初一、初四、十二三等日，每遇遣发官兵时，五色云叠见，若示人以无恐者。臣每闻捷报，感幸之余，益切惶愧，有忝封疆，致廑圣虑，实无地自容也。（**夹批：**何必只存此见解？朕实不取。）现已飞催张耀祖星速前进，分路穷搜，务获渠魁，尽屠丑类。所有安插调剂事宜，已饬徐成贞会同文员一面料理。其乌蒙镇奔出之兵丁现有五百余名，谅投到者尚众，俱无庸置议。未经被害之文员、备弁，均有应得之罪，未便宽纵。即领兵进剿之提镇以下及将弁等官，强怯不一，功过各异，亦应据实纠参，未便瞻徇。但用人之际，不得不暂时隐忍，以重军威。统俟事竣之日，分别具题，听候部议。（**夹批：**甚是。）除援进藏例募兵充伍，并粮运脚费、军需犒赏另疏请旨外，所有官兵报捷，恢复乌蒙情形，合先奏闻，伏乞圣主睿鉴，臣谨奏。

朱批：览。凡犒赏此役皆从裕厚，不可稍存省费小见。公用正项，只管酌量动用，折奏以闻，朕自有旨谕。

（《朱批谕旨》鄂尔泰奏折）

505 云南总督鄂尔泰《奏谢赐海棠市瓜果等物及圣慈垂注折》
雍正八年十月十七日

云南总督臣鄂尔泰谨奏：为恭谢天恩事。

雍正八年九月二十三日，臣赍折家奴戴住蒙恩召见，赏饭赏克食赏银十两，驰驿赍到亲赐臣海棠木瓜果二枚，又御赐人参十斤、花糕一匣、西洋糕一匣、乳饼一匣、各种果干一匣、白石榴一篓抵滇。臣随郊迎至署，恭设香案，望阙叩头谢恩祗领讫。

据家奴口传，面奉圣旨："总督现在患病。大概总督的病症皆因朕体欠安，并怡亲王仙逝，心怀忧虑所致。但朕虽从二月间欠安起，以至五六月间，不过稍觉违和，并未甚病。迨至八月间，朕得一老人，乃异人也。赖伊医治，朕体是以全愈，且较前更觉康健。因你前来，所以召入，使仰瞻朕颜，回去时以便告诉总督，使总督放心。再总督具折奏请陛见，朕已批发，准其陛见。你回去时告诉总督，可于明岁正月二十间起身来京。并非着总督前来过节，因朕所得老人，今年尚回河南去，于明岁二月间来京，着总督来时，好见他一见。倘正月间地方上有办理的事务，即于朕万寿令节时再来。或万寿令节时尚不能来，即于腊月前来亦可。着你主子临时斟酌，预行奏闻。今年且不必来。钦此。"再启折扣，荷蒙朱批："朕不但身恙全愈如初，而心病亦豁然尽除，而无纤芥矣。朕自去冬以来，睹内景外缘，甚生疑虑。虑者，非为生死。所虑者，恐获罪于天地神明，有负皇考大恩，为宗社之罪人也。前次虽谕朕躬全愈，然仍觉心神不爽。八月初，得遇一奇人。此老人非凡夫，实神人也。奇异处，不能批谕。朕原料经此一番，精神气血万不能复旧，便勉强支撑，恐心力有所不能也。近日体之，不但望精力如初，而更可冀加倍强健聪明也。前番之谕，概可置之，不必论矣。朕实有所凭，非偶耳高兴之谕也，卿可丝毫不必系念也。卿原请陛见，可或与明岁正月二十后自滇起程来京，或明秋末冬初来京见朕，卿可相地方机宜而行之。临行时，可具题以闻。督印可传谕张广泗署之。卿来回亦不过四五月之间耳，路上不可过劳贪程，可从容量力而行之。余俟面言。凡地方事宜，可缓料理者，俟卿回任时徐徐次第办理可也。特谕卿喜之。钦此。"臣尔泰跪聆圣谕，敬诵朱批，知圣躬之康强，悉圣心之悦豫。家奴得睹天颜，备述精神健旺，臣不胜欢忭，不胜舞蹈。诚上天之眷顾，圣祖之默佑，奇异之近侍，精力之倍加，皆可必之于天人理数之中而毫不见爽也。

至于臣，自六月中旬末，惊闻怡亲王仙逝，敬年圣心伤悼，忧郁累日，遂复左肋隐疼。迨七八月间，渐觉羸弱，日服参至一两，而气不能升，此亦臣子之至性，无能自解者。（**夹批**：凡此，实皆无能不及，一时昏愚之所致，常自省黾勉。况万里之外，似此存心，何益之有？徒自苦耳！不为者。）兹蒙圣慈垂注，臣心益切难安。爱身以备驱驰，奋志以免背负，一寸血诚，惟生死以之。（**夹批**：爱身二字，莫要于此者，除此之外，便奋志亦不能免背负，当铭刻志之。设如前者，朕躬倘有不虞，卿便殉身以随，谓忠乎？谓负乎？其朕躬、国家有益也？有损也？况朕虽违和，缠之数月，而并未卧床。一见□□□□，即以遥闻，风□卜度，以重于此，朕实不取。万万不可者。当自省知过可也。）再荷蒙圣恩准臣陛见，五年明发不寐之怀一旦得遂，庆喜私衷，何可言谕？惟是乌蒙叛乱，勾连数郡，现虽仰仗天威，三旬之内大示剿出，业经恢复，而搜擒布置尚需数月，明年正二月间，犹未敢擅离。臣期于八月初旬内自滇起程，于万寿令节前抵京，（**夹批**：甚好，与朕前问卿之旨谕相合，程期，相机而行可也。）跪觐慈颜，亲聆圣训，并面陈边境事宜、文武功过，俾得遵旨料理，实深幸甚。

伏念臣待罪三省，历任五年，隆恩稠叠，无有伦比，并下至家奴亦得蒙召见，自古迄今，以君臣之遇合而同父子之恩爱，稽诸史册，曾未有如臣者。顾扪心自问，虽不敢稍懈而小补，未能时烦圣虑。乌蒙逆狳之变，臣实无地自容，（**夹批**：何必存此小见。）纵立速扫靖，亦不足以赎臣辜也。除将进剿恢复情形另折报明外，谨缮此折，差军前报捷守备段福并臣家奴七斌赍奏，恭谢圣恩，并缴朱批原折九扣，伏乞圣主睿鉴。臣尔泰无任瞻依感切之至。谨奏。

朱批：览卿奏谢矣。

506　云南总督鄂尔泰《奏报滇黔两省
秋收分数、米粮价值折》

雍正八年十月十七日

云南总督臣鄂尔泰谨奏：为恭报滇黔两省秋收分数、米粮价值事。

窃照收成丰歉，休戚攸关。若遇军兴，尤占年岁。臣行三省布政司确查汇详，兹据云南布政使张允随详称："雍正八年自夏徂秋，雨水调匀，各属高低田亩遍行栽插。今据广西、鹤庆、蒙化等府，安宁、晋宁、嵩明、沾益、宣威、建水、宁州、新兴、赵州、镇南、和曲等州，宜良、通海、广通、定远、永平等县各具报，谷收实有十二分，并有倍收者；荞收亦有十二分。据永北、景东等府，昆阳、陆凉、罗平、寻甸、师宗、弥勒、石屏、阿迷、路南、云龙、宾川、腾越、剑川、姚州、禄劝等州，昆明、禄丰、呈贡、易门、罗次、富民、南宁、平彝、嶍峨、河西、蒙自、新平、江川、文山、太和、云南、浪穹、保山、楚姚、大姚、元谋等县各具报，谷、荞收成均有十分。据广南、元江、镇沅、丽江、顺宁、普洱、威远等府，马龙、邓川、南安、云州、镇雄等州，河阳、恩乐、会泽等县各具报，谷、荞收成俱有九分。所报嘉禾，自五六穗至十三四穗不等，其三四穗、两穗者甚多。近日米价，省城与附近州县每斗卖银一钱或九分，余俱卖银七分。"等情。

据署贵州布政司事粮驿道王廷琬详称："今年自夏入秋，晴雨应节，高下田地均得及时播种。目今早稻晚谷俱经收获，稻谷有一茎数穗及高至五六尺不等者，小米有一茎九穗八穗及高至六七尺不等者，膏粱、豆、稗俱硕大异常。各府州县与各土司地方米谷杂粮收成实有十分、九分。现今省城米价，每一市斗折仓斗一斗六升，每一市斗卖银八分。各属市斗大小不一，其价向系一钱二三分者，今俱七八分不等，向系六七分者，今俱三四分不等，以仓斗计算，每斗价值不过三四分至八分而止。"等情到臣。

臣查得云贵两省连岁丰收，而今岁尤盛。复荷蒙殊恩蠲免钱粮，民彝感颂，欢跃非常。现在军需络绎，而若不知兵。此实圣恩遐迄，民情舒畅，感召天和之所致也。

广西省亦十分丰收。除俟报到另行具奏外，所有滇黔各属收成丰稔缘由并米粮价值，合先奏报，伏乞圣主睿鉴。臣尔泰谨奏。

朱批：以手加额览焉！何庆如之？

（《雍正朝汉文朱批奏折汇编》第十九辑，第297～298页）

507 云南总督鄂尔泰《奏报审讯禄鼎正等情由 并请将禄鼎坤等敕部解滇正法折》

雍正八年十月十七日

云南总督臣鄂尔泰谨奏：为请旨事。

窃逆贼禄鼎明到营行刺魏翥国，立将鼎明枭示。臣将禄鼎坤家口收禁，一面折请敕部拿讯禄鼎坤谋反情由，随即密交按察司，将禄鼎坤之弟禄鼎正、次子禄万贵及主文刘汉英并汉英之子刘言等逐一隔别严讯。据刘汉英供称："小的是鹤庆人，年五十四岁了。上年八月，禄鼎坤在贵州相遇，结为弟兄，聘请料理事情。后随同进京，过杨林，到河口店内歇下。那晚，禄鼎坤同他儿子万福并头人罗阿莫、罗斤、李六斤、段番、段连伯、江孔泽、顾阿兔的哥子蛮儿、阿二矮、汉人李逢春、庄正宜等说了一夜，因是猓猡话，不懂得。次日到易隆，他儿子同头人俱分路回鲁甸去了。及到湖广杨店地方歇店，禄鼎坤说皇上原要给我参将职衔，大人给文，仍是外委守备，既送我进京，又差徐副爷押伴，不知是叫我京里去受罪也，不知是去当苦差，就是给我做一个汉官，总不如做我的土官无拘无束，好不自在。小的把做汉官好处劝他，他只是不信。及引见后，在永大人衙里，小的就辞他回来看母亲。临行，他写了两封家书，才说道：'我前在杨林河口，同我儿子、头人们商量，怕没有好处，不得回去，曾叫他们约会作乱。我原是征剿乌蒙、米贴、雷波有功的人，那时自然着我回去剿抚，把我用在乌蒙管地方了。如今皇恩赏了我参将，又赏了我银子。你把这两封书亲交我儿子禄万福同我兄弟禄鼎新，叮咛他们，且不必妄动，等我告假回来葬母，又再商量。'小的劝他：'你既做了汉官，不该又三心二意。'他又说：'你不知道我家乌蒙土职，比不得别个土官，自周朝世袭到今，几十代了，一旦将地方都没有了，到得个不孝的罪名。'及七月初二日，小的到鲁甸见禄万福，交与家书，将禄鼎坤叮咛他们不许妄动的话说了。头目们就对禄万福说：'我们已就叫了凉山下方阿驴的人，此时阻不住了。'到第二日，禄鼎新同前在杨林河口的头人都来相会，又把叮咛的话并进京后许多好处一一对他们说，只是不信。小的便辞他们上省，回家看母亲。初十日，禄鼎新说，你既上省，只要你替我们四路招集些人，把我嫂子、兄弟、侄儿们护送到半路，我们迎来抢了去。不可走漏消息，若有一点风声，我们的兵马出来，先把你一家杀了。及至到省，又把禄鼎坤得了好处对他妻子及禄鼎明说了，且说还要来搬家口。禄鼎明说：'他得了官，只是他好，叫我们在这里受苦。纵搬家口，我是不去，要回鲁甸。'小的因没盘缠，禄鼎坤原说差心腹人余康宁、顾阿兔回来的，故此在他家等着。如今不来，想是竟往鲁甸去了。"问：你为何不出来首供？"禄鼎坤已叮咛他儿子不必妄动，若果止住了，不唯小的妄报，并妻子俱在他家，也是一个死。欲要回去，恐怕扳扯了，拿来更是该死。"等语。问禄万贵，供："小的是禄鼎坤次子，年十五岁了。小的与母亲在省，不晓得什么事，只是刘汉英从京里回来，到鲁甸，七月间到省里，对母亲与叔子禄鼎明说了这些话。"所供与刘汉英相符。问禄鼎正，据供："小的排行第五，禄鼎坤是小的大哥子。小的今年二十岁了，与嫂子龙氏在省里，没有送哥子去，不晓得什么事。只是刘汉英从京里回来，先到鲁甸，又来省里，过了四五日，小的哥子禄鼎明才对小的说，鲁甸头目们要反了，小的才知道。别的小的不知道。"问刘汉英之子刘言，供："小的是刘汉英之子，小的老子回省，止对小的说禄鼎坤得了官，又说鲁甸头目们要反了，禄鼎坤叫阻住他们。小的老子只因小的好吃酒，常常骂小的，说这些紧要事，你不可多说。故此，小的止知道这句话，别的事一些不知道。"等供。

臣看得禄鼎坤性本豺狼，原难豢养。前乌蒙之役，念伊首先投诚，亦曾效微劳，若骤行诛灭，则信义不伸，难以服众。荷蒙圣主生全，安插省城，给以房产，复邀殊恩，补授参将，厚加赏赉，即类属犬羊，亦应感激终身，竭忠效命？乃敢包藏祸心，潜谋不轨，结汉奸为弟兄，倚头人为羽翼，贼子万福叛逆显著，贼弟鼎明行刺伏诛，此天诱其衷，阴谋败露，俾鼎坤首恶，得明正典刑，并禄氏穷凶不复遗种类，以儆群彝，各安生理者也。今既审讯，各据供明，而乌蒙业已恢复，附从不难剿除，一月以内大局可定。相应请旨，将禄鼎坤并随去逆奴讯取确供后，一并敕部，押解来滇，以便同贼眷属及拿到贼目即于本地正法。谨此具折，伏乞圣主睿鉴施行。臣尔泰谨奏。

朱批：览奏，知悉其情实也。但禄鼎坤同伊家人在豫在京，皆不便问取确供。倘伊知罪恶尽露，法所不容。恐伊自不待至滇，复恐路途遥远，拼命另寻别计。所以，但令押解来滇，或内中更有冤抑伊处，务必对质而方可定案者。俟伊到滇，可一一审明发落奏闻可也。

(《雍正朝汉文朱批奏折汇编》第十九辑，第306~308页)

508　云南总督鄂尔泰《奏报因边地需材，请将王大绶等三人到滇补用参游折》
雍正八年十月十七日

云南总督臣鄂尔泰谨奏：为边地需材，恳恩录用事。

窃照滇黔两省半系苗疆，参游等官甚关紧要。臣于雍正七年七月内，曾恳请圣恩将应补游击并侍卫内精悍人员命往十余员，俾臣试用酌补，并请将原任广西泗城协副将王大绶，或赏以游击职衔，着臣酌补。荷蒙朱批："王大授乃朕着实奖许之人才，方不次擢用至总兵。因参贪赃不法，朕实讶而惜之。王大绶何得负朕至于此极？览卿此奏，情有可原，另有旨谕部。但朕甚嘉其人才，而微嫌其恐不实，可训谕他，勉一诚字，则伊下回功名可保无虞矣。莫负朕赦过录用之恩传谕他。钦此。"臣随密札抚臣金钺，着令王大绶来滇，以便传谕。及臣札到，而王大绶已领咨赴部，现在车骑营效力，臣因未敢渎请。今乌蒙随已克复，营伍尤须整顿，非破格录用之员，恐不能奋勉任事。相应恳请圣鉴，将王大绶仍准来滇备用，该员必能效力。

再原任云南广罗协副将、未经到任革职之王廷诏，伊赴滇上任，臣适因公赴黔，于马龙州地方一见，随追缴札付，勒令赴质。看该员年力精壮，弓马娴熟，且西藏一带屡著劳迹。倘邀圣恩格外录用，似尚可以得力。

又臣于二月间由粤回滇，路过湖南，见辰州协都司李汝良材具精悍，人亦明晰。问其行走，颇熟彝情，此可胜任游击者。

以上三员，如蒙俞允，祈敕部速令来滇，先试用军前，再酌缺题补，庶可以示鼓舞而收实效。是否有当，伏乞圣主睿鉴施行。臣尔泰谨奏。

朱批： 此三人实皆可惜之才料，谕部发来矣。到时，卿可酌量差委可也。

（《雍正朝汉文朱批奏折汇编》第十九辑，第308～309页）

509　云南巡抚张允随《奏谢恩命升授巡抚折》

雍正八年十月二十六日

云南巡抚臣张允随谨奏：为恭谢天恩事。

窃臣世受国恩，祖孙父子并叨禄位，异数隆恩有加无已。臣于康熙五十三年，蒙圣祖仁皇帝恩授江南宁国府同知，升授云南楚雄府知府。恭逢皇上御极，由知府特放本省粮道，旋擢按察使，未久，即授布政使。臣受恩深重，即捐糜顶踵，难以仰报生成。今蒙圣恩简畀云南巡抚，闻命自天，感惧兢凛。伏念臣质本庸愚，才同驽钝，恭蒙圣主知遇之恩，授以封疆重任，私心自矢，惟有勿欺勿懈，为国为民，以期上报殊恩，下完臣节已耳。所有微臣感激愚诚，理合具折专差家人赵庆赍折恭谢天恩，伏祈皇上睿鉴。谨奏。

朱批： 览。勉之！莫心随境迁，但能效法鄂尔泰之存心，何任不能称职也。

（《雍正朝汉文朱批奏折汇编》第十九辑，第346～347页）

510　云南巡抚张允随《奏请陛见折》

雍正八年十月二十六日

云南巡抚臣张允随谨奏：为恭请陛见，俯遂微诚事。

窃臣凡材陋质，仰荷皇上造就，深恩不次超擢。今蒙圣恩特授云南巡抚，责任愈重，报称愈难。闻命之下，实切惶悚。臣伏思云南为边徼重地，幅员辽阔，汉土杂处，凡民生之休戚，地方之利弊，军旅、刑名、钱谷诸务，无一不有关紧要。若非跪聆圣训，得所遵循，实恐难免陨越。况自雍正五年六月二十三日、七月初一日，蒙圣恩两次召入勤政殿，天语谆谆训诲，跪对良久，蔼若家人父子。迄今三载有余，眷恋之忱时切于怀。伏乞皇上俯鉴愚衷，允准臣俟乌蒙军务事竣之日，即轻骑趋附阙廷，恭聆圣训，庶遵循有赖，而犬马恋主之私得以稍慰矣。为此具折请旨，仰祈皇上睿鉴，臣不胜恳切待命之至。谨奏。

朱批：不必。万里来听请朕训，不如心悦诚服，实力效法鄂尔泰，为封疆大臣之道也。

（《雍正朝汉文朱批奏折汇编》第十九辑，第 347～348 页）

511　云南巡抚张允随《奏报滇省丰收情形折》
雍正八年十月二十六日

云南巡抚臣张允随谨奏：为恭报年岁丰盈事。

钦惟我皇上敬天勤民，重农务本，是以嘉祥协应，上瑞骈臻。即云南僻处天末，山多田少，历年俱获大有。今雍正八年，皇上洪恩远被，五风十雨，百谷并丰，且收获之时，经月之内天气晴明，风和日暖，因得及时晒晾登场。现据云南等府陆续报到，壹本贰茎拾肆穗、壹茎拾叁穗至肆伍穗嘉谷累累，收成自拾分至拾贰分，并有倍收之处。汉彝欢呼，军民忭舞，咸谓本年既蒙天子蠲赋之隆恩，又蒙上天赐以丰年之嘉瑞。是天恩即系圣恩，故万姓群呼万寿。臣不胜欢欣踊跃之至，谨将云南通省丰收情形附折奏闻，伏乞皇上睿鉴。为此谨奏。

朱批：深慰朕怀。

（《雍正朝汉文朱批奏折汇编》第十九辑，第 348 页）

512　云南巡抚张允随《奏报官兵大捷、恢复乌蒙情形折》
雍正八年十月二十六日

云南巡抚臣张允随谨奏：为恭报大捷、恢复乌蒙事。

窃本年捌月贰拾伍日，乌蒙贼猓勾结凉山川蛮，仓卒叛乱，大肆猖狂，业经督臣鄂尔泰、升任抚臣沈廷正奏闻在案。臣在布政司任，未敢冒昧陈奏。继后，逆贼又传递木刻，勾结东川、镇雄及威宁所属之阿底，相继悖叛，聚众数万，劫掳抢夺，散布流言，煽惑苗猓。缘闻报之日，督臣鄂尔泰即星夜遣拨督抚两标官兵前往援剿，又飞调各路汉土官兵壹万余，飞咨提督张耀祖统领前进，分调楚姚镇总兵官禄、安笼镇总兵哈元生等分路进攻，镇雄营参将韩勋堵御协剿，并咨川省抚提二臣速发官兵严加堵御擒剿，并令其分兵四路，一由东川进鲁甸，一由威宁进八仙海，一由盐井渡、大关进米贴，一由镇雄进魁戈河，凡一切粮饷、赏号、火药、铅弹并军中机宜，督臣鄂尔泰心画手书，昼夜其间，轻重缓急，各有次第，备极详明。而安笼镇总兵哈元生等倾心努力，一遵指授，由威宁一路先据得胜坡山梁扎营。时猓贼万余往来冲犯，总兵哈元生与梧州协副将徐成贞鼓励弁兵，各奋忠勇，屡战俱获全胜。哈元生又亲身射死逆目黑寡莫莫，贼遂丧胆奔逃。迨拾月初壹日，为各蛮过节之日，哈元生密令弁兵乘机扑剿，凶目魂胆益丧。初八日，哈元生、徐成贞自得胜坡督率官兵进剿至以那扎营，逆贼尚有贰万余众，连营十有余里。哈元生、徐成贞等所领官兵不满肆千，众寡悬殊，出奇制胜。密令游击曾长治等率土千总安疆带领汉土官兵一千八百名，于初九日夜，埋伏麻窝山后，又令参将康世显率土目捕儿等带领汉土官兵壹千捌百名，亦于是夜埋伏左首山后，俱听信炮为号，出奇攻击。初拾日，哈元生、徐成贞统领汉土官兵由中路前进对敌，信炮一响，两路奇兵突出，贼众披靡四散，官兵奋勇追杀，连踏贼营捌拾余座，枪炮打死贼人不计其数，救获被难男妇千余人。即于是日恢复乌郡，大获全胜。其镇雄之施额者布、法漏暗通乌贼，肆行不法。时参将韩勋带兵仅肆百名，先扼奎乡险阻。玖月拾叁日壹昼夜，经战贰拾柒次，杀死逆贼叁百余，又复打死骑黑花马头目壹名，此后连战皆胜，亦即由奎戈河进抵乌蒙，与大兵会合。而四川游击李继经等亦于拾月初玖日带领官兵，由大关一路会剿。此各路官兵奋勇急取杀贼之情形也。

至东川进鲁甸一路汉土官兵已壹万有余，提督张耀祖、总兵官禄蒙圣主隆恩，俱列封疆，不思早靖东川、力剿乌猓慰人心而伸国宪，一味逡巡畏缩，观望不前，屡经督臣鄂尔泰咨檄飞催，不啻星火，其恺切周详，见者莫不色动。而总兵官禄始于玖月贰拾柒日拥兵，疾趋入东川府城，将城门牢闭数日，并不出擒东贼，追剿乌猓。迨至拾月初肆日方始遣兵出剿，而实无多擒杀。提督张耀祖驻扎功山，分遣官兵于附近各箐搜捕，贼人望风逃遁。始于拾月拾捌日起营，至贰拾壹日抵东川府城，于城外扎营，令开四门，军威始振。随拨派官兵四路分剿，尚不欲遽进乌蒙。督臣鄂尔泰谓乌蒙兵单，急宜援应，东川兵多，不难剿抚。复飞饬总兵官禄留东，并咨催提督张耀祖带领官兵速由以扯过江前进。而提督张耀祖尚在迁延，又经督臣鄂尔泰直派官兵肆千，限日速进，不必更待提督。此东川一路官兵徐步缓行搜剿之情形也。

臣伏查乌蒙虽由逆贼构煽，实由总兵刘起元平日之激变。而乌蒙知府陈克复既不能抚辑，又不将地方情形预为报明。东川府知府罗得彦办理不善，以致一府头目全变。以上二员罪实难宽。至附近东乌之武定府、曲靖府属之寻甸、宣威贰州地方，皆猓多汉少。武定府知府朱淳源、寻甸州升任曲靖府同知崔乃镛、宣威州知州漆扶勋，俱能实力奉行，调剂有方，团练、头人、乡勇各在要隘处所堵御，地方贴然。云南时候，每年玖月阴雨常多，而玖月初壹、初叁等日，发兵发炮之始，庆云叠现，万目共睹。王师未发，胜气先腾，兼之今岁滇省秋收更为丰稔，而经月晴明，天气和暖，枪炮易施，士卒舒畅，易于进攻。督臣鄂尔泰又仰体皇上轸念小民德意，其运解粮饷及搬送军装人夫俱给现价，经过地方，并严饬兵丁，一草一木不许骚扰，汉土愈加踊跃，粮米军装速达无误。其汉土兵丁，督臣鄂尔泰宣布皇恩，重加赏赉，俱奋勇异常。惟是督臣鄂尔泰于夏秋之间气郁肋疼，复自闻报以来，一切咨行皆出一手，于三省事件仍不少停留，未免劳瘁过甚。幸仰赖圣主福庇，今已病体全痊，转觉精神加倍，运筹调度动合机宜。若使提镇诸臣俱能实心遵照，一如总兵哈元生，则此时荡平久矣。督臣鄂尔泰文檄俱在，大小文武共知，感佩皇上之圣明，敬爱督臣之忠勇。勉励思奋者，汉土同心，固不止臣一人已也。

除俟官兵会合，将一切剿抚事情，臣当据实陆续具奏，所有恢复乌蒙情形，理合缮折奏闻，伏乞皇上睿鉴施行。为此谨奏。

朱批：欣悦览焉。

（《雍正朝汉文朱批奏折汇编》第十九辑，第349～351页）

513　云贵广西总督鄂尔泰《奏覆访求名医等事宜折》
雍正八年十一月二十八日

云贵广西总督臣鄂尔泰谨奏：为钦奉上谕事。

雍正八年十一月初二日，承准大学士公马尔赛、大学士朱轼、张廷玉、蒋廷锡寄信，内开："雍正八年九月二十八日，奉上谕：'前因吾弟怡贤亲王时常抱恙，曾寄信与总督鄂尔泰，若知有精于医理、明于养生之人，可资送来京，以为调摄颐养之助。今吾弟仙逝，其从前所言修炼养生之人，不着送来。若有医学精通之人，仍着送来。又前日曾将朕躬违和、适得异人贾士芳调治有效之处批谕鄂尔泰，今贾士芳虚诈奸回，猖狂无忌，朕悉行察出，将伊正法。恐鄂尔泰闻之疑与前旨不符，并疑朕躬尚有未经全安之处，尔等可寄信与总督，言贾士芳乃因奸邪不法，罪无可贷，与调治朕躬无与也。朕躬今已十分大安。尔等系日侍朕之大臣，可寄信告之，令其欣慰。又朕前次曾谕总督于来春进京陛见，可令伊将地方事件一一料理停妥，于开春起身，按程徐行。钦此。'我等遵旨寄信前来。从前圣体违和，自八九月以来，已经大安。我等日侍天颜，仰见圣躬精神焕发，气体壮盛，更胜于前，实已十分大安。此皆我皇上诚敬日强，天心眷佑，非方士医术能为毫发之力也。贾士芳因奸回不法，自取诛戮。在廷臣工无不仰颂圣主之乾纲独断，实从古帝王之所不能，总督闻知，亦必钦服欣慰。"等因到臣。

窃臣屡蒙慈谕，敬悉圣体全安。家奴亲觐龙颜，备述精神焕发，又复传示圣谕，暨大学士公等同辞，称庆万里。臣心如傍九重之左右，终身孺慕，得慰百念之萦回，实欢欣而抑郁顿舒，因庆幸而瞻依倍切。至妖人贾士芳虚诈奸回，难逃觉照，乾纲独断，维世道以正人心，天命常新，锡纯嘏而申保佑。此惟信诸庄敬日强之一人，并可告诸普天率土百官万民，使共知共信者也。臣实不胜忻慰，不胜钦服。其医学精通之人，臣敬当加意访求。蒙恩准陛见，臣已于十月中折内陈明，俟乌蒙等处布置停妥，于明年八月初自滇起程。

合并缮折覆奏，伏乞圣主睿鉴。臣谨奏。

朱批：亦且不必拘定八月，至临期相机再行请旨。

（《朱批谕旨》鄂尔泰奏折）

514 云贵广西总督鄂尔泰《奏报进剿乌蒙等处苗猓各路报捷情形折》
雍正八年十一月二十八日

云贵广西总督臣鄂尔泰谨奏：为剿除逆贼，疏通两郡，恢复三关，各路报捷事。

窃自乌贼逞凶，堵塞各隘，截断牛栏江，则与东川阻隔，截断伐乌关，则与镇雄阻隔，截断豆沙关，则与川境阻隔，截断大关，则凡属乌蒙联络三省之界俱为阻隔。此声息之所以不通，而凶焰之所以忽炽也。及乌郡既复之后，虽奔逃四窜，实各踞要口。如牛栏江逼近鲁甸，正逆贼巢穴，所恃为凭陵之区，故江内江外分布蔓延，凶锋甚烈，猝难解散。至若三关，均属天险，悬岩峭壁，箐大林深，失之虽易，得之甚难。至于撒鱼河、马鞍山、高鲁箐等处，各皆贼骑数千，不时往来窥伺。官兵初入乌郡时，不过五千有余，仅敷弹压，难资扫除。而川省则道路甚遥，镇雄则兵势无多，故于总兵哈元生，则嘱其少待，于提臣张耀祖，则催其前驱。盖通计大局，东川紧连乌蒙，而与东川接壤之寻甸、武定、宣威三府州，最关切要。自张耀祖统领大兵驻扎功山，由功山前抵东郡，沿途安台设站，寻甸之路已通，而武定则阻于毕古坝，宣威则阻于者家海。故于毕古坝一路，先之以游击王先，继之以游击曹士贵；者家海一路，先之以游击纪龙，继之以游击范昉、彭之义，各令奋力攻剿，使武定、宣威两处血脉速为贯通。而六营长、九伙目，则嘱提臣分遣官兵搜捕。逆寨内患既除，外乱自靖，然后直渡牛栏江，连络鲁甸，庶皆可就绪。臣前折奏至今已逾一月，进兵之檄既昼夜频催，报捷之文亦朝夕叠至。续据游击王先由武定进兵，沿路剿灭，已直抵毕古坝。而游击曹士贵亦到毕古坝会合，逆贼闻风逃遁。随进至大鲁地，分两路抄上，逆猓弩石交施，官兵奋勇，枪炮齐发，打死贼人甚多，余各星窜。十六日，招抚阿易路一带苗猓民人共一千二百六十八名口，又在紫牛坡查获汉奸陈仕教等，解赴提督行营，俱经枭示。十九日，在小江口驻扎，闻有贼众欲渡金沙江，往四川逃遁，行至多步可地方。随分遣官兵前往搜捕，贼众抢渡，漂流淹没者十余人，擒获贼首禄配等，解赴提督行营，救出被掳汉人老幼男女二十四名口，随给米粮，移交东川府安插。毕古坝既清，而武定与东川之路通矣。

自纪龙等进剿者家海，而逆贼势穷，弱者皆求招安，强者各皆逃窜。时宣威州团集土勇千数百人，经臣准其效力，已抵者家海。进至牛栏江，于陡红箐遇贼持弩抗敌，官兵奋勇杀贼，并生擒贼首禄承爵之继母及男女二十名。而游击纪龙、范昉、彭之义等先后拿获禄承爵之叔革舍、火头沙坝及以勒寨贼党禾利、戈客、者卡共二十七名，禄承爵之妻安氏、子阿六及夕捕头人麻色、者机，直捕头人沙奈、卡备、卡租等，共二十一名。又过牛栏江至直补箐，官兵密分四股，一齐进攻，枪炮打死贼众大半，余皆奔逃。至革舍、火头沙坝，前拿获时因勒令拿贼，故暂且从宽。至是率孙禄元龙到营出首，阿固、禄承鼎管下夷人你布等并阿固、火红等处逃匿逆党求赏员押往擒献。随差弁押同拿获男妇大小共六十五名口及牛马等物，并擒以勒寨头人阿迫、阿树、福寿，俱系禄承爵死党。又据可可夷人戈色报，有猓猡机革、机则，今来投诚，讯供禄良珍家口确实所在。随密差官兵前往，押令机则引路，四面围擒，共获男妇大小一百三十五名口，又救出难民五人。又复查得阿得六地离者家海百余里，有逆党潜藏，即带领官兵直抵贼坻，遇贼拒敌，官兵施放枪炮，贼众四溃。是贼首禄成爵，虽同禄良珍等逃避巧家营，尚未就擒，两路官兵早已会合，则宣威与东川之路通矣。

宣威、武定两路既通，而逆贼巢穴各宜扫靖。查东川四境沿途堵截杀兵劫粮者，则有阿汪、施鲁等贼，乃遣游击张翰彬等进剿。据报，十月十五日，官兵既入，探得逆贼潜匿白石崖大箐，即带兵前往。贼沿途砍木塞路，密下竹签，官兵开路拔签，奋勇而入，贼众千余前来拒敌，官兵用枪炮攻打，自午至酉，打死逆贼数十人。十八日，官兵搜擒逆贼至革黑，会合游击何元，跟踪至乌罗河，贼有五六百人，占踞山梁，施放弩箭擂石。我兵奋勇攻打，自辰至午，枪炮伤死二百余人，余贼滚箐而逃，拿获乘机窃掳之汉奸许登科、张国彦、袁标三名，当解提督挑筋释放。至于结党掳掠、肆行劫杀者，有卑七、五龙、弩革等贼，乃遣护参将张其贵等进剿。据报，十月十七日至卑七扎营，闻五龙寨后箐内有夷贼藏踪，随分兵四面围攻，又于紫牛坡拿获汉奸张瑜、五龙猓贼长寿，俱系逆党，亦询明枭示。正在搜箐之时，忽箐左山上深林之内复有贼摇旗呐喊，官兵前往擒拿，获旗一杆，杀死贼数十人，生擒十七人，亦于彼地斩首示众；擒获逆目禄有福之妻，并贼猓男妇一十七名口。于二十五日，带领官兵前进至阿泥卡扎营。二十六日，分兵下山至鲁补箐，有贼数百，手执长条弓弩，呐喊堵截，官兵分路三面夹攻，斩贼数十，中枪滚崖死者不计其数。复前进至黑铁山脚，遇有贼探望，随擒获一人，据供：有附府猓贼潜匿河外大地，左右悬崖密箐，前隔大河。是晚四更，官兵绕河渡水，于二十七日黎明齐至地下，贼猓滚木擂石甚多，官兵冒险杀进，贼众滚岩落水及中枪死者无数，生擒贼十名，俱斩首割取耳，记擒贼男妇一百五十一名口。二十九日，又擒贼一名，讯供，知鲁得地有逆贼数百拒守。三十日，官兵直捣贼巢，贼复大败奔散。至于聚众围城拒敌官兵者，则有那姑、鲁革等贼，乃遣游击区明、守备陈上志、胡玉书等进剿。据报：十月二十五等日，带领官兵前往黑鲁搜剿，途遇落水洞民人来报，有贼抢掳男妇牲畜前去。即尾追至那姑，有贼五六百人前来迎敌，我兵奋勇杀贼，救回男妇一百七十余名口，牲畜百余，贼众沿山逃窜。随分兵二路进剿，追至法机，见贼营盘十余处，随即围裹，攻踏贼营，杀死百余人，生擒贼二十余人，俱斩首悬示。至于勾结逆猓堵截江边者，则有阿固、火红、以扯等贼，乃遣游击韩文鹏、守备李国柱等进剿。据报：十月十七等日，带领官兵由阿固入火红，拿获汉奸首恶一名张豳豳，随搜马缨箐，斩杀贼人甚多，夺回难民八十余口，牛马猪羊无数。又有火红头目禄承贵自行来投，引至巴兔海收窝寨内，拿获头人一名沙奴，并阿固、禄承鼎之弟阿的虐。查张豳豳素性凶恶，闻乌贼悖叛，即率领东川猓贼大肆猖狂。沙奴系禄承鼎亲信头人，罪大恶极，随解提督，即将二犯钉手，秤杆示众，军民称快。其阿的虐现监禁行营候审。又据分遣千总刘荫祖等带领兵练，由巴兔一带山箐蹦搜，斩杀拒敌黑猓一十四名，搜出大小男妇四十七名口，并牛马猪羊、皮盔、马棉、弩弓、长条等物。又据以扯苗寨头人长命报称，有凶苗老三、者野等十名，曾同乌贼劫杀东川塘兵，现将抢掳兵丁各物收存。随经拿获男妇三十五名口，随将凶苗等讯供确实，即行枭示，复带领官兵自以扯起营前进巴兔地方。查有石土库黑猓附和乌贼，杀人行凶，随往蹦搜，贼众齐来拒敌，官兵奋勇斩杀一十九名，其余滚箐逃脱，擒贼男妇三十九名口，搜获牛马猪羊并汉人衣鞋等物，各讯确供，俱称禄良珍、禄良臣、禄良宰、禄承爵、禄天赐等皆逃匿巧家营。臣查巧家营地广猓强，又紧连川界，素称贼薮。自东川官兵各路搜剿，贼首禄良珍等无可踞守，遂皆奔巧家，欲逃入川，赖川省官弁一遵臣檄，沿江堵御，不得潜遁。而提臣派往官兵已三千四百名，若令进剿，早已擒获扫靖。奈迟疑观望，仅着落该头目擒献，准其赎罪，以为妥算。臣料贼系缓兵之计，恐致远扬，因径檄诸将，限日攻擒，而诸将既奉前令，不得不候示。乃随据禀报，贼众已潜匿，各寨已搬空，愿甘擒献之头目亦并无消息。张耀祖见臣言已验，始飞饬合攻。虽诸贼首断不能漏网，而机已泄，时已废矣。况东川一日不清，张耀祖一日不能过江，乌蒙一日不定，诸夷一日不能息心。滇黔四面苗猓，愚者皆怀隐虑，而张耀祖动念不及，此殊不可解也。臣备悉情状，恐并误乌蒙，随飞咨严催，令于东川一万二千兵内先拨四千名过江，听总兵哈元生调遣。于十一月初一二等日，始派三千兵过江，至今尚未足四千之数。查乌蒙既复之后，哈元生营兵时不满六千，即以一支兵遣参将康世显由鲁甸至牛栏江，以接引东川；以一支兵遣游击曾长治由龙洞山至法漏坉，以接引镇雄。臣因其胆勇过人，或恐失之躁率，经屡檄切札，嘱以深入尤宜严防，大胜勿忘小挫，奇兵不可以屡用，险事不可以幸成，务候东川兵到再图会剿等语。嗣据康世显具报，十月十二日带兵至高鲁，十三日抵鲁甸，凡经过村寨，贼皆逃窜，只搜出猓贼抢去五子炮一位、陜枪十二杆并镇兵盔甲，俱已被贼损坏；救出原任乌蒙游击张鹤之妻与子，并兵妻数十口，逃难男妇五六十口。十六日已抵牛栏江，令守备徐国佐带兵搜剿。进至补多地方，遇逆贼七八百拒敌，官兵奋勇杀死逆贼百十余人，斩首级二十余颗。随令徐国佐监造木筏，搭设浮桥，更遣把总杨旭带兵三百名直抵东川府城，迎接提督。是东川官兵料可以径渡矣。又据曾长治报称，十月十六日带兵起程至龙洞山，十七日抵法漏后坻，逆贼滚木擂石堆积如山，矢石频施，官兵冒险攀援直上，施放枪炮，打死逆贼十数人，贼势大溃。随星夜于下江搭造桥梁，以待会合，而镇雄官兵亦早已遥应。凡此，固诸将之奋勇，实哈元生之效忠，较之东川提镇，犹未可仅以强弱论也。惟是哈元生行营，地势甚危，兵力尚单，不知内顾，一意前驱，乘康世显、曾长治之胜，乃复前后分遣三百兵，令游击王弼巡游近地，又遣官土兵五百名，令外委土目等运粮鲁甸，又遣八百兵，令千总蔡之斌、陈策等搜捕江边，以致王弼欲擒逆贼，贪功深入，阵亡于高鲁寨，损兵百余；外委所带运夫被截于马鞍山，损人二十。此即躁率之过，亦不得为哈元生宽也。而遣往江边之八百官兵，于十一月初四日，由鲁甸一路巡抵江边，复回至鲁甸对面之五颗树，遇逆贼五六千人，官兵抢踞山梁，贼众四下围绕。正在相持之际，适有臣催调过江之游击曹士贵、王先等于初四日自火红进兵，已抵鲁甸，闻有枪炮之声，即催兵前进。随一齐奋勇，里外冲杀，贼众大溃，我兵跟追至草海子地方，杀贼百十余人，而乌蒙应援之兵亦至。

窃查鲁甸系首恶之巢穴，牛栏江实两郡之咽喉，是以臣咨札提臣，催兵速进，甚详甚切，至再至三。向使过江官兵但迟一日，不及应援，则八百汉土官兵纵极勇敢，亦岂能当逆贼数千？而张耀祖闻报，始谓臣筹虑周详，严催过江，适逢其会。抚臣、司道见者皆笑之，而深鄙其老师玩寇，忠义之无存也。今张耀祖过江无日，哈元生已于十三日分兵六路搜剿乌逆，留副将徐成贞防守大营。现据徐成贞报称，大兵既进，恐逆贼狡猾，反由擦拉松林一带出没滋扰。因于十五日戌刻，密遣乌蒙把总施弘义等带领官兵潜伏撒鱼河隘口，埋伏堵擒。至四鼓，果有贼众二百余人持挂刀弩、长条暗出松林，一遇我兵，即行拒敌。我兵截杀猓贼数十人，带伤陷入擦拉海子死者十数人，余皆奔溃。又据副将杨馥、游击曾长治等报称："十四日，由普折槽大箐进剿，所经道路约八十余里，仅羊肠一线，凡紧隘处所，贼皆将木石截断。官兵于箐中另开路径，攀藤附葛而进。将至白卧地方，有贼众前来拒敌，官兵奋勇，枪炮打死贼数十，余众溃败，随追至白卧寨，四面搜擒。"等情。又据哈元生报称："自十三日起程至撒鱼河驻扎，贼皆逃散。十六日，自撒鱼河跟踪搜箐，抵小凉山，止见贼营数十处，并无一贼。十七日前进，有逆贼空寨，烟火尚存，所宰牛羊并粮饭等项抛撒过半。随追至大凉山扎营，躐至离营五里之内，接连切黑苏寨后一大深箐，箐口扎木城五层，坚固难破。随造硬挡牌抵挡弩箭，以近木城。十八日，先遣土目安疆等率领阿底土兵撑架挡牌攻进，随用铁炮点火抛进贼巢，声响如雷，炮杀逆贼五人，余众兽奔，山谷震动。我兵尾后追杀，逆贼仆岩滚箐并带伤及死者难以悉数。"等情。是两路官兵声威大振，其余四路谅即报捷。东川联络镇雄，会合乌蒙，逆贼料自不难平靖矣。

再镇雄一郡早已宁帖，附逆各寨俱经剿除。节据参将韩勋具报，前据土目戛虐报称："逆目施额等贼剿戮未尽，复勾通乌贼，招结镇属夷良逆目作叛。即带领官兵星赴贼巢，施额贼党知觉逃窜。复追至河边，多已过河，仅杀贼二十余名，获乌镇所失盔二顶、枪三门，随焚毁贼地起程，沿途扑灭逆猓村寨百十余，至革洛箐内，获贼男妇二十余名口。十月十八日，前攻法漏地，会合曾长治，及至法漏，曾长治已剿贼先回。随于二十日自地起程，由戈魁、阿路一带至铜厂沟，搜擒男妇三百余名口，并获牛马牲畜等物。二十四至二十九等日，搜擒贼猓男妇一千五百余名口，并获牛马牲畜无数，招安得阿度、阿庇、抹得骂色、措洛骂色及阿布洛泽等，暂羁行营。三十日，已破伐乌关。又前分遣之守备马骐自奎乡起程，直抵渣多巢穴。据土目戛虐引路，擒获渣多恶党阿束、母黑、鲁所、阿阻共四名，尽毁贼寨，在以洛扎营。又离行营四十余里，有灼佐地，乃渣多、洛泽、阿路、阿布等逆贼出没之所，地上现有逆贼数百聚集。随连夜带兵三路前进，活擒逆贼一百二十三名、贼妇子女一百九十四名口。又巡至戈魁河，拿获一百三十四名口。又前分遣之守备李守禄由右路大支坝搜擒阿路羽党，亦获男女一百余名口，牛羊牲畜数十只，已至伐乌关与官兵会合。"等情。

查伐乌关系大关之外卫，与瓮迭地相近，伐乌关既破，大关斯可进攻。然乌逆贼众皆啸聚大关，合力拒守，犹难遽破。经韩勋密查，瓮迭地逆目禄鼎新现住洗马溪阿业家，阿业并收养大关等处兵丁，以待招抚。乃密差千总谭盛元协同土目戛虐前往侦探，回营，招得瓮迭地逆目禄鼎新、洗马溪土目阿业、黄水塘乡约符子章，并带回所保兵民家口并雄魁、瓮迭、马湖等处客民三十余人到营。据称："叛孽系大崎胸、固固、禄世昌等，逼令起兵，而黄水一带村民皆无反意。初阿业闻信，即率伊子禄万全保护官兵客民，不敢从逆，并千总王家彦付以养活兵丁家口银二百两，亦原封存贮，俱系实情等语。查逆贼禄鼎新，系禄鼎坤之胞弟，即阿业，情伪亦未可遽信。然因其授首，暂且羁縻，以取瓮迭而进大关，亦殊计之得，韩勋乃准其招安。随于初四日，先遣官兵占踞瓮迭地。其时川兵已驻扎豆沙关，并可遥应。于是进兵黄水河，分派守备王应熊等由麻柳河进攻大关之右，守备李世禄等由呢勒进攻大关之左，韩勋亲率守备马骐等由葫芦口进攻大关之中，又密遣千总谭盛元带领土目戛虐等于先期由地瓜坪潜透老林至雄魁脑，以抄大关之后。进至深溪沟，官兵会合，四面夹攻，立破贼营排栅五层，杀伤无算，贼众大溃。随克复大关，占据扎营。时川省官兵亦于初六七两日攻破小关，占据铁线溪汛地，不约而同，诚可庆幸。"等情。

臣查大关为一郡之锁钥，实三省之枢纽。川省游击李继经等奋勇协力，久欲进攻大关，以贼势甚重，未便轻率。今川滇会合，大关已破，则三省之血脉皆通，四路之声威齐振，不独永善一县计日可复，而乌蒙逆孽实不难净尽根株矣。

至于川省调兵，先经提臣黄廷桂一面闻信，即派遣官兵于筠连、雷波等界分派堵御。及臣咨到后，又节次添拨官土兵丁于镇雄、会川等界，以为应援。而署督臣查郎阿、抚臣宪德皆飞檄严催，一体关切。自十月初旬，守备王敬简已抵镇雄，游击李继经已抵盐井渡，游击王谷宰已抵雷波。及节次准据川省咨报，称："筠连县小坝河西猓贼二百余人将篾缚竹渡河，后有续到，不知其数。贼既过河，去筠连县仅三十余里。筠连向无城郭，止有李继经兵，恐贼众难御。"又称猓贼将约同凉山一带众夷来抢雷波；又称猓贼渡河，已抵高县边界，迫近筠邑；又称桧溪蛮夷狂悖，杀害阿兴土司安永长，烧毁房屋，虽有游击王谷宰带领兵丁应剿，尚虑兵单，且杂谷土兵未到等情。

臣查得川省督抚提镇诸臣虽派遣官土兵丁六七千名应援堵御，但程途遥远，一时不能遽到。现在李继经、王谷宰等实系兵单，若遽令深入，则川境可虞。况乌郡既经恢复，恐逆贼势穷，或将渡江入川，故权其缓急，随饬各员，所有川兵应先清川界，并严堵乌夷，俟川界事竣，再听调会剿。至东川官兵已有万余，即川兵到日，亦只须于江外堵御，可不须渡江。等因去迄。续据川员各报，游击李继经已克取豆沙关，游击康国泰已搜剿会通溪，游击王谷宰已克取撒水坝，并分遣抚提镇标及龙安、普安、安阜等营千把兵丁克取桧溪之大关口、小关口及七胜关口，复连取黑铁寨、六合寨等处，官兵奋勇，各有擒杀，并获刀弩枪标及牛马米谷等物，遂寻获土司安永长并妻王氏及子女尸骸，又安永长代笔夏姓及子之尸骸，俱交安永长之弟安文俊领回收殓。于是，川属之筠连县、高县均已宁静。而游击杨泽厚汛接东川，领兵剿堵，已抵金沙江边，见有潜逃过江之猓贼约有千余，官兵奋勇，枪炮打死并滚岩落水者不计其数，生擒男妇二百余人，并获牛马猪羊、弓弩、腰刀等项甚多。又据会川营游击张棻具报："擒获东川窜贼，尽悉造叛劫厂情由，缘现在进剿，不敢擅解，俟将渠魁擒获之日另报。"等情。

臣查川省官兵，虽各为边界，而齐心协力，殊不减于滇黔。川提臣黄廷桂速调勤筹，惟恐迟误，则转甚于本省提臣张耀祖。至楚姚镇总兵官禄，退缩奸狡，事难枚举，不但为总兵哈元生及奋勇之将所不齿，即肝胆备弁、血气兵丁亦皆有后言。此皆两省文武所共知共忿。臣固不敢少为隐讳，以博宽厚者也。

窃思乌猓之变，备极凶残，侵犯各边，扰动三省，猖狂实甚，骤灭殊难。仰赖圣主仁威，将士效命，汉土同心，故恢复郡治不及二旬，克取三关才经两月。今虽东乌群孽尚未尽剪除，而合剿分搜总难漏网。即永善一处，差为窎远，前已据该县夷民呈诉，并未反叛，俟官兵一到，应即欢迎，合看情形，似可无烦圣虑。其川属之黑骨头蛮，惟沙马之女土官尚知约束，此外如阿驴、阿都、阿布路以及凉山各处直至腊汝窝一带率多凶顽，难以驯服。据臣愚见，或于适中之竹墨地方安设重兵，分布营汛，俾与附近镇营声息相通，以示弹压。如有现应惩创之处，趁此兵力，于橄撤凯旋时随带清除，庶一举两得，于川于滇皆可免后患。但事关重大，尤须熟商。拟俟乌蒙诸务一有头绪，即密札黄廷桂，嘱伊妥计，作何料理，听川省诸臣运筹。臣当尽心协办，是否有当，恭候训旨遵行。

至于臣，忝荷殊恩，限于才力，于亲辖边夷尚不能安辑，何颜复向邻封更言兵事？独以寸心微愿，惟我慈父鉴怜，若动念利害，少顾嫌疑，即是悖负，恐无与于人伦也。除俟逆首就擒，凶党尽戮，即将剿抚缘由、伤亡名数分晰详叙，缮疏题报外，所有剿除逆贼，疏通两郡，恢复三关，各路报捷情形，合再奏闻，伏乞圣主睿鉴。再事缘军务，不敢太略，词过冗琐，合并声明。臣谨奏。

朱批：所奏情形，朕皆备悉矣。

（《朱批谕旨》鄂尔泰奏折）

515　云南总督鄂尔泰《奏请简补乌蒙、临安、古州三镇总兵并陈楚姚总兵官禄贻误军机折》
雍正八年十一月二十八日

云南总督臣鄂尔泰谨奏：为边镇优劣，关系甚巨，敬陈愚知，恳祈圣鉴事。

窃滇之乌蒙，黔之古州，两镇地方最关紧要。乌蒙克复，诸事急须料理。古州镇新辟，虽大局已定，而零星剿抚尚未完竣。再云南临安一镇，虽地方宁贴，不难控制，而猓彝杂处，时需调剂。今古州镇总兵苏大有，临安镇总兵魏翥国，人既忠诚，兼有胆勇，不幸相继病故，臣实深切感伤，业经先后题报，并暂委广西协副将董芳（**夹批**：此人甚去得。但观其八字，不可令冒险。亦曾谕金铄、张薄，古州之任甚不相宜，可速酌量更委调署可也。察之。）署理古州镇事务，委广罗协副将冯鸾署理临安镇事务在案。查董芳心地、才具皆可胜总兵，而于古州恐不甚相宜。就三省副将内，才干、警敏，深悉古州等处情形，无有过清江协副将赵文英者，但该员事多粉饰，长于将迎，屡经臣切责，随事严驳。及臣言偶中，始复畏惧奋勉，若从此改过，实力实心，则无论何镇，固皆可以胜任也。此外，惟大定协副将刘朝贵，历练老成，巡防勤慎，在黔任甚久，诸将颇知推重。曾出师长寨、丹江等处，现委进剿乌蒙，俱能努力，虽非优为之材，而弹压防范殊有微长。副将冯鸾，办事周详，才干可用，将来成就，堪称总兵，臣前经具奏。但该员聪明处多，诚实处少，且并无勤劳，不足服众。臣近委署中军，察其行止，尚未可骤膺大任。至乌蒙镇缺，若于现任内调补，不但甚难其人，且情怀畏缩，难资整顿。查梧州协副将徐成贞，既优才干，复具肝胆，现与哈元生协剿逆猓，大有运筹。臣业经题请调补中军副将，尚未奉旨准咨。以上三镇缺，相应恭请圣裁，或特简贤能，令速赴任，或即将徐成贞补授乌蒙总兵，董芳补授临安总兵，刘朝贵暂署古州总兵，俟办有成效，再准实授，庶要缺不致久悬，臣亦得资调度矣。

再有陈者，楚姚镇总兵官禄，本非庸懦，前任参游时甚知勇往，乃荷蒙殊恩擢用总兵，值逆猓猝变，统汉土全师，驱之不前，却之恐后，其畏缩推卸情状，军民共笑，不堪缕述。及后调回省城，逐事面诘，伊毫无可辩。惟牵涉提督，臣因贼尚未灭，若先参总统，有损军威，有关国体。故复恺切开示，仍令赴东川，以观后效。不料官禄并不知愧悔，积怒成怨，反拨唆张耀祖，谓"提台老大人如何受他辖制，我实不服。况他时运也该败了，将来也不过像年羹尧，还要连累多少人。若提台与我一心，与他打官司不难。"（夹批：人心至此，实可谓之叹息而流涕者。所以御下之难，惟天鉴之耳！）其余竦动之辞甚多，在旁末弁窃听者莫不切齿。张耀祖不平，亦曾转寄臣知。在臣，立心行事，时时自省，难逃圣明洞照，纵官禄极力诽谤，亦于臣何损？惟是违误军机，增长贼志，文檄俱在，众口难容，若复隐忍不言，臣罪斯大。缘系军务，且多私语，未便明具本章，理合据实密奏请旨，或将官禄照临战退缩例革职究拟，或革去总兵，仍令随师效力，以肃军法，以儆将士，伏候敕部知照遵行。

至于张耀祖，年老气衰，自升任提督后志愿已足，除措置家私外，半无筹画，此番领兵，多因观望屡错机宜。臣每谆切咨札，并严饬将弁一遵指示，毋得逶延。迄今，东川始略有头绪，张耀祖即怪臣擅专，臣亦不敢少有瞻顾也。合并陈明，统乞圣主睿鉴，批示施行。再总兵苏大有差弁赍到朱批奏折一夹板，合代恭缴。臣尔泰谨奏。

朱批：前次曾有与卿商酌韩勋之谕，将此奏折录存，俟卿续奏到时，一并再降旨谕。朕意，徐成贞与古州之任相宜。

（《雍正朝汉文朱批奏折汇编》第十九辑，第 533～535 页）

516　云南总督鄂尔泰《奏谢御赐西洋糕等物并教诲矜怜折》
雍正八年十一月二十八日

云南总督臣鄂尔泰谨奏：为恭谢圣恩事。

雍正八年十月二十八日，臣赍折家奴保玉蒙恩赏银十两，驰驿赍回御赐臣西洋糕一匣、蛏鲈鱼条一匣、晾羊一只、哈密瓜二圆、白石榴一篓抵滇。臣随郊迎至署，恭设香案，望阙叩头谢恩祗领讫。随据臣家奴保玉传示："奴才于十月初五日得亲见万岁佛爷，脸面十分丰满。面问主子的病，问服甚么药，又下旨意：'你主子的病不过因朕起，你看见朕的脸面，回去告诉你主子就好了。乌蒙的事，并不怪你主子。前戴住来时，曾叫你主子上京来，如今且料理乌蒙的事，俟事体平定，明年冬再来京不迟。'奴才出来后，又叫进去，传旨：'你看见朕的脸面，回去告诉你主子，朕实在十分全好，断不哄你主子。你快些去。钦此。'"臣跪聆之下，实不能出一语。随启折扣，敬诵朱批："卿误矣。若以此后天血气之私忿处事，则非也。况此等事，岂人力之所能使然？祸兮福所倚焉，知此举非上天赐将来永永奠安之恩乎？倘蒙天地神明慈佑，经此一番，而顽蠢不敢再肆其狂，而地方文武亦不敢疏忽防范也。朕从前屡谕敕诫者，意中只觉必有此一反覆，可定神平和，次第办理。至于愧愤二字，更属可笑。亲往之说，割鸡焉用牛刀？至于刘起元，既负国负朕，其负卿何在言表？但卿当戒将来，以君子之心度小人，不可信属员；以忠诚必信其人，人尽皆可能感化者也。能悟此，则将来知信人之不可，亦自觉，便自信亦不必也。凡百之以顺应御人，只听彼求。此一事，即上天赐卿训诫之恩也。可欢欣鼓舞办理，其他无益之意念，皆可不必。此非卿咎，亦朕之过。卿因朕躬违和，系念至今，精神纷乱，料理地方不专不诚之所致，朕实毫无罪卿之意也。期共悔过恳恩，以迓天地之慈佑可也。钦此。"至十一月初三日，臣家奴雅思哈复蒙恩赏银十两，驰驿赍折回滇。臣跪迎进署，随启折扣，又蒙朱批："朕躬甚安好，卿可好愈如旧乎？朕问及卿来人，雅思哈言卿因乌蒙事又复心烦，饮食减少些，觉气色瘦些等语。若如此稍有不遂心事则便至于动心乱神，则无能为之，不安命者也。至诚感天，非此理也。当猛醒。戒之！朕今岁违和，实遇以大怪诞事，而得者实并非为忧思烦恼，而病者着实听朕训谕，为朕珍重。向后不可蹈此愚浅不通之见。余俟卿或明年或后岁来陛见时，当面细详再谕。钦此。"

伏念臣材比驽骀，每扪心而汗下，恩深怙恃，辄动念而泪流。推嘘噢之意欲纳诸怀，极爱护之情如擎之掌，遭逢至此，复有何言？臣此生此世，即便有猷有为，兼之实心实力，欲图万一之报，亦自量不能，况敢废事旷职，尚恬不知愧，诿诸庸劣官弁以为自处地乎？查苗猓之性比之犬羊，即不激成，亦时反覆。刘起元之罪犹不在偾事，而在辱国。以全镇之兵，加以所辖三营，军有枪炮，贼止刀弩，以一当十，非关强弱。无论未事之先，首告造谋者有人，密报聚众者有人，刘起元责惩怒骂，既不究察，亦不防备，罪不容于诛。即果变起仓卒，原无知觉，亦当整兵力战，或据险待援，胜则贼降，败则自尽，犹不失为死事。乃并不一战，曲意求和，直至逆猓重围，凶横益甚，仍同游击汪仁尽出帑饷，贿买贼目，欲保全家口，奔赴东川，尽被杀于离城二十里荔支河地面。于是贼势愈炽，谓官兵伎俩不过如此，以致东、威猓属群起附和，四布流言，人心惶惑。据奔脱弁丁客民备述形状，莫不痛心切齿。在镇将之罪即总督之罪，此臣所以惭惶忿恨而刻难自宽也。

云贵边隅尽属苗猓，犷悍愚顽，不服约束，每有蠹官虐民，围城夺炮，而犹互相隐讳，以为老成者。数年前事，俱有案可稽。臣自叨荷殊知，寄以重任，殚心筹画，矢志清除，不量己力，不恤人言，并非好大喜功，实亦隐忧远虑。计五载以来，仰赖天恩，凛遵训示，虽难言条理，已少具规模。今乌蒙覆没，不啻瓦解，惟圣明可宽臣之罪，天下谁谅臣之心？将懦者既得以借口，强者亦乐于安身，谓苗猓原不应惩创，谓边疆原不必开辟，皆鄂尔泰好事，皆鄂尔泰启衅。窃恐因循瞻顾，复蹈前辙，日复一日，官复一官，数十年后，或有事征剿，则力倍功半，犹未可以图。宁事有原因，谁实贻戚？臣即骨化形销，无辞负恩误国。言念及此，寤寐难安。故乌蒙逆猓务期立速屠灭，俾声威远震，以定群彝，以坚众志。庶福倚祸来，亦恩因害起。邀天地神明之慈佑，保永永奠安之恩施。此臣之所以恳请解任督师，不辞冒昧，不欲旁贷者也。再者，以血气私忿处事，恐昧性灭，稍不遂心，便至动心乱神，恐妨身命，此实臣气质之偏。一时之差念，愿属员尽效忠诚，期人人皆可感化，知无可自信，每轻于信人，此实臣省察之疏，一生之大病。兹蒙训谕，详绎熟思，望臣上进高明，毋蹈愚浅，勉臣倍加珍重，勿废精神，次第和平理事，本制心之法猛醒，深戒改过，实迓福之基。臣当事事凛遵，时时警惕。至于凡百顺应，即是以人治人，听彼自求，即是因物付物，惟至诚为能尽性，惟圣人为能希天。臣心知其理而愿学未能，不敢自欺，亦不敢自弃。务应竭毕生之心力，诚求一日之贯通，以仰酬上天训诫之弘恩，毋负我慈父教诲矜怜之至意。终身诵之，终身勿忘已耳。谨缮折扣，差臣家奴戴住赍奏，恭谢圣恩，并缴朱批原折七扣，伏乞圣主睿鉴。臣鄂尔泰无任感切忻怵之至。谨奏。

朱批： 览卿奏谢矣。闻卿身体康健、精神如常，喜慰之怀笔不能谕。勉之！

（《雍正朝汉文朱批奏折汇编》第十九辑，第 535 ~ 538 页）

517　云贵广西总督鄂尔泰《奏谢御赐人参等物并朱批训诲问候折》
雍正八年十二月十七日

云贵广西总督臣鄂尔泰谨奏：为恭谢圣恩事。

雍正八年十二月初七日，臣差报捷军前守备段福、家奴七斌荷蒙召见赏赐，驰驿赍回御赐臣内织宁绸四匹、人参十斤、哈密瓜四圆、鹿尾六只、鹿肠二副、鹿肉一篓、野鸡十只、晾羊肉一篓抵滇。随郊迎至署，恭设香案，望阙叩头谢恩祗领讫。臣敬询起居，备悉天颜和悦、精神焕发，不胜欢忻，额手称庆。及启折扣，荷蒙朱批："朕躬安好。闻卿乌蒙报捷恢复，心神畅悦，额庆之余，更增安适矣。想卿近日必大愈如常，精神复初也。钦此。"又批："凡此实皆无能不及，一时昏愚之所致，当自省黾勉。况万里之外，似此存心，何益之有？徒自苦耳，殊属不必。爱身二字，莫要于此。除此之外，便奋志亦不能免背负，当铭刻志之。钦此。"臣跪读之下，如亲觐慈颜，如亲聆天语，感幸无似，继以涕零。实有不敢卒读、不能卒读者。遭逢至此，复有何言？伏念奋志只堪供职，爱身斯可酬恩，背负论心，驰驱缘事，此中通窒，分量限之，臣无能不及，未窥理要之处，自省殊多。故平日识见之差，诚一时昏愚所致。兹蒙慈训，谆切开明，惟当终身铭刻，黾勉上达。若既知如何是背负而犹不能改过，是犹背负之甚者也。

臣微躯偶恙，自十月以来早已全愈复初，精神尤觉加倍。况乌蒙业经全复，目今通局大定，而云贵两省风日晴和，气象舒畅，远近豆麦青葱，春熟可卜，且于本月十二日巳刻，省城庆云复现，迥异寻常，军民欢幸，莫不踊跃。臣仰窥天心，深感圣德，心悦神畅，日且加餐。（**夹批**：何喜如之？）恳祈慈鉴，勿为臣廑念，臣于万里之外即魂梦俱安矣。

再臣家奴辈全无知识，且甚糊涂。屡蒙召见面谕，恐怖之下，多不能记述。臣虽细体圣意，详问敬录，知犹多错谬，不胜惶悚。（**夹批**：更可不必者。）合并陈明。谨此缮折恭谢圣恩，伏乞圣主睿鉴。臣谨奏。

朱批：览卿奏谢矣。

（《朱批谕旨》鄂尔泰奏折）

518　云贵广西总督鄂尔泰《奏报南掌国使叭猛花等起程回国并莽国请求进贡折》
雍正八年十二月十七日

云贵广西总督臣鄂尔泰谨奏：为南掌使回，莽国请贡事。

雍正八年七月初七日，南掌国使叭猛花、细礼松花等回至云南，据称："小目等边远末夷，蒙差送到京，得亲见天朝圣人，赏饮食，赏银两，赏缎匹，驻扎会同馆，日每诸大人照看，复赐宴两次，又钦赐南掌国王敕谕一道及文绮、器皿诸宝物，着五年进贡一次。所有恩赏国王以及先、目、后生人等各物，谨开单呈验。"臣随逐件敬阅，宣示圣主至仁至诚、中外一视至意。叭猛花等合掌叩头，齐称南掌远处遐荒，亦无可图报，惟有回至本国，告知国主，世世顶戴，并遍告邻国，使知皇帝圣仁，各各归诚，以少效犬马。臣剀切奖谕之。过数日，伊等赴辕具呈，称外夷心直，不知有贰。嗣后南掌诸事，惟大人之命是听，其余不敢信从。臣面示云："我虽总督三省，抚绥各边，不过是个中等人，朝中大臣比我强者甚多。我去后，继来者定强似我。传知你国王，日日见天，即想着天恩，不得少存意见。"伊等恳求记验，臣令升任元江知府迟维玺给小图书一方，谕以但见此记即是我谕，遂复忻然领诺。随又谕云："尔等离国已一年多了，歇息几日，可就早些回去。"据称："小目们如今是天朝人，到了云南，就是家一般，愿多住些时才去。"臣看叭猛花等虽系小国夷目，殊有向慕依恋之意，因于八月二十六日，始派拨夫马供应，仍令经历姜际昌、把总康天锡沿途照看，伴送回国。兹于十一月二十日，据元普总兵官邱名扬、普洱知府佟世荫等各禀称："南掌国使九月二十七日到九龙江，一路平安，欢忻无似，十月二十六日已起程回国。先于十月十六日，有莽国差大头目猛古叮叭喇并小头目二人、先目六人来车里，因刁绍文准承袭宣慰，特来致贺。适遇叭猛花等捧敕赍赏回国，随来见伴送差官，经历姜际昌等亦往答看。知府佟世荫等闻知，复令守备燕鸣春过江犒赏葬使，问其来意，并告以南掌国纳贡，蒙恩备细。据猛古叮叭喇等合掌，称颂皇帝实是天，宣慰这小年纪就承袭了官，且将南掌外国如此十分加恩，回去告知国王，明年一定进贡，恳预先禀明云南大人，求准代奏。"等情。

臣查莽子国，亦名阿瓦，距南掌东南计程四十五日，较南掌强大，如八百媳妇、景迈、景线等皆其属国。若得该国归诚，则滇省边域更可永固藩篱矣。窃念凿齿雕题，犹往史之所已载，南掌莽子实前代之所未闻。钦惟我皇上德洋恩普，岂止重译来朝，慕化输诚。时见远夷入贡，此日使回，但闻一路讴传，幸陪臣得见天子，彼方人至，复从万里逖听，诵中国上有圣人，故捧诏言，旋羡承恩之恐后，而举踵内向，卜来岁之可期。此虽外域奇逢，良属天朝盛事，皇恩大矣！试看声名洋溢于蛮貊之邦，臣咏康哉，愿操翰墨，编著于方舆之策。

合先缮折奏闻，伏乞圣主睿鉴。臣谨奏。

朱批：极好之事！此皆卿代朕宣猷之所致。但总宜听其自然，不必有意设法诱致。盖此等事，乃国家荣幸之实迹，惟静待天恩，非人力之所能者。

（《朱批谕旨》鄂尔泰奏折）

519　云贵广西总督鄂尔泰《奏覆剿抚苗猓及添设兵将事宜折》
雍正八年十二月十七日

云贵广西总督臣鄂尔泰谨奏：为钦奉上谕事。

雍正八年十一月初九日，承准大学士公马尔赛、大学士张廷玉、蒋廷锡寄信，内开：："雍正八年十月初九日，奉上谕：'各处苗蛮狚獞等秉性暴虐，久为地方之害，不得不加惩创化导，以安良善而格凶顽，俾共享太平之福，并非利其民人土地也。即用兵剿抚之后，其渠魁有应得之罪，或将其家口赏给兵丁，以昭国法。若夫胁从附和之人，诛之不可胜诛，既已宽其重罪，即当还其家口，复其故居，仍使之骨肉完聚，则彼心无系恋，易于管束，可不至于反覆靡常矣。即如进兵之初，于扼要之处，自不得不焚毁关隘，以破其险阻。若室庐房舍之可存者，仍留以为归顺后安插之地，此亦法外之仁也。以秉性凶恶之人而失其故居，离其亲属，则心怀忿恨，往往不能帖然宁静。臣工中有如此条奏者，此乃通论。苗蛮情形，非因乌蒙之事而发也。鄂尔泰年来经理苗疆，自有宽严适中之道。尔等将此再寄信告之，听其酌量办理。至于乌蒙地方将来平定之后应添设兵丁以资弹压，亦有如此陈奏者，可一并寄与鄂尔泰知之。钦此。'遵旨寄信前来。"等因。臣捧读之下，仰见我皇上矜怜异类、宁辑严疆之至意，蔼然恻然，无偏无倚，敢不凛体，敢不熟筹？随已敬录数道，传示军前提镇，并切札谆嘱，令通谕将弁遵照去讫。

伏查云贵川广汉少民稀，在川为蛮，在云贵为苗为猓，在广为狼，为猺獞，为狑狼，虽种类甚繁，强弱不一，而暴虐凶顽若生天性。至乌蒙一隅，则尽系猓属，犷悍横恣，已历千百年，流毒最久。臣前经理改流，原以计取，并未大加惩创。今日反覆，故所应有。特镇将庸劣，全无提防，仓卒倾陷，恨不及料耳。兹既明肆悖叛，屠灭有名，若复少事姑息，贻害何底？臣意，禄酋族姓务应尽戮，逆目恶党务应尽除。所有家口自应赏给兵丁，或内有贼眷，系各土司亲属，不便分赏，以启衅端者，则照例发遣。其胁从附和之人，虽不可胜诛，但有证据，俱未可宽纵，或还其家口，使之完聚，俱迁徙宁古塔，或剁去右手，割去脚筋，仍复其故居，应按其情罪，审其顽懦，再酌量发落。

其东川各寨有苗子、乾猓猡二种，旧属驯良，不应惊扰。惟黑猓凶顽，故乘机起事，然较之乌逆，亦应分首从。臣意，除酋长、头人务严剿穷搜，或诛或遣，不留一孽外，其余胁从附和，但来归顺，概予安插，庶不为地方之害，亦不失法外之仁。至于扼要关隘及深密箐林，固不得不焚毁，以防埋伏。即室庐房舍，于正当搜擒时，或需用火攻，或恐其复聚，亦有不得不焚毁者。若并无阻碍，原俱可存留。臣于调遣官兵后，即经详切檄饬，毋滥毁民房，借端掳掠；毋徒焚空寨，捏报战功。其凡肆行焚毁者，半为借端捏报地，但使将帅严明，自可不禁而止。此事关系全局，又非止为凶恶忿恨虑。臣惟当勤察，未敢信其必无也。

现在乌蒙地方不日可以平定，论该镇营制兵额二千八百名，原不甚单，若再添设，更足声援。臣查大关、永善系左右两营汛地，紧接川蛮，而瓮迭、伐乌、米铁、豆沙等处，俱属险要；鲁甸、凉山系中营汛地，逼近牛栏江，潜通川界；及巧家营，又接连火得红、鹦鹉嘴，直达东川。或于该镇准设四营，每营一千兵，以一营驻防鲁甸，将中营旧防兵俱撤归府城，以壮声势。其左右两营，凡险要汛防既已添兵，均可增设。是共添兵一千二百名，既弹压有余，并调拨有资矣。乌蒙既已添兵，镇雄、东川额兵敷用，可不须议添。惟威宁地方夷人强悍，额兵一千名，除分防外，微觉单弱。或添兵五百名，改营为协，分为两营，设副将一员，中军都司一员，守备二员，与乌蒙镇声息相通，似更易于控制。此外则寻甸一州，虽属内地，实为东、乌咽喉。查云南省城，除城守营外，督抚两标额兵六千六百名，尽可分拨。拟于两标共拨兵一千名移驻寻甸，设参将一员管领，仍归臣标统辖，以备策应。其曲寻镇原防寻甸兵丁移驻罗平，添防粤境。庶通盘合算，皆可备应援而资战守，即远近苗蛮亦或可消其窥伺矣。此臣愚虑所及，未敢定议，俟与提镇诸臣详筹妥酌，再当请旨外，合先覆奏，伏乞圣主睿鉴，训示遵行。臣谨奏。

朱批： 卿筹画措置自然周详慎当。朕凡闻有议论，皆谕卿知之，卿酌其宜而行之可也。

（《朱批谕旨》鄂尔泰奏折）

520　云贵广西总督鄂尔泰《覆奏参将韩勋等员升补事宜折》
雍正八年十二月十七日

云贵广西总督臣鄂尔泰谨奏：为覆奏事。

窃臣前报恢复乌蒙折内荷奉朱批："韩勋此番之忠勇、所建功绩，实史册所罕载者。朕欲即用为乌蒙镇总兵，已有旨问卿矣。朕嘉喜之情笔不能谕，当优奖者。钦此。"兹于十二月十五日，准到部咨，钦奉上谕："乌蒙逆蛮不法，勾连镇雄逆目，梗塞道路，抗拒官兵。参将韩勋带兵四百名，当贼势猖狂之时，奋勇争先，破逆贼数千之众。顷据总督鄂尔泰奏报，总兵哈元生、副将徐成贞领兵前进，于数日之内已克复乌蒙，朕心甚慰。此次进兵，以寡敌众，壮三军之气，而丧贼人之胆者，则韩勋之力，较诸路为独先也。朕意欲将韩勋授为乌蒙总兵官，以奖劳绩，以镇苗疆。着询问总督鄂尔泰，如伊能胜此任，即一面奏闻，一面令其受事。或鄂尔泰另有意见，亦即具奏。钦此。"除具疏题覆外，臣看参将韩勋，系原任巡抚韩良辅之子，原属将门，虽非豁达之才，实具忠勇之气。此番效命，可谓忘身，用镇苗疆，自可能胜任。但乌蒙初复，一切军民事务皆资总兵料理。在韩勋，弹压攻取皆可以优为，而条理精详尚有所不足。是以恢复乌蒙后，臣随委徐成贞署事，逐细指示，令其调剂，以搜剿之事专责之哈元生、韩勋等。兹蒙圣询，据臣愚见，或将韩勋补授别镇总兵，以示奖励，而乌蒙总兵，或即以徐成贞补授，似属人地相宜，均可称职。至于本内有不便明言韩勋不能，致减踊跃，亦不敢将徐成贞竟请授总兵，有违体制，臣当斟酌叙奏。合先声明。

又奉朱批："张耀祖，朕原不深取，因卿各处委遣，皆能干事，而李卫复数次陈奏其优，朕几自以为识错。观此，则朕前所观究属不爽，不过一老练俗将耳。此番举止，在伊亦竭尽心力，奈其才有限何。朕意欲调署固原提印。哈元生，朕向来甚以大器赏之，此番恢复之功，实非寻常人之所能者。朕欲将哈元生补授滇省提督，卿以为何如？钦此。"又奉朱批："凡见此奏，断然无不欢庆鼓舞、爱服哈元生者，况朕躬耶！再徐成贞，朕甚爱赏之。前恐其行不逮言，今观此番奋勇，尚何不可信？卿前言只可副将之任，则朕观人之识似较胜也。朕今欲将徐成贞补哈元生之任，卿以为何如？可速回奏。钦此。"臣看张耀祖人固老练，习本伧滑，前所干事原无甚难，此番举止，实属可鄙。臣已另折陈明，毋庸琐渎。哈元生有胆有略，可寄全省干城。徐成贞实力实心，可为一方保障。以俗将识张耀祖，以大器赏哈元生，以可信爱徐成贞，圣明洞照，人无遁形，实非臣愚所能企及。今既奉谕旨，将以张耀祖署固原提印，则哈元生或亦暂令署滇省提督，待其成功，然后实授。且臣愚见，云贵两省虽同系苗疆，而贵州尤为险要，提督杨天纵年已七十六，恐不能久任。原拟俟其休致，恳请以哈元生补授，实能控制。而云南提督只须得守正急公、能肃军纪之人，即可资抚驭。哈元生将来或仍用贵州，更属人地相宜，而古州等处并可以无虞矣。是否有当，统候圣裁。

至末奉朱批："览。凡犒赏此役皆从裕厚，不可稍存省费小见。公用正项，只管酌量动用，折奏以闻，朕自有旨谕。钦此。"臣当钦遵，酌量动用，固不敢过省，亦不敢稍滥。缘赏以示劝，惟在公当无关多少，原皆足以兴感也。谕赐哈元生、徐成贞、韩勋等翎子、帽盒、皮箱、腰刀各件，臣已随差守备段福赍送军前，亲交祗领。合并覆奏，伏乞圣主睿鉴施行。臣谨奏。

朱批：览。另有旨谕部矣。

（《朱批谕旨》鄂尔泰奏折）

521 云南总督鄂尔泰《奏报克复永善、攻破贼巢、擒戮首凶、搜获镇印折》

雍正八年十二月十七日

云南总督臣鄂尔泰谨奏：为克复永善、攻破贼巢、擒戮首凶、搜获镇印事。

窃永善一县，虽治隶乌蒙，实紧连川界，因其地方窎远，故布置独后。至逆贼巢穴，唯鲁甸前后、大关内外极为紧要，此外则凉山鼠屯，辽阔深险，最易藏奸。而元恶大憝，则禄氏之外，唯龙山甲甲、二木、那庚沮、切黑窝等为渠魁，此非捣其巢穴，歼其渠魁，其害终不能除。至于印信，关系更重，迷失甚易，搜获实难，非仰赖圣主威福，未敢期其必得也。通计乌蒙大局，以此数事为先。

臣细将逐事筹画，次第檄行。所喜哈元生既具实心，兼有勇略，而所统各将亦皆矢志图功，一遵调度，既无畏缩之意，更无支饰之文，故能奋勇争先，无坚不破。自前折奏闻之后，哈元生派遣大定协副将刘朝贵，率领游击王友文，各带官兵，分路前进永善。参将韩勋既复大关，亦分遣官兵前往永善应援。续据刘朝贵报称："十一月十三日，由小乌蒙经大耆老后箐直抵凉山，沿途贼众奔逃，于小乌蒙破贼寨十余处，于大耆老后箐破贼寨十二处，由丫叉寨冲杀上关，又破贼四寨，枪炮打死逆贼六十余人，带伤者不计其数。又于落水塘擒获逆贼六名，救出难民三名，共获贼妇男女四十八名口，马十二匹，牛六十余条，羊一千五十余只。十九日，抵挖姑一带地方，贼踪渐多，而大凉山箐口扎有营盘，贼皆闻风逃遁。随将贼营踏烧。讯据生擒逆贼供称，贼众多奔江下，遂带兵直趋下江，遣游击王友文，带领官兵由右箐先抵永善，离城十里之打拐塘扎营，亲领官兵，由左箐沿途搜捕，亦于永善之打拐塘合扎老营。二十日，分布官兵，而贼已远窜米贴，获被难兵妇一口，小孩一口，于女补奎获马十三匹，牛二十只，羊二百余只，陡枪五杆，清道旗二面，什长旗二面，官甲一身，三眼铳一个。是日，四川游击王谷宰亦抵永善城外扎营，所有恢复县治缘由，相应禀报。"等情。又据参将韩勋报称："于十一月十七日，分遣把总姜奇等，由野鸡箐一路前进永善应援。十八日，至永善审抵地方，有贼阻截。十九日，攻打杀散。二十日，至野鸡屯，有补伍贼众千余据屯拒敌，官兵奋勇杀入，各斩贼十余人，共杀贼五六十人，星速行至县内，时已夜深。查有川游击王谷宰带领官兵由马蝗沟过江，亦于本日到县。大定协副将刘朝贵及游击王友文已先到永善扎营，并搜捕四境，恢复县治。"等情。

臣查永善县僻处边隅，界连川境，今官兵恢复，虽副将刘朝贵等先日已到，而川游击王谷宰仅后到一日，其奋力图功，彼此相同。该县令杜思贤平日颇得彝心，现已星驰回县，虽城池、衙署少有残缺，而修理甚易，况府治大关皆已收复，此处更可无虑矣。惟是大关虽复，实系要害，兼当雪山等处为逆贼啸聚凭陵猖獗之区，搜剿未遍，遽难宁贴。节据韩勋具报："十一月十一日申时，准永宁协游击李继经、叙马营游击康国泰称，于本月初十日，官兵在大关后箐遇猓贼三千余名，与川兵对敌，直至十一日天明，贼尚未退，飞请拨兵前来应援，再借火药一百斤，炮子三百颗。随于酉时，分遣守备李世禄带领官兵星驰援应。十二日至大关蓂所，见贼人扯旗，欲攻川营，我兵四路齐上，首尾夹攻，贼众大溃。随督兵追赶至大屯顶，贼俱奔箐，枪炮打死五十余人，带伤者无数，余贼逃散，川围遂解。游击康国泰头额中一箭，甚重，左肋中一箭，较轻；把总马世龙阵亡，兵丁亦有伤亡。"等情。续据川将具报，情形相同。于是，韩勋复分遣官兵，于十五六两日搜剿池驰、熊戛、补扯、熊卜、卧狭子等屯箐，擒获逆贼批姑、说租等十三名，贼妇子女七十四名，被掳瓦匠一名，五子炮一位，陇枪十一门，刷刀一把，马三十二匹，牛六十三条，羊三百五十余只。严讯批姑等，俱系从逆要犯，即斩首示众。有镇标兵丁十名，兵妇子女十七名口，并被难客民三名，皆投赴行营，业经安置讫。

至于凉山，绵亘尤长，外接川蛮，内枕牛栏江，贼巢深险，骤难捣灭。据参将康世显、游击王先、曹士贵等具报："于十一月十四等日，自乌蒙至撒鱼河，有箐头经普遮分兵搜剿，约于凉山会合，沿路救获被难汉民男妇十三名口，盔甲三十七顶副，鸟枪四杆，仅斩贼首二级。十八日前进至山梁，猓贼半藏林内，将路径阻断，山顶安放滚木擂石。官兵随绕山梁直上，两路夹攻，枪炮打死数十贼，余皆奔箐滚岩。遂砍开路径，于坡顶扎营，搜获难民男妇五名口。十九日，进至大箐，逆贼遥见，即飞奔潜逃，官兵跟追，生擒逆猓二名，斩首枭示。二十日，直捣牛栏江底，猓贼将溜索二股砍断，遗下牛羊马匹，弃于江畔。二十一日，随跟追至牛栏江古租苴地方，俱系羊肠鸟道，峭壁悬岩。贼用木石阻断路径，官兵奋勇齐攻，贼人擂石弩箭齐下如雨，自辰至申，方将排栅攻开三层，猓贼死伤无数，天晚扎营。二十二日，先遣弁兵绕上山顶，即放下擂石以击放石之贼；官兵进攻，力破排栅十余层，至箐口扎营。是夜，密遣兵练暗过对面山梁放贼擂石，又令弁兵绕上山顶呐喊放枪，以作夹攻之势。二十三日卯刻，督率官兵各加奋勇，极力攻击，连破排栅十余层，至申刻，方攻破阿骂、太乙鲁，屯破，杀猓贼甚众，滚岩投江死者无算，生擒二名，随经枭示，并收难妇男女四十名口，获猓妇男女四十八名口，马四百零一匹，牛四百零一条，羊三百九十三只，其被伤兵练查明另报。"又据副将杨馥具报："十一月二十日，带领官兵前进两交河、铁匠湾，遇有猓贼百余伏草突出，将土兵杀害一名，带伤二名。官兵用枪炮攻击，打死猓贼十余人，斩首级十余颗，逆贼溃散，搜获马五匹，牛三十六条，羊一百八十三只。二十四日，至兔勒左箐，遇有逆贼百十余人，枪炮打死十余人，滚岩跳江死者约有数十人，余皆奔窜，获马四十二匹，牛五十三条。"又据副将徐成贞具报，十一月二十三日，派令守备徐国佐等带领官兵往龙硐山一带游巡，有马步贼众执持刀弩，公然拒敌，我兵用枪炮打死十余人，活擒逆贼虑则、者得、竹白、甏苴、瓦白、者扯六名，皆穿汉人衣服，余贼溃散。讯问贼供，俱是阿母固管下，跟随杀害官兵，抢劫衣物，各皆枭首。二十五日，令千总萧得功带领官兵搜箐，拿获逆贼结朵、作租、卜的、撒谷四名，并弩弓四张，长条四根，马八匹。逐加审讯，供称原系西溪鲁、禄永孝管下之人，今属龙山甲甲管下，八月内，跟随龙山甲甲反了是实。查龙山甲甲实系逆首，既跟随杀害官兵，随枭首示众。"又据游击曾长治于十二月初一日带领官兵搜屯，斩获大耆老头目长子固固首级一颗，又获固固之母弟眷口等人，俟另单详报。

后据总兵哈元生报称："自大凉山剿贼之后，访得有逆首三四人，率领贼众藏匿鼠屯，于十二月初一日，直抵鼠屯对山驻扎，目睹箐岭逆贼集聚，遮满山梁，人马络绎不绝，往来布置如梭。遂相度岩屯周围约二百余里四面峭壁悬岩，又附深林密箐，是以猓贼数千负固狷獗。是夜，凡各山谷沟箐，贼遍烧号火百十余处，势与我兵对敌。随踹的各出没要路，先派拨官兵把守堵剿，毋使逆犯纵逸；又拨官兵堵御后路之溜筒江，以绝其仆江漏网；复拨官兵分堵左右二路，其中路则由屯口直攻。于是沿历山岭，亲堪形势，见半屯之中一大偏崎岩硐甚险，峒前一夹沟，逆猓数千日夜把守硐口，滚木擂石堆积如山，非暗出奇兵，势难攻破。随密遣官兵于三更时分由岩硐左肋箐边侧身伏行，扳援而上，直至大炮可到之处埋伏，谕以排枪为号，一鼓而举。于次日寅时，亲带精兵，布置夺屯；又分兵三路，直捣其腹。逆猓群起拒敌，弩箭、擂石如雨，连发大炮数十响。至辰时，精兵既进，官兵奋勇，一齐并进，攻破屯口，夺占崎岩，大炮打死猓贼过半，余贼溃散奔逃。随分路尾追至一绝险悬岩，伏兵腰截压下，猓贼实无逃生之路，俱各仆岩而死，斩首三百余级，活擒逆首龙山甲甲、二木那二人，并斩龙山甲甲之弟者直、危直二首级，又擒获二木那妻子共三名口，并其眷属逆党六十一名，牛羊马匹无算。初三日。复督官兵密捕，追杀逆贼。一人于怀中搜出乌蒙镇关防并前来浪沧巡检印一颗。"等情。

臣查凉山鼠屯等处，与川蛮阿驴、黄螂、者科、者呢等处只隔一江，实为险要贼巢。今龙山甲甲、二木那既于此处就擒，乌蒙镇印亦于此处搜获，则禄万福、庚沮、切黑窝、切黑、苏家等诸首犯料俱在内，随一面飞行哈元生加紧搜擒，一面飞行川省速进堵剿。虽江外一带现无川兵，或有逃遁，亦断不能漏网，约计大局一二月内可定。此固乌蒙、镇雄两路镇将备弁皆能效命竭忠，同心努力，以不负圣恩者也。

至于东川一路，原系附和乌猓乘机抢劫，若官兵一到，即严剿一二寨，擒杀一二头人，则一月之内早已平靖。即初畏贼众，以兵单为辞，及兵至万余，尚何难分布？乃张耀祖等既欲苟且招抚，以图蒙混了事，又将寡弱寨分遣兵搜捕，不闻拒敌，一概缚解枭斩。其夫男分散，其妇女杀者无供证，赏者无姓名，擒非应擒，释非应释，错乱昏谬，咨移炳据。而逆首强贼结伙聚众，并无一获。明知处所，勒兵不进，惟着落头人擒献。臣屡切札飞檄，破面吐心；复严饬将弁，详悉指画，限日进攻，并告以贼不严剿，欲抚亦不能，兵贵神速，少缓即无济，将中贼计，必误事机等语。而张耀祖一味支吾，犹谓逆首禄良珍等不日成擒，嘱臣毋虑。及至各将禀报逆贼距险，已四下准备，请速会剿。张耀祖见臣言俱验，始催令进攻，而亦并无一语调度指示。现虽屡据捷报，游击区明、守备张其贵等由巧家营前进，沿江一带搜剿，至将军柱坡下遇贼三百余人在山梁截路，施放滚木擂石，被伤兵丁四名，随将官兵分为二路，抢上山梁，抄袭贼人之后，贼放弩迎敌，坡下之兵得以齐上山梁，三路夹攻，贼众大败，打死彝贼三十余人，其余皆滚箐逃窜。又游击何元、王联封等进至阿结租大箐，有猓贼千余打就木城四座，安设滚木擂石拒住要口，不能前进。随分派官兵何元取中路，王联封取左路，张其贵取右路，三路齐攻。逆贼恃险，全无畏惧，滚木擂石齐发。我兵奋勇，自卯至巳，将贼城四座攻破，斩杀逆贼四十三名，枪炮打死数十余名，夺得长杆三十七根，弩弓二十三张。复前往追杀，逆贼情急，跳岩滚箐，死者甚多。穷追三十余里至鲁期得河边上，系悬岩峭壁，路径险窄，逆贼用巨木栅住要口，堆擂石滚木，内伏药弩，乱发，人不能前进。乃分领官兵由山梁右路抄出一支，绕道渡河，由左路抄出至山半，用炮攻打，先打死搬运擂石三贼，众即奔逃，而中路官兵奋力夺取要口。于是，三路官兵追上山梁，又杀逆贼二十三名，夺得长杆十三根，弩弓七张，其余贼众约有五百余人，奔逃四山深箐。日晚，收兵驻扎者那寨。又游击区明、王联封等探得逆首禄良珍等俱藏匿阿鸡鲁屯，有头屯、二屯、三屯，俱极深险。王联封、何元、张其贵等攻打头屯，至屯之头道山梁，有猓贼数千，各执药弩、长条，占据对面山梁，打砌木栅，堆积擂石。虽相隔止一箐，欲上山梁，必由箐底，不唯难攻，退亦不及，即炮亦难到。乃分遣官兵扳藤上崖，抄出贼人山梁上首，攻打猓贼。至午始败，官兵自箐底一拥攻上，杀死猓贼及枪炮打死者数十人，带伤者无数，余贼溃乱，滚箐扒崖，四路逃奔。追至二道山梁，贼已于要口预备木栅堵截，齐发药弩擂石。官兵看势，候贼矢石稍住，又攻上一节，将近木栅，始齐发枪炮，一拥直上，将二道木栅攻开，枪炮打死及砍死者甚众。追杀至晚，扎营于小山岭上。游击区明、守备陈上志等攻打二屯，进至半坡，猓贼距险，滚木擂石截路。我兵施放枪炮，打死五六十人，带伤者无算。官兵攻开头栅、二栅，贼众匿遁，王联封等跟追贼踪至三道山梁上，系悬岩陡壁，下系无路江岩，旁无绕道，而逆贼俱备栅木、擂石、药弩。随令官兵伏避崖边，自卯至巳，将贼擂石诱尽，枪炮齐发。贼见势难抵敌，遂弃要口奔逃，赶杀十余里，连破要口三处，杀死及枪炮打死、滚岩落箐死者不计其数。计十一月二十一二两日，破贼要口四五处，攻取两屯，杀贼三四百人，其余奔命藏匿，官兵追杀上，已截住去路，右则悬崖，下则大江，逆贼定难逃遁。乃游击区明因有头人者那率领男妇恳求招安，遂不复攻打三屯，准其投诚。

臣准张耀祖咨，谓阿鸡鲁屯已破，不需多兵，已令何元带兵一千五百名回东川听用。然而，逆首禄良珍等或称逃往七里马书，或称已逃渡江会合乌逆，究无一获，又将漏网。似此指挥，臣实不解，是何智略也？窃念乌逆叛乱，实因易视官军，东贼勾连，亦由缓行擒剿，一时彝心半怀疑贰。臣愚，所虑远近料同。今三省大兵已集数万，若不将禄氏尽行屠灭，丑类酌量遣发，恐即暂时平定，终必仍有反覆，此臣之所以一意主剿，剿后再抚，断不容避难就易、粉饰贻误者也。

查乌蒙一路，官兵非尽精强，东川一路，官兵非尽懦弱，兵之勇怯视将，将之勇怯视帅，己果忠义，谁不奋兴？己果忘身，谁不效命？在总兵官禄，奸邪委靡，毫无血气，犹不足置论。而提臣张耀祖，叨荷殊恩，不思图报，闻镇将失陷，不知忿恨，闻哈元生危急，不欲应援，托老成以文其畏缩，假军令以济其贪私，自抚藩以至军民，莫不共相指视。即随师末弁，亦有禀恳到臣，请往乌蒙杀贼，不愿东川待罪者。臣不敢容隐，尤不敢诿卸，业径行东川将弁，一遵臣指示，照行川省镇将严加堵擒，并委粮道黄士杰前往东川料理两郡安插调剂一切事物，谅虽迟时日，犹不难就绪，可无仰烦圣虑也。

所有克复永善、攻破贼巢、擒戮首凶、搜获镇印情形，合并具折，伏乞圣主睿鉴。臣尔泰谨奏。

朱批：览。

（《雍正朝汉文朱批奏折汇编》第十九辑，第 675～683 页）

522　云南巡抚张允随《奏请敕部拣选知府知州等来滇委用折》
雍正八年十二月二十日

云南巡抚臣张允随谨奏：为恭恳圣恩，命往人员事。

窃照政莫先于用人，官惟贵乎称职。臣蒙皇上殊恩畀以封疆重寄，惟期所属得才共理。况郡守一官，有承上率下之责，关系吏治民生，更为紧要。查云南知府二十一缺，现有元江、姚安、东川、乌蒙等府缺，俱系委员署理；又州县有钱谷、刑名之责，不可一日乏员。云南知县三十一缺，业荷皇恩简发试用知县，酌量试用，尚可敷用。知州亦有三十一缺，前蒙皇上命往试用知州，已经督臣鄂尔泰题明，分别委署试用在案。现今出有罗平、弥勒、宾川等州缺，亦乏员实授。

臣查滇居天末，凡遇员缺题报，并候吏部之铨选以及各官之领凭，非数月不能到任，必得命往人员，庶免员缺久悬。相应仰恳圣恩敕部，在于部属并候补、候选人员内拣选知府五六员，知州十员，恭请引见后，命往来滇。俾督臣与臣得以量其才具之短长，地方之繁简，随时题补试用，庶地方政事均有裨益。臣谨缮折奏请，伏乞皇上睿鉴施行。谨奏。

朱批：吏部议奏。

（《雍正朝汉文朱批奏折汇编》第十九辑，第712页）

523　云南巡抚张允随《奏报莽国使臣感激欣羡向化缘由折》
雍正八年十二月二十日

云南巡抚臣张允随谨奏：为圣化罩敷，外彝效慕事。

窃查莽国极处边远，与车里接壤，凡莽国袭替，车里宣慰司承袭，彼此往来酬贺，历来相沿已久。今据普洱府知府佟世荫等禀称："车里宣慰司刀金保物故，督臣查取应袭刀绍文宗图册结，题请袭职。莽国差大头目名猛古叮叭喇并古喇猁子等前来作贺。适南掌国贡使叭猛花等归国，于九龙江地方路遇莽国头目猛古叮叭喇等，同伴送之守备燕鸣春、经历姜际昌，宣布圣天子御极以来，万国九州莫不梯山航海，纳贡来朝。并见南掌国，皇上颁赐敕谕、御物，并遣官沿途护送供给。据莽使极口禀称：我国闻得天朝大圣人在上，大孝弘昭，深仁普被，原早要进贡，因前被人吓怕，是以不敢冒昧。今见南掌国叭猛花等言及天朝实实这样好，我们回去告诉国王，明年一定来进贡天朝皇帝。"等情前来。

臣伏查莽国僻处徼外，人民繁盛，疆域广阔。欣逢我皇上大德光昭至仁，涵育遐陬，外国咸思重译以来朝，僻壤荒彝皆欲输诚而纳贡，是以一闻南掌国贡使之言，即倾归诚向化之心。俟该国遣使进贡之日，另行具折请旨遵行外，所有莽国感激欣羡向化缘由，理合附折奏闻。为此谨奏。

朱批：览。

（《雍正朝汉文朱批奏折汇编》第十九辑，第713页）

524　云贵广西总督鄂尔泰《奏报乌蒙一案逆首全获、各路荡平折》
雍正九年正月二十八日

云贵广西总督臣鄂尔泰谨奏：为逆首全获、各路荡平事。

窃照乌贼一案，自十二月十七日，已将前事具折奏闻。臣因地方虽经恢复，逆首犹未尽擒，则根株尚存，后患未熄，随更严饬军前，凡禄氏逆族及逆党头人，一孽未尽，则罪不抵功，一寨未清，则赏不胜罚。乌蒙所属则专责之哈元生、徐成贞、韩勋等，东川所属则通檄各将。详切指示，奖其前劳，策其后效，宽其已往，望其将来，总期早结大案，务为永图。节据哈元生等报称："分遣各将带领官兵搜山捕箐，猓贼皆潜匿深林，啸聚险硐，遇兵则拒敌，势急则奔逃。各路每日被官兵枪炮打死、刀箭伤死、滚岩投江而死者多寡不等，其活捉追擒并搜获逆贼大小男女、兵器什物、牛羊马匹亦多寡不等，凡属贼巢，业已扫荡一空。"然而禄万福一日不获，贼情一日观望，擒贼擒王，尤不可稍懈。续据徐成贞称："躧得禄万福自破鼠地，复逃回鲁甸后箐。密遣本标把总赖君翼带兵前往，令开化把总张有礼与乡导张广扮作夷人，分路捕踪，阅六昼夜，于十二月二十四日，找着禄万福，随劝诱招安。禄万福因同奶公罗士贤，即罗阿摸家人李洪义，并带出汉人江文俊、戈撒等二十八户投至行营。及讯据各供，其鲁甸谋反头人则有段良伯、段瑶、奔苴、鼠寿长、顾延康、顾乡约、江孔泽、李洪义等，其乌蒙谋反头人则有龙山甲甲、催黑窝、切黑窝、苏甲、庚沮、西戈、鲁凹簸所、大木那、二木那、惟鸠、高鲁、维业等，其东川谋反头人则有禄良珍、禄良宰、禄承爵、禄承鼎、禄天赐、苏八十等。"

臣通查此案，造谋者禄鼎坤，指使者禄万福，知情者禄鼎新，号召期约者鲁甸头人，不待及期而启衅者乌蒙头人，闻风响应而起者东川头人也。今奔苴、顾乡约、顾延康、龙山甲甲、庚沮、西戈、切黑窝等皆已临阵枭斩，段良伯、段瑶、鼠寿长、江孔泽、李洪义、鲁凹簸所、二木那、高鲁、维业等皆已拿获，而未获者止鲁甸之李六斤、李固、老李，乌蒙之大木那、惟鸠等不过数人，是鲁甸、乌蒙之逆首皆已全获，而凶猓且剿屠殆尽矣。

至东川一境，则禄良珍等为之倡，而禄氏蜂起者甚众，禄良贵、禄良相等乘势劫厂，统众作叛。川员虽协力擒剿，而首逆未获，亦难容刻缓。臣经通饬东川军前并行川省，谓该将等近来攻取，似少知愧愤，若从前兵到即进，贼败即追，毫无观望，奋勇图功，则此时凶猓成擒久矣。乃贼智狡诈，并不知速攻，贼穴险深，又不能预探，临时方觉，胜算何来？仰照节次牌文，锐意屠剿，不捣贼巢，毋得旁及，不获逆首，毋得空回，各路将领皆当熟思，凛遵立身以报国，其余咨行，半多严切，即川将亦不敢少宽。自此以后，始节据东川各将报称，于十二月二十八日拿获禄良宰、禄良珍，于正月初十日拿获禄承爵，十六日拿获禄承鼎，二十四日拿获禄天赐，此外所获头目如苏八十、阿擢等甚多，而总以禄氏为最。其川界之禄良贵、禄良相，屡据川镇详请，以未便即擒，俟事竣拿解。臣复檄饬严催。于正月初六日拿获禄良贵，初十日拿获禄良相，此外所获要犯，如杀土司安永长之碧萨，及抢厂之捉固、老大、戈则等亦多，而亦以禄氏为最。是东川及川界之逆首并无漏网，而斩杀之凶猓亦且数千人矣。

　　至于禄鼎坤之兄惟固，于禄万福未获之先已经擒解，带伤身故。禄鼎坤之幼子禄万华，于禄万福未获之先已经擒解。自徐成贞招擒禄万福，而倡乱之罗士贤、江孔泽，从逆之李洪义，及已杀之顾延康，伊弟顾阿黑，伊妻鲍氏并段璠、阿黑家口等犯，与龙山甲甲管下逆贼沙那等犯一并就擒者，成贞之力也。枭斩倡逆大头人庚沮生擒，倡逆大头人鲁凹箴所并伊家口等犯者，韩勋之力也。枭斩禄鼎坤之兄惟固首级，生擒大白迫领兵头人拖布、普豆，枭斩老箴所家人铺额及逆目戛布，生擒乌蒙府奶公管下之者书大、耆老之妾辰柱并各家口等犯者，则副将杨馥等。生擒龙山甲甲之兄龙山未未及擦拉箴所之兄尕马无威，并逆目以拍窝、威业，逆目沙租与禄万福羽党阿戛等犯，逆蛮头人戛迈、阿母故、戛迈阿代等犯，并枭斩各逆犯者，则副将刘朝贵、参将康世显、游击王友文等。生擒禄万华、刘明龄，枭斩鲁甸头人顾乡约、鲁甸大旗长生并禄万华家口等犯者，则游击区明、王联封、何元、守备陈上志、张其贵等。生擒倡逆头人鼠寿长、鲁甸逆目暴保正、乌蒙逆目鼠阿固、布果、沙虐、纳苴、暮么、沙补、谷固者，则游击张翰彬、守备张国用、陈上志等。枭斩鲁甸首恶头人奔苴即逆贼等犯者，则参将南天章、游击王联封、区明、韩雯鹏、守备张其贵等。其与奔苴倡谋者为段良伯，由鲁甸叛起者为段璠，一并生擒，与段良伯家人沙戈一同解到者，则威宁州知州赵世燕。以上皆系乌蒙逆首要犯。自哈元生攻破鼠地，杀死龙山甲甲、催黑窝之后，各逆皆奔逃四散。而禄万福无所倚仗，又闻禄鼎新及阿业、禄万全父子投归韩勋，可以全活，是以授首行营。哈元生复亲行搜捕，斩取逆目戛布阿虐首级及逆目纯苴阿母固首级，又生擒纯苴阿母固之叔鲁歹等犯。

　　至于东川一路，生擒逆目禄良珍、禄良宰及禄良珍之门子陈德、佃户小五、奶公五租、五租之弟紫利者，则参将南天章等。生擒逆首禄承爵及禄承爵之家奴者卡五，即并逆目拖木麻色及拖木麻色之妻并子戈期即革等犯者，则守备林梧凤等。生擒逆首禄承鼎并跟随逆贼之即也戈、麻母格、李得、沙租等犯者，则把总胡应聘等。生擒者海逆目禄承爵之羽党母睢恩机、洗业曲乌、沙得三犯，又获逆目气鸠一犯、黑支鲁机一犯、阿红麻色者测一犯、阿擢一犯、阿红麻色租者一犯、补必麻色者华一犯、阿固沙则一犯，随皆枭首者，则守备孙谋等。唯禄天锡毫无消息，正在严饬搜擒。适委粮道黄士杰前往东川、乌蒙一路调剂善后事宜，于正月二十四日行至野猪冲，禄天锡投至营盘，拨兵押解前来。则东川禄氏逆首皆已尽获。

　　至若生擒抢厂作乱之逆犯禄良贵，即同伙捉固老大并捉固老大之子戈则等犯者，则川游击张菜、守备孟元恩等。生擒抢厂作乱之逆犯禄良相及同伙之者则阿、屈改三、戈业、吴坝等犯者，则川游击杨泽厚等。其有虽非倡逆之人，而亦系逆目要犯，或逆伙亲丁，如枭斩逆贼鲁苴、你嗟、阿暑等三犯，枭斩长保鲁得等三犯，生擒逆贼者他等十三犯者，则游击王先等。生擒禄万福管下之查薄等八犯，枭斩禄鼎坤管下穿营兵衣甲，自供杀人不讳之二十二犯，擒斩段良伯管下之二十三犯，生擒贼目翁作觉阿固及伊子六鲁等家口九犯并羽党依都、阿底、阿的、卑诸、松诸、者拍、未苴及阿的家人者革等犯者，则游击区明、张翰彬等。生擒鲁甸头人乌那格、老李管下之逆贼，擒获李六斤并伊婿那郭家眷男妇等犯者，则游击范昉等。生擒乌蒙头人木纳风子管下之人鲁纪、鲁窝、鲁业、鲁迫等八犯并家口等犯者，则游击韩雯鹏等。生擒禄良珍之妻陆氏、婶母安氏并男妇家口等犯者，则参将梁彪等。生擒打蕨沟逆贼者夏、者卜等犯及逆目拖布管下等犯者，则游击曾长治。生擒小乌蒙头目迭马甲甲母子并伊头人呼梯及贼奴眷口等二十犯，生擒乌蒙土府管下逆目鸡哟等犯，又生擒奎乡拒敌之逆贼祖虐、阿戏、颇格等犯者，则守备李世禄等。生擒施额法漏之母并法漏者约家口阿底者则之父等犯，生擒乌蒙贼目拖布并拖布妻女等犯，解献补卧管下头人抱梯雨者首级并雨者之兄雨窝及其子侄、穿营兵号衣等犯者，则千总谭盛元。枭斩龙山甲甲管下之常富阿合、者补鲁止等犯，枭斩高鲁管下之者挖补、者兔、沙沮、色兔四犯，生擒大木那管下之黑补等犯，生擒乌蒙头人拖白香之子位位等犯者，则千总萧得功等。生擒贼目鼠寿长之叔阿革等犯者，则千总胡大勇。生擒乌蒙头目阿觉者，则千总邹大志。枭斩禄万福管下逆贼十余犯，生擒逆贼曲目等犯者，则把总赖君翼。生擒鲁甸头目阿客者，则把总刘林兴。生擒木那之妻阿嫩、子戈奈等犯者，则把总张问明。生擒马鞍山贼首颇噶等犯者，则把总李天秩。生擒逆贼者奈等犯者，则土目那德洪。

臣查此番出师，自镇协而下，以及参、游并弁目、兵练，无不奋勇争先，穷搜力剿，统计逆首逆党及附从凶犷前后临阵杀伤并滚崖、投江自杀自尽者已万余人，擒获搜获讯明枭示及剁去右手者已数千人，所获犷贼男妇，分赏在事有功者亦数千人，准予安插并暂准投诚者亦万余人。其余生擒贼首贼目，并应质审要犯家口，现已数百人，押解到省，收监发审。所未获大小头目共不满十人，臣逐一开明，严檄擒拿，即藏匿川界，亦无所逃遁。

至威宁所属阿底土目补凶等前经从逆，明肆反覆，续虽悔罪投营，随军效力，非出本心，此数百强犷，难以姑息。臣已密示哈元生，于回师之日尽数擒拿枭首，沿途悬示，以除后患，以警群夷。再江外川蛮有素不安分、应加惩创者，俟提臣黄廷桂指定酌行，亦不难清楚。是此一大举，转可谋永宁，福倚祸来，诚如圣明洞鉴，而川、滇、黔三省汉夷之幸也。

现在军务将竣，东川一路土兵业檄撤回，官兵酌留三千名，尽足布置。乌蒙一路土兵，亦应檄撤，酌留官兵七千名弹压搜捕，俱可敷用。至于招徕、建置营汛、关隘诸事，臣已一面料理。谷种、牛力俱已预备，现自外来住牧垦田者已七八百户，再两三月即皆有头绪。除将调遣攻剿、恢复完竣情形应详叙题报，听部察核外，所有逆首全获，各路荡平缘由，合再奏闻，伏乞圣主睿鉴施行。臣谨奏。

朱批：欣悦览焉。

（《朱批谕旨》鄂尔泰奏折）

525　云南巡抚张允随《奏报续获东川、
乌蒙逆贼并招垦安插事宜折》

雍正九年四月初三日

云南巡抚臣张允随谨奏：为恭报续获东、乌逆贼并招垦安插事宜，仰祈睿鉴事。

窃照乌蒙猓贼恃众跳梁，东川奸凶相继悖叛，督臣鄂尔泰闻报，即调遣汉土官兵克期分路进剿，而军营兵粮，经升任抚臣沈廷正会同督臣鄂尔泰委员分路督运。臣到任后，正三省官兵云集，恐一时不能接济，且虑负米夫役径运军前，劳苦守候，故复安设台站夫马兼运东、乌粮米，除支给之外，尚存拨运米一万二千余石，以供留存东、乌两府兵丁月粮。所雇台站夫役，今运米将完，时值耕种之期，已遵旨从优发给工价，撤台遣回。据管台各官报称，夫役无不感戴皇仁，欢欣回业。至将备弁兵，受圣主豢养高厚殊恩，乌猓叛乱，仓猝猖狂，莫不愤恨，共切同仇，是以所到各险隘之处，并力齐心，斩贼屠凶，焚巢扫穴。臣业将全复乌治并剿抚东川情形两次奏闻。

仰仗皇上天威，乌蒙之大头目高鲁、维业等，东川大头目禄良珍等，镇雄州逆目别刀等，或斩或擒，并无漏网。现解到要犯已数百名，俱经督臣衙门转发云南布按二司审讯，听督臣鄂尔泰覆加亲审，分别请旨正法，以昭国宪，以快人心。

其东、乌二府营制，官兵如何添设，及一切善后事宜，应听督臣具奏外，查东川一府，因地方官不善抚驭彝目，以致乘机抢劫，原与乌贼有间。除倡首恶目并拒敌官兵各犯分别请旨正法，其余招抚，未敢拒敌之苗猓，房舍大半毁于兵燹，田无遗谷，家无积粮，若不设法抚恤，难以存活。督臣与臣令各地方官将野居露处招回各村寨之彝民，如房屋烧毁无存者，即按户发银，令其盖造草房居住，并将官兵所获牛只逐一分给。此外无牛之家，动发公费买牛补给，并借给籽种，陆续扣还。臣等复虑招抚苗猓目前无以糊口，东、乌地方业已动发库银，委粮道黄士杰督同地方官修建城垣、衙署、营房，即令招抚之民赴工应役，给以工价，本身既可就食，复可养活家口，不致流离失所。

再查乌蒙地方皆蛮猓，性本豺狼，以报复为事，以掠劫为能，虽改土为流，而鹰眼未化，兽心不改，故敢猖狂悖叛。今虽群凶授首，助恶就擒，但诛之不可胜诛。臣等仰体皇上好生之德，暂为招抚安插。诚恐彝性犬羊不常，与其贻害于后，孰若图维于前。臣愚以为，择其为逆目胁逼及畏法懦弱之人，犹可化诲者，仍照旧于乌蒙地方安插，其余概请陆续分发各省安插，使之离其故穴，则凶顽之性可化，报复之心可绝，均作盛世之良民矣。

至镇雄、永善招抚复业外，惟乌蒙地方辽阔，荒地甚多，急宜招徕垦种。臣与督臣遍行晓谕，滇省汉彝民人如有愿往乌蒙开垦住家者，呈报地方官，分给田地垦种，给照以为世业，并于捐纳银两内借给工本，按年扣还，照例升科。但本省所招之民不足以充实地方。臣闻湖广等省向有赴川开垦之人。仰祈皇上敕谕四川抚臣，查其外省携眷入川之人，尚未得安业者，于存公银内量给盘费，将男妇人口造册，咨送来滇，安插乌蒙垦种，量人口之多寡拨给田地，并借给工本，给照升科。如此，则一二年间，乌蒙一郡尽换良民，生聚日繁，开垦日广，将见千古荷戈之地遂为万年宁一之区，其于边徼不无裨益。是否有当，臣未敢擅便，理合缮折，专差家人毛世恩赍折奏闻，伏乞皇上睿鉴施行。为此谨奏。

朱批：应与鄂尔泰商酌办理者。至所请饬令川抚将入川之人送滇安插乌蒙之议，可笑之论矣。如此者，应听其自愿，何可以旨谕强地方？料理之事件，若汝等移言川府，川府指示，百姓全身情愿往滇，或尚可为。

（《雍正朝汉文朱批奏折汇编》第二十辑，第 261～263 页）

526　云南巡抚张允随《奏报滇省冬春瑞雪甘霖并豆麦丰收情形折》
雍正九年四月初三日

云南巡抚臣张允随谨奏：为恭报冬春瑞雪甘霖并豆麦丰收情形事。

钦惟我皇上诚协天心，仁周民隐，重农务本，时切民依。滇省仰荷圣恩，数年以来岁登大有，人庆屡丰，故虽值办军务，地方若不知有兵。兹查去年十二月二十三四及本年正月初五等日瑞雪时降，三月十五、十六、十九、二十一等日，甘霖遍沛。臣查近省各乡，无不沾足。据远近各属具报，先后俱得时雨，荞借布种，秧资灌溉。以三春雨水之及时，可卜秋收之丰稔。汉彝欢呼，万民乐业，此皆我皇上至诚至敬，感格苍昊之所致也。现在各属豆麦俱皆饱满，已陆续收割登场，收成分数尚未据报齐，俟各报到日，分晰收成分数，另折奏报外，所有云南省冬春遍得雨雪日期及豆麦丰收情形，臣谨附折奏闻，仰恳圣怀。为此谨奏。

朱批：览。

（《雍正朝汉文朱批奏折汇编》第二十辑，第 263～264 页）

527　云南巡抚张允随《奏请恩赐折匣并缴朱批折》
雍正九年四月初三日

云南巡抚臣张允随谨奏：为恭恳圣恩事。

窃臣一介庸愚，蒙皇上高厚之恩升授巡抚，任重责大，夙夜冰兢，滋惭滋惧。所有一切应行事宜，并所见所闻、庶务，惟有据实陈奏。但其间有应先密折恭请圣训者，亦有不便宣露于本章，而本章内亦不能备陈者，一字一句，无不均关慎密。仰恳圣恩，准赐折匣，庶臣得于奏事之时，敬谨封固，驰赍上达。奉到朱批七折，一并恭缴。伏乞皇上睿鉴施行。谨奏。

朱批： 赐来矣。

（《雍正朝汉文朱批奏折汇编》第二十辑，第 264 页）

528　云贵广西总督鄂尔泰《奏报滇省冬春瑞雪情形折》
雍正九年四月初九日

云贵广西总督臣鄂尔泰谨奏：为恭谢圣恩事。

雍正九年二月初九日，臣赍折家奴蒙恩赏，赍回御赐抵滇。臣随郊迎至署，恭设香案，望阙叩头谢恩祗领讫。跪捧折扣，敬询起居，备闻圣躬康强，精神畅悦；又闻圣驾亲行祈谷日，瑞雪缤纷，气象和蔼，并前数日俱降微雪，预兆丰亨。臣踊跃忻忭，莫可名言。钦惟我皇上敬天勤民，眷注不遗万里，而至诚妙应，昭赐先自京畿。据来滇人员及臣家奴口述，自出京直至河南，俱得大雪，农民庆幸，湖广、贵州豆麦、菜子俱盛。而云南全省冬雪春雨，远近沾足，二月内蚕豆上市，三月内大麦、菜子登场，现在小麦收割过半，而稻秧已甚青葱。臣亲历郊外，见田家男妇翻泥放水，行将栽插，各有喜色，谓又是丰年。此天心之仁爱，实圣心之感通。庆幸无似，儆惕弥深。诚恐稍自乖庚，不能为承受地，致累兹虫氓耳。为此缮折恭谢圣恩，伏乞圣主睿鉴。臣谨奏。

朱批： 览卿奏谢矣，期共勉之。

（《朱批谕旨》鄂尔泰奏折）

529　云贵广西总督鄂尔泰《奏报进剿乌蒙及拿获首犯眷属折》
雍正九年四月初九日

云贵广西总督臣鄂尔泰谨奏：为奏闻事。

窃以乌猓叛乱，蔓引钩连，庸懦震摇，民夷惶惑，一时情形，实有猝难扑灭之势。

迨韩勋一战而大挫贼锋，哈元生再捷而已寒贼胆，恢复乌郡而贼尽狂奔，收克大关而贼皆逃匿，东川官兵会合于鲁甸而贼无可藏身，四川官兵会合于永善而贼难以托足，且凉山鼠地尽捣，各处窝巢、牛栏、金沙遍搜，二江内外，不独贼子禄万福、贼弟禄鼎新、白迫阿得等皆已擒缚囚解，并乌蒙倡逆之凶目庚沮、西戈、补卧、切黑窝、龙山甲甲、高鲁、维业等，鲁甸倡逆之凶目段良伯、鼠寿长、段璠、李六斤、奔苴等，镇雄倡逆之凶目剐刀、法漏、者约等，阿底附逆之凶目黑寡、构雄等，东川发难之凶目禄良珍、禄良臣、禄良宰、禄天锡、禄君锡等，川界抢厂之凶目禄良贵、禄良相等，以及各路大小头目，无不或斩或擒，殆无噍类。计前后擒拿解省之逆目要犯共四百七十名，逆犯眷属共一千余名口，尚有已获未解者，应俟解审招详到日，一并亲审具题。此外未获逆犯尚有四五人，现在四路严拿。所有三省阵亡、带伤及奋勇官兵，现饬令分析查造，恭候奉到恩旨，送部查核。

臣已于正月后陆续将云贵土兵通檄全撤，乌蒙酌留官兵五千四百名，东川酌留官兵一千五百名，暂备弹压搜缉之用，其余官兵亦尽行撤回。四川汉土官兵并咨提臣黄廷桂，仅于江外要隘酌留堵缉，余尽撤回。其营制、兵数、田土、城池应如何添设开建，及一切善后事宜，容臣慎重详筹，分疏请旨，仍一面办理，不敢延误，业于三月二十五日恭疏题报在案。续据各员禀报，拿获东川逆目七里、阿虑并贼眷五名口，乌蒙逆目切黑苏甲并贼父母妻子兄弟十八名口，又拿获乌蒙要犯阿虑等六名，鲁甸要犯者捕等十六名，东川要犯戈则、阿各等五十三名，所有要犯眷属俱已解省，一并发审。此外未获止有乌蒙逆目擦拉箦所、大木那，镇雄头目施额，东川女头目安氏，业经严饬四路查拿。总之，凡属头目，俱应剪除，断难令一名漏网，即罪不当杀，亦必须迁徙，庶既尽根株，斯可绝萌蘖。况此番反覆，备极猖狂，若非仰赖我皇上精诚惕厉，上格天心，乘势迎机，皆如默助，纵以哈元生、韩勋之效忠，将备弁兵之用命，求如此速捷，无论诸文武不敢料，百千万人皆知有不能。臣实深感激，倍切儆省，倘复以事已大定，狃于俗论，稍存姑息，不为边方百年计，则辜负圣恩，无异于刘起元、官禄，并何异于禄鼎坤。故自始事至今，或谓过于严急，或谓近于残刻，臣皆不遑恤，鬼神鉴察，惟期勿欺衾影已耳。所有续报情由，合再奏闻，伏乞圣主睿鉴。

再现解省审拟之逆首要犯及贼党贼眷，计一千余名，罪应凌迟、斩绞、充发、迁徙不等，若必待具题后候部议覆，奉旨准文到日，然后发落，既恐贼多病毙，不获明正典刑，且日久事毕，群情渐忘，亦无以快人心而震苗猓。可否迎邀圣鉴，准臣一面具题，一面发落。合并请旨，恭候批示遵行。臣谨奏。

朱批：有旨谕部矣。

（《朱批谕旨》鄂尔泰奏折）

530　云贵广西总督鄂尔泰《奏请赏给调补普洱镇
兵丁家口搬移银米费折》

雍正九年四月初九日

云贵广西总督臣鄂尔泰谨奏：为请旨事。

窃照滇省新设镇营，调拨别营兵丁补额，因其安土重迁，诸多需费。屡蒙皇上隆恩，赏给搬家之资，俱系动盐余银两，查明大口小口、程途远近，分别给赏在案。续因普洱府添设新镇额兵二千四百名，内除原收普威营兵一千四百名及新募补额外，余系调拨臣标兵一百名，提标及开化镇标兵各一百名，曲寻镇、广罗协兵各五十名，元江协兵二百名。今据普洱镇总兵官邱名扬详称，"此六百名兵，俱有家口在各本标营，其中或父母年老，家无次丁，或家口众多，乏人养赡，各兵无力搬移，未免分心两地，且景蒙营原拨普威营兵二百名，时因镇威、车茶、江坝等处屡有军务，家口尚在景蒙地方，今又改归新镇，亦应令其搬移，援例详情照给银米"前来。相应仰祈圣恩，一例赏给路费，俾得立业成家，更可安心用命。

再黔省拨往古州、清江等镇协营兵丁，先经臣具折请给搬移之费。荷蒙朱批俞允，未准部文行知。又滇省乌蒙一镇，除旧额兵应补外，现议增设一营，改设一协，增兵二千五百名。臣已招募足数，乘官兵尚未全撤，即应新旧相搀，陆续拨往。所有搬移家口之费，亦应预先宣示皇仁，俾各知晓，庶所拨兵丁倍加踊跃，而愿往者益众矣。理合一并请旨，伏乞圣主睿鉴，勅部知照施行。臣谨奏。

朱批：此奏朕嘉是览之。凡有此等应施恩之事，皆当密奏以闻，朕自斟酌而行也。另有旨谕，该部颁发。

（《朱批谕旨》鄂尔泰奏折）

531　云贵广西总督鄂尔泰《奏报滇黔桂三省豆麦收成分数折》
雍正九年五月二十六日

云贵广西总督臣鄂尔泰谨奏：为恭报三省豆麦收成分数，仰祈睿鉴事。

窃照云南省本年二月雨水微稀，虽去冬大雪，豆麦苗甚盛，诚恐过时不雨，粒实不坚，臣窃深省惕。至三月望日，甘霖大沛，远近均沾。嗣后间晴间雨，甚属调和。贵州省春雨无缺，获刈较晚。是以两省各属所种豆麦俱获丰收。

今行据云南布政使葛森详称："除石屏、嶍峨、腾越、师宗、元江、新平、景东等府州县并攸乐地方向不产豆麦，乌蒙、镇雄、会泽、永善等四州县因兵燹甫定，现在招集人民耕种，收成分数未据册报外，昆明、呈贡、晋宁、宜良、嵩明、昆阳、沾益、蒙自、河西、阿迷、镇南、广通、定远、保山、江川、永平、楚雄、罗平、宣威等十九州县豆麦收成俱有十分、十二分不等；罗次、南宁、建水、普洱、新兴、文山、河阳、赵州、南安、浪穹、宾川、太和、陆凉、弥勒、寻甸、平彝、安宁、镇沅、恩乐、云龙、永北、云南、鹤庆、丽江、姚州、元谋、大姚、顺宁、宁州、马龙等三十府州县豆收八分、九分不等，麦收九分、十分不等；易门、富民、广南、蒙化、剑川、通海、云州、禄丰、广西、邓川和禄劝、路南、威远等十四府州县豆收七分、八分不等，麦收八分、九分不等。"

据贵州布政使常安详报："豆麦杂粮等项现在收获，通查各属内，定番、广顺、贵定、龙里、安顺、普定、镇宁、清镇、桐梓、印江、婺川、思州、黎平、开泰、永从、平远等十六府州县俱系十分收成；贵阳、贵筑、永宁、安平、南笼、普安州、永丰、安南、瓮安、湄潭、都匀府、都匀县、镇远府、镇远县、清平、施秉、思南、安化、石阡、龙泉、玉屏、青溪、铜仁府、铜仁县、天柱、锦屏、大定、黔西、威宁、遵义府、遵义县、仁怀等三十二府州县俱有九分收成；开州、修文、普安县、正安、绥阳、平越府、平越县、黄平、余庆、独山、麻哈、毕节等十二府州县俱有八分收成。"

据广西布政使元展成呈报："除恭城、贺县、修仁、昭平、容县、岑溪、怀集、横州、永淳、上思、怀远、宾州、来宾、上林、河池、东兰等州县向不产豆麦杂粮，天河一县豆麦收成颇迟，分数难以预定外，兴安、富川、藤县、平南、武宣、左州、马平、思恩等八州县大小二麦收成俱有十分；荔浦、苍梧、宣化、融县等四县豆麦收成俱有十分；临桂、阳朔、灌阳、平乐、隆安、崇善、养利、雒容、柳城、罗城、象州、宜山、荔波、奉议、都康等十五州县二麦收成有八九分；永宁、永福、义宁、北流、桂平、西林等六州县豆麦收成有八九分；灵川、贵县、永康、迁江等四州县麦收俱有七分；永安州豆与大小麦收成九十分，荞麦收成八分；全州小麦收成八分，豆子、荞麦收成七分；郁林、兴业、新宁等三州县豆子杂粮收成有七八分；博白、陆川二县并泗城府麦粮鲜有栽种，豆收有七八分；镇安府、西隆州、归顺土州荞麦、面麦收成七八分；武缘县荞麦收成六七分；向武土州麦收九十分；上映土州、小镇、安土州荞麦收成九分，小麦收成七分。"各等情前来。

合臣察访无异，相应据实分晰奏报。

再云南省自入夏以来时雨屡降，远近沾足，而芒种日大雨，夏至日甚晴。据农民称幸，以为又系丰年。现在高低田亩栽插已完，早秧出水逾尺，青葱可爱，夏粮、杂豆亦甚茂盛。如得仰邀天恩，此后晴雨但不至过甚，则今岁秋成又可预卜大有。合并奏闻，伏乞圣主睿鉴。臣谨奏。

朱批： 以手加额览之。京师目今甚旱，实知皆朕一人之咎。此中不得已召致之情，惟祈上天鉴谅耳，亦不胜批谕。

（《朱批谕旨》鄂尔泰奏折）

532　云贵广西总督鄂尔泰《奏报拟于八月初四日起程进京陛见等事宜折》

雍正九年五月二十六日

云贵广西总督臣鄂尔泰谨奏：为钦遵请旨事。

窃臣自雍正三年十二月初一日陛辞赴任后，远违天颜已历六载，孺慕私衷日久弥切。昨岁恭请陛见，荷蒙慈鉴，准于今岁八月初旬内自滇起程，于万寿令节前抵京，踊跃忻幸，莫可言喻。续于十一月二十八日折内陈明，俟乌蒙等处布置停妥，于今年八月初自滇起程缘由，复蒙朱批："亦且不必拘定八月，至临期相机再行请旨。钦此。"钦遵。

臣查云南之乌蒙、东川早已平靖，现甚安帖，其余边夷、外域皆实心向化，各享盈宁。广西邓横蛮寨亦经屠灭，净尽根株。而贵州之古州新疆，凡未归生苗，又复酌行剿抚，悉入版图，纵有一二寨，招擒殊易，即接壤楚界之稿坪、落塘数寨，原非强贼，现已惩创，不日可以报竣。此外三省别无大事。其地方诸务，三抚臣尽能料理，可以放心。乘此空闲，往还不过数月，计明年开印后即可回任，亦并无旷误。臣谨拟于八月初四日自滇起程，敬记慈谕，按程缓行。

至总督印务，实关系重大。臣于昨岁曾以三抚臣中，沈廷正不能制，金铁较远，张广泗虽尚未能服众，似犹可以暂署等因，附折陈明。于另折内荷蒙批示："临行时可具题以闻，督印可传谕张广泗署之。钦此。"今臣起程有日，临行时自应将督印移交。惟是张广泗现拟亲赴古州，会同韩勋等经理一切善后事宜，并黔楚苗界之三不管地方，俟稿坪事定，亦须就近详勘，将移协安营、增汛添兵等事酌商定议，以便题请。计日需时，或难兼顾，且臣衙门三省书吏、三省文卷，例随督印自滇移交，甚属繁重。臣曾密商张广泗，亦称多有未便。合并请旨，或将督印仍交张广泗，令伊赴滇署理，或暂行收贮，令三抚臣各于本省暂代行总督事，俟臣回任，再将事件移交。统乞圣主睿鉴，裁示遵行。臣谨奏。

朱批： 卿来京见朕，不过畅我君臣一时之情耳。而三省苗疆甫定，尚需镇静弹压，善后事宜更资料理。况朕万寿，廷臣亦皆不令行礼。卿万里往来，匆忙一见，更觉难以为情，朕当再加详酌降旨。至总督印务，或令高其倬前来署理，或令三抚分任处，临期亦有旨。朕意，于今冬或明春着令卿来。今朝中尚少一赞襄机务之人，朕正在筹画大概，并谕卿知。可静候朕旨而行，八月之期不必也。

（《朱批谕旨》鄂尔泰奏折）

533 云贵广西总督鄂尔泰《覆奏酌议今科中试进士分派各省各府知府衙门学习事宜折》

雍正九年五月二十六日

云贵广西总督臣鄂尔泰谨奏：为覆奏事。

窃照广西布政使元展成前请以分发进士派交各府知府学习一折，荷蒙朱批："与督抚商酌为之。若意见相同，应请旨，可具题来。钦此。"钦遵录示到臣。臣谨按钦奉上谕，以今科中式进士分派各省藩臬衙门，令其学习三年，即于所派省分试用补授者，正以藩司衙门为一省钱粮之总汇，臬司衙门为一省刑名之总汇，但能用心学习三年，必有一长，于该进士大有裨益，即于该省分大有裨益也。兹据元展成奏称："通省政事虽出于藩司，要皆总揽其纲领，与州县官亲民者有别，且收放钱粮，事有成规，可无庸学习。再命盗案件例由州县解府审详，到臬司衙门，已属成谳，即有供情未协，亦仍驳回府。其民间细事，非臬司逐一亲理，若令入藩臬署内学习，又与内幕相亲，亦恐滋弊。是分派各省进士，不如于知府衙门学习之为亲切。"等语。

臣查一应事件，无非情理，守正持平，端视大吏，故宣化为藩，不止司钱谷，弼教为臬，不止司刑名，此外省枢纽之地，实观政者之准的也。若不令学习于藩臬，转令学习于知府，是犹使观水者舍江河而就沟渚，其能识源流者几何？臣愚以为，分派学习，除藩臬衙门外，督、抚、粮、盐、道衙门亦应酌派，总在省会，易于观摩，似不必分派各府，转不能时常接见，无以试验其优劣也。惟是有教斯有学，有传斯有习，并非止于升堂片时，令其侍立静听，而即可望其知能。或间发一案，令其拟看；或故作一问，令其裁答；或实指一事，令其条陈；或虚设一疑，令其剖断；或差令查勘，或委令督催；或闲论夷情，或详说地势，就其言动，观其才识，指示是非，改正错谬，如此三年，庶学习进士或可半有成材。

至于学习署内恐与内幕相亲，将来滋弊。此事惟在本官，即如书吏，未尝不在署内，与内幕隔别，原不得相通，作弊不作弊，亦岂限于署内？署外各衙门，二堂以外，仪门以内，但择闲房二三间，即可为学习之所。其日用薪水，应酌量资给，俾无窘迫，庶益奋兴。臣现于分发云南新进士九员内，将一等、次等者派往抚、藩各衙门学习，留又次等二员在臣衙门学习，仍不时传集，合考其所学，分别勤惰，以示劝诫。在各省各有不同，总期仰体圣意，造就人材，并可不必题请通饬。除知会抚臣金铼，札覆布政使元展成，广西可否照行，听其再酌外，缘系录示商酌事，理合备陈愚见，缮折覆奏。是否有当，伏乞圣主睿鉴，批示施行。臣谨奏。

朱批：是。

（《朱批谕旨》鄂尔泰奏折）

534 云贵广西总督鄂尔泰《奏报委员照看并派差伴送南掌国夷目叭猛花等回国等事宜折》

雍正九年五月二十六日

云贵广西总督臣鄂尔泰谨奏：为奏闻事。

窃照南掌国夷目叭猛花等进贡回滇，臣委员照看起程，并差目兵二名暨土把总召猛比伴送回国。嗣据普洱总兵官邱名扬、知府佟世荫等禀报："该差等伴送夷目，于八年十一月二十四日至该国界内之戈奈地方，有猛洒叭先率领数百人，于五十里外跪道迎接，将敕书安设龙亭，供奉缅寺，叭先复率领大小头目人等行三跪九叩头礼，敬谨护卫，叭猛花随写缅文，差先目二人驰报该国王。于十二月二十三日差回猛洒，恭请敕书御赐，由猛喇上船，沿途地方，该国王皆差头目敬谨迎接。至雍正九年正月十五日抵坝乌，离南掌百余里，该国王岛孙先遣大叭目四员，带领二千余人，备金银彩花龙船四十余号，设龙亭香案，亲出五十里外，跪迎至新造公馆内，供奉敕书御赐毕。岛孙行三跪九叩头礼，复斋戒三日，始恭迎进署，行礼如初。然后叭猛花敬捧敕书，跪授岛孙。岛孙跪接开读毕，又捧御赐一一传观，点交明白，该国君民欢声雷动，举手加额，齐称'自有南掌以来，从未有此荣宠。蒙天朝圣主恩赐，惟有世代顶戴。'其感激实出至诚。留该差等住二十日，极其敬重。于二月初六日，该国王遣目先教、先喇二员并后生十一人，赍捧谢恩蒲叶泥金缅字表文一道，随经译出，情辞谆恳。"等语。禀报到后，该目等抵省，臣传见，面加劳慰。据来目禀称："国主感戴天恩，无可以报，惟有一心归诚，世世子孙不敢忘天朝大恩。再铜锛一对，物虽不堪，系祖代相传之物，国主请献皇帝，以表小臣诚心。五年再贡时，差目人等见此铜锛，即如在本国一般。外象牙、雀尾、藤席、树头酒四种，系国主呈送总督，以见感念，求收留。"等语。

臣查所称铜锛，即系大铜锣，外夷草野，意虽诚而物甚微，恐违体制，既未便入本，若令其带回，又非远人之意，相应存贮，俟随便附进。其寄臣土物，已经全收，以示优礼。（**夹批：**好。）除将蒲叶缅字表文并译出汉字副本另疏代题外，存贮铜锛缘由，合并声明。

再莽国请贡一件，臣前奏折内荷蒙朱批："极好之事！此皆卿代朕宣猷之所致。但总宜听其自然，不必有意设法诱致。盖此等事，乃国家荣幸之实迹，惟静待天恩，非人力之所能者。钦此。"臣查莽国，土名阿瓦，即缅国西南之夷，无有大于缅者。因有外域整迈，即八百媳妇国，众亦至十万，旧隶缅属，后互相仇隙，历年争执。整迈曾于七年冬差目纳款，情愿归诚。据普洱文武公禀，欲求允许，臣经严批不准，以十可疑驳去。嗣后，镇府等密差查探，始知整迈前曾诳缅国，以为我国已投天朝，欲借声威，以示恐吓，故前此莽子未敢加兵。因于去岁十月，先差大头目莽古叮叭喇等赴车里，一以贺刀绍文承袭宣慰，并以探听整迈归附虚实。适南掌夷使叭猛花等回国，相遇于九龙江，而守备燕鸣春送夷使过江，亦与莽古叮等相会，问答款洽之际，复备悉整迈投顺，臣不允许缘由，其庆幸倾服，愈出意外。是以谆切恳嘱，至再至三，若惟恐弗准者，此实出于自然。臣初无招致之意，续于五月初十日，据总兵邱名扬探报："莽国发兵二万，令国王之子同莽古叮统领，问罪整迈，现在相持，其所属小国亦听调帮兵。"等情。臣随密谕镇将，但于内界巡防，勿许过江惊扰，胜负听之，仍行探报去讫。料整迈之于莽，必不能久持，而莽国之于臣，亦必不敢失信。迟早不可知，归附固可定也。合并覆奏，伏乞圣主睿鉴。臣谨奏。

朱批： 总听上天慈佑。

（《朱批谕旨》鄂尔泰奏折）

535　云南巡抚张允随《奏报借动脚价运销锡斤缘由折》
雍正九年六月初四日

云南巡抚臣张允随谨奏：为奏明借动脚价运销锡斤事。

窃查滇省个旧锡厂所抽课锡，前准部文，行令随收随变在案。但滇省地处边徼，所出锡斤全赖外省行销。缘商贩到厂，必须先尽炉户发卖，接济油米，且连年发运吴楚铜斤，解送各省制钱，驼脚无多，是以官锡堆积未销。今查滇省所出铜斤，听各省自行到滇采买，停止发运，所存锡斤自应设法变通销售。

臣查自升任藩司李卫起，历任正、署各官共存厂锡五十二万二十斤，每锡二千二百二十斤为一票，共存锡二百三十四票零；又臣到布政司任起，至八年年底，止共存厂锡五十一万二千四百三十三斤，计二百三十票零，新旧共存锡一百三万二千余斤，计四百六十五票零。若由蒙自县厂地运至浙省销售，虽价值贵贱不一，每票约可变价银一百五十余两，共可变获银七万余两。内除拨抵原额锡斤、脚价、开税、盘费等项之外，约可获息银二万余两。再运发外省，尚有样锡、秤头二项，约可长出锡八万余斤，又可获息银四千余两。臣一面行令布政使在于司库捐纳银内借动银二万两，作为承运脚价，遣委杂职人员陆续发运浙省销售，统俟易银回滇，逐一清算，归还锡课、脚价、开税、盘费之外，所获息银，全数归公，庶官锡不致壅滞，而帑项得以早清矣。事关借动库银运发外省，理合缮折奏闻，伏乞皇上睿鉴。为此谨奏。

朱批： 与鄂尔泰商酌否？事已一面举行，奏闻何意？朕不悉。

（《雍正朝汉文朱批奏折汇编》第二十辑，第651～652页）

536 云南巡抚张允随《奏报滇省豆麦收成分数并禾苗及时栽种茂盛情形折》

雍正九年六月初四日

云南巡抚臣张允随谨奏：为恭报豆麦收成分数并禾苗及时栽种茂盛事。

钦惟我皇上至仁覆冒、至诚戒孚，即滇省僻处天末，年年大有，岁岁丰稔。本年豆麦丰收情形，经臣附折奏闻。兹据布政司葛森开报："除不产豆麦府州县外，其昆明、呈贡、晋宁、宜良、嵩明、昆阳、沾益、蒙自、河西、阿迷、镇南、广通、定远、保山、江川、永平、楚雄、罗平、宣威等州县，豆麦收成均有十分、十二分；罗次、南宁、建水、普洱、新兴、文山、河阳、赵州、南安、浪穹、宾川、太和、陆凉、弥勒、寻甸、平彝、安宁、镇沅、恩乐、云龙、永北、云南、鹤庆、丽江、姚州、元谋、大姚、顺宁、宁州、马龙等府州县，豆收成实有八九分，麦收成实有九十分；易门、富民、广南、蒙化、剑川、通海、云州、禄丰、广西、邓川、和曲、禄劝、路南、威远等府州县，豆收成实有七八分，麦收成实有八九分。"等情前来。

臣查春夏以来雨旸时若，通省豆麦俱获丰收，且芒种前后遍沛甘霖，高低田亩俱得栽种，山地荞豆杂粮无不茂盛，万民乐业，两迤欢腾，此皆仰赖我皇上敬天勤民感召之所致也。所有豆麦收成分数，并田地遍行栽种缘由，理合分晰缮折，专差家人赵庆赍折奏闻，伏乞皇上睿鉴。为此谨奏。

朱批：览。

（《雍正朝汉文朱批奏折汇编》第二十辑，第 652～653 页）

537 云贵广西总督鄂尔泰《奏报钦承恩谕，再摅愚忱折》

雍正九年八月初一日

云贵广西总督臣鄂尔泰谨奏：为钦承恩谕，再摅愚忱事。

窃臣钦遵请旨一折，于七月二十日接奉朱批："卿来京见朕，不过畅我君臣一时之情耳。而三省苗疆甫定，尚需镇静弹压，善后事宜更资料理。况朕万寿，廷臣亦皆不令行礼，卿万里往来，匆忙一见，更觉难以为情，朕当再加详酌降旨。至总督印务，或令高其倬前来署理，或令三抚分任处，临期亦有旨。朕意，于今冬或明春着令卿来。今朝中尚少一赞襄机务之人，朕正在筹画大概，并谕卿知。可静候朕旨而行，八月之期不必也。钦此。"臣跪诵之下，如亲觐天颜，如亲聆天语，激切瞻依，莫可言喻。而"寻绎万里，往来匆忙一见，更觉难以为情"句，热血奔心，复不禁泪下盈襟矣。

伏念三省苗疆，广狭不一，臣数年以来凛遵圣训，已料理一十六处，虽剿抚异施，迟速各别，然大率多一番惩创，斯增一分宁帖。今大局甫定，诸务须筹，安辑调停，更非易事。若不用猛力，断难图成；若不具恒心，终难善后，此中缓急，细体方知。以臣薄劣，固犹期之数年后也。况一切民事多未就绪，如疏浚江河，挑筑沟坝，垦辟荒芜，焚烈山泽，皆地方之远计，尤边省所急。先臣虽竭蹷料理，亦略有规模，独因废弛日久，一时难以俱兴，犹未敢题报。凡此兵民要务，皆臣所有志而未逮。欲恳请陛见，既少慰私衷，并敬领训示，再驰回滇任，尽心调剂，以二三年为期，然后入侍左右，少效奔走，此臣之至愿，亦臣之厚幸也。兹蒙恩谕"再加详酌，或今冬明春着臣来京并委署分任之处，一并降旨"。臣当钦遵静候，安心办事，断不敢少有延挨，亦不敢少有将就也。为此缮折覆奏，伏乞圣主睿鉴。臣谨奏。

朱批：览。已命高其倬来滇矣，到时卿自悉知。其余事件，总俟卿来京面谕，路上量力行走，不可勉强奔驰，过于劳碌，必遵旨行。

（《朱批谕旨》鄂尔泰奏折）

538　云贵广西总督鄂尔泰《奏报昭通、东川两府荞自天生、虫为鸟食情形折》

雍正九年八月初一日

云贵广西总督臣鄂尔泰谨奏：为荞自天生、虫为鸟食，天麻滋至、圣德靡涯事。

窃惟兵燹之后难冀丰盈，螟螣为灾，何能驱捕？虽曰种由诞降，未闻新条发自陈根，即谓蝗不成䘌，未闻禽鸟能为扫荡。查得乌蒙新改之昭通府，自从大兵进剿，屠灭逆猓之后，人烟稀少，田野荒芜，商贾不来，米粮甚贵。臣念地方新定，一切布置皆以食为先，忧心如焚，恐难接济。计檄饬该镇府各员，所安插土著之残黎，招徕远方之农贾，凡归业远来者，已不下数万人，虽令分寨给田，各与资粮牛种，督率耕种，又檄发别郡之米减价平粜，更委专员买荞种数百石，于大关坝等处，凡属隙地皆令犁种，以资秋冬民食。然私心熟虑，亦止期可免匮乏，并不敢过望饶余。随于六月初间，再委粮储道黄士杰亲赴昭通，并历东川，令遍行查勘，督催料理。续于七月初十后，屡据各员禀称："昭通府之稻田坝、八仙海等处，即鲁甸各寨，禾苗俱极茂盛。再各处荞苗硕大异常，早者七月尽即可收割。更可异者，去年夷人种过荞地，本年并未犁烧，今悉从旧根长出新荞，花实繁茂，与本年新种者无二，东川府、巧家等处亦然。官弁汉夷欢呼庆幸，谓从来所未见，亦所未闻，因名曰'天生荞'。又六月二十八日，八仙海、稻田坝等处禾苗忽生赤虫，长寸许，无毛，蚕食稻叶。该镇府等情急无措，呼臣名，虔祷词语甚厉。忽有乌鸦数千飞鸣捕啄，一二日间啖食罄尽，而鸦亦不见，稻苗并无伤损，转益茂盛，诚属奇事，定获丰年。"等语。臣接阅各禀，初不敢以为信，及密加查访，道路兵民皆互相传说。而前所委员并粮储道黄士杰亦适回省，复经细问，所道更详，并称睹此奇异，商民踊跃，米价已大减，且遍观城郭乡村，不独酒、米、盐、布上市充裕，而一切蔬菜俱全，较从前尤胜。其东川城工，该府全用石砌，现有规模。昭通城脚，需用五面石，已打就一千五百余丈，现在催趱烧砖，不日兴工。衙署营房已盖造及半，俱无迟误等情。

臣查昭通地土素称肥沃，近省各府实皆有不如，因向为凶猓所据，故人视为畏途。今既洗除恶类，将实以良民，则但能悉心调剂，毋躁毋忽，不三五年，实可谋富。庶况荞自天生，谁来下种？虫为鸟食，不期其然。粒我烝民，益信帝德之无远弗届；歼兹蟊贼，群识圣心之无物不孚。虽上天之仁爱悯此边隅，实一人之精诚积于宵旰。臣亲逢嘉瑞，睹兆姓而欢忻，伏念因施，扪寸衷而凛慄。除将一切事宜敬谨料理，陆续题奏外，所有据报覆查两郡稻荞缘由，理合缮折奏闻，伏乞圣主睿鉴。臣谨奏。

朱批： 以手加额览焉。

（《朱批谕旨》鄂尔泰奏折）

539　云贵广西总督鄂尔泰《奏覆攻打苗寨不须颁发冲天炮折》
雍正九年八月初一日

云贵广西总督臣鄂尔泰谨奏：为覆奏事。

雍正九年六月初十日，大学士公马尔赛、大学士张廷玉寄信，内开，"雍正九年五月十五日，奉上谕：'闻广西邓横苗寨凭仗险阻，屡攻不克，因思京师冲天炮一种，若用以攻击苗寨，似操必胜之技。查冲天炮，大者重七八百斤，小者重三百八十斤，远道运送，以小者为便。尔等可寄信询问总督鄂尔泰，若攻取苗蛮地方须用此炮，即具奏前来，朕发炮二位，并选精熟炮手二人一同前往。至于应送何省何处，亦令鄂尔泰酌量定夺。倘攻取苗寨，不必用此，或此信到日，苗疆军务已竣，亦即据实奏闻。钦此。'遵旨寄信"前来。等因到臣。臣捧读之下，感奋惶悚，一时交集。

敬念我皇上万几宵旰，无虑不周，以邓横一贼寨而屡攻不克，犹致上厪圣怀，此天下兆姓之福，亦臣等大吏之罪也。因钦奉上谕之前邓横已报捷音，暂不须用，故未奏请。查冲天大炮，实攻击之奇器，果能熟悉炮规，远近高下不差尺度，则无坚不破，亦何险可凭？惟是此种炮位俟未便留置外省，且蠢尔苗蛮原无大伎俩，但将领少具勇谋，枪炮即可操必胜。臣于各苗蛮之役，又制有西瓜炸炮、火毒群蜂炮并火箭、火砖等件，用以攻寨，亦颇便利。前于乌蒙攻破凉山木城，近于邓横攻破四六九甲，俱甚得其力。三百八十斤重冲天炮二位，俟或有须用之处，臣再当请旨颁发。然仰赖天威，百蛮震叠，惟愿永远更不须用此炮，则边疆幸甚，臣愚幸甚。谨据实覆奏，伏乞圣主睿鉴，臣谨奏。

朱批：甚是。

（《朱批谕旨》鄂尔泰奏折）

540 两江总督署理云贵广西总督印务高其倬《奏请将次子高愿暂留江南约束家人、照管眷口折》

雍正九年八月二十日

两江总督署理云贵广西总督印务臣高其倬谨奏：为奏恳天恩事。

窃臣有长子高恪、次子高愿，向随任所。臣于本年七月间俱令回旗，正在起行，适臣蒙天恩，令臣署理云贵广西总督印务。臣之家口现在留住江南省城，所有家人需人约束。臣谨仰恳天恩，欲将臣次子高愿暂留江南约束家人、照管眷口，臣长子高恪即令回旗。臣谨缮折奏恳，伏乞睿鉴。谨奏。

朱批：将汝二子俱准留任所料理家务，不必令其归旗。

（《朱批谕旨》高其倬奏折）

541 云南巡抚张允随《奏报阖省绅士、耆民、商贾、兵丁哀恳挽留总督折》

雍正九年九月初一日

云南巡抚臣张允随谨奏：为舆情恳切，据实奏闻事。

雍正九年八月初十日，督臣鄂尔泰接准部咨，奉旨准其陛见，移咨到臣，并通行各属遵照。随据省城绅士、耆民、商贾及督抚两标、城守各营队目兵丁环吁臣衙门，呈称暂留总督，哀恳迫切。臣即面谕："尔等受总督数年教养，共切依恋，但总督屡次恳请入觐，今蒙俞旨准其陛见，非升调可比。况署事高总督也是为地方造福的，你们何必如此情急？"明白晓谕，令其各回安业。伊等转加恳切，据称："总督在云南六年，实心实政，凡扰累兵民之事无不革除，滋事害民之土司悉已平静，文武官员仰体教训，爱养百姓，抚恤兵丁，毫无苛派克扣之弊。今地方才得安贴，再得总督从容调剂，边方永远受福。若总督进京，不能再来，我们何所依赖？"莫不痛哭流涕。臣见其情词迫切，再三开导，谕令静候，始各散去。续据大理、楚雄、曲靖、澄江、姚安、武定、丽江、鹤庆各府绅士、云南提标、临澄镇、楚姚镇、开化镇、元普镇、永北镇、鹤丽镇、曲靖镇、永顺镇、广罗协、剑川协、大理城守营、广南营、东川营、寻沾营、镇雄营、新嶍营、武定营、景蒙营各处兵丁并丽江土司等络绎赴省，具呈保留，群情如一，众口同声。臣目击情形，知通省挽留出于诚心。

臣伏思督臣鄂尔泰蒙我皇上知人善任，畀以三省重寄，精白一心，宽严互用，夙夜勤劬，尽诚竭力，于地方利弊、民生休戚无不熟悉周知，斟酌至当。至于文武属员，经督臣策励训饬，多奋兴鼓舞，洁己爱民，整练营伍，兵民相安，利兴弊革，绅士军民实深感激。一闻督臣进京之信，莫不环恳请留。若虑其不再至滇，而情虽自已者，臣不敢壅于上闻，谨据实缮折陈奏，伏乞皇上睿鉴。谨奏。

朱批： 鄂尔泰乃来京陛见，自然回任。何不明白晓谕，而转言署任之长，是何意见？

（《雍正朝汉文朱批奏折汇编》第二十一辑，第 134～135 页）

542　云南巡抚张允随《奏陈借动脚价运销锡斤情由系与督臣鄂尔泰商酌折》

雍正九年九月初一日

云南巡抚臣张允随谨奏：为恭陈愚悃，仰祈睿鉴事。

雍正九年八月十一日，赍折家人赵庆回滇。敬启封匣内奏明借动脚价运销锡斤一折，荷蒙朱批："与鄂尔泰商酌否？事已一面举行，奏闻何意？朕未悉。钦此。"臣跪读之下，不胜惶悚。伏念臣才识短浅，荷蒙圣恩畀以封疆重寄，夙夜自矢，惟于一切事物诚勤办理，不敢稍懈，以期少竭驽骀。前因屡年个旧锡厂所抽课锡堆积至一百三万余斤，未经售销，而又无客商到滇采买，必须自行发运于浙省销售，庶课项易于清楚。臣已曾与督臣鄂尔泰商酌，意见相同。惟查广南剥隘至百色一带地方，夏秋之间烟瘴顿盛，独秋深瘴退，方可陆续发运，且需用驮脚过多，非一二月内所能雇觅，是以一面令布政使借动脚价，先行催备牛只，以便霜降后陆续发运。滇省运铜运钱，皆大概如此。但前折内未经分晰奏明，愚昧疏忽，咎实难辞。钦奉训旨，不即加谴责。惟当益加敬慎，诸事奋勉，以仰答洪慈已耳。除堆贮课锡，现雇驼牛，委员陆续发运外，所有微臣愚忱，恭折陈奏，伏乞皇上睿鉴。奉到朱批原折三扣，合并恭缴。为此谨奏。

朱批：览。

（《雍正朝汉文朱批奏折汇编》第二十一辑，第135～136页）

543　云南巡抚张允随《奏报滇省阖属秋禾丰稔及荞麦呈瑞情形折》
雍正九年九月初一日

云南巡抚臣张允随谨奏：为滇省合属已见丰盈，新定苗疆更征嘉瑞事。

窃查滇省今岁自夏徂秋甘霖时沛，高低田地遍行播种，四山荞苗茂密倍常，今早荞已获丰收，秋禾、晚荞亦登场在即，丰稔之象远近相同。其昭通、东川二府，臣等念系兵燹之后，恐田荒米贵，同督臣鄂尔泰加意抚绥，凡安插、招徕之户口，俱给以地亩、牛只、籽种，又发运米荞减价平粜，以济民食。复委员采买荞种，于大关坝等处隙地督率耕种。七月内，据昭通府知府徐德裕、东川府知府崔乃镛各禀称："昭通府之稻田坝、八仙海、鲁甸等处，东川府之巧家等处，去岁种过荞地，今年并未播种，忽遍生荞苗，与新种无异，土著老农咸称目所未睹，因名之曰'天生荞'。又昭通府之八仙海，接壤威宁之稻田坝等处，禾苗忽生出赤黑虫，蚕食苗叶，经镇府各官处虔诚祈祷，旋有群鸦飞集，将虫食尽，禾苗毫无伤损。汉彝欢呼，兵民忭舞，丰收可以预卜，米价亦因以大减。新荞每石价止六钱，请停运平粜米荞。"等语。又据粮道黄士杰前往昭通、东川查勘城工回省，面称无异。

臣查阖省有秋，已属嘉祥，至若荞苗不种自生，苗虫为鸦所食，实从来未有之上瑞，皆我皇上仁德罩敷，至诚昭格所致。即云南曲靖府所属，因六月十四十五两日骤雨，间有沿河低洼地亩被淹，委员踏勘，据报，被淹处所俱不及该州县本属百分之一，业经将被淹地亩之家挨户赈恤，现据各报，过水田禾收成仍有八九分。臣等目睹屡丰，欣逢嘉瑞，惟有凛遵天人响应之上谕，益增敬谨黾勉已耳。除各属收成分数俟收获后，具报到日分晰，另折具奏外，所有通省秋禾丰稔及昭通、东川二府荞苗呈瑞缘由，理合据实奏报。为此缮折，专差家人赵忠赍折奏闻。谨奏。

朱批：览。

（《雍正朝汉文朱批奏折汇编》第二十一辑，第136～137页）

544 两江总督署理云贵广西总督印务高其倬 《奏报到滇任事日期并陈愚悃折》

雍正九年十一月初十日

两江总督署理云贵广西总督印务臣高其倬谨奏：为奏闻事。

窃臣仰荷圣恩，令臣署理云贵广西总督印务，赴京陛见，仰觐天颜。臣自跪聆圣训之后，驰驿赴滇，于十月十九日到云南省城。所有三省一切事务、地方情形、属员贤否，臣俱谨遵训旨，详问督臣鄂尔泰，鄂尔泰皆一一向臣详言，臣谨一一切记。臣惟有敬遵圣训，恪守成规，虽才有不逮，而心不肯不勉。凡宅衷定志，臣学鄂尔泰之公诚；临事决机，臣学鄂尔泰之果决，一切地方事务，尽臣心力办理。其鄂尔泰业已办定者，臣守其法以料理；稍有未竟者，臣仿其意以筹画。臣区区微愿，期三省疆域不异前此规模，各处夷民知遵朝廷教法，冀不负圣主谆谆教诲之至意，稍罄臣犬马之寸心。**（夹批：凡人未有真心奋勉而才力不逮之理。鄂尔泰非有奇术异能，不过公与诚而已。惟公则不私，诚则无伪，遂为常人之所不及耳。然非公无以服人，非诚无以感物。身为表率大吏，如不能感服各属，令人人砥砺奋兴，则何以济事耶？倘不推求根本，而惟形象是务，欲以施设作用，感服众志，或恐未能。据云临事学其果决，斯言误矣。《中庸》谓：诚则明。荀子言：公生明。非公非诚，何以能明假？若临事接物，胸无真知灼见，岂可率意卤莽，强为果决乎？如是之果决，尚不若优柔之为愈矣。所施一有不当，其害可胜言哉！此谕，朕深不取。）**臣谨将愚悃缮折奏闻。谨奏。

朱批：公、诚二字。勉之！勉之！

（《朱批谕旨》高其倬奏折）

545 两江总督署理云贵广西总督印务高其倬《奏报以总督 养廉银支给鄂尔泰眷属用度折》

雍正九年十一月初十日

两江总督署理云贵广西总督印务臣高其倬谨奏：为奏闻事。

窃臣钦奉圣谕："鄂尔泰眷属在滇，令臣仍将云贵广西总督衙门养廉之项支给，以为用度，务使富足宽裕。其有余者，付臣，以为衙门之用。其不敷之处，着将江南总督衙门养廉之项补足。钦此。"钦遵。臣到云南，即将留给养廉之旨向鄂尔泰传知。鄂尔泰云，亦奉有圣谕，因言伊之眷属在滇，每月只需二三百金即敷用度，一年只需留给二三千金。臣与藩司葛森、盐驿道张无咎云，令将养廉之项，一年存送一万两，以五千两鄂尔泰向司道云，此数过多，断不肯留。臣亦不肯依。往复再四，强而后可。鄂尔泰定以一年留存一万两，且云此已宽裕之至。臣再向说，必不能强，只得暂令司道照此，按季预行支给。臣愚昧之见，酌量鄂尔泰眷属在滇之用度，每月支给银一千两，一年应一万二千两，始稍宽裕。但臣竟不能强，伏乞皇上面谕鄂尔泰寄信回滇，臣照所酌定之数支给，庶其眷属始肯收存用度。

至臣衙门之用，谨仰恳圣恩，请动支江南总督衙门之项一万两，以五千两留为臣眷属用度，以五千两补云省臣衙门之用。再江南总督衙门养廉共二万二千两，臣动支一万两，尹继善衙门之用稍属不敷。臣前奉圣谕，令臣奏明皇上，另酌令拨给。臣谨将情由奏明，伏乞睿鉴。谨奏。

朱批：鄂尔泰到京，据奏：家口薪水之资，万金委属过多，每月以五百金计之，一年六千金尽敷用度，云云。则是尔滇省养廉复增此四千两矣。所少千金，可否取之江南，在汝酌定。至于尹继善之养廉其足与否，伊自另议请旨。

（《朱批谕旨》高其倬奏折）

546　两江总督署理云贵广西总督印务高其倬《奏报酌筹进藏兵丁米粮及公文转接情形折》

雍正九年十一月初十日

两江总督署理云贵广西总督印务臣高其倬谨奏：为奏闻事。

窃查云南省驻扎叉木多兵丁一千名，奉旨令其进藏，再于云南省调兵一千，令作速起程，前赴叉木多驻扎。钦此。钦遵。经总督臣鄂尔泰遵旨派调料理。今原带官兵前往叉木多驻扎之原任提督张耀祖及广罗协副将冯鸾即带原领之兵一千名进藏，另又于各标、镇、协、营挑选兵丁一千名，令剑川协副将姚起龙统领，俱赴剑川州取齐，前往叉木多驻扎。所有一切口粮、盐菜、骑驮马匹及赏给官兵银两，俱逐一分析料理。其驻藏官兵粮饷，委宁州知州王勃办理，续驻叉木多之官兵粮饷，委呈贡县知县殷良栋办理，又委开化镇右营游击段福押解粮饷七万两，以备进藏官兵支给。至台站事务，总委维西营参将刘瑛管办，俱经具疏题明在案。

臣到云南，接据参将刘瑛禀称："驻扎梅里树管理台站外委把总毛诗咏禀称，有黄草坪、双井、菁底三台，因连日大雪，至九月二十日，将山谷路径封阻，雪深数长，有军前发回文书，俱在菁底停积，不能递送。其内地各处发往军前公文，自九月二十八日至十月初四日，计六十余件，现俱停积不能前进。"等语。臣恐大雪封山，原任提督张耀祖等不能接到部文及督臣鄂尔泰所行之文，有误前进。虽分头飞即移行，并遣员驰令办理各员上紧料理，或将雪路开通，或另寻别道，绕过雪山，作速飞送，务令必到外，续于十一月初二日，接到张耀祖来文，内称："于本年十月初四日，行至奔打地方，接到部文及四川总督黄廷桂咨文，即遵旨带领官兵进藏。但查奔打至叉木多计程六日，若由叉木多进藏，未免绕道。今暂往奔打，檄行总理粮务宁州知州王勃，将汉土官兵一应马匹、衣装、口粮等项，遵旨宽裕，应付妥备，并行总理台站参将刘瑛添安台站外，即由瓦河、洛龙宗进藏，相应咨明。"等因。臣随即再行檄饬知州王勃，速将口粮、马匹各项上紧备办齐肃，应付官兵进藏，毋少迟缓。又一面飞檄参将刘瑛，详查程途之远近，居人之稀稠，酌量情形，或由瓦河安站，或仍由叉木多安站，务期妥速料理。所用台兵，先于副将姚起龙所带兵丁内抽出数十名，先令安站，俟游击段福解饷兵丁回时，令留数十名替换安台，姚起龙所带之兵，仍令归入一千名内，在叉木多驻防，并檄姚起龙、殷良栋、段福速行前进外，所有各情由，臣谨缮折奏闻。谨奏。

朱批： 览奏俱悉。另有谕旨矣。

（《朱批谕旨》高其倬奏折）

547　云南巡抚张允随《奏报督臣鄂尔泰起程进京士民欢送情形折》
雍正九年十一月十二日

云南巡抚臣张允随谨奏：为奏闻事。

窃督臣鄂尔泰奉旨陛见，署督臣高其倬于雍正九年十月十九日到省，接印署事。督臣鄂尔泰与署督臣讲论数日，将一切事情详细言之。督臣鄂尔泰遵旨，于十月二十五日自省起程，兵民遮道，备极爱戴。至绅士、军民，一闻督臣鄂尔泰进京陛见之信，有立碑盖造书院以志思慕者，督臣鄂尔泰与臣闻知，再三晓谕禁止。无如军民人等咸称，总督在任六年，实心实政，为国为民，异口同声，众情难遏，此实督臣鄂尔泰忠爱兵民所致也。相应附折奏闻，伏乞皇上睿鉴。为此谨奏。

朱批： 览。

（《雍正朝汉文朱批奏折汇编》第二十一辑，第477～478页）

548　云南巡抚张允随《奏报通川河道堪以开浚缘由折》
雍正九年十一月十二日

云南巡抚臣张允随谨奏：为奏明开浚通川河道事。

窃照舟楫之利以济不通，所关最大。慎省僻处天末，山高路远，行旅货物，驼运维艰，物价腾贵，偶遇歉收，外省米粮不能辗输接济，皆不通舟楫所致。若能随山浚川，直达川江，即可通行各省，实为万世无疆之大利。钦惟我皇上载成参赞，业隆前古，尤加意水利，凡各省河道，关系民生者悉已委员发帑修浚疏通，以资灌溉，以昭利涉。惟滇省资借水利较他省更钜，乃历来未疏凿。督臣鄂尔泰仰体圣心，与臣悉意采访详查，各处河道，凡有一线可通之处，必委员踏勘办理。

近查得云南府嵩明州属之杨林海子，其下流即车洪江、牛栏江，道经寻甸、沾益、宣威、东川、威宁、昭通各属，直接金沙江口，虽阻塞处甚多，但河形显然，脉络贯串，似可开浚。当经督臣鄂尔泰商委粮储道黄士杰、迆东道迟维玺转委试用赵世纶、典史俞行玉、把总陈联科等各员逐段查勘，详估道里远近、水势平险及河身宽窄通塞、滩矶缓急大小，令其分晰具报。及督臣进京陛见，临行谆切，嘱臣尽心经画。臣复檄行各员确查。去后，兹据各员查勘，回省具禀前来。

臣覆加面询，查通川河道，自杨林驿之水关桥入杨林海，达车洪江，经嵩明州属之河口，寻甸州属之七星桥、阿旧塘、大河口，沾益州属之拖罗、石牛滩、小黑潭、穿河洞，宣威州属之志札、块摸等处，计程五百四十里，入牛栏江界；再经东川府属之色黑，威宁州属之腻书渡、科作，昭通府属之倚补遮、索桥塘、红石崖、洛马厂、阿泥格、拉古等处，抵金沙江口，计程五百余里。计车洪、牛栏二江共水路一千四十余里，入金沙江，经永善县属之滥田坝、溜筒江、河口等处，至督臣鄂尔泰新开通川河道之黄草坪，为商船停泊马头，计程三百二十里。通计自滇通川，共水路一千三百六十余里，内有不待修浚已可行舟者四百余里，略加修浚即可行舟者计二百余里，其余七百五十余里，虽内有大石阻塞，险滩急流，尽可开浚烧凿。惟昭通府属之阿泥格十余里，为牛栏、金沙两江界限，巉崖叠水，高二十余丈，难以开凿，且水势高下不等，恐用力疏通，不足以备蓄泄；又牛栏江与金沙江所用船只，大小各异，自应盘坝换船。如此开浚，庶将来商旅得免跋涉之劳，货物省驼运之费，米粮通行，安澜致庆，实万世永赖之利，皆我皇上德泽周流、无远弗届之所致也。

臣详查各员禀报，不敢畏难苟安，务期实力举行，斟酌万全，仰副皇上利济无穷至意。除再委能员覆勘确估，详报到日，再行具奏请旨外，所有滇省通川河道堪以开浚缘由，相应缮折奏闻，伏乞皇上睿鉴。谨奏。

朱批： 好。但此等事，若非深知灼见，不可草率举行，恐徒浪费，复恐为地方年年开浚之累。勉强遮掩粉饰，则无益也。若鄂尔泰之慎重才识，朕实信得。及至于汝等，朕实不敢言其必可行之举也。详慎为之。

（《雍正朝汉文朱批奏折汇编》第二十一辑，第 478 ~ 479 页）

549 云南巡抚张允随《奏报滇省秋成分数折》

雍正九年十一月十二日

云南巡抚臣张允随谨奏：为恭报秋成分数事。

窃照云南地方，仰荷圣恩远被，连岁丰稔。本年秋禾茂盛情形，经臣具折陈奏。兹据布政司葛森册报："永平、昆明、呈贡、昆阳、嵩明、罗次、宣威、嶍峨、通海、河西、建水、河阳、江川、镇沅、元江、赵州、云南、邓川、浪穹、宾川、云龙、永北、腾越、鹤庆、蒙化、楚雄、镇南、南安、广通、定远、顺宁等各府州县，稻谷有十分、九分不等，荞麦有十分收成；安宁、禄丰、晋宁、宜良、富民、南宁、马龙、罗平、广西、弥勒、新兴、路南、恩乐、太和、保山、剑川、丽江、云州、姚州、大姚、和曲、元谋、禄劝、会泽、镇雄、寻甸、师宗、石屏、阿迷、宁州、蒙自、新平、广南、文山、普洱、景东、威远等府州县，稻谷有八分收成，荞麦有八分、九分不等；易门、陆凉、沾益、平彝、恩安、永善等州县，因夏雨连绵，交秋幸即晴霁，稻谷有六分、七分，荞麦有七分、八分不等。"臣谨将报到秋成实数缮折，专差家人赵庆赍折奏报。

再东川、昭通两府，本年招徕开垦民人栽插无多，收获亦少，米价稍贵，现在拨运采买，以备来年接济。合并奏闻，伏乞皇上睿鉴。奉到朱批原折三扣，一并恭缴。为此谨奏。

朱批：览。

（《雍正朝汉文朱批奏折汇编》第二十一辑，第480页）

550 两江总督署理云贵广西总督印务高其倬《奏报滇省夷人甚各安静折》

雍正九年十二月十五日

两江总督署理云贵广西总督印务臣高其倬谨奏：为奏闻事。

窃照云贵、广西地方所有不法之苗猓夷疆等处，历年以来经督臣鄂尔泰剿抚兼施，次第底定。惟在善守其办定之规，勿紊其已成之绪，绥定调剂，期于久安，乃臣今日之责。臣虽才地驽下，蒙皇上教训有年，必期竭此浅陋之见，少报高厚之恩。刚果以济微臣之宽和，勤细以察苗猓之情节，为之办理，俾其宁谧。而目下第一最先之要务，在于新疆文武得人，各处政事公当。臣惟有竭尽心力，稽察文武之贤否，严禁兵役之苛累，不敢以各处已宁，少有忽略。所有次第办理之处，臣随地随事另行具奏外，现在臣接办以来各处夷人，当督臣剿抚办理之后俱各安静。恐仰廑怀，臣谨缮折奏闻。谨奏。

朱批：但勉法鄂尔泰之公诚为要，根本处若能操持牢固，枝叶边焉有违谬之理。勉之！勉之！

（《朱批谕旨》高其倬奏折）

551　两江总督署理云贵广西总督印务高其倬
《奏报滇黔两省禾苗情形折》
雍正十年二月二十日

两江总督理署云贵广西总督印务臣高其倬谨奏：为奏闻事。

窃照云南地方，民间春田多种蚕豆、二麦，民人以为一季农食，其重亚于稻田。臣查云省各处，上冬多有雨雪，今年自正、二月以来，雨水调匀。现今蚕豆将成熟，有十分收成，大麦现已吐穗，小麦畅茂，俱可望十分有收。广西省二麦苗俱秀茂，贵州省地皆山田，种麦者少。合并陈明。所有豆麦情形，臣谨缮折奏闻。谨奏。

朱批：以手加额览焉。

（《朱批谕旨》高其倬奏折）

552　两江总督署云贵广西总督印务高其倬
《奏报昭通总兵徐成贞偏执情形折》
雍正十年二月二十日

两江总督署云贵广西总督印务臣高其倬谨奏：为奏闻事。

窃查昭通总兵徐成正，人尚有才，办事向前，但平素性情狭隘，好是己非人，每与同事文武不和。近因昭通地方新到之兵多虐使夷户，经臣严行示禁，抚臣张允随亦行示禁在案。总兵徐成正即移咨抚臣，谓毋信谗言，其中悉偏执己见之词。臣查昭通兵丁虐使夷人，事皆炳据，岂可因未经自行查管，遂尔护短，转谓示禁者为信谗言，实属偏谬。又昭通地方初定，耕作者少，兼之添兵及修城夫役颇多，米价昂贵。臣于上年十二月即商同抚臣，酌动库银，委员赴川买米接济，业经题报在案，又拨运各附近米荞先行接济。总兵徐成正亦留心，设法调剂，此实是其好处。乃伊因昭通尚有开银厂及伐木之人未免耗米，伊即悉行赶逐，张示严禁。臣查昭通伐木之人，乃自行买备川省米石到昭食用，（夹批：断无此理。）并不费耗昭米。其开银厂之人虽不甚多，果有耗米之虞，事在应禁。但系厂务民事，应言之臣等。若臣等不行禁止，伊再自行赶禁，始为得理。从前徐成正并无一字通知臣等，即行赶禁，事属不合。

臣查徐成正虽尚属有才，且系臣经保举之人，自得总兵之后，日渐骄满。但其于昭通情形尚属谙悉，于地方营伍亦尚留心。臣愚昧之见，今且先为严切申饬教诲，若不知悛改，臣即行参奏。所有情节，臣谨缮折奏闻。谨奏。

朱批：徐成正人甚明敏，才复干练，武员中之难得者。其性情狭隘，是己非人骄满之病容，或有之。然全材难觏，谬误之失在所不免，但当审查公私，勖勉悛改，绌其短而伸其长，第视策励开导之，诚与不诚耳。朕观伊气质虽稍偏驳，而心力可用，所以甚加赏识，非因汝等荐举而始行拔擢也。昭通伐木开厂之人果有耗米之虞，先行逐禁，系为地方起见，乃可嘉而不可责。惟其狭隘骄满等疵，既属汝所节制，汝可剀切训诚以裁成之。此外，或与地方兵民有不协处，则又岂宜姑容而不予以参劾？至时，据实具奏以闻。

（《朱批谕旨》高其倬奏折）

553　两江总督署理云贵广西总督印务高其倬《奏报将暂住达赖宗官兵撤回叉市多驻扎情形折》

雍正十年二月二十日

两江总督署理云贵广西总督印务臣高其倬谨奏：为奏闻事。

雍正十年正月十九日，臣接到部文："云南进藏兵丁暂驻达赖宗地方，俟来年青草生时，令领兵张耀祖仍带回叉木多驻扎候旨。其云南续派之兵，此时若未起程，即行停止；或起程未远，亦即各回营汛；如已出口，令在中旬等处暂住，至明年二月间撤回。"等因。臣查自叉木多调赴西藏之官兵一千名，经副将冯鸾领兵五百名，于雍正九年十二月十六日抵达赖之边坝驻扎；原任提督张耀祖领兵五百名，于十二月二十九日亦抵达赖宗地方，俱据咨禀在案。其续派前赴叉木多驻扎之兵丁一千名，亦据副将姚起龙禀称，于雍正九年十二月二十七日已到叉木多驻扎。臣随于正月二十二日，当即飞咨张耀祖，将现所带领暂驻达赖宗之汉土官兵一千余员名，于文到时即行率领，带回叉木多地方驻扎。所有剑川协副将姚起龙所带之续往驻扎叉木多官兵一千余员名，俟张耀祖所带官兵到叉木多之日，即行撤回。

但臣查原随张耀祖带兵之副将冯鸾，从前带兵前进之时既多不和，且每有专擅之处，经臣屡行严饬。今又据张耀祖禀揭，副将冯鸾捏造买骡文册，凌虐兵弁，以及选留各营骡头，短发价值，包揽驼运米石，多索脚价等款。臣谨酌量将冯鸾檄令，即同原带续往叉木多兵丁之游、守，带领撤回之兵回滇。其张耀祖所揭之款，俟冯鸾回时，查问明确，臣再行题奏。臣将副将姚起龙即留于叉木多，协同张耀祖驻扎管理，兼饬其悉心帮助。其随营粮饷各务，檄令宁州知州王勃仍行办理。其撤回之官兵粮饷等务，令呈贡县知县殷良栋办理，并饬令将随军所带折给口粮、盐菜银两，除已经放给，并为现今支给回师等项之用外，余剩者交明王勃存贮叉木多，以备支放。又飞檄游击段福，将前预备军需银七万两，亦交王勃收存，以备接济。所有暂驻达赖宗官兵撤回叉木多驻扎，及续驻叉木多官兵撤回滇省各日期，俟禀报到日，容臣另疏题报外，臣谨将檄撤办理缘由，缮折奏闻。谨奏。

朱批： 冯鸾系聪明人，才具甚有可观，乃记名一等之员。如果揭款是实，则亦无足惜矣。但张耀祖非操守清廉、秉公服众之人，既与之先有不和，所揭之款，其中或有他故，亦未可知。总俟冯鸾回滇后，查问的确，再行据实奏闻。此外各情节俱悉，惟冯鸾一案，须加意察审为要。

（《朱批谕旨》高其倬奏折）

554　云南巡抚张允随《奏请令大学士鄂尔泰暂回总督任折》
雍正十年三月十二日

云南巡抚臣张允随谨奏：为密奏事。

窃照云贵广西三省为岩疆重地，苗猓猺獞恃险负固，专以烧杀抢劫为事，捆掳索保营生。荷蒙皇上知人善任，特命鄂尔泰总制三省。六载以来，督臣鄂尔泰殚心筹画，矢志清除，仰仗天威，凛遵圣训，调度整饬，数千百年未通声教之地尽入版图。但苗猓猺獞之性犹如犬羊，若欲其革面革心，惟赖守土各官善为化导，体圣主怀柔之意，布国家宽大之恩，使苗猓畏威怀德，庶几渐化淳良，地方得以永远宁谧。

臣查昭通地方，前因总兵刘起元镇抚失宜，以致激成，鉴戒不远。兹镇臣徐成贞向日虽情性褊纵，而才尚能办事，进剿乌蒙著有微劳，蒙皇上天恩授以总兵重任，徐成贞自应矢公矢慎，力图报效。前督臣鄂尔泰在滇时，徐成贞尚知畏惧，遵循办理。自督臣鄂尔泰进京陛见之后，日渐骄纵狂傲，所属弁兵凌虐地方，并不约束，或勒索夫役鸡酒，或提苗猓代送公文，或拿土妇背水挑柴，每被告发。署督臣高其倬与臣各有访闻，并据司道府县各禀无异，曾经前后出示严禁，并移行镇臣查照者，无非欲使弁兵咸知儆惕，改过自新。发示之后，复据恩安县知县金言因公来省面禀，不特前项弁兵凌虐各款俱确凿有据，且借端抄抢土民财物，奸淫苗猓妇女，不一而足。讵意徐成贞并不训饬弁兵，抚绥残黎，以臣等之示，禁为听信谗言，形之公牍，明知故纵，曲为隐护。殊不知昭通苗猓既沐皇恩，准其招抚安插，即有过犯，亦当惩其大恶，宽其小过，未便一任弁兵无端凌虐。除弁兵不法情事听署督臣高其倬行查究惩，臣思督臣鄂尔泰进京陛见，于本年正月二十三日钦奉上谕："大学士马尔赛领兵出外，其大学士员缺，着总督鄂尔泰补授，若鄂尔泰回云贵广西总督之任，即带大学士职衔前往。钦此。"则是三省地方紧要，久在圣明洞鉴之中。伏念大学士鄂尔泰依恋圣主，固不愿远违殿庭，而圣主眷顾大臣，亦不欲其遽离左右。而臣因三省边疆起见，不得不冒昧陈请，恳乞皇上天恩，若令大学士鄂尔泰暂回总督之任，料理一二年，实于新辟地方大有裨益。为此密折具奏，伏乞皇上睿裁。谨奏。

朱批：此奏不达理，不通情，不识轻重，通盘不是，错谬处难以批谕。

（《雍正朝汉文朱批奏折汇编》第二十二辑，第1～2页）

555　云南巡抚张允随《奏报滇省冬春雨雪应时、豆麦丰稔情形折》

雍正十年三月十二日

云南巡抚臣张允随谨奏：为奏报冬春雨雪应时、豆麦丰稔情形事。

窃照云南地方跬步皆山，并无外来米粮，全赖本地所出豆麦荞谷以资民食。其上年秋收歉薄之处，尤望春收丰稔。臣查去年十一月十八、二十四、十二月十六七等日，本年正月初七、十四、二月十四、二十八等日，雨雪应时而降，据两迤各属具报，前后俱得雨雪，豆麦丰稔可卜。臣率同司道各官查勘，省城郊外修浚河道各乡二麦茂盛，蚕豆、菜子结实。询之老农，咸称因冬春雨雪及时，豆麦秀实倍常，早荞业已布种发生等语，所言与各属所报相同。俟二麦登场，容臣分晰收成分数，另折奏报。所有云南省冬春雨雪日期并豆麦丰稔情形，理合缮折奏闻。奉到朱批原折五扣，一并恭缴。为此谨奏。

朱批：览。

（《雍正朝汉文朱批奏折汇编》第二十二辑，第2～3页）

556　云南巡抚张允随《奏报昭通买获川米及拨运米荞情形折》

雍正十年三月十二日

云南巡抚臣张允随谨奏：为奏明事。

窃照昭通新经绥定，户少田荒，上年虽经招徕开垦，栽插无多，收获亦少。臣虑米价昂贵，图维采买接济，业于"恭报秋成分数折"内奏明。但昭通地方被逆猓变叛之后，急须筹画调剂。署督臣高其倬与臣商委楚雄府知府储之盘等前往清丈田地，分给承种，令附近昭通府州县招募愿往耕作农民一千户，已据各属申报，陆续起程到昭。又昭通城署营房应速行建造，一切匠役并招来农民以及兵丁家口，需米殷繁，署督臣高其倬与臣会商，动支司库银二万两，委临安府同知李克望等先往川省附近昭境之叙州府一带采买米石。已据报称，于二月十二日，雇船发运米一万余石，其下剩银两尚在购买，三月内可以到昭，以备减粜接济。臣等又因彼地未种豆麦，仲春犁地布荞，民食、籽种尤急，复令拨运附近各属米荞到昭，借给猓民、垦户及时播种，俾无乏食之虞。所有送昭农民、委员买获川米及拨运米荞情由，理合附折奏闻，伏乞皇上睿鉴。为此谨奏。

朱批：览。

（《雍正朝汉文朱批奏折》第二十二辑，第 3 页）

557　云南巡抚张允随《奏报招出元江新平一带索保猓目情形折》
雍正十年三月十二日

云南巡抚臣张允随谨奏：为奏明猓贼索保，招获情形事。

窃照滇省之元江、新平一带，方、普、李三姓族众及管下后生恃险顽梗，四出索保，向为滇民之大患、地方之隐忧。前镇沅蠢动之后，威远有贼首扎铁匠等乘机聚众劫掠乡村，续有新平野贼李百叠等亦聚众报仇、抢杀，节经前督臣鄂尔泰剿抚兼施，安插料理，数年以来颇知畏惧，不敢骚扰。上年九月内，据元江营游击李定海、知府祝宏禀称："元江府猓目方大瞎子、方摆彝等故智复萌，于八月内在锡腊冲会蠹商议，闻总督要进京，趁此，各家叫后生出外讨取保钱。"等语。当经前督臣鄂尔泰与臣饬令查唤惩警，斟酌办理。嗣据元江文武禀报："方大瞎子实于雍正九年十一月初九日身故，其方玀彝，经游击李定海搜追至义祖寨旁，被方玀彝之兄易迫，带领后生数十人持标拒捕，兵练向前，将方易迫杀死，又枪伤坏后生二人，有猓目常保，与方玀彝一同逃匿。"等因。又据元普、新嶍等处文武申报："有长保下后生出外讨保，并有李姓之阿得利巴，亦带后生往普洱所属地方讨保。"等因。署督臣高其倬与臣复严饬文武各官会差汛兵、土练缉拿，虽经陆续报获阿得利巴等，因为首之方玀彝、长保潜逃无踪，复经署督臣高其倬商酌，悬赏搜缉，务获报解。兹据新嶍营参将吴朝应等禀报："二月二十七日，方玀彝带领后生自行投首，并承认愿招出长保赎罪。"等因。除现获猓贼及招出之方玀彝听署督臣高其倬发审，查核具奏外，所有拿获招出索保猓贼情形，理合缮折奏闻。为此谨奏。

朱批： 览。

（《雍正朝汉文朱批奏折》第二十二辑，第4页）

558 两江总督署理云贵广西总督印务高其倬《奏报元江新平猓目讨保情节并分别惩处折》

雍正十年三月十二日

两江总督署理云贵广西总督印务臣高其倬谨奏：为奏闻事。

云南向来元江、新平一带鲁魁野贼方、普、李三姓之子孙率众讨保，骚扰村庄，数年以来业经次第剿惩料理，各猓人已皆知尊法敛辑，不敢为非。但其子孙支派甚多，分居不一，内间有一二不肖之人，不敢似从前明出硬讨，或乘空暗令后生偷出潜行，向极僻小之村庄、历来旧熟之处，仍稍有暗索之处。臣接署之际，恐伊等机乘此际，复由此大行恣肆。臣将近来情形详询臣鄂尔泰，臣鄂尔泰向臣言，元江之猓目之中，方大瞎子、方獼彝二人不约束后生，其下之人尚有不法，必须将此二人令出，斟酌惩警安顿。前已饬谕该管文武查办，今应再加留心。臣随于上冬严饬元江、新嶍、临安、普洱、威远、镇沅、恩乐等处各文武属员，令于所管要隘，各各详细查访，如有偷出潜行暗向僻路小村索保之猓人踪迹，不许推却隐饰，务一面具报，一面蹑踪穷追。此界交明彼界，协力接追缉拿，究出确系谁家后生，何人带领出外讨保，即行报禀臣，以便查究，将该管之猓目严惩，着落拿出，则责有所归，罪难推赖，自各顾其本身，各管其后生，渐奉法敛迹，不敢为非。又密谕元江文武及土目方国臣，令缉拿方大瞎子、方獼彝，如可差谕叫出，即叫出送，令来省，臣酌量安顿。倘不遵传唤，躲藏抗拒，即设法擒拿，解省惩治。嗣据元江文武禀报："方大瞎子住居乡下，差人往叫，方大瞎子已于雍正九年十一月初九日病故。"随令识认之人前往细验，病故是实。臣又饬令细细查验，所报实属的确。其方獼彝，据元江文武禀称："差人往叫，躲匿支吾不出。续经元江营游击李定海带兵一百名，把总吴国臣、土练方国臣等到方獼彝村寨往拿，村寨已空，业经躲匿。李定海等又经搜箐，至义祖寨旁，方獼彝之兄易迫带后生数十人见兵练追急，持标拒捕，兵练向前，将方易迫杀死，又枪伤死其后生二人。其方獼彝及猓目长保，今俱在一处逃匿，长保亦曾遣后生偷出讨保。"等因。臣又据元普、新嶍等处文武查报："有长保下后生出外讨保之事，又李姓之阿得利巴亦带后生往普洱所属地方讨保。"等因。臣随一面严行申饬游击李定海，猓目方獼彝既躲匿不出，自应缉拿。但须先行计算妥协，或令其熟密之人将伊诱住，或先将其走路，令兵练堵住，然后缉拿，自即必获。今俱未先计算定，即明带兵练百余人往拿，方獵彝岂肯安住村内，听尔擒拿，自然窜逃。此该游击办理不协，以致如此。随一面严饬该游击堵御要隘，悉心追拿。

但元、新猓彝，臣向经办过，稍知情形。此一带彝人，一经逃匿，若用兵练尾追，伊等惯走山菁，路径又熟，只在深僻之处潜藏，令一二人在高处瞭望，一见兵影，即预先躲避，窜山藏菁，获之必需时日。官兵在深山密菁之中旷日持久，不但劳费，且多生疾病。臣随酌量权宜料理，于二月十五日，一面悬赏，不论兵练、彝人及方獵彝下后生，能拿方獵彝，或割首来献者，赏银三百两；擒斩长保者，赏银二百两。一面再出晓谕，限二十日内，方獵彝、长保如自出投到，虽加惩治，必宽其死，其妻子亦皆宽宥。若违抗不出，必行穷搜拿获，不但本身处死，其妻子亦俱不饶。续据新嶍营参将吴朝应等禀报："二月二十七日，方獵彝已带后生四人自行投到，并承认愿招出长保赎罪。其阿得利巴及其后生八人，元江文武亦经获解来省。"臣随令将李定海等兵练一百余人即行撤回，只量留兵练暂且堵御要路，俟长保及他处后生数人尚应拿缉者一出，即全令撤回。

臣查此案，俟长保投出后，臣一一细讯情由，分别轻重，惩处安顿，以及料理之处，容臣另再具奏外，至方獵彝，自加惩治。但臣愚昧之见，伊已经遵限投到，若不留其性命，则嗣后彝猓不能信服。臣欲照方景明等之例，将伊惩处，仍充发江浙，既示惩创，亦可示信彝猓，臣谨行请旨。再元江一带汉捕、土练之中，此次臣细察，有暗与猓人通同作弊而阳称尽力为官缉捕者，此种最为可恶，竟是讨保之根线，彝人之耳目，必须严惩。臣现在细察确迹，俟长保出后，一一究明，将最甚者立即处死，情轻者分别严惩，庶嗣后猓目失所倚恃，汉捕皆知警惕。又元江营游击李定海，勇往有余，但人稍粗，算计不足，尚于办理元江之地未称。臣查有提标左营守备雷济生，向在元江当兵，出身于彼地，情形熟谙，人亦勤慎。元江地方紧要，臣谨仰恳圣恩，请将雷济生赏放元江营游击，以资办理。其李定海，俟内地营分有游击缺出调补，亦可资勇往之益。臣谨冒昧奏请，伏乞睿鉴。

所有元新讨保猓人情节，臣谨先缮折奏闻。谨奏。

朱批：好。

（《雍正朝汉文朱批奏折汇编》第二十二辑，第5~7页）

559 两江总督署理云贵广西总督印务高其倬《奏报进藏官兵撤驻查市道及给发颇罗庸所送牛羊等价银折》

雍正十年三月十二日

两江总督署理云贵广西总督印务臣高其倬谨奏：为奏闻事。

臣查云南进藏官兵一千余员，臣于雍正十年正月十九日接到部咨："俟青草发生时，令领兵张耀祖仍带回柴木多驻扎候旨。其续派之兵至二月间撤回。"臣于正月二十二日，即飞咨原任提督张耀祖，将现所带领暂住达赖宗之汉土官兵一千余员名，于文到时即行率领，带回查木道地方驻扎，所有续往驻扎查木道官兵一千余员名，俟张耀祖所带官兵到查之日，即行撤回，咨行在案。兹于雍正十年三月初二日，臣接原任提督张耀祖咨，已先于雍正十年正月二十四日接准部咨，并四川督臣黄廷桂、四川抚臣宪德咨，即带领官兵，于雍正十年二月初三日，带兵五百名；又副将冯鸾禀称，于二月初六日，带兵五百名，自达赖宗起程，仍赴查木道驻扎。共续往查木道驻扎之官兵一千余员名，臣前已行令副将冯鸾同原带领之将备率领回滇，檄饬在案。今尚未据报有起程日期，俟报到之日，臣另行具奏。又臣接准原任提督张耀祖咨称，承准西藏办事大人马腊僧格等照会，内开，奉旨："行文与马腊僧格，将班禅厄尔德尼颇罗庸所送牛羊、酥油、糌粑等物，比原价富余些，算给发银时，将旨意晓谕班禅厄尔德尼。钦此。"照会前来。

窃照贝勒颇罗庸于雍正九年十一月内，差头人送给兵丁糌粑、牛羊、酥油、茶叶等物，合算共该银三百四十两，业经差土千总何宽仁将银送交贝勒颇罗庸讫。再贝勒颇罗庸照藏例定价开单，差头人于各地方催办各物，供应官兵，按月散给，照价发银，每马兵一名，一月共该银一两一钱三分七厘零，步兵一名，一月共该银五钱三分七厘零，土兵、番兵亦照步兵开支，照价发银。其各官所支各物不一，亦俱经照定价发银。所有贝勒颇罗庸送给官兵糌粑、牛羊、酥油、茶叶等物，业经将价银送交其差头人，催办供应官兵食物，俱经将价银照给之处，咨臣转奏。臣谨一并奏闻。谨奏。

朱批：览。

（《雍正朝汉文朱批奏折汇编》第二十二辑，第8~9页）

560　两江总督署理云贵广西总督印务高其倬《奏报遵旨将云贵广西总督衙门养廉银两分给鄂尔泰眷属折》

雍正十年三月十二日

两江总督署理云贵广西总督印务臣高其倬谨奏：为奏闻分给养廉，恭谢天恩事。

臣前具折奏请将云贵广西总督衙门养廉银两宽裕分给一万二千两与臣鄂尔泰眷口，以为盘费。臣请动支两江总督衙门养廉银一万两，以五千两为云省衙门之用，以五千两为臣眷口盘费之用。其臣尹继善养廉，奏请拨给。钦奉朱批："鄂尔泰到京，问伊，言万金实多，今可每月以五百金为数，一年六千两给与。今复多四千，其一千若可以不取之江南，在汝酌定。可知会尹继善，其伊之养廉，本人自然另议请旨。钦此。"钦遵。臣谨遵旨将云贵广西总督衙门养廉银两，每月以五百两，一年六千两分给臣鄂尔泰眷口，以为盘费。至臣在云省衙门之用，仰荷天恩，已甚足用，其一千两无庸取之江南，臣现在知会臣尹继善。臣谨缮折恭谢天恩，并将遵旨分给之处奏闻。谨奏。

朱批： 览。

（《雍正朝汉文朱批奏折汇编》第二十二辑，第 9～10 页）

561 两江总督署理云贵广西总督印务高其倬 《奏请圣上节劳并报三省豆麦收成折》

雍正十年三月十二日

两江总督署理云贵广西总督印务臣高其倬谨奏：为谨陈臣悃并奏三省情形，仰祈睿鉴事。

雍正十年三月初六日，臣接到内阁抄出上谕："圣躬偶感风寒，今已痊愈。"臣犬马在远之心不胜依恋之至。虽已闻圣体全愈，且仰知圣心无时非中和，无时非调摄，但臣之寸心如结如紧，无以自安。臣比年以来幸得频觐天颜，窃仰瞻皇上敬天勤民，虑周中外，一日万机，事事精详。因圣心专一，是以全忘劳倦，实觉无所勉强。然此不觉者在心，而微细积劳之处，亦隐隐存于血气之中。臣区区犬马至愿，谨冒昧仰恳者，今虽圣体已愈，伏乞于万机之际，稍存细微节劳之睿，念臣不胜叩首敬恳之至。

至京师偶乏雨雪，臣捧读所降之上谕，心神感动。从来天人之际相通，有若呼吸，自必雨雪应期，克慰睿怀。所有云南地方豆已大熟，有十分收成。大麦穗已将熟，小麦抽穗者三停，俱皆极其茂盛，可望十分有收。云南地方向来山多田少，虽极熟之年，米价较他省尚贵，青黄不接之际，应酌量接济。臣与抚臣张允随已酌量各处地方情形，应将仓谷巢三，社谷令借者，俱已于上冬及正二月间，饬司道及各属预备，料理接济。再各属之中，惟云南一县地势高亢，极熟之年米价比他处昂贵，臣已另饬不必拘巢三之例料理接济。至昭通一府，因耕垦尚少，米价昂贵，臣俱时时留心料理，拨米接济。所买川米，据报已于正月十二日起买运，共一万一千余石，不日到昭通之黄草坪地方。又饬令宣威州运荞麦二千石，饬各员劝令彝人垦户先行广种春荞，至六月收熟，早为接济。其垦户千家已到昭通，现在耕田引水，预备种稻。此云南现在之情形。

至贵州、广西二省上年收成甚好，米价不昂。臣亦现在同两省抚臣张广泗、金铁留心料理。此外，如有何久远筹计之处，容臣查察筹思，另行具奏。臣谨缮折，谨陈臣微恫，并将三省情形奏闻，伏乞睿鉴。谨奏。

朱批：览。

（《雍正朝汉文朱批奏折汇编》第二十二辑，第 10 ~ 12 页）

562　云南巡抚张允随《奏请分防佐贰遇有命案准令就近相验拿审折》
雍正十年五月二十九日

云南巡抚臣张允随谨奏：为奏请分防佐贰就近相验事。

窃照命案全凭尸伤相验，务须确实。查钦定例载：凡人命呈报到官，该地方印官立即亲往相验等语。益相验速，则尸身未变，伤痕易见，生者无枉纵之虞，死者免蒸检之惨。此诚我皇上如天之仁、详慎民命之至意也。但相验必须印官，而地方远近不一，时节寒暖不同，山乡僻壤离城窎远，遇有人命，尸亲具报，赴验往返需时，或值天气炎热，多至尸身发变，伤痕难辨。云南省，如鹤庆府辖之维西、剑川州辖之中甸、师宗州辖之邱北、昭通府辖之大关、镇雄州辖之彝良、威信等地方，具经先后题请，令各该分防通判州同州判，遇有命案，就近相验，均奉俞旨准行在案。

臣查滇省尚有武定府同知分防撒甸，顺宁府通判分防右甸，广西府通判分防五槽，各距府城遥远，每遇人命，报府相验，往返稽迟，应请一例准令分防同知、通判就近相验。除另疏具题外，臣伏思各省府州县亦有分防佐贰，合无仰请圣恩敕部，通行直省，查明所属府州县，如有分防佐贰离府州县城遥远者，遇有命案，即准令分防之员就近相验，填具图结通报，并责令严拿正凶，移解印官审拟成招。如案内凶犯脱逃，亦令该员承缉。倘相验不实及缉凶不力，一并照例参处。是否有当，伏乞皇上睿鉴施行。为此谨奏。

朱批：题到有旨。至于通行直省之论，多有不便。使不得。

（《雍正朝汉文朱批奏折汇编》第二十二辑，第 383 页）

563　云南巡抚张允随《奏报永宁土司所管料度番人
挟仇抢杀并现在分别惩创缘由折》
雍正十年五月二十九日

云南巡抚臣张允随谨奏：为奏闻事。

雍正十年二月十八日，臣据永北府知府石去浮、护理永北镇中军游击右营守备张国用禀称："据永宁土知府阿有威禀，土司所管料度一村不听约束，于雍正八年内，有川省木里安抚司黄喇嘛管下番人，因争婚，抢去料度番妇一口，料度番人竟不报知上司，暗约百余人，将黄喇嘛管下之番抄抢，杀死六人掠卖番妇六口。彼时喇嘛具报，要断给烧埋，以理讲和。土司于雍正九年八月内，将料度凶手拘获七名，同喇嘛讲和。番蛮百计支吾，潜夜脱逃，有一老朽染疾身死。不思所犯罪重，反聚众行凶。又于十年正月十七日，串同左所连枝割西番二百余人，白日劫抢川省溧、洛二村牛马，杀伤一人。又于正月二十九日，据木底火头来说，要甲实前去料度理论，劫抢六得情由。于初三日，甲实等一百余人前往，行至三岔河，被番人将甲实等砍杀三十五人，带伤者数十人，马匹、银两竟抢一空。"等语。臣即会商署督臣高其倬，一面飞令永北文武将阿有威所禀情节确查飞报。嗣接署永北镇总兵官南天祥来札，并据永北府知府石去浮禀称："遴选干役，同营员前往料度招谕，令为首之人出质。料度番人口称土目甲实、扒松重派不遂，勒死火头、汉坐，又带数百土兵来杀，是以拒敌，杀死六人，不肯出质。若非动兵剿擒，不足以示警。"等语。

臣查料度番人既称土目甲实等派害，自当究其虚实，分别惩创。当经札覆永北镇，并令永北府知府石去浮，再行遴选员役前往料度，明白晓谕，令为首番人出质。去后，五月十七日，准接署永北镇总兵官柳时昌来咨，并据永北府知府石去浮报称："会同营员，选人前往晓谕番人，止有波鲁望、故马、贴库苴、绰屋四人到案。逐一研讯，并令与土目扒松质对，备录供词，详报前来。"臣查供词，尚未详晰，据称土目并无派害，料度番人抢杀属正，出质之波鲁望等并非为首之人，其首凶系攸柱坐、逻措、沙拉、乍实四人，既皆抗不出质，自应分别擒剿示惩。旋接署永北镇总兵官柳时昌来札，并据永北府知府石去浮禀称："料度凶抗，法在必剿，务须咨明川省，截其逃窜之路。但四川现在剿拿子谷坪蛮子，未能堵截料度后路。"等语。兹署督臣高其倬以现今时值农忙，四川既有剿拿子谷坪蛮子一案，其附近左所一带官土弁兵势难堵截料度番人逃匿之路，此时且暂缓剿擒，俟秋凉办理。仍令该管文武相度情形，若此时可以雕擒，一面设法乘便密擒攸柱坐等到案，审明法治，经署督臣檄行在案。

所有料度番人挟仇抢杀并现在办理缘由，理合缮折奏闻，伏乞皇上睿鉴。为此谨奏。

朱批：览。有密谕二督臣商酌办理矣。

（《雍正朝汉文朱批奏折汇编》第二十二辑，第 384～385 页）

564　云南巡抚张允随《奏报先后招擒元江新平一带猓目情由折》

雍正十年五月二十九日

云南巡抚臣张允随谨奏：为奏闻事。

窃查元江、新平一带猓目方大瞎子、方獶彝、长保并李姓之阿得利巴各遣后生出外讨取保钱，方大瞎子已经身故，方獶彝自行投到，阿得利巴获解来省，惟长保逃匿未出，臣业经具折奏明。嗣复屡次严饬该管文武设法招擒，去后，兹据元江文武报称："长保潜匿席喇冲一带深箐内，止有父子三人及后生一二人躲避不出，其弟多蒙、侄槌科、妻舅猓科并跟长保之刀麻子等十余名，俱陆续招获。"等语。又据普洱府知府佟世荫禀报："元江猓贼窜入普洱村寨索保，经兵练拿获得获一人，讯供，系土戛之土目主使出外索保。"臣即飞行查拿。旋据元江府知府祝宏禀称："土戛土目系常胡子之子叠里，与唐保得等勾结为奸，续经护元普镇印务李宗膺将叠里拘带到省，唐保得亦拿获在案。"又据新平县知县曾应兆禀报："李黑出外讨保，系土目哈兹巴所遣，当将哈兹巴、李黑拿获解省。"

臣查出外索保猓贼俱听土目指使，今陆续擒获，并自行投出，应听署督臣高其倬查审，分别创惩、发遣。其伏箐未出之长保，复严饬元江文武设法擒捕，务期必获，毋致漏网。谨将先后招擒猓目各情由，理合附折奏闻。为此谨奏。

朱批：览。

（《雍正朝汉文朱批奏折汇编》第二十二辑，第385～386页）

565　云南巡抚张允随《奏请将滇省粮赋变通征收，以便兵民折》

雍正十年五月二十九日

云南巡抚臣张允随谨奏：为谨筹滇省粮赋变通征收，以便兵民事。

窃照滇省各府州县兵多米少之处，向从邻近地方三站内拨运秋米供支，或更有不足，则于粮道衙门发给轻赍银两采买。臣伏查邻近三站内拨运，例不给发脚价，民间难免輓运之劳，遂多有携带米价，即于受拨地方采买交仓，每致米价增贵，而其中包揽代纳之弊有所不免。至于地方官承领采买，偶一稽察不严，奸牙蠹胥亦不无暗中侵克之弊，其兵少米多、邻近无需拨运之处又不无红朽之虞。臣悉心筹酌，详加体察，俾兵食优裕，民力从容。惟有将兵多米少地方，除军舍丁银外，其应征条编、摊丁银两权为变通，以条银一两，照折中之价改征秋米一石，就近征贮，以供搭放，少有不敷，拨运亦属无多。

至如省会等人烟辐凑之区日食浩繁，将条银改征一半，仍于附近州县轮流拨运，亦易为力。其兵少米多地方，即以秋米一石折征银一两，抵充兵饷。臣以滇省地方改米改折，通共计算，不相上下，似可通融办理。仍于每年会计时，令粮储道逐一确核，将改米改折府州县分晰造册，详请题明。征收因时变通，不以为额，以息輓运之劳，以免采买之扰，实于地方均有裨益。臣与署督臣高其倬再四商酌，彼此意见相同，理合缮折请旨。如蒙俞允，容臣另行分晰，会疏具题，伏乞皇上睿鉴施行。为此谨奏。

朱批：会题请旨。

（《雍正朝汉文朱批奏折汇编》第二十二辑，第386～387页）

566　云南巡抚张允随《奏报滇省豆麦收成、禾苗得雨栽插折》
雍正十年五月二十九日

云南巡抚臣张允随谨奏：为恭报豆麦收成、禾苗得雨栽插事。

钦惟我皇上敬天勤民，重农务本。滇省僻处边隅，尤厪宸念。本年豆麦丰稔情形，经臣缮折奏闻。兹据布政使葛森册报，"除向系不产豆麦府州县，并镇雄、会泽、恩安、永善四州县俱不种豆麦，无凭开报外，其昆明、永平、安宁、晋宁、易门、嵩明、宜良、罗次、富民、江川、普洱、恩乐等府州县，豆麦收成俱有十分；呈贡、昆阳、南宁、沾益、宣威、马龙、陆凉、罗平、寻甸、平彝、建水、阿迷、宁州、蒙自、通海、河西、广西、楚雄、镇南、南安、广通、定远、顺宁、云州、河阳、路南、新兴、广南、文山、镇沅、太和、赵州、云南、邓川、浪穹、宾川、云龙、永北、蒙化、鹤庆、丽江、保山、剑川、姚州、大姚、和曲、元谋、禄劝等府州县，豆麦收成八分、九分不等；禄丰、弥勒二州县，豆麦收成八分、七分不等"前来。

臣查去冬今春雨雪应时，通省豆麦俱获丰收。现今甘霖遍沛，禾苗栽插已有十之八九，秋成可望。所有豆麦收成分数，并雨水、栽插情形，理合分晰缮折，专差家人李笑赍折奏闻，伏乞皇上睿鉴。为此谨奏。

朱批：以手加额览焉。

（《雍正朝汉文朱批奏折汇编》第二十二辑，第387页）

567　两江总督署理云贵广西总督印务高其倬《奏报讨保土目长保已经杀获折》
雍正十年六月十六日

两江总督署理云贵广西总督印务臣高其倬谨奏：为奏闻事。

前违禁讨保之土目方獭彝已经遵示投出，臣请讯明充发。又长保一犯，屡谕不出各情，仰臣前已缮折奏明。今于六月初十日，据元江府知府祝宏禀报，密谕令方绳祖及伊投出之后生阿巴等密行踊踪，谕以赏银之数，或擒或杀。去后，兹据方绳祖等报，将长保及其弟叠勒在矣其都田房内杀死，连身尸抬验等因。随令众详看，果是长保（**夹批：见的确方好。**）及其弟叠勒身尸，今割首级报验等因。臣随照前示，赏银二百两，令将长保首级在为恶之处晓示彝人。所有长保已经杀获之处，臣谨缮折奏闻。谨奏。

朱批：览。

（《雍正朝汉文朱批奏折汇编》第二十二辑，第734～735页）

568　两江总督署理云贵广西总督印务高其倬
《奏报云贵广西雨水田禾情形折》
雍正十年六月十六日

两江总督署理云贵广西总督印务臣高其倬谨奏：为奏闻事。

云南豆麦有收情形，臣前已具折奏明。所有荞麦一种，云省种植最多，民间以之为一季，农事其重亚于稻谷。现在六月，云省各处夏荞已收割十分之五六，俱有十分收成。雨水甚足，稻禾茂盛。近十余日以来，雨觉微多，他处皆不碍田禾，惟南宁一县，其洼田被淹者十余顷，现在查勘。昭通彝民之荞俱有八分收成。垦民之田禾，五月末、闰五月之初，雨水不足，稻田多半不能栽插，且生黑虫，荞亦不茂。自闰五月中旬以来，连得透雨，今稻已插十分之六七，余者已种稗，现在禾皆茂长，夏荞得雨俱改观滋茂，垦民每户自十余石至十石、八九石及三四石，各有所收。贵州水泽足，稻禾茂盛，惟黄平州稍有被水之处。广西雨水过多，河水泛涨，桂林之永福、阳朔又梧州、平乐、柳州、横州、昭平、修仁、融县等处，有民房被水淹倒者，现在抚臣金鉷委员查恤，臣亦现会饬。至田禾，据各属报，水势虽大，旋涨旋消，田禾无伤，余外各属田禾俱茂。所有情形，臣谨缮折奏闻。谨奏。

朱批：览。

（《雍正朝汉文朱批奏折汇编》第二十二辑，第735～736页）

569　两江总督署理云贵广西总督印务高其倬《奏报思茅等处苦葱
聚众起事及调兵剿抚情形折》
雍正十年六月十六日

两江总督署理云贵广西总督印务臣高其倬谨奏：为奏闻事。

　　雍正十年闰五月二十二日，臣据护普洱镇副将李宗膺等禀称："思茅地方有苦葱，前往蛮坝河拜一缅僧，称之为神仙。游击朱仲玉已遣守备燕鸣春带兵前往巡查，以防不法。"臣即谕令上紧悉心查访究拿。续于六月初三日，据游击朱仲玉禀称："闰五月初八日，燕鸣春报，据思茅土千总刀辅国禀称，闰五月初二日，土弁查得思属蛮坝河蝙蝠洞，离思城二百余里，竟有苦葱聚众在彼，朝贺神仙。土弁随差人查至蛮坝河猛板坡头，果有五家苦葱，其往洞朝贺者有百十余人。谕令伊等速散，毋得在彼惑众。讵料苦葱不惟不遵，且声言就要杀到思茅坝来等语，转报卑职。当即遣发守备燕鸣春带领兵弁、炮位，于初八日夜出普洱城，前赴思茅。随于初十日，据燕鸣春禀称，初九日早晨，官兵下毕班鸠坡后，有押火药之兵十五名，才下至半坡，不意箐中一群苦葱突出，执弩放箭，打死兵丁二名。我兵亦枪伤苦葱五名，众兵极力追赶，苦葱滚箐逃散。职等于初九日巳刻抵思茅城，即于是夜商同通判朱绣，带兵一百名，躧踪尾跟至柏树枝，天已黎明，见贼伏箐中，即令兵丁齐放枪炮，贼众中伤，俱滚箐潜逃，目今正在商酌遣兵直扑蛮坝猛坡巢穴。"等情。十三日，又据燕鸣春禀称："卑职于十一日，多遣兵练游巡探路，带递公文，行至坡头，忽有苦葱数十截路放箭，探得各路军皆阻截。再查苦葱啸聚之处，即系刀兴国同伊堂弟刀三所住地方，苦葱即系刀兴国项下之人；又探得苦葱遍传木刻，勾通茶山、江坝、威镇等处党类起事。"等情。二十三日，又据燕鸣春禀称："初十日，卑职会同朱绣发晓谕牌，差乡保胡尚闻、陈璋、刀联捷等前往猛板招安。十五日，据刀联捷回称，小的等行至半路那库落地方，即被刀辅国胞弟、土把总刀兴国等带领苦葱、猓猡、摆夷，各执标弩在彼阻路，说招安，要土千总刀辅国出去，方肯同到城里，只教小的与先歪两人来回话，胡尚闻等留在那里做当等语。卑职同朱绣商酌，贼之诡计，欲将刀辅国诳出一齐作乱。刀辅国禁于城中，断难放其出城。此则倡首作祟之实情。十六日，贼箭伤死漫板湖广客人五名，烧蛮间民房二间，于辰刻报到。卑职等于巳刻发弁兵至漫板、蛮间山后，枪伤贼二名。正奋追间，忽经大雨，贼奔箐散。于十七日巳刻，四山贼有千余，四面围城，直攻南门。卑职督令把总刘雄才开门迎敌，枪炮打死逆贼十三名，我兵全无伤损。十八日，贼又来围攻西门，放炮打死贼三名，拿获刀辅国送信家人阿林，讯供：刀兴国等带众贼盘踞辅国家内，兴国口称要做王爷。四山一处埋伏五六十人，要攻北门等语。理合具禀，俯赐请兵剿除叛贼等情。据此，合将逆贼始末情形备悉禀报。"同日，又据驻扎思茅通判朱绣禀同前由到臣。

　　臣查普洱镇地方辽阔，汛广兵单，难以调剿。即飞调内地迤东临安镇官兵六百名、土兵二百名，又元江、新嶍二营兵丁一百五十名，令副将李宗膺、游击王先、韩雯鹏等分行带领，由元江一路前进攻剿；又调景蒙营官兵一百名，由镇沅、威远前赴普洱会剿。但思普洱、思茅夷人作乱，其势必勾结九龙江、橄榄坝一带夷人，一时煽动，所调官兵必得大员总统调度。臣又派拨督抚两标官兵四百名、开化镇兵三百名，委令临元镇总兵官董芳管辖并总统，各处所调官兵由元江前进，相机策应扑剿。又移咨云南提臣蔡成贵，再派拨迤西官兵数百名，由景东一路直抵普洱、思茅协剿，兼顾镇沅、威远，到普之时，亦统听该总兵董芳节制调遣。但各处兵丁一时不能即到，令总兵董芳先带所派督抚两标官兵四百名，于六月初九日，即自省起程，到元之时，则临安、薪嶍之兵自已齐到，即先行带领进剿。续于六月初十等日，据元江府知府祝宏、游击李定海叠禀："闰五月三十日，据普洱镇把总陈天申飞报，二十八日，有通关大寨摆夷被苦葱勾通，聚众附和，屯于通关庙边箐内，每人头带树叶一枝为号，把边塘房尽行烧了，塘兵三名业已奔汛把总，汛内兵少，请速发兵急救等情。卑职等即于六月初一日，委守备马汉勋带把总康天锡、官兵一百五十名、土练一百名驰赴他郎，分头接应。去后，乃苦葱煽动通关哨摆夷已过阿墨江，于六月初三日至他郎，分为三股，每路约有四五百人。守备马汉勋率领官兵、土练奋勇杀贼，枪炮打死贼人甚多，贼众败退，我兵无损。贼败之后，仍聚四山，喊声不绝，而元江所属之善政、德化、惠远、定南四里夷民亦有被迫煽惑附从者。夷贼添聚二千有余，于初四日复来攻营，把总康天锡率领兵练奋勇杀贼，乘胜深入。守备马汉勋令千总黄有仁带兵接应，而黄有仁遇贼即行退回，以致康天锡陷阵身死，又阵亡兵丁六人。该弁又劝守备马汉勋退走，马汉勋叱斥不从。及至初六日，贼人围住守备马汉勋行营，正与贼对敌之际，黄有仁忽若疯狂，用刀自砍站墙之兵，冲入贼营，致兵惊散，贼人乘势冲入。马汉勋随身兵单，不能固守，退至莫浪地方。随遣新嶍已到之兵一百名，并土弁施糯利等带领土练五百余名，星飞前进他郎，剿杀逆贼，已将贼杀退二次，贼仍退回他郎。"等情。臣即差员，催令由元江一路领兵官立即统兵前进，剿杀他郎一带贼人，开通道路；又即照会董芳，令一面督率各员速行前进剿贼，一面申明赏罚，将把总康天锡及兵丁六人，即以军中牲酒亲祭，并以臣所发银两赏其家口，仍给与子弟名粮，谕以俟事竣具题请奖。其元江文武所禀千总黄有仁之处果确，即请该镇王命，用军法在军前斩首示众，以作士气，即统现到之兵进攻。

臣思贼人退回他郎，必不敢向元江城，定分一股向新平县，一路山僻之路，鼓胁夷人。随又派督抚标兵四百人，令守备李国柱等带领，飞赴新平策应。臣又思思、普二处既已有贼众，而攸乐一带并无禀报。其相近之九龙江、橄榄坝等处，地大夷众，从前攻剿经用兵六千余名，此时应再增拨官兵，两路并进，则剿平方速。随又酌调曲、寻镇官兵四百名，开化镇、广罗协、武定营官兵各二百名，奇兵营官兵二百五十名，寻沾营官兵五十名，又督、抚标兵二百名，武定府土练二百名，共计迤东官兵三千二百名、土兵四百名，俱由元江一路听总兵董芳总统，调遣进剿。又飞咨云南提臣蔡成贵，再添拨迤西官兵，合二千名，选勇干之员带领，由景东一路前进，兼顾镇、威，直入普境，以剿逆贼。到普会合之时，仍令总兵董芳一并总统调度。六月十一日，接准提臣蔡成贵于未接臣咨之先，咨开："六月初七日，据普洱镇中军游击朱仲玉禀称，闰五月二十七日，据燕鸣春禀称，闰五月十七八两日，贼众攻城，卑职分布兵丁站墙击石，并遣弁兵开门迎敌，贼始败遁。今贼盘踞刀辅国楼上。至于攸乐、茶山一路，卑职于十一日，即行飞调兵丁，会商堵截机宜，乃竟半月，亦无音信。兹会商通判朱绣，夜募乡道一名，同攸乐管队陈守，由间道往通文书，行知守备李万鹏，严截各处要隘，并吩咐宣慰、各猛土千把，严堵贼首奔逃路径去讫。"等语。同日，又据该备禀称："闰五月二十五日，贼众千余围攻思茅四门，卑职商同通判朱绣，分遣兵弁迎敌，奋勇攻杀，贼众受伤四窜，我兵难于分布追擒，即撤回城等情。据此，随酌拨提标官兵五百名，令游击陈上志带领，又拨楚姚镇官兵二百名、景蒙营官兵一百名，俱由景东一路前进普洱、思茅会剿。"等情。移咨到臣。六月十三日，臣又据驻防威远普洱镇左营游击张超、威远同知章元佐禀报："六月初一日，据堵御三圈汛外委千总王服曾禀，据宽黑村三先报称，孟连地方猛萨村，查得有铜厂客人奔至猛萨村，云前日有九龙江闷坑莽子、摆夷造乱，杀到铜厂，将厂上客人横杀，大船俱各抢去，并云亲眼见白马山百姓送梭镖一根，上插双羽，至猛萨村报，口称九龙江叫我来传知，今九龙江有四五千人马，分开三路，一路杀募乃厂，一路杀上思茅，一路过去杀威远州等情。据此，卑职等当即增添兵练，前往三圈、猛萨、元江一带，扣锁船只，责令外委王服曾加谨游巡堵御。现存威远之兵，除分遣之外，存城不满百人。"等情。又据镇沅府知府高培呈称："镇沅地方界连元、普，有普洱逆贼侵入境内之石门坎，又有元江把边江挖黑村小火头王老四，带领夷人阿开等妄传木箭，勾引沅民，业经练总盘查拿获。现在汛供，其王老四已经脱逃，镇沅之兵亦仅数十名，合就呈报。"各等情。臣即飞行催令游击陈上志，将提标官兵五百名、楚姚景营官兵三百名，一并统领，由景东一路星飞前进，如镇威需兵剿击，即行策应。又准提臣蔡成贵咨，又已拨提标兵二百名、永顺镇兵三百名前往应援。臣又飞咨提臣，仍照前咨，速统派迤西官兵合二千名星飞，酌拨委员统领，由景东一路前进援剿。又差员持令箭赴元江一路，督催各将备进兵攻剿他郎贼营，不许一刻迟缓，如违，定按军法从事，飞行去讫。嗣后，俟续报攻剿情形另行奏闻外，谨先将情节奏闻。

查臣受署理严疆重任，军机匪贼之事，尤臣专责，不能治乱于未萌，防患于未然，上负厚恩，下惭职掌。除臣现在悉力筹剿，就臣愚昧之所料度，必即克期剿平。但臣不职之罪无以自逭，伏乞皇上敕部严治臣罪，以昭惩戒，臣无任战栗惭恧之至。（**夹批：**朕何颜敕部严治汝罪？惟在汝于一切居心行事处，抚膺自问而已。）再普洱知府佟世荫身任普洱甚久，平日漫无觉察禀报，又并未奉委调，借勘查元江城垣为名忽自行来省，及有思茅缅僧惑众之信，闰五月二十八日，臣犹面传询问，佟世荫回称，近日并未再据有禀报之情形。六月初三日，臣始据游击朱仲玉等禀报，即星飞派调各处官兵前往攻剿。乃闻有普洱府同知郭伦在普洱城内，于闰五月二十五日已有禀到省，为佟世荫在省压下未投之语。（**夹批：**不知佟世荫将郭伦文禀曾经开看，有意压捺未投耶？抑或一时忽略，偶尔遗误耶？尚未可定。然此总属推卸，文饰之词，何则？即使佟世荫当即火速投递，于事亦复何益？其间箭已在毂，汝宁别有消弭之策，能不令举发乎？）臣不胜骇异！似此紧要贼情、星急文禀，早已到省，又经臣面问，乃佟世荫竟敢压下不投，八角印封，销归何处，是何情弊？臣已檄询佟世荫，俟询实参究外，合并奏明。谨奏。

朱批：览奏，知道了。

（《朱批谕旨》高其倬奏折）

570　云南巡抚张允随《奏报元江讨保猓目长保身死折》
雍正十年六月十六日

云南巡抚臣张允随谨奏：为奏闻事。

臣查元江猓目索保案内陆续拿获投出猓贼，并长保伏箐未获，经臣两次具折奏明。臣复严饬元江文武设法擒捕，务期必获。兹于六月初十日，据元江府知府祝宏、游击李定海等报称："督率兵练遍山搜缉，今据土目方绳祖等同长保旧党及今投出之额把等，于六月初四日，将长保并伊弟叠勒诱至矣其都地方田房内杀死。查验，实系长保同伊弟叠勒身尸，并将长保之弟蒙多、侄槌科，同伙索保之窝土等，现在起解。"等情到臣。除将杀死长保、叠勒之额把等，署督臣与臣公同奖赏，并长保之弟蒙多等听署督臣高其倬发审，同前拿获投出之猓贼，分别惩治及发遣之处定议具奏外，理合附折奏闻。为此谨奏。

朱批：览。

（《雍正朝汉文朱批奏折汇编》第二十二辑，第736页）

571　云南巡抚张允随《奏报滇省雨水荞禾情形折》
雍正十年六月十六日

云南巡抚臣张允随谨奏：为奏闻事。

窃照滇省民食，荞麦与米谷并重。本年豆麦收成分数，经臣具折奏闻。兹查各属夏荞大半登场，足有十分收成。自入夏以来，通省雨水调匀，稻禾茂盛。近日雨泽稍多，曲靖府属之南宁县沿河低洼之田被水淹没者十余顷，现在委员踏勘。至昭通地方，据报，闰五月初十以前雨水缺少，垦民田禾不能遍插，又生黑虫，荞亦不茂。至闰五月半后，霖雨普注，栽插过半，余田补种稗秧，其前种禾苗渐皆长发，垦户、彝民所种之荞，约六月初旬俱可刈获，得资日食。所有通省荞禾情形，臣谨缮折奏闻。为此谨奏。

— 549 —

朱批：览。

（《雍正朝汉文朱批奏折汇编》第二十二辑，第743页）

572　两江总督署云贵广西总督印务高其倬《奏报进剿苦葱彝人官兵已抵普洱并分路进剿情形折》

雍正十年六月二十八日

两江总督署理云贵广西总督印务臣高其倬谨奏：为奏闻事。

窃查云南普洱府属思茅土把总刀兴国勾结苦葱悖叛，元江夷人亦被煽惑，附和为逆，经臣将调遣两迤官兵由元江、景东两路进剿缘由，已经缮折具奏。续于六月十九等日，据普洱镇游击朱仲玉、护普洱镇总兵印务副将李宗膺、镇沅府知府高培、提臣蔡成贵、总兵董芳等咨禀逆贼形势暨调遣兵练各情节到臣。臣俱一面飞行指示机宜，一面查有广西庆远协副将顾绳祖，因候送引见到滇，该副将前曾久任元江，熟习情形，人亦明白。随委顾绳祖为副总统，即于六月二十一日，令其自省起程，飞往元江，带兵援剿。去后，嗣于六月二十五日、二十八等日，据副将李宗膺、游击王先、参将吴朝应等将各路官兵进剿杀贼等情禀报前来。

臣查现今贼人情形，虽普思元江夷人被胁相随者颇众，但一见官兵，虽尚呐喊鸣锌，若拒敌之势，及至官兵一冲，即行奔窜，惟于山窄树密之处潜伏拒抗。迤东由元江进剿之兵，臣已檄令参将周仪带兵千余，专剿元江之贼，而令副将顾绳祖、李宗膺带兵直进，奋勇攻剿。自他郎前到普洱，计程不满三百里，再算过渡工夫，不过十日之内必到普洱，则普洱之贼必走，思茅之围亦必相因而解。其元江之贼，一面攻剿，一面晓谕，二十余日之内可以大段清除。此迤东进兵之情势。

至迤西所调之兵，计六月二十以内，有七百名可到威远及恩乐一带地方，其余官兵亦陆续而进此二处地方。威远去普洱有二百余里，恩乐有三百余里，攻剿而前，约计十日之内可到普洱。以其行走日期计算，则迤西之兵到普，在迤东官兵之前。以臣愚昧，若援兵一到，贼普洱、思茅之贼，七月初旬必破，其围必解。但其禀报到省尚须十有余日，计其日期，不过七月中旬之末，普思之捷音必至矣。至普思之围解后，方能知攸乐确信。若九龙江、橄榄坝一带为所煽动，则剿平又少需时日。若九龙江、橄榄坝未经煽动，则剿平更可速竣。惟是贼人一败，恐贼首必逃窜于山箐瘴地，或走向外域，则搜擒不免需时。臣已与提臣蔡成贵再三指示各领兵之员，令其一到普思攻贼，必先预筹其走路，勿令兔脱。此现今攻剿之情形。

臣一并谨缮折奏闻，伏祈睿鉴。谨奏。

朱批：两路进兵情势据奏已悉。业既兴师动众，不可草率完结，务须彻底清理，为一劳永逸之计方是。

（《朱批谕旨》高其倬奏折）

573　两江总督署理云贵广西总督印务高其倬
《奏报云贵六月中旬以来雨水禾苗情形折》
雍正十年七月十八日

两江总督署理云贵广西总督印务臣高其倬谨奏：为奏闻事。

臣前经折奏云南自六月中旬以来雨水微多，今于七月初六日已晴霁。至今，稻谷茂长，皆已出穗。贵州稻苗更茂盛逾常。所有情形，谨缮折奏闻。谨奏。

朱批：览。

（《雍正朝汉文朱批奏折汇编》第二十二辑，第953页）

574　两江总督署理云贵广西总督印务高其倬
《奏报官军攻剿普思元江彝人情形折》
雍正十年七月十八日

两江总督署理云贵广西总督印务臣高其倬谨奏：为奏闻事。

刀兴国勾结苦葱叛逆，元江彝人附和为逆，臣将两路进剿，迤东官兵已到他郎一带，檄令分兵一千八百名进剿普思，分兵一千二百名剿元江一带之贼，至迤西之兵七月初十日内必到普思情节，业经缮折具奏。续于七月初四日，据普洱镇游击朱仲玉奏差兵丁刘士奇投禀，内称："六月初十日，据守备燕鸣春禀称，自卑职等攻克贼楼，闰五月二十八日至六月初二日，贼众稍为敛迹。于初三日，贼众复聚，将附山村寨肆掠，随遣把总刘雄才、外委周之言带领兵练八十名，追至架龙，打死贼人二名，拖尸奔跑。初五日，贼人又行烧掳村寨，卑职等当遣外委邵凤带兵练一百名前往追捕，至慢南村，被贼众围住，箭如雨下，我兵奋勇冲杀，枪炮、弩箭伤贼多人，贼始四散，我兵、土练归城内，有兵丁一名被弩打伤殒命，带伤兵丁二名，现在调治，可以无虞。又于初七日，贼众复聚，分攻东西北三门，卑职等随带兵，三路齐击，有管队唐云龙等所带之兵，炮打死贼人五名，外委邵凤之兵，炮打死贼人一名，枪伤贼一名，土练箭伤贼二名，外委管贵所带之

— 551 —

兵，炮打死贼二名，俱皆拖尸奔逃。我兵追贼人至慢郎村箐边，枪炮、弩箭齐施，伤贼甚多，贼尽奔溃箐林，势难跟补，随即回城。卑职又两差潜赴攸乐，行知守备李万鹏堵截，并探各处消息，至今并无只字通闻。揆此，则贼势颇大，请发大兵扫荡。"等情。转禀到臣。

随据威远同知章元佐禀报："景蒙营守备谢章带领官兵一百七十名，于六月十二日抵威远，十四日，由威远之课里暖里前进。十五日未刻，在蛮谷遇贼三百余人，弩箭如雨，我兵奋勇向前，枪炮齐发，逆贼败遁，十六日抵铁厂河，即于十七日领兵直进普洱。"又据提标游击陈上忠禀称："卑职带领官兵五百余员名，于六月十八日未刻，行至宿南河，有普洱镇外委把总钟永清禀称，外委带驻防镇沅新府兵三十三名前往慢连一带游巡，忽遇逆贼六百余人，于中途对敌，兵力单弱，不能堵御，请速发兵救援等语。卑职当即带兵，至二更时分，直抵新府，因我兵足为雨伤，于新府暂息。至二十日辰时，带兵前进，午时到蛮会河，有贼五百余人，聚于河之南山，见我兵至，齐起呐喊，前来拒敌。随分兵三路迎敌，当即枪炮齐施，打死彝贼二十三人，我兵奋力齐攻，贼即败遁，有滚箐者，有投密林而逃者。卑职复令弁兵追赶，生擒逆贼李阿害、陶礼且、拉古、阿亥四人，抢获梭镖十七杆、环刀十四口、弩弓十一张，随查我兵，一无伤损，当将逆贼四人斩首悬示讫。卑职带领官兵追赶至慢连，日暮收兵，即于慢连扎营。二十一日申时，行至蛮别河，遇贼八百余人，我兵奋勇向前，枪炮打死彝贼二人，贼即过河，伏深林踞住，卑职即于北岸扎营。于二十二日，卑职带兵过河剿贼，即由松了、磨黑一路前进，定于六月二十五日到普。"等情。

臣查松了、磨黑一路，乃贼人聚集最多之处，游击陈上忠不由威远而由此路，胆勇可嘉。臣即飞檄奖励，并令该游击遵照，文到，即带同守备谢章之兵速援思茅，思茅围解，即商酌先剿刀兴国及附近系思普之贼巢，再有数日，则两迤之兵必到，即行会合，分头扑剿。臣又飞催总兵董芳、副将李宗膺、顾绳祖等迅速带领汉土官兵前进，不得迟缓一刻，飞行去后。于七月初五日，据游击王先禀称："卑职于六月二十五日，率副将李宗膺遣守备胡世彦带汉土官兵前赴赖蚌、班毛一带，会合元江营守备马汉勋所带兵练搜剿逆贼，行至赖蚌寨，前有逆贼千余，四山呐喊迎敌，弩箭如雨。备弁等分兵，四面奋勇迎敌，枪炮打死贼人无数，砍得首级一颗，余皆拖尸而遁，追过山箐，数处逆贼滚箐逃匿，我兵带伤一名。"等情。初九等日，叠据总兵董芳禀称："本职带领汉土官兵，于六月二十六日已到他郎，会合副将李宗膺。是日黄昏时候，见对过山脚大小萨铁寨内有火把数百，贼人二千余众搬运粮食，彻夜达旦。据先到之领兵官云，贼人天明即去会合，夜间回寨造饭，日日如此。本职切念，贼人见大兵驻扎，尚敢肆无忌惮，一至于此！奈因天雨竟夜，又隔溪河一道，不便进兵。于二十七日黎明，即查看出没路径，留李宗膺带领官兵守御营盘外，本职亲统游击王先、韩雯鹏、守备李枝连等，带领官兵土练，冒雨徒步分头前进。逆贼二千有余，见我兵一动，即奔上高粱，我兵板越疾上，贼又滚箐而逃，相隔颇遥，枪炮打死虽多，然亦未及十分之一，贼皆拖尸而走，难以定数。追奔三十余里，将赖蚌村、上叮当、下叮当三处贼巢剿灭，所获牛猪，分赏官兵，以示鼓励。本职即于二十九日，同副将李宗膺、游击王先等带领汉土官兵一千八百余员名，自他郎起程，于七月初一日到阿墨江边，贼敢对江竖立木栅，聚集五六百众于江岸，其树林中隐隐埋伏之人无数，施放弩箭，有如骤雨。本职亲督两标各兵奋勇向前，枪炮齐发，打死贼人无数，拖尸大败，扒岭而走。随令兵丁赴水过江，夺得贼船三只，即行渡江，因船少兵多，水势又急，淹没兵丁十一名，一时不能即行渡完，俟渡完之时，即又行前进。我兵中弩身死一名，带伤兵丁五名，俱系中弩箭，隔江稍远，所伤不重，督标守备谷浚左膀亦中二箭。督标守备李枝连等带兵追至了期寨，贼人溃散滚箐，擒获贼人一名老三。又守备昌新运带未渡之兵剿除慢结贼寨，生擒贼人一名革且。本职再三讯问，据贼犯革且等供称，贼人因阿墨江被伤数百名，自知难守，又约齐普思之贼，会合于通关哨、把边江、磨黑，三处阻截等语。本职因思贼已屡挫，此番或肯拼死一战，正可借此灭奸。"等情。

臣随飞行照会该镇，查贼人情形，其众虽多，实系乌合，惟须我兵奋勇直前速进，勿稍迟疑，自必破贼成功。前已屡经行知，今该总兵奋勇，亲行指示，督率攻克贼栅，大败贼人，夺舟过江，甚属奋果，且合机宜。但既胜之后，不可令官兵轻视贼人，孤军深入，致使力单，务须并力合势。随并飞行副将李宗膺，务令同临元镇之兵同进，协力剿援。续据该副将报称："阿墨江船小且少，官兵以及粮运人马众至，七月初六日，尚未渡完。有总兵董芳，一面带已经渡江之兵前进，卑职现在设法速渡。"等语。臣以阿墨江一带山箐最大，且前据报称，贼人于树林中放弩，若船只小而且少，应将山木砍伐，扎筏而渡，何以七月初一日已到阿墨江，初七日尚未渡江前进？又不扎筏，而称无船，明系借故延挨。若不即刻前进，策应临元镇之兵，定立即严参重惩。又据副将顾绳祖禀报："卑职带领官兵八百余员名，于六月二十九日到他郎，总兵董芳等已经带兵起程。查他郎一带逆贼尽躲山箐，若不搜踩，恐我兵过后，贼焰又炽，是以卑职暂统官兵搜踩。随据开化守备张楼天报称："卑职带兵于六月二十七日到因连、笼章上下两寨。二十八日，带兵前往，攻破象鼻岭，贼众大败。兵练奋追至石头寨，枪炮打死逆贼十数名，生擒二十八名；又追杀至下寨，枪炮打死逆贼二十余名，生擒一名，获标子六根、弩弓十三张、环刀二把、弩箭筒九个、皮盔五顶、交枪一杆，所获牛马，赏给官兵土练等情。卑职随将守备张楼天所获贼人二十九名审讯，内有一名得者，系拒敌官兵之首恶，随即枭首示众，其余二十八犯，愿领官擒拿贼首赎罪，随即仍交守备张楼天带回石头寨，令其引领官兵搜踩贼首去讫。七月初三日，卑职遣游击陆近溪带领官兵土练，由他郎之巴豆冲至者铁村一带山箐搜踩贼人，卑职同守备李国柱等各带兵丁在山接应，有陆近溪等在者铁村，并不见一人，随即分兵两路，一股围站山梁，一股入箐搜踩，自辰搜至午时，遇着穿白衣贼百余人，各执弩弓凶器，向前对敌，我兵奋勇齐进，打死贼人六名，生擒十九名，其余滚菁脱逃，获马三匹、牛二十八条、弩弓五张、弩箭一筒、铜铓一面、标子四根、左插六把、白衣等物，至酉时，收兵回营，生擒之贼犯一十九名，解至行营。随有他郎被难男妇拥挤营门，众口齐供，此系伤官杀兵杀民之正贼，随将贼犯一十九名当众枭示，搜获马匹分赏兵练，牛只赏给难民讫。初四日，又遣守备李国柱带领汉土官兵前往乌哈等六村搜剿，有六村之人，全皆跪接，口称，先在地方官处去报，今前来投迎等语。随交安插。卑职于初六日，遣游击陆近溪带兵前往必硕等村剿搜，至对牛寨，活擒贼人一名沙多，复至那雷各村搜拿，而贼人滚菁脱逃，随搜出难民难妇二十三名口。随酌留把总周大英等，带兵丁一百五十名，在彼暂防。随接奉本署理部院催令，卑职速行带兵，同副将李宗膺等并力前进，援普檄文。卑职遵，即于初八日，带领官兵自他郎起程，由阿墨江一路前进，策应总兵董芳、副将李宗膺等，直抵普洱，俟到前途，是何情形，另具禀报。"等情。

先是，臣查普洱、思茅为贼首巢穴，一面檄令总兵董芳、副将李宗膺、顾绳祖，各带所领之兵飞行进普，一面酌留兵千余，令寻沽营参将周仪统领，专剿元江贼人，并剿相近新平之邦轰一带贼人；又以土把总施腻勒等系是土人，熟悉彝情，亦一面飞饬速到邦轰一带，相机擒剿；又令游击张瓒带官兵三百余名前赴错纳贾，会合孙料，并力杀贼。于张瓒、施腻勒未到之先，据新嶍营参将吴朝应禀据守备孙料禀称："六月二十四日午刻，据元江邦轰彝民报称，贼人来攻邦轰寨，请兵护救。守备随遣把总赵荣、洪先带兵百名及土练往救。去后，至申刻，据报官兵遇贼对敌，杀死贼人百余，带伤甚多，贼人大败。官兵追至户东山后，因天雨月黑，不及撤回，驻扎山梁等语。至二十五日五更，听得枪炮声响，守备又遣把总魏邦杰带领兵练二百七十名，星即前往接应。至酉刻，把总赵荣、魏邦杰带领兵练回营。据赵荣禀称，卑弁同把总洪先昨到邦轰，遇贼千余，我兵奋勇攻杀，贼人大败。把总等追至户东山后，因天雨月黑，将兵扎驻于山梁。二十五日五更，贼人一夜聚集数千，把总等督率兵练奋勇攻杀至辰刻，枪炮打死逆贼无数，把总洪先被贼标伤阵亡。适有把总魏邦杰带领兵练一到，并力抵敌，杀败贼人，撤兵回营。查点官兵，阵亡一十五名，带伤一名，土练阵亡四名，带伤三名。"等语。续据游击张瓒禀称："卑职于七月初二日，领兵到错纳贾、邦轰一带，贼人聚于所右地方，随遣千总金秉西等带领兵练四百余名前往所右剿贼，在慢蚌山头与贼对敌，贼众千余，各施放枪弩。我兵奋勇，努力齐攻，枪炮打死贼人无数，贼人大败，奔逃过河，潜往所右地方去讫，千总随将慢蚌贼巢纵火烧毁。初五日，有元江土把总施腻勒赴职营禀称，土弁带领土兵四百，于初四日到户东寨，将兵约束，假以投归贼人为名，贼人不疑，土把总等众混入贼营，以短兵杀死贼二十四个，活擒三人，余贼大败，奔逃所右山去。土把总随将贼巢烧毁，又于鱼凫寨，探知有名贼首刀正芳潜至鱼凫寨招贼，随用土人诱出擒获，并将前与官兵对敌、穿白衣作法之贼名白起征者已就贼营，斩首级一颗，一并解送等情，业拨兵转解。"等语。又据张瓒报称："慢蚌杀败之贼人尽逃归所右，土把总施腻勒杀散之贼亦逃归所右山，随差千总金秉西等带领汉土官兵六百余名，于初六日夜，直抵所右攻杀。去后，据禀，千把带兵于初七日卯刻到所右地方，将近贼巢四五里之遥，官兵适遇守卡贼人，两相杀斗，将本标兵丁萧大用小腿以梭镖戳伤，贼人为我兵砍碎，余贼归入寨内。我兵奋勇追杀，贼众滚箐纷逃，即用枪炮打死无数，夺得交枪二杆、梭镖十二根、夹懔刀八把、挨牌二十三面，搜得猪羊数十余只，随将所杀贼首悬示，所右山寨业已平定。"等情。

臣又据提标游击区明报称："卑职带领官兵三百名，于六月二十八日到恩乐县属之遮整地方，据报谷麻有贼众据寨守险，阻塞道路等情。查谷麻乃系二寨，一在河之南，一在河之北。有楚姚镇守备林梧凤闻报，带兵亦至遮整，隔河扎营。随知会林守备，各分剿一边，于二十九日午刻齐到。卑职于次早五更，循河北下，贼垒断谷口，守险拒敌，我兵奋勇攀崖夺险。贼见我兵登崖，先行奔回。卑职率兵直逼贼寨，贼以标弩拒敌，我兵施放枪炮，打死数人，攻破寨栅，贼见栅破，即扒山奔逃，约有百十余人，其有走不及，投河而死者十余人，其枪炮打死者，贼皆背拖，抛河而逃。林守备亦攻克南寨。次早，复带兵四路搜捕剿除，前赴普洱会剿。"各等情到臣。

臣随行令区明直进普思，令林梧凤暂驻恩乐，以防一带地方。又据威远同知章元佐、游击张超禀报："蛮谷、铁厂河一带，自守备谢章兵过后，贼人仍猖狂，千总马麟培、把总李鼎元带兵一百三十名，在猛乃遇贼，贼人甚多杀贼数十人，生擒一人；我兵阵亡十名，带伤十余人。"等语。臣即飞行迤西守备姜云、邓之及游击李世禄，即各带所领之兵飞赴，合现驻官兵，援应威远。臣又于七月十一日，臣准提臣蔡成贵咨称："西路官兵虽经本提督委将带领，然无主帅调遣，正恐有误机宜。本提督于七月初七日带兵三百余名，兼程赴普，其飞调永北之兵二百，到大理之时，令其尾随前进。"等因。移咨到臣。臣以现今已遣两路官兵分头进剿，此时已到普洱，思茅事已可竣，是以未咨令提臣前往。今提臣未商知于臣，已起身前往，即飞驰止之，已不能及。但提臣乃通省大帅，现带之兵仅三百余名，兵力甚单。臣即飞行，急饬续到景东之提标、鹤丽、永顺、腾越等处官兵，俱上紧前行，务随提臣前进普洱，并照会董芳知照去讫。七月十五日，臣据景蒙营参将范昉验报："七月初五日，接据守备谢章禀称，卑职于六月十四日自威远前进，及至蛮谷，未刻时分，众兵正在歇息，有三百余人从山后突至。卑职即领官兵对敌，贼人之弩箭犹如飞蝗，众兵枪炮齐发，至酉方散。卑职带兵乘势追赶，路道俱皆血迹，山深箐密，难以穷追。于十六日至西萨塘，村寨俱空，十七日自西萨前进，行未数里，山凹冲出贼众数百，截路拒敌。卑职率领弁兵，枪炮齐施，打伤之贼甚多，俱被拖尸，奔箐脱逃。又至五里坡前，四面贼人无数，欲退东山之贼，而西山之贼又至，贼势浩大，兼之雨水淋漓，卑职带兵且敌且行，于本日酉，到普洱城外，观其动静，闻言贼众日每攻城，约有半月。及至进城之时，士庶客商俱皆欢声震地。卑职带兵于萧祠驻扎，而困城之贼见我兵一到，俱都潜逃，目今普郡稍安。至六月二十五日，游击陈上志带兵到普，于二十八日会合卑职弁兵，前进思茅。"等情。又据参将周仪验报："卑职于七月初二日，遣发官兵搜剿水癸、奈枯二箐，见逆彝在箐赶牛马猪羊，当即施放枪炮，打死数人，跳岩死三人，活捉一名，审问数次，逆贼抵死不语，次日，将逆彝斩首后，督兵搜至邦别箐中，搜获逆彝一名，讯逆彝，亦复不言，暂羁行营。初四日，遣守备杨旭带官兵二百四十名，由定南、户东、邦衮一路进剿，至错纳贾会合。七月十三日，据报称，于七月初四日，带兵丁二百三十名，并临安土舍钱锡荫、土练一百名，行至水癸箐，据报水癸寨有贼人聚集在内，随分兵至寨，奋勇齐进寨中，贼众向前抵敌，官兵施放枪炮，打死贼人七个，活擒二个，抢获弩弓三张、梭镖二十根，其余贼人滚箐奔山。审讯活擒之贼，据供：小的系父子二人，误被惑胁，今附近寨中之人俱藏匿坤勇寨后山大箐，若赏饶小的性命，情愿前往招来等语。随遣差千总叶之芳等，督令前往坤勇后山大箐一带，于初五日，据招获水癸大寨头人二名波折、玉生并花户人等，坤勇头人一名舍厄及花户人等到营。"等情。七月十六日，据参将周仪报称："卑职督领官兵连日跟踪，于各箐搜剿。初九日至得舍箐，闻贼在后箐，分兵追至，巳时，逆贼数百奔至右箐潜逃。把总张凌云等率兵与贼对敌，我兵三路合力，逆贼大败，枪炮打死逆贼无数，斩获竹惰寨火头沙白首级一颗，逆党首级十颗，活擒逆贼十九名，抢夺鞭炮一位、刀八口、标子九根、弩二张，搜获大小男妇一百六十八名口。卑职当时收兵回营，适嵩明州知州张浩到职行营，随即会同审讯贼首戛勒等，先前不认，后难民质证，此即是为首杀抢民人、拒敌官兵之贼。戛勒等始供称：小的们该死，俱各俯首无辞。查戛勒，乃元江火头，同一干逆党，俱系劫粮打寨杀兵首恶，当即枭首示众，家属、男妇交元江府收管，所获牛只马匹，分赏奋勇各官兵。又据守备孟思贤报称，在芭蕉箐获男妇一百六十四名口。"等语。臣又于七月十七日，据游击王先禀报："卑职随董总兵于初六日自阿墨江前进，本日抵班雅发扎营。于初七日寅刻，前进行至清水河山岗，大雨倾盆，有逆贼千余，从坡下箐内蜂拥而至，有二贼，头戴带车里帽，插花二枝，身穿白衣，手持红白二扇，率众跳跃，前来迎敌，似作法之状。董总兵统率卑职及游击韩雯鹏、备弁等，督领兵练奋勇对敌，枪炮并发，打倒穿白作法贼首，夺其骑马，又戮倒一贼，亦夺其马，打死贼人无数，贼即四散奔逃。职等催督弁兵奋力，于午时，追至通关讯防，随遣卑职等带兵练攻打通关大寨，我兵未及到寨，逆贼纷纷弃寨上山。职等飞追上山，贼已又入大箐，尽力穷搜，贼已遁去，搜得陡枪二门、火药一包、铮锣一面、黄牛三条。初八日抵把边江，江中无船，现在扎缚筏子，于初九日渡江，俟渡完，即行前进等语。"又于本日，据临元镇总兵董芳报称："初九日，正在扎筏之际，适于五里外树下，找获贼人，取沉船一只，即行载渡，已渡之兵到慢打寨，只存空寨，遥见穿白之贼逾岭而逃，共搜获陡枪二十门。初十日申刻，兵皆渡毕，即统兵起程，二日内定到普城矣。"等语。

臣查刀兴国等悖叛，思茅、普洱彝人为所煽动，元江四里彝人亦多相附和，是以调迤东迤西，分两路而进，以迤东之兵攻其正面，以迤西之兵攻其旁路，又留兵千余专剿元江之贼。今迤西之兵已有二起到普往援思茅，迤东之兵已渡把边江，二日内定到普洱，即可分头剿擒首恶，创惩逆党，以靖地方。臣已详饬各领兵之员及各地方大员，断不可姑息养奸，亦不可纵兵肆杀，务行分别，凡系实在贼人，务行剿擒，乘此震慑一番，若系良彝，断不许波及抢杀，务行抚恤，以示恩信，使彝人知为逆必诛，遵法必宥，其心允服，即此，是安定将来地方之张本，断不可丝毫忽略错误。至九龙江、橄榄坝，前据威远同知章元佐探禀，彼地彝民俱不肯从逆，虽难信其极确，臣已预发告示与普思文武，令于大兵到后，查其若果确实，即飞发告示，大张奖励，并将其头人大加重赏，以风示各处彝人，并谕令堵截贼人逃窜去路，若擒献贼首贼党，再加优赏。其元江附和贼人之四十八寨，已将首恶者攻剿八寨，其被逼强从者已投出二十余寨，现俱为官兵修路送草。但其头人等，臣仍现令元江府细查确讯，其从恶助逆者，仍行查处，以示惩创。再元江之因远寨及附近数村，虽在四里之内，其汉民、彝民抵死不肯从贼，贼人二千余人围之数日，官兵往援，杀败贼人，始得保全。臣现行令元江府知府祝宏，令其查明为首立意拒贼之人，亦加重赏，以示鼓励。再臣据各禀报，元江、他郎一带田内之稻皆已黄色等语。臣飞即檄行，此稻亦有良彝所种者，亦有贼彝所种者，目今已熟，而良彝以贼人初缴，恐有余贼未清，不敢下田收割，贼彝以官兵往剿，亦不敢去割，此稻乃将来军糈民食所系，不可令风雨飘零，人马作践，此际急应料理收割。先委在元办运之嵩明州知州张浩前往，又令元江府知府祝宏续往，相机酌宜料理，以为接济兵民之用。

至此，彝人起事既必有由，而此次所调各将备进剿者，其中之勇怯能否，竟与臣平日所观看者及各该员平日之汉仗、言论有相符者有大不符者，此正见其实在之时。其游守以下，容臣细细看查一定，俟事竣，分别开折密奏，其中有应荐应参者，臣另缮本具题。但护普洱镇、臣标中军副将李宗膺，平日看之，办事尚属详悉，乃此次遣之领兵在前攻剿，伊到他郎，贼人退散，即应前进援普，乃具禀，欲待总兵董芳之兵同进。臣严饬其速进，自必有兵相继策应，不必久住等待。伊又称粮缺，待粮到方进，自六月二十一日直到二十八日，不行前进，后副将顾绳祖前进，并护带粮米，于七月初一日定到他郎。而李宗膺闻后到者已至，于六月二十九日禀称，已迎得三四日粮米，裹带前进。臣又严行申饬，既可住七日等粮，今仅需一日，何又不等粮米到时，多带前进？乃止带三四日之粮，则前行数日，又必以粮尽，借故推延矣。及进至阿墨江，伊不赶随董芳打仗，而七月初一日到江边，不筹扎筏济渡，又以江水涨大，船少而小推延。直至初九日，闻顾绳祖初十必到，又即于是日渡江前进，甚属怯懦。且土千总方国臣下土练斩贼首一级，而李宗膺所带之外委抢去报功，李宗膺并不为查断，将外委给赏，以致土练不服统驭，又复无能。且臣据同知章元佐讯报拿获思茅奸细郑国华，供称："刀大兄弟三个，同李容、胡叭、老胖及慢蚌村火头李应奇等，二月初一日，在刀家大楼上宰牛，吃生鸡血酒，说要造反。去年腊月里，听见人说，思茅猛乃河有个神仙，刀二遣儿子来叫小的去看神仙，有刀大兄弟同李、叭、小的五六个人，到猛乃河，见一个玀彝，耳朵长长的，说是神仙。有思茅新庙塘一个塘兵，也去看神仙，神仙问'你来做甚么？'塘兵说'我来杀你们。'那神仙打彝话，叫大头一刀砍死塘兵，拴了块石头，丢下水里去了。"等语。又提臣蔡成贵查据普洱游击朱仲玉前已有禀，将贼人情节禀过李宗膺，李宗膺未经转报，臣现在檄饬明确具覆。查地方有此等彝人谋叛大事，并杀害汛兵，而该副将及文员并毫无觉察，且该副将彼时正巡查其地，更具禀与臣，称地方无事。及至有事之时，又行迟违，领兵攻剿，又复缓怯。虽地方有事，臣首先有罪，岂敢稍有推诿？但似此劣员，应先诸员惩警。除臣另行具疏题参外，谨将情节奏明。又云南、贵州、广西等省酌量委署试用章伦，经差往协修攸乐城工，不知彝人谋叛，回至思茅相近之慢蚌村，村彝突然变乱，章伦正坐骂贼，被杀而死，已据元江府知府祝宏禀报。似此死节之员，容臣再查确具题，恳恩旌奖。

所有情节，谨一并奏闻。谨奏。

朱批：览。

（《雍正朝汉文朱批奏折汇编》第二十二册，第 953~966 页）

575　云南巡抚张允随《奏报普洱镇督标中军副将李宗膺疏讳缓法情形折》

雍正十年七月十八日

云南巡抚臣张允随谨奏：为奏闻事。

窃照普思逆目勾结苦葱背叛不法，扰害地方，臣等及该管文武各官不能先事预防，均难辞咎，若知情不报，更属有心隐讳。臣查护普洱镇督标中军副将李宗膺，看其平日人尚明白，办事亦好。兹据威远同知章元佐具报，拿获思茅奸细一名郑国华，讯据供称："刀大兄弟三个，同胡叭、老胖及慢蚌等火头李应奇等，于本年二月初一日在刀家大楼上宰牛，吃生鸡血酒，说要造反。去年腊月里，听见人说，思茅猛乃河有个神仙，刀二遣儿子来叫小的去看神仙，有刀大兄弟同李、叭、小的五六个人到猛乃河，见一个猓彝，耳朵长长的，说是神仙。有思茅新庙塘一个塘兵，也去看神仙，神仙问'你来做甚么？'塘兵说'我来杀你们。'那神仙打彝话，就叫大头把塘兵在肩膀上一刀砍死了，拴一块石头，丢下水里去了。"等语。查李宗膺于本年二月二十五日具禀与臣，内称："二月初四日自普起行，由思茅、茶山，渡九龙江、橄榄坝至攸乐，随处详察，远近彝民视皆安堵。"等语。是李宗膺巡边之日，正值逆彝蠢动之时，该副将巡查其地，何以茫无觉察？又经提臣蔡成贵查得李宗膺抵省后，彝贼跳梁，普洱游击朱仲玉已将贼人情节屡禀李宗膺，李宗膺匿不报闻，移咨到臣。

再李宗膺此番首先领兵进至他郎，贼人退散，并不前进，或借称兵少，或借称粮缺，逗留八日方始前行。及至阿墨江，又不扎筏济渡，借口水大船少，延挨九日方始渡江。似此遇事悚讳于前、领兵缓怯于后之员，除查实听署督臣会参外，谨将情节附折奏闻。为此谨奏。

朱批：览。

（《雍正朝汉文朱批奏折汇编》第二十二辑，第 974～975 页）

576 两江总督署理云贵广西总督印务高其倬《奏报官兵搜剿元江、新平一带起事夷民情形折》

雍正十年八月初三日

两江总督署理云贵广西总督印务臣高其倬谨奏：为奏闻事。

窃查刀兴国等悖叛及元江四里夷民附和为匪，官兵分路进剿，所有进攻剿捕情形，臣已节次缮折具奏。续据元江府知府祝宏禀报："有云南、贵州、广西等省酌量委署试用之章伦，经差往协修攸乐城工，不知夷人谋叛，回至思茅相近之慢蚌村，村夷突然变乱，章伦正坐骂贼，被杀而死。"等情到臣。理合先行缮折奏闻，容臣查确，再为具题，恳恩旌奖。

兹于七月二十九日，据总兵董芳禀报："带兵于七月初十日自把边江前进，中途并无贼人对敌，惟将沿途山径窄狭之处俱用木石塞断。随令兵练开路而进，于十二日已到普洱。副将李宗膺带兵亦于是日到普，守备邓之、姜云于初十日带兵亦经到普。普洱及思茅城池俱皆全固，贼人退遁，往猛先、回竜一带。闻攸乐未有变动，其九龙江、橄榄坝之夷人全未随贼，现皆安居，各茶山亦未叛逆。刀兴国之兄刀定国在彼观望，亦未从贼。但虽闻如此，而攸乐营员并无确信到来。现于七月十四日，令副将李宗膺、游击王先、陈上志等分带官兵一千五百余名起身直进攸乐，相机料理，将九龙江、橄榄坝、茶山一带未从贼之处安抚，将漫蚌等村杀害章伦之处痛加惩创，以先断贼人后路。其猛先、回竜一带为贼潜藏之处，今分派游击韩雯鹏等带兵由问南水箐前往猛先，派游击区明等带兵由磨黑前往猛先，于七月十七日起身，各分头攻剿，限于二十日在猛先会合，前赴整冈，再分兵围攻回竜贼巢，擒拿贼首，歼灭贼众。又令守备燕春酌带兵练至依象、猛茄一带，令土把总召第带土练至整董一带堵截后路。"等语。臣随一一密示机宜，令总兵董芳悉心料理。又提臣蔡成贵已于七月十七日到新抚地方，不日亦即到普。臣并密寄，俾其酌量指示各员办理。

其元江一带之余贼，相近新平恩荣一带者，臣前已遣令参将周仪专剿。兹于七月三十日，据周仪禀报："于七月十八日至漫竜江坡，有贼人千余沿江守渡，连垒石城排栅遮蔽枪炮。卑职一面令人扎筏，一面移行游击张瓒等，带领汉土官兵由谷麻渡口抄袭贼人之后。卑职分派备弁、兵练，于二十四日，用枪炮打破排栅，贼人抵敌不住，督令守备张接天带领官兵驾筏抢渡过江，奋勇攻剿逆贼，势穷力竭，各弃器械叩头乞饶。查系定南、善政二里所属上下漫竜等十四村寨夷人，共九十八户，令缴器械，暂行交地方官查明，分别安插惩处。"等语。臣随飞饬，恐此一带之贼尚多，仍行详细查剿，务令净尽，不得遗漏。又据游击张瓒等禀报："于十九日抵阿墨江细耶渡，隔岸有贼拒敌。随令兵丁施放枪炮，贼人退入土坑躲避，高声喊叫，情愿投顺，现在分别剿抚。"等语。

臣查此一项贼人，乃元、普夹界地方之贼众，皆躲聚于此，今经搜剿，其情形，数日内即可扑除。此贼一清，则元、新一带即皆宁帖。所有现在情形，臣谨缮折奏闻。谨奏。

朱批：若辈凶苗无故谋叛，聚众兴戎以抗拒王师，今计穷力竭，方始摇尾乞饶，毫无可怜之处。官兵既已齐集，当乘势攻剿，以惩创之。倘汝度德量力，不能操必胜之权，将投顺者亦宜审思作何移易之策，不可仍令盘踞旧巢，复贻患于将来也。切戒因循善柔，致于疏纵。

（《朱批谕旨》高其倬奏折）

577　两江总督署理云贵广西总督印务高其倬 《奏报拿获永宁料度滋事首犯攸柱坐等情形折》
雍正十年八月初三日

两江总督署理云贵广西总督印务臣高其倬谨奏：为奏闻事。

永北所属永宁土府阿有威所管料度番人杀死土头人甲实等三十余人，臣筹酌，现在暑雨之时，先筹雕擒，俟秋间若尚不获，即通知川省发兵剿擒。臣将情节缮折具奏，钦奉朱批："张允随之奏先到，有旨着大学士等寄字与卿等商酌办理矣。钦此。"臣先于雍正十年七月十一日，接到大学士鄂尔泰、张廷玉字："雍正十年六月初六日，奉上谕：'据云南巡抚张允随奏称，料度番人劫杀邻番，肆行不法，经地方官遣人招谕，辄敢抗玩，不出质对，自应用兵擒剿，以示惩儆。须咨明川省截其远窜之路。但四川现在剿拿子谷坪蛮子，未能堵截料度后路。督臣高其倬以为此时正值农忙，应暂缓擒剿之举，俟秋凉办理。仍令该管文武相度情形，若此时可以雕擒，一面设法乘便密擒为首之攸柱坐等到案，审明法治，经督臣檄行在案等语。云南永北府地处极边，所属永宁土府又与川蛮交错，土府阿有威既不能约束，而川界腊汝窝西番蠢动，复未经严惩，是以料度村、子谷坪番蛮又敢于顽抗。今料度番目既不肯出质，虽再行恺切晓谕，谅亦不知悔惧，自非进剿不能惩一警百。但据张允随奏报情形，首凶攸柱坐等相机诱擒，或犹可乘便雕擒，必不能。高其倬既欲俟秋凉办理，则此时转应置之不问，以缓其勾结潜逃。至时迅举，密约川兵，庶一边清除，而两界震怖，或不敢环互起伏，零星设措矣。此应高其倬与黄廷桂同心商办者。尔等可传谕二督臣及抚臣张允随知之。钦此。'遵旨寄信前来。"

臣查此事，臣前一面缮折具奏之时，一面即饬署永北镇总兵柳时昌及知府石去浮，令其密谕永宁土目如白逻等，遣令酌带土兵前往，相机雕擒。去后，于六月二十一日，据禀据如白逻等禀称："攸柱坐等不在村中，早已逃往川省左所等处。现通知左所土官擒捕，左所舍人等已认或招或擒。"等语。臣于七月十一日，奉到大学士鄂尔泰、张廷玉字寄上谕。十二日，即又接四川总督臣黄廷桂以钦奉上谕会同办理，札商到臣。即于七月十四日，飞即札覆四川督臣黄廷桂，以西番为首之攸柱坐等既现匿在左所土司地方，土司已现在拿缉，此时先应严饬左所土官捕解，交与滇省弁员带回，审明正法示警，即可办竣。其料度番人仅有四村，连男妇共四百余名口，断不敢抗拒官兵，此时尚无须会兵。其会兵之处目前且只须预备，不必即往。今酌定云省，令永北镇预备官兵三百名、土兵五百名，川省附近料度之处亦应令预备兵练六七百名，若左所不能拿获，而料度仍又抗拒之时，即于八月二十八日，两省齐进，到料度会齐搜剿。臣并将此案禀报起事情由详细札寄。去后，随于七月二十四日，臣据署永北镇柳时昌禀据土目如白逻等自左所差人持番字禀一封，内云："七月十二日，在左所拿获料度首恶攸柱坐、抓乳火头大坝戛、阿佐拉、夸瓦火头沙拉等，除逻措、乍实俟拿获另报。"等语。臣查料度为首凶番，前据报攸柱坐、逻措、沙拉、乍实四名，今已据报拿获攸柱坐、沙拉二名，其逻措、乍实二名现亦逃匿左所，料可拿获。臣愚昧之见，俟逻措、乍实二名拿获，则为首主谋之首恶悉已就获。其为从者前投到之四人，讯明又有三名系是为从之人，俟逻措、乍实拿到，一并质讯明确，请旨将攸柱坐等在于滋事之处将不法情由于附近各寨番人之前当众晓谕一番，正法示警。其料度四村之男妇老幼俱传齐到，更谆切谕以嗣后务要遵法安静，如犯法杀人，此攸柱坐等即是榜样。其为从三人定拟题报归结。所有番人男妇老幼仍取具不敢再行滋事结状，仍安插所居旧村，俾耕种度日，守法安居，则料度番人见为首肆恶之人无一人能幸漏网，自必惩畏宁辑，已可无庸复行发兵会剿。

臣谨将现在情节并臣愚昧所见料理之处，谨缮折请旨遵行。至已获攸柱坐等情由，臣又已飞寄川省督臣黄廷桂，并将臣意商酌办理。臣谨一并奏闻。谨奏。

朱批：览。

578 云南巡抚张允随《奏报缉获侵扰邻部之料度首犯攸柱坐等情形折》

雍正十年八月初三日

云南巡抚臣张允随谨奏：为奏闻事。

窃照永北府所属永宁土府阿有威所管料度番人攸柱坐等杀死土目甲实等三十余人，遣人招谕抗不出质情形，经臣缮折具奏。钦奉朱批："览。有密谕二督臣商酌办理矣。钦此。"雍正十年七月十三日，臣接到大学士鄂尔泰、张廷玉字："雍正十年六月初六日，奉上谕据云南巡抚张允随奏称，料度番人劫杀邻番，肆行不法，经地方官遣人招谕，辄敢抗玩，不出质对，自应用兵擒剿，以示惩儆。须咨明川省截其逃窜之路。但四川现在剿拿子谷坪蛮子，未能堵截料度后路。督臣高其倬以为此时正值农忙，应暂缓擒剿之举，俟秋凉办理。仍令该管文武相度情形，若此时可以雕擒，一面设法乘便密擒为首之攸柱坐等到案，审明法治，经督臣檄行在案等语。云南永北府地处极边，所属永宁土府又与川蛮交错，土府阿有威既不能约束，而川界腊汝窝两番蠢动，复未经严惩，是以料度村、子谷坪番蛮又敢于顽抗，今料度番目既不肯出质，虽再行恺切晓谕，谅亦不知悔惧，自非进剿不能惩一儆百。但据张允随奏报情形，首凶攸柱坐等相机诱擒，犹可乘便雕擒，必不能。高其倬既欲俟秋凉办理，则此时转应置之不问，以缓其勾结潜逃。至时迅举，密约川兵，庶一边清除，而两界震怖，或不至环互起伏，零星设措矣。此应高其倬与黄廷桂同心商办者。尔等可传谕二督臣及抚臣张允随知之。钦此。"遵旨寄信前来。

臣恭绎谕旨，仰见皇上洞照万里。番情凶悍狡黠，诚非可以乘便雕擒。臣前缮折具奏后，署督臣高其倬同臣商令署永北镇总兵柳时昌及知府石去浮，密谕永宁土目如白逻等酌带土兵前往，相机雕擒。去后，嗣据石去浮禀据如白逻等禀称："攸柱坐等不在村中，早已逃往川省左所等处，现通知左所土官擒捕，左所舍人等已认或招或擒。"等语。七月二十四日，臣又接署永北镇总兵柳时昌札称，据土目如白逻等自左所差人持番字禀一封，内云："七月十二日，在左所擒获料度首恶攸住坐、抓乳火头大坝夏、阿佐拉、夸瓦火头沙拉等三名，除逻措、乍实二名俟拿获另报。"等语。是攸柱坐等潜逃诱擒之处，均早在圣明洞鉴之中。

臣查此案，首凶系攸住坐、逻措、沙拉、乍实四人，今除报获攸住坐、沙拉二名，止有逻措、乍实二名未获。署督臣高其倬以为无庸复行发兵会剿，已缮折请旨遵行，并寄字川省督臣黄廷桂。其未获之逻措、乍实，谅不日可获。俟拿获到日，听署督臣发审，分别法治外，所有拿获攸住坐等情形，理合缮折奏闻。奉到朱批原折六扣，一并恭缴。为此谨奏。

朱批：览。

（《雍正朝汉文朱批奏折汇编》第二十三辑，第92~93页）

579 云南巡抚张允随《奏报官兵近日进剿普洱思茅一带起事彝人情形折》

雍正十年八月初三日

云南巡抚臣张允随谨奏：为奏闻事。

窃照刀兴国等倡乱不法，勾结煽惑，彝猓附和为逆，调拨官兵两路进剿，并总统临元镇总兵董芳等七月十二日可抵普城情节，臣屡经缮折具奏。续于七月十七日，据游击张瓒验报："遵将发给告示，遣保户丁对阳项下土人四路招抚，已投出三寨人民，安插复业。"又据把总魏邦杰等禀："七月初八日抵鱼凫，会合土目施腻勒于沐浴攻打贼巢，遇贼二百有余，两下攻敌，杀死贼人十名，余贼带伤奔逃后。查布竜有贼数百聚集，把总等即于初九日带兵练攻剿，杀死贼人四名，带伤者无数，救获难民男妇大小六十四名口。"十八日，据游击李世禄禀称："七月初六日，据报有贼五六百站住慢海塘，离新抚只有二三十里之地。随即带领现在弁兵前往剿擒，官兵枪炮夹攻，将贼打死五六十人，打伤数十余人，贼人大败。赶至旧渡丫口，各兵奋勇追杀，又打死贼人百十有余，活捉一名斩首，带伤者甚多，获得弩弓、挨牌等项，兵丁张良臣、胡荣二名身被弩伤，俱调治全愈。"等情。又据威远同知章元佐验报，据威属蛮东火头波嫡等赴威面禀，据称："普洱逆贼一百四十五人由习环赴水潜来威界，将村民捆绑，头人刀守能等点齐小的们前往，跟随至蛮腊地方，贼众齐放弩箭，小的等也放弩箭，打倒二人，众贼就散奔山箐，割取首级具报。"等语。于十九日，据守备张楼天禀称："带兵跟追逃贼至额泥山，有逆贼四五百名聚于山后，督催兵丁追杀至半山，贼众齐放弩箭。守备令架炮，打死逆贼数名，贼人退走，督兵上山枪炮打死逆贼数十名，贼众大败，滚箐奔逃。追至坝腴江边，逆贼力壮者过江四散奔逃，带伤力弱溺死于江水者无数，生擒逆贼一名普额、贼妇三口、幼孩三口，获得环刀、标子；又投出南大大、乜多蚌、海小寨三寨彝民共三十二户。"等情。又据新嶍营参将吴朝应禀据千总洪朝望等报称："前往等烟、者法一带，有贼五六十在等烟寨内，带兵练扑擒，贼人先逃，当即跟随，追至河口，斩获贼首二人，又活擒贼人，解赴错纳贾行营。"等情。于二十日，据参将周仪报称："有腊猛等寨逆贼俱藏匿各箐，卑职于十二日早，带官兵前往苦租咩箐搜剿途中，有三十余人，携带老幼跪道投诚，询问其情，乃系克勒等寨彝人，被贼胁从。暂准投诚，令其引导剿贼。又有中寨火头惰者，带领南北等村在箐藏匿彝人八十户投出，俟询明，分别良恶办理。仍令官兵三路前进，奋力搜剿苦租大箐，督兵夹攻，打死逆贼数十人，生擒二名、贼妇大小五口。审讯逆贼，名叫波哈卡撒，系那雷村彝人，据供箐内有六七百人，当将二贼斩首悬示。是晚，传令各兵加谨堵御。十四日黎明，督兵前进至头道隘口，贼人用木扎栅，官兵奋力，连破栅栏三层，直抵贼巢，打死逆贼十余人，余皆滚箐奔逃，逆贼滚岩跌死不计其数，擒获男妇大小二十一名口。随遣把总李春盛等带领兵练分路搜剿，据该弁等回禀，带兵攻破贼人栅栏十余层，枪炮打死贼人无数，生擒逆贼四人、男妇大小六名口。随将前后所获贼人审讯，内有逆首火头、小甲二名、贼人男妇大小十二名口禁营，其余胁从十七名，发交中寨火头惰者安插原址。十五日，又据兵练等擒获逆贼一名沙勒，至前擒获补岗村首恶火头沙额、逆贼哈且等男妇共二十三名口，差解元江府就近审讯。其连日投出南北等村寨一百五十四户，大小男妇共一千一百三名口，俱各缴出军器，暂归原址，各务农业。"等情。同日，又据督标游击陆近溪、臣标守备程翔禀报："顾副将同卑职带领官兵四百余员名，于初八日自他郎起营，初九日至阿墨江，初十日过渡，有李副将带兵前进，所遗粮米一百七十余石，移文转运顾副将，令派拨外委刘得玉带领兵练运送至漫岗河。有贼数百迎敌劫粮，兵丁枪炮齐发，保全粮石，贼人败退，有督标中营步兵杨承宗右腿中弩一箭，系白箭伤轻。于十三日自通关哨起营，顾副将领兵押粮，而卑职等在后兼押军装等项，顾副将持令督催。漫岗有贼人在前劫粮，滚发擂石。卑职等带兵接应，至漫岗河，分兵踩梁，与贼对敌，我兵奋勇，打死贼人七名，余贼拖尸滚箐，四散脱逃。有抚标兵丁文天奇、陈玉身中药弩，行至扎营一里之地药发身故。"等情。于二十一日，据元普镇标左营游击张超禀称："据外委把总钟永清禀称，本月初六日差探，有贼五六百占住漫海塘，提标杨百总带领兵丁土练行至漫海塘，贼人竟敢与官兵对敌，枪炮交加，打死贼人三十有余。兵练追至，旧堵丫口，又与贼对敌，各兵练奋勇当先追杀，又打死贼人二十有余，带伤无数。"等情。又臣续于七月二十九日，准临元镇总兵董芳咨称："带兵于七月初十日自把边江前进，中途并无贼人对敌，惟将沿途山道窄狭之处俱用木石塞断。随令兵练开路而进，于十二日已到善城。普洱及思茅城池俱皆全固，附近良民俱搬入城内，贼人退遁往猛先、回竜一带。闻攸乐未有变动，其九龙江、橄榄坝之彝人全未从贼，各茶山亦未叛逆。刀兴国之兄刀定国闻在彼观望，亦未从贼。但虽闻如此，而攸乐营员并无确信到来。见于七月十四日，令副将李宗膺、游击王先、陈上志等分带官兵一千五百余员名起身直进攸乐，相机料理，将九龙江、橄榄坝、茶山一带未从贼之处安抚，将慢蚌等村曾杀害章伦之处痛加惩剿，以先断贼人后路。其猛先、回竜一带为贼潜藏之处，今分派游击韩雯鹏等带兵练五百名，由间南水箐前往猛先；派游击区明等带兵五百五十名，由磨黑前往猛先，于七月十七日自普洱起身，相机剿抚，限二十日在猛先会合，前赴整岗，再分兵围攻回竜贼巢，擒拿贼首，歼灭党羽。又恐贼人由斗毋、猛茄后路潜逃，业令普洱守备燕鸣春酌带兵练至倚象、猛茄一带堵御回竜后路，又令土把总召第带练至整董一带堵截后路。"等语。同日，又准临元镇总兵董芳札称："自出元城十里外至普洱城边，所见田禾现在茂盛将熟，并无损伤，半月之内皆可收获。"等语。三十日，又准护普洱镇副将李宗膺报称："宗膺于十二日抵普城城池，仓库俱获保全，思茅安全无事。"等语。同日，又准护普洱镇副将李宗膺报称："宗膺于奉拨官兵之外带领官兵、土练共一千五百余员名，于十四日，令游击王先带领官兵自普起程，宗膺于十五日寅刻带领官兵继进思茅一带相机分遣，急行剿抚。"等语。同日，又据寻沾营参将周仪禀报："卑职于七月十八日至慢竜江坡，见贼人千余聚集沿江，恃险守渡，连垒石城排栅遮蔽枪炮。但水势汹涌，一面扎筏，一面移行。游击张瓒、守备孙科带领汉土官兵八百余员名，由谷麻渡口抄袭贼人之后，又遣守备杨旭带领汉土官兵三百五十余员名，由阿墨江过渡，会合左右攻剿贼巢。又令守备张接天带领汉土官兵四百余员名，驾筏暗渡过江接应，直捣贼巢。又查布固一渡系逆贼偷渡之所，行调守备孟思贤带领弁目兵丁一百五十余员名把守渡口，攻击策应。卑职带领弁目兵丁二百余员名占据慢竜渡口调度，策应攻击，俱定于二十四日齐集会合攻剿。去后，至二十三日，造起竹筏二十五只。二十四日辰刻，卑职于沿江渡口安设大炮十位攻击，以连环鸟枪接应，令各兵用枪炮打破排栅，贼人抵敌不住。督令守备张接天带领汉土官兵驾筏抢渡过江，逆贼放枪打弩，我兵争先打死逆贼二十余人，逆贼往上奔逃，守备杨旭带兵从山梁压下，逆贼上下受敌，枪炮打死者不计其数。逆贼势穷力竭，各弃器械叩头乞饶。查系定南、善政二里所属上下慢竜、老虎、怕巴、五路、拿线、易能、易比、救苦、上下打边、大小猛连、布竜等十四村寨，共九十八户，男妇大小共六百一十九名口。令缴器械，暂交元江府审讯，分别良恶安插惩处。"等情。又据游击张瓒等禀报："于十九日抵阿墨江细耶渡，隔岸有贼拒敌。随令兵丁施放枪炮，我兵伤死贼人十余名，贼人退入土坑躲避，高声喊叫，情愿投顺，现在分别剿抚。"等情。又据威远同知章元佐验报："据督练头人刀守能等持贼首三颗前来具报，据称伊等齐乡练一百名，督令杀贼，追至南姤地方，逆贼就来对敌，齐放弩箭，小的等拼命追杀，杀得逆贼五个，都是苦葱，打伤无数。"等情到臣。

臣查两路官兵已抵普思，两城完固。虽据报逆贼偶遇官兵对敌，继即四散窜逃，潜伏山箐，希图漏网，为首即助逆党羽若不趁此兵威大加创惩，俾各种彝猓警戒，纵暂时安贴，必复出为匪，则姑息适所以养奸。其茶山、九龙江、橄榄坝一带彝人，署督臣高其倬与臣已行令地方官会同，分遣领兵之员，查明如果未经从贼，即加奖赏，以示鼓励，并令该地方彝人酌为向导，堵截诸路要隘。如刀兴国逆僧等潜逃至彼，立即擒献，毋使窜入外域潜匿瘴地，以致兔脱。仍严饬弁兵，凡未从贼之村寨不得骚扰擅动一草一粟。普思田内未收稻谷，恐日久暴弃，臣已檄委嵩明州知州张浩、弥勒州知州张景澍会同地方官查明，收割存贮，分别给主充公，妥协料理。至东西两路兵粮，现据各委员禀报，随营供支。提臣蔡成贵，据威远同知禀报，七月十日已到新抚地方，不日可抵普城。

臣因本年乡试入闱在即，谨将近日军前续报情形缮折，专差臣标左营千总徐兆祥赍折奏闻，伏乞皇上睿鉴。为此谨奏。

朱批：有旨批谕高其倬矣。可问之。

（《雍正朝汉文朱批奏折汇编》第二十三辑，第94～98页）

580　两江总督署理云贵广西总督印务高其倬
《奏报拿获普、思贼首刀兴国等情形折》
雍正十年九月初三日

两江总督署理云贵广西总督印务臣高其倬谨奏：为奏闻事。

窃照普、思刀兴国等悖叛，元江四里夷人附和为逆，官兵进剿情形，臣已节次具折奏明。兹据总兵董芳、提臣蔡成贵以及军前副、参、游、守等禀报各路官兵攻杀援剿情形前来。臣查贼首刀兴国已于那卡地方被游击区明拿获，刀兴国用刀抹颈，伤轻，不致伤命，业经押解往普，并于南指河拿获刀兴国之幼弟刀经国，又于那弄箐内拿获刀兴国之弟刀老五、刀老六二名，妻二口，子一名，妹一口，并家人等共十三名，其同谋之召第即贼党等尚未就获。臣随飞咨提臣，就近饬令将、备等上紧搜拿，必使贼徒罄获，以尽根株。其普、思、元、新之贼现已攻剿将竣，理合缮折奏闻。其善后事宜，俟剿竣之日，臣与抚臣张允随、提臣蔡成贵悉心筹画，再行具奏。谨奏。

朱批：览奏，知道了。善后事宜当再三详慎为之。

（《朱批谕旨》高其倬奏折）

581　两江总督署理云贵广西总督印务高其倬
《奏报三省收成大概分数折》
雍正十年九月初三日

两江总督署理云贵广西总督印务臣高其倬谨奏：为奏闻事。

今年云南全省稻谷现皆已收割一多半，其收成通计有十分、九分。现今各处米价较先业已顿减，系甚丰稔之年。其收成分数虽已有具报，臣再俟收割全完之时详核具奏，谨先将大概分数，缮折奏闻。贵州稻谷亦十分成熟，系甚丰稔。广西稻谷不及云贵二省，大概有六、七、八分收成不等。其详细分数，俟查报到日，臣再详奏。谨亦一并先行奏闻。谨奏。

朱批：览。

582　两江总督署理云贵广西总督印务高其倬《奏报永北所属料度番人杀死土头人甲实等一案头目全获折》

雍正十年九月初三日

两江总督署理云贵广西总督印务臣高其倬谨奏：为奏闻事。

臣查永北所属料度番人杀死土头人甲实等一事，臣钦遵上谕，与四川督臣黄廷桂会同办理。随据署永北镇柳时昌禀报，已拿获首恶攸柱坐、沙拉及戛阿佐等，尚有首恶迈措、乍实尚未拿获。现据所差拿缉之土目如旧迈等禀报，迈措、乍宝蹞查俱逃匿于四川左所土司地方。臣随饬令上紧缉拿，并咨商四川督臣黄廷桂转饬左所土司拿解，并可无庸出兵会剿情节，臣已缮折奏明。嗣于八月十二日，臣据柳时昌禀："据会益营千总杨国勋拿获迈措之子抽助等五名，并前逃往左所之料度番人男妇大小共二十三名口。"又于八月十五日，据柳时昌禀："拿获烂饭窝户西番噶补、卜阿二名并番妇子女三名口，据供迈措已死在左所地方。"等语。

臣查未获之迈措、乍实，系为首要犯，今虽据噶补等供称迈措已死在左所地方，恐有捏饰，希图纵令隐匿、脱逃情弊，随飞饬该镇务行查明实据，取具该土官、土目验明确结，并仍饬勒拿乍实务获。去后，随于八月十七日，据永北镇柳时昌呈报，据千总余先魁等禀称："查得乍实在左所吉述窝蔑山隐藏，随会同会益营千总搜擒，于初六日将乍实拿获，并获迈措之侄妈人者及番妇一口，据供迈措实系在吉述窝蔑山列窝下饿死。"等语。臣查此案，前据报为首凶番系攸柱坐、迈措、沙拉、乍实四名，今攸柱坐、沙拉、乍实三名已获，其迈措一犯已死，是凶首业已尽得，又获恶党戛阿佐一名并迈措之子侄抽助、妈人者及番人大小男妇共三十九名口，并前投到为从之波鲁望等正从各犯已皆获到，无庸会兵进剿。臣一面咨明四川督臣黄廷桂，一面即飞饬永北镇将现在料度之土练撤回，所获各犯小心押解永北府，再加详细审讯确情，分别详报。臣再行确核，请旨惩处，以警戒番人。所有料度四村之番众，令地方官及土司阿有威，将老幼妇女令其仍在旧处守法安居，仍加晓谕，如敢再有行凶之处，即以攸柱坐等为榜样。所有究审明白，将惩警安辑，分别办理，俾料度番人永久宁贴之处，容臣另行具奏外，谨先将首恶全获，无庸会剿情节缮折奏闻。谨奏。

朱批：览。

583 云南巡抚张允随《奏报料度滋事首犯全获折》
雍正十年九月初三日

云南巡抚臣张允随谨奏：为奏闻事。

窃照永北府属永宁土府阿有威所管料度番人杀死土目甲实等案内，为首之攸柱坐、沙拉二名业已拿获，其未获之迈措、乍实不日可获缘由，经臣具折奏闻。兹于八月十七日，准署永北镇总兵柳时昌咨据千总余先魁等禀称："探得乍实在左所吉述窝蒇山隐藏，于八月初六日，约同川境官兵两下会合，业将乍实并迈措之侄妈入者，番妇呷、朱迫擒获。讯问妈入者，供称迈措在吉述窝蒇山列窝下饿毙。随即差领旗会详等前往查验，迈措饿毙是实。并据新任永北府知府钱恒报同前由。"各等情到臣。

臣查此案，首凶四人，今攸柱坐、沙拉、乍实业已先后拿获，迈措已经饿毙，则此案首凶俱无漏网，此皆仰赖我皇上仁威远播所致。除攸柱坐等听署督臣高其倬发审，并会同署督臣咨行永北镇府将料度番人抚绥安插，令其守法安居，及令土府阿有威善为抚驭，毋任头人报复苛虐外，理合缮折奏闻，伏乞皇上睿鉴。为此谨奏。

朱批：知道了。

（《雍正朝汉文朱批奏折汇编》第二十三辑，第233页）

584 云南巡抚张允随《奏报滇省秋成分数折》
雍正十年九月初三日

云南巡抚臣张允随谨奏：为参报秋成分数事。

窃照云南地处边徼，仰荷圣泽远被，大有频书。本年秋禾栽插情形，经臣具折奏明。兹据布政司葛森册报："永平、昆明、富民、宜良、宣威、嶍峨、通海、河西、建水、新兴、河阳、路南、江川、镇沅、元江、赵州、云南、太和、邓川、浪穹、宾川、云龙、永北、腾越、鹤庆、蒙化、楚雄、镇南、南安、广通、定远、顺宁等各府州县，稻谷、荞麦均有十分收成；安宁、禄丰、呈贡、昆阳、嵩明、南宁、马龙、罗平、广西、弥勒、恩乐、保山、剑川、丽江、云州、姚州、大姚、和曲、元谋、禄劝、会泽、镇雄、罗次、寻甸、师宗、石屏、阿迷、宁州、蒙自、新平、广南、文山、普洱、景东、威远等各府州县，稻谷有九分收成，荞麦有十分收成；晋宁、陆凉、易门、沾益、平彝等州县，稻谷、荞麦均有八分收成；昭通府、大关同知、鲁甸通判、永善县，稻谷、荞麦均有五分收成。"等情前来。

臣查滇省虽值办理军务，而岁获丰稔，仓箱攸庆，绅士军民莫不欢欣歌舞，此皆我皇上诚敬感召所致也。臣谨将报到秋成实数缮折奏闻，伏乞皇上睿鉴。为此谨奏。

朱批： 览。

（《雍正朝汉文朱批奏折汇编》第二十三辑，第 236～237 页）

585　云南巡抚张允随《奏报普、思剿抚将竣及剿获新平贼首情形折》

雍正十年九月二十一日

云南巡抚臣张允随谨奏：为恭报官兵已抵攸乐情形，并剿获新平贼首事。

窃照普思、元江等处猓贼勾结悖叛，贼首刀兴国等已经擒获，及新平猓贼乘机不法，添兵进剿情形，经臣具折奏闻。本年九月十二日，臣据游击区明续报："逆首刀兴国在途因伤身故，即割取首级并贼眷解省。"等语。又据游击陈上志禀报："搜至图罗，擒获贼党胡尚文及其兄弟、妻子，又招出男妇大小八十三名口。整空杀死截路贼人五名，擒获刀三家人龙保，据供刀三逃在六困地方，现带兵前往搜拿。"等语。又据游击张超禀报："行至蛮住，杀死拒敌贼人数十名，招出一十八寨；又在窝罗寨蛮简三台坡二次对敌，杀贼一十七名，伤贼二十余人，直抵三环，投出蒲蛮、猓黑二十寨；又令头人周弘勋于箐内将贼首四喇鲊用弩打死，割获首级。"等语。臣又据游击王先报称："带兵经过蛮骂河、关铺、关坪、板角等五处，俱有贼人竖立木栅拒敌。我兵奋勇，沿途连砍木栅数十道，杀死贼人甚多，生擒逆贼四名。于八月十九日将至攸乐，对山有贼人千余匿箐放弩，官兵奋勇，枪炮打死逆贼数十名，擒斩三名。有攸乐官兵前来接应，砍开木栅四道，于未时到攸。查攸乐栅城官兵俱各完全，然逆贼依恃山大路险，林密草深，悖逆逞狂。"又据守备张接天禀报："带兵自蛮谷起，沿途四次与贼对敌，伤贼甚多，杀贼二十余人，于八月二十一日已到攸乐。其茶山各寨，据王先禀称，窝泥、苦葱、蒲蛮俱已作逆，惟玀夷尚在观望。其九龙江外车里土司之地，卑职遣把总李灿带领兵练，将奉发告示及与宣慰刀绍文公文交该弁等赍持前往。旋据李灿带领宣慰主文邹文蔚、打伢土弁召者、叭目先憨抗等到营禀称，把总等到九龙江将公文告示交兵丁王大成，一面投交宣慰土官。随有土千总刀细闷纳来江口迎接，至宣慰刀绍文处，有宣慰刀绍文称，伊身幼弱，所有伊下之土目，或不法通同叛彝，或推延不听调遣，屡逼伊母子通同贼人，伊母子不听煽惑，抵死不从，伊下之土目惟千总刀细闷纳尽心竭力固守九龙江，内抗诸目，外拒贼人等语。卑职查系确情，俱经分别奖赏。卑职率领弁兵一面将围攻攸乐之逆贼严加攻剿，一面晓抚橄榄坝附近彝人。再刀兴国之兄刀定国已经守备李万鹏拿禁。"等语。

臣查江坝、茶山等处各种猓人恭顺者当奖赏，以坚其志；观望者须开导，以觉其迷；

凶顽梗化者当痛加剿惩，以儆其余。至车里宣慰司刀绍文，颇知大义，土千总刀细闷纳戮力效忠，业与署督臣高其倬从优奖赏，并商署督臣飞饬军前各官，趁此兵威，务将未获贼首及余党严加剪除，勿得粉饰完事，姑息养奸，庶彝人不敢玩视，而边疆得以永宁矣。

至新平一带猓贼，臣前具奏之后，续据游击白天佐据称："带兵三百名至赖子塘地方，有猓贼千余呐喊，官兵奋勇，连战三次，杀贼无数。跟追至界碑，斩获贼首三十余级，拿获逆贼六名。"又据参将周仪、关朝应报称："在鲊马密杀死贼人数十名，追至阿者山梁，逆贼千余，官兵奋勇攻破贼栅三道，连踏贼营二十余座，打死贼人一百余名，杀死贼首杨登科一名。至竜鸡箐，杀死逆贼十余人。"又据守备胡大勇等报称："在陡坡、白花竜等处大败贼人，搜擒贼人二十二名。"又据曲靖府知府佟世荫禀称："率同官兵直抵新化，擒获贼首普占春之长子普之杰、侄普之英及贼眷十九名口；又分兵直趋象山，官兵奋勇，杀贼九人，打死十余人，生擒男妇大小四十七名口，生擒贼三名。"又据守备胡大勇禀称："带兵至黑龙坡，有逆贼数千，我兵奋勇，斩贼首四十余级，生擒逆贼十余名，枪炮打死贼人三百余名，贼人大败。我兵赶至九天观海边，淹死海内无数。直抵宝秀，又分兵三路进至红岩，贼众聚有三四千，守备等率兵进攻，追至山海子大脑，打伤猓贼数十名，贼人滚箐逃遁，焚烧贼营，四处拿获汉人二十名，于阿花寨搜出贼党男妇五十六名口，又在大松岭打死逆贼数十人，投出猓人百余名。"又据守备谢章禀报："把总杨起凤等游巡至蛮拱坡，遇猓贼六七百人，我兵枪炮齐发，打死穿黄衣骑马贼首一名，又打死猓贼二十余人。"又据参将郑文焕报称："带领兵练至石屏之已窝、矣关一带，有贼千余，我兵杀退逆贼，枪炮打死无数，斩贼首十二级，生擒十三名。"又据游击郭佑民禀报："拿获贼首金名芳、期兹已二名。"又据元江府知府祝宏禀报："贼首李世藩前来元江军营投诚。"又准总统鹤丽镇总兵杨国华咨据新平土目普应祥、邱国良、李毓芳禀报："已将贼首杨二皮斩首，又张保将贼首模则革父子俱行斩首。"等语。又据元江府知府祝宏禀据开化把总陈义文等报称："行至新平南蕴箐内，遇贼百十余人，奋勇攻杀，将杨武坝贼首李阿白斩首，活擒十三名、贼眷男妇大小六十六名口。"等语。又据曲靖府知府佟世荫禀报："九月十九日进兵鲁魁，因山箐路多，分遣官兵攻剿，至吥底冲，擒获贼首李本、腊子并龙文进之子龙标三名及诸贼首妻子家口，并四百巴亦被守备杨旭擒拿。"等语。

臣查新平猓贼原为滇省积患，其连接新平数州县，向系索保出入之区。近年以来畏威敛迹，兹乘普、思猓贼不轨，勾结劫杀，蜂屯蚁聚，若复徒遁招抚之名，适以骄其反覆之性。臣与署督臣切商，惟饬领兵官弁奋力痛剿，除贼首已斩获十余名外，其杨昌礼等数人及其余党务期一一搜擒，无使潜匿远飏，将就完结，以为后日养痈之地。

所有普、思剿抚将竣及剿获新平贼首情形，理合一并缮折奏闻，伏乞皇上睿鉴。为此谨奏。

朱批： 览。

（《雍正朝汉文朱批奏折汇编》第二十三辑，第319～322页）

586 云南巡抚张允随《奏报他郎建造土城缘由折》
雍正十年九月二十一日

云南巡抚臣张允随谨奏：为奏闻事。

窃照城垣原为卫护民生、防御寇贼而设，今普、思、元、新等处逆猓勾结煽惑，相继叛乱，围攻城池，而普洱、思茅、攸乐、新平仓库、兵民皆赖城垣得以保全。

臣查元江府治西南三站有他郎一寨，人烟稠密，汉猓杂处，知府鞭长莫及。经总督、今大学士臣鄂尔泰题请曲靖府通判裁去，移设于元江府，驻扎他郎，并将元江营守备移驻他郎，带兵分防，于本年五月内接准部覆。不意普思逆贼悖叛，蔓延他郎，地方蹂躏，因无城垣捍御所致。伏思思茅首凶刀兴国等、新平贼首杨二皮等业已授首，猓贼丧胆窜匿，不难底定。但猓性犬羊不常，久蒙圣鉴，大兵撤后，自应于紧要地方酌留弁兵防范。今查猓贼肆逆之处当经官兵惩剿，近已宁谧，惊逃人民渐次复业，一切调剂善后事宜，容署督臣高其倬与臣详筹，具奏请旨。而建筑城垣尤为紧要。

臣思他郎系元江之门户、普思之咽喉，地方颇广。臣与署督臣现在饬令元江府知府祝宏确勘估计，建筑土城，俟估计到日，动发司库捐纳银两兴工题报外，所有他郎建造土城缘由，理合缮折奏闻，伏乞皇上睿鉴。

再臣奉到钦颁折匣俱经具奏未回，谨用夹板封固驰赍。合并奏明，为此谨奏。

朱批： 是。

（《雍正朝汉文朱批奏折汇编》第二十三辑，第322～323页）

587 两江总督署理云贵广西总督印务高其倬《奏报普、思之贼首已获，余党现在搜捕，不日可以竣事折》
雍正十年九月二十二日

两江总督署理云贵广西总督印务臣高其倬谨奏：为奏闻事。

窃查普、思、元、新夷贼勾结悖叛，臣已将调兵分剿情节节次缮折具奏。兹普、思搜剿贼首一路之兵，前经游击区明已将贼首刀兴国及其子妻与其弟拿解，续据区明报称：

"刀兴国在途伤发身故，随割首级并各贼眷解省，今已将到。"续又据游击陈上志禀报："搜至圈罗，擒获贼党胡尚文及其兄弟、妻子，又招出蛮竜村男妇大小八十三名口。搜至整空，擒获刀三家人，据供刀三逃在六困地方，现带兵前往搜拿。"等语。其剿抚威远以外贼人一路之兵，臣据游击张超禀报："行至蛮住，杀死拒敌贼人数十名，招出魏科等一十八寨，各令安业。又在窝罗寨、蛮简、三台坡杀伤贼众，直抵三圈，投出蒲蛮、猓黑二十四寨，将贼首四喇鲊用弩打死，割获首级。此一带剿抚之事已竣，业撤兵回威远驻扎。"等语。其援应攸乐一路之兵，臣据游击王先报称："带兵经过蛮骂河、关铺、关坪、板角等五处，俱有贼人拒敌，我兵奋勇进攻，沿途杀死贼人甚多。于八月十九日，将至攸乐，对山有贼人千余匿箐放弩，官兵枪炮齐发，打死逆贼数十名。有攸乐官兵前来接应，砍开木栅四道，于未时到攸。查攸乐栅城、官兵俱各完全。"又据守备张接天禀报："沿途四次与贼对敌，伤贼甚多，攻破木栅无数，亦于八月二十一日已到攸乐。"其茶山各寨，据王先禀称："窝泥、苦葱、蒲蛮俱已作逆，惟摆夷尚在观望。其九龙江外车里土司之地，卑职遣把总李灿将奉发告示及与宣慰刀绍文公文交该弁赍持前往。旋据李灿带领宣慰主文邹文蔚、打锣土弁召者、叭目先憨杭等到营禀称，把总等到九龙江，将公文、告示交兵丁王大成，一面投交宣慰土官，随有土千总刀细闷纳即来江口迎接。至宣慰刀绍文处，有宣慰刀绍文称伊身幼弱，所有伊下之土目，或不法通同叛夷，或推延不听调遣，屡逼伊母子通同贼人，伊母子不听煽惑，抵死不从。伊下之土目惟土千总刀细闷纳尽心竭力，固守九龙江，内抗诸目，外拒贼人等语。卑职查系确情，俱经分别奖赏。又宣慰刀绍文恳求官兵往江边驻扎，以为声援弹压。随令守备张接天带领兵练前赴九龙江弹压，卑职在攸率领弁兵，一面将围攻攸乐之逆贼严加攻剿，一面晓谕橄榄坝附逆夷人。再刀兴国之兄刀定国已经守备李万鹏拿禁，合并声明。"等情。

臣即飞行王先，饬令速行相机办理，叛逆者痛加惩创，观望者晓谕招抚。其宣慰刀绍文深明大义，土千总刀细闷纳矢心忠勤，尽力把江抗贼，臣俱现发给重赏，以示鼓励。其剿抚元、普两界中贼人一路之兵，今各里夷寨剿抚已竣，惟曾经附贼为逆之火头丰阿常等四人尚钻箐藏匿不出，现在躧捕。其六里人民今俱已复业矣。

至新平杨昌礼等通同普、思之贼叛逆，臣已调鹤丽镇总兵杨国华总统所调各处官兵星飞攻剿。今接据参将周仪、吴朝应报称："在鲊马密杀死贼人数十名，贼众败退至密白哨，搜获贼人男妇大小一十五名口，在怕之勒，投出被胁夷人男妇大小百余人。追至阿者山梁，遇逆贼千余恃险拒敌，官兵奋勇攻破木栅三道，连踏贼营二十余座，杀死贼首杨登科一名。"又据知府佟世荫禀报："率同官兵在猓黑达拿获贼人二名，即直抵新化，擒获贼首普占春之长子普之杰、侄普之英及贼眷十九名口。又分兵直趋象山，有贼五百余人在山拒敌。官兵奋勇直上，贼不能敌，舍坉奔逃，生擒男妇大小四十七名口，活拿贼人一名施老三。"又据守备胡大勇等禀称："带兵至黑龙坡，有逆贼数千与官兵对拒，我兵奋勇当先，短兵相接，斩贼首级四十余颗，枪炮打死贼人三百余名，贼人大败。我兵直抵宝秀，又分兵三路进至红岩，贼众聚有三四千，守备等率兵进攻，追至山海子、大脑，打伤猓贼数十名，贼人滚箐逃遁。随于阿花寨搜出贼党男妇五十六名口，又在磨些冲、大松岭打死逆贼数十人，有夷猓一百余户投出，随令各归安业。"又据参将郑文焕报称："带领兵练至石屏之巴窝地方，遇贼千余，我兵分为两路夹攻，杀败逆贼，砍获贼人首级十二颗，活擒十三名。"又据游击白天佐报称："带兵至赖子塘地方，有猓贼千余呐喊拒敌，弁兵奋勇，连战三次，杀死逆贼无数。跟追至界碑，有驻防界碑千总刘瑞彩等带兵夹攻，斩获贼首三十余颗。"又据守备谢章禀报："令把总杨起凤等游巡至蛮拱坡，遇猓贼六七百人，我兵枪炮齐发，打死穿黄衣骑马贼首一名，砍获首级。直追过岭，打死猓贼二十余人。"又据游击段福报称："领兵至洗鲁，遇贼击败。"又据游击王廷标称："带兵至禄鸦尾，击败贼人数百，杀死贼人甚众。"又于九月二十日，据鹤丽镇总兵杨国华报称："贼人经官兵剿败，今据新平土目普应祥等禀报，已将贼首杨二皮斩首。又张保将贼首摸则革父子俱行斩首。"又据游击郭佑民禀报："已拿获贼首金名芳。"又据总兵董芳禀报："贼首李世蕃带后生前来元江军前投诚。"等语。又据把总陈义文等禀报："于南蕴村剿败贼人，斩获贼首李阿白首级，并擒获贼人队长普老二等一十三名。"又据知府佟世荫验报："带兵搜剿新寨之贼，已获贼首李本龙、腊子、龙标三名及其妻子家口一百四十余名口。又守备杨旭已获贼四百巴。"等语。

臣查新平贼人已经各官兵痛剿，屡次大败之后业俱散溃潜逃，所有大贼首已获九人，其杨昌礼等数名，臣飞饬将备上紧搜擒。现今情形，普、思之贼首已获，普洱、思茅、攸乐三城已全，新平之贼又已散败，追搜擒捕不日可竣。臣俟新平之贼首、普洱之贼党所未获之数人一经搜获，即将一切料理调剂，俾永远宁贴之处详细筹思，条列具奏请旨，敬谨办理。所有现在情节，臣谨缮折奏闻。谨奏。

朱批：据奏普、思之贼首已获，余党现在搜捕，计日可以竣事等语。但思夷猓犬羊成性，反覆无常，今兹剿抚，务须穷源拔本，勿使余烬复燃。凡夷人内知大义，能不被贼煽惑者及随军效力者，极宜厚加赏赉，或题请恩锡，以示鼓励。岂可吝惜小费，辜其向化之心？此番行间，官兵奋勇效忠，甚属可嘉。其中勇往向前、拼命拒敌并临阵受伤及已故之各员弁、士卒，俱应从优赏恤。又如骂贼被害之试用章伦，更应题叙旌奖，昭示劝惩。可将前后用兵剿贼以及奏捷情节暨分别加恩锡赉之处缮疏具题，候朕降旨施行。前数次奏折概未交部，汝其知之。

（《朱批谕旨》高其倬奏折）

588　云南巡抚张允随《奏请处置鲁魁方、杨、普、李四姓缘由折》
雍正十年十月二十一日

云南巡抚臣张允随谨奏：为请旨事。

窃查新平县在万山中，东鲁魁山，西哀牢山，南磨盘山，北五桂山，其山势或绵亘千里，或数百里。而鲁魁一山又有各种猓彝，号为野贼，啸聚穷山，乘机抢掠，并索取附近村寨保钱，由来已久。自康熙二十七年，相传临安府知府黄明松受方、杨、普、李四姓财物，假名招抚逆，招出杨宗周、普为善、方从化、李尚义等，详请题授杨宗周土县丞，普为善、方从化、李尚义土巡检，准其世袭，管辖猓彝。自授土职之后益无忌惮，旋于康熙二十九年、雍正二年间，因抢掠索保、纠众骚扰，题明将李、方、普三姓停其承袭，惟杨姓稍为安分，故仍留土县丞之职。但猓彝之性反覆不常，且猓俗属某姓管辖者，祖孙父子听其驱遣，虽死不顾，牢不可破。是以一贼目倡叛，而群丑影从，必去其管辖之人，然后可施化导之术。

今杨、普、李三姓无故乘机勾结不法，虽据报土县丞杨昌祚不知情，然叛逆者既系昌祚之弟兄子侄，是杨姓之职宜削，杨姓之宗可斩。臣愚见，除杨、普、李三姓逆贼现今剿杀并擒获，应正典刑，及土丞杨昌祚有无知情，听署督臣高其倬发审究拟外，应将杨、普、李三姓族内余党趁此兵威逐一查明，分别陆续迁徙远处，以散党羽，以绝祸胎，庶彝人一变故习，而地方永享粉宁。至方姓，虽无附贼之事，现在效力军营，亦一时权宜驾驭，终非善类。俟事竣，与署督臣高其倬酌商安置，另行请旨。臣愚昧之见，是否可行，伏候睿鉴批示，以便与署督臣高其倬妥协办理。为此谨奏。

朱批：另有旨谕。

（《雍正朝汉文朱批奏折汇编》第二十三辑，第 484 页）

589 云南巡抚张允随《奏报昭通、东川城垣竣工折》
雍正十年十月二十一日

云南巡抚臣张允随谨奏：为奏报昭、东城垣工竣事。

窃照郡县建设城垣所以捍卫地方、生聚民人，而新辟苗疆尤属紧要。臣查昭通城垣，前据昭通文武各官议于二木那地方建造砖城一座，估需银四万一百四十九两零。又据东川府详称，旧存土城颓圮，不足以资保障，经升任督臣鄂尔泰与臣批令估建石城。嗣据该府估报，石城一座共需银三万二百五十四两零。经臣先后题明，并节次行催，上紧如式坚固建造。去后，兹据东川府知府崔乃镛昭通府知府徐德裕报称，城工俱经告竣，官吏军民无不欢庆等语。除委员确勘是否坚固，有无浮冒以及据报节省银两取具册结到日另行题销外，所有昭通、东川城垣工竣缘由，理合附折奏闻，伏乞皇上睿鉴。为此谨奏。

朱批：好。

（《雍正朝汉文朱批奏折汇编》第二十三辑，第 485 页）

590 云南巡抚张允随《奏报近日普、思、新平搜剿情节并新平贼首陆续擒获折》

雍正十年十月二十一日

云南巡抚臣张允随谨奏：为奏报新平贼首陆续擒获并攻剿普思之整鲁、茶山、江坝事。

窃照思茅刀贼悖叛，新平猓贼乘机勾结为逆，先后发兵进剿情形，经臣节次具折奏闻。兹据军前文武各员陆续禀报，并准鹤丽镇总兵杨国华咨："又获贼首杨昌礼、杨昌禄、杨三皮及大贼目方捏敢、普业乐，斩获大贼目龙文进，并斩杨昌禄之子杨廷枢、杨方受；又获杨昌禄之子杨廷芳，普业乐之子普良佐、普二，模则革之子萨咩、阿拍、阿五、阿白，普成忠之子阿保并杨昌国，普成忠之妻女；又获贼党普那、普保、普义、期善、李白巴、色欲巴、哈白、阿博、撒倬、巴捏敢、资则、黑能、李梭、巴三、老虎、普玉龙、李额、小老虎、普世兴、歇勒、矣海、李老三、腊凤鸣、糯戛、龙天卫、普天成、郭保矣、耀龙、李学成、阿六、周之冕、方含儒、李索、李业、普成受、普滋保、普路保、普路雅，猓鸡汉奸冯辚、李元秀等，并贼眷口斩擒甚多，搜获猓人男妇及投出者二千有余。"等因。

臣查新平贼首虽已斩擒过半，然尚有杨昌奉、普阿黑等数人未获，必须乘此大兵云集，尽拔根株。查元江磨沙一带系贼人窜逸之路，臣因会饬军前领兵官于江边要隘严加堵截，毋令漏网，并饬于各山箐搜剿余孽，以图一劳永逸。至普思军营情形，臣陆续准提臣蔡成贵咨称："游击区明、朱仲玉，把总杨国臣、秦华生等带兵在白马山拿获刀辅国家属九名口，在蛮猛、慢朋及南松河共杀贼三十四名，贼人堕江死者三十余人，擒获贼人及男妇大小共一百八十二名口，又投出彝民男妇一千七百四十六名口。"又咨称："闻猛先有贼聚扎，遣游击朱仲玉带兵潜进攻剿，乘大雨贼人不觉，大杀贼众，斩首级九十六颗，生擒贼人九十五名，内有除讯明被掳威远土练一名保释外，其余九十四名均系拒敌官兵之贼，俱已斩首悬示。"又咨称："据游击朱仲玉禀报，普思、江坝各处及新平剿败逃遁之贼人，今探查皆潜聚于偏僻之整鲁地方，约有五六千人；又普藤亦尚有余贼。"等语。又准提臣咨称："李宗膺报，与守备燕鸣春带兵进攻困罕、困养一带，逆贼坚树木栅数十道，处处据守，俱经官兵砍伐攻击而入，伤死贼人甚多，斩获首级十三颗，贼人败逃，我兵即由小猛养直抵九龙江。据宣慰司刀绍文、土千总刀细闷纳及各版目等禀称，思茅逆贼纠结六茶山窝泥作叛，橄榄坝逆猓附从，请发兵剿擒。"又据守备张接天禀称："守备带领兵练驻扎九龙江，差兵护送攸乐兵粮，今有贼人立木栅堵截等情。卑职即就近行调猛遮土练四百名来江协剿，并行猛阿土千总叭占等各将所属江隘严加把守，毋使贼人兔脱。留守备姜云带兵驻扎九龙江弹压外，卑职率守备张接天等带领兵练六百九十名进剿橄榄坝，并知会游击王先等下攻慢赖，但恐兵力微单，恳遣兵分路攻剿等语。随经提臣抽拨官兵进普应援围剿。"等因。移咨到臣。

臣查整鲁地方直通茶山、南掌，遥接元江、新平，实系各猓潜逃狡窟，若不严密布置，会期攻剿，必致逃窜外域。臣与署督臣高其倬会饬军前各官，策励将士奋勇剿除，务期捣巢扫穴，尽屠丑类，庶足以彰国法，以快人心。至橄榄坝江外一带，已令宣慰司刀绍文、土千总刀细闷纳将伊管下土目暗地作奸者设法拿解，借我军威剪彼孽种，相机剿抚，以靖边患。

所有近日普、思、新平搜剿情节，理合缮折，专差家人李英赍折奏闻，伏乞皇上睿鉴。奉到朱批原折四扣，一并恭缴。为此谨奏。

朱批：览。

（《雍正朝汉文朱批奏折汇编》第二十三辑，第485～487页）

591 两江总督署理云贵广西总督印务高其倬
《奏报进剿普、思江坝及新平一带情形折》
雍正十年十月二十一日

两江总督署理云贵广西总督印务臣高其倬谨奏：为奏闻事。

普、思、元、新彝贼勾结悖叛，臣已将各路官兵攻剿及擒获各贼首情节节次缮折具奏。今现在搜剿普思之江坝、茶山一路官兵，臣陆续准提臣蔡成贵咨称："游击区明、朱仲玉，把总杨国臣、秦华生等，带兵在白马山拿获刀辅国家属九名口，在蛮猛、慢朋及南松河共杀贼三十四名，贼人堕江死者三十余人，擒获贼人及男妇大小共一百八十二名口，又投出彝民男妇一千七百四十六名口。"又咨称："闻猛先有贼聚扎，遣游击朱仲玉带兵潜进攻剿，乘大雨贼人不觉，大杀贼众，斩首级九十六颗，生擒贼人九十五名，内有除讯明被掳威远土练一名保释外，其余九十四名均系拒敌官兵之贼，俱已斩首悬示。"又咨称："据游击朱仲玉禀报，普、思、江坝各处及新平剿败逃遁之贼，今探查皆潜聚于偏僻之整鲁地方，约有五六千人，又普腾亦尚有余贼等语。查整鲁通茶山、南掌，必四路围截，则一剿可以罄除。随飞檄游击王先、陈上志，带现在茶山之官兵，将通整鲁、南掌之要隘拨兵防堵；又抽调安台官兵七百七十名听调，并咨总兵杨国华抽新平之兵，共一千五百名赴普听遣；又咨总兵董芳拨兵前赴普、元交界之里仙江严加堵截。"等情。移咨到臣。

臣查余贼逃聚整鲁，自应四面调令堵截，悉剿罄除。随亦即飞行总兵杨国华、董芳拨兵速赴普洱听候提臣调遣，并酌拨官兵前赴里仙江堵截贼人败遁之路等因。去后，随据总兵杨国华禀称："查新平贼众虽已剿平，但余党现在搜拿，各处堵截之兵目下实难撤减。今酌将参将郑文焕、周仪并外委王怀一、土目施腻勒等兵练共计一千五百九十余员名，令前往普洱。"等语。臣查目下新平一带之贼剿杀擒获已过大半，所余未获贼党无一复敢拒敌者，俱星散潜逃，或出元江江外，或仍匿本处深箐，兵丁似可移调。但恶贼必须一一剿拿，根株净尽，方可久靖地方。所有现在布置跟搜之官兵果尚未可抽减，臣随通盘计算，现调进整鲁兵练已有酌拨台站官兵七百七十名，又参将周仪、郑文焕等兵练共一千五百九十余员名，又总兵董芳已调守备李枝连三百名前赴里仙江堵截，臣再饬令守备胡大勇带兵三百名、守备孟思贤带兵二百名前往元江，令其奉调，即行前往接应。计共兵练三千一百余名，合之游击朱仲玉、王先、陈上志各处兵练，共五千余员名，听提臣调遣，攻剿整鲁逆贼。一面仍飞催总兵杨国华速乘此官兵在新，将藏匿余贼上紧搜拿，务令净尽，一可兼顾，即酌拨兵练飞赴整鲁协堵策应。续又准提臣蔡成贵兹据李宗膺报："与守备燕鸣春带兵进攻困罕、困养一带，逆贼坚树木栅数十道，处处据守，俱经官兵砍伐攻击而入，伤死贼人无数，斩获首级一十三颗，贼人败遁，我兵即由小猛养直抵九龙江。据宣慰刀绍文、土千总刀细闷纳及各版目等禀称，思茅逆贼纠结六茶山窝泥作叛，橄榄坝逆彝附从，请祈发兵剿擒。又据守备张接天禀称，守备带兵练驻扎九龙江，差兵护运攸乐兵粮，今有贼人将立木栅堵截等情。卑职即就近行调猛遮土练四百名来江协剿，并行猛阿土千总叭占等各将所属江隘严加把守，毋使贼人兔脱。留守备姜云带兵驻扎九龙江弹压外，卑职率守备张接天等带领兵练六百九十名进剿橄榄坝，并知会游击王先等下攻慢赖，但恐兵力微单，恳遣兵分路攻剿等情到本提督。查整鲁现聚贼众数千，现今抽调元、新官兵往剿，普城官兵无可拨赴。但查游击陈上志带兵练五百余名，原檄令先将蛮焯等处扫通大路，再进攸乐，迄今一月，谅已到攸，自必随时酌办。如目下橄榄坝剿抚已竣，应即酌拨官兵顺剿猛养、蛮合等处，并令陈上志酌带兵练剿抚茶山。若陈上志所带兵练已经应援橄榄坝，势难兼顾茶山，俟本提督调兵进剿整鲁毕，即就近分兵剿抚茶山一带，并将未净余孽一并剿除，撤师而回。"除行李宗膺、陈上志等遵照等因，臣亦现行会饬。此现在普、思、江、茶之情形也。

至新平一带现已剿平，已无聚众之贼及拒敌之事。惟潜匿本处深箐者尚必须尽拿，逃往元江者亦尚必须跟剿，务令根株悉除，方可撤兵。北路之兵，自臣前将剿擒情节具奏后，续又总兵杨国华及文武各员等陆续具报，又已获倡谋贼首杨昌礼、杨昌禄、杨三皮及大贼首方捏敢、普业乐，斩获大贼首龙文进一名。又主谋贼首李世藩先经投出，今已拘擒，并斩杨昌禄之子杨廷枢、杨方受；又获杨昌禄之子杨廷芳，普业乐之子普良佐、普二，模则革之子萨哖、阿拍、阿五、阿白，普成忠之子阿保并杨昌国、普成忠之妻女；又获贼党普那、普保、普义、期善、李白、巴色、欲巴、哈白、阿博、撒倬、巴捏、敢资、则黑能、李梭、巴三、老虎、普玉龙、李额、小老虎、普世兴、歇勒、矣海、李老三、腊凤鸣、糯戛、龙天卫、普天成、郭保矣、耀龙、李学成、阿六、周之冕、方合儒、李索、李业、普成受、普滋保、普路保、普路雅，猓鸡汉奸冯辚、李元秀等四十名，擒贼眷口二百三十五名口，生擒贼人一百四十六名，斩获贼级一百二十颗，搜获彝人大小男妇六百三十九名口，投出一千三百九十五名口。此新平剿贼之情形也。

所有情节，臣谨缮折奏闻。谨奏。

朱批：另有旨谕。

（《雍正朝汉文朱批奏折汇编》第二十三辑，第487~490页）

592 两江总督署理云贵广西总督印务高其倬《奏报剿平新平等处彝人及剿抚橄榄坝土人情形折》

雍正十年十一月二十四日

两江总督署理云贵广西总督印务臣高其倬谨奏：为奏闻事。

查滇省逆彝，普思首叛，元江之贼附和，新平土彝杨昌禄等又复继叛，所有调兵攻剿各情形，经臣节次具奏。今新平一带之贼业已全平，贼首杨昌禄、杨昌礼、李世藩、普业乐、杨二皮、模则革等及其妻子各已或斩或擒，余党、后生斩获极多；元江之贼首五人，已斩杨自荣一名，又获白老二、封阿常二名，余众败散，二处地方俱已平静。新平贼首惟余杨昌奉、普阿黑、李廷柱、普成忠，元江贼首惟朱荣章、厄鬼二名，俱潜逃江外，尚未就获。至普洱之普洱、思茅、攸乐三处之贼俱已平破，贼首刀兴国已获枭首，其兄弟、妻子俱已擒获，所有逃出余贼潜聚于普洱之整鲁地方，而新平逃出之杨昌奉等、元江之余贼亦逃往共聚，经提臣蔡成贵调集官兵四面攻剿，期将三处逃聚余贼一并清除。今各兵已集，定于十一月二十日合攻。其合攻信息相距稍远，今尚未能报到，臣俟报到即行具奏。所有元新之兵，臣尚未令撤，趁此穷搜痛惩，以尽根株。此现在之情形也。

其橄榄坝地方，有车里土司之叭目先罕扫素行顽恶，欺土官刀绍文幼弱，同土目怕必忠、召腊中串通彝贼，令其家人先板鸦到橄榄坝，逼勒主人作叛。有副将李宗膺，经臣题参，即行令总兵董芳摘印署理。董芳未及赶摘其印信，李宗膺已带兵数百名前进到九龙江土司处。臣节准提臣蔡成贵咨据李宗膺报称："土司刀绍文母子禀称，怕必忠等不法谋叛有据，李宗膺随将怕必忠、召腊中斩首。又同守备张接天、燕鸣春带兵到橄榄坝，有贼数百拒敌，二次杀败，共斩贼级九颗，擒贼六人，贼人败逃过九龙江，其坝中土人俱已逃避，其仓粮、牲畜俱各不动。是土人系先罕扫等压勒，应另请文员前来招抚。卑职已带兵回驻攸乐，令游击王先等追剿小猛仑逃去之贼。"等语。随经臣与提臣皆严饬其非。又臣续据游击王先禀报："小猛仑之贼已经击败，贼人逃散，李宗膺又带兵前往，云剿各茶山之贼。卑职屡行阻禀，不依竟去。乃橄榄坝逃去过江之贼人先板鸦等果又到土司所属地方勾众作叛，欲攻土司住处，土司刀绍文告求援兵，卑职已遣千总赵弘祖带兵一百五十名往援。"等语。

臣查李宗膺既将先板鸦等之数百贼人于橄榄坝击败逃遁，而橄榄坝土人惟避兵而不搬牲食，则其不愿从逆，有意待招是实，即应一面追擒逃贼，一面招抚橄榄坝土人安业。乃畏坝中有瘴，竟往攸乐，又往茶山，且于千里之遥请，遣文员招抚，巧卸误事，又纵贼不追，致入土司地方勾众作逆。除已咨提臣蔡成贵飞将李宗膺之兵委就近之员带领，将李宗膺严行提拿，解省究审外，所有九龙江及茶山之贼，臣现会同提臣蔡成贵料理攻剿，期在冬寒之内清除，以安车里土司地方。所有情形，合并奏闻。谨奏。

朱批： 览。

（《雍正朝汉文朱批奏折汇编》第二十三辑，第640~642页）

593　两江总督署理云贵广西总督印务高其倬
《奏报云、贵、桂三省秋成分数折》
雍正十年十月二十一日

两江总督署理云贵广西总督印务臣高其倬谨奏：为奏闻事。

臣查云贵二省今年秋成丰收情节，臣前经缮折奏明，所有云、贵及广西三省各处秋成详细分数，经臣行三省布政使查报。去后，兹据云南布政使葛森汇报，内开："云南之昆明、永平、富民、宜良、宣威、嶍峨、通海、河西、建水、新兴、河阳、路南、江川、镇沅、元江、赵州、云南、太和、邓川、浪穹、宾川、云龙、永北、腾越、鹤庆、蒙化、楚雄、镇南、南安、广通、定远、顺宁等府州县，稻谷、荞麦俱有十分收成；安宁、禄丰、呈贡、昆阳、嵩明、南宁、马龙、罗平、广西、弥勒、恩乐、保山、剑川、丽江、云州、姚州、大姚、和曲、元谋、禄劝、会泽、镇雄、罗次、寻甸、师宗、石屏、阿迷、宁州、蒙自、新平、广南、文山、普洱、景东、威远等府州县，稻谷、荞麦俱有十分、九分不等收成；晋宁、陆凉、易门、沾益、平彝等州县，稻谷、荞麦俱有八分收成。昭通一府内，大关、鲁甸谷荞有七分收成，恩安县稻荞有五分收成，永善县荞有五分收成，其冬荞因霜早，未能有收；至新垦之户，又较之旧户不及，盖其田系新开生田，新招垦户尚不熟知土性，而五月间种稻之时得雨少迟，秋间播种冬荞，霜又微早，各户内好者有四分收成，次者仅二三分收成。"现在臣详筹，酌饬地方官预备荞石，目前冬底，接济其人口稍多而食微不敷者，并详备来春青黄不接时之接济，务俾口实有资，得以及时力作，并令将田土尽行翻犁，以备来年早得播种麦及荞麦，使垦户早济食用。此滇省各处秋成之细数。

又据贵州布政使常安汇报，内开："贵州之贵阳、定番、贵筑、龙里、镇宁、永丰、正安、桐梓、镇远府镇远县、青溪、铜仁府铜仁县天柱、威宁、黔西等各府州县兼辖土司地方，稻谷、杂粮俱有十分收成；广顺、开州、贵定、安顺、永宁、清镇、南笼、普安州、普安县、安南、遵义、绥阳、仁怀、余庆、瓮安、湄潭、都匀府都匀县施秉、思南、安化、印江、石阡、龙泉、思州、玉屏、黎平、永从、开泰等各府州县兼辖土司地方，稻谷、杂粮俱有九分收成；修文、普定、安平、平越府平越县、黄平、独山、麻哈、清平、婺川、锦屏、大定、平远、毕节等各府州县兼辖土司地方俱有八分收成。"此黔省各处秋成之细数。

又据广西署布政使张钺汇报，内开："广西之全州、兴安、永安、恭城、宣化、上思、永淳、象州、宜山、天河、思恩、河池、武缘、泗城、镇安、宾州、迁江、上林等各府州县，稻谷俱有十分收成，黄豆、杂粮十分、九分不等；灵川、永宁、灌阳、富川、修仁、横州、马平、柳城、归顺、崇善、来宾、利养、左州、永康等州县，稻谷俱有九分收成，黄豆、杂粮九分、八分、七分不等；临桂、阳朔、永福、平乐、荔浦、贺县、雒容、罗城、怀远、宁明，稻谷俱有八分收成，黄豆、杂粮九分、八分不等。惟义宁县晚禾高田缺水，收成六七分不等，低田有水，八九分不等。至苍梧县晚禾，因入秋雨少，总计收成约有五分，荞麦杂粮计有七分收成。"此广西一省秋成之细数。

臣谨将实在分数缮折奏闻。谨奏。

朱批： 览。

（《雍正朝汉文朱批奏折汇编》第二十三辑，第 642～644 页）

594　两江总督署理云贵广西总督印务高其倬、云南巡抚张允随《奏请将云南学臣吴廷熙留任折》

雍正十年十一月二十九日

两江总督署理云贵广西总督印务臣高其倬、云南巡抚臣张允随谨奏：为仰恳圣恩事。

窃查云南学臣吴廷熙到任试士以来，办事勤慎，考试廉明，而于教训士子读书为文之外，尤于立心行事加意告勉，谆谆不倦，士子之为非者又不祖护，实于边方有益，且系接前任学臣于广之差，在滇办理仅有半年。臣等愚见，冒昧仰恳圣恩，乞将臣吴廷熙赏令在滇训士，为日少久，似于士习有裨。臣等谨会同缮折奏闻。谨奏。

朱批： 此奏未到之先已有旨矣，不便再更。

（《朱批谕旨》高其倬奏折）

595 云南巡抚张允随《奏报官兵近日搜剿普洱橄榄坝彝人情形折》
雍正十年十一月二十三日

云南巡抚臣张允随谨奏：为奏闻事。

窃照普、思、元、新猓贼勾结为逆，官兵先后进剿，并贼首陆续剪除、地方平定各情形，经臣节次具折奏闻。臣查思茅贼首刀兴国悖逆之后，继以新平杨、普诸贼，经官兵或斩或擒，陆续解省，新平地方俱已安堵，止未获贼首杨昌奉、普阿黑、李廷柱、普成忠及元、普贼首召第、朱荣章、厄鬼数人潜逃江外，聚集于普洱之整鲁地方，经提臣蔡成贵调集官兵，定期于十一月二十日齐攻合剿，将三处逃聚余贼一并剿除，以净根株。提臣已移驻思茅，就近调度，尚未接有捷音，俟报到再行具奏。

至江坝地方，据参革副将李宗膺等禀报，知车里土司之奸目先罕扫欺其土官刀绍文幼弱，同奸目怕必忠、召腊中勾通彝贼，并迫胁橄榄坝土人作叛。李宗膺带兵至九龙江，已将奸目怕必忠、召腊中二人斩首，遂同守备张接天等带领官兵往橄榄坝，贼人拒敌，督率弁兵夺取木栅，杀败贼众，斩获贼首九颗，擒贼六人，贼人逃遁过江。其坝中土民俱已逃避，其仓粮、牲畜并无移动，明系被胁，欲待招安。及将拿获之波易研讯，坝民因何作叛？据称叭目先罕扫等强压百姓附和为逆情实，而李宗膺不即在坝料理，反请文员前往招抚，遽行回收，又带兵往剿茶山。经督、提二臣严饬，已另委员领兵，将李宗膺解省。又据游击王先禀称："奸目先罕扫等约众欲攻土司宣慰司，刀绍文告急求援，王先遂遣千总赵弘祖带兵一百五十名往援，并接准提臣咨，扫平整鲁，即移兵江坝清除。"等语。署督臣高其倬与臣饬令军前文武各员趁此冬寒瘴消，务速剪除净尽，以安边圉外，所有近日搜剿余贼情形，理合缮折奏闻，伏乞皇上睿鉴。奉到朱批原折五扣，一并恭缴。为此谨奏。

朱批： 览。

（《雍正朝汉文朱批奏折汇编》第二十三辑，第 645~646 页）

596 云南巡抚张允随《奏报试煎新增沙井盐斤事宜折》
雍正十年十一月二十三日

云南巡抚臣张允随谨奏：为奏报试煎新增沙井盐斤事。

窃照滇省盐务关系国计民生，臣悉心访察，为期屏私裕课。查白井各井之旁及沿河处所间有沙卤井眼，每被奸灶暗汲，私煎盗卖，以致官盐壅滞。经升任督臣鄂尔泰与臣面谕盐道张无咎，发给薪本银两，并委员会同白井提举司刘邦瑞查较试煎。嗣据盐道详据提举司申称："该井沙卤俱产河中，冬春卤水消长不齐。"臣等批令试煎一年定额。去后，兹据盐道报称："白井新增沙卤，自雍正九年九月起，连闰至十年七月底止，共收买余盐七十三万余斤，除薪本外，每年盈余银四千九百余两。"除令盐道造册，具详到日另行题报定额外，理合具折奏闻，伏乞皇上睿鉴。为此谨奏。

朱批：览。

（《雍正朝汉文朱批奏折汇编》第二十三辑，第646页）

597 云南巡抚张允随《奏报滇省本年办获铜斤余息数目折》
雍正十年十一月二十三日

云南巡抚臣张允随谨奏：为奏明办获铜斤余息事。

窃照滇省出产铜斤，必厂旺铜多，庶足供各省采运及本省鼓铸之用。臣悉心调剂，令管理厂务粮储道黄世杰多发工本，招集厂民上紧攻采收买。今自雍正十年正月起至十月止，各厂报到，已办获铜二百六十三万五千斤零，约至年底，尚可办铜五六十万斤。总计一年约可办铜三百二十余万斤，获课息银八万一二千两。又永宁、威宁二店卖过京商及各省采买铜斤，获余银三万五千两零，约计一年共获课息银一十二万余两。俟臣于奏销时造具细册题报外，合先附折奏闻，伏乞皇上睿鉴。为此谨奏。

朱批：览。

（《雍正朝汉文朱批奏折汇编》第二十三辑，第647页）

598 云南巡抚张允随《奏报新平、普、思军务已竣撤师
并合兵攻剿潜入元江、临安余众折》
雍正十一年三月二十四日

云南巡抚臣张允随谨奏：为奏闻事。

窃照上年普、思、元、新逆彝作叛，官兵分头攻剿各情形，经臣节次恭折具奏。兹查新平自上年十一月间平定之后，旋准鹤丽镇臣杨国华咨报："新平各处逆猓俱已痛剿，被胁村寨俱已抚定，所有大贼首如杨昌禄、杨昌礼、金名芳、李廷柱、李世藩等十六名俱已擒拿解省，如摸则革父子、杨二皮、李阿白、杨昌红等二十余人俱已斩杀，惟杨昌奉、普阿黑、普成忠已逃入普境，其为贼出力攻杀汛兵之阿你勒等二十七名，悉于军前斩首悬示，以警彝众，以快民情，并咨明已经带兵于十二月二十七日回省。"等因。臣思新平虽已平定，而贼首杨昌奉、普阿黑、普成忠凶狡异常，今既遁入普境，恐其煽惑猖狂，当即谕示思、普各路官兵，务期堵擒搜获，以净根株。所有新平擒解贼犯，现在饬司审拟招解，听督臣审题外，其新平地方遭贼劫掠难民初复，时际春耕，牛犁、谷种力难措办。臣会同署督臣高其倬饬令布政司动银二千两，发交新平县酌量分别借给，以为牛种东作之资，分作三年扣还，俱各感戴皇恩，乘时播种。此新平事务已竣之情形也。

至臣前奏元、新、普、思未获溃遁之余贼，先聚于普思之整鲁后，又潜入整董。提臣蔡成贵到思后，调集官兵，派令参将周仪由猛旺一路进攻，游击朱仲玉等由等角、整鲁会合搜剿，参将郑文焕自猛野、整康一路堵截剿杀，贼彝四散奔逃。我兵由愿庆、猛乌、乌得一路追杀，沿途招抚整董、猛乌、通关、把边、磨黑、猛先各处彝寨。又自乌得、慢竜会剿锡腊坡，余贼复大败溃散，参将周仪等遂带兵前进茶山，清理其江坝六版纳地方。提臣蔡成贵遣令游击哈尚德、王先带兵前往招抚。提臣即于本年正月初八日亲抵江坝，准咨陆续投出，各处彝民俱已安抚归业。猛笼土弁叭光误入贼党，亦悔罪投诚，缴炮四位。即传集文武，令宣慰司刀绍文带到土弁、版目，在梵龙寺宣扬圣主德威，挨次面谕，莫不感戴输诚，伊等咸愿出具甘结，访拿未获逸贼等因。提臣即于正月十二日回驻思茅。嗣据前进茶山之游击陈上志等禀报："由慢了而进至倚邦、架布、补老，招抚竜得、慢乃等寨，搜至龙骨、秧列等箐，拿获贼人召猛玖，斩级示众。参将郑文焕在乌得料理，又攻克他攸逆寨，即带兵至猛仑，会同周仪夹攻莽九，大败逆贼，斩擒之外，余贼逃入攸乐各箐内。游击张其贵等围搜邦之克，擒拿贼目召第，追进六困、困阿、困莽、困茄一带，俱已无踪，其攸乐三十九寨亦潜匿远避，屡招不出。"等语。臣思此三十九寨彝民既屡招不出，猓性反覆，不可不备，当即致商提臣。去后，旋准提臣蔡成贵咨称："普思、攸乐、茶山、江坝俱已剿抚平定，贼首刀兴国弟兄共计九人，如刀定国、刀辅国、刀勤国、刀尽国、刀经国、刀五、老八、老九及伊母子、妻女，业经拿获解省，其未获思茅逸贼召第、江坝逸贼先罕扫等，已饬江外江内各土弁及该营文武购线访踪，按名拿解，犹有遣逃未回之彝户，亦严檄乘时招安，以免迟误春耕。军务告竣，应撤全师，仍于标镇协营内酌留官兵二千二百余员名分布贴防，如果地方绥静，即陆续撤回，令择于三月初三日自思赴元，由元抵省回任。"等语。提臣随于三月十六日抵省讫。

臣查普思、茶山、江坝业经提臣料理平定，招抚复业。其攸属等寨潜匿未出者，现留官兵二千二百余员名暂资弹压，统俟招复敉宁，再为调撤至车里。宣慰刀绍文感激天朝抚恤厚恩，竭诚恭顺，其属下土弁刀细闷纳实心效力，始终无贰。此皆我皇上深仁远被，浃髓沦肌，以故极边彝目稍具知识，倾心向化，同于腹里。臣已与署督臣高其倬备办绸缎、银牌，发赏该宣慰刀绍文并土弁刀细闷纳，以示奖励。此普、思军务、撤师之情形也。

惟是元、普、临安接壤之处山箐交错，岩险深邃，袤延千里，歧径甚多。而逆猓狡黠异常，上年于整鲁等处，经提臣分遣，剿散余逆。复于十二月内，潜由西比克逾山而出，突至元江之土戛杀伤汛防官兵，窜入临安之外五司地方，到处迫胁，聚众烧杀。署督臣高其倬即檄饬临元镇臣董芳，调拨官兵、土练，同五土司逐一搜剿。去后，节准镇臣董芳咨报："亲赴亏容司地方驻扎督剿，各贼盘踞于比革、比并地方，打造木城，设立寨栅，经守备李枝连带领兵练连破比革、比并两寨，追至左能，贼人滚箐逃败，游击韩雯鹏、守备胡世彦等在于桃园、啰咩杀败贼人二次，追至芭蕉岭，贼人遁入主鲁。适守备鲁文德在高城扎营，贼人乘夜往劫，鲁文德勒兵抵敌，而韩雯鹏等已直取主鲁，斩级焚巢，即前往阿戛、谜琶一带，沿途剿抚，已直至白氏、猛丁地方，现在搜剿。"等因。先于本年正月内，据游击白天佐禀报："奉委，带领兵练七百名分防元江府之里仙江上、中、下三渡，今查有余贼聚集在里仙江外二站之猛列地方，打造木城，勾通江内锅作、锅腊等寨，欲来攻打下江渡口，竟敢于锅作拒敌。分防官兵遂至上下渡口，虽被官兵追杀，而贼势甚重，请发援兵。"等语。署督臣高其倬即飞令守备王孙诚等带兵练五百余名前往，会同游击白天佐协力攻剿。提臣蔡成贵亦遣派游击区明自思茅等带兵练六百六十名前赴猛列，又令游击哈尚德带兵练五百余名随后进发。该游击等攻至猛列贼即退踞山顶，峻险异常，连日攻打未克。提臣又遣剿抚茶山回思之参将郑文焕带弁兵五百余名前赴猛列，会同区明、哈尚德、白天佐三游击并力合攻，而临安之阿者、喇博地方又系外五司，接通里仙江之总路，是以镇臣董芳前遣守备李枝连、千总王昌各带兵练分驻严堵。于正月三十日，有里仙、猛列一带贼人潜由土戛而来，直攻喇博营盘，千总王昌率兵奋力抵御，而贼甚众。幸守备李枝连在阿者闻警，即带兵应援，内外夹攻，彝贼大败，追杀至革果、车伟，窜箐而逃。倏于二月十三日三更时分，贼复纠合余党四面围攻喇博营盘，千总王昌、外委邢腾汉奋勇击杀，直至天明，贼众愈多，兵练伤溃，以致王昌等受伤，力战阵亡。而逆贼又于本月十七日二更时分围攻阿者营盘，守备李枝连督率兵练敌至天明，奋勇杀出，阵亡把总一员汪自贵，千总朱元臣身被重创两次，兵练多遭伤害，逆贼即盘踞喇博，经署督臣高其倬严行檄饬，催令各路并力进剿。旋准临元镇臣董芳咨报："游击韩雯鹏等自猛丁带兵至阿者，与守备李枝连合兵一处。二月二十四日二更时分，贼复来攻劫营盘，该将备等奋勇杀退贼人，追至喇博，自卯至巳，攻破贼巢，斩擒之外，余贼溃遁，现在搜剿。"等因。又据元江营参将李定海并管理运粮人员禀报："有晋宁、新兴两州差役同汛兵运送军粮三百石前赴行营，于三月初五日，行至马丫歇宿，次早寅刻，忽有逆贼无数，一股围住汛防，一股劫夺粮米，杀伤运夫，以致后运之粮米退驻因远。"等情。当经臣咨会督、提两臣并临元镇，速饬将弁开通粮路，并拨兵护运，仍饬行司道催令速运。去后，又准临元镇董芳咨称："游击韩雯鹏等追搜逆贼至坝阿、结咱箐，斩获甚多，余贼溃遁。三月初六日，游击韩雯鹏等攻打腊纵贼巢，逆彝挖壕树栅，据守甚坚，连发五子炮二百余出，不能摇动。贼伏壕内枪打守备胡世彦左肋，越日身亡，外委千总王植亦被伤阵亡，兵练伤亡亦多。已发得胜大炮，差令弁兵护送前去攻剿。"等因。三月十七日，又准总兵董芳咨："据游击韩雯鹏禀报贼势甚众，连日攻劫营盘，猖獗异常，速赐发兵救援。"等情。咨请速发援兵前来。当经督臣飞饬，调赴猛列之参将郑文焕，即带原领官兵九百名前往腊纵应援，又令总兵杨国华于留防新平兵练内派拨兵练五百名前往会剿讫。此又整鲁、整董溃散余逆流扰于元江之里仙江、猛列，临安之五土司地方，现在合兵剿洗之情形也。

臣查上年普元逆贼背叛，新平蠢彝乘机跳梁，以致远近逆彝煽惑附和。仰赖皇上天威，分遣官兵、土练堵御剿杀，安集民人。复经提臣亲历行间，各路追搜，相机招抚，统计斩擒三千六百余贼，招复彝民男妇四万二千六百余名口。未获普洱之贼首假神仙召第、江坝附逆之先罕扫、先板鸦，元江之朱荣章，新平之贼首杨昌奉、普阿黑、普成忠、乌图等数人，现在勒令严拿，是新、普、茶、攸、江坝已次第荡平。讵意漏网余孽潜入于临安之外五司以及元江之土夏、里仙江一带踞险负隅，出没肆横，旋散旋聚，甚至攻劫军营，戕伤备弁，拒杀兵练，劫夺粮石。探查得未获之新平贼首杨昌奉、普阿黑、普成忠等潜伏在内，自知罪不可逭，勾煽贼彝并力死守，招之不出，逃又无所之故也。

臣思此等凶顽若不彻底澄洗，根株尽净，则东窜西逸，地方终难绥靖。今里仙、猛列游击哈尚德等合兵三千有余，现在围攻剿洗腊纵逆彝，现在添兵进剿，各路汛隘亦令分兵严堵，毋致漏网。然劳师縻饷，久延时日，臣实夙夜悚惶。今据报新督臣尹继善于本月二十六日到任，提臣蔡成贵现住省城，臣当与提臣将军务始末向督臣备细详说筹商，务期剿贼贼首，永除隐害，相机料理妥定，以仰副我皇上宁谧边方之至意。

所有新平、思普军务已经撤师并元江、临安余贼现在攻剿情形，臣谨恭折专差家人李英赍折奏闻，伏乞皇上睿鉴。为此谨奏。

朱批：览。

（《雍正朝汉文朱批奏折汇编》第二十四辑，第 206～211 页）

599　云南巡抚张允随《奏报估修新平砖土城垣及元江府他郎土城工竣日期折》

雍正十一年三月二十四日

云南巡抚臣张允随谨奏：为奏报修筑城垣以固疆圉事。

窃照新平一县，居万山之中，处处深林密箐，向为贼薮，城垣必须坚固，始足以防御寇贼，护卫民生。查新平旧有砖城，因规模窄小，康熙三十八年间，于县城南隅接连圈筑土城，合为一城，安集兵民。上年猓贼窃发，恃有城垣，得保无虞。但历年已久，亟应修葺，以固岩疆。经臣檄行布政使委员估修，去后，兹据布政使葛森详称："檄令委办新平地方事务澄江府知府来鸣谦，会同该县知县曾应兆逐一估计，新旧砖土城垣应需物料、工价银二千二百七两零，经臣批令布政使动发银两，速饬上紧备料兴工，务期坚固，亦无得浮冒，取具册结，到日详请题报。又臣前奏元江府之他郎地方建筑土城，催据办理他郎通判事务经历张子玉报称："奉委建造土城，督率匠役人夫加意趱筑，于本年三月初五日工竣，悉皆坚固壮观。"等语。是否合式坚固，现在行令布政使委员覆勘，取造册结，另行题销外，所有新平估修砖土城垣并他郎土城工竣日期，理合缮折奏闻，伏乞皇上睿鉴。为此谨奏。

朱批：览。

（《雍正朝汉文朱批奏折汇编》第二十四辑，第 211～212 页）

600　云南巡抚张允随《奏报滇省豆麦收成并雨水情形折》
雍正十一年三月二十四日

云南巡抚臣张允随谨奏：为奏报豆麦收成并雨水情形事。

窃照滇省不通舟楫，惟恃本地所产粮米以资民食。春间，豆麦为滇民数月接济之粮，必雨雪沾足，方望丰收。查自入春以来，省城及两迤地方雨雪调匀，惟二月内豆麦正当滋长，微觉少雨。幸交三月甘霖频降，据两迤各属具报亦俱普沾时雨，臣复亲至郊外查勘豆麦，询之农民，咸称二麦、蚕豆约有七八分收成不等，早荞业已布种发生等语，亦与各属所报情形无异。现今豆麦陆续登场，统俟布政使查明各属收成分数，造册到日，容臣另折分晰奏报。所有云南省豆麦并雨水情形，合先缮折恭奏。奉到朱批原折六扣，一并恭缴。为此谨奏。

朱批：览。

（《雍正朝汉文朱批奏折汇编》第二十四辑，第 212 页）

601　云贵广西总督尹继善《奏谢恩加尚书、
生母封典等事宜并报到任日期折》
雍正十一年四月二十九日

臣尹继善谨奏：为恭谢天恩，奏报到任事。

窃臣愚鲁无知，荷蒙圣主深恩，简畀封疆重任，涓埃未报，夙夜悚惶。去冬入觐，蒙我皇上隆恩稠叠，异数频施，宠赉骈蕃，体恤备至，日领珍馐之锡，屡荷华衮之荣，加臣尚书职衔，赏臣生母封典，禁廷趋侍两月有余，日近天颜，与闻密勿。仰见我皇上至诚居心无逸作所，用人行政事事至正大中，敬天勤民，时时克艰咨儆，因人施教，启迪多方。深惜满臣中少人才，勉臣为千万年一人物；虑臣聪明太过，进以纯全；知臣学识未充，期于远大。举凡居官立品之要，身心性命之微，无不谆切提撕，周详指示。臣何人斯，圣主之深恩既无一不受，圣人之至教又无所不闻，感激之忱深入肺腑，诚服之至难以形容。若不身体力行，加倍奋勉，不但上负圣心，实为自甘怠弃。

臣自正月十八日出京，星夜兼程，于二月二十五日入贵州境，过镇远、贵阳，停住数日，与提臣哈元生、抚臣元展成面商九股军机并地方一切事务，沿途审视山川形势，验看文武官员，查阅营伍汛地，于三月二十六日到任。三省封疆仔肩甚重，两省军务关系匪轻，惟有凛遵圣训，秉忠诚之念，存虚公之心，慎重经营，竭力办理。但臣才识短浅，未谙机宜，日夜兢兢，实深悚惕。仰恳我皇上时赐教诲，敬谨遵循，俯效犬马愚诚，以图报称万一。谨奏。

朱批：览。

（《雍正朝汉文朱批奏折汇编》第二十四辑，第 419 页）

602　云贵广西总督尹继善《奏报滇省各属豆麦收成并雨水田禾情形折》
雍正十一年四月二十九日

臣尹继善谨奏：为奏明春收丰足、雨水调匀事。

查得滇省地方今春雨旸时若，各属豆麦俱已丰收。云南、澄江、广西、永北、永昌、鹤庆、蒙化、丽江、楚雄、昭通等府属各有九分，曲靖、大理、临安、顺宁、姚安、东川、武定、开化、镇沅、普洱、广南等府属俱七分、八分不等。四月下旬二麦收完，时雨大沛，通省沾足，高下田畴稻秧将次栽遍，山地杂粮俱甚长发茂盛。贵州境内，臣于三月间经过之时即得透雨，农民已经及时播种。相应奏明，仰慰圣怀。谨奏。

朱批：以手加额览焉。

（《雍正朝汉文朱批奏折汇编》第二十四辑，第 420 页）

603　云南巡抚张允随《奏报添兵进剿潜入临安、
元江一带不法彝人情形折》
雍正十一年四月二十九日

云南巡抚臣张允随谨奏：为奏闻事。

窃普、思、元、新逃窜贼党潜入于临安之外五司及元江之里仙、猛烈各处，距险负隅、出没肆横各情形，臣已于三月二十四日具折奏闻。嗣新督臣尹继善于三月二十六日到任，臣即同署督臣高其倬、提臣蔡成贵，备将军务原委、地理情形详细告知，公同商酌。适据元江营游击李定海禀报："曲寻镇标守备柏恒盛带兵一百余名堵御阿扒，于三月二十五日夜被贼围杀营盘，柏恒盛并千把兵丁俱被伤害。又元江之猛烈一寨，逆贼坚守两月，未能攻破。"而临安外五司之瓦渣地方虽有临元镇总兵董芳带兵驻扎，势处扼要，不能分兵剿贼，又腊纵地方逆贼盘踞，而附近之腊户、四果、草果等寨皆系勾通附从，势更猖狂，在在均须添兵搜剿。督臣尹继善即于到任后，派拨各标、镇、协、营兵二千三百有余，委令鹤丽镇总兵杨国华统领，星赴元江，与临元镇总兵董芳协助攻剿。去后，随据游击陈上志等具报："三月二十七日，攻克猛烈贼寨，斩杀三百余级，余皆逃窜。"等语。乃于四月初七日，贼分两路，一攻临安瓦渣大营，一犯元江府治。幸杨国华带兵于初九日赶到元城，贼已报至南洒，仅离十有余里，即遣兵攻杀，贼始奔溃，现在探踪追剿。其攻瓦渣之贼竟至三四千人，于初七、初八两日连破营盘，总兵董芳预为准备，击败贼众，贼亦觇知大兵会集，遂于初十日连夜自遁。督臣尹继善严檄两镇，务必跟踪搜捕。臣复与督提两臣详细商酌，恐贼滋蔓内地，又添拨兵练，在于临安、石屏、蒙自所属各隘严加堵御。复以两路军营虽约有兵六千，犹恐不敷遣用，又调广南兵练七百名赴董芳军前接应，调迤西各镇兵六百名赴杨国华军前调遣。督臣尹继善斟酌情形，调度合宜，且指授详明，督驭有方，乌合小丑不难扑灭，以靖地方。

再臣前奏之攸乐诸寨屡经文武招谕，始终藏匿未出，近复勾结恶党在牛滚塘、慢达河阻路焚杀□彝人，侵扰攸乐，虽被官兵敌退，尚在屯聚未散。督、提两臣已飞调官兵前往茶山之倚邦、莽芝一带分驻策应，并严饬护普洱镇副将周仪、攸乐游击王先上下声援，相机剿抚矣。至于各路兵粮，臣等悉心筹酌，设法挽运尾营供支外，所有近日添兵剿贼情形，臣谨恭折奏闻，伏乞皇上睿鉴。谨奏。

朱批：览。

（《雍正朝汉文朱批奏折汇编》第二十四辑，第421~422页）

604　云南巡抚张允随《奏报滇省豆麦收成分数
并禾苗及时栽插情形折》

雍正十一年四月二十九日

云南巡抚臣张允随谨奏：为恭报豆麦收成分数并禾苗及时栽插事。

钦惟我皇上仁育万物，时切民依。滇省豆麦尤为民食所需，上廑睿念。本年豆麦情形，经臣缮折奏闻。查自四月以来甘霖普降，豆麦饱满，俱获有收。兹据升任布政使葛森册报："除不产豆麦府州县外，其昆明、禄丰、昆阳、富民、宣威、陆凉、广西、蒙自、新兴、江川、河阳、太和、永北、保山、永平、鹤庆、剑川、蒙化、丽江、楚雄、镇南、广通、镇雄、永善等府州县豆麦收成实有九分、十分；安宁、易门、嵩明、宜良、罗次、南宁、马龙、罗平、平彝、建水、宁州、通海、河西、石屏、广南、路南、赵州、云南、浪穹、宾川、南安、定远、顺宁、大姚、晋宁、呈贡、沾益、阿迷、云州、姚州、会泽、和曲、云龙、寻甸、弥勒、开化、镇沅、普洱、文山、邓川、威远、禄劝、元谋等府州县豆麦收成实有七分、八分。"等情前来。

臣查通省豆麦有收，民食得以接济。现今省会及各地方具报时雨遍注，禾苗俱得乘时栽插，目下高低田亩已栽十之七八，山地荞麦、杂粮无不茂盛。所有豆麦收成分数并禾苗栽种情形，理合缮折奏闻，伏乞皇上睿鉴。谨奏。

朱批：览。

（《雍正朝汉文朱批奏折汇编》第二十四辑，第423页）

605　云贵广西总督尹继善《奏报三省丰稔情形折》
雍正十一年六月二十九日

臣尹继善谨奏。

窃云贵地方春雨沾足，田苗栽遍，臣已具折奏闻。自五六月以来，雨水调匀，高下田禾处处茂盛，荞麦丰收，已经登场，青黄不接之时，民间得有接济。米价较之春间甚属平减，即昭通偏僻之处，此时米亦甚贱。广西一省晴雨及时，禾苗亦甚畅茂。现在早稻成熟，已将收获。所有三省丰稔情形，理合具奏，仰慰圣心。谨奏。

朱批：以手加额览焉。

（《雍正朝汉文朱批奏折汇编》第二十四辑，第752页）

606　云贵广西总督尹继善《奏报官兵攻剿元江、临安番寨告捷折》
雍正十一年六月二十九日

臣尹继善谨奏：为恭报大捷事。

窃照元江、临安一带贼势猖獗，臣到任后，查得军前官兵单薄，随星飞调派，委鹤丽镇总兵官杨国华带领前往元江总统，与临元镇总兵官董芳协力剿除。适逆贼分攻元江、瓦渣两处，幸大兵一到，立时奔逃。业经缮折奏明。臣复严行临、元两路总统分遣将备，竭力追剿，务在探确贼踪，擒拿贼首，不许止图赶散，以贻后患。嗣因分路追擒，贼情窘迫，欲侵蒙自内地，而布置甚严，不能飞越，欲窜入普思茶山，而江边要隘防范更密。旋据禀报，逆贼多人藏聚于元属之腊纵地方，恃险抗拒。查腊纵一寨，山深菁密，最为险固，且附近各寨俱系贼党，先曾屡攻不克。今年三月内，游击韩雯鹏、守备胡世彦孤军深入，被困失利，贼首久恃为狡窟，勾结党羽，各处附和，非痛加剿洗，不能振慑苗疆。臣飞催两路官兵克期进剿，于五月十八日直抵贼巢，合力围攻，处处分派接应，以通粮运。恐军前兵弁纪律不严，心力不齐，难以奏绩，飞饬临元镇董芳亲往调度，四面围绕，攻打半月，奈贼寨悬崖绝壁，栅固濠深，枪炮、标弩、滚木、礌石无一不备，官兵自下而上，用力甚难，伤损兵练，不能遽破。臣以行军之道巧力兼施，贼寨虽坚，或宜黑夜火攻，或用夷人作线内应，自应多方设法，若旷日持久，军力疲惫，势必致贼远扬。随遣标员执持令箭往军营守催，如有退缩不前者，即以军法从事。兹于六月初九日，总兵董芳用附近夷人夜间潜入贼寨举火，各路官兵、土练奋勇冲入，乘势斩杀，共斩获首级一百有余，生擒六十九名，焚烧盭刜男妇一百余名，夺获从前所失枪炮并刀弩器械甚多。查点是日损伤兵练共十余人，所斩首级一一令贼犯识认，有腊纵贼首波铺波、苏、过布，渣骂贼首比戛，米克贼首又渺，俱已被杀，腊纵贼穴始克荡平。

臣甫经到任，诸事未谙，正值贼势猖狂，非不知瘴烟暑雨，天时地利均处其难。但希图省事，必至蔓延；苟且目前，终为大患。是以日夜经营，不遑寝食，与抚、提诸臣悉心商确，和衷共济。仰赖皇上天威，攻克贼巢，远近凶顽无不闻风慑惧，元、临内地已皆处处安堵。但逆巢虽已剿灭，余党尚宜清除。乘此兵威大振，臣飞饬总兵杨国华清理元江之永丰里、渣骂一带，总兵董芳清理临安之藤条江一带，抗顽不顺者即行擒剿，畏罪投诚者，准予招安。其漏网余贼并去年贼首未获者，责令随营效力。土弁重赏，鼓励踹访踪迹，设法诱擒，务期殚竭心力，使妖氛肃靖，边境安宁，以尽职守，仰慰圣怀。

再普思、攸乐一带余孽未清，先经酌派官兵前往驻防，现在虽不敢猖肆，而畏罪藏匿山箐者间有为饥饿所迫黑夜抢掳，一经官兵追拿，即逃躲无踪。臣严饬文武各官一面搜擒，一面上紧招抚。陆续已有投出之户，俟临元军务一竣，相度情形，次第料理。

所有元、临报捷缘由，合先缮折奏闻。谨奏。

朱批： 以手加额欣悦览之。汝甫方到任，两处大役俱各报捷，睹此，乃上天是佑之景，朕深为庆幸。凡此非人力之所能，但感神明之赐默助，将此忠诚告天，乃第一根本之道，万不可以为己能也。勉之！

（《雍正朝汉文朱批奏折汇编》第二十四辑，第752～753页）

607 云南巡抚张允随《奏报官兵攻克腊纵等处情形折》

雍正十一年六月三十日

云南巡抚臣张允随谨奏：为恭报大捷事。

窃照临元一带余贼自猛列被攻逸出，分为两股，一犯元江府治，一攻瓦渣大营。适督臣尹继善抵任，添派官兵，檄委鹤丽镇总兵杨国华总统赴元，贼即望风解遁，经臣具折奏闻。查贼奔散之后，官兵探踪追剿，料其非东窥蒙自地方，即欲南入思普，滋扰茶山。督臣与臣会商，预于五司、新、蒙各隘及通关、把边、猛野等处严密堵御。贼先窜往谜邑，继又遁回藤条，计无所出，仍各归聚腊纵。其寨高踞山巅，左右皆峭壁悬崖，前后惟通一路，外树密栅，内挖深濠，且暗置炮眼、擂石，得以固守坚拒。当准督臣尹继善咨会，飞檄两路官兵合力协剿，并檄临元镇总兵董芳亲往调度等因。又节据军前各官禀报："于五月十八日齐抵贼巢，四面攻打，困围半月有余。而贼计狡狯，多方抵御，屡伤兵练，不能遽破。"兹于六月十三日，准总兵董芳咨称："于六月初九日，重赏岔竜夷人暗进贼寨放火为应。是夜，官兵、土练预伏贼寨栅脚，四面围墙把截周密。待至二更，寨内火起，兵练并力，一齐砍栅冲杀，生擒六十九名，斩获首级一百有余，夺获从前所失枪炮并刀弩、标子甚多。查点兵练，损伤十有余人。而所斩首级内令贼认识，有腊纵大招坝波铺、二招坝波苏、白头把总过布、渣骂招坝比夔、米克招坝又渺，悉是有名贼首俱已被杀，现将贼人首级悬示，号令所擒贼犯解省发审。"等因。

臣查逆蛮猖獗，总之恃有负隅之险，兼以时当炎署，瘴疠盛行，雨水溪泛，粮运艰难，故敢跳梁无忌。今荷皇上天威远被，将士奋勇，已将负固巢穴捣破洗除，所在逆党莫不惊闻震慑，临元、内地皆获安堵。但腊纵虽经扑灭，其附和余党乘此军威大振，亟宜清理。如有抗拒不顺者，即行擒剿，畏罪投诚者，即予安插。总在剿抚兼施，扫清余孽。至于漏网在逃各贼首，若不查拿就弋，则根株未净，终为祸端。现在跟访踪迹，设法诱擒。臣惟有与督臣殚竭心力，和衷共济，务期料理得宜，以仰副我皇上眷注边疆至意。

再普洱茶山一带夷户，现皆采茶耕种，惟攸乐之三十六寨未出。自派官兵分驻倚邦、莽芝二处，虽不敢似从前显肆猖狂，而畏罪潜匿、迫于饥饿者，间从山径僻野出掳村寨，官兵追拿即逃避山箐。督臣严饬弁兵加意防范，不时游巡搜拿，并令地方官上紧招戢已有投出各户，俟临元军务一竣，臣等再为相度机宜，审酌办理。

所有攻克腊纵、官兵大捷缘由，臣谨缮折，专差家人曹秉义赍折奏闻，伏乞皇上睿鉴，为此谨奏。

朱批： 览。汝既能协助，何不当日赞成高其倬也？

（《雍正朝汉文朱批奏折汇编》第二十四辑，第756～757页）

608 云南巡抚张允随《奏报开化府属马腊底厂开采旺盛情形折》

雍正十一年六月三十日

云南巡抚臣张允随谨奏：为奏明银厂旺盛事。

窃照滇省各厂乃天地自然之利，益民裕课，臣屡饬管厂各员招集商民，上紧开采在案。查开化府属之马腊底一厂，原属小厂，年该额课银七百八两零，前因礁硐被水淹没，矿砂无出，课额不敷。嗣据管厂开化府同知周承瀵报称："于马腊底旧厂之旁另开新硐，自上年十一月内采获矿砂，煎试有效，各处厂民闻声踵至，欢呼开采，炉火日旺，收课日丰。"等情。具报前来。

臣查该厂自上年十二月起，至本年五月底止，半年之内共收过课银九千四百余两，采获矿砂甚多，实称旺盛，不特该厂缺课全补，且可抵补各银厂之缺额。臣饬令各员加意稽查弹压外，所有该厂旺盛缘由，理合附折奏闻，伏乞皇上睿鉴。为此谨奏。

朱批： 览。

（《张允随奏稿》，《雍正朝汉文朱批奏折汇编》第二十四辑，第757页）

609 云南巡抚张允随《奏报抚标两营旗帜、炮位、什物等项俱已料理齐备折》

雍正十一年六月三十日

云南巡抚臣张允随谨奏：为奏明事。

窃惟武备修明，军营始资捍卫。臣荷蒙天恩高厚，猥膺重寄，标下左、右两营实为援应之师。臣抵任以来，时加整饬，必期兵得实用，饷无虚糜。所有老、病、幼、弱俱经陆续裁汰，臣亲加挑验，年力少壮顶补入伍。臣复查验甲械，如原存马、步兵丁盔甲均尚堪用，无庸重制，惟火枪一项，为冲坚破敌之器，最关紧要。臣标额设鸟枪七百九十八杆，缘枪身轻重、长短俱不画一，或镗口宽松，或锈蚀损薄，不能多吃子药，无以较准致远。臣差人前赴广东照式制造，今于本年二月内如数造齐运回，给兵演放，颇利攻击。又两营过山鸟并五子炮位，查有年久锈坏者多，亦设局添造足用，其大小旗帜及一切军行什物悉各捐造齐全。

再臣标兵丁向来弓力甚软，臣饬令上紧学习，今皆演至五力以上至八、九、十力不等。至于各项技艺，按期操演，务底纯熟，不敢稍有弛懈。兹督臣尹继善与臣相商，以苗猓惯用长杆左插，宜令弓箭手兼习长枪、双手带两项，如崎岖山径猝然遇敌跳扑近身，鸟枪、弓箭不及施展，即以短兵接战，既于营制毫无纷更，且于兵丁临时有济，洵为因地制宜。臣标已现在添制学习，总期器械精良，技艺习熟，庶无负我皇上训饬戎行、捍卫封疆至意。

近准提臣蔡成贵咨商，通省标、镇、协、营鸟枪议动公款分年制造。而臣标鸟枪已经捐造，无庸更制。谨将臣标两营旗帜、炮位、什物等项俱料理齐全情由，附折一并奏明，伏乞皇上睿鉴。谨奏。

朱批： 应竭力整理者。

（《雍正朝汉文朱批奏折汇编》第二十四辑，第758页）

610　云贵广西总督尹继善《奏谢圣谕褒扬、训诲折》
雍正十一年九月二十一日

臣尹继善谨奏：为恭谢圣训事。

窃臣前奏元江军务一折，奉到朱批："以手加额欣悦览之。汝甫方到任，两处大役俱各报捷，睹此，乃上天是佑之景，朕深为庆幸。凡此非人力之所能，但感神明之赐默助，将此忠诚告天，乃第一根本之道，万不可以为己能也。勉之！钦此。"窃臣碌碌庸才，荷蒙圣恩逾格擢用，畀以三省封疆。自到任以来，夷猓未靖，两省用兵，臣日夜经营，不遑寝食，惟望军务速靖，丑类荡平，地方早享一日安宁之福，我皇上早宽一分宵旰之心。乃地利未知，夷情不熟，竭蹶办理，实切悚惶。仰赖上天默佑，三月之内两省俱各奏捷，此实我皇上至德感通，无远弗届。臣抚躬自问，实无少效寸长。

伏思当尽者人事，不可幸邀者天助，有加无已者君恩，敬事匪懈者臣职。为人臣者，受朝廷爵禄之荣，任股肱心膂之寄，即使建功立业，原属职分当然，若有一毫满假之心，则其心已不纯，而其职亦不尽。臣之所身受者非同寻常之际遇，皇上之所望臣者非同寻常之期许，自愧甫任苗疆，经营伊始，凡一切吏治民生，文事武备，所以广布皇仁、勤宣德教者无一可以自信，即此顽苗惩创，暂免猖狂，不过急则治表，而于正本清源、抚绥调剂之法尚未筹画周到。是臣以为驽钝之才当重大之任，方且兢兢滋惧，抱歉难安，若自以为能，实臣寤寐中所万不敢萌此念者也。蒙我皇上格外奖励，加意训诲，臣惟有愈矢奋勉，弥深儆惕，一秉忠诚之念，竭尽犬马之忱，以仰报深恩于万一耳。

所有奉到圣训敬谨领受缘由，具折恭谢天恩。谨奏。

朱批： 好。勉之。

（《雍正朝汉文朱批奏折汇编》第二十五辑，第150页）

611　云贵广西总督尹继善《奏报元、临拿获贼首，留兵贴防及现在进剿普思情由折》

雍正十一年九月二十一日

臣尹继善谨奏：为奏明陆续擒获贼首，现在料理情形事。

窃元江军务，攻破腊纵贼巢，行令总兵杨国华、董芳各带兵练分路清剿，业经臣缮折具奏在案。查腊纵破后，漏网余孽逃入渣马地方，臣飞催总兵杨国华亲往督剿，据报："调遣守备杨旭、史朝贵带兵进攻。于七月二十七日，贼一闻信，即弃寨夜逃，杨旭、史朝贵等追赶堵截，斩获贼首一名把紧，系素日勾结聚众之罪魁；又斩获逆贼数十名，生擒十余名，将巢穴尽行烧毁。"又据总兵董芳清理五司、藤条江一带，拿获腊纵逃匿头人阿舍、老鲁、窝蔑解省，又遣土弁李必胜拿获贼把总一名萨格，又拿获贼人比者、阿四、阿弄、破撒等。

臣以从前攻打阿扒、喇博，侵犯元江、瓦渣之贼首，查系老常、下且、得咱及腊纵头目波铺、苏、白马、过布，渣马头目三比、批戛、把紧等贼，今陆续虽多斩获，尚有老常、下且、得咱、三比未曾就擒，不便纵脱。又严饬两总统分遣土目，悬以重赏，设法访缉。随据总兵董芳报称："访得贼首下且潜匿白氏地方，遣土弁李必胜等前往于果他箐内擒斩贼首下且，获其子女，又在扬武坝龙潭地方将上年杀害署巡检沈洪、把总张文秀之逆贼阿得虎斩获，又土舍李经国在腊密河将左能贼把总兹得擒斩，又五司土官各将从前勾结倡乱之头目安眛、撒珠、阿底、波借、铺得、白安等擒献。"又据总兵杨国华将攻打阿扒之逆贼黑觜、腊庀、阿科萨、结波者、陬者拿获，先后解省。现在元、临一带虽已处处平定，被胁夷民俱各投诚复业，但贼首尚有未获，未敢即为完局。因行令两总统悉心会商，通盘筹算，将去年出师日久疲惫之兵量行撤回，择其精壮者，于元江一路仍留二千余名，分驻他郎、因远、通关哨、土戛各处要隘，临安一路仍留兵一千三百余名，分驻一碗水、瓦渣司、蒙自、石屏、宝秀各处要隘，其余零星隘口俱责成得力土官、土舍各分地方带练把守，访缉余贼，立定赏罚，以示劝惩。仍令总兵杨国华驻扎他郎、董芳驻扎一碗水居中调度，清理各寨，安抚夷民，招缉去年未获贼首，访拿兔脱余贼，并将一切善后事宜会同文员详细商酌具报。臣再与抚、提诸臣悉心筹画，恭请皇上训示，断不敢视为已安，粉饰一时，草率从事也。

再攸乐、思茅一带，数月以来大局虽已平定，夷人陆续出投，犹有几处逸贼潜匿山林，出没无常，截路抢劫，一经追缉，逃窜无踪，屡次招抚，潜藏不出，虽不敢大肆猖狂，第不痛加惩创，地方终不得宁。现在元、临事竣，瘴疠已消。臣于各镇、协、营派兵二千，于元、新附近派练二千，选委干练将备统领，于霜降后分路进剿。其江内、江外各隘口分布土练防御堵截，务期殚心筹画，详慎办理，早清余孽，以靖边疆。

所有元、临拿获贼首、留兵贴防及现在进剿普、思情由，理合缮折奏闻。谨奏。

朱批： 览。有旨谕大学士鄂尔泰另颁。

（《雍正朝汉文朱批奏折汇编》第二十五辑，第 151～152 页）

612 云贵广西总督尹继善《奏报东川、寻甸等地地震及委员查勘赈恤情形折》
雍正十一年九月二十一日

臣尹继善谨奏：为奏闻事。

本年六月二十三日申时，云南省城地偶微动，顷刻即止。臣即飞查，各属地方亦有微动之处，房屋、墙垣毫无损伤，惟寻甸州、东川府并东川所属之汤丹厂据报地震稍重。臣当即会同抚臣先后委员赍银驰往，会同该地方官遍行查勘，分别赈恤。

兹据寻甸州会同委员查明，城身并无损裂，垛口多有摇坏，兵民房屋共倒坏二百余间，伤损男妇各四名口，已逐一分别赈恤，城垛、营房现在兴修。又据东川府会同委员查明："城身并无损裂，垛口多有摇坏，文武衙署、兵民房屋及巧家营房共倒损数百余间，伤损男妇大小数十名口，已各分别赈恤，摇落城垛业经东川府修整完工，营房现在估计兴修；汤丹厂礁硐、道路俱已修理，厂民依旧开采，现在兵民无不乐业安堵。"

所有东川府、寻甸州地震，委员勘恤，悉心料理缘由，臣谨缮折奏闻。谨奏。

朱批： 览。

（《雍正朝汉文朱批奏折汇编》第二十五辑，第 152～153 页）

613 云贵广西总督尹继善《奏报三省雨水田禾情形折》
雍正十一年九月二十一日

云贵广西总督臣尹继善谨奏：为奏报年岁丰收事。

窃云贵二省今岁雨水调匀，禾苗畅茂。兹值西成，天气晴霁，稻谷籽粒饱满坚实，荞豆、杂粮俱各十分丰熟，现在处处收获。广西一省夏间雨泽稍迟，收成较逊，约有七八分不等。若云、贵二省，询之农民，咸称今岁较往年所收实一年有二年之获，米粮价值平减，穷檐蔀屋共庆盈宁。此皆仰赖我皇上敬天勤民，福泽广被，万里边陲年登大有。理合据实奏报，恭慰圣怀。谨奏。

朱批： 览。三省收获情形，深为边民额庆。

（《朱批谕旨》尹继善奏折）

614　云贵广西总督尹继善《奏陈裁减州县民壮、节省工食以实军务折》

雍正十一年九月二十一日

臣尹继善谨奏：为节省无益之钱粮，移为营伍之实用，敬陈末议，仰祈睿鉴事。

伏查雍正六年内钦奉上谕："文员应给与防护之人，以备捍御之用。"此诚我皇上爱惜臣工、维持保护至意。准部议行，于州县原设民壮内挑选壮健，分拨司、道、府、厅、佐杂等官，自五十名至四名不等，以为防护，通行直省遵照在案。嗣于雍正九年，经前河东督臣田文镜条奏："此等民壮不过随从轿马，并无别项差使。各官出署俱有长随皂快可以防护，请将司、道、府、厅、佐杂等衙门民壮尽行裁汰。"经部议覆，奉旨："直省风俗不可一概而论。若各省中有可以照河东举行者，着该督抚酌量具奏。"嗣经各省议复，有谓原数太多酌量减少者，亦有减此益彼酌行通融者，虽办理不能画一，大都皆因已经议设，未便全事纷更。

臣历任数省，留心体察，如民壮之中果有膂力精壮、留心技勇之人，率皆投营食粮，不肯为六两工食承充民壮。是以现在各官招募，非系怯懦无能，即系游手无籍之徒应名充数，且佐杂等官每因招募无人，或将工食虚冒，或令衙役分食，此种情弊到处皆然。是民壮一项，有名无实，不足资其捍卫，徒然虚费钱粮。以臣愚见，除州县原存并拨给不与府州县同城佐贰之民壮，及无同城属县知府之民壮，原有差遣护送之事，仍当存留外，其余派分司、道、府、厅、佐杂之数，所当一概裁减者也。

夫裁减民壮，固为节省钱粮，而所省钱粮尚期归于实用。窃思封疆要务首在整顿营伍，而营伍要务全在储养兵丁。云、贵、广西三省每逢出师，恐存减兵少，即现募壮丁暂实营伍，撤师之日陆续顶补。开除其现募之人，如系民间壮丁，每名给守粮一分，系营中余丁，每名每月给银四钱。但临时招募之兵暂补充数，必不能缓急足恃，且又多费钱粮，即平日遇有粮缺，拨补新兵，以从未学习之人骤行顶补，未免技艺生疏，亦不能一时有用。臣再四图维，各处营兵子弟、余丁甚多，一时不能入伍，徒致游手好闲，漫无生计，止靠伊父兄一分月粮以供养赡，若家口繁众，即至养赡不敷，不无艰窘。此时通省事务殷繁，若另养余丁，焉有许多糜费？莫如即以裁减民壮之工食常川分养余丁，一转移间，大为有益。

查云南一省应裁民壮四百四十八名，共省工食银二千六百八十八两；贵州一省应裁民壮二百七十四名，共省工食银一千六百四十四两；广西一省应裁民壮八百零三名，共省工食银四千八百一十八两。通计三省共裁民壮一千五百二十五名，共省工食银九千一百五十两。向来暂募余丁，每名每月给银四钱。今既长养在营，令其随期操演，应略为宽裕，每名每月给银五钱，每年共给银六两，以所裁民壮之银计算，可养余丁一千五百二十五名。

再查云南各营头目，俱各占有伙粮，如百总、管队，本身名粮之外多食半分，原为差使繁多，少令宽裕。乃近日竟有占食全分者，未免空粮太多，有虚营伍。臣通身核算，除头目仍给伙粮半分外，其多食空粮，各营清出共六百四十九分，合计饷银饷米共该银一万二千七十余两。此项伙粮既经清出，自应募兵补伍。但向来原系空缺，今若募补，则一粮止有一兵，若养余丁，则一粮可得三人，即以兵丁之空粮养兵丁之子弟，又可养余丁二千余名。贵州、广西照此一体办理，约共养余丁五六千名，即多增兵五六千名。应于各标、镇、协、营酌量分定数目，挑选精壮余丁，教以枪刀、藤牌、弓箭各种技艺，止令随营操演，免其远处差使。营中出有粮缺，即于余丁内择其技艺熟练者扳补，仍于兵丁子弟内挑选精壮者顶补余丁之数，不但穷苦兵丁可以贴补度日，即各兵子弟亦自幼在营学习，技勇易于纯熟，人材得以造就，一遇出师调遣，营中有此余丁防守，城汛营伍仍然充实。是去其无用归于有用，不必增饷，可以添兵，似于营伍大有裨益。抑臣更有请者，应裁民壮工食，云、贵、广西三省既有九千余两，合直省计算，糜费不赀，似宜于边疆紧要之地亦改养余丁，以实营伍。其余内地可以不养余丁者，竟宜裁减，以省浮费。

臣为地方起见，不敢拘于成例，谨据实陈奏，知识短浅，未能有当，仰恳皇上训示遵行。谨奏。

朱批：九卿议奏。

（《雍正朝汉文朱批奏折汇编》第二十五辑，第153～155页）

615　云南巡抚张允随《奏请敕陕省委员赍解工本作速赴滇领运钱文以济急需折》

雍正十一年九月二十二日

云南巡抚臣张允随谨奏：为谨陈管见，仰祈睿鉴事。

窃照陕省钱文昂贵，钦奉上谕，滇省鼓铸钱文较易于他省，令臣等悉心筹画。经臣会同前署督臣高其倬将云南可以添铸缘由具题，部议"作速委员料理开铸"，奉旨俞允，移咨到臣。除现在钦遵办理外，查陕省现值军兴，钱价昂贵，是以奉旨查议，必须速为发运接济，方克有裨。若俟采办物料，建局设炉完备，兴工开铸，出有钱文，咨会陕省委员赴滇承领，则为期甚远，似非我皇上一视同仁、变通接济之至意。

伏查滇省自雍正元年开铸以来，现今每年铸获正、耗等钱一十五万串有零，除搭放通省兵饷、驿站等项并拨运广西钱六万二千串外，尚有余剩钱文存贮。计至本年十二月底，除搭放兵饷、驿站等项并拨运广西甲寅年钱文之外，旧存、新铸，省局内约可余钱一十余万串。以臣愚见，似应于此项钱文内借拨十万串，先尽陕省作甲寅年之项，则陕省即得钱文接济，此后自可按年发运。但滇省现铸钱文系每钱一串作银一两，归还工本之外，另有钱息报部。而添铸陕省钱文，因该省钱贵，兼以运脚甚重，臣前题内止计工本，每钱一千合银八钱八分六厘零，并无钱息，经臣于疏内声明。此借拨之十万串，若令陕省以每串归本一两，则工本、运脚甚重，仍于陕省无益。应请统俟新炉铸足，仍以钱归还原款，似属有益。会商督臣尹继善，与臣意见相同，臣谨恭折具奏。倘臣言可采，伏乞皇上敕部行文陕省，即遴委人员赍解工本、运价作速赴滇领运。

臣因陕省待钱甚殷起见，冒昧具奏，伏乞皇上睿鉴施行。

朱批：是。办理妥协之至。

（《雍正朝汉文朱批奏折汇编》第二十五辑，第 161 页）

616　云贵广西总督尹继善《奏报普、思、元、新贼首尽行投诚折》
雍正十一年十一月二十九日

云贵广西总督臣尹继善谨奏：为奏明元、新贼首尽行投诚事。

窃臣因去年新平贼首杨昌奉、普成忠、普阿黑等并今岁元江贼首播荷老常、小名头、三比等尚未就擒，于元、临两路仍留官兵驻扎，令总兵董芳、杨国华居中调度，分遣各土目四路查缉，一面出示招安，谕以投诚减罪。所有逃窜逸贼，俱即陆续获解，其贼首数人，自料不能走脱。随据参将吴朝应禀报："普成忠、普阿黑自磨沙江到营来投，时值派拨土练进剿普洱，恳求效力赎罪，已准令随营前往。"又据总兵杨国华禀报："土弁施腻勒自江外带贼首杨昌奉并伊大头目普兆龙、卞朵、杨昌祂及后生四十余名到他郎行营来投；又有新平贼首乌图、哈厄、朱荣章、保得甫、杨哈资哈、牛老八，元江窝泥贼首李正同伊子、老大、阿二等，俱各先后投出。再元江一带播荷老常、小名头为倡乱渠魁，被土弁施糯利遣人寻获，欲求招安。"臣以既经寻获，非悔罪自投可比，不准招安，现在押，令缉拿三比，如逾限不获，即行拿解。又据土目方景明将三比之贼党使扒、阿打合家拿解，供出三比藏在翅古箐内，已经派练往拿，大约不日可获。统计去岁围攻新平及今年侵扰元、临之大贼首，除从前擒斩并解省外，余皆陆续投诚。

伏思此辈蠢猓聚众作恶，罪不容诛，今既出投，何难立时擒斩？但臣出示招来，诱而杀之，不足示威彰信，且恐余党闻风不出，孽根难净，故恳求用命杀贼者已令随营效力，情愿招擒逸贼者已令人管押访缉，总俟军务完竣之日，拘至省城。除拿获及寻出者法无可宽外，若自行投诚又实在效力者，仰恳圣恩姑免其死，发至黑龙江等处永远监禁，庶足以彰军威而昭诚信，申法令而靖地方。

所有贼首投诚并据臣愚昧之见，具折奏明，恭请皇上训示，以便遵行。谨奏。

朱批：观所料理，颇属妥协周密。惟自行投诚之辈，既云不忍诱杀，许其随营效力，事竣之后又复充发监禁，仍不足以示威彰信。朕意：应拘集省城，分别约束安插为是。如再干法纪，宣示其恶，诛之未晚。至于乌图等屡次反复，非他贼首可比，于大军凯旋时，传齐各土目，明以正法示众可也。

（《朱批谕旨》尹继善奏折）

617　云贵广西总督尹继善《奏明普思军务、剿抚情形折》
雍正十一年十一月二十九日

云贵广西总督臣尹继善谨奏：为奏明普思军务、剿抚情形，仰祈睿鉴事。

窃攸乐、思茅一带余孽未清，经臣派调兵练，选委将备统领进剿，业经缮折具奏。查普、思地方辽阔，大兵一到，势必四散奔窜，必须分路密布，并力进攻，方克有济。随与抚、提诸臣悉心商酌，将进剿兵练分作东、西两路。东路之兵，一由红藤箐、党戛、党别出慢岔河底，一由思茅糯竜、那列、慢蚌等处至茄色猓所及磨胖、三达，一于孔明山莽通、莽瓦以及小猛仑等处分布堵剿，俟三路事竣，即会合攸乐，清理三十六寨。西路之兵，一由关铺、板角一带，一由白马山、圈罗一带搜剿，俟两路事竣，即会剿六困。复恐逃往江外，又分调各土目沿江堵御。随据总统护镇周仪具报，各路兵练俱于十月初间先后自普洱前进。臣又思，思、攸一带地广箐深，若不恩威并用，剿抚兼施，不特遍行搜剿旷延时日，且顽苗性多疑畏，必致藏匿反复。查有刀兴国之胞弟刀辅国，前因律应缘坐，解省拘禁。但辅国当伊兄悖叛之际，即出示安慰夷民，拨人守护城池，又搬运粮米进城，并无异志，著有勤劳，又甚得彼处夷心，故不敢拘泥成例，将伊家口留省看守，令其随军效力，并查元江投诚贼首普成忠、普阿黑，熟习彼地情形，适当派兵进普。二犯恳求前往，亦令随师效力。

续据周仪禀报："兵至腊门口，攻开贼栅一十五道。追至龙潭箐，见贼寨五所罗列山顶，山势险峻，即督兵练奋勇直上。逆贼踞险拒敌，我兵枪炮齐施，打伤甚众，余皆滚箐。"又据游击张其贵禀报："率领兵练前至圈罗一带，踟见贼扎木城二道，当遣刀辅国前往招安，各贼即俱解戈投诚。"又续据各路将备禀报，沿途攻剿，所到必克，斩获颇多，官兵止伤数人，先后招出夷民八十余寨，皆云从前实系被胁从贼，今俱倾心投诚，哀号恳泣。臣等飞饬地方官查明安插，复恺切晓谕，不致复被煽惑。又据总统周仪禀报："党夏、党别、莽通、莽瓦等处贼人，因官兵屡次击败，俱遁聚于糯怕地方，现在分路围剿。"等情。

臣查糯怕与九龙江、橄榄坝等处逼近，即飞饬将各处隘口严行堵御，合力擒剿，务期一鼓成功。其去年漏网贼首数人，饬令设法追拿，务期必获在案。

兹于十一月二十四日，接到皇上朱批奏折，并大学士鄂尔泰颁到上谕："览。尹继善所奏，一应料理似俱妥协。元、临一带虽现已平定，若贼首尚有未获，即草率完局，目前欲图省事，日后仍将多事，是当乘势清除者。至攸乐、思茅一带路通莽缅外夷，又非元、临内地可比，若徒恃兵力，无术以制其心，恐进则窜匿，退复猖狂，纵随剿随抚，亦终无以善后。擒纵之间，着尹继善周详筹画，慎重为之。钦此。"臣跪读之下，仰见我皇上圣谟广运，睿虑周详，高出寻常万万。

伏思攸乐一带，实非内地可比，抚治外夷之道，实与内地夷人不同，不用兵威固不足以示惩创，徒恃兵力亦终无以服其心。臣知识短浅，未谙机宜，惟有仰遵圣训，与抚、提诸臣详悉筹画，务在多方设法，操纵得宜，以期宁静边疆，永远善后。所有现在剿抚情形并钦遵谕旨料理缘由，谨具折奏闻。谨奏。

朱批：剿抚名虽二事，恩威用岂两端？当抚者未妨明示优容，当剿者亦宜显施斩馘，俾其知顺则利而逆则害，方可期近者悦而远者来。今此目前攻心之师，即寓将来善后之举，是乃仁术，非关诈谋。宁止绥靖，普、思，将见信孚莽缅也。识之。

（《朱批谕旨》尹继善奏折）

618 云贵广西总督尹继善《奏请以新太副将崔善元调补开化镇总兵折》

雍正十一年十一月二十九日

云贵广西总督臣尹继善谨奏：为要地亟需干员，仰祈睿鉴事。

窃总兵一官，有弹压地方、督率营伍之责，而边疆重地尤为紧要，必须精明干练之员方克胜任。查得开化镇总兵官仇元正，才具庸平，年近七旬，精力衰惫，诸事不能整理。开化地方南接交阯，西控元、临，实非衰老之人所能胜任。其平日居官尚无劣迹，仰恳圣恩，可否准令休致？（夹批：所奏是。有旨谕部。）查广西新太协副将崔善元，云贵出师著有劳绩，前署左江镇事务，亦能料理妥协。调来验看，虽才具不甚优长，而为人直朴，办事实心，于边地似属相宜。可否以之补授开化镇总兵员缺，伏候睿裁。（夹批：崔善元似属实心效力之员。朕恐其器小福薄，或未能胜总兵之任，因询之大学士鄂尔泰，据称谙练营务，颇识机宜，但稍觉言过其实云云。可且令署理，卿留心体验奏闻。）倘蒙圣恩俞允，其新太协副将员缺亦属紧要。查有云南镇雄营参将余坤生，为人诚实，历练营伍，于新太副将似能胜任。（**夹批**：前此朕未悉其优劣，据鄂尔泰言，伊克称此职。）镇雄地方邻近昭通、威宁，其参将一缺亦须强干之员。有鹤丽镇标右营游击哈尚德，人虽少年，才具敏干，出师六次，著有劳绩，若以之补授镇雄营参将，必能奋勉办理。（**夹批**：哈尚德人材可观，心胸亦明白。所虑者少年新进，人地未必相宜。镇雄甫经改流，且与昭、威接壤，甚需调剂。当选择老成之员委署，以策其效。哈尚德遇内地缺出题补可耳。）臣为要地需人，不揣冒昧，缮折奏请，伏祈睿鉴。谨奏。

朱批：览。

（《朱批谕旨》尹继善奏折）

619　云南巡抚张允随《奏报剿抚普、思情形并元、临各贼首投出擒解缘由折》

雍正十一年十一月二十九日

云南巡抚臣张允随谨奏：为奏闻事。

窃临、元贼首陆续擒获并遣发兵练清理普、思情由，经臣恭折奏闻。查普、思、江坝各处接壤外域，一切剿抚事宜务须相机办理。督臣尹继善与臣暨提臣蔡成贵悉心商酌，檄令将弁带领兵练分路进攻，由分而合，再令会剿六困、攸乐一带，复于江外渡口要隘调派兵练堵御，以防远遁。乃官兵进发，贼于沿边拒险，砍伐大树，竖立木栅，伏弩抗阻。迨至砍栅追捕，贼又弃巢滚箐。当经督臣严饬各路将弁，凡进兵捣穴，务先探明贼人败逃之路，预为堵截，奋力搜擒。去后，节据各路禀报，护普洱镇副将周仪、游击陈上志分攻茄色、龙潭、党戛等处，游击王先、署守备丁自荣会剿蛮泼，并分攻革呢、革代、生牛、慢奔、慢秀、慢口、慢空等寨，守备张接天进剿小猛仑、慢卡、扒董等处，前后均有斩获，并搜获贼妇子女、马匹、标弩、药箭等物。现今余贼奔溃，潜聚糯怕，官兵四路齐集，协力围攻，清理其各处被胁夷民。据报游击张其贵于口罗、白马山招抚八百余名口，游击陈上志于怒竜、小荞马招抚三百余名口，游击李世禄于猓所、茄色、芝竜招抚四百七十余名口，署守备丁自荣于慢破、困养等寨招抚五百余名口，护普洱镇副将周仪差人于猛板等寨招抚一千余名口，尚有零星投出者，俱各按照原址，令其居住，酌量接济，勿致惊疑。其内恐有藏匿贼首，并饬查询明白，分别办理。总之，普、攸各贼抗顽滋害，搅扰地方，臣等仰体皇上宁谧遐方至意，详慎筹办，其抗违者务必严剿，归诚者准予安插，已经投出者不许凌虐，躲避山林者极力搜招，未获之贼首必期设法拿解，永弥后患。

至临、元逸贼擒解之外，尚有逃匿未获各首犯，未便疏纵。臣等会饬文武弁员，督率土目、乡练，悬以重赏，四路查缉，并出示招安，宣谕皇上恩德，若能洗心归诚，当予量情减罪。旋有去年新平贼首普阿黑、普成忠、杨昌奉、普兆龙、卡朵、杨昌裯、乌图、哈厄、朱荣、章保、得甫、杨哈、资哈、牛老八，元江窝泥贼首李正同伊子老大、阿二等，俱各先后投出。其普阿黑、普成忠愿赴普、思军前杀贼赎罪，督臣已准其前往。杨昌奉等亦各访缉余党，愿图自效。凡此悔罪投出效力各贼首，总俟军务告竣之日，可否仰邀圣恩免死发遣之处，应听督臣尹继善恭请圣训遵行。再有，今岁侵扰元江之贼首播荷老常、小名头及与三比结党倡逆之施扒、阿打亦俱饬擒拿解，并据供出三比现匿翅古箐内，臣等已会饬兵练严加踩捕务获。目下元、临地方俱已宁贴，人民安堵。

所有剿抚普、思情形并元、临各贼首投出擒解缘由，臣谨一并恭折奏明，伏乞皇上睿鉴施行。为此谨奏。

朱批：览。

（《雍正朝汉文朱批奏折汇编》第二十五辑，第532～533页）

620　云南巡抚张允随《奏报滇省秋成分数折》
雍正十一年十一月二十九日

云南巡抚臣张允随谨奏：为恭报秋成分数事。

窃照云南地方仰荷圣泽遐敷，雨旸时若，本年秋禾丰稔情形，经臣具折陈奏。兹据布政使陈弘谋册报："昆明、安宁、寻甸、平彝、广西、师宗、宁州、河西、蒙自、河阳、新兴、文山、镇沅、恩乐、太和、赵州、云南、邓川、保山、永平、腾越、蒙化、楚雄、镇南、广通、定远、顺宁、云州、和曲、禄劝等各府州县，稻谷收成实有十分，荞麦收成实有十分、十一二分；禄丰、晋宁、呈贡、昆阳、易门、嵩明、宜良、罗次、富民、南宁、沾益、宣威、马龙、陆凉、罗平、弥勒、建水、石屏、阿迷、嶍峨、通海、江川、路南、广南、元江、新平、姚州、大姚、浪穹、宾川、云龙、永北、鹤庆、剑川、丽江、南安、普洱、景东、威远、元谋、会泽、恩安、镇雄、永善等府州县，稻谷收成实有八分、九分，荞麦收成实有九分、十分。"等情前来。臣谨将报到秋成实数缮折奏报，伏乞皇上睿鉴。奉到朱批原折三扣，一并恭缴。谨奏。

朱批：深慰朕怀。

（《雍正朝汉文朱批奏折汇编》第二十五辑，第534页）

621 云贵广西总督尹继善《奏报办理元、新贼首情形折》
雍正十二年二月二十九日

云贵广西总督臣尹继善谨奏：为奏明办理元、新贼首情形，恭请圣训事。

窃元、新贼首杨昌奉等前经陆续投出，臣以各犯聚众作恶，罪不容诛，今既投出，杀之不足示威彰信，当经缮折奏请，俟军务事竣，将各犯调至省城，发遣黑龙江等处监禁，以伸国法，以靖地方。随据总兵杨国华具报："贼人三比藏匿翅古箐内，逞凶拒捕，现令土目带练，押同投出之贼首老常、小名头前往擒拿。"等语。臣查三比一贼，甚属凶顽，老常、小名头原系一党，责成擒献，支吾多日，并不实心出力，不便再留军前，致有他虞。即飞饬派拨官兵速擒三比，一面将老常、小名头先行解省。去后，乃杨国华专任土目，迁延月余，既不发兵，又不将老常、小名头拿解。臣严饬再三，杨国华始令守备马汉勋带兵前往，而三比先已脱逃，老常、小名头见三比未获，亦畏罪遁匿。臣闻报之下，不胜愤恨。现在严饬杨国华勒令守备马汉勋、土目施糯利跟踪穷追，设法缉拿。此虽杨国华奉行不力之咎，即臣调度未妥之罪也。

因思投诚各犯多随军前，若不及时办理，必致乘机效尤。况乌图一犯，前虽据报投诚，已经露面，而性情狡猾，止以招觅逸贼为词，总不肯亲到大营。诚恐已投贼首被其煽惑，复至漏网，所关甚巨。随飞行杨国华，将杨昌奉等作速调齐，明白晓谕，押令来省。普阿黑、普成忠二犯在普洱军前，又飞行副将周仪，将伊等所带后生先行分遣，即将普阿黑等拘送来省。乃杨国华脱卸己责，将杨昌奉等各贼首先已押交新平。臣因飞谕新平文武作速押送，恐其抗违不服，必先预备防范，然后举动。乃于正月十四日，传齐晓谕，令其来省。而贼首杨路支等抗不遵依，身带利刃蜂拥奔逃，其后生数十人亦群起猖肆。当经新嶍营参将魏明等督率伏兵，立将杨路支、杨哈资、卡朵、普兆龙、普光天、普宏得、耶体奈七犯登时斩杀，并将凶恶后生斩杀十二名，余皆拿禁，幸未免脱。其杨昌奉、杨期得未敢放肆，已遵谕解省。随据周仪将普阿黑、普成忠亦经解到。臣以各犯原系投诚，当拨给房屋居住，并将伊等妻子给还，加谨看守，恭候谕旨，再行办理。乌图一犯，看其情形不肯实心就抚，已自回元江老是达地方，现在设法擒拿，务期必获，以除后患。

兹于正月二十九日，臣赍折人回，钦奉朱批谕旨，臣跪诵之下，仰见我皇上睿虑高深，圣谟广远，于用威彰信之中寓仁至义尽之道。臣才识短浅，荷蒙圣恩逾格奖励，指示周详，敢不悉心筹画，妥协办理？伏查杨昌奉等久居新平，凶恶素著，前岁倡首悖逆，攻城劫寨，杀掠焚烧，元、新一带处处受其荼毒，现在人民莫不痛心切齿。昨自新平起解来省，沿途夷猓见者无不跪拜，畏之如虎，诚有一呼百应之势。今若仍将伊等安插原籍，则触目成仇，余党易集，断不能相安无事。若即在省安插，又不便严加禁守。此辈秉性凶顽，难受拘束，倘或逃走滋事，必致又费周章。且内中普阿黑原系发遣江南逃回之犯，相隔万里，尚能逃回故土，勾结悖叛，咫尺本省，安能保其帖服？辗转思维，不揣愚昧，再恳圣恩，可否俯如臣前折所请，俟军务事竣，将伊等解部，发黑龙江等处监禁，或即在云南省城给以衣食，永远拘禁，庶顽夷知有法纪，而地方可免后虑。

臣因慎重边疆起见，冒昧渎请，伏祈皇上训示遵行。谨奏。

朱批：览奏，知道了。杨昌奉、普阿黑原系旧土司支派，名虽投首，实难望其自新。兹观杨路支等抗肆情状，则若辈亦何容姑息，自应解部，发遣黑龙江安插，免贻后患。至于三比、乌图等犯，尤属渠魁，断不可疏漏。乘此兵威，严饬杨国华速行尽力擒拿，枭斩示众。倘不就获，杨国华性命系焉。将朕谕旨明白示之。

（《朱批谕旨》尹继善奏折）

622　云贵广西总督尹继善《奏报整顿三省营伍情形折》
雍正十二年二月二十九日

云贵广西总督臣尹继善谨奏：为奏明整顿三省营伍情形，仰请圣训事。

窃惟云、贵、广西均系苗疆，接连外域，修明武备最为紧要。臣赴滇时随路考验，到任后悉心体察，三省营伍因连年出师，一切军装、器械颇多损坏，兵丁技艺甚觉生疏，不肖营员尚有占食空粮，而匠役、厨夫以及书办头目所占之伙粮为数不少。臣目击情形，心怀悚惕，因痛指积弊，通檄严查。除头目伙粮前已奏请清出，另养余丁外，其厨夫、人役所占之粮已严行禁革，占食空粮之将弁已经查出，严行纠参。营中书办，一分步粮实难办公，现在核减酌留，不许仍前多存空粮，以虚营伍。鸟枪一项实为营中利器，乃各营之枪大概长短不齐，镗口不净，不能有准致远，虽经提臣蔡成贵条奏动项修制，经部议准，尚未即办。臣以此事万不可缓，但通身另造，未免糜费，因令滇省各营细加选择，可用者存留，不可用者改制。恐各营不能合式，特制样枪，令其照造，已经陆续动工。

其黔、粤二省，亦咨商提臣通身确查，一体整理。鸟枪之法，固不外进步连环，务期手足熟娴，进退便捷，施放联贯，中的有准，方为有用。臣亲操标兵，指示法则，以为表率，并于通省每营调枪手一排随标学习，熟练之后发回本营，照式教演。其余弓箭、藤牌，俱皆勒定限期，上紧操练。但思教兵之法，长兵、短器交相为用，而后远近有备。乃边省所恃者惟在鸟枪。夫鸟枪原系利器，第苗猓夷人多用长杆环刀，如崎岖山径，或黑夜攻营，一旦扑挑近身，鸟枪凑手不及，虽有腰刀，又素未学习刀法，持二尺之钝铁敌丈余之长杆，兵丁胆怯，必至受累。前车之鉴，历历不爽。臣过镇远时与哈元生细谈及此，亦深以为然。臣随细心商酌，添制双手刀并长枪二种，令弓箭手分学，凡鸟枪手亦必兼学单刀。已从别省寻觅教师教习标兵，并于通省每营各调数人学习，分教三省。抚、提诸臣亦皆同心协力，现经一体办理。平日操演即于鸟枪之后，以藤牌二名、双手刀二名、长枪二名联为一排，鸟枪放毕，即长短相间，突出冲击，庶乎远近有备，可以缓急无虞。

再用兵之道固在随机应变，因地制宜，而一切规矩准绳，所以熟其耳目，练其手足，鼓励其忠勇之志气者，全在讲究于平日。乃各营所演阵势多事虚文，并无实济，且一省之中彼此不同，甚非体制。臣咨行三省抚、提、总兵以至将官，俱令各就所见，将平日操演之法造册送阅，不但验其才识，并以广臣见闻。今据陆续送到，内惟哈元生之式尚属简明，其余俱参差无当，而亦有可以节取者。臣现在悉心考订，斟酌繁简，将何以行军对阵，何以设伏安营，何以视金鼓旗帜为分合进退、纵横变化之道一一讲求，俟规模酌定，仍与抚、提、各镇诸臣细心商确，然后绘图贴说，分发三省，使皆画一遵行。但恐奉行不力，仍属故事，臣并勒定限期操演纯熟，使各营出具甘结到日，再委镇、协大员错综查验，分别劝惩。仍谆致抚、提诸臣共殚忠诚，相助为理，务期营伍整顿，武备修明，以仰副我皇上慎重边疆、委任臣工之至意。但臣才识庸愚，深恐料理未当，仰恳圣恩详加指示，以便有所遵循。谨奏。

朱批： 整顿营伍、修明武备，原为封疆第一要务，果共殚忠勤，亦何难料理？汝见及此，深惬朕怀。惟是操兵之法，无论联排联伍、用短用长，总期熟娴，方收实效。即双手刀、长枪等械固宜兼学，亦未可一律拘泥。至云熟耳目、练手足、鼓励志气，是矣！若临敌对阵，纵横变化之术，岂绘图贴说，定限取结，而兵弁遂能演习精妙者乎？故神而明之，存乎其人，徒法不能以自行也。此谕其详加体会。

（《朱批谕旨》尹继善奏折）

623 云贵广西总督尹继善《奏陈云、贵、广西三省各营公费生息情形折》

雍正十二年二月二十九日

云贵广西总督臣尹继善谨奏：为备陈清查云、贵、广西三省各营公费生息情形，仰祈睿鉴事。

窃查每兵百名，存留公粮二分，以为营中公费，诚我皇上体恤兵弁之深仁，整顿营伍之良法，为武员者自当悉心料理，尽归实用，方于营伍有益。乃查三省各营公费多不清楚，或任意滥费，浮冒开销，或并非公事，混行私用，或借造册为名，而司道书役恣意分肥，或指称打点部费，而京外提塘暗中索取。以有限之公费，混用者去其大半，所有军装、器械焉能整理？臣到任后，通身严查，立定章程，应用者分晰款项，浮冒者痛加减裁，凡从前用之不当者，臣准情酌理，可宽者免其已往，应追者责令赔偿，其中有玩法太甚者，自当查明参究，并会商提臣通颁册式，令各营将所用公费条款详细登注，按季造报，逐款查核，不许丝毫冒滥。此臣清厘公费之情节也。

再生息银两，我皇上爱养兵丁，特发帑金赏给营运，以资穷兵缓急，此诚旷古未有之鸿恩。升任督臣鄂尔泰仰体皇仁，通盘筹画，议将督、抚、提、镇各标所领银两一体均分各营营运，凡经管将弁，自当实力经营，俾本银清楚，利息充盈，穷兵早得接济。乃云南生息银两，多有营员借用、客民借贷及放债兵丁取利盘剥者。伏思皇恩赏给，原令设法营运，若取兵之利以为赏兵之用，似觉于理不顺，况遇逃亡事故，无人赔垫，势必亏空。至于官员私借，更属违例。借端一开，人人皆生觊觎，交相弊混，彼此通那，日久无力清还，帑项必归无着。臣深悉其弊，不敢因循。现在委员彻底盘查，凡官员之借欠立刻严追，客民之借贷勒限归款，其兵丁之借项，行令分季扣还，所开典当有不值号件，俱着落经手之人偿补。俟查明之后，有情弊不可宽恕者，定行严参究处，务期彻底澄清，再为因地制宜，熟筹营运，使帑项不至侵亏，兵丁早沾实惠。

再贵州、广西生息银两，从前题准，亦照滇省均分办理。迄今二载，贵州止有抚、提并安笼镇标已经领银营运，其余尚未分领。臣思黔省山多地僻，货贩稀少，若将银两按营分散，则偏僻之处势难生息，必至本银沉搁，且过于零星，碍难稽查。莫若将通省应领之四万余两，仅巡抚、提、镇大标及冲繁营分之地成总营运，将附近僻小营分应领之数归并带办，所得利息算明，均分给赏，不但查核甚易，亦且滋生倍多。现在咨商抚、提，行司详议。

广西生息银两久已分定，历年营运颇有利息。但偏僻营分本银尚多壅滞，亦经会商抚、提，衰多益寡，通融办理。其现存利银，据抚臣金铁行令分贮酌借。臣以借之一道总非善策，查扣至去岁年底，已共有利银九千余两，量入为出，尽可敷用。随酌定赏格，自本年正月一例开赏。其各营有无亏空，亦现在委道府各官通身盘查，出结具报。

所有清理三省公费生息情形，理合据实详细奏明，仰祈睿鉴。谨奏。

朱批：存留公粮原以资助办公，凡应用之项，不宜过于裁减。若指借名色滥费浮开，既无补营伍，且反滋弊窦，则是无故多此一事矣，应彻底清厘者。至于生息银两，经营固须有法，委托尤在得人，该将弁等果肯尽心筹画，如自理家财，即僻地小营未尝不可滋息。倘或膜外视之，虽大标冲郡取赢较易，亦岂能免借贷通那之弊乎？所奏已属周密，其更加详察妥酌。勉力为之。

（《朱批谕旨》尹继善奏折）

624　云南巡抚张允随《奏报滇省冬春雨雪应时、豆麦茂盛情形折》

雍正十二年二月二十九日

云南巡抚臣张允随谨奏：为恭报冬春雨雪应时、豆麦茂盛情形事。

窃照滇省去岁秋收在在丰稔，入冬以后田间豆麦尤期雨雪调匀。兹查上年十一月二十九、三十日、十二月初一等日连降瑞雪，积盈尺许。本年正月二十以外，二月初二、二十三等日，又复普沛春霖，并据两迤各属具报前后俱得雨雪，现今二麦旺盛，蚕豆、菜子结实丰稔，其高坡山地布种春荞亦俱长发，东作并兴，汉夷安恬乐业。所有云南省冬春雨雪日期并豆麦茂盛情形，臣谨附折奏闻，伏乞皇上睿鉴。奉到朱批原折二扣，一并恭缴。谨奏。

朱批：览。

（《雍正朝汉文朱批奏折汇编》第二十五辑，第977页）

625　云南巡抚张允随《奏报办理元、新渠首并普、思军务报捷情形折》

雍正十二年二月二十九日

云南巡抚臣张允随谨奏：为奏明办理元、新贼首并普、思军务报捷情形事。

窃照元、新贼首杨昌奉等先经陆续投出，经臣恭折奏闻。查有三比一犯，藏匿翅古箐中抗拒逞凶，总兵杨国华即令投出之贼首老常、小名头跟同土目前往招擒，乃迁延多日，尚无拿解。督臣尹继善复饬杨国华连差弁兵往擒三比并老常、小名头拿解，杨国华甫经发兵，而三比先已脱逃，老常、小名头亦复畏罪潜逸。督臣闻报，当与臣等确商，投诚各犯多在军前，恐被乘机煽惑，复至漏网，飞行杨国华将杨昌奉等作速调齐，明白晓谕，押解来省，并行副将周仪将普阿黑、普成忠一并起解。去后，而杨昌奉等先经杨国华押回新平，督臣又飞谕新平文武传齐晓谕，令其来省。乃有贼首杨路支、杨哈资、卡朵、普兆龙、普光天、普弘得、耶体奈抗不遵依，挟刃欲逃，当经该文武等督率弁兵，立将七犯斩杀，并斩其动手后生十二名。杨昌奉、杨期得不敢抗逆，即行锁解赴省。其普阿黑、普成忠亦据周仪差弁押解到省。其前次据报投出之乌图一犯狡黠倍常，不肯倾心就抚，谕调并不到营，今复借病自回元江老是达地方，现在设法擒拿。而三比、老常、小名头亦在严勒将弁，跟踪追缉，务期弋获，以除后患。

又普、思余贼遁入糯怕山箐之后，官兵协力搜剿，据总统副将周仪禀报："署守备丁自荣等攻破贼巢，斩获首恶姚光，又搜斩糯怕大贼首车白勒及贼所委喃奔即小神仙名目十余名。惟是攸乐三十六寨屡招不出，总悾地方辽阔，山险箐深，若不亟乘兵威逐处分搜，而贼蛮狡猾，势必东西奔窜。"督臣尹继善与臣暨提臣蔡成贵悉心商酌，檄饬军前，务将攸乐各寨剿抚兼施，彻底清理。节据禀报，兵练奋勇搜缴，所有贼首、神仙如阿丙、李叭、朱休、客叭、教叭、章叭、音飘梭、邦车、阿资、休木、落资泽等悉就擒斩，并获贼犯男妇六百余名口，江坝一带咸已安戢。周仪与游击陈上志复遣兵练分搜困戈、慢困、党夏并慢得、慢蚌、那烈、糯竜等处。又据陆续报到，新获贼首库者、是比、召红萨，妖仙母赏、阿算、召细、梯卡即松练，并擒获贼首召王、侧慕、召三素法、召叭章、召猛罕、召三板纽、召光华、召先公、召康即苦葱老五；又查获杀害试用章伦之恶贼克那、批着二名，并贼首六王那颖一名，喃奔数十余名，擒解逆贼男妇五百六十余名口。其白马山一路，据游击张其贵禀报："差遣刀辅国招出伊弟刀四，情愿效力赎罪，将贼首谭正芳、喇鲊占、叭喃及叭喃之子波先董一并拿获，又搜斩贼首先板鸦、夏江西首级，并将召大弟及伊弟自号鲁王一名，妖仙召叠雅拉，又一名称为且王，悉皆擒解。惟召弟、刀三二犯，查于去岁染病，已伏冥诛，六困各寨并行招出。"统计攸乐、思、普各路先后擒斩贼首、神仙喃奔共二百余名，斩获贼级数百余颗，临阵斩杀、枪炮打死者不计其数，投诚夷民约共八千余名口。

至擒获各逆贼，臣等已饬令总统副将周仪、同知漆扶勷严加审讯，如实系首恶及攻城杀人，即于军前枭示，以彰国法。有应质讯者解省发审，如系迫胁附和、悔罪投诚者，好为安插，内有实在饥饿乏食者，量行接济口粮，以示矜恤之恩。目下贼首止有召补达二三名尚未就弋，已将其嫡叔破补、亲弟哈白、哈朱拿获，讯踪踩缉，而各处地方，唯整鲁、猛野、困革数处尚有余贼。督臣现在飞饬搜剿，克期荡除，不日可以告竣。一切善后事宜，容臣等会商筹酌，恭请圣训。

至军前兵粮，经臣与督臣于师行之先预饬筹拨，分路挽运尾营供支，俱无迟误。

所有办理元、新贼首并普、思各路报捷情形，理合缮折奏闻，伏乞皇上睿鉴。谨奏。

朱批：览。

（《雍正朝汉文朱批奏折汇编》第二十五辑，第 978～980 页）

626 云南巡抚张允随《奏请停安宁等州县折征，
改收本色以利仓储折》

雍正十二年二月二十九日

云南巡抚臣张允随谨奏：为请停折征，改收本色，仓储、官民均有裨益事。

窃照滇省安宁等二十三州、县额征税秋粮米，例应四年折征一次，解司充饷。今雍正十二年，适届折征之岁，自当照例遵行。

臣查粮道库内向有存剩节年轻赍米价，经臣题明，统于雍正十年采买供支，以十一年为始，停止招买。嗣因普、思、元、新军务，各属承办军糈、挽运供亿，事务纷繁，未得采买，前银尚存道库。又因军粮浩繁孔亟，附近府、州、县仓粮不敷拨运，即于捐输仓谷内碾米运供，自应及时买补还仓，为数甚多，价值不一，而各州、县现在米价又贵贱不等，若令州、县自买，势必借口赔垫，犹恐暗行招买，以滋短价累民。臣因时制宜，稍为变通。请将今岁例应折征之安宁等各州、县仍征本色贮仓，供支抵补之轻赍，其有碾动仓谷者，以一米征收二谷，补还捐款，余则酌拨，于一二站内兵多之地供支兵食，将道库所存轻赍米价尽解司库，以抵安宁等各州、县之折征充饷，尚有不敷，于司库拨足，以抵应行发买碾动还仓捐谷，统于军需项下报销。一转移间，积贮无缺，兵食有备，而于国计民生不无裨益。臣与督臣尹继善悉心斟酌会计，另行会疏具题外，合先奏明，伏乞皇上睿鉴施行。为此谨奏。

朱批：好。

627　云南巡抚张允随《奏谢恩准先父入祀广西名宦祠折》
雍正十二年五月二十七日

云南巡抚臣张允随谨奏：为恭谢天恩事。

臣父原任广西驿盐道张惟远，仰荷圣祖仁皇帝简任道员，今蒙天恩允入广西名宦，臣闻命之下，即率领阖家大小、亲属望阙叩头谢恩外，伏念臣曾祖赠山东按察使佥事、原任庆云县知县张必科，于顺治五年在任殉难，雍正七年钦蒙圣慈，准入昭忠祠，永享盛世俎豆。今臣父张惟远在广西驿盐道任内，凡修理堤河、平治驿路、捐谷赈饥、疏通盐引等事措施调剂，臣职当然，复荷逾格深恩，崇祀名宦。臣祖孙父子世受国恩，至优至渥，臣以菲材，岂能仰报万一？惟有时时凛遵圣训，不敢一念苟且，不敢一事因循，殚竭血诚，黾勉夙夜，以冀上不负君恩，下不贻羞祖父已耳。所有臣感激微忱，恭折奏谢，伏乞皇上睿鉴。为此谨奏。

朱批：朕向来未闻汝父是非之名，该地方题请准行之事。然恐地方大吏亦不过看汝面上将就之举耳，何必云谢。

628　云南巡抚张允随《奏报滇省豆麦收成分数 及雨水田禾情形折》

雍正十二年五月二十七日

云南巡抚臣张允随谨奏：为恭报豆麦收成分数事。

窃照滇省民食半资杂粮、豆麦实与米谷并重。本年豆麦茂盛情形，经臣缮折奏闻。兹据布政使陈弘谋册报："除不产豆麦府州县外，其昆明、安宁、禄丰、呈贡、罗次、宜良、富民、南宁、平彝、陆凉、广西、建水、阿迷、蒙自、新兴、江川、文山、镇沅、太和、赵州、浪穹、邓川、永北、保山、永平、鹤庆、剑川、蒙化、丽江、楚雄、镇南、南安、广通、大姚等府州县，麦子收成实有十分，豆子收成实有九分、十分；昆阳、晋宁、嵩明、寻甸、沾益、马龙、宣威、罗平、宁州、通海、河西、石屏、河阳、广南、路南、云龙、云南、宾川、定远、顺宁、云州、姚州、会泽、和曲、弥勒、开化、普洱、镇雄、永善、威远、禄劝、恩安、元谋等府厅州县豆麦实有八分、九分。"等情前来。

臣查滇南去年百谷顺成，今春豆麦丰收，目下省城以及各属豆麦价值甚平。惟是芒种前后未得大雨，五月中旬连沛甘霖，田亩俱获栽插，山地杂粮亦皆茂发。据各属所报，迤西得雨独早，栽插已完，迤东雨水情形与省城相同。理合一并缮折奏闻，伏乞皇上睿鉴。奉到朱批原折四扣，一并恭缴。谨奏。

朱批：览。

（《雍正朝汉文朱批奏折汇编》第二十六辑，第436页）

629　云南巡抚张允随《奏报擒除广南恶目陆尚安事竣缘由折》

雍正十二年五月二十七日

云南巡抚臣张允随谨奏：为奏闻事。

窃广南土目陆尚安父子，原系广南参革土同知侬绳英项下头人，绳英犯罪拿问，伊妻严氏抚孤管事，尚安父子遂欺孤藐幼，同恶相济。及侬绳英之子侬振裔长成，经升任督臣鄂尔泰给以外委土守备职衔，令学办地方事务。而恶目尾大已久，不听钤束，凌虐夷民，越界抢掳，无恶不作，随经前署督臣高其倬会同臣屡檄饬拿在案。雍正十一年二月内，侬振裔开列恶目款迹具报，一面带领土练前往擒拿，尚安率众抗拒，未得就擒。臣思恶目如此悖逆，应即发兵剿捕。但彼时正值元、临军务倥偬，广南营参将郑文焕现在出师，存城之兵无几，未便轻举，且素访得恶目巢穴险固，恐布置未密，反借径远扬。臣因面谕广南府知府吕大成查明路径，慎密堤防，先将其侵占村寨招致离散，仍令将情形密禀，以凭会商办理。适督臣尹继善于四月到任，臣与商酌，意亦相同。旋于上年十一月内，节据该府禀报："已将恶目所管六十余寨陆续招致，尚安现离巢穴，机不可缓，飞令土官侬振裔率领目练分路往擒。尚安竟迫胁寨民设屯拒敌，杀伤土练。"等情。彼时临安一路军务剿抚已竣，督臣尹继善与臣及提臣蔡成贵会商，撤调广南营参将郑文焕，自瓦渣军前带兵回营，星往督剿，又派拨附近滇粤兵练四面堵截，协力搜擒。陆尚安之父陆顺达并伊弟尚章、尚连、尚恩等带领家口先后投出，又伊弟尚富挈眷躲箐，当被搜获。惟尚安及伊兄尚平先期逃遁，弁兵尾踪追拿，斩获尚平解报。尚安自知无路可窜，于四月十三日自箐出投，押解到省，督臣尹继善即将滇粤兵练悉行撤回。恶目陆尚安同伊父陆顺达现发按察司严审招拟，应听督臣具疏会题外，所有擒除恶目陆尚安事竣缘由，理合缮折奏闻，伏乞皇上睿鉴。谨奏。

朱批：知道了。

（《雍正朝汉文朱批奏折汇编》第二十六辑，第 437～438 页）

630 云南巡抚张允随《奏报普洱、元、临
军务告竣撤回各路兵练折》

雍正十二年五月二十七日

云南巡抚臣张允随谨奏：为恭报军务全竣，撤回各路兵练情形，仰祈睿鉴事。

窃自普洱、元、临逆猓相继悖叛，扰害地方，官兵、土练分路前进，剿抚兼施，普洱大小贼首刀兴国、神仙喃奔等悉皆擒斩，各处村寨夷民陆续招抚，元、临两处有名贼首及附逆恶党次第斩获殆尽，迫胁逃避夷民亦皆招出安插，地方平定，经臣先后具折奏闻。惟余元、新贼首乌图，屡招不肯就抚，三比败遁藏躲，均系渠魁，若不剪除，终贻后患。又普洱贼首召补达等勾合整鲁、猛野余贼，亦须尽情搜捕，以净根株。督臣尹继善严饬元、普军前两总统并各路将弁，乘兹军威大振，竭力追擒。乃乌图行踪诡秘，潜渡阿墨江至错纳贾地方，被把总杨有桂带兵跟追，擒其妻女，夺其马匹，斩获所从后生。乌图情急滚箐，仅带伊侄舍遮逃至牛角寨内，又被外委王立言等前往围拿。该犯拒捕，当即斩取首级解报。其三比一犯遁匿元、普交界，准总兵杨国华咨报："土弁李张保带领兵练踩搜，于二月三十日，在慢卖地方与贼相遇截杀，用枪打死三比，割取首级，并其衣幡等物。该镇将首级提验，又令所获贼犯详认面貌、衣幡，俱称实系三比。"等语。

至召补达等聚集猛野一带，连被官兵搜杀，在铺列、南约河、党戛大箐等处节次斩其贼首召康即召红萨、召那练等，并招抚夷民八百余名口，召补达势穷党散，仅带十余人深入普洱箐内旋转藏躲。现据各土目愿具限状拿解，总兵杨国华亦招出召补达心腹从贼夏者，令监生李秉仁押带，前往查招，谅难漏网。

目下各处贼薮俱清，虽尚有元江逸贼播荷老常、小名头二犯未获，皆系孤踪远匿，只须设法缉拿，勿庸再驻大兵，致糜粮饷。兹督臣尹继善与臣暨提臣蔡成贵悉心商酌，除临安一路久经宁贴，所驻官兵应行全撤，其元、普两路甫经安静，仍应量留贴防，俟地方大定，再行撤回，其余兵练于五月内悉已饬撤，军务业经告竣，一切善后事宜，臣等斟酌熟商，统听督臣会题，请旨遵行。

臣查普洱、元、临用兵以来，上廑圣怀，仰赖皇上天威远播，扫涤边氛。臣等谨当同心筹画，妥协料理，不敢视为已治已安，稍萌怠忽，庶仰副我皇上眷顾边方之至意。

所有军务告竣、撤回兵练缘由，理合缮折奏闻，伏乞皇上睿鉴。谨奏。

朱批： 览。

（《雍正朝汉文朱批奏折汇编》第二十六辑，第 438~439 页）

631　云南巡抚张允随《奏报上年银铜厂务及增收课锡银两数目折》

雍正十二年五月二十七日

云南巡抚臣张允随谨奏：为奏报银、铜厂务，增收课息事。

窃照滇省银课兵饷攸关，而各厂铜斤尤备鼓铸之所急需，兼以滇处极边，山多田少，民夷商贾率借厂地资生，须矿砂旺盛，则国计民生两有裨益。臣屡饬管厂各官悉心调剂。兹雍正十一年分，据管理各厂人员陆续报到：各银厂抽收课银较之上年多收课银二万余两，其中开化府属马腊底旧厂之旁另开新硐，自雍正十年十一月内，采获矿砂甚属旺盛，经臣具折奏闻。今雍正十一年，抽获课银一万九千四十二两零，除额课银七百五两零外，余课银一万八千三百三十余两，抵补各老厂之缺额。至两迤铜厂，计一年共办铜三百六十一万余斤，除于奏销案内造册题报外，理合附折奏闻，伏乞皇上睿鉴。为此谨奏。

朱批： 览。

（《雍正朝汉文朱批奏折汇编》第二十六辑，第 440 页）

632　云南巡抚张允随《奏报开修昭郡道路
已竣并请疏开水利以便商农折》

雍正十二年五月二十七日

云南巡抚臣张允随谨奏：为恭奏开修昭郡道路工竣，再请疏开水利以便商农，以益兵民事。

窃昭通一府仰赖皇上天威底定之后，人民生聚，兵马众多，通商裕食实为要图。臣日切筹思，必道路便捷，水利通畅，始足以招商贾而兴农功。查自省至沾益路皆平坦，牛马车行无阻，惟沾益州属之松林驿起，历宣威、威宁以至昭通，道途险窄，商贾难行，经臣上年正月内委令试用知县李本濂前往详加勘估，旋据复称："自松林起至昭通计程五百四十五里，虽险阻不一，均可开修车路，估工料银一千九百余两。"当经升任布政使葛森详动司库官庄变价充公银内发给兴修，今已据报工竣，现在牛马车行直达昭通。

又查四川高县之安宁桥一带，商贾辐辏，米价平减，盐布货物贸易颇多。而自安宁桥至昭通计程二十站，脚价甚重，是以百物至昭腾贵。经臣行据昭通府属之镇雄州知州李至详称："查自安宁桥至镇雄州属之牛街小路六站，自牛街到昭通小路七站，仅共一十三站，因年远废塞不通，若修开此路，较大路捷近七站。"等语。复经臣酌动司库官庄变价银五百两给领兴修，今已据报工竣，并于沿途设立塘汛、店房，拨兵招民住坐，以保行旅。现今商贾贩运各物络绎赴昭，一切物价较之往年已减十分之二，而该州采办兵米亦即由此挽运，脚价亦较前节省。

以上两路用过工料银两，容臣核实题销。

再查昭通田地，除招徕新旧垦户及本地夷民垦种外，尚有可开之田。前据昭通府知府徐德裕详称："昭通属滋泥、利济、拉擦等三河，皆关农田水利，若疏修开通，不特恩安、鲁甸已垦之田可资灌溉，兼可于附近开垦水田万亩。"当经臣与督臣尹继善批委迤东道黄士杰前往查勘，兹据复称："滋泥等三河实皆关系农田水利，疏修开通，与昭郡地方人民大有裨益，分别应开、应凿、应宜建闸之处，逐段确估，共需银五千四百八十余两。"等因前来。

除取估册到日，题请于司库官庄银内酌动兴修外，所有开修昭郡两路工竣并应开河道情由，臣谨一并缮折奏闻，伏乞皇上睿鉴。为此谨奏。

朱批：题到有旨。

（《雍正朝汉文朱批奏折汇编》第二十六辑，第 440～441 页）

633　云贵广西总督尹继善《奏报春麦丰登、田禾畅茂情形折》

雍正十二年六月初一日

臣尹继善谨奏：为奏明春麦丰登、田禾畅茂事。

窃查滇省自春入夏，晴雨顺时，二麦、蚕豆俱获丰收，据各属具报十分者居多，间有数处八分、九分不等。贵州、广西二麦收成亦八九十分不等。现在耕耘有借，比户盈宁，各种米粮价甚平贱。贵州、广西雨水调匀，栽插较早。云南于麦收之后微觉缺雨，兹于五月半间连得大雨，远近均沾，高下秧禾栽插已遍，其荞豆田苗亦皆处处茂盛。所有春收分数及雨泽沾足情形，恭折奏闻。谨奏。

朱批：欣慰览之。

（《雍正朝汉文朱批奏折汇编》第二十六辑，第 475 页）

634　云贵广西总督尹继善《奏报斩获元、临贼首三比、乌图等人折》
雍正十二年六月初一日

臣尹继善谨奏：为奏明斩获元、临贼首事。

窃元、临贼首杨昌奉、普阿黑等业经解省看守，杨路支等俱经斩获，惟乌图不肯就抚，三比脱逃藏匿，经臣缮折奏明，一面严饬总兵杨国华并军前各将弁竭力追捕，务期速获。而乌图奸狡异常，杨国华屡次招安，总不肯出，带领数十余人，行踪诡秘，往来无定。臣以该犯既不就抚，若徒事招安，必至迟误，因飞谕新嶍营参将魏明、寻沽营参将吴朝应密探踪迹，协力擒拿。随据禀报，探得乌图潜渡阿墨江至错腊贾地方，遣把总杨有桂带领兵练星往扑擒，乌图闻风奔避，该弁擒其妻女，尾踪追赶，斩其随从，夺其马匹，乌图情急滚箐，仅带伊侄舍遮逃至牛角寨内。该寨火头报知参将吴朝应，星差弁兵前往围拿，乌图叔侄持械拒捕，兵目奋勇向前，一并斩首解报，所有奋勇弁兵及报信火头俱经分别重赏。三比一犯自翅古败遁之后，复逃往元、普交界，勾合普洱逸贼，冀复猖獗。臣飞行军前将备并力缉捕，随据杨国华具报："土弁李张保带领兵练跟追逆贼，于二月三十日，在慢卖地方与贼相遇截杀，用枪打死三比，割取首级，并获其衣幡等物。"臣恐有不实，即饬杨国华将首级提至行营亲验，并令所获贼犯认识，俱称系三比首级是实。

查乌图、三比实系凶恶渠魁，非寻常贼首可比，若不及早剪除，终为地方后患。兹于五月初七日，赍折人回，钦奉朱批："杨昌奉、普阿黑等俱系旧土司支派，虽名为投诚，实难望其自新。今既敢反复，亦何用姑息，应差解来京，发黑龙江安插，以免贻后患。至三比、乌图等犯，实系渠魁，趁此兵威大振，断不可疏漏。可严饬杨国华等速行下力擒拿，倘不就获，杨国华身家性命系焉。将朕谕传谕知之。俟获解到日，遵照前旨斩枭示众可也。钦此。"仰见我皇上睿谟深远，务期除恶安良，一劳永逸之至意。

臣荷蒙圣恩，身膺重寄，一切军务，与抚臣张允随、提臣蔡成贵殚心办理，日夜图维，不敢少存苟且之心，稍有怠忽之念。今杨昌奉、普阿黑等俱已就擒，三比、乌图又经授首，此实仰赖我圣主恩威远播，训谕谆详，臣等黾勉遵循，始得事有就绪。除杨昌奉等现在发司并审，俟招解至日遵旨解京，发黑龙江安插外，所有斩获贼首及遵旨办理情形，臣谨奏闻，伏乞睿鉴。谨奏。

朱批：嘉悦览之。

（《雍正朝汉文朱批奏折汇编》第二十六辑，第 476～477 页）

635　云贵广西总督尹继善《奏报元、临、普、思一带军务全竣、撤师情形折》
雍正十二年六月初一日

臣尹继善谨奏：为恭报军务全竣、撤师情形，仰慰圣怀事。

窃元、临、普、思一带自前岁逆夷悖叛，处处余孽未靖，出没扰害。臣到任后，与抚、提二臣悉心商酌，先令总兵杨国华带领兵练，总统元江一路军务，与临安总兵董芳互相援应，协力清剿。旋经董芳攻破贼巢，擒斩首恶，元、临两路平定。臣以贼首尚有未获，地方甫经安缉，未敢草率完局，遂将出师日久、疲惫之兵量行撤回，选择精壮，于元江一路留兵二千余名，临元一路留兵一千三百余名，仍令杨国华、董芳统率驻扎，分布防范，缉拿贼首，安抚夷寨。普思一路，于上年霜降后派调兵练四千余名，委护普洱镇广罗协副将周仪总统军务，分路前进，剿抚兼施，凡大小贼首、神仙喃奔陆续擒斩殆尽，各处村寨夷民悉行招抚，攸乐、思茅江内、江外等处俱经荡平，惟余整鲁、猛野、困革数处尚有逆贼窜匿，贼首召补达、召康郎、召红萨、召那练等数名未获，经臣先后奏报，一面严饬军前将弁竭力搜剿，务期净尽根株，以图一劳永逸。

又查猛野一带为元、普交界，最为藏奸，恐两处余孽勾结为患，随飞行杨国华、周仪各拨兵练两头会剿。而贼首召补达等果勾连元江逃遁余贼，于猛野聚众猖肆，把总郝廷标等带兵往剿，行至铺列地方遇贼对敌，杀死逆贼数十余人，斩获贼级八颗，生擒数名，其余逆贼俱皆溃败。把总李谦奋勇先登，中枪阵亡，并伤亡兵练六名。臣飞饬游击陈上志等亲往督剿，击败贼众，分路搜捕。节据具报，于南约河地方将贼首召康郎斩获，又于党夏大箐斩获贼首召红萨，于蛮困箐内斩获贼首召那练，并又陆续斩获首恶妖仙喃奔三十余名，擒获逆贼男妇二百余名口，招出夷民八百余名口，各处山箐村寨悉已平定，并无逆贼聚集，惟召补达一犯逃遁无踪。现在各寨土目头人莫不齐心愤恨，咸具结承认缉拿逆贼，以除后患。续据杨国华报称："四月初六日，将召补达心腹从贼厦者招出，讯知召补达仅有十余人跟随，于普洱箐内旋转藏躲，情愿出投。业令监生李秉仁押带厦者前往查招，普属土目亦密布缉拿，谅难漏网。"

臣查元、临、普、思一带，自发兵进剿以来，仰仗皇上天威远播，指示周详，各将士协力同心，奋勇攻剿，迄今一载，处处俱已荡平，人民悉皆安堵，有名贼首无不或斩或擒，逆恶党羽亦皆斩获殆尽。统计此番用兵，现在解省要犯并逆贼眷属共四百余名口，各路攻剿，临阵斩杀、擒讯枭示逆贼共一千数百余名，擒获应分赏贼属共数百名口，被贼迫胁、审非附逆及藏躲山箐招出安插夷民共一万九千数百余名口，止有普洱贼首召补达一名、元江贼首播荷老常、小名头二名未获。但该犯等已经势穷力竭，只须设法缉拿，毋庸再驻大兵，徒费粮饷。

臣与抚臣张允随、提臣蔡成贵通身筹画，临安一路久经平定，并无未获之贼，所有总兵董芳带领驻扎官兵一千三百名悉行撤回，惟于外五司地方酌留土练三百名，分驻隘口。元江、普洱乃夷疆重地，甫经安静，且尚有贼首一二名未获，仍不可不留兵贴防。元江一路酌留官兵一千名，分驻羊街、因远、他郎、通关哨及贴防元城，又留本地土练三百六十名，分防猛野、土戛、里仙江、翅古、萨楞、永丰里等处；普洱一路酌留官兵一千三百五十名，分驻莽芝、猛旺、等角并贴防普城、思茅，又留本地土练七百五十名，分防倚邦、旧迭、普藤、磨里旺、鸠坡等处，令其不时游巡会哨，弹压地方，缉拿逸贼，仍陆续各于本营派兵前往换班，以均劳逸，俟地方大定，再行撤回。其攸乐地方，仍令攸乐游击王先带普镇原防兵丁驻扎，足资弹压，并令九龙江外宣慰司刀绍文及各土弁目派练防守要隘、渡口，其余先后进剿兵练，于五月内悉行撤回。军务业已全竣，至总兵杨国华，已蒙调任普洱，原应即令赴任，但元、普大局虽定，一切善后事宜正须料理妥当，若此时即行更换，未免隔手生疏，将来恐有推诿，且副将周仪，此番用兵调度有方，军威大振，现在普洱尽心办理，兵民亦颇畏服，自宜令其各将经手之事一手办完，庶免错误。业经行令杨国华仍暂驻元江，周仪仍暂办普镇事务，仍令彼此会同商酌，将善后事宜办妥，臣再斟酌请旨。

兹赍折人回，颁到雍正十二年三月二十三日内阁奉上谕："思茅一带土夷猖狂，若不悉行擒斩，地方终不宁静。今据尹继善奏报首恶神仙喃奔等已经擒斩，攸乐、思茅一带已处处荡平，贼首止有召补达等二三名未获，整鲁、猛野、困革数处尚有余贼逃匿。尹继善调度俱属妥协，而折内'欺人适以自欺，小省终成大误'二语尤属切要，自应乘此军威，将首恶尽获，余贼尽平，以期一劳永逸。至擒获之贼，宁正法毋原情；贼党之眷属，宁分赏毋省释，惟招投之夷众急宜抚绥，即胁从之愚民亦须惩治。凡事每懈于垂成，常忽于既定。尹继善甫制滇南，虽心力俱强，尚威信未立。此举所关实该三省，非仅为元、新、普、思计也。尔等可将此传谕尹继善知之。钦此。"臣跪读之下，仰见我皇上至圣至明、计深虑远，又念臣甫任滇南，威信未立，奖励教诲，逾格成全。臣仰沐深恩有加无已，敢不钦遵训谕，殚力办理，以仰副皇上慎重边疆、体恤期望之至意。

除现在严饬文武各员加谨巡缉，抚绥夷民，使皆怀德畏威，永远宁贴。其一二逃遁逸贼，务期设法拿获，不使侥幸漏网。至获解逆贼，行司审拟正法，贼党眷属、胁从之徒，分别缘坐、分赏惩治，并与抚、提诸臣商筹善后，务期妥协周到。

其军前有功将弁、兵丁，查明造册，另行题报外，所有军务全竣、酌撤官兵及遵旨办理缘由，臣谨恭折奏闻，仰慰圣怀。谨奏。

朱批：欣悦览之。

（《雍正朝汉文朱批奏折汇编》第二十六辑，第477～480页）

636　云贵广西总督尹继善《奏报擒剿广南府逆目陆尚安事竣情形折》
雍正十二年六月初一日

臣尹继善谨奏：为奏明剿擒逆目事竣情形，仰祈睿鉴事。

窃查滇省地处极边，夷猓愚顽，尚知畏法，多由凶恶土目为之倡率，小则逼蛮抢杀，大则煽惑跳梁，若不严加惩创，地方不得宁谧。有广南府逆目陆尚安父子，原系参革广南土同知侬绳英项下土目，从前侬绳英犯法拿问，伊子幼小，经前督臣蒋陈锡题请，令侬绳英之妻严氏抚孤，管理事务。陆尚安父子欺严氏女流子幼，肆无忌惮，将土司所辖地方任意占夺。侬绳英之子侬振裔，经升任督臣鄂尔泰给与外委土守备职衔学习办事。而尚安父子羽翼已成，不能约束，频年以来科派抢掳，焚劫奸淫，境内夷民悉遭荼毒。于雍正十年，又连次率众越境，执持枪炮抢掳广西西林县属里别、木戛、韦叠等寨人口、什物，经署督臣高其倬檄行查拿未获。雍正十一年二月内，侬振裔开列逆目恶迹十余款具报，一面带领土练前往擒拿，逆目率众拒捕，未能就擒。臣到任后，又叠据滇粤文武具报，陆尚安兄弟率众数百余人，携带枪炮，于附近各寨强占田土，放火杀人，凶横已极。

臣细察情形，逆目巢穴险固，党羽众多，如此肆行不法，必须乘时剿洗，庶免滋蔓难图。但彼时元、临军务未竣，广南营参将郑文焕现在出师，存城兵少，不便轻易举动。随密谕广南府知府吕大成密为提防，勿露风声，将逆目霸占村寨陆续招致，俟布置停妥，再为剿除。并札致广西抚、提二臣，密饬附近广南各州县、营汛一体防范，查其出入路径、交结党羽密报，以凭筹办。旋于上年十一月内，据广南府禀报："逆目所管六十余寨已陆续招致，惟私庄十余处未归。适十一月初六日，陆尚安离巢私出，当即飞调侬振裔率领目练星往追擒，陆尚安竟迫胁附近寨民屡次拒敌，杀伤土练，甚属猖狂。"等语。

臣查恶目肆害边境，亟须剿除，前因元、临军务未竣，故暂缓举动，今侬振裔带练擒拿，逆目现敢拒敌伤练，若不立为擒获，恐致猖獗滋事。随与抚臣张允随、提臣蔡成贵悉心商酌，飞调参将郑文焕回营督办，并酌拨滇粤附近兵练堵截，协力剿擒，晓谕附近各村寨，不许勾结助逆。其私庄夷民，亦明白示以利害，令其解散。嗣据军前文武禀报："正在带领兵练直捣逆目巢穴，乃西林县知县年泰龄并不协力擒拿，两次亲入贼巢私自招安，并纵容县民岑文奇乘机接陆顺达之女成亲，虽将陆尚安之父陆顺达并家口招出，而陆尚安同伊兄尚平早已逃遁，其尚安之弟尚章、尚连、尚思等见兵练一到，势难抵御，俱先后投出，伊弟尚富及助逆人等皆或斩或擒，现在派拨备弁带兵跟追陆尚安。"等情。

臣以逆目恃险抗顽，既经调拨兵练，惟有立刻擒捕，何得徒恃招安？今陆顺达全家虽俱就获，而陆尚安一犯乃系首恶，断难宽纵。因飞檄严查西林县年泰龄轻身贼穴，私往招安情节，一面严饬将弁尾追跟拿，随将陆尚平斩获。陆尚安见各处堵拿甚紧，难以漏网，于四月十三日已经投出。此案首恶已擒，余党悉获，广南除此恶目，远近各寨无不快心，地方业经安定。臣飞行参将郑文焕将滇粤在事兵练悉行撤回，各村寨夷民俱出示晓谕，各安耕凿，胁从牵连之人立行发落安插，以免惊疑，并将陆顺达、陆尚安提解到省，发云南按察司严审招拟，另行具疏题报。其西林县知县年泰龄私往招安，有无故纵情弊，现在一并审究。

所有剿擒广南逆目陆尚安事竣情形，臣谨恭折奏闻，仰祈皇上睿鉴施行。谨奏。

朱批：览。

（《雍正朝汉文朱批奏折汇编》第二十六辑，第480～482页）

637　云贵广西总督尹继善《奏报三省田禾茂盛并雨水情形折》
雍正十二年七月二十三日

臣尹继善谨奏：为奏明田禾茂盛并雨水情形事。

窃查云南、贵州、广西三省前于栽秧之期均得甘霖，远近沾足，业经具折奏明。自五月至今时雨时旸，施行顺序。现在云南省早稻吐穗，晚稻长发极其茂盛，一切荞豆、杂粮俱甚蕃硕，将次成熟。贵州、广西二省亦皆晴雨及时，田禾茂盛。惟贵州属之桐梓、毕节、瓮安三县并都江各地界内，因五六月间骤雨，山水泛涨，沿河居民房屋间有被淹；又古州镇城依山傍江，六月初二日江水消泄不及，淹及东南城厢，兵民房屋、城墙多有倒坍，人口避登高阜，俱得保全。六月二十五日，贵州省城北山水发，城内城外房屋亦有冲坍，损伤居民一十余口。以上各属，臣俱会商抚臣，委员确勘，赍带公银，酌量抚恤。被淹之处山水一过即消，田禾无恙。查古州镇城为三江汇注之地，向多水患，急宜筹画。已行藩司遴委干员查勘形势，作何捍御疏通，另行定议办理。

至云南之普、思、元、临一带，自撤师以来地方宁谧，民乐耕耘，其招抚夷人俱已各安故业，现在禾苗遍野，妇子怡熙，迥非从前景象。臣惟有严督文武各属不时防范，加意抚绥，断不敢以边境已安，稍生怠忽。谨奏。

朱批：欣慰观览。

（《雍正朝汉文朱批奏折汇编》第二十六辑，第721～722页）

638　云贵广西总督尹继善《奏报滇粤全河告成并请赐佳名折》
雍正十二年七月二十三日

臣尹继善谨奏：为滇粤全河告成事。

窃查滇省僻处边隅，不通舟楫，处处崇山峻岭，商旅难行，百货腾贵，是以开通河道甚关紧要。查由滇通粤，有土黄一带河道，发源于滇省广南府之分水岭，合师宗州、西隆州诸山之水，汇聚成川，自土黄起，经西隆、西林、土富州、土田州诸境，过剥隘而至百色，共计七百余里，可以直达两粤，旁通黔楚。先因沿河盘踞悉属苗蛮，河身狭隘，险滩甚多，亘古以来，未收利济之用。我皇上恩德罩敷，百蛮向化，八达顽梗，悉皆荡平。从前鄂尔泰以此河若得开通，滇粤两省呼吸联络，招徕商贾，转运粮糈，实为万世攸赖，因于汇陈全滇水利疏内并请勘修。旋值鄂尔泰进京，而粤西属员乐事因循，多称难于开浚，遂致彼此益生疑沮，委勘数年，竟无定见。

臣到任后，备考图籍，密访情形，稔知此河水源长远，易于施工，据实估修，所费有限。随遴委王廷琬前往确勘总理，又委粤省之泗城府知府张任、滇省之原任昭通府知府陈克复，督率各地方官协力分办，于滇省司库官田变价项下拨银六千余两赍往，招募夫匠，分段兴工，或疏浚沙碛，或开凿石滩，或筑土坝束水，或开子河分流。细测通身形势，务期蓄泄得宜。计自雍正十一年十二月起，至本年五月，已将全河七百四十余里一律开通。随照贵州、湖广滩河驾使之麻阳船、鳅船式样成造试行，往返无阻。现在广东之三板等船已有载货前来，沿河交易。嗣后四方商贾闻风奔凑，财货可以流通，且运铅运钱可以省数百里之旱路，滇粤两省受益实多。除沿河安设塘汛、建盖店房等项次第料理。现饬承修各官，俟水落之后，再将新修各工收拾完备，委员确看，酌定岁修，务期永远巩固。并查实用过工料银两，造册报销外，所有全河开修告成缘由，相应先行奏明。

再土黄地名原系土人传述，志乘无稽。此河在西林县境居多，西林为古上林地方。伏恳皇上宠锡嘉名，用昭久远。再全河七百余里赖有神灵保护，素闻土黄一带三四月间即有瘴气，且山水暴发无常。今自开工以至竣工，河流平稳，天气清明，人力易施，事半功倍，且匠夫数万一无伤损，实有默助成功。倘蒙皇上敕建河神祠宇，获从报享之典，则皇仁优渥宣播遐方，山川均被光华，边氓益增庆慰矣。是否有当，统请圣裁。

谨奏。

朱批：可嘉之至！建祠祭典，交部议奏矣。候旨行。

（《雍正朝汉文朱批奏折汇编》第二十六辑，第722～723页）

639　云贵广西总督尹继善《奏报三省文武大员贤否折》
雍正十二年七月二十三日

臣尹继善谨奏：为奏明官员贤否，仰祈睿鉴事。

窃臣才识庸愚，叨蒙圣恩逾格简用，任万里之封疆，为三省之统率，惧难负荷，夙夜兢兢。仰体我皇上教育期望之深恩，自矢肫诚，加倍奋勉，凡同寅大吏，共期协力和衷，文武属员，务必因材教导，公事无分彼此，善则相劝，而过则相规，察吏不敢优容，用其所长，而戒其所短。自到任以来，于官员贤否虽悉心采访，随事体察，而幅员辽阔，实愧未能周知。谨就愚见所及，据实陈奏：

云南巡抚张允随：存心和平，为人谨饬，虽不能大有猷为，而于地方事务循规蹈矩，细心办理。

贵州巡抚元展成：心地明爽，才具干练，虽间有粗略之处，而留心苗疆，极能勇往任事。

广西巡抚金𬭚：颇有才情，但好胜自满，处事多欠妥当，察吏未能严明，广西一切吏治尚属松懈。

云南提督蔡成贵：操守清白，办事用心，但气局褊浅，年近七旬，未免琐碎。

贵州提督哈元生：为人直爽，胆勇过人，实武臣之杰出者，但办事粗莽，性情骄傲，臣每随事规正，颇能虚衷听受。

广西提督张应宗：为人明白，办事亦有才干，从前尚有因循积习之处，近日深知儆惕，诸事加意整顿。

云南曲寻镇总兵官田玉：办事勤谨，料理营务亦能用心，但气量狭小，系中平之材。

临元镇总兵官董芳：汉杖精壮，为人劲直，虽筹画抚驭之方稍有不足，而临阵用兵颇有胆略。

普洱镇总兵官杨国华：为人老练，熟悉夷情，办事亦有心思，但用兵无论轻重，专以招安为主，恩威不能并用。

开化镇署总兵官新太协副将崔善元：历练老成，实心办事，但到任未久，俟再留心试看。

楚姚镇总兵官柳时昌：存心诚实，性情直朴，虽办事不免粗疏，而于营伍能黾勉料理。

永顺镇总兵官苏应选：为人老成，办事小心，弹压地方极其安静。

永北镇总兵官刘永贵：未经到任，现在铜仁协办事，熟悉苗疆，循分供职。

鹤丽镇总兵官何勉：从前出师台拱极其奋勇，自到鹤丽，料理营伍亦谨慎细心，然莅任未久，尚须试看。

昭通镇总兵官徐成贞：恢复乌蒙著有劳绩，心思、才情俱属有用，但性情偏僻，操守不固，钱粮不甚清楚，现在彻底清查。

贵州安笼镇总兵官刘朝贵：为人老实，才具中平，于营务尚能黾勉。

古州镇总兵官韩勋：为人粗直，于地方事务甚能用心，从前略有纵兵之处，屡经戒饬，近已严加约束。

台拱镇总兵官卜万年：为人老成，夷情熟谙，自到台拱，颇能用心料理，加意抚绥。

广西左江镇总兵官霍升：出师台拱著有劳绩，但才具中平，料理营伍止能循分供职。

右江镇总兵官潘绍周：操守廉洁，办事细心，弹压苗疆极其安静。

云南布政使陈弘谋：操守谨饬，才情敏干，虽气局略欠阔大，而于地方事务俱能实心料理。

新升按察使徐嘉宾：在广西交代，尚未到任。

粮道祝宏：才具中平，办事小心，前在元江府任内，经高其倬委为总统，于军务甚属不谙，而于夷情颇能熟悉，今到粮道之任未久，尚须试看。

驿盐道张无咎：为人粗鲁，而操守谨凛，于驿盐事务能用心尽职。

署迤东道王廷琬：才具干练，为人细心，自到云南，委办诸事俱有条理。

原任迤东道今升广西按察使黄士杰：为人忠厚，熟悉夷方，但才具拙短，办事不能妥协。

迤西道雷之瑜：为人老实，小心职守，于地方之事不能通达肆应。

贵州布政使冯光裕：操守清白，办事老成，但规模狭小，不足以成大器。

按察使方显：为人勇往，熟习苗疆，但过于粗率，一切刑名之事甚不妥协。

粮道钱元昌：为人老成，才具谙练，于粮务、驿站俱能留心整理。

贵东道黄世文：才情尚能办事，但心地不纯，性甚好酒，不能留心吏治，于苗疆巡道之任不甚相宜。

贵西道贾扩基：小心老实，才具平常。

广西布政使张钺：办事小心，但气量狭隘，于察吏尚欠严肃。

按察使系云南迤东道黄士杰新升：尚未赴任。

苍梧道黄岳牧：为人谨饬，办事亦有才情，但过于拘谨，不能开展。

左江道阎纯玺：才具平常，循分供职。

右江道王钟珣：为人诚实，俭约自爱，但遇事少有担当，洁己有余，办公不足。

云南督标中军副将王大绥：为人直朴，小心营伍，但质性拙钝，现在加意教导，以期成材。

广罗协副将周仪：汉杖雄伟，驭兵严明，自总统普洱军务，在在奋勇，调度有方，实副将中之杰出者。

腾越协副将郑文焕：历练营伍，办事实心，出师多著勤劳，用兵颇有胆略。

剑川协副将姚起龙：老实本分，无甚长才。

贵州大定协副将纪龙：人材壮健，临敌奋勇，实为有用之才，但办事略觉粗率。

黔西协副将康世显：为人明白，才具敏干，但少年负气，尚欠老成，再加磨练，将来可以成器。

都匀协副将冯茂：为人谨慎，历练行伍、弹压苗疆守分尽职。

定广协副将曾长治：办事老成，虽才干不甚优长，于夷情颇为熟谙。

平远协副将田昌友：为人老实，才具平常。

威宁协副将张朝宣：人甚明白，留心地方，但少诚实，未可深信。

广西梧州协副将王无党：为人醇谨，办事安详，查其历任，俱能用心整理，系副将中出众之员。

以上文武大员，其品行、才具久在我皇上洞鉴之中。但臣既有所知，谨就愚昧之见据实奏明。至于知府、参将以下，属员众多，参差不一，臣现在多方教导，加意甄别。总之，人之贤否实未易知，而人之改易更无一定。臣惟有仰遵皇上教训，不敢少存成见，不敢轻于信人，一秉虚公之心，痛戒欺隐之习，以期官方整肃，吏治澄清。其知识卑浅，未能有当之处，仰恳天恩训诲。谨奏。

（《雍正朝汉文朱批奏折汇编》第二十六辑，第 723～727 页）

640　云贵广西总督尹继善《奏报据情代原任云南提督张耀祖恳请入籍云南折》

雍正十二年七月二十三日

臣尹继善谨奏：为据请代奏，仰恳圣恩事。

窃原任云南提督张耀祖于雍正九年奉旨革职，统兵驻扎查木道效力赎罪，将及三载。仰赖我皇上德威远播，遐迩乂安，于本年正月内，准到部咨，以藏内无事，令将云南驻扎兵丁俱行撤回。张耀祖于四月初十日带领汉土官兵起程进口，于六月十二日到省，亲赉伊前在鹤丽镇总兵官任内奏恳入籍云南一折，奉朱批谕旨："朕许你，但你今现任大员，且不便，可将此折在你处收存，他日或升转，你或年纪过老告休时，可引此旨具奏，你一切私事，可如入籍云南一般料理可也。钦此。"赍送到臣，并据称："耀祖系负罪革职之员，蒙皇上天恩，至深至重，未报涓埃，不敢以己身私事复行渎奏，恳臣代为奏请圣恩。"等语。

臣查张耀祖从前办理乌蒙军务，年老智昏，调度失宜，蒙皇上从宽革职，免其治罪。准令统兵驻扎查木道效力赎罪，耀祖愧悔奋励，自领兵驻扎以来几及三年，小心办理，并无贻误，且查其身历戎行五十余载，多有劳绩，今撤兵至省，其感激圣主之肫诚，每每形于词色。伊因自幼从戎，即离陕西原籍，家业飘零，难归故土，而伊父母坟墓又久葬滇省，不忍迁徙，欲求入籍云南，身依丘垄，以终余年。伏思我皇上以孝治天下，率土臣庶莫不共沾锡颣之仁。臣不揣愚昧，仰恳圣恩，可否俯念张耀祖前后行走亦多效力，年已衰迈，安土重迁，准令依坟入籍，则伊世世子孙咸感皇仁于不朽矣。臣谨恭折代奏，并代缴朱批，是否可行，伏乞皇上睿鉴。谨奏。

朱批：准入滇籍。

（《雍正朝汉文朱批奏折汇编》第二十六辑，第727～728页）

641　云南巡抚张允随《奏报广西府运道便捷即委员试铸钱文事宜折》

雍正十二年七月二十四日

云南巡抚臣张允随谨奏：为奏明委勘鼓铸，地方运道便捷，以节国帑事。

窃照云南钦奉上谕："鼓铸三省铜斤钱文，或在省、临二局，或亦在东川之处。"令臣等悉心妥议。接准部咨，业经转行钦遵在案。

臣伏思滇省鼓铸京局钱文，乃系国家经久弘谟，必须物料利便，水路近捷，始可节帑项而无误运送。臣与督臣尹继善悉心从长筹计，查省城、临安二局至永宁旱路甚远，东川虽道路较近，一切油、米、食物昂贵，止可分铸运陕钱文，难以加增炉座。因查云南广西府至西隆州属之土黄水旱程途共计五百八十里，内自府城旱路一日至师宗州之飞塘，由飞塘下船，顺水二日可至八达，由八达旱路，三日可至土黄，由土黄下船直达两粤，通行吴楚。此通粤河道，曾经升任督臣鄂尔泰于"全滇水利等事案"内题明开修。上年十月内，督臣尹继善与臣复委原任贵州粮道王廷琬、原任昭通府知府陈克复前往，会同广西委员泗城府知府张任勘估，动用滇省隐漏田地变价银两分段修浚，据报于本年五月初十日工竣，修造麻阳、鳅船，试行无阻。现今广东三板船装载货物沿河销售，将来铸出钱文即可从此运送，且广西府与罗平州铅厂甚近，而运铜到彼亦与省城道路相等，油、米、物料采办皆易，若于该府建局鼓铸，帑项既可节省，而运送亦甚便捷。经臣会同督臣，檄委署迤东道王廷琬，仍偕陈克复，于省局挑选匠役，前往广西府试铸，料理一切事宜，俟试铸查勘回日，同建局鼓铸、需用铜铅工本并节省数目，以及运送漕船搭解各事宜，容臣等会题。开修通粤河道听督臣具奏外，所有广西府地方运道便捷及委员试铸情形，合先缮折奏闻。

再查京局鼓铸钱文，年有定额，今议于滇省鼓铸三省铜斤钱文，臣等虽现在上紧料理，第建局设炉、采办物料、召募匠役以及漕船搭运、查办咨商辗转需时，即铸出钱文必须一年，额铸运送到京，以上年运到之钱文搭放次年之兵饷，始能无误。以臣愚昧之见，京局炉座应请俟滇省一年额钱到京之日再为减铸，其乙卯年湖南、湖北、广东三省应办铜斤，仰恳圣恩饬部另行酌议，庶免观望歧误。合并陈明，伏乞皇上睿鉴施行。谨奏。

（《雍正朝汉文朱批奏折汇编》第二十六辑，第 728~730 页）

642　云南巡抚张允随《奏报东川鼓铸陕省钱文节银数目并暂照宝云局样钱改铸缘由折》

雍正十二年七月二十四日

云南巡抚臣张允随谨奏：为奏闻事。

窃照东川开铸事宜，前奉上谕："云南东川府拟开鼓铸，将钱文由永宁运京，并一应事宜，经朕降旨，现交九卿议奏。着巡抚张允随将东川开铸事宜一面料理妥备，俟九卿议覆请旨后，再行知照办理。钦此。"臣钦遵，饬行承办各官，将一切炉房、器具、铜铅物料上紧料理，建造运备。兹于本年五月十九日，接准东川鼓铸运陕钱文，部覆以鼓铸钱文定议改铸一钱二分计算铜铅脚价，又可节省若干，令臣一并核实具题。

除运京钱文应于广西府建炉鼓铸，臣谨另折奏明外，其运陕钱文改铸一钱二分，臣查十万串内，核计铜、铅可节省银一万一千八百五十八两零，运脚可节省银三千八百三两零，通共节省银一万五千六百六十一两零。又重一钱四分之钱，每串自东川运陕，工本、运脚需银一两一钱一分六厘零。今改铸一钱二分，每串只需银九钱六分零，较之原议，每串又可节省银一钱五分五厘零。惟是钱文既议改铸，自应候样钱颁到开铸，但东川炉房、器具俱经建置完备，炉头、匠役亦已照额募足，若令守待，则炉役数百人计口授食，徒滋虚糜，且陕省待钱甚殷，本年钱文虽经臣奏明借拨省局存钱，陕员现在陆续领运起程，而乙卯年钱文自应速为开铸，方资接济。

臣与督臣尹继善再四悉心筹酌，暂照宝云局所颁一钱四分样钱改铸一钱二分之数，檄令择期先行鼓铸。至省、临二局，俟样钱到日，一体照式改铸，另行咨部。所有鼓铸陕钱节省铜、铅脚价数目，并暂照宝云局钱样改铸一钱二分缘由，臣谨缮折奏闻，伏乞皇上睿鉴。谨奏。

朱批： 览。

（《雍正朝汉文朱批奏折汇编》第二十六辑，第 730～731 页）

643　云南巡抚张允随《奏报滇省雨水禾苗情形折》
雍正十二年七月二十四日

云南巡抚臣张允随谨奏：为奏闻事。

窃照滇省自今岁五月中旬连沛甘霖，各属农田乘时栽插，经臣具折奏闻之后，暑雨普降，高低田地遍行播种。查自六月迄今雨旸调和，现今稻禾茂实倍常，荞麦、杂粮悉皆畅茂，节据两迤各属所报相同。绅士、汉夷人等咸以边隅既靖，又获丰年，感戴皇仁，欢呼乐业。所有通省雨水调匀、秋禾茂实情形，理合附折奏闻，伏乞皇上睿鉴。谨奏。

朱批： 深慰朕念。

（《雍正朝汉文朱批奏折汇编》第二十六辑，第 731～732 页）

644　云南巡抚张允随《奏请严罪名未定人犯越狱狱官之处分折》
雍正十二年七月二十四日

云南巡抚臣张允随谨奏：为请严罪名未定人犯越狱之处分，以杜规避、以免疏纵事。

窃查定例：斩绞重犯越狱，将狱官革职拿问，有狱官革职戴罪，限年督缉，限满不获，离任，留地方协缉。流、徒、军、笞、杖等犯越狱，将狱官革职，有狱官住俸戴罪，限年督缉，限满不获，计名数多寡分别议处。是越狱处分各官，原视逃犯之罪名为轻重。惟是人犯越狱，罪名已定者不难照例议处，其罪名未定者，直隶各省每于四个月限内，咨明内部，请俟缉获逃犯之日，审明确系何罪，补参疏防。无如咨明之后，疏防各官因无处分，更无限期，多不上紧踩缉，且有不肖之员规避处分，或欲免目前之现参，即已罪已明，而捏称未定，或欲免将来之补参，即犯可获，而故纵不拿，实滋弊窦。

臣查人犯到案，承审官例应讯取确供，若非徒罪以上，不得滥禁，纵有悬案待质，罪疑人犯不得暂行监候。但罪至收监，便系重犯，何得不加防闲。致令脱逃，即难辞疏防之咎。臣请嗣后未经定罪人犯越狱脱逃，俱限四个月题参疏防限内，该督抚务将该犯所犯事由、应得罪名逐细严查，如口供已明，众证已确，罪无可疑者，即于疏防文内声明该犯应拟何罪，以凭照例议处。果系监候待质、罪难悬拟者，亦于疏防文内据实声明该犯罪既未定，似未便竟照斩绞重犯越狱例处分，应请查照流、徒、军、笞、杖等犯越狱之例，不论名数多寡，将狱官革职，有狱官一名至十名，俱住俸戴罪，勒限一年督缉，全获开复，逾限一二名不获者罚俸一年，三四名不获者降一级调用，五六名不获者降二级调用，七八名不获者降三级调用，九名十名不获者降四级调用，十一名以上，有狱官革职戴罪，限一年督缉，限满不获，仍计名数多寡分别议处。如逃犯罪无可疑，而该管上司不行确查，及受属员嘱托，控称罪难悬拟者，将该管上司照失察徇情例分别议处，有狱官照规避例革职。如此则处分一定，各官无所规避，而上紧查拿逃犯，不至漏网，实于狱务有益。倘臣言可采，伏乞皇上睿鉴，敕部议覆施行。为此谨奏。

（《雍正朝汉文朱批奏折汇编》第二十六辑，第 732~733 页）

645　云贵广西总督尹继善《奏报昆明县民黄琳具呈讥讽朝政折》
雍正十二年十二月初十日

臣尹继善谨奏：为奏闻事。

本年九月初四日，据昆明县知县杨大绅面禀："有县民黄琳具呈，语甚狂悖。"抄录原呈送阅前来。臣查阅呈内，称年羹尧有青海之功，一旦获罪，自应推其功折其罪。乃朝廷令天下臣工秉公直言，而臣工未尝一言申执。吕留良乃明末大贤，生于明，食明之水土，是必尊于明，宜追赠品秩，以勉励天下为学之士。又比曾静为异夫，论制科多虚诞，并议本朝衣冠宜遵古制，不宜冠外冠而衣外衣等语，甚属不法。当即委员密至其家检搜，并无别项字迹。随令昆明县密加刑讯，据该犯供称："年三十岁，系已故督标前营游击王之臣之子，原籍宁夏，寄居滇省，平日占课卖药为业，从不认得年羹尧等，因贫穷，妄想投递此呈，见得有才，或者骗得官做，并无别情。"复密拘其分居胞兄黄瑛及亲邻严讯，俱供该犯自来疯癫，今不知何故具呈，平日并无结交匪类不法情事。反覆研究，坚供不移，又加密查无异。

伏思我朝制度莫不损益得中，堪为万世法则。我皇上御极以来，以大公至正之心，布钦恤时雍之化，间有诛除凶暴，无非培植纲常。乃黄琳一介小民，竟敢讥刺朝政，公然具呈，存心悖逆，业已昭著。滇省为边方重地，岂可有此莠民，以为人心风俗之害？据臣愚见，似无须按律招拟，应即立行处死，以儆奸邪。除发交按察司严行监禁外，臣谨会同巡抚臣张允随据实奏闻。谨奏。

朱批：是当。应如此完结者。

（《雍正朝汉文朱批奏折汇编》第二十七辑，第107页）

646 云贵广西总督尹继善《奏报斩获普思贼首召补达情形折》
雍正十二年十二月初十日

臣尹继善谨奏：为奏明斩获贼首事。

窃普、思余孽荡平，地方大定，惟贼首召补达一犯逃遁无踪，业经臣将军务全竣、撤师情形奏报在案，一面严饬副将周仪、署普洱府漆扶助，督率驻防官兵及土弁目等遍行严缉，务将召补达擒斩。无如该犯狡猾异常，带领后生十余人，于普、思等处山箐旋转藏躲，猝难寻觅，即偶被兵练访得踪迹，会合追拿，而该犯辄闻风逃避，数月以来东奔西窜，未能就擒。臣思召补达一犯，乃普、思有名贼首，从前各处勾结迫胁，皆该犯为之倡率，此贼一日不除，地方终有后虑。若徒令兵练搜追，易于惊审，自应设法擒拿，方克有济。随飞饬周仪等重悬赏格，专责出力之土弁土目密行尾踪，相机行事，并严饬各路驻防官兵，凡属紧要隘口，概行堵截。去后，兹据周仪等报称："有土目李绳祖，遣夷民约迫、白保得、呼却、呼约四人潜投召补达，假作入伙，伺隙斩擒，该土目复同把总李□□带领兵练暗自尾随。于九月十五日，探知召补达欲由免麻旧寨出整捞后山藏躲，李绳祖随令白保得之妻于免麻要路通信约迫等，令其即速动手。于二十日，召补达行至南蚌箐内，约迫等一齐奋勇将召补达砍杀，割取首级，解到普城，当即提出先获贼犯及该地头人质认，俱供实系召补达首级。"等情。飞报前来。

臣查普洱贼首悉皆剪除，止有召补达一贼屡缉无获，寝食难安。今漏网者又复授首，则普、思一带有名巨魁业已净尽。实皆仰赖我皇上天威远播，德化覃敷，故夷人夷妇咸知感奋杀贼，图功报效。业饬周仪等，将约迫等男妇五人及土目李绳祖并效力兵练、弁目等俱从优给赏，以示奖励。伏念臣才识庸愚，忝膺重任，荷蒙圣恩谆切教训，指示机宜，始得军务全竣，贼首尽除。但甫定岩疆，虽现在安堵，而防范抚绥正须加意办理，以期一劳永逸。臣惟仰体皇上安益求安、治益求治之至意，愈加谨凛，殚心调剂，不敢一毫怠忽，有负深恩。

所有斩获贼首缘由，谨恭折奏闻。谨奏。

朱批：嘉悦览焉。

（《雍正朝汉文朱批奏折汇编》第二十七辑，第108～109页）

647　云贵广西总督尹继善《奏报三省丰收情形折》
雍正十二年十月初十日

　　云贵广西总督臣尹继善谨奏：为恭报三省丰收事。

　　窃查云、贵、广西三省禾苗，自栽秧以来雨旸应时，长发畅茂。兹云省于八月后天气晴明，早稻晚谷颗粒坚实，现在收获登场，约计通省十分者多，间有八九分不等，荞豆、杂粮较往岁更为加倍，米粮价值日渐平减，荞麦卖至三四钱一石，洵称大有之年。贵州、广西二省收成亦与云南大概相等。闾里盈宁，群歌乐利。

　　伏念云贵地方，自夷猓滋事，连岁出师，民生困于兵火，民力疲于转输，休息无时，补救匪易。幸蒙上天宏慈默佑，我皇上景福骈臻，于地方安定之后，屡庆丰年，得以少苏民困。臣身膺重任，欣感靡涯，惟有愈矢永兢，不敢一毫少懈，愈加奋勉，不敢一念自安而已。所有三省丰收情形，理合具折奏闻，仰慰圣怀。谨奏。

　　朱批：天和、雨旸调顺，故尔三省俱获丰收，边氓何庆如之。天人交感，捷如影响，此理昭然不爽，当深信勿疑，愈勉寅畏可也。

（《朱批谕旨》尹继善奏折）

648　云贵广西总督尹继善《奏报代缴朱批折》
雍正十二年十月初十日

　　臣尹继善谨奏：为代缴朱批事。

　　臣于上年三月内到任，值云贵两省军务方殷，署督臣高其倬将奉到普、思、元、新军务朱批奏折八件、台拱军务朱批奏折四件交臣收存遵办，事竣代为奏缴。臣逐一恭阅，仰见我皇上圣谟广运，睿虑周详，无事不洞烛几先，无处不指示切要。臣一一敬谨遵循，不敢丝毫草率。又蒙圣恩频加教训，屡示机宜，俾臣得以殚竭愚诚，黾勉办理。今两省军务悉已全竣，所有高其倬交存朱批，理合恭折代缴。谨奏。

　　朱批：览。

（《雍正朝汉文朱批奏折汇编》第二十七辑，第110页）

649　云贵广西总督尹继善、云南巡抚张允随《奏请以开化府知府宫尔劝补授滇省粮道折》

雍正十二年十月初十日

云贵广西总督臣尹继善、云南巡抚臣张允随谨奏：为要缺亟需能员，仰恳圣恩事。

窃云南粮道祝宏，因从前办理军务巧诈贻害，经臣张允随具折参奏，奉旨将祝宏革职发审在案。所有粮道一缺，有通省粮务之责，且总理各处铜厂，事甚殷繁，必得精明干练之员方能胜任。臣等于知府内悉心体察，有开化府知府宫尔劝，操守谨饬，才具干练，所交之事俱能实心办理，现在委护粮道印务，留心试看，似能胜任。所有云南粮道员缺，仰恳圣恩，可否以宫尔劝补授，或准调赴京引见，恭候睿裁。

臣等为要缺需人，不揣冒昧，会同具折奏请。谨奏。

（《雍正朝汉文朱批奏折汇编》第二十七辑，第 111 页）

650　云南巡抚张允随《奏报鹤庆府绅士黄天祐父子捐银修桥修路情形折》

雍正十二年十月十五日

云南巡抚臣张允随谨奏：为圣朝化洽治隆，绅士效忠慕义，据实上闻，仰祈睿鉴事。

窃臣准鹤丽镇臣何勉咨开："据鹤庆府监生、候选州同黄坤呈称，父黄天祐由行伍出身，历官福建延平协游击，以年老告归，久沐圣恩，涓埃未报，庆享升平之乐，敢存生殖之私。自计田园粗足衣食，所有余财，上年捐银二百两修理桥梁，今愿捐五百两修治蓬密一带大路。因父系武员，命将捐资缴镇署，当即照送鹤庆府知府，为之确估修治。"等情。续据鹤庆府知府姚应鹤详称："据监生黄坤呈称，本府学宫泂为巍焕，惟便门旧开西庑之后，继移正殿右侧，于文风有碍，似宜仍照旧制。奉父命捐资二百两，以供改作。"等情前来。

臣伏查绅士乐善好施，似亦无关轻重，但黄天祐官不过游击，家亦非丰饶，以衰年而叠兴义举，以武职而加意文风，监生黄坤顺承父命，不吝捐金，是皆由我皇上御极以来无事不为天下万世谋其利赖，黄天祐父子仰沾圣泽，俯切爱戴，竭力倾囊，稍展其效忠慕义之忱悃，在边方绅士中亦为难得。除会督臣尹继善酌议奖励外，理合恭折奏闻，伏乞皇上睿鉴。为此谨奏。

（《雍正朝汉文朱批奏折汇编》第二十七辑，第 133～134 页）

651 云南巡抚张允随《奏报滇省秋成分数折》
雍正十二年十月十五日

云南巡抚臣张允随谨奏：为恭报秋成分数事。

窃照云南地方，仰荷圣泽普遍，年岁丰稔，本年雨水调匀情形，经臣具折陈奏。兹据布政司陈弘谋册报："昆明、晋宁、呈贡、富民、寻甸、宣威、师宗、河西、蒙自、新兴、文山、镇沅、太和、邓川、浪穹、云龙、永平、腾越、鹤庆、剑川、南安、定远、顺宁、云州、和曲、镇雄等府州县，稻谷收成实有十分，荞麦收成实有十分、十一分、十二分；安宁、禄丰、昆阳、易门、宜良、罗次、陆凉、罗平、弥勒、建水、石屏、阿迷、宁州、嶍峨、通海、河阳、江川、广南、广西、元江、新平、恩乐、普洱、赵州、云南、宾川、永北、保山、蒙化、丽江、楚雄、镇南、广通、景东、威远、姚州、大姚、禄劝、元谋、会泽、永善等府州县，稻谷收成实有九分，荞麦收成实有十分；嵩明、南宁、沾益、马龙、平彝、恩安、路南等州县，稻谷收成实有七分、八分，荞麦收成实有九分。"臣谨将报到秋成实数缮折奏报，伏乞皇上睿鉴。奉到朱批原折八扣，一并恭缴。谨奏。

朱批：览。

（《雍正朝汉文朱批奏折汇编》第二十七辑，第 134～135 页）

652 云南巡抚张允随《奏请画一川黔滇三省定例以杜贩买人口折》
雍正十二年十月十五日

云南巡抚臣张允随谨奏：为三省疆界相连，恳请一体定例，以杜贩买人口事。

窃照略买略卖，律例森严，拐贩捆掳，法尤从重。臣荷蒙圣恩，叨任封疆重寄，地方稍有恶习，必须设法禁除。查云南昭通、东川二府，曲靖府之宣威、寻甸、平彝等州县，界连川、黔二省，山径险僻，猓猡杂居，顽苗匪棍易于藏匿，所以拐贩捆掳之风未能一时尽息。

臣伏查雍正五年九卿议复工部右侍郎申大成条奏，令贵州所属州县酌立官媒，凡买卖人口，凭伊询明来历，立契开载姓名、住址并男女年庚，送官钤印，即该地方官给与循环印簿二本，将经手买卖之人登簿，按月缴换稽查，如官媒通同贩棍，查出一体治罪等因，并令贵州巡抚严饬所属文武查拿，照雍正三年云贵总督高其倬题准拿获典贩棍徒顽苗之例，按年题请，分别劝惩，均奉旨遵行在案。

臣窃思云、贵、四川三省连界地方山重箐密，形势略同，苗蛮错杂，人亦相类，向来顽苗捆绑男妇，若无川棍接手，势难出脱。是三省之奸匪狼狈相依，则三省之法禁似宜画一。今止贵州一省有官媒之设，有文武缉拿之处分，而云南、四川未经定有此例，滇苗偶一捆绑，卖与川贩，固无凭稽查。即黔苗偶有拐掠，卖入川中，亦无凭盘察。仰请皇上于云南、四川两省均照贵州省雍正五年定例，令各属酌立官媒，凡苗夷买卖人口，并令报明该地方乡保确查，同官媒立契画押，送官钤印，如官媒、乡保串同贩棍作弊，及借端勒掯阻挠，多索银钱，查出各按律例从重治罪；或卖主、买主不凭官媒、乡保，私相卖买，一经发觉，即究无拐掳别情，亦应照违制律示儆。其云南、四川文武查拿，年底分别劝惩之处，统照云贵总督高其倬原题定例遵行。如此则三省之卖买人口皆经官司，不能私贩，且三省文武各顾处分，自然声气联贯，巡缉严密，纵有惯行捆掳之凶顽，咸知敛迹，似于禁止拐贩捆贩不无裨益。果否臣言可采，伏祈皇上睿鉴，敕部议复施行。为此谨奏。

（《雍正朝汉文朱批奏折汇编》二十七辑，第135～136页）

653　云贵广西总督尹继善《奏报恭逢万寿，楚雄等处叠见祥云折》
雍正十二年十一月二十七日

臣尹继善谨奏：为恭逢万寿，庆睹祥云事。

据楚姚镇总兵柳时昌、楚雄府知府丁栋成详称："雍正十二年十月二十九日，恭逢万寿，卿云献瑞，五色缤纷。"又据赵州知州程近仁、大理府弥渡通判屈学沐各报称："十月二十九日，庆睹祥云，五色捧日，历辰、巳、午、未四时之久。"等情到臣。

钦惟我皇上诚敬居心，中和建极，自御宇以来麻征备至，美不胜书。前者五色卿云既屡见于滇南，复呈祥于圣诞，敛福锡民，实为从来未有。今者恭逢万寿，又于楚雄、大理、弥渡数处叠见祥云，且历四时之久。此皆由我圣主至治昭明，深仁洋溢，德日新而日盛，福愈厚而愈隆，故正值尧封颂祝之吉辰，共庆复旦光华之上瑞。兹据汉夷官民公同瞻仰，莫不欢声雷动，共效嵩呼。臣身任封疆，无任欣忭，除据详题报外，为此恭折奏闻。谨奏。

朱批：览。

（《雍正朝汉文朱批奏折汇编》第二十七辑，第302页）

654 云贵广西总督尹继善《奏报元、普地方宁谧，酌撤驻防官兵情形折》

雍正十二年十一月二十七日

臣尹继善谨奏：为奏明元、普地方宁谧，酌撤驻防官兵事。

窃元、新、普、思军务告竣之后，臣因地方甫定，尚有一二贼首未获，必须留兵贴防，以资弹压，元、新、普、思共留兵二千余名，分驻要隘，缉拿逸贼，业经题报在案。迄今半载有余，各处宁静，收成丰稔，村寨夷民莫不安居，普洱贼首业经全获，臣已具折奏明。惟元江逸贼尚有逃匿，臣谆饬文武遍行访缉。今据元江府知府胡承璘等禀报："有逆夷扎能，自号苦葱和尚，于前岁元、普悖叛时曾妖言惑众，为首滋扰，自大兵进剿，即行逃遁山箐。兹访明踪迹，随遣土目方景明带练前往拿获，并获其木刀、妖旗等物。又节次招擒逆贼利阿、者阿过、者阿萨、结阿、夏彪、扭比扈、者归得、召弟、把应、召叭、纳扎、恶他、者萨、得亨得等，分别解审在案。惟剩老常、小名头二贼逃出外域，现在堵御隘口，设法缉拿。"是元、普各处已经大定，无庸多驻官兵，糜费粮饷。但甫靖苗疆，仍不可不严切防范。臣与抚、提诸臣悉心熟筹，除将官兵酌撤外，元江仍留五百五十名，新平仍留一百五十名，普、思仍留三百名，暂行贴防，俟明春看其情形，再行酌量。

再元、新土弁、土目，自用兵以来日夜奔走，守隘缉贼，甚属出力。从前俱怀疑畏，即府县城内亦不肯轻入，臣思此辈本非循良，若不收服其心，难保日后安静。因开诚晓谕，令其赴省叩见，随皆陆续来省。臣严切教导，重加奖赏，伊等莫不感激欢忻，立誓输诚报效。臣仍令其每年来省一次，以便察其心迹。普、思土目因路途遥远，不便令其赴省，亦酌发银两、缎匹，令总兵杨国华、普洱府知府漆扶助，分别出力多寡，均行给赏，以示奖励。但夷性无常，全在恩威并用，其诚实良善者自当加意抚绥，使之倾心向化。若元江、新平施、普各姓头人，目下虽知畏法，而颇有赋性凶恶，从前有事之时心怀携贰、□□附和者，此等之人，留之终为后患。臣现在留心约束，俟诸事料理妥贴之后，再行相机剪除。臣深受圣恩，忝膺重任，惟仰遵我皇上谕旨训诲，指示机宜，事事实力实心，以期少尽职守。但才识庸陋，虽殚竭驽钝，未能措置合宜，夙夜之中实深悚惕。

所有酌撤官兵及近日办理情形，理合奏闻。谨奏。

朱批：好。

（《雍正朝汉文朱批奏折汇编》第二十七辑，第 367~368 页）

655 云贵广西总督尹继善《奏陈慎选人才以重武备折》

雍正十二年十一月二十七日

臣尹继善谨奏：为敬陈管见，慎选人才，以重武备事。

窃惟武备修明，务在慎选将弁。我皇上谆谆训谕，凡保题武员，首重弓马，兼选汉杖，务得人材出众、技勇超侠者，以备干城之用，此诚圣主慎重封疆、作养栽培至意。臣思武官出身由行伍者居多，而由兵丁拔补把总时最为紧要关键。查定例：本营之兵不准拔本营千、把，于同城别营调换，其独营地方随地酌量，如无邻近营汛可调，即于左右哨司内调拔，于体恤穷兵之中寓慎重选拔之典，法至善也。惟是各省督、提，于各营兵目多不认识，每遇把总缺出，大抵仅凭出缺之营选兵数名起送考验，于内拔取一名，再与别营别哨对调。所送考验者有不合式，若欲向别营另选，不知何营现有好兵，难以悬定，纷纭调考，徒稽时日。若驳回本营另换，而本营实无出色之兵，未便悬缺久待，只得将就选取。是本营之兵虽不补本营把总之缺，而本营把总之缺实限定拔本营之兵，各处奉行未免拘板。或一营出缺过多，即才技平常、毫无劳绩之人，亦易侥幸得官；或一营久不出缺，纵有劳绩懋著、才技优娴之人，终于进身无路。皆由不能预先储材以待用，所以人材之屈抑者不少也。

臣深悉情由，殚心筹画，似应令直省各镇、协、营，不待把总缺出，仿照预行保举之例，于外委兵目中择其弓马纯熟、著有劳绩、汉杖出众、历练营伍者，每营挑选数人，各将其为人办事、行走之处详细开明，呈送督、提考验，分别等第，逐一记名入册，遇有把总缺出，着即照册内等第补放。恐弓马、技艺进退无常，必须详慎。应仍照从前，各就本营送考，所送之人果能合式，自先尽本营拔补，应对调者照例对调。如所送之人不堪拔补，即于记名人内择其等次，最优营分附近者指名调考选拔。或恐记名之后行止更改，每于年终，仍令各营造册报明，如有先后异撤者，即行注销。其记名之人将近用完，再令各营另行选送。如此既与本营不准拔补之例无悖，且正与邻近调补、爱惜兵丁之圣意相符，将见兵目之无用者不得侥幸功名，兵目之出众者不至沉沦屈抑，不但可以奖酬劳绩、鼓舞士心，且人材众多，可储将备之选，似于营伍、封疆大有裨益。至兵目预送考验，往返未免苦累，应令或于请饷公事，或随将备赴考，顺便送验，更为省事。

臣身任封疆，责重武备，仰体我皇上养育人材至意，谨就愚昧所知冒昧陈奏，是否可行，统祈睿鉴。谨奏。

朱批：此奏是当之至，交部议覆，有旨。

（《雍正朝汉文朱批奏折汇编》第二十七辑，第 368~369 页）

656 云南巡抚张允随《奏报办解湘鄂等省鼓铸铜斤缘由折》
雍正十二年十一月二十九日

云南巡抚臣张允随谨奏：为奏明事。

窃照滇省鼓铸三省铜斤钱文关系制饷，必俟滇省一年额钱运送到京，京局方可减铸。臣恐乙卯年三省应办铜斤歧误，是以具折奏请圣恩饬部另行酌议。今准部覆，以前据署湖南巡抚钟保及湖北巡抚德龄咨请，部示："俱经咨覆，乙卯年应办铜斤，行令转饬办员照旧办解等因，奉旨：'依议。钦此。'"钦遵，移咨到臣。

臣查近年以来，三省铜斤固向滇省办买，即福建、江西亦有时赴滇采办。查云南之省城、临安、东川，贵州之毕节等局，并广西府鼓铸京钱，年需铜斤甚多，自须预为积贮。仰赖皇仁远被，厂地旺盛。臣屡饬管厂各官多发工本，实力调剂。本年各铜厂计至年底，约可办铜四百三十余万，加以乙卯年所办之铜，除供本年、乙卯年滇省、贵州各局以及三省额办铜斤外，约计尚属有余。现今湖南、湖北赍价到滇，臣行署迤东道王廷琬收价，照数发给起运，其未到三省各府乙卯年应办铜斤，俟到日再行拨发，总期开铸、办解两无缺误。理合附折奏闻，伏乞皇上睿鉴。为此谨奏。

朱批： 欣悦览之。

（《张允随奏稿》，《雍正朝汉文朱批奏折汇编》第二十七辑，第 379~380 页）

657 云南巡抚张允随《奏报恭逢万寿，楚雄等处叠见祥云折》
雍正十二年十一月二十九日

云南巡抚臣张允随谨奏：为恭逢万寿，庆睹祥云，据详奏报，以昭上瑞事。

准云南楚姚镇总兵官柳时昌咨开："雍正十二年十月二十九日，恭逢皇上万寿，日丽重华，卿云献瑞，汉夷官民公同瞻仰，相应据实咨明。"等情。又据楚雄府知府丁栋成、署楚雄县知县侯如树报同前事。又据大理府分防弥渡通判屈学沐、赵州知州程近仁各报称："十月二十九日，恭逢万寿，祥云五色捧日，历辰、巳、午、未四时，理合具文恭报。"等情。并据云南布政使陈弘谋、按察使徐嘉宾、迤西道雷之瑜等各详报到臣。

臣谨按雍正六年十月二十九日，恭逢万寿令节，庆云垂现。今阅六载，恭逢圣诞，再示嘉祥，前后合符，亘古未有。钦惟我皇上久道化成，至诚昭格，庥嘉毕集，庆恪弥深，帝德天心，交孚默契，当薄海嵩呼之日，庆云烂缦，光华丽日，于寿星分野，上苍保佑，申命之至意益见昭然。从此东西朔南齐登仁寿，百千万亿永享升平。臣历任滇南，再逢圣瑞，踊跃欢忭，尤倍寻常。同督、提、学诸臣合词题报外，理合恭折奏闻，仰祈皇上睿鉴。谨奏。

朱批：览。

（《雍正朝汉文朱批奏折汇编》第二十七辑，第380～381页）

658　云南巡抚张允随《奏报筹办广西府建局试铸钱文情形折》
雍正十二年十一月二十九日

云南巡抚臣张允随谨奏：为奏明试铸相宜，并陈现办铸务事。

窃照三省额办铜斤，钦奉上谕，令滇省就近铸钱解京。拟于广西府地方建局开铸，并委员试铸情节，经臣具折陈奏在案。嗣据署迤东道王廷琬、原任昭通府知府陈克复前往试铸回省，据称："广西府城内基址窄狭，查有东门外地势宽敞，堪以建局。现驻一协，防卫森严。周围山林茂密，木植炭斤采办俱易，附近州县皆系产米之乡，不难购运。试铸沙水相宜，铸出钱文发运亦便。"等语。

臣查广西府地方既经委员试铸，沙水相宜，运道便捷，局房为最先要务。臣已令布政使陈弘谋动发库银，委员备料兴工，俟确估到日，容臣核实题报。鼓铸钱文，计算年需铜二百七万余斤，铅一百三十八万余斤，炉役食米一万余石，为数颇多，必须豫为善备。臣又檄令将发运铜铅道路修理宽平，车行无阻，趁时陆续运贮；炉役食米，动借库银，分发附近各地方官照时价平买起运；鼓铸应需一切物料，均豫为买备。计应设炉九十四座，炉役一千九百七十余名，临期骤难招募，且恐技艺生疏，并饬陆续招募，分发省、临、东川三局先行学习。事关经久弘谟，不敢丝毫苟且，务期于钱法、国帑两有裨益。臣屡檄行司道，将鼓铸一切事宜悉心妥议确估，续经司道等分案议详前来。

臣再四确核，逐加驳正，通盘总计，每钱一串，自广西府起铸以至运送到京，约需工本、运脚共银八钱四分上下，其搭配漕船，业经咨商湖广督抚诸臣在案。除俟司道等将一切事宜汇详到日，臣与督臣尹继善再加筹酌，妥协会题请旨外，所有广西府委员试铸合式及办理缘由，理合恭折奏闻，伏乞皇上睿鉴。为此谨奏。

朱批：览。

（《雍正朝汉文朱批奏折汇编》第二十七辑，第381～382页）

659　云南巡抚张允随《奏报滇省雨泽应时、豆麦畅茂情形折》
雍正十二年十一月二十九日

云南巡抚臣张允随谨奏：为雨泽应时、豆麦畅茂情形事。

窃照滇省今岁秋成，稻荞收获，经臣将通省分数分别陈奏在案。查滇民每当秋收之后，所有田土多□大麦、小麦及蚕豆三种，半年生计于斯仰给，全赖冬间雨泽及时，方能望其滋长。兹时值仲冬，正豆麦望雨之候，于十一月初旬雨泽遍注，田土沾足，又加小雨霢霂，麦芽青葱，豆苗畅茂，田夫野老欢忭非常。旋据各属所报得雨及豆麦情形相同。皆由我皇上宵旰忧勤，精诚昭格，天心默契，膏泽旁敷。臣备位封疆，益深敬凛。所有雨泽应时缘由，理合恭折奏闻，伏乞皇上睿鉴。为此谨奏。

朱批：深慰朕远念。

（《雍正朝汉文朱批奏折汇编》二十七辑，第382～383页）

660　云南巡抚张允随《奏请将临安府同知移驻曲江并将巡检一员裁汰折》
雍正十二年十一月二十九日

云南巡抚臣张允随谨奏：为要地移驻厅员以资弹压，以便民生事。

窃照临安府属之曲江地方，幅员颇广，村屯稠密，南至建水州界五十里，西南至石屏州八十里，东北至宁州界八十里，北至通海县界四十里，其每年条粮分隶于建水等三州一县，民有奔走之苦，官虑鞭长莫及，且该地之正西、西北两面皆与鲁魁接壤，向为猓贼出入要区。缘地方分隶，一遇猓贼窃发，彼此推诿，虽设有巡检一员，官职卑微，不能弹压，恒多掣肘。

臣查临安府有建水州附郭，其贴堂同知原属闲员。应请将该府同知移驻曲江，照例管理民事，清查保甲，除一切大案仍照向来分隶界址归地方官招解外，其余猓贼、逃盗、奸匪、赌博，责令查拿，户婚、田土、斗殴、词讼，令就近审理。至于该地条粮，凡与三州一县相近之处，仍令赴该州、县上纳，若相去州、县窎远者，请照维西、鲁甸通判之例，令同知就近征收。

臣查曲江地方旧有砖城一座，衙署、仓房各一所，稍加修补，即堪同知驻扎。其巡检一员应请裁汰。一转移间，要地得厅员弹压，于民生亦属甚便。如蒙皇上俞允，其应分同知征收条粮数目，容臣逐细查明，造册题请。理合缮折恭奏，仰祈皇上睿鉴施行。

为此谨奏。

朱批：题到有旨。

（《雍正朝汉文朱批奏折汇编》第二十七辑，第 383～384 页）

661　云贵广西总督尹继善《奏报雨雪应时、春苗茂盛情形折》
雍正十三年二月初四日

云贵广西总督臣尹继善谨奏：为奏明雨雪应时、春苗茂盛事。

窃查滇省迤西一带大理等府于年前十一月间即经得雪，顺宁、蒙化等府气候温和，向来雪少，俱经得雨滋润，迤东一带昭通、东川等府，亦于年前十一月间得雪。至正月初二等日，昭通复得大雪，积厚尺余。开春以来望雨正殷，于正月二十五六等日，大雨普沾，远近周渥，豆麦、菜花及时发生，青葱畅茂。处处民苗乐业，米粮价值甚为平减。贵州所属台拱、遵义等处，年前亦屡报得雪，入春以后通省雨水甚属调匀。臣谨具折奏闻，仰慰圣怀。谨奏。

朱批：冬春既获应时膏泽，春苗自必长茂矣。深慰朕之远念。

（《朱批谕旨》尹继善奏折）

662　云南巡抚张允随《奏陈嗣后督抚请留在任守制丁忧官员
务将其任内实政等陈明折》
雍正十三年二月二十五日

云南巡抚臣张允随谨奏：为敬陈题留在任之末议，恭请圣鉴，以备采择事。

臣窃查直省丁忧官员，有因要地需材，一时无可更替，题请留任，每荷天恩俞允，给与假期，令其回籍料理，一切典礼委员代行，俾尽人子之心。仰见我皇上因地用材、教孝作忠之盛意。直省督抚诸臣，凡遇丁忧官员，自应秉公具题请旨，何敢稍涉于私。但恐日久弊生，该员因任内亏那及拖延未完事件，希图留任，得以掩饰弥补，而该管上司亦幸免失察之咎，循例题留，似宜预为之防。

臣请嗣后直省大小丁忧官员，其督抚请留在任守制者，务将该员任内实政，并该缺如何紧要，该员如何治理，非该员则如何不能胜任，以及该员现在承办其事，实在一时无可更替之人之处历历陈明，恭请圣裁，不得以才守兼优等虚词滥请留任，仍照保题人员例造册出结，送部存案。倘留任之后该员改操败检，致干严处者，查明所结不实，将原结请留之上司一并查参，照滥举匪人例议处。如此，庶将来营私之弊可以预杜，而平平无奇之员皆不得滥邀格外恩典，于地方政治不无补益。如臣言可采，伏乞皇上特谕施行。谨奏。

朱批：为此陈奏者多。似此等皆朕权宜之政，况借此亦可□试汝等存心行事。汝今□虽有此奏，朕仍加留心体察，亦不即释然，置之不问也。

（《雍正朝汉文朱批奏折汇编》第二十七辑，第 775 页）

663　云南巡抚张允随《奏报滇省春初雨雪相继、豆麦茂盛情形折》
雍正十三年二月二十五日

云南巡抚臣张允随谨奏：为春初雨雪相继、豆麦茂盛事。

窃照滇省豆麦、早荞，当立春前后最宜雨雪。今查正月初二、初三等日，昭通府一带地方大雪缤纷，平地、沟塍皆积厚尺许。大理府一带亦于正月初二三等日，雨雪交加，入土三四寸不等。至正月二十五六等日，春雨普降，两迤沾足，四野麦田芃芃发舒，蚕豆、早荞花实并茂，人民欢乐，气象恬熙。除俟二麦登场，臣分晰收成分数具奏外，所有新年雨雪日期及豆麦茂盛情形，理合恭折奏闻，伏乞皇上睿鉴。

奉到朱批原折七扣，一并恭缴。谨奏。

朱批：欣慰览之。

（《雍正朝汉文朱批奏折汇编》第二十七辑，第 776 页）

664　云南巡抚张允随《酌筹分年修理滇省各处城垣折》
雍正十三年二月二十五日

云南巡抚臣张允随谨奏：为谨筹分年修理城垣，以资保障，以壮疆圉事。

窃照云南一省地当极边，城池关系綦重。缘数年来新拓夷疆在在须建城郭，加以元、普军务需用浩繁，所以通省旧城有应行修补者不能兼营并举。今仰赖皇上德威远播，军务告竣，新疆城工亦已就绪，所有应行修补城垣自当次第筹办。

臣查滇省新旧城垣，或砖，或石，或土，共计八十座，内除昭通等城新经题建，广南、楚雄二处现在估题，普洱府于善后事宜案内议请改建石城，以及历年来遇有坍塌，臣等立行陆续修补完固，均无庸置议外，尚有城二十九座应须修补。查此二十九座之中，有因远年地震，或大半倒塌，或经明季拆毁，仅存城基者五座，一时未易轻举，容臣与督臣尹继善再加详查熟计，当作何办理之处，另行奏明。其余二十四座，倾圮多寡不等，可以设法修理者，臣等当竭力补葺。至难于为力之处，臣查盐务盈余一项，系经题明为地方备公之需。今有安宁州等一十七驿，年该工料银四千九百三十余两，自查木道官兵奉撤，经臣题明卷撤住支；又呈贡、七甸等二十五驿，年该工料银三千七百余两，原因广西省隶云贵督臣而设，今该省已奉旨仍归广东，此路驿站亦应裁撤，二共每年裁省银八千六百三十余两，原系于盐务零星积余项下动支。臣仰恳皇上将前项裁省驿站银两暂留为修补各处城垣之用，如蒙恩允，臣与督臣尹继善会查地方之缓急，分别工程之先后，委员同地方官逐一勘估，陆续兴工，严饬实心办理，克期报竣，按年汇题报销。约计三、四年间，各处城垣可以通报竣工，仍将前项裁省银两归入零星积余款内。至于修补完固之后，照例造入交盘，如有坍塌，责令该地方官立时修补，庶金汤永远巩固，而岩疆长资捍卫矣。

　　臣愚昧之见，是否可行，仰祈皇上训示遵行。谨奏。

　　朱批：好。与督臣商酌缓急，定工程之先后，陆续办理，次第奏闻。应达部者，咨部存案查核。

（《雍正朝汉文朱批奏折汇编》第二十七辑，第776～777页）

665　云南巡抚张允随《奏报滇省一州三义情形折》
雍正十三年二月二十五日

　　云南巡抚臣张允随谨奏：为圣化覃敷，一州三义事。

　　窃臣于雍正十二年十二月内，据阿迷州知州陈权详称："该州学宫修葺告竣，惟明伦堂之西地势窄斜，墙外即系居民住房，断难扩充。正与教职徘徊周视，忽居民孔珏呈称，愿自拆去房屋，捐此地以广明伦堂规模，再三酬以重价，坚辞不受。"等语。又称："州属漾田地方，三寨相望，所种粮田每值亢旱，必借建水州所属军田开沟引水，三寨合备重价求买一沟之地，而建水民以田系成熟，且非一人可主为辞。阿迷州学武生郑子元有田一段，与建水之军田相邻，审其形势，亦可开沟。该生目睹三寨灌溉之难，赴州具呈，愿捐此田为三寨沟洫，不但价值不受，并所捐田亩秋粮自愿永远上纳。"等语。又称："州城之东有河，旧有大桥一座，为傍甸往来咽喉，甚属紧要。其桥久经冲塌，估计工费约需三千两。知州陈权竭力捐措五百金，究难兴工。有本州岁贡生伍正期，慨捐银五百两，未及交州，而该贡生身故，其子拔贡生伍煓善继父志，按数捐缴，因而本州绅士耆民为其感动，纷纷捐助，已得二千余金，邻封绅民亦有闻风来捐者，现在鸠工伐石。"等语。

臣窃查明伦堂为教育人材重地，规模极宜宏敞。至于沟洫以溉田亩，桥梁以便往来，均利人济物之善事。而州民孔珏、武生郑子元、贡生伍正期父子等捐地捐田捐金，无少吝惜，皆属人情所难。仰见我皇上渐仁摩义，化弥六合，遐陬僻壤俗厚风醇，绅民莫不勇于从善如此。臣除咨会督、学二臣酌给奖励外，所有一州三义缘由，理合恭折奏闻，伏乞皇上睿鉴。谨奏。

朱批： 览。

（《雍正朝汉文朱批奏折汇编》第三十辑，第 845～846 页）

666　云贵广西总督尹继善《奏谢奉旨广西仍隶广东管辖折》
雍正十三年四月十六日

臣尹继善谨奏：为恭谢天恩事。

本年二月初十日，准吏部咨："钦奉上谕：'苗疆事竣，广西一省仍隶广东管辖等因。钦此。'"臣随于二月十九日，将广西文卷、书吏移交广东督臣鄂弥达管理，具疏题报在案。臣复将平日访查登记广西文武官员贤否细册及应办未完紧要案件逐一札致鄂弥达查核办理。

伏思广西一省与广东形势联络，距云南路途遥远，从前因苗疆有事，暂隶云贵总督统辖，此实因时变通之政。臣仰蒙圣恩，自补授云、贵、广西总督，两载以来，虽夙夜不遑，竭蹶料理，而控制辽阔，心力未能周到，惟恐有负职守，实切悚惶。兹钦奉恩纶，仍循旧制，圣明远鉴，至当至周。臣才识庸愚，受恩深重，不敢谓减一分责任即省一分精神，亦不敢谓少一处地方即少一处干系，惟有益加敬慎，愈矢奋勉，于云、贵两省殚竭驽骀，专心料理，倘得稍免陨越，实荷圣德生全。所有感激微忱，谨恭折奏谢天恩。谨奏。

朱批： 览。

（《雍正朝汉文朱批奏折汇编》第二十八辑，第 58 页）

667　云贵总督尹继善《奏报雨水调匀、豆麦丰熟折》
雍正十三年四月十六日

云贵总督臣尹继善谨奏：为奏明雨水调匀、豆麦丰熟事。

窃照云贵地方自入春以来雨旸顺序，耕种及时，豆麦发生极其畅茂。今交夏令，渐次成熟，现在豆已登场，二麦结实遍野，四月以内即可全获。询之农民，咸谓今岁春收十分大熟，一切菜花、荞麦亦皆处处茂盛，米粮价值仍似去冬平减。四月初间又连得大雨，远近沾足。臣谨具折奏闻，仰慰圣怀。谨奏。

朱批： 览雨水豆麦情形，欣慰曷似。

（《朱批谕旨》尹继善奏折）

668　云贵总督尹继善《奏请将雍正元年仇杀施和尚案内投出之方四、方景明二犯安插省城随营当差折》

雍正十三年四月十六日

臣尹继善谨奏：为恭请圣训事。

窃元江猓目方四、方景明于雍正元年仇杀施和尚案内投出，解省拘禁。嗣于雍正八年，升任督臣鄂尔泰题请发往江宁安插。雍正十年内，方四、方景明与同遣之普阿黑先后逃回，适值元、普逆夷之事，普阿黑遂伙同作叛，伊等并不从逆，方景明于十年八月内赴元江府投到，情愿将家口作当，随师剿贼，随经前署督臣高其倬准令随师效力。该犯带领土练，于新平、元江、临安、思茅各处剿贼，甚属奋勇；方四一犯，亦于十年十二月内赴元江府投到，跟随官兵出师临安、普、思等处，剿贼奋勇，经前署督臣高其倬咨明刑部，俟军务事竣，将该犯等讯明如何逃归及有无功效之处，再行定议在案。

今元、普军务久已全竣，臣檄调二犯至省，面加讯问，据称："前在江南，实因思家逃归，已有重罪。到家之后，值杨昌奉等悖叛纠约，我们不肯相从，故自行投出，杀贼赎罪。"等语。伏查方四、方景明二犯，从前挟仇滋事，发往江宁，又复私自逃回，实难宽贷。但随师二载，尽心效力，著有劳绩，若仍治其逃罪，无以示信。若再发往江宁，伊等思恋故土，难免后遁。若安插原址，不但无以示儆，兼恐日后多事。臣再三斟酌，方四一犯已经老迈，方景明一犯熟悉夷情，小有才干，尚属有用。可否将二犯安插省城，令在臣标，给以名粮，随营当差，严加管束，并将其原籍家产查出变卖，移于省城，另为置产，以绝其思归之念，庶效力赎罪之夷人安置得所，而元江地方亦可免一后虑矣。臣知识短浅，是否有当，伏乞皇上训示，以便遵照，另为咨题。谨奏。

朱批： 览。但应留心管束。

（《雍正朝汉文朱批奏折汇编》第二十八辑，第59~60页）

669　云贵总督尹继善《奏报查审总兵徐成贞亏空钱粮实情并请于议处之外从宽留任折》

雍正十三年四月十六日

臣尹继善谨奏：为据实陈明，仰祈圣鉴事。

窃昭通镇标中军游击徐国佐揭报总兵徐成贞经手钱粮牵混不清等款，经前署督臣高其倬具疏题报，奉旨交臣秉公确查具奏。钦此。随檄行司道详加确查，臣又逐款亲审，于本年三月内具题在案。所有查审实情及本内未尽情节，臣谨具折奏明。

查总兵徐成贞，于雍正八年十二月内自军前莅任，彼时乌蒙甫经恢复，营制新立，一切公私费用固难同于别镇，亦当分别缓急，妥协调剂。乃徐成贞并不慎重料理，将马价截存，公费、赏号等项银米任意动用，即署内置备什物及修庙、买马等事，亦有于公项银内支取，以致各项均有亏缺，又复那东掩西，愈滋牵混。臣细加查核，除那移动用之中虽不合例，尚系公用，情有可原者，或议准销，或议于公费内陆续填补，以清款项。至徐成贞私用银九百余两，业议照数追赔。又昭通镇承领生息银一万一千两，内中徐成贞自领银三千两，以一千三百两代兵开垦，以一千七百两营运生息，其余银八千两开设当铺。今查当铺内本息银两，从前徐成贞亦有那移，早已弥补足数。惟开垦之一千三百两，所垦地亩尚无成效，反折耗牛种工本银五百九十余两，已议于徐成贞名下追赔。其营运之一千七百两，徐成贞虽称委人在川楚营运，年年利息不缺，但臣细加体访，其中亦有亏空。况远省营运碍难稽查，今已勒限一年，令将本银取回，于本地另筹营运，如逾限不完，即以亏空参处。

查徐成贞将公项钱粮那移牵混，且有私用，实干严例，业于题案内请旨敕部严加议处。但新疆初定，诸事创始，费用未免略繁，且徐成贞从前恢复乌蒙著有劳绩，人尚有才，于新疆诸事亦能用心办理。臣因其性情偏执，行事欠谨，屡次痛加戒饬，冀其改过，无负皇上委用之重任，教养之深恩。徐成贞亦深悔前非，自知愧励。臣不揣冒昧，谨将此案情节并徐成贞之居官为人据实具奏。可否仰邀圣恩，将徐成贞于照例议处之外从宽留任供职，以观后效，伏乞皇上睿裁。谨奏。

朱批：是。题到有旨。

（《雍正朝汉文朱批奏折汇编》第二十八辑，第60～61页）

670　云南巡抚张允随《奏报滇省豆麦收成分数、禾苗栽插情形折》

雍正十三年闰四月十六日

云南巡抚臣张允随谨奏：为恭报豆麦收成分数、禾苗栽插情形事。

窃照滇省本年豆麦茂盛情形，经臣缮折奏闻。兹据布政使陈弘谋册报："除向系不产豆麦府州县外，其昆明、呈贡、易门、宜良、禄丰、富民、南宁、陆凉、寻甸、平彝、建水、宁州、蒙自、通海、河西、新兴、河阳、江川、文山、广西、弥勒、广南、太和、邓川、浪穹、云龙、永北、鹤庆、剑川、永平、蒙化、丽江、楚雄、南安、镇南、顺宁、姚州、大姚、和曲、禄劝、镇雄等府州县，豆麦收成实有九分、十分；安宁、晋宁、昆阳、嵩明、罗次、宣威、马龙、师宗、阿迷、路南、普洱、镇沅、恩乐、沾益、罗平、赵州、宾川、云南、保山、广通、定远、云州、元谋、恩安、会泽、永善等府州县，豆麦收成实有八分。"等情前来。

臣查滇省民食半资杂粮，故豆麦与米谷并重。去秋百谷顺成，今春豆麦丰稔，自省城以及各属豆麦价值甚平，且甘霖遍沛，山地杂粮亦皆茂盛异常，高低稻田更得因时栽插，两迤所报相同。至元、普两府甫经平定，望岁尤切，元江地方炎热，农事较别属独早，据报雨泽应时，禾苗秀发，现在次第吐穗；普洱府属栽种将完，地方安静，汉夷恬熙。此皆仰赖我皇上诚敬格天，无远弗届。

所有豆麦收成分数并禾苗栽种情形，理合缮折奏闻，伏乞皇上睿鉴。谨奏。

朱批：深慰朕念。

（《雍正朝汉文朱批奏折汇编》第二十八辑，第244页）

671 云南巡抚张允随《奏报筹酌昭通府积贮以裕民食折》
雍正十三年闰四月十六日

云南巡抚臣张允随谨奏：为筹备新疆积贮，以裕民食事。

窃照云南昭通一府，自逆猓平定之后，土著夷民安居乐业，招徕垦户月益岁增。臣日切筹思，兵粮固宜多备，而民食尤当预筹。昭属因开辟未久，尚无仓储，实为要务。去岁昭通秋成丰稔倍常，恩安、鲁甸、大关等处荞价甚平。臣恐荞价过贱，汉夷民人不知爱惜，糜费粮食，当经谕令护粮储道开化府知府宫尔劝动支道库银两，分发恩安、鲁甸、大关等厅、县，照市价平买，加谨收藏，以一荞抵存一谷，永为新疆积贮。今据报共用银二千七百两，买荞七千六百九十石零，各价值不等，通算每石合银三钱五分一厘零，所动荞价即于常平仓谷过多之大姚、广通二县粜卖价银，解道归款。今岁三春雨泽调匀，该府、厅、县地方旱地居多，即将所买之荞，酌量地亩、人口多寡，借给籽种，务使广为播种，俟荞收之后，公平催收还仓，汉夷民人均获便益。现在播种既广，将来收获自多，更可照上年之式采买拨粜，挹彼注兹，仓谷过多州县可免红朽之虞，而新辟夷疆已有备无患矣。所有昭通筹备积贮缘由，理合缮折奏闻，伏乞皇上睿鉴。谨奏。

朱批： 好。凡事与督臣商酌办理。

（《雍正朝汉文朱批奏折汇编》第二十八辑，第 245 页）

672　云贵总督尹继善《奏报雨水调匀、禾苗茂盛折》
雍正十三年六月二十九日

臣尹继善谨奏：为奏明雨水调匀、禾苗茂盛事。

窃滇省自二麦登场之后连得甘雨，高下田苗俱已栽遍，五六两月以来雨水应时，早稻已经出穗，晚稻将及扬花。询之农民，咸云今岁得雨甚早，沾被更匀，田禾长发，较之往年尤其肥硕，一切荞麦杂粮无不畅茂。东西两迤溥遍皆同，米粮价值甚属平减。贵州一省自栽插之后雨水缺少，至六月十二日甘霖大沛，远近均沾，惟黄平、清平及镇远、思州所属数州县前被逆苗滋扰，人民逃避，田地大半荒芜。现在渐次平定，陆续招回复业，内有田被逆苗占种，先已代为栽插者尚望有秋，其余耕种失时，无以糊口。臣已行令军前文武，择其年力精壮者充练应夫，使得自食其力。其攻破贼寨所获牛只，俱令分给难民，以为补种杂粮之用，并议酌量赈恤，竭力抚绥，务期兵火余生不致流离失所，为此据实奏闻。谨奏。

朱批： 览。

（《雍正朝汉文朱批奏折汇编》第二十八辑，第 701 页）

673　云贵总督尹继善《奏报拿获元江贼首老常、
　　　小名头及南掌入贡情形折》
雍正十三年六月二十九日

云贵总督臣尹继善谨奏：为奏闻事。

窃元江贼首老常、小名头二犯，实系凶恶巨魁，先经军前寻获，因镇臣杨国华不即拿解，令其招缉逸贼，以致脱逃，遁入外域，臣已据实奏明。钦奉朱批谕旨，指示谆切，令速行尽力擒拿。臣凛遵办理，严饬文武多方踩缉。嗣据杨国华报称："二犯携带男妇一百六十余人，由普洱整法出口逃入南掌，守备马汉勋等带领兵练追至交界，有南掌头目叭细里、松法具结，承认拿贼献出。"等语。

臣查南掌原系恭顺之国，今贼逃入彼境，止须行令拿解，仍于交界要隘处所驻兵堵御，不许越境骚扰，当即飞行遵照。嗣据普洱文武禀报："据南掌叭猛花禀称：雍正十二年，例届朝贡，该国已恭备象只，即拟起程，因逃贼老常、小名头勾结该国卡高夷民，肆行滋扰，现在督兵剿擒，俟拿获逃贼时，同象只一并解出。"等语。臣因飞行奖励，饬令速拿逃贼，不可纵容贻患，一面先行入贡，毋得稽延。去后，节据文武禀报："雍正十三年三月初七日，南掌差夷目解贡象二只到普，据称表文、贡使因叭猛花带兵拿贼，未能料理，俟续后到普。"等语。又据叭猛花禀称，"逃贼勾结卡高，甚属肆横。该国土兵懦弱，兼少火器，请发官兵帮助"前来。臣当即详细指示镇臣杨国华，令其相机办理。随经杨国华令守备赵弘祖带领兵练驻扎猛腊界口，遣把总李灿带领官兵五十名，土弁施糯利等带土练四百名，于四月内前往南掌补按地方协助剿抚。而卡高各寨夷人一见官兵临境，即皆威畏投诚。老常、小名头势孤力竭，无路可逃，于闰四月初九日，带同男妇一百余人赴营求抚，把总李灿将该犯等一并带出普洱，南掌地方已经平定。臣据报，飞谕杨国华等，立将老常、小名头锁拿解省。去后，兹于六月十八日，已将老常、小名头并妻子等解到，发司收禁，审拟正法。并据该镇、府具报："五月二十日，又据南掌解到余象三条，六月初二日自普起程赴省，贡使、表文随后起行。"等情。

臣查元、普贼首早已斩擒净尽，惟老常、小名头二犯逃入外域。今仰赖皇上德威远播，训示周详，二贼俱已就擒，南掌人民莫不感戴天恩，欢声雷动。除俟贡使到省另行题报外，所有擒获贼首及南掌入贡缘由，臣谨恭折奏闻。谨奏。

朱批：此二要犯既经就获，元江地方嗣后可望无事矣。

（《朱批谕旨》尹继善奏折）

674　云贵总督尹继善《奏覆留心访查元江土弁施糯利恶迹情形折》
雍正十三年六月二十九日

臣尹继善谨奏：为遵旨覆奏事。

雍正十三年四月二十七日，兵部火票递到："雍正十三年三月二十三日，内阁奉上谕：'元江土弁施糯利等虽现在恭顺，一听调遣，然人非良懦，难保无异心。为地方久远计，自应乘机擒治，以除后患。董芳所奏殊为切当，但事须审势，亦须有名。若现在无可指实，又仍须用兵，则诚不如暂缓，且示以不疑。着总督尹继善不时察访，确查恶迹，然后因事传唤，待伊至省城，令人密首，则擒除甚易，而夷众亦不至惊慌。至于贼首三比等，前据尹继善奏报，业已就擒。总兵杨国华从前错误，系惑于招抚，非故为宽纵，亦经尹继善奏明。惟阻截南掌贡象一节，前折并未言及。着尹继善一并查明附奏，并将折内情事斟酌料理。钦此。'"并抄发湖广提督臣董芳原折到臣。臣恭诵圣谕，仰见我皇上睿谟远鉴，至当至周，指示机宜极详极慎。

伏查元江、新平施、普各姓土弁土目，原系赋性狡忽，本不循良，从前有事之时多有心怀携贰，暗中附和，嗣因兵威已振，遂反戈杀贼，自图保全。臣到任之后，严加约束，痛切训诲，虽目下咸知凛畏法纪，颇能效力，但此辈究非善类，留之终为后患。而施糯利兄弟尤系诸土弁中之最强者，自宜早为擒治。此皆臣二年以来夙夜图维，不敢放心之事。因现无不法实据，未便草率举动，致启夷众惊疑。伏读圣谕"事须审势，亦须有名"，实为切中机宜。臣于去岁曾经具奏，俟诸事料理妥帖之后再行相机剪除。嗣董芳过省，臣亦以此中缓急备细告知。兹蒙我皇上详晰训示，臣自当留心察访，确查恶迹，一有可乘之机，即凛遵谕旨，密行妥办，断不敢少有懈忽，致贻后患。

至贼首三比于前岁军前业经斩杀，老常、小名头二犯逃入南掌，现已擒获；又董芳奏称老常等与三天官同伙。查三天官一贼，原系施长胡子之后，久在外域，自前岁被交阯击遁，至今无踪，并未与老常等同伙。臣恐其遁入内地，亦在各处访缉。南掌入贡一事，前因该国卡高有事，擒拿逃贼，以致办理稍迟，原无阻截贡象之事，此系董芳所闻未确。今贡象已于六月内自普起程赴省，均于另折内详细陈明。但臣才识短浅，机宜未谙，虽竭尽驽驹，不敢稍弛心力，少有欺饰。而苗疆重地，深愧措置难周，伏乞皇上俯怜愚昧，频加训饬，俾臣得有遵循，稍免陨越。

所有遵旨料理缘由，臣谨据实奏闻。谨奏。

朱批：览。

（《雍正朝汉文朱批奏折汇编》第二十八辑，第709~710页）

675 云贵总督尹继善《奏报先行处决普、思、元、新案内五十五名首犯缘由折》

雍正十三年六月二十九日

臣尹继善谨奏：为奏明事。

窃普、思、元、新案内解省叛犯，除陆续取供、病故外，现在尚有三百余人，分在司、府、县三监严加锁禁，逐一审拟。于六月初五日，据昆明县知县杨大绅禀称："据禁卒禀报，有县监内贼首李世蕃等商议，欲约同贼首普业乐、杨昌禄等越狱，经同监犯人杨昌礼出首。"等语。臣与抚臣随谕按察使徐嘉宾，提李世蕃等究讯，据该犯等供称："因自知情罪重大，不能得生，故此一时起意，要约个日期，从监内放火，思想越狱是实。"等语。臣查李世蕃等系倡首叛逆之贼，今于监内犹敢复萌故智，纠约放火越狱，凶恶已极。虽各监锁铐、门墙俱极坚固，兵役堆卡巡逻周密，臣等又专委标员日夜稽察，断无他虞。但此辈罪大恶极，法无可宥，从前因有续获人犯尚须质审，今审讯已明，若待题达部覆，无论人多日久，易萌邪念，即或监毙在狱，未得明正典刑，反不足以昭示国法。臣与抚臣悉心商酌，将三监叛犯择其首谋起事、攻城拒敌、罪恶尤著、无可疑议者五十五犯，即于六月二十二日绑赴市曹先行正法枭示，以快人心。其余各犯俱饬牢固监禁，小心防守，统于正案审拟，具题完结。其出首之杨昌礼，从前原未同叛，系为伊弟杨白牛等缘坐之犯，今监犯商量越狱又能举首，自应酌减其罪。所有先行处决贼首缘由，臣谨会同抚臣张允随恭折奏明，仰祈睿鉴。谨奏。

朱批： 是。

（《雍正朝汉文朱批奏折汇编》第二十八辑，第710~711页）

676　云南巡抚张允随《奏报滇省雨泽应时、禾苗畅茂情形折》
雍正十三年七月十三日

云南巡抚臣张允随谨奏：为雨泽应时、禾苗畅茂事。

窃照滇省豆麦收成，臣将通省分数及栽插情形恭折奏明。自闰四月至今，两迤地方栽种之处雨水调匀，尤喜夜间甘澍沛施，天明云开日朗，气候和暖，一切田禾山种加倍发生长养。现在早稻结实坚好，晚稻次第垂穗，高陇、平原处处畅茂。合查两迤年景相同，米价甚平。昭通一府及宾川一州栽插后，得雨稍迟，嗣经雨泽频沾，禾苗、杂粮均可无虑。除俟收获将各属分数核实奏报外，所有现在禾稻情形，理合恭折具奏，伏乞皇上睿鉴。

奉到朱批原折六扣，一并恭缴。谨奏。

朱批： 览。

（《雍正朝汉文朱批奏折汇编》第二十八辑，第762~763页）

677　云南巡抚张允随《奏报银、铜厂地旺盛，增收课息折》
雍正十三年七月十三日

云南巡抚臣张允随谨奏：为奏明银、铜厂地旺盛，增收课息事。

窃照滇省银厂，前因硐老山空，课额缺少，遵照原奏，于盐余银内拨补足额在案。臣查银课攸关兵饷，铜斤以供鼓铸，均属滇省要图。臣屡饬总理并管厂各官实力悉心调剂。雍正十一年，因开化府属马腊底旧厂之旁另开一新厂，矿砂旺盛，抽收银课较前多收二万余两，经臣具折奏闻。今雍正十二年，各子厂旺盛，据各管厂人员报收课银，统行核算，较之雍正十一年又多收银七千余两，总计各银、金、锡厂报部额课之外，尚余出银四千六百余两，一并归入雍正十二年奏销册内充饷，无庸盐余拨补。

至两迤各铜厂，雍正十二年分奏销核实，共办获铜四百八十五万余斤，加以本年所办之铜，除供本省各局并贵州、四川鼓铸以及拨发湖南、湖北、广东三省额办本年及雍正丙辰年铜斤之外，尚属有余，理合附折奏闻，伏乞皇上睿鉴。为此谨奏。

朱批： 好。

（《雍正朝汉文朱批奏折汇编》第二十八辑，第763~764页）

678　云南巡抚张允随《奏请饬发人员来滇以资差委折》
雍正十三年七月十三日

云南巡抚臣张允随谨奏：为恭恳圣恩敕发人员以资委用，以裨政务事。

窃云南一省远在边隅，地属夷疆，幅员寥阔，凡州县佐杂等缺均关紧要，一有缺出，具题候部铨选，动经岁时，署员兼摄，势难兼顾。臣查历次奉旨拣发来滇试用之州县并学习进士以及佐杂等官，除丁忧事故外，俱经陆续题补、咨补、委署在案，现在别无闲员以供委用。查滇省当补行计典之后，悬缺颇多，兼之新添鼓铸，运京钱文事务重大，急需人员分理。臣与督臣尹继善商酌，仰恳皇上敕下吏部，将候补候选州县官拣选八员，同知、通判四员，杂职二十员，给照来滇，臣与督臣秉公酌量，因材委用差遣，庶地方无悬缺之患，而大小政务皆不致乏员办理矣。所有滇省需员缘由，相应恭折奏请，伏乞皇上睿鉴，敕部施行。谨奏。

（《雍正朝汉文朱批奏折汇编》第二十八辑，第764页）

679　云南巡抚张允随《奏报元江潜逃首犯老常、
小名头二犯投首情形折》
雍正十三年七月十三日

云南巡抚臣张允随谨奏：为奏闻事。

窃照元江贼首老常、小名头二犯先经投出，因普洱镇臣杨国华令二贼跟同土目前往招擒逸贼，复畏罪潜逃，严勒将弁跟踪追缉缘由，经臣具折奏明。嗣准普洱镇咨称，二犯携带男妇逃入南掌地界。又据普洱府文武禀据南掌夷目叭猛花报称："老常、小名头二贼勾结该国所属卡高，肆行不法，将雍正十二年进贡象只、表文阻滞，现在督率夷兵剿贼通道。"续据普洱镇府各咨禀："雍正十三年三月初七日，南掌夷目先解象二只到普，据称尚有表文并象三只在后，俟叭猛花擒拿二贼，续行送到。"等语。又据叭猛花禀称："逃贼老常等勾结肆横，土兵懦弱，请发官兵帮助。"等情。督臣与臣旋咨檄普洱镇府，酌委备弁，量带官兵，并委土目率领土练星赴内外接壤之要隘，与叭猛花相为声援，并密加指授，相机设法安抚卡高，擒拿二贼。去后，嗣经镇臣杨国华委守备赵弘祖带领兵练于猛腊隘口驻扎，以张声势。把总李灿、土弁施糯利各率兵练共四百五十名直抵南掌之补按地方，先遣通夷语兵练数人化诲卡高，而卡高各寨见官兵临境，皆畏威投诚，老常、小名头二贼失所凭依，逃遁无地，带同男妇一百余人赴营恳求招抚，把总李灿、土弁施糯利即将二贼同家口、后生均解至普洱府城，南掌象只俱送到普，连前象共五只，统于六月初二日自普赴省，贡使、表文亦随后就道各等情到臣。

督臣与臣商酌，二贼反复跳梁，复敢串同外夷逞凶作恶，断难姑息贻害。密饬普洱文武将二贼严加扭铐，于六月八日已解至省城，发按察司收禁审拟，具题请旨，其余后生人等解交元江府分别安插。从此内地欢腾，外夷率服，皆仰赖我皇上德化宏敷，无远弗届，所以再逃之余孽不能远扬，蠢尔之蛮夷咸知向化。南掌贡使、象只，臣已预檄沿途地方官从优照料，护送来省。所有逃贼投首缘由，理合恭折具奏，伏乞皇上睿鉴。为此谨奏。

朱批：督臣已详悉奏闻矣。

（《雍正朝汉文朱批奏折汇编》第二十八辑，第767~768页）

680 云贵总督尹继善《奏报滇黔两省秋成分数并奉旨蠲免情形折》
雍正十三年十月二十四日

臣尹继善谨奏：为恭报秋成事。

窃照云南地方连岁丰登，今年自春及秋在在晴雨应时，高下田禾以及各种杂粮收获更属丰稔。据各属具报，收成分数实在十分以上者甚多，其略次者亦有八分、九分不等，米价处处平贱，比户共享盈宁。其普洱、元江、昭通等处夷疆，臣加谨防维，密行稽察，夷情悉皆安静。贵州地方五月间雨泽略少，六月半后始得大雨，除下游之黄平等处被苗扰害之数州县田地抛荒，安化一邑雨泽未敷，收成歉薄外，其余各属收成仍有八九分、十分，即次者亦有六七分不等。

云贵年额钱粮仰邀蠲免，万姓欢腾，讴呼遍野。查向来蠲免之例，止蠲条银，并不蠲米，盖以官兵计口授食之需，难于悬缺。但贵州现在未宁，其曾被扰害之处固已残破堪矜，即未被扰害之处，运粮应夫亦皆备极劳苦，自应仰体皇仁，连米一概准蠲，用昭格外优恤。其岁需兵米，现同贵州抚臣商酌，或采买备支，或折价给兵，俱各因地熟筹，及时办理。

至云南万山环绕，不通水路，兵民日食惟仗本省之米，从无商贩接济。正当乘此丰年，广谋积蓄，且军务久竣，民力宽舒，得免条银，实喜出望外。年丰米多，现在输纳自宜遵循成例，仍收秋粮，以裕仓储。（**夹批：**虽然如是，不可使民受征催之苦，以供胥吏之中饱。）惟有从前题定条银改米之处，原系地丁银款，自应并蠲。其不敷兵米，照时折价给兵，甚为两便。所有银米应蠲之项，臣与两省抚臣等督率属员严行稽查，各将完欠分晰清楚，已完者留抵下年，未完者立时除豁，不使吏役稍有侵渔，务令小民均沾实惠。臣谨据实奏明，伏乞皇上睿鉴。谨奏。

朱批：知道了。

（《雍正朝汉文朱批奏折汇编》第二十九辑，第 621~622 页）

681　云贵总督尹继善《皇上初登大宝奏请节哀保护折》
雍正十三年十月二十四日

臣尹继善谨奏。

十月初一日，接到部文，惊闻大行皇帝龙驭上宾，五内痛伤，寸心迸裂。及十二日遗诏到滇，臣率领文武官员出郊哭迎，跪听宣读，通省官民北望哀号，共深悲切。泣思我大行皇帝性秉至诚，圣由天纵，宵衣旰食，无一时不以天下为心；诱掖提撕，无一念不以政事为务；澄清吏治，则无弊不除；爱养民生，则无微不至。故兹庶绩咸熙，人民乐业，薄海内外共享升平之福，皆由十三年以来苦心远虑，备极焦劳，始克臻此上理。（**夹批：**实实如是！而一踵敬天勤民之心，为臣子者尤不能窥见万一也！朕惟有念继序之艰，难报高厚于万一耳！）凡有血气之伦，饮和食德，浃髓沦肌，正赖寿考无疆，共祝万年悠久。乃不意龙驭升遐，普天率土顿失瞻依，及白叟黄童莫不伤心陨涕，况臣父子合家受恩深重，更有出于寻常万倍者。

臣碌碌庸材，叨中癸卯科进士，备员词林。大行皇帝不次超擢，五年之间洊历封疆之任，生成豢育，备荷殊恩教诲栽培，叠膺重寄。雍正十年入京陛见，随侍禁庭，日觐天颜，亲承至教，而且隆恩稠叠，异数频施，凡身受之宠荣，皆非常之优渥。臣感激顶戴，刻骨铭心，自警殚竭驽骀，以图仰报万一。自到云贵之任，正值普洱、元江夷猓未定，台拱、九股逆苗猖狂。臣悉心筹画，日夜料理，仰赖大行皇帝训示周详，德威远播，始克渐次荡平。乃以才识短浅，抚驭无方，贵州顽苗又有此番蠢动。是我大行皇帝之待臣者高厚难名，而臣之奋勉图报者涓埃莫补，夙夜自思，已觉愧愤无地。兹以职守岩疆，军务紧要，又不敢即请叩谒梓宫，以展哀敬之忱。回忆出都时跪辞依恋，训谕谆谆，而今于万里之外抢地呼天，欲求再觐龙颜，不可复得，每念及此，血泪交流。

恭惟我皇上重华克协，道统相传，本继志述事之心，昭承烈显谟之治，行见万邦亿兆永庆升平，四海苍生均沾厚泽。伏思圣以继圣，仁孝性成，自必过于哀痛。但我皇上初登大宝，日理万几，为宗社所凭依，为臣民所倚赖，尚望节哀保护，以副大行皇帝付托之重，以慰天下人心仰望之深。

臣鲁钝无能，愚诚自矢，惟有加意勉力，一秉公忠，严督文武属员交相儆惕，各勤职守，以期政治肃清，边疆宁谧，断不敢一毫怠忽，一事懈弛。仰祈我皇上怜臣愚昧，切加训饬，俾得敬谨遵行，庶几少免陨越，臣不胜涕泣瞻依之至。谨奏。

朱批：敢不勉强节哀，以仰承先烈，以料理庶务。然敬念我皇考十三年之苦心，未尝一日享有天下之乐，朕之忧痛又何能自已耶？即昨见卿所缴朱批，朕不禁涕泣沾襟。然所以抚定苗疆，克成先志，则在我君臣之自勉耳。

（《雍正朝汉文朱批奏折汇编》第二十九辑，第622～624页）

682　云南巡抚张允随《奏报滇省秋成分数折》
雍正十三年十月二十四日

云南巡抚臣张允随谨奏：为恭报秋成分数事。

窃照滇省今岁雨旸时若，水田山种处处丰收。兹据昆明、昆阳、嵩明、宜良、罗次、富民、宣威、陆凉、罗平、寻甸、平彝、广西、弥勒、师宗、通海、河西、嶍峨、新兴、新平、文山、普洱、太和、赵州、云南、邓川、宾川、蒙化、腾越、镇南、定远、顺宁、元谋等府州县申报，稻谷收成实有十分、十二分，荞麦收成实有十分、十一二分；安宁、禄丰、晋宁、呈贡、易门、南宁、沾益、马龙、建水、石屏、阿迷、蒙自、宁州、河阳、路南、江川、广南、元江、镇沅、恩乐、云龙、浪穹、永北、永平、保山、剑川、鹤庆、丽江、楚雄、南安、广通、云州、景东、威远、姚州、大姚、和曲、禄劝、会泽、永善、恩安、镇雄等府州县申报，稻谷收成实有八分、九分，荞麦收成实有九分、十分。两迤米价甚平，人民乐业。臣谨将报到本年秋成分数恭折奏报，伏乞皇上睿鉴。谨奏。

朱批：览奏，秋成分数具悉。外省奏报收成多有粉饰者，汝当切以为戒，而不可蹈之。

（《雍正朝汉文朱批奏折汇编》第二十九辑，第 624~625 页）

683　云南巡抚张允随《奏请将蠲免钱粮因地变通折》
雍正十三年十月二十四日

云南巡抚臣张允随谨奏：为天恩大沛，蠲免钱粮，谨请因地变通，以均皇仁事。

窃照云南一省数年军兴，转饷输粮人人踊跃。仰蒙大行皇帝轸念民劳，特涣恩纶，将本年地丁钱粮蠲免。臣钦遵，通行刊刻，遍行晓谕。

伏查雍正十年，经臣题请，将滇省兵多米少之府、州、县应征条银改征米石，以资军食，米多兵少及无兵驻扎之府、州、县应征秋米，或全改折银，或改半折银，以抵条银充饷，钦奉俞旨，通行遵照在案。今滇省荷蒙特典，自当因地变通，俾得均沾圣泽。臣请广西等十六府、州、县，除旧额税秋照常完纳外，其条银改征之粮米，应遵谕旨一例蠲免；至阿迷等十一处并蒙化等三府、县条编银两，遵奉蠲免，其本米改征之银两，似应照旧征解；粮储道库查明不敷仓口，照该地米价折给兵丁买食，酌盈济虚，均平普遍，而两迤之民一体沾被恩膏矣。臣严察府、州、县等官，倘有不敬谨奉行及侵蚀中饱等弊，臣立即严参，以仰副大行皇帝加惠边民及我皇上善继善述之至意。除另疏分晰具题外，理合先折恭奏，伏祈皇上睿鉴。谨奏。

朱批：题到有旨。

（《雍正朝汉文朱批奏折汇编》第二十九辑，第 625~626 页）

684　云南巡抚张允随《奏请皇上节哀并俯准赴京叩谒梓宫折》
雍正十三年十月二十四日

云南巡抚臣张允随谨奏：为圣主绍登大宝，皇躬日理万几，谨抒愚诚，恭慰纯孝事。

雍正十三年十月十二日，大行皇帝遗诏到滇，臣匍匐出郊，哭迎进城，跪听宣读，五内崩裂，官绅士庶哀恸震天。臣与督、提、学诸臣率在省文武官员，遵照成典哭临三日，持服二十七日，会疏题报外，钦惟我皇上仁孝性成，聪明天纵，当圣祖皇帝临御之时，岐嶷久孚眷注。迨大行皇帝登基之后，宫廷即建元良，承百年有道之长，衍万祀无疆之庆，恭听遗诏，胥切悲哀，敬仰知临，群深爱戴。痛惟我大行皇帝临御天下十有三载，念念敬天法祖，事事燕翼贻谋，政令务极于至中，民物咸使其得所，忧勤惕厉，夙夜靡宁，圣德神功，弥纶无外。忽闻升遐之信，山陬海澨，奔走悲号，如丧考妣。

伏念我皇上圣孝肫纯，思深罔极，礼极致哀，与时无已，岂臣下所敢渎请抑情者？但当一日万机，仰资宸断，宵旰不遑，是以不辞冒昧，叩恳少节哀痛，勉摄圣躬，上以慰列祖及大行皇帝付畀之重，下以副薄海要荒爱戴之诚，宗社幸甚，臣民幸甚。抑臣更有请者，臣奉到部文：督抚俱停其进香。但念臣自雍正元年由云南楚雄府知府调补广南府知府，二年八月补授曲靖府知府，十月即蒙大行皇帝特旨升授云南粮储道，于雍正五年六月进京引见，仰蒙大行皇帝训勉谆详，赐予稠叠，感涕交深。当蒙特放云南按察使，于七月遵旨起程回滇，十二月即奉旨升授云南布政使。八年五月，又奉旨调补贵州布政使，未经到任，八月即奉旨补授云南巡抚。臣一介旗员，才识短浅，自大行皇帝登极以来，十三年中七膺恩命，超擢巡抚。自分何人，躬逢知遇，教养成全，至深至渥，镂心刻骨，仰报未能。

臣自忝任巡抚，旋值地方军兴，未得入觐。今忽龙驭上宾，无由再遂瞻仰，呼天抢地，痛莫可追。兹滇省军务已竣，年岁丰稔，人民乐业，臣可以暂离职守。叩乞圣慈，俯准微臣瞻仰梓宫，稍尽哀悃，并得跪觐天颜，恭聆圣训，以展犬马依恋之私，仰沐皇仁于无既矣。合并陈恳，伏祈皇上睿鉴。谨奏。

朱批：览奏，知道了。滇南路程最远，巡抚职任重大，未免多此一番奏矣。

（《雍正朝汉文朱批奏折汇编》第二十九辑，第 626～628 页）

685　云南巡抚张允随《恭缴朱批折》

雍正十三年十月二十四日

云南巡抚臣张允随谨奏：为恭缴朱批事。

雍正十三年十月二十一日，接准吏部咨："雍正十三年八月二十五日，领侍卫内大臣公讷亲传旨：凡外省督、抚、提、镇及学政、司、道等官，所有奏折，蒙奉皇考朱批者俱着恭缴，虽批'朕安'一二字者亦不可隐匿，如有隐匿者，照隐匿制诏例从重治罪。钦此。"钦遵，移咨到臣。

伏查臣向来钦奉大行皇帝朱批，俱系随所进奏折时一并恭缴。兹于雍正十三年九月二十日，钦奉到大行皇帝朱批原折四扣，并臣节次奏折恭请大行皇帝圣躬万安钦奉朱批原折二十九扣，一并遵旨敬谨恭缴。谨奏。

朱批：览。

（《雍正朝汉文朱批奏折汇编》第二十九辑，第628页）

686　云贵总督尹继善《奏谢圣训折》
雍正十三年十一月二十八日

臣尹继善谨奏：为恭谢圣训事。

臣赍折人回，奉到恭请世宗宪皇帝圣安奏折，蒙皇上御批："此卿恭请皇考圣安之折，已无及矣。朕展阅不胜悲恸。卿才品优长，实心任事，皇考深为嘉奖，朕敬闻之。滇黔地方紧要，而苗疆事宜尤廑圣怀。今用兵数月，诸臣办理总不妥协，在事者惧责而未免掩饰，局外者喜事而多有甚词，至于封章上达，而数千里外之议，岂能洞悉本地机宜？兼之一折批发，而观望者群起而窥伺之，以致事务纷更，久未告绩，朕甚忧之。今张广泗非张照小人比也，卿与之悉心计议，务在万全，不必身至黔境，且滇省亦岩疆也。总之，秉公去私，运筹调度，俾张广泗无掣肘之处，军务早竣，黎庶安全。是广泗之功即卿之功，而张广泗之过亦即卿之过也。仰报皇考之恩用，副朕心之望。勉之！勉之！所奏各件交廷议，另有谕旨。钦此。"仰见我皇上大孝至仁，圣明天纵，凡臣工之情伪，政务之措施，莫不洞烛隐微，从容中道，又蒙指示周详，训勉谆切。臣敬谨跪诵，感激涕零。

伏念臣以菲材，身膺重寄，荷蒙世宗宪皇帝高厚隆恩，嘉奖逾分，涓埃未报，实切惶悚。前因黔省逆苗未靖，事权不一，臣心忧愤，是以激切陈请，欲亲往黔疆就近办理。蒙我皇上不加谴责，赐以温纶，多方戒勉，以滇省亦属岩疆，令臣不必亲往，特授张广泗为经略，教臣与张广泗悉心计议，务在万全。臣查张广泗熟悉情形，练达军务，诚非张照可比。仰见圣主知人善任，睿鉴渊深。臣虽谫劣庸材，而忠诚之念夙夜自矢。荷蒙圣训谆谆，惟有凛遵"秉公去私"四字，身体力行，一切军务与张广泗协力和衷，商酌筹办，务求万全之策，俾军务早竣，民生奠安，仰慰我皇上宵旰忧勤于万一。断不敢稍存私心，稍有诿卸，负世宗宪皇帝教养深恩并我皇上期望至意。但臣质本庸愚，政治未谙，边疆重任关系非轻，伏乞圣恩时加训诲，庶臣得有遵循，勉图报效。所有臣感激微忱，谨恭折奏谢天恩。谨奏。

朱批：览卿奏谢，知道了。

（《雍正朝汉文朱批奏折汇编》第三十辑，第86～87页）

687 云贵总督尹继善《奏陈云贵军政大员贤否折》

雍正十三年十一月二十八日

臣尹继善谨奏：为奏明官员贤否，仰祈睿鉴事。

窃惟地方整理，要在吏治澄清，而整肃官方，责在封疆大吏。我皇上自御极以来，用人行政一本大中，训诲臣工精详恳挚，凡膺股肱耳目之任者各具天良，皆宜感激奋勉，同寅协恭，秉公去私，彰善瘅恶，以仰副我皇上几康咨儆、励精图治之至意。臣才识庸愚，忝荷重寄，凤凛公忠之义，愧乏知人之明，谨将云贵两省同事大吏及文武属员居官为人据实陈奏，以备圣明采择。（夹批：好的。）

云南巡抚张允随：为人谨饬，于地方事务颇能细心料理，但不能开扩识见，大有猷为。（夹批：人尚未信得。）

贵州巡抚元展成：存心坦白，为人直爽，但待属员过宽，办理事务亦多粗疏之处。（夹批：老了。）

云南提督蔡成贵：操守谨慎，料理营伍亦能用心，但性情过于褊刻。（夹批：故了。）

贵州提督哈元生：心地直爽，胆勇过人，虽任性好胜，办事每多粗率，而实力奉公，不顾艰险。

云南曲寻镇总兵官田玉：为人勤谨，用心营伍，但器局狭小，才具中常。

临元镇总兵官顾纯祖：为人小心，料理营伍亦能清楚，但近于琐细，于弹压抚驭之道尚欠长才。

普洱镇总兵官杨国华：谙练营伍，熟悉夷情，从前办事略觉苍滑，自署普洱镇以来，极能用心整顿。

开化镇署总兵官新太协副将崔善元：为人老成，用心办事，但局面略欠开展。（夹批：出过力人。）

楚姚镇总兵官柳时昌：为人勤谨，存心朴实，虽办事略粗，而于营伍能勉力料理。

永顺镇总兵官苏应选：才具中平，为人谨慎，弹压地方兵民相安。

永北镇总兵官刘永贵：未经到任，尚在贵州铜仁协办事，熟谙苗疆，料理妥协。（夹批：好的。）

鹤丽镇总兵官何勉：操守谨饬，办理营伍亦甚细心，但器量不免褊浅。（夹批：巧人。）

昭通镇总兵官徐成贞：心思、才情俱属有用，料理新疆亦有条理，但性多偏执，人欠谨慎。

贵州安笼镇总兵官刘朝贵：人有年纪，才具中平，存心朴实。（夹批：好的。）

古州镇总兵官韩勋：有性气，有心机，办事颇具才情，用兵亦有条理。

台拱镇署总兵官大定协副将纪龙：办事干练，临敌勇往，但署任未久，尚须试看。（**夹批：**是。）

云南布政使陈弘谋：为人明达，才情敏干，虽器局略欠阔大，而于地方事务俱能实心料理。（**夹批：**是。）

按察使徐嘉宾：居官勤干，为人直爽，但办理事务不能细密。

驿盐道张无咎：为人粗鲁，而操守谨饬，于驿盐事务能用心尽职。

署迤东道王廷琬：才具干练，办事细心，但存心不可深信。

迤西道雷之瑜：为人老实，小心职守，才具不能优长。（**夹批：**故。）

贵州布政使冯光裕：操持谨慎，为人老成，但规模狭小，筹画事务不能周到。（**夹批：**好些了。）

按察使方显：为人直爽，熟悉苗疆，办理事件每多粗率。

粮道钱元昌：为人老练，居官黾勉，但察吏尚欠严明。

贵东道黄世文：存心不能纯正，才具尚属干练，此番逆苗之事，保守镇远，颇能尽力。

以上各员品行、才具，臣俱虚心体察，不敢少存私心，亦不敢少有偏见，不敢因其长而庇其短，亦不敢因其短而掩其长，谨就臣所见，秉公据实逐一具奏。至副将、知府以下属员众多，未敢备细胪列，惟有因人教导，加意陶成，以期吏治澄清，官方整肃。但愧知识短浅，未能有当，仰恳天恩切加训诲。谨奏。

（《雍正朝汉文朱批奏折汇编》第三十辑，第 91~93 页）

688 云贵总督尹继善《奏报今岁滇黔两省乡试主考及学臣才守折》
雍正十三年十一月二十八日

臣尹继善谨奏：为奏闻事。

窃今岁云南乡试，主考倪国琏、张鹏翀用心抢才，去取详慎。出榜后，臣细阅所中之文，俱甚公当，舆论悉协。访闻贵州主考周范莲、熊学鹏声名亦好，所取文章亦属妥贴。再云南学臣吴应枚，校士公明，操守谨慎，办理学政诸事尽心，边省士习文风极能实力教导，但为人略觉活动，尚欠老成。贵州学臣晏斯盛，取士秉公，操守不苟，为人近于拘谨，而遇事颇有见解。兹值三年差满之期，理合一并据实奏闻。谨奏。

朱批：知道了。

（《雍正朝汉文朱批奏折汇编》第三十辑，第 94 页）

689　云南巡抚张允随《奏请并税口额课以利商民折》
雍正十三年十二月二十日

云南巡抚臣张允随谨奏：为请并税口额课以利商民，以广皇仁事。

雍正十三年十一月二十六日，臣准户部咨："钦奉上谕：各省凡市集落地税，其在府、州、县城内者照旧征收，若在乡镇、村落则全行禁革。钦此。"仰见我皇上体恤商民，无微不至。臣现在查明，将遵旨全行禁革者详造细册，并此外如有裁并之处另行会疏具题外，窃照云南一省僻处极边，出产无多，民间一切服用之物无不取资于外省，而商贩各货至滇，逾山越岭，甚觉艰难，兼之税口连接，沿路耽延，巡拦需索势不能免，则商本更重，市价更昂，民用更缺，此黔、滇两省通商税所似当稍为变通裁并者也。

臣查自贵州镇远府至云南省陆路计程二十七站，而设立税所则有镇远、贵阳、安顺、普安、永宁、曲靖、云南等七处，是商贩行走数日即历一税口，较之他省商民独苦。臣愚昧之见，窃以镇远一府系黔省咽喉，贵阳、云南二府又系黔、滇省会，相应照旧设立税所。其自贵阳以下云南以上，中间如安顺、普安、永宁、曲靖等四税，酌量裁并，仍照各税原额归并抽收，以省商贩沿途耽延并税所家人、书役需索之累。至安顺、普安、永宁、曲靖等处，有歧路可通粤、蜀者，亦照旧设之税口稽察报课，以免奸商偷漏之弊。如此则于额课无亏，商贾甚便，货物流通，民用利益矣。如臣言可采，仰祈皇上特谕云、贵督抚诸臣悉心会商裁并，具题请旨。是否可行，伏祈皇上睿鉴施行。谨奏。

朱批：可告知尹继善，若意见相同，具疏题请。

（《雍正朝汉文朱批奏折汇编》第三十辑，第 327~328 页）

690　云南巡抚张允随《密陈搭放饷钱不敷实用折》
雍正十三年十二月二十日

云南巡抚臣张允随谨奏：为搭放饷钱不敷实用，据实密陈，仰祈睿鉴事。

窃照云南各标、镇、协、营兵饷，向例系全银支放。于雍正元年奉旨开铸，题请将钱搭放兵饷，除离局路远之处仍放全银，其近局标、镇、协、营以银八钱二搭放，每饷银一两放钱一千文。嗣因市钱价贱，兵丁不能充银一两之实用，于雍正四年间，经前任抚臣杨名时题请停止搭放。部议以"现放兵饷尚不免于壅滞，今若停止搭放，是以国家有用之钱文置之无用之地，所请停其搭钱、一概放给全银之处毋庸议"在案。

臣查节年民间钱价，每银一两换钱一千一百五六十文不等，虽钱价长落不常，总无以钱一千文易银一两之数。滇省兵丁距钱局少远者俱得领支全银，独省城督抚城守八营、临元一镇、武定一营，因附近省、临钱局，每年搭放饷钱三万六千余串，兵丁每领钱一千文，不敷银一两之实用，且值连年出师，寒兵苦卒效力疆场，深堪悯念。臣再四筹维，省、临二局铸出钱文若停止搭放兵饷，诚如部议，实属壅滞，若照铸局每钱一千文费工本银七钱六分九厘零计算搭放，较之每银一两换钱一千一百五六十文市价，又觉过多。臣查二局每年额铸正项钱一十三万四千余串，内除还工本之外，获息钱二万九千余串。我皇上念切兵民，恩膏先及，屡颁上谕，四海欢呼。臣身任封疆，既知兵丁所领饷钱每串实不敷银一两之实用，自应据实奏闻，仰恳圣慈，特沛恩纶，俯准将钱文搭放兵饷之处照依市价钱文散给，其不敷之钱即请于息钱内开销，在息钱尚属有余，而标、镇各营官兵感沐皇仁于无既矣。为此恭折密奏，是否有当，伏乞皇上睿裁施行。谨奏。

朱批：另有谕旨。

（《雍正朝汉文朱批奏折汇编》第三十辑，第 328~329 页）

691 云南巡抚张允随《奏谢钦奉御批黾勉折》
雍正十三年十二月二十日

云南巡抚臣张允随谨奏：为钦奉御批，恭谢圣训事。

雍正十三年十一月十六日，臣赍折家奴敬捧皇上御批训旨到署。臣敬谨开读，于臣"恭请大行皇帝圣躬万安折"内奉批："此汝恭请皇考圣安之折，已无及矣。朕展阅不胜悲恸。汝蒙圣恩不次擢用，畀以封疆重寄，边省最关紧要，汝当与督臣尹继善和衷共济，悉心经理，俾地方宁谧，以副朕之期望。勉之！钦此。"臣捧读之下，不啻躬觐天颜，跪聆圣训。

伏念臣才识短浅，仰蒙大行皇帝殊恩，由知府不次擢用，洊至巡抚，毫无报效，犬马之私正深惶悚。恭逢皇上绍登大宝，谆谆垂训，铭心刻骨，寤寐不忘。滇省僻处边陲，幅员辽阔，猓夷环绕，闻见偶有未周，心思偶有未到，即贻事后之虑。臣与督臣驻扎同城，于办理政事之余不时会晤，或论及属员之优劣，或筹及地方之利弊，商酌举行，如有疑难，共相质正，务期庶政修明，封疆宁谧。兹奉圣训，益当敬体凛遵。总之，臣能无负于地方，斯能无负于臣职；臣能仰副皇上之期望之圣意，斯能仰报大行皇帝擢用之圣恩。所有臣钦奉训旨感激私忱，理合缮折恭谢天恩。

奉到御批二扣，一并恭缴。谨奏。

朱批：览，勉为之。务期言行相符，以副朕望。

（《雍正朝汉文朱批奏折汇编》第三十辑，第 329~330 页）

692　云南巡抚张允随《据实奏明滇属文官贤否折》
雍正十三年十二月二十日

　　云南巡抚臣张允随谨奏：为据实奏明滇属文官贤否，仰祈睿鉴事。

　　窃照为政务在安民，安民首在察吏。臣身任封疆，惟期吏得其职，则民得其所，察吏安民是臣专责。查滇省远在极边，夷多汉少，官其地者更当廉以持己，仁以牧民，实能尽父母斯民之道，然后教养兼举，顽梗可驯。州县为亲民之官，而表率则在知府，知府贤，则州、县有所则效而尽职矣。知府有守土之责，而激扬则在司道，司道贤，则知府有所敬畏而尽职矣。臣以属员之贤否，关民生之休戚，时勤体察，无敢稍懈。恭逢皇上绍承大统，励精图治，边徼官民尤廑宸念。除滇省州、县官繁多，不敢缕析上烦圣听，其各府知府现在缺员并到任未久者亦不开列外，所有两司、三道、一十四郡知府人品心术、才力操守，臣矢公矢慎，据实分别，另具清折奏闻，仰祈皇上睿鉴。为此谨奏。

　　朱批：名单留中。时以察吏为心，则安民在其中矣。又黔省与滇接境，新经略抚臣办理一应，汝岂无风闻？随便据实奏来。

　　　　　　　　　　　　（《雍正朝汉文朱批奏折汇编》第三十辑，第330～331页）

693　云南巡抚张允随《奏请将试用人员之例停止，
　并归部按例铨选折》
雍正十三年十二月二十日

　　云南巡抚臣张允随谨奏：为钦奉上谕事。

　　雍正十三年十二月初八日，接准部咨："钦奉上谕：嗣后各直省督抚务遵定例，除沿河、沿海、冲、繁、疲、难要缺仍准题请调补外，其余俱归部选，不得滥行题请。倘要缺之外实有人地相宜，必须题请调补者，务将必须调补之处声明本内，以凭核夺。特谕。钦此。"仰见我皇上慎重铨衡、澄叙官方之至意。

　　窃思外省试用人员，现在候缺委用者应不乏人，即如滇省现在缺员，经臣奏请，奉旨饬部拣选知县十二员、杂职二十员来滇酌量委办公试用。臣思此人员固供差委办公之用，如果奋勉出力，似当照伊应选之缺陆续委署题补。但查沿边冲、繁、疲、难要缺，应于内地现任各员内择其熟谙风土、有为有守、历著成效者题请调补，非试用初任之员所能胜此缺也。再要缺之外间有应请调补之缺，亦应于现任内察其平日临民治政、人地相宜者拣选调补，又非试用者所得与其缺也，其余钦遵谕旨，俱归部选。是外省试用人员并无别项员缺可以借补，若止留省差委，不得实补一官，是反不如在部候选者之逸而有获，未免志气消沮，难收臂指之功。如覆咨送回部，长途往返，殊觉艰难。臣再四思维，合无仰恳圣恩饬部，将外省试用人员作何题补议覆，以示鼓励，以收实效。俟现在命往试用人员题补完日，可否请将试用之例停止，一并归部按例铨选，伏候圣裁。为此具折奏请，伏祈皇上睿鉴施行。谨奏。

朱批：吏部议奏。

（《雍正朝汉文朱批奏折汇编》第三十辑，第331～332页）

694　云贵总督高其倬《筹酌鲁寇山善后疏》
无日期

为详筹永远宁谧之策，以除野贼积患事。

窃照云南鲁魁野贼为害地方情节，及各大头目现就拘系剿捕，经臣另疏详奏在案。若不趁此剿捕既施之后详筹调剂，虽目前暂安，难期永远宁贴。钦惟我皇上圣神文武，中外乂安，乃犹宵旰孜孜，勤求治埋。臣荷封疆之寄，千载一时，何敢因循故辙，苟了目前。仰赖日月之烛照，不避纷更之小嫌，谨随地方形势，就臣愚昧所知，筹酌数端，冀得永除野贼之患，稍靖地方。所有各条，谨胪列于后：

一、云南历来野贼头目，平时皆居元江、新平之间，若一经生事，官兵剿捕，则遁入威远土州及普洱茶山等处。盖因素系伊等瓜分讨保之地，夷民岁岁纳银，如同租户，甚至井盐挨日收课，商茶按驮抽银，客贾猓民任其指使，供给食米，传报声信，官兵所向，贼已早知消息，贼众所潜，官兵难得踪迹，所以查拿不易，剿捕颇难。今虽加惩创，目下暂安，若不趁此安营设防，为经久之计，空虚之地广袤二三千里，内通哀牢，外略异域，无兵控压，必仍为野贼暗占。每年索保可得万有余金，以此招养贼党，必将复聚为患。臣细筹形势，应添设普威一营，置参将一员、守备二员、千总四员、把总八员，兵丁一千二百名，令参将带兵五百名，驻扎普洱；令守备一员带兵三百五十名，驻扎威远；又守备一员带兵三百五十名，驻扎茶山；其余汛地，量分千、把带兵防守。内制野贼，外控土司，再加以员弁得人，整顿不怠，则此一方野贼之患自可消弭矣。

一、野贼巢穴根株全在元江协、新嶍营所辖之地。向来营制，新嶍一营止属临元镇管辖，与元江协无属，故元、新两界之间一有事端，未言剿捕，先争交界，互相推卸，迟误事机。比及用兵，又复参差前后，呼应不灵。臣请将新嶍一营及所拟新设之普威营，一并皆归元江协管辖，仍令临元镇统辖，则联络一气，功过相关，于调遣巡防均属便利矣。

一、威远土州之地，包鲁魁、哀牢，西南一面，历来为野贼浦逃之薮。野贼敢于恣肆者，固由文武玩愒，然亦以有此威远一路可逃及威远土官可恃也。威远土知州刀光焕，平日苛索多端，夷民苦累，此次又隐藏野贼，通风馈食，令其实报，屡檄不遵，经臣一面折奏拘拿，一面发藩、臬二司秉公详审，容臣另行具题外，威远土州应请改土归流，一则云省门户坚完，再则夷民如出水火。其地请设抚夷清饷同知一员，兼管盐井；经历一员，兼管司狱事；井大使二员，分管按板、抱母及各处土井，煎办盐斤。再猛班地方，离威远三百余里，应设巡检一员，就近办理民事。令各员尽革土司历来苛派项款，与民休息。自此以渐化导整顿，则历来野贼栖托之薮可渐变成内地，而夷民永远得免土司苛派之苦。再查威远乃极边瘴疠，又系初辟之地，各员请照例拣选调补，以三年为满，如果称职，请照丽江府改流之例，保题升用，以示鼓励，则新设之员益加奋勉矣。

一、杨、方、普、李四姓土官，向系招出贼目，授以土职，原期约束夷人，安静地方。今既不能约束族舍，反听借势为非，圣朝名器何可滥加？查李姓土职久因犯罪革除外，此次纠众骚扰者，皆方、普二姓族人及其项下夷猓。方、普二姓土巡检先事不行钤束，事后不能捕擒，甚属溺职。查方绍祖、普成忠皆届请袭之年，现在请袭，应请永远停其承袭，以示惩创。又土县丞杨世恩，此次野贼之内无伊宗族一人，亦无伊属夷猓，又亲率土练随官兵深入剿捕，应仍留其世职，以示奖劝。

一、各处既拟设官添兵，则俸薪、兵饷以及役使等项均需支给。云南岁岁借他省之协济，岂容更增繁费？查威远之新开按板、抱母二井，前于遵旨覆奏盐务利弊事案内，计一年可出盐三四百万斤，请以所出之盐分销各属，可以平减通省盐价。今黑井已经加脚减价，白井已有沙卤分销景、弥、云、阿四小井，其价原不过昂。惟琅、安二井之盐，消售于临安等处者，其价稍贵。今又有新经查出丽江之井，可出盐息二千二百余两，将此减抵，其价亦平。除于盐政内另行具题外，查按板、抱母二井，从前为野贼及土官、土棍所踞，不但无分厘归公，兼之野贼骚扰，商贩亦裹足不前。今经驱除整顿，商贩流通，计一年约可出盐四百余万斤，可获息银二万余两，以充兵饷，可以不用另行请增。再普洱一带，又报出土井数处，向亦因野贼阻挠，擅利自肥。今现陆续清查整理，可将所出一并添助创设之费。至兵米一项，元江、威远、普洱皆产米之乡，应就近筹拨可也。

一、施和尚之侄腻勒、糯利、糯片等，向来亦非安静之人。此次施和尚被杀，腻勒等皆随官兵奋勇搜捕贼党，颇为尽力，应宽其既往。但若纵令仍各居远寨，漫无稽查，亦恐将来滋事。臣请将腻勒、糯片、糯利等并其妻子，皆令移入元江府城居住，凡有出入，皆报明文武官，庶该管各官得以稽查拘束。而夷目本身家口俱在城中，知所顾畏，必不敢为非矣。

一、威远土官刀光焕及其犯事子弟，将来若仍令留居故土，必致鼓惑滋事。请将其家口移至省城安插，臣酌量料理，给以恒产，俾令得所，则萌蘖不滋，衅端俱息矣。

一、向来元、新一带猓夷习于讨保之风，其头目每年所得成千累百，名曰"年例钱"。其后生每年出外一次，亦各得三四十两，名曰"鞋脚钱"。且所到之处，醉酒饱肉，满意而归，利之所在，趋之若鹜；更兼元、新各寨多系各目故居，其余零星小寨亦各有头脑，耳濡目染，以为徒手可以致富，常思起而效之，若不严加防范，难必其故态不萌。查各野贼出人有地，讨保有时。九龙江口是其入土司之要道，请于九龙江口相近厄要之处及各渡口俱设汛盘查，或江外之猓夷欲往江内、江内之猓夷欲往江外者，皆令该管官给以印票，载明人数，如山海关之例，往还按数稽查。即茶山客商及官弁所差兵役，俱一例盘查，以严出境滋事之弊。再元江、新平所属村寨，俱令地方官仿保甲大意，编立里甲，记其人户名口。历来野贼讨保，必在秋成之后。请每年令地方官于十月、十一、十二、正月四个月之内，不时亲往稽查，如出外者多，必系索保，务行跟究惩处，不令稍有脱漏，则要路之出入既严，地头之稽查又密，形格势禁，自不敢为非，行之既久，积习渐除，余患自消矣。

一、威远土州，向来土官不容夷人应考，恐其入学，与之抗衡；又同族为婚者甚众，伦纪未明。除同姓为婚已饬该管官谕禁，臣又与抚臣杨名时严饬各员勤讲圣谕，加意化导，以变猓俗。请再于威远设立义塾数处，令夷人子弟有志读书者入塾诵习，先暂令于元江附考，请敕学臣，就其粗通文义者量于元江额外取进二三名，以示鼓舞。俟人文渐盛，再请设学，庶猓俗自变，文明日启矣。

一、威远土州向来差发甚少，其田土所出尽为土官苛派入己。今臣已令大理府同知佟世荫、守备杨国华，将其田亩及各项钱粮逐一清查，凡有土官额外苛派之项，行令尽数裁革。其应增纳正额，亦令酌照地之肥瘠，更定赋额，以资经费。再查得威远、普洱、九龙江等处，土田之美大胜云省腹内之地，其山顶多水，其禾一年两熟。然犹抛荒甚多者，一以土夷人少，不能遍耕，再因野贼骚扰，岁无宁宇。若使土田尽辟，不但军糈足资，更可化为乐土。其间尚有可开设州县之处，但目下人户稀少，江边烟瘴未消，未可骤言，应筹之以渐。臣已与抚臣杨名时令各地方官加意劝诲本处夷民，广行耕植，又令招徕别处愿垦诚实之民赴彼垦种，请照雍正元年定例，旱田十年升科，庶人烟渐盛，岚瘴自消，居民愈多，则贼风愈息矣。

以上十条，臣就一得之愚，筹酌调剂，谨会同云南抚臣杨名时、提臣郝玉麟合词具题，伏乞皇上睿鉴，敕部议覆施行。

（《雍正云南通志》卷二十九《艺文五·奏疏》）

695 云贵总督高其倬《请题免白土军丁银疏》

无日期

滇省丁银额重，小民苦于输将。前臣等会疏题请，经部议准，将民丁丁银摊入地粮完纳，并查无主影射者，将军丁之最重者量加摊除，当即檄行布政司清查在案。

兹据署理云南布政司印务按察使江苣详称："滇省山多田少，无主影射田土寥寥无几，以之摊抵军丁，尚属不敷。更有太和县白土军丁一项，系前明万历年间，因宾川州铁锁箐夷人作乱，暂令宾川州、赵州、云南县、太和县四处民人拨防大理府城池，遂立太和所名色。至我朝顺治十六年，已将宾川州、赵州、云南县三处土军俱准复归民籍。惟太和县土军二百五十二丁，又邓川州土军二十六丁，浪穹县土军二十五丁，每丁派银一两，报入征册；嵩明州土军一百二十一丁，因嘉靖年间安酋作乱，挑拨州民协帮寻甸守城，名为凤梧所，编出土军一百二十一丁，每丁纳银一两，俱系州民，并非承种军田之丁。

再查鹤庆府土军一百零八丁，亦因铁锁箐夷人作乱，将太和县民拨守鹤庆御，交分防剑川、浪穹，随编为鹤庆土军。伊等在剑川、浪穹开挖久荒田地，纳粮编丁，御官复科使费一百零八两，裁御归府，竟将一百零八两之私派编作人丁一百八丁，每丁纳银一两，载入正赋。是伊等已纳钱粮丁差，复纳此额外，土军之丁银重累难堪。至腾越州土军丁三百七十三丁，上纳丁银三百七十三两，其立名受累情由，与鹤庆土军事同一例。

以上太和县、嵩明等六府、州、县，共编土军丁九百零五丁。查屯丁每丁纳银六钱二分、二钱八分不等，独此项土军，每丁纳银一两，其赋重倍于屯军，且军民各有一差，独此军既当民差，又当军差，是役之重又加倍于军民。"详请题豁，臣覆查无异。

伏思滇省六属之白土军丁银九百余两，以明末之流弊，重役累民，臣何敢壅于上闻。所当题请豁免，伏乞皇上睿鉴施行。

（《雍正云南通志》卷二十九《艺文五·奏疏》）

696 云贵总督高其倬《题报委员赴昭通办理开垦疏》

无日期

为报明动项委员开垦昭通田亩，仰祈睿鉴事。

窃照昭通地方新经绥靖，兵粮民食俱关紧要。昭通田土肥腴，宜于稼穑，开垦一事实为先务。业经督臣鄂尔泰创始料理，濒行谆谆，以尚未竟其事，为臣言之。

臣查昭通一郡，四面环山，兵米自外州县运往，转输不易，若本地耕获有资，于军粮甚便，且田畴渐广，则民户日增，可以填实地方，可以移易猓习，事属有益。既不可缓，而转瞬春耕时又将届，臣随一一酌指，檄令布政司葛森、粮储道黄士杰议详，商同抚臣张允随批定，并遴委楚雄府知府储之盘，带领候补府、州之顾维铸、钱煌、学习进士黄士鉴、试用胡珚，前往昭通专办垦务。令昭通府、厅、县亦行协同办理。又令附近昭通之寻甸等各州、县，招募习于耕种之农民一千户，限于正月二十日以内到昭，令委员储之盘等，将昭通所有之田详细查看，分为水、旱、生、熟四项。凡其处水道，田塍俱皆现成，曾经种过稻谷，而现今抛荒者，此种之田，用力少而成功速，当年垦种即可收成，令作为熟水田。其地有水可引，宜种稻谷，而从未经种者，作为生水田。至于只可种植杂粮，不能开为水田者，作为旱田亦分生、熟二项，俱令一一查明。

除今年已招垦之七百余户，仍令将原垦之田照旧给令耕种外，其余田土，俟新招垦户到昭之时，每人给以田二十亩。此给田之处，先尽熟水田给垦，熟水田给完，再尽生水田给垦，生水田又完，然后以旱田给垦。但旱田历来猓户种者居多，又须将旱田之附近新经安插之猓民住处者，先尽给猓民，余剩者给垦户耕种。其兵户从前已给田，今凡兵户，现实有人垦种者，亦令每户给以二十亩，令共种植。所给与兵民、猓户之田，俱令于分给之始，即立清界限，以杜将来纷争影射之葛藤。其田按年陆续收其稻谷，照时价计算，扣还工本，扣清之后，即令起科纳赋。纳赋之处，仍即令输米以供兵食，以省运费。其田给与执照，永远为业。

至招往之垦户，臣查自各州县前往昭通，道路崎岖。今天时正值寒冷之际，沿途食物稍贵。臣又酌量计其在途之时，每垦户每站大口给银五分，小口给银三分，俾添买柴火、食物，使之踊跃前往，争先应募，不误春时垦耕之期。

再昭通又有一种土人，类于熟苗。向来昭通猓人多不种稻，皆令此种人为其佃户，纳租供食。其人勤于耕种，性甚淳良，今已不属猓户，正可资以力田。在彼既喜于安业，在官又可省多费。臣亦令办垦各员酌量给田令垦，照民纳谷。

总之，此开垦之事，田亩分定之后，即令办员分往田间，朝夕看视勤戒，以分垦户之勤惰。臣亦不时查察，以考办官之勤惰，务期于来年二月之内一例开耕，尽力垦种。期于秋成之后，所收谷石即有益于当年之兵食。

所有赴昭办理数员，臣亦酌量给与日用盘费。此开垦各项之用，约需一万数千两。臣先请于开垦捐纳项内动用，俟垦户陆续按年扣还原数，其款项细数难以预计，容臣办定，造报具题，送部查核。

臣谨先将委员开垦昭通田地、动项办理缘由，会同云南巡抚张允随合词题明，伏乞皇上睿鉴，敕部查照施行。

（《雍正云南通志》卷二十九《艺文五·奏疏》）

697　云贵总督尹继善《题报筹酌普思元新善后事宜疏》

无日期

为敬陈边地垂久事宜，仰祈睿鉴事。

窃照普、思、元、新一带，自雍正十年逆夷悖叛，扰害边疆，仰蒙皇上天威远播，训示周详，选将调兵，严搜痛剿，人民咸得安堵，地方悉已静谧，经臣具疏题报在案。但边境险远，界连外域，处处深山密箐，在在蠢狯顽苗，抚绥固应详筹，防范尤当严密，一切营汛建制事宜，亟须乘此平定之后，以为一劳永逸之图。臣与抚、提诸臣悉心商酌，因地制宜，量为增改，逐条胪列，为我皇上陈之。

一、攸乐营汛官兵宜移驻思茅也。安营设兵，务期有用，天时地利均要得宜。查攸乐为普镇右营，孤悬瘴地，僻处万山，水泉微细，食用艰难。兵丁多系单身，最易逃走。人人视为畏途，更难招募。自攸乐至思茅相距甚远，在在深山险箐，塘汛兵孤，势难存立。一遇有事，声气隔绝，思普之兵不能及时应援，即太平无事，而烟瘴甚盛，水土恶劣，兵丁多致伤损，即存活者亦皆疾病缠绵，筋力疲弱，难以弹压地方。臣在京时荷蒙圣谕，令将三省事宜与大学士鄂尔泰悉心商酌。鄂尔泰即以攸乐营基未妥，嘱臣另筹。臣细查形势，与抚、提诸臣再四斟酌，攸乐一营必须改移。虽前经同知郭纶议详改建于攸乐箐口，已据报完城工五分，旋遭兵火，究之与攸乐相去不远，烟瘴亦盛，终非长策。查思茅地方高爽，水土和平，北接普威，南控江坝，实为形势之要。自宜将攸乐一营撤归思茅，将右营游击移驻统领，立将攸乐同知亦移驻思茅，与游击同城，改为思茅同知，换给关防，将思茅通判一缺裁汰。车里江外各猛地方系宣慰司管理，所有钱粮，责成征解。其攸乐、茶山一带，总属同知管辖，钱粮俱隶征收，庶控制得宜，兵民均有所裨益。

一、普洱郡城宜添知县一员，以资治理也。普洱居滇省极边之地，幅员甚广，料理需人。原设知府一员，事无巨细，俱系知府管理，虽设有经历，仅可备供差遣。知府遇事公出，并无印官在城，或遇缓急，别无一员帮助，非所以重地方也。应添知县一员，驻扎府城，所有仓库、钱粮、户婚、田土、监狱事务悉归经管，再添典史一员，以备任使。知府得有余力，专司总理，庶佐理分任，各有其人，彼此相资，缓急有赖。至新设之县，仰请钦定佳名，铸给印信，以重职守。

一、普镇三营兵丁宜酌添也。普洱全境纵横绵亘约计六七千里，额兵二千四百名，除亲丁公费及分布塘汛外，存城之兵甚少。前岁狯贼猖肆，兵力单弱，守战不能兼顾，及调两逖官兵远路奔驰，而贼势蔓延，地方已遭荼毒。是设兵不足，犹之乎无兵也。但增兵太多，又虑山路险远，粮运维难。今再四斟酌，每营必须添兵一百，连原额计算，每营各九百名，三营共二千七百名，庶极边辽阔之地可以守御有资矣。

一、三营汛地宜筹酌妥当也。查普镇中营原设等角、通关哨两大汛，左营原设抱母、镇沅、新抚、恩乐四大汛，右营原设猛旺、思茅两大汛；又中营原设整董一小汛，左营原设猛班、三圈二小汛，右营原设猛旺、倚邦、猛乌、慢林、猛养五小汛。凡小汛兵丁，每处或四五十名，或二三十名，离营窎远，散碎零星，平日徒作践夷人，有事即先遭残害。况多分小汛，大营兵单，欲调动则前出后空，欲分应则顾此失彼，前车之鉴，历历可指。是兵势散而无济，不如合而可恃也。应将三营之整董等小汛一并撤归大营，以壮声威，以收实用。至于三营大汛，又有当详加斟酌者。中营通关哨一汛，界在把边、阿墨两江之中，实系元、普咽喉，应拨中营守备一员、把总一员、外委把总一员，带兵二百名驻扎。又把边渡口亦关紧要，应于通关哨兵内拨出外委把总一员，带兵五十名驻扎，游巡江崖。等角一汛，接壤元界之里仙江，实系夷猓出没之地，应拨外委把总一员，带兵五十名驻防。此外尚有兵六百五十名，游击一员、千总二员、把总三员、外委千把四员，随总兵驻扎普城。又左营游击原驻威远，守备分驻镇沅。今查威远地方烟瘴甚盛，镇沅为适中之地，风俗强悍，较威远紧要。应将游击移驻镇沅，与知府同城，以千总一员、把总一员、外委千把二员，兵三百名，随游击驻扎；以把总一员、外委把总一员，带兵一百名，驻防恩乐，内抽拨三十名，令外委把总带领，分驻三家坡防守；以把总一员、外委把总一员，带兵一百名，驻防新抚，内以队目一名，带兵十名，于界牌安哨稽查。其威远地方，以左营守备一员、把总一员、外委把总一员，带兵二百五十名驻防，内以把总一员，带兵一百名，分防抱母井。其左营原贴防攸乐兵丁一百五十名，令千总一员、外委千总一员带领，随总兵驻扎普城。又右营原驻攸乐，今拟撤归思茅，应令游击一员、千总二员、把总二员、外委千把四员，带兵五百名驻扎思茅。查猛旺一汛距思茅二百里，若原有攸乐一营，自宜于此处设汛，以联声势。今攸乐既撤，则猛旺亦可不必设兵。惟由普、腾、猛旺、茶山直抵九龙江一路，饬令各土弁沿途按站设立土塘，递送公文。又斑鸠坂系思普咽喉，应拨把总一员、外委把总一员，带兵一百名，驻扎斑鸠坂，保固道路。此外尚余兵三百名，令右营守备并把总一员、外委千总一员带领，随总兵驻扎普城。统计总兵带游击一员、守备一员、千总三员、把总四员、外委六员，马步兵工一千一百名驻扎普城，则官员兵丁力量充足，无事可以壮声威，有事可以供调遣。仍令各营汛备弁，每月拨兵五十名于连界各路彼此会哨一次，换旗巡防，不许骚扰多事。庶营势谨严，兵力整齐，可以缓急足恃矣。

一、普洱地方辽阔，宜慎选土弁管束，以专责成也。民人错居，皆有乡保约束；夷猓杂处，务须土目稽察。内地之土目，必当削其事权，而边境之土目，又必使有专责。查江外各猛地方，已有宣慰司刀绍文及土弁刀细闷纳保守，以为藩篱。雍正十年，逆夷蠢动，江内江外到处煽惑。是时，刀绍文年尚幼稚，未经承袭，绍文之母刀氏同土弁刀细闷纳力拒妖言，率众堵剿，办理粮运，保固江防，实属深明大义，懋著勤劳。仰恳圣恩，应否比照乌蒙案内陇庆侯之庶母二禄氏、四川沙骂土司沙氏之例给与封典，并赏给刀细闷纳土守备职衔，以昭奖励。至江内之六版纳及茶山、整董、乌得、白马山、六困一带，幅员辽阔，山深箐大，且烟瘴甚盛，既不能处处设兵，在在置官，若不令土目分管，漫无责成，地方难以宁谧。今通盘筹画，除猛乌、易武、小猛养旧有土弁召匾、乍虎、叭千无容另议外，查普藤土千总刀猛比，深明大义，始终效顺，随师搜剿，历著勤劳，应赏以土守备职衔，将猛旺及糯竜等二十四村寨责令管理。其茶山、倚邦一带均系窝泥，查有倚邦土弁曹当齐，为人诚实，随师剿贼，勤劳素著，应将倚邦、茶山责令管辖。整董亦属扼要之区，自土弁召第于叛案内拿解，地方无人钤束。查有土目召音，随师奋勇，实属出力，应给土把总职衔，管理整董。再猛腊地处极边，与外域接壤，最为紧要。彼地头人召糯，极力堵御，办运军粮，甚属急公效顺，应赏给土千总职衔，以示奖励，责令保守边境。至白马山、六困、整控一带，原系土弁刀辅国管理。查伊兄刀兴国不法，律应连坐。但兴国谋叛，辅国实不知情，一闻蠢动，即报思茅文武，协同守城，又着伊妻防护仓粮，以资兵食。后经发往效力赎罪，辅国奋不顾身，实心出力，擒获贼首，并将白马山一带夷民全数招安，甚有功绩。应赏还土千总职衔，仍令管理地方，必能格外感恩，以图报效。再攸乐营汛既撤，其三十六寨需人管约。据宣慰司刀绍文及各土弁公保叭竜扛管理窝泥寨，喇鲊匾分管蒲蛮寨，俱皆诚实可用，宜令管理。其余叭目、火头，俱择勤慎老实者分派充应，仍不时严加稽察，果能实心效力，自当酌加奖赏。如有多事滋扰，即当拿究，另行更换。此并非以久经归流之地而反责成土目，盖地方总系流官管辖，土目不过分查地方，惟以土目管土人，仍以流官管土目，庶穷山僻壤、瘴疠险阻之区莫不各有责成，各有约束，地方文武止须提纲挈领，弹压抚绥，则事不烦而民不扰，似亦治理边夷之要道也。

一、普洱府治宜改建石城也。普郡地处极边，接壤外域，实中外之咽喉，滇南之门户，既设镇府，必资城郭。现在虽有土城一座，但土性浮松，一经淋雨，易于倾塌，殊非久远巩固之计，且易启蠢类觊觎之心。应请改造石城，方足建威消萌。其思茅土城，应再修葺坚固，并于四面添筑炮台。镇沅城垣亦日久倾圮，应一并修筑，则捍御有资，边疆永赖矣。

一、官员贩卖私茶、兵役入山扰累之弊，宜严定处分也。思茅、茶山地方瘠薄，不产米谷，夷人穷苦，惟借茶叶养生。无如文武各员，每岁二三月间，即差兵役入山采取，任意作践，短价强买，四处贩卖，滥派人夫，沿途运送。是小民养命之源，竟成官员兵役射利之薮，夷民甚为受累。前经升任督臣鄂尔泰题明禁止，兵役不许入山。臣等又将官贩私茶严行查禁，但不严定处分，弊累不能永除。请嗣后责成思茅文武互相稽查，如有官员贩茶图利，以及兵役入山滋扰者，许彼此据实禀报。如有徇隐，一经查出，除本员及兵役严参治罪外，立将徇隐之同城文武及失察之总兵、知府，照苗疆文武互相稽察例，分别议处，庶官员兵役不敢夺夷人之利，而穷黎得以安生矣。

一、攸乐一带之盐课宜宽免也。查磨者、乌得、整董、猛乌四盐井，皆在极边烟瘴之乡，与普洱府治相隔甚远，春夏水发味淡，惟秋冬可以煎盐，为数有限。近山多箐密，夷人罕事耕种，专借此盐零星负卖，易米资生。雍正七年间，于筹划普洱建置事宜案内题请添设大使二员，驻扎猛乌、整董，督煎办课。仍以璋盛不能住井，将大使裁撤，令夷人认课银二千两。自夷人认课之后，获利轻微，生计不赡。雍正十年间，逆夷叛扰，塞井毁灶，附近诸夷奔逃四散，井地一空。是以雍正十年、十一年分课银无出，经抚臣张允随会题请免。现据盐道张无咎具详，设法招徕，尚在畏惧不前，无人煎办。臣思课额虚悬，总于国帑无益。钱粮有限，不如恤惠穷夷。仰恳圣恩，将原定认纳课银特赐豁除，仍赏夷人煎售，庶各安心复业，而兵火之余，得以生计有赖矣。

一、就近归并村寨，以便管辖也。地方界限最宜划清，若隔裂弯远，势必稽察难周。如元属善政里猪山者鬼、布尔、腊猛三乡及上下猛缅、猛松、左戛，又惠远里之磨铺萨、等糯那、阿扇那、补怕、南害等寨，地近普攸，距元十站、二十站不等，相隔遥远，难以管辖。应将前项村寨归并普洱管辖，仍选委土弁目就近分管。又查元属惠远里之西萨、猛列地方，离元江五百余里，去威远甚近，应改属威远管辖。又有镇沅府属之坝朗、坝木、坝痴三寨，去镇沅九站，去元城止二里，应割归元江管辖，不但稽察甚便，即一切上纳钱粮、充应夫役，不至有远路奔走之苦矣。

一、威远宜归镇沅管辖也。查镇沅一府户口无多，止辖恩乐一县，事务简少。威远附近镇沅，向设同知一员、经历一员，不隶府辖，声势殊不联络。应将威远地方改归镇沅府管辖，原设之同知改作镇沅府分防威远抚夷清饷同知，一切刑名、钱谷事务，照大关同知之例，仍令办理，由府稽察核转，换给关防，以昭信守。其原设经历一员应行裁去，改作镇沅府知事一员，仍随同知驻扎威远，以供任使。一应养廉、役食、衙署等项，俱应仍旧，毋庸增减。其威远生童，向附元江府学，今威远既议改归镇沅，应将附入元江府之生员归入镇沅府学，嗣后生童俱归入镇沅府学考试，以广造就。再镇沅府属之新抚地方，为元、普咽喉，自恩乐至普洱，中隔六站，运粮、解犯往来必经，必需专员料理。应请设新抚司巡检一员，铸给印记，驻扎新抚，稽察逃盗、赌博，专司巡缉及往来运解事务。庶佐理统辖，各有责成，治理得收实效矣。

一、元江营制宜酌量增改也。查元江四面夷疆，幅员辽阔，实属居中扼要之所。从前设游击一员，兵丁八百名，营制单弱，汛地零星，难资控制。兹当地方大定之后，自应亟为筹画，以期永固边围。请将该营游击裁去，改设参将一员、添设守备一员、把总二员，兵丁四百名，拨外委把总二员，同原设之守备一员、千把总六员、外委千把总六员，兵丁八百名，分为左右二军，仍隶临元镇兼辖。其参将一员，带左军守备一员、把总二员、外委千把三员，兵丁五百名，驻扎元江府城，防守弹压，分布塘卡。他郎地方乃元、普、镇、威通衢，实属要区。原经建城设汛，但汛兵单弱，今应以右军守备一员，带把总一员、外委把总二员，兵丁三百名，与他郎通判同城驻扎。又阿墨江口乃元、普咽喉，应以把总一员，带兵五十名防守渡口，与他郎、通关哨相为连络。又因远地方甚为扼要，应以外委千总一员，带兵五十名防守，与他郎大汛相为椅角。又邦轰一汛路通元、新，应以千总一员、外委把总一员，带兵一百名防守，内以外委把总一员，带兵三十名分防谷麻江渡口。又老乌山为元、新等处出入要隘，应以把总一员，兵五十名驻防，内以队目一名，带兵十名，轮流更换，稽察南戛渡口。又马鹿塘乃省会咽喉，为扬武坝、青龙厂适中之地，应以把总一员，带兵五十名防守。又永丰里之猪街地方，四面通达，甚属紧要，应以千总一员、外委把总一员，带兵一百名防守，立令不时酌拨兵丁于坝罕一带游巡稽察。其各汛应设塘卡，各令照界安设，仍令各照地界，按期游巡会哨，则布置谨严，声势连络，庶无零星单弱之虞。其原设之土戛汛，瘴疠甚盛，难以驻兵。界牌新寨归普洱镇设汛防守，白土坎相去猪街不远，坝罕汛亦与猪街连络，磨沙河与老乌山声息相通，均毋庸设汛。又元城长亘临江，无险可恃，应于东南各筑炮台一座，西北各筑炮台二座，以施枪炮。其他郎城已新筑炮台，素无大炮。查于敬献刍言等事案内，业将省城存局得胜发贡大炮酌拨八位，分发元江。今应令存贮元城四位，分贮他郎四位，庶资守御。

一、新平官兵防汛亦宜增改，以资弹压也。新平一县界在万山，内控鲁魁，外连哀牢，地广兵单，夷猓凶悍，最为紧要。查新嶍营原设参将一员，守备一员，千总二员，把总四员，外委千总二员，外委把总四员，兵丁一千名，实属不敷，且存城兵丁仅止一百八十余名，更为单薄。应酌添兵丁二百名，把总二员，同原设把总分为头二三司，并照拨外委把总二员，仍隶临元镇兼辖，以参将一员，带守备一员、把总二员，兵丁四百名驻扎县城，居中弹压。其县属之脚底母地方，为元、新门户，野贼出没之所，应以把总一员，带兵五十名驻扎，与元、新各汛彼此连络。又舍迭龙一汛，在哀牢半山，甚为紧要，应拨把总一员，带兵丁一百名驻扎防守。又错纳贾一汛，向系猓贼出没小径，应拨外委把总一员，带兵五十名驻扎。又漫干坝一汛，为恩乐、太和厂、斗门乡出入门户，且与从前各猓贼旧巢紧接，实属要区。应拨千总一员，外委把总一员，兵丁一百五十名驻扎防守，内拨兵丁三十名，以队目带领，前往太和厂分防巡哨，以卫厂民。又旧哈一汛，居哀牢要区，且与楚姚之界牌汛相为表里，应拨把总一员、外委把总一员，带兵一百名防守。又扬武坝一汛，驻扎鲁魁山底，甚为紧要，应拨兵一百名，令把总一员，外委把总一员带领防守。又嶍峨县城，原设千总一员、外委千总一员，带兵一百名防守，今应照旧。又塔竜一汛，接壤丁、癸二乡并易门之马头等处，最是藏奸，应拨外委把总一员，带兵五十名驻防。又化念一汛，系新平、鲁魁门户，应拨外委千总一员，带兵五十名防守。又俄爽一区，为鲁魁山出入小径，与临安、石屏、河西、曲江等处相通，地既偏僻，又无营汛，故从前野贼得以任意往来。应拨外委把总一员，带兵五十名驻扎堵截，其原设之新化州树哺、拉洒冲、亚泥坝、黑泥哨、歇塔图等汛，均可不设。庶汛地皆居扼要，足资防御，而亦无零星单弱之虞矣。

一、元、新土目宜禁止擅管地方，以杜扰累也。查元江、新平均属内地，凡稽察村寨、约束夷户，俱应地方官自行经理，非同普洱边方僻远，必须设立土目，以资稽察。乃元、新村寨向被各土目私行霸占，有某处属某土目项下名色，分疆划界，竟成世业，以致不法土目科派索保，恃强欺弱，无所不至。夷民畏其威势，莫不群听指使，有呼辄应。及前岁野贼猖肆，各土目项下之人又多附和随从，彼此推委，不能约束。若不亟为清理，不特夷民世受苦累，兼恐因循日久，渐难钤制。应严禁各土备弁目，以后不许霸占村寨，一切稽察约束事务，俱令地方官管理，不许存某人项下名色。各村寨原有火头，即如内地乡保，应令文武地方官会同查明，务择诚实守法者充当。应更换者，更换其土备弁目，只令听候地方官差遣调用，不许向各村寨一毫滋扰。如各土备、弁目仍有霸占村寨、擅行索保、私养后生、仇杀生事及藏匿盗贼、玩法为匪者，即严拿正法。地方官徇纵失察，题参议处。如各土备、弁目果能安分守法、毫不多事、差遣无误、尽心效力者，于年底令地方官核实具报，分别奖赏。庶夷民得安耕凿，永沐国家休养生息之宏仁，而土目削其事权，亦免尾大不掉之后虑矣。再元江府城原设汉捕六名，此辈需索滋扰，实属朘民之蠹，应行裁革，以靖地方。

一、调用乡练宜用文武印牌也。查土练皆系百姓，并非土目私人，非奉官调，不应擅动。历年调用土练，大抵土目自传木刻者居多，行之日久，恐正伪不分，奸徒易于鼓惑。应请嗣后调练，务以地方文武会衔印牌为凭，不许土目擅自私调，并遍行晓谕大小村寨乡管头人，如有土目不奉印牌，以木刻小票擅调乡练，即赴文武衙门具报，以凭严拿，照擅调官军律治罪。如乡管火头通同隐匿，一并究处；地方文武失于觉察，并行参究。则土弁目无权可操，实属防范之要道也。

一、临安府属石屏州之宝秀地方宜筑土城，以资捍卫也。宝秀界连元、新，为临属咽喉、猓贼出没要区。前岁逆夷悖叛，先遭蹂躏。应于宝秀筑土城一座，于扼要之处设立炮台，拨给炮位，以资守御。又宝秀向于临元镇标拨把总一员，带兵五十名驻扎，未免单弱。应于该镇标内添拨兵五十名，共一百名，令千总一员、外委一员带领驻防，则宝秀可获安堵，即临安、石屏亦皆资捍御矣。

一、防汛要地宜筹捍卫也。查普、思、元、新形势辽阔，设汛之处大抵离城窎远、地居扼要。若止拨兵驻扎，而不设险防范，猝遇有警，汛兵多者百余，少者数十，不比大营，究属单弱，难以守御。应于现议设汛处所，择其尤关紧要者，或筑土堡，或建木城，汛兵驻扎其内，庶防守有资，贼人不敢觊觎。其各塘汛弁兵，应近则按季一换，远则半年一换，以免携带眷口之累，且劳逸得均，可以轮流操演。至增兵设汛，各处均宜建造衙署营房，以供栖止。统俟委员同前议应修、应建城垣、炮台一并确勘，估计详核另题。

以上一十六条，就臣等愚昧之见，斟酌调剂，以副我皇上慎重边疆、奠安黎庶之至意。其普洱一镇，元江、新嶍两营，现添兵丁九百名，应照马一步九添设。但共凡标、镇、协、营额兵，均难抽拨，而悉行招募，又多糜费。臣等悉心筹量，查滇省督臣衙门向有随丁名粮一百分，抚臣衙门向有随丁名粮八十分，经前督臣奏明在案。今军务全竣，赏费无多，臣等养廉尽足敷用，应案照营制，将臣标随丁内拨出马二步八兵饷一百分，抚臣亲标随丁内拨出马一步九兵饷八十分，以充普洱等处新添兵饷。又查云南骑兵营原设马兵一百八十名、步兵四百八十名、守兵三百四十名，与滇省各营马一步九之制不符。且滇省跬步皆山，无需多用马匹，应将骑兵营照例改作马一步四守五营制，其减出饷干银两，亦拨作新添兵饷。是虽有减拨之名，营伍仍系充实，钱粮又可节省，其余不足之数，另行招添。合并陈明，是否有当？臣谨会同云南巡抚臣张允随、云南提督臣蔡成贵合词具题，伏乞皇上睿鉴，敕部议覆施行。

（道光《云南通志稿》）

698 云南巡抚杨名时《条陈地方事宜疏》

无日期

巡抚云南地方等处提督军务兼理粮饷都察院右副都御史臣杨名时谨奏：为条陈地方事宜，仰祈睿鉴事。

伏惟我皇上念切勤民，治隆稽古，蒸黎之困累必期于尽除，旧制之沿革务归于尽善，屡颁诏旨，令臣等于一切有裨益事宜留心详访，据实条奏。仅就见闻所及胪举上陈。

一、云省之民多有无寸椽尺土而载丁名，至有一人而当数丁至有十余丁者，累代相仍，名曰"子孙丁"。盖缘老户人丁各归本户承当，虽老病故绝，编审时历相沿袭，从不除减；又贫人转卖田产，丁银仍留本户，以致拖累无休，计无所出，远徙他乡以避之。此弊各省皆有，惟滇为尤甚。在他省虽有逃丁，仍属内地之民，独云南逃丁多归外番土司，久之变为彝猓，深堪悯恻。康熙三十五六年间，前抚臣石文晟欲以丁银均摊于田粮之内，通饬各属查议，而绅衿及有产之民内有因其不利于己从而阻扰者，致甫行而中止。田粮、丁差故属两项，而通融调剂实苏民困之急务。伏查康熙五十二年三月十八日，恩诏内开："征收钱粮但据康熙五十年丁册为常额，续生人丁永不加赋。钦此。"是丁银已有一定之数，永无多寡不同之处。又查本年直隶抚臣李维钧以丁银偏累穷黎，苦乐不均，题请将丁银摊入地粮之内，经部覆，奉旨允行，钦遵在案。今滇南阖省穷民受丁差之苦累者十之六七，更甚于直隶，但有民丁、军丁之分，轻重不等。请将通省民丁额征丁银摊入田粮完纳，以该府、州、县之粮石均编，该府、州、县之丁银俾从粮办，均其偏累，酌定造报，永远遵行。至于军丁，又与民丁不同，通省共有军丁三万九千一百八十二丁，完银一万六千二百八十五两八钱七分，其中完额自二钱八分起，竟有完至六钱二分者，是军屯丁银未便照以民丁统归秋粮均摊。今查从前平定吴逆后，尚间有无主田土影射未清者，应通行晓谕，令其报出，随其所得，将军丁之最重者量加摊出，使军户稍轻而易于完纳，以后不拘年分而渐次抵补，则军丁可以渐舒，积田事属有益。于军民，未敢因绅衿及有产之民多不愿者，遂听穷民之无告也。俟部覆准行之日，细加查核，分晰造报。

一、查得滇省恶习，民间置买田产，历世几传，历年数十，纷纷告找告赎，殆无虚日。查其所由，有因从前吴逆赋重差繁，无力上纳，情愿吐退与人为业者；又有沿湖海洼地泛涨不常，荒芜赔粮，情愿不受价值与人者，今见粮有定额，荒已垦熟，遂尔争控不已，地方刁棍亦从中借端渔利；并有绝卖之产，假以原议取赎之名，生波起讼，甚至卖主无人，冒名出告，又或捏为卖主之旧主，无端混扰，地方官即使判断果平，而乡民费时失业，拖累已极，虽经通饬永禁，目前皆守分安业，诚恐日久觊觎，复萌旧弊，为易尽涤除。买卖田产仍遵例投税管业外，请敕部将告找告赎再申严禁，违者从重治罪，庶刁徒知畏，自后有司亦不敢任意妄断矣。

一、云南府属旧有三泊县，自康熙八年间具题归并，将三泊县裁入昆阳州，已五十余年矣。然前人未审地势，定界违宜。查三泊县僻处万山之中，民俗刁悍，最称难治，去昆阳近者四五十里，远者有二百里，地境辽阔，未免鞭长不及。今查安宁州与三泊接壤，相距仅十余里，地势既联，属呼吸易通，且其地业经详定改食滇盐，民颇称便。应请将旧三泊县改归安宁州，实宜小民便益。

一、滇南通省道员，自康熙六年至二十一年，前任督、抚臣陆续具题裁汰，止存粮、盐、永三道，粮储道列为分巡，永昌道列为分守。查粮储为通省道员之首，各省俱为分守头衔，况云南既有盐驿任通省分巡之责，则粮储宜为分守益明，无取于在省两道俱属分巡也。永昌道辖迤西数郡，有稽查地方、盘查仓库之责，亦似应将分守改为分巡。合无恳请敕部，检查本朝会典，核明改正，则名实俱称矣。

以上各条，臣采访既确，谨疏具奏，伏乞皇上睿鉴。

（《清代未刊奏折》第 8 册，第 2689～2710 页）

699　云贵总督鄂尔泰《题报改土归流疏》
（系多个奏折删减拼合而成）

为剪除夷官，清查田土，以增租赋，以靖地方事。

窃以苗猓逞凶，皆由土司。土司肆虐，并无官法，恃有土官土目之名，行其相杀相劫之计，汉民被其摧残，夷人受其荼毒，此边疆大害，必当剪除者也。

臣受恩深重，职任封疆，日夜筹思，若不尽改土归流，将富强横暴者渐次擒拿，懦弱昏庸者渐次改置，纵使田赋、兵制尽心料理，大端终无头绪，稍有瞻顾，必不敢行，稍有懈怠，必不能行，不敢与不能之心，必致负君父而累官民。故以臣愚昧，统计滇黔，必以此为第一要务。然改归之法，计擒为上策，兵剿为下策；令自投献为上策，勒令投献为下策。前镇沅土府刀翰、沾益土州安于蕃，经臣拿禁题参后，随分委干员，将各田亩、户口、银谷数目逐细清查。缘土州安于蕃地土更广，私庄尤多，清册尚未造报。现据游击杨国华、威远同知刘洪度造报，镇沅土府每岁额征米一百石，今每岁应纳米一千二百一十二石，每岁额征银三十六两，今每岁应纳银一千三百四十八两零。是其征之私橐者不啻百数十倍，而输之仓库者十不及一二、百不及二三。由此类推，又何可胜计？再查附近镇沅之者乐甸地方，与元江、新平、景东接壤，四面皆邻汉土，一线紧逼哀牢，素为野贼出没门户。其江形山势尤为险阻，且当按坂各井驮盐要道，原系世袭土长官司管辖。该长官司刀联斗昏庸乖戾，受汉奸把目主使，为害地方，民夷怨恨，若不一并改流，终难善后。臣就告发各件，即委杨国华同刘洪度，止带兵一百名，径至乐甸质审案拟。而刀联斗自知罪无可逃，随即出迎，投献印信号纸，但求免死，情愿归流。据此情状，犹有可原。除俟臣题参改土归流外，仰恳圣恩，但收其田赋，稽其户口，仍量予养赡，授以职衔，冠带终身，以示鼓励。则强不如安于蕃、刀翰，势不如刀联斗者，皆将遵法输诚，不烦威力，而边地粮饷亦不无小补矣。

至于黔省土司，与滇省异，一切凶顽半出寨目，因地制宜，更须别有调度。臣已面与新提臣杨天纵详细密商，并将各要件逐一开单，交付查访，以便会办。务期两省边方永远宁谧，仰副圣怀。而心长力短，时切惶悚，伏乞圣主训示遵行。

（《雍正云南通志》卷二十九《艺文五·奏疏》）

700　云贵总督鄂尔泰《请添设东川府流官疏》

无日期

为请设流官，以安边圉事。

窃照东川一府奉旨改归滇省，一切事宜应另为措置，庶汉夷相安，地方静谧。臣于去冬赴黔审理凶苗犯事毕，由威宁而抵东川。东川虽城垣倾圮，人户萧条，然睹其山川，察其形势，按其疆亩，查其厂地，固膏腴之府、物产之区也。东至乌撒，西至会川，南至寻甸，北至乌蒙，西北至会理，东西广四百二十里，南北袤三百七十里，周围延袤一千七百余里，前有金沙江，后有牛栏江，复有五龙、纳雄、马鞍、云弄诸山，群峰环峙，坡阪宜荞，原隰宜稻，田高水活，旱涝无恐。缘归流之后仍属六营盘踞，诸目逞凶，岁遇秋收辄行抢割，故改土三十年，仍然为土酋所有。仰荷圣祖仁威，虽各加整饬，共知慑栗，但地方辽阔，营长、火目侵占田亩，私派钱粮，甚至纵夷劫杀，绑掳平民，实非一知府、一经历所能遍理。巧家一营逼近乌蒙，去府窎远，遭乌酋践踏。应立一县，将马书、弩革、米粮坝、以扯汛等处归并管辖。者海地方素通乌蒙，暗行不法，应将县典史移驻者海，将革舍、阿固、火红等处归并管辖。歹补地方离府治百里，山深箐险，应设巡检一员，将五龙、卑七、法戛等处归并管辖。则补地方远在江外，亦设巡检一员，将阿木、可租、普毛、杉木箐等处归并管辖。如此则凡系要害地方俱有职员分理，垦田、开厂协理有人，而营长、火目改立乡约、保长，一体编甲，稽查严密，渐染亦易，二三年后，东川将为乐土矣。如蒙圣恩俯允，所设县治并钦赐佳名，知县、巡检并恳饬部铸给印信，以专职守。

臣更有请者，东川改土以来，于康熙五十九年间题请照中学例，岁试取进文武童生各十五名，建造文庙、学舍，春秋祭祀，其教职诸事令知府暂行兼摄，补廪出贡，部覆俟数考后另疏题请。查知府有地方民社之责，何能兼司训迪。应兼设教职一员，给以印信，专司学校。其应试文武童生现在无多，各取进十五名，徒滋混滥。应请暂照小学例，各取进十名，俟人文渐广，再议加额，并应补廪出贡及新设县治亦添设教职之处，一并题请。庶开导用勤，观摩斯奋，俾群知入学为荣，进身不易，或亦鼓动边夷之一道也。

至建造衙署、添设书役工食，应将何项动给，俟酌妥估计，令行造册具题。合并声明。臣谨会同署理云南巡抚臣杨名时合词具题，伏乞皇上睿鉴，敕部议覆施行。

（《雍正云南通志》卷二十九《艺文五·奏疏》）

701　云贵总督鄂尔泰《请设乌蒙府文员疏》
无日期

为钦遵上谕，请设文员事。

窃照乌蒙、镇雄既经奉旨改土归流并归滇省管辖，除应移镇安营、裁调官兵添设之处现在另疏具题外，所有应安设文员驻扎各地方，总理、分理之处，臣随悉心筹画，广询博采，务求妥确。今据永昌道贾扩基、东川府知府黄士杰、威宁府知府杨永斌、署乌蒙事正大营同知耿觐谟、署镇雄事寻甸州知州崔乃镛、候补知县朱绣等合同武员屡经踏勘，次第详报到臣。臣按其情形，察其险要，复与各员会商确议，酌定规模，仰候圣裁。

谨议得乌蒙、镇雄紧相接壤，地方千有余里，而乌蒙地势尤广，请仍设为府治。查乌蒙地界有上方、下方之别，其上方扼要之地为天砥，而乌蒙、小乌蒙、鲁甸、女补奎、米贴等处皆属上方，土府旧治并无城郭。查天砥去旧治七里，轩敞宽平，可建城垣，应设知府一员总理郡务。其下方扼要之地为大关地，而小关、豆沙坝、盐井渡、梅子沟以及水旱十八站等处，均属下方，去府窎远，应设通判一员驻扎于此，分理郡务。又米贴地方去府治西北三百里，去大关地东南四站，踞金沙江之上流，扼大小凉山之喉项，控驭险要，应设知县一员驻扎于此，总理县务。又鲁甸地方系禄鼎坤旧地，分辖诸夷，总领各目，地接东川，夷猓杂处，应设巡检一员驻扎于此，以司门户，以察往来。又盐井渡地方远通川省，近接镇雄，商贾丛集，课赋攸关，奸贩狡夷往来出没，亦应设巡检一员驻扎于此，以司盐务，以察奸宄。又设经历一员同驻府城，供知府调遣。设司狱一员专管监狱。设知事一员，佐通判稽查。设典史一员，备知县调度，兼理狱务。又于府治设教授一员，县治设教谕一员，分司训迪。此乌蒙应设之官制也。

至于镇雄，较乌蒙稍隘，请改为州治。查镇雄地界总计有三股：一为彝良八火头，一为威信十三白勒，一为母享七火头。而乌通山居三股之中，乃总会之地，背山面河，为土府旧治，亦无城郭，今请稍移而南建立城垣，设知州一员总理州务，设吏目一员以董缄囚。其彝良地方为八火头之最，旷土荒田，可备开垦，盐井矿厂，可资食货，而夷猓杂居，顽梗盘踞，号为冲繁，应设州同一员驻扎于此，分理州务。其威信地方为十三白勒之最，通川省之门径，傍乌蒙之藩篱，总天篷诸寨之要隘，握白水三江之咽喉，应设州判一员驻扎于此，借为后障。其母享地方为七火头之最，逼近永宁，路通商贾，紧接州治，呼吸相关，应设巡检一员驻扎于此，以为内藩，又设学正一员以司训诲。此镇雄应设之官制也。

以上乌蒙一府应设文官十一员，镇雄一州应设文官六员，俱归乌蒙府管辖。现今两处各需员任事。臣看得顺宁府知府陆世宣，虽到任未久，然操守谨饬，才具强干，且籍隶四川，熟悉土夷情事；曲靖府通判徐德裕，办事精勤，不避劳怨，屡经差委，皆有条理；候补通判苏暕，年力精壮，堪以佐理；广通县知县杜思贤，才具明晰，办事老成；昆明县县丞张浩、炎方驿驿丞许燮，俱办事能干。相应请旨，将陆世宣调补乌蒙知府，徐德裕补授镇雄知州，苏暕补授大关通判，杜思贤调补米贴知县，张浩升补彝良州同，许燮升补威信州判，均属人地相宜。陆世宣、杜思贤系对品调用，苏暕系命往人员，张浩、许燮系请补佐贰官，俱无庸送部引见。徐德裕俟赴新任办理就绪，再给咨赴部引见。其经历、知事、巡检、典史等官，臣已另行选择，咨部调补。各教官听抚臣考验选补。府、州、县文武童生暂照小学例，各取进十名，俟人文渐广，再议加额。此二处实系边方要地，所设各员请以三年为满，果能称职，保题升用，以示鼓励。各员缺俱于本省拣选调补。至于应征地田钱粮、人民户口并各员管辖界址、建造衙署、官俸役食以及盐井银铜各厂，作何调剂之处，俱现已委员分勘清查确估，俟册报到日，听抚臣另行具题。所设府、州、县三治，并请钦赐佳名，以昭圣化。各员应给印信，统请敕部铸给，以示信守。臣谨会同云南抚臣朱纲合词具题，伏乞皇上睿鉴，敕部议覆施行。

（《雍正云南通志》卷二十九《艺文五·奏疏》）

702 云贵总督鄂尔泰《请添设乌镇弁兵疏》

无日期

为东蒙荡定，威镇安平，请增营添兵，以垂久远事。

窃照乌蒙一镇，旧制中、左、右三营，领兵二千八百名，而威宁、镇雄、东川三营又各兵一千名，分布声援，原不甚单弱，只缘镇将庸劣，疏于操防，兼因奸贼蓄谋出乎意外，遂致变起仓促，摇动三边。今虽仰赖天威，克期剿灭，恶首凶党尽数就擒，然种类繁多，边隅险远，善后事宜尤不敢不熟虑。

臣查大关、永善旧系左、右两营汛地，皆紧接川蛮，而瓮迭、伐乌、米贴、豆沙等处俱属险要，近又准文以金沙江为界，而永善一县新增副官村等处、大关地方新增钟潭溪等处，较前愈加辽阔，分防已觉不敷。其凉山、鲁甸一带旧系中营汛地，逼近牛栏江，潜通川界及东川之巧家营，除分防外，存城兵亦无多。应请照广西左江镇之例，准添一营，设中、前、左、右四营，每营设游击一员、守备一员、千总二员、把总四员、马一步九兵一千一百名；左营游击带守备一员、千总一员、把总四员、外委千把六员、马步兵丁一千名，仍驻防大关地方，内拨把总一员、外委把总一员、带兵一百名分防兔勒，以通府城声息；又拨把总一员、外委把总一员、带兵一百二十名分防豆沙关，兼防盐井渡；再拨千总一员、外委把总一员、带兵一百五十名分防滥田坝，兼防牛皮寨，一应塘、卡照旧安设；其余守备一员、把总二员、外委千把三员、兵丁六百三十名，俱随游击驻扎大关城内，并听轮委，游巡铁线溪、滩头汛、钟潭溪等处；右营游击带守备一员、千总一员、把总四员、外委千把六员、兵一千名仍驻防永善县地方，内拨守备一员、把总二员、外委把总二员，带兵三百八十名，分防吞都；即于内拨把总一员，带兵八十名分汛桧溪；拨把总一员，带兵六十名分汛副官村；其米贴一汛另拨把总一员、外委把总一员，带兵一百名分防守御，一应塘、卡照旧安设；其余千总一员、把总一员、外委千把二员、兵丁五百二十名，俱随游击驻扎永善县城内，并听轮委，游巡自沙河至永善一带地方。新添之前营游击带守备一员、千总一员、把总四员、外委千把六员、兵一千名，应驻防凉山地方，内拨守备一员、把总一员、外委千把各一员，带兵三百名分防鲁甸并火得红江边，与东川联络；又拨把总一员、外委把总一员，带兵一百名分防乌威接壤之诸仙背，以司盘查；又拨把总一员，带兵八十名分汛切黑、苏甲，以扼江口要隘；又拨外委千总一员，带兵六十名分防苦著，以连凉山声势；其余千把总各一员、外委千把各一员、兵丁四百六十名，随游击驻扎凉山营内，并控制沿江川蛮，轮拨防汛安塘。中营官弁兵丁俱应驻扎府城，不须分拨防汛。其左、右、前三营尚余千总各一员、兵丁各一百名，亦并留驻府城，听总兵官差操，并资本营传事。是三营汛地既星罗棋布，呼吸相通，而总兵官驻扎府城，有游守各一员、千把总共九员、外委千把六员、兵丁共一千四百名，弹压调遣皆可足用。以上四营计添兵一千六百名，共额兵四千四百名，即除算镇、将、备、弁、亲丁粮及公费粮等项，亦尚有足兵四千名，地方纵属辽阔，实无单弱之虞矣。

再镇雄、东川二营现各设参将一员、守备一员、千总二员、把总四员、马步兵丁一千名，仅足防守，难资应援。应请于镇雄、东川各添设守备一员、把总二员、马步兵丁二百名，合旧额分为左、右军。以镇雄营右军守备一员、千总一员、把总二员、外委千把各一员，带兵四百名驻防奎乡，内拨千总一员、外委把总一员，带兵一百名分防白水、三江；又拨把总一员、外委千总一员，带兵八十名，分防伐乌关；其余汛地除酌量安设外，所余左军守备一员及千、把、外委、兵丁，俱随参将驻扎镇雄州城，以资弹压，以备调遣。以东川营右军守备一员、千总一员、把总二员、外委千把各一员，带兵三百名，驻防巧家营之阿白溪，内拨千总一员、外委把总一员，带兵一百名分防者那，把守牛栏、金沙两江通川、乌渡口；所余汛地除酌量安设外，所余左军守备一员及千、把、外委、兵丁，俱随参将驻扎东川府城，以资弹压，以备调遣。再查镇雄营旧设有彝良吼西长官司、回龙溪等汛，如龙街子、核桃坪、罗坎关、却佐等处则俱应添汛，而应设之塘、卡共二十余处。东川营旧设有阿汪、五龙、索桥、者海、则补、弩革、巧家营、老吾老等汛，如那姑、以扯、待补、七里、马书等处，则俱应添汛，而大水塘、小龙潭现拟割归寻甸，犹不在内。此中应增、应减、应并、应分，仍恐疏漏，未便骤定，统俟再加详勘，另造清册报部查核。如是，庶镇雄、东川营制周密，而镇、府攸赖矣。

至于威宁地方，系乌镇唇齿，为川、滇咽喉，参将一员、守备一员、千总二员、把总四员、额兵一千名，除分防外，微觉单弱。应请改营为协，仍属镇辖，裁去参将，设副将一员，添都司一员、千总二员、把总四员、马步兵丁五百名，合旧额官兵共一千五百一十五员，分为左、右两营，新添之都司为左营，兼管中营事，旧有之守备为右营，兵各七百五十名。拨右营守备一员、千总一员、把总一员，带兵二百八十名驻防雄所，以通镇雄，内拨把总一员，带兵八十名分防长胜寨，以通乌蒙；又拨右营千总一员，带兵一百名分防瓦渣河，以通东川；又拨左营把总一员，带兵六十名，分防可渡桥，以通宣威；再拨右营把总一员，带兵六十名分汛四铺；拨左营把总四员，各带兵六十名，分防水槽铺、菩萨塘、黑章、结里等四处；外委千把酌量分拨，一应塘卡严紧安设。以上除分拨防汛外，驻扎威宁城内副将一员、都司一员、千总二员、把总一员并外委兵丁七百六十五员名，庶弹压、调遣亦皆足用。而合计四府、州、一镇所辖一协两营，新添兵二千五百名，共额兵八千三百名，则不独滇、黔边隅可报宁帖，即凉、冕、川蛮亦知所儆惧矣。

再曲靖府属之寻甸一州，虽系内地，实为东川、乌蒙厄要之区，应另设一营，以备策应。查云南省城除城守外，督抚两标额兵六千六百名，尽可分拨。应请于督标拨兵八百名，抚标拨兵二百名，共马步兵一千名，移驻寻甸，设参将一员、守备一员、千总二员、把总四员，分哨管领，仍归臣标统辖，名为"奇兵营"。将东川之大水塘、小龙潭二处割归汛防，并于寻属之功山、尹伍、倘甸等处分汛防守，其曲寻镇原防寻甸之兵三百一十名移驻罗平，合原防罗平之兵五百九十五名，共为马步兵九百零五名，应接安笼，防闲粤境。庶通盘合算，皆可备声援而资控制，即远近苗猓亦可潜消其窥视矣。

以上各条，如蒙圣恩俞允，新改、新添之副将、参将、都司，请敕部铸给关防。新添之千、把，容臣于奋勇效力之弁兵内考拔。除应添各员并乌蒙镇标现在各员缺，一面另疏具题，恭候圣旨外，臣谨会同云南巡抚臣张允随、驻扎大理府云南提督臣哈元生、贵州巡抚臣张广泗、驻扎安顺府贵州提督臣杨天纵合词具题，伏乞皇上睿鉴，敕部议覆施行。

（《雍正云南通志》卷二十九《艺文五·奏疏》）

乾｜隆｜朝

703　云南巡抚张允随《奏报查明滇省秋禾情形折》
乾隆元年十月初十日

云南巡抚臣张允随谨奏：为查明秋禾情形，据实具奏，仰祈睿鉴事。

窃查滇省今岁四、五月间天道多晴，得雨未足，经臣具奏在案。至小暑前始得雨泽沾足，其近水已种禾苗勃然兴起，雷鸣山田亦得乘时补种晚稻。臣又恐高坡山田及秧苗缺少之处不能栽稻，出示晓谕，各属农民遍种荞、豆、杂粮。六、七月间雨旸极为顺序，八月初，恩科乡试届期，臣入闱监临。至二十五日，臣在闱中，忽天冷风寒，阴雨连日。臣恐有伤田禾，当即飞饬各地方官悉心确查，据实具报。去后，至九月初四日天气始晴，方据各属陆续报到，内如大理、永昌、普洱、镇沅、广南、东川、开化、武定、景东、蒙化等府已经报到，各州、县田禾未被秋雨损伤，收成自七八分至九分不等，荞、豆、杂粮俱皆丰稔等。云南、曲靖、澂江、临安、楚雄、广西、昭通、姚安等府已经报到，各州、县近水早种者收成仍有七、八、九分不等，及荞、豆、杂粮俱皆丰稔外，惟高田晚种之稻正在吐花，遽被阴雨，又值骤寒，多不结实，止有五六分收成，内如呈贡、昆阳、安宁、鲁甸、恩安等处，俱在四分以下。臣已飞行布政使委员确勘，实在成灾者即行会题，将本年地丁等项钱粮照例分别请免、请缓外，至秋米，关系兵饷，例不豁免。但滇省各属山多田少，产米无多，舟车不通，远商难至，一遇歉收，不特成灾者力不能完，即不成灾者所获无多，若令照旧输粮，便无余米出粜，市价必昂，民艰买食。臣与督臣尹继善详细会商，悉心酌议，惟有仰恳天恩，将云南等府所属歉收州、县，查其收成在六分以下者，将本年秋米全行缓征，其缓征米石自乾隆二年为始，分作三年带征，以纾民力。此外，如离省遥远之鹤庆、丽江、顺宁、永北、元江等府未据报齐，并大理等府所属未曾报到，各州县俟报到分数之日，查有六分以下者一体照办，另具奏闻。现在十月，正值开征之期，臣等已将查明实在歉收之处先行暂缓征收，恭候恩旨。

至次年所需兵米，除云南等府原有仓储足以供支，昭通一府照例赴四川采买外，惟临安府仓储本少，附近无可拨运，所缺兵米，照该处市价折银给兵，可以自行买食。至于米贵之处，即将该州、县米谷减价平粜，或本地仓储无多，查邻近州、县仓储充余者，量为拨济。现今冬作方兴，并行令各属，查系无力耕种贫民，酌借籽种。其成灾数处，冬月严寒及来春青黄不接之际穷民无以糊口，应赈恤者即行动项赈恤，竭力办理，务使歉收户口咸得其所，仰副皇上爱养黎元之圣心，以尽抚恤斯民之责任。断不敢玩视民瘼、欺饰，自负职守，以取罪戾。臣谨恭折具奏。

朱批： 此皆朕用人行政或有所失，以致滇省有此游至灾异也。

（《张允随奏稿》卷二）

704　云南巡抚张允随《奏请详定幕宾之例，以杜冒滥折》
乾隆元年十一月二十日

云南巡抚臣张允随谨奏：为请详定幕宾之例，以杜冒滥事。

乾隆元年七月十二日，接准部咨，议覆兵部右侍郎吴应棻条奏幕宾一案，已极详悉，臣何庸再行奏请？但臣久任外吏，稔知幕宾情事。盖外官自督抚而下以至州县，钱谷、刑名庶政实繁，不得不延请幕宾，一切文移卷册借其整理。除督抚幕宾而外，各省司、道、府、州、县幕宾，诚如部文所云，不下数千人。人数既多，则人品不一。有宦退而作幕宾者，有举、贡、生、监而作幕宾者，有考职满吏而作幕宾者，有布衣之人而作幕宾者，有已经缘事黜革而作幕宾者，今令于各员到任之时申报督抚存案，六年之后保送考核题叙，内除原有职衔及生、监人等易于稽查外，其布衣之人及缘事黜革之辈实难考核，势不能保其前后始终之是此一人。且捐纳例停，出身之途，科目而外止有三考。吏员今添出宾一途，必致争相趋附，即多奔竞钻营。或六年之中数易其人，而仍以初报姓名保送者有之，或六年之中父先而子后，兄去而弟来，两人伙共一名者有之，或将延请之幕宾隐匿不为申报，而申报其子弟者有之。且作幕之人贵于老成，而年老者难以出仕，或作幕一人而保送另是一人者有之。似此移花接木，张冠李戴，甚而至于暗中通同卖名买替，均未可定。

再查部议，但云本官出具保结，申送督抚详加考核，具题议叙，而保送顶冒之员及冒名顶替之人议处治罪之处未经议及。似应酌定章程，以便遵守。臣愚请将各省司、道、府、州、县幕宾，除本系有职而缘事黜革，及在署止管书札、登挂内号并抄写核算之人不得滥报外，务将实在执掌钱谷、刑名、文移之人，开明年岁、履历、籍贯，申报督抚存案。期满无过，不论原有职衔及举人、贡监、生员、布衣，俱送督抚考试，其才学相疏，未娴吏治者，无庸咨送外，如果文理可观，熟谙吏治一面连卷咨送，一面具题，将原有职衔者照例予以先用，其余分别给与应得职衔，分班候选。至年老不能铨选者，于原有职衔之上量给顶戴，并将保送顶冒之员及冒名顶替之人分别议定处分罪名，余俱遵照定例遵行，庶诸弊可杜，而人材亦得收实效矣。

臣既有所知，不敢因已经定例，遂默不覆陈。如以臣言可采，伏乞皇上睿鉴，敕部议覆施行。谨奏。

朱批：该部议奏。

（《张允随奏稿》卷二）

705 云南巡抚张允随《奏明办理赈务折》
乾隆元年十一月二十日

云南巡抚臣张允随谨奏：为奏明办理赈务，仰祈圣训事。

窃今岁滇省晚稻被伤，收成歉薄，业经臣将本年秋粮缓征、委员踏勘恭折奏明，复经会疏题报情形在案。兹据各属陆续具报前来。

伏查滇省僻处极边，山多田少，民间既少盖藏，亦复罕通商贩，一遇歉收，米价必至腾贵。只幸数年以来，每于秋收之后，饬催各属乘时买补，仓粮均皆实贮。现今各有米谷，足资调剂。

首从省城办理。查云南府昆明县仓米，除搭放乾隆二年兵粮外尚属有余，即将余米数万石，委员分设米局，减价平粜，止许贫民零买，不容奸贩囤收，并禁止烧锅，严饬文武实力奉行。通省约计，每日可节省米粮数千石，以济民食。目下市米渐多，今冬不致缺乏。所虑者，明岁春间，万一市米稀少，不可不预筹接济。已将附近各府、州、县仓粮通盘核算，除于各本地兵粮平粜、留备有余外，共拨米三万余石，平发脚价运赴省城，以资明岁平粜之需。此省会地方可以无虞矣。

其次则大理一府，为提臣驻扎重地，亦属兵民杂处，业经饬动府、县仓粮一万石发粜，以平市价。至其余各府、州、县市米昂贵者，亦令其减价平粜。仓贮不敷者，另将附近余粮拨运接济。此外，凡有可以资助民食者，臣无不刻刻留心，熟筹详虑，务期随时补救，有益民生。至于勘灾散赈，头绪纷繁，稍不详慎，则应蠲、应赈者不得均沾，而不应蠲赈者反得冒滥，以致仓粮库项动费不赀，而究之真正灾黎，仍有遗漏。此非独地方官吏查办未当，亦由于臣等之指示未周。是以酌定条款，备细檄行，使各属有所遵循。

再实在成灾应行赈恤之处，若议散给米谷，查各属仓粮，除兵米平粜之外所余无多，且灾黎四散村居，难以挽运分给，若令其来城就领，又苦于负重远行，均有不便。今岁荞、豆、杂粮处处尚属有收，非有银无米可买之时。臣与督臣悉心筹画，议定每大口一月赈银二钱，小口赈银一钱，听其就便买食，分别男妇，按月亟给，从腊底新正即行开赈，给以三个月口粮。臣等委道、府大员分地督查，务令穷民共庆得所。至收成五六分州县，既未成灾，例不赈恤。但恐其中零星村寨收成偶有不及五六分者，查系实在艰窘穷民，亦令酌给籽种。现在豆、麦已经遍种，于十一月十二、十三等日连得雨泽，田苗滋长。臣亲出郊圻查看，俱甚青葱茂盛，遍询老农，咸称若于冬末春初再得雨雪，至四月初间豆麦成熟，即可接济。

再元江、他郎系极边重地，昭通、鲁甸系新辟夷疆，猓民最为穷苦，已经委员赍银分往各处，速买籽种，以助春耕，并采买米、荞，以供赈粜。其各处兵粮，除仓贮有余，足数支给者不议外，如临安、普洱等处，每岁原资附近州县拨运。今因应拨州县内停征者多无米可拨，议将本地存仓米石尽数支放，此外不敷若干，照依本地市价折银搭放，兵食亦可无虞。又广西府鼓铸运京钱局，工匠、人役岁需食米一万余石，亦因附近各处歉收，难以采买。查粤西之土黄等处收成丰稔，距广西府不远，亦经于司库酌动银两，委员赴粤买运，并咨明粤省在案。臣犹恐各属被灾户口众多，赈恤未遍，行令布政使将臣前经奏准应行修理各处城垣、现今估定之嵩明等十二座及时兴工，使附近小民赴工觅食，除另折奏请圣训外，现在会疏具题，并经臣题估禄丰等十三处学宫及普洱、思茅、新平、嶍峨、石屏等处城池、土堡、衙署、营房，普令兴工，均可藉工为赈。

臣谬膺巡抚重任，凡地方歉收，一切赈恤事宜系臣专责，且民生攸系，无有重于此者。臣与督臣尹继善董率司、道、府、州、县悉心经营，竭力查办，汉、猓熙恬如旧，边土乂安。但恐臣知识浅陋，料理未能周当，除将各府、州、县收成分数并杂粮价值各另开清折进呈御览外，臣谨将现在办理事宜恭折具奏，伏乞皇上睿鉴，训示遵行。臣谨奏。

朱批：知道了，已详批督臣折中矣。

（《张允随奏稿》卷二）

706　云南巡抚张允随《奏请乘时修理边城折》

乾隆元年十一月二十二日

云南巡抚臣张允随谨奏：为请乘时修理边城，以资保障，以济灾黎事。

窃照地处边隅，则防卫宜严，时当歉岁，则工役宜作。查滇属城垣共计八十座，内除新经题建、现在估题并修补完固，及年远倒塌仅存城基者另筹办理外，其安宁等城二十四座，请动盐务积余银两分别兴修，经臣具折奏请，于雍正十三年闰四月二十九日，钦奉世宗宪皇帝朱批："好！与督臣商酌缓急，定工程先后，陆续办理，次第奏闻。应达部者，咨部存案查核。钦此。"臣即转行布政使委员勘估在案。

今查应修之二十四座城垣，内有元谋、石屏、蒙化、弥勒、阿迷、禄丰、云州、蒙自等八府、州、县，倾圮无多，可以捐补修理，现俱补葺完固，毋庸议动帑项；并安宁、昆阳、腾越、永平等四州县城垣，因估报工料未确，现在覆加勘估，未据造报外，所有已经估定之嵩明、南宁、陆凉、罗平、寻甸、平彝、建水、邓川、浪穹、广西、景东、永北二十府、州县城垣，通共约需工料银四万五千五百余两。今查司库新旧共存盐务积余银九千三百八十三两零，合计修城工料，止敷十分之二。盐道每年移解盐余止有七千二百二十余两，若俟按年收足再为修补，恐日久益加倒塌，工费愈繁。

臣窃以为，滇省僻在遐荒，城垣在在紧要，况值今秋晚稻被伤，收成歉薄，又应乘时兴作，俾各处附近贫民得以赴工觅食。莫若稍为通融，垫项兴修。请将已估嵩明等城垣共一十二座所需工料，除将现存之盐务积余银九千三百八十余两动发外，其不敷银两，合无于司库收存乾隆元年银厂课息项下借动，分发各属，乘时办料修理，工竣之日，将实需工料数目，统令各属查照成规，价值核实，造册题销，仍俟按年收起盐务积余，归清厂课原款，报部查核，并将修理完固城垣照例造入交盘，如有雨水损坏，责令地方官立时补葺，庶金汤永固，捍卫无虞。

臣与督臣尹继善公同商酌，若俟奏请奉旨之日饬发兴工，未免需时，是以一面恭折奏闻，一面饬令布政使动项，分发嵩明等府州鸠工庀材，陆续兴工，俾边地得以早资保障，边氓并得糊口寒冬，一转移间，庶为一举两得。除将动用银两缘由另疏会题，恭请敕旨外，理合具奏，伏乞圣主睿鉴，训示遵行。臣谨奏。

朱批：知道了，已详批督臣折中矣。

（《张允随奏稿》卷二）

707　云南巡抚张允随《奏报赈恤情形折》
乾隆二年正月二十一日

云南巡抚臣张允随谨奏：为恭奏赈恤情形，仰祈睿鉴事。

窃照滇省上年秋收歉薄，经臣查明各属被灾分数，应蠲、应缓钱粮，遵例会疏具题，复将料理赈恤事宜先后奏明。嗣准部咨，钦奉上谕："将成灾地方地丁等项照例蠲免，收成六分以下州县秋米全行缓征。应赈恤者即动项赈恤，应平粜者即将存仓米谷减价平粜，或将邻近仓储设法拨运接济，无力之民借给籽种，以助春耕等因。钦此。"臣遵即檄行司道，转饬钦遵办理，并出示宣布皇仁，遍行晓谕。

臣查前疏题报勘明成灾安宁等各府、厅、州、县，今据布政使陈弘谋查明，内惟安宁、晋宁、昆阳、昆明、呈贡、石屏、姚州、大姚、恩安、鲁甸、元江、他郎、云南等十四府、厅、州、县应行赈恤，臣与督臣尹继善覆查无异，会商条款，立定章程，分委人员，协同地方官将应赈户口逐细挨查，动项赈恤，又委各道并该管知府分地亲往，督率查察，务使真正灾黎均沾实惠，不容胥役、头人冒滥中饱。总以三个月为期，内除恩安、鲁甸、元江、他朗四处地方最为穷苦，一据报灾之日，臣即委员赍银分头查赈，经臣奏明在案外，其余十州县，查系年前尚可支持者，即于新春开赈，延至四月间豆麦成熟，便可接济。再被灾甚轻及未成灾而收成稍歉之处，俱将该州县存仓米谷减价平粜。本地仓贮不足者，拨运接济，无力之民借给籽种，以助春耕，并饬各属将估定题明应修城垣、学宫等项大工乘时领帑兴修，俾附近穷民得以就工觅食。现今市粮无缺，价值较前稍减，民间易于买食。边省民夷仰蒙皇上天恩，蠲赈兼施，借粜并行，莫不感戴，欢腾各井里，通省地方甚为宁谧。再滇省各府、州、县，所辖地者辽阔，查散需时，其赈恤户口清册并动用银两数目，容臣另疏会题。

所有赈恤情形，恭折具奏，伏祈皇上睿览。谨奏。

朱批： 览。

（《张允随奏稿》卷二）

708　云南巡抚张允随《奏报赈务已竣折》
乾隆二年三月二十五日

云南巡抚臣张允随谨奏：为恭奏赈务已竣，仰慰圣怀事。

窃照滇省上年秋收歉薄，蒙我皇上轸念民艰，恩膏迭沛。臣节奉谕旨，与督臣尹继善敬谨绎遵，悉心办理，业将缓征秋粮、蠲免地丁、公件及赈恤、平粜、借给各事宜，经臣节次会题，并恭折具奏在案。查应赈之昆明、安宁、晋宁、嵩明、昆阳、呈贡、石屏、姚州、大姚、云南、恩安、鲁甸、他郎等十四属，于上年十二月起陆续开赈，大口月给银二钱，小口月给银一钱，赈给三个月。至本年二月内，据各属具报，俱已散赈完竣，统计十四属，大小共七万六千余口；又各学贫生每名月给银一两，亦给三个月，共赈贫生三百三十二名。以上大、小口以及贫生，通共赈过银四万三千余两。贫民家口多者，每户可得银三四两不等，即家口少者，每户亦可得银一二两不等，以此买籴口粮，均可敷三月底食用。查省市中，豆、麦、荞价俱已较前轻减，更值洒秧、布种之时，农民各将所余粮食出粜，市粮尚多，贫民易于买食。至三月底四月初，豆、麦先后登场，即可接济。

臣职任抚绥，当此奉旨赈恤灾黎，民命攸关，敢不尽臣之心，竭臣之力，务期皇恩普逮，实惠均沾！诚恐各属奉行不善，致生弊端，檄委各道、府分路督率该地方官及各委员亲往各村寨，逐户确查，将实在乏食穷民逐一入册，定期出示于适中地方，令本人如期赴领，当面按名给发，不令胥役、乡保经手。本年正月二十四日，奉到皇上朱批臣前次奏折内谕旨："知道了，已详批督臣折中矣。钦此。"臣即往督臣署中敬读朱批："知道了。所称赈民银两为数已少，若于其间更有官侵吏蚀，百姓不得实惠之弊，则滇省之灾黎无告矣。可与抚臣悉心查察，务使百姓无一夫失所，方可为救荒良法也。钦此。"臣等凛遵圣谕，益加严谨查察，毫无官侵吏蚀以及遗漏冒滥情弊。其余被灾较轻、不应赈恤各属，俱令动运仓米，减价平粜。如应借给籽种者，先将社仓谷石尽数出借，社谷不敷，即借常平仓谷，各就地方情形斟酌办理。臣见省会街衢无一饥色之人，据各属禀称，亦皆熙熙皞皞，共乐春耕，莫不欢声载道，感颂皇仁。

臣又查，各属钱粮例应二月开征。但念上年歉收之后正值青黄不接，若再照常开征，小民未免拮据，不得不因时变通。臣与督臣尹继善会同斟酌，将歉收各属乾隆二年应纳条丁、公件，行令暂缓开征，俟豆麦登场之后再行开征，以抒民力。

再滇省丁兵防守边汛，最为穷苦。臣等行令布政使，凡在歉收之处驻扎兵丁，于上年冬底各借给一月饷银，以资度岁，今年分十个月扣还，穷兵既得宽裕，而库项亦不至有亏。此皆臣等仰体皇上爱恤兵民至意，商酌办理，未及请旨者也。又蒙皇上俯念滇省离京甚远，奏请稽延，特颁上谕："青黄不接之时，有应行办理之处，就近酌量，将实有裨益贫民者一面奏闻，一面办理，毋致一夫失所。钦此。"钦遵。仰见我皇上念切边氓，虑周部屋，臣敢不凛遵圣训，悉心筹画？并通行各属，令其各就本地情形，查明实有裨益贫民之事，备晰通详，率同司道详加计议，一面奏闻，一面办理，务使边远夷民人人各得其所，以仰副我皇上惠鲜怀保、宵旰勤求之圣意也。但臣驽骀下质，才识庸愚，于地方事务、民生休戚，虽殚心竭力，不敢稍有怠忽，而办理未能妥协。仰祈皇上天恩，详加训诲，庶得勉力遵循，不致陨越，伏乞皇上睿鉴。奉到朱批原折五扣，一并恭缴。谨奏。

朱批：知道了。

（《张允随奏稿》卷二）

709　云南巡抚张允随《奏报接奉谕旨署理督篆谢恩折》
乾隆二年五月二十八日

云南巡抚臣张允随谨奏：为钦奉上谕事。

乾隆二年五月二十三日，准吏部咨："奉上谕：'云南总督尹继善来京陛见，应于何时启程，令伊自行酌量。其总督印务，照例交与巡抚暂行署理。钦此。'"除俟臣接印署理之日另疏具题，恭谢天恩外，窃臣一介庸愚，仰蒙世宗宪皇帝畀以巡抚之任，边疆重地，绥缉为难，数年以来，虽兢兢业业，殚心奉职，但才识短浅，恐抚驭未当。恭遇皇上龙飞御极、圣作物堵之时，即欲仰觐，跪聆圣训，并犬马恋主之忱。只因乾隆元年黔苗未靖，本省秋收又复歉薄，封疆重任，不敢轻离。

今蒙天威远播，邻封大定，又蒙圣恩蠲赈叠施，训谕指示，使臣得以遵奉办理，悉心调剂。自上冬入春，仰沐天庥，雨雪沾足，豆麦丰登，时届芒种，又连沛甘霖，农民得以及时栽插，汉夷乐业，边境乂安。臣正拟奏请入觐，今钦奉谕旨，着总督尹继善来京陛见，与臣会商，拟于八月内起程。但臣驽骀下质，专理巡抚之事实切冰渊，尚恐陨越，今奉暂署总督印务，综辖全省兵马钱粮，闻命之下，恐惧靡宁，益深惕励。臣于接任之后，自当殚竭血诚，次第办理。但责任重大，非臣之愚所能克副。用敢仰请圣主恩赐训示，俾得时刻凛遵，敬谨供职。再俟督臣尹继善回滇，臣即另折奏请陛见。合并陈明。理合具奏，伏乞皇上睿鉴。谨奏。

朱批：知道了。

（《张允随奏稿》卷二）

710　署理云南总督云南巡抚张允随《仰恳圣恩豁免带征夏税折》

乾隆二年八月二十六日

署理云南总督云南巡抚臣张允随谨奏：为仰恳圣恩豁免带征夏税，以皇广仁事。

窃查滇省安宁等六十属上年秋收歉薄，钦奉上谕："着将乾隆元年分云南省所有分作三年带征之秋粮全行豁免。钦此。"臣即钦遵谕旨，出示通行晓谕，仍严饬所属实力奉行，务使闾阎均沾实惠。汉夷人民欢声雷动，感激非常。

伏查上年晚稻收成虽属歉薄，既蒙皇上敕将收成四分以下安宁等二十六属地丁钱粮及火耗、公件俱行豁免，复动项赈恤，并收成六分以下之宜良等三十四属，将存仓米谷一体减价平粜，以资接济。至无力之民，借给籽种，以助春耕。又奉恩旨，将分作三年带征之秋粮全行豁免。是皇上天恩至深至厚，小民又何敢更希分外之恩，臣等亦何敢再为冒昧之请？惟是滇省夏税一项，原应征收麦石。安宁等六十属内，除元江、他郎、（石膏）嘉、镇雄、永善等五府、厅、州、县向无夏税，丽江一府麦税统作秋粮，已经奉旨全行豁免，永北一府产麦独多，仍征麦税，照例于四月开征外，其余五十三府、厅、州、县，或以麦折米，或以荞折米，或以豆折米，或以麦、荞所折米石折征银两，归入秋粮，统于九月开征，合作一款输纳，节年奏销在案。臣等因上年歉收，业将夏税一并停缓，分作三年带征，经臣咨部亦在案。今据布政使陈弘谋、粮储道官尔劝禀称："夏税、秋粮虽分两项，而小民止知完纳米石，不知分别款数。今秋粮已蒙豁免，若夏税仍行征收，款目错杂，易滋弊窦。"等语。具禀到臣。

维时督臣尹继善尚未起程，与臣面商，事关豁免钱粮，当出自圣主特恩，理应折奏。如蒙皇上天恩，垂念滇省夏税一项久经以麦改米，同秋粮并征，在小民难以分别输将，在官役又易于从中滋弊，俯将乾隆元年歉收各属夏税共麦、荞、豆折征米一万八千二百六十四石七斗六升零，共米、荞折征银四千八百五十四两五钱八分，永北府未完带征麦一百四十石一斗，照秋粮例恩准豁免。仰祈皇上特颁上谕，一体豁免，则边省民夷欢欣鼓舞，益感激无地矣。此系通省公事，督臣尹继善在任时已经与臣面同商定，例应联衔会奏。今督臣尹继善已于八月初六日起身，总督印务系臣署理，无庸列衔。合并陈明。臣不揣冒昧，是否可行，伏乞皇上睿鉴钦定。理合具奏请旨。谨奏。

朱批：知道了。有旨谕部。

（《张允随奏稿》卷二）

711　署理云南总督云南巡抚张允随
《备陈滇省水利情形，请定官民疏濬之例折》
乾隆二年闰九月十九日

署理云南总督云南巡抚臣张允随谨奏：为备陈滇省水利情形，请定官民疏濬之例，以重岁修事。

窃惟泽洞消而蒸民乃粒，沟洫尽而九赋用成。是以欲重农功，必先兴水利。钦奉上谕，饬令督抚、有司刻刻先图，悉心讲究。仰见皇上惠爱黎元之至意！

臣伏查滇省山多坡大，田号雷鸣，形如梯磴，即在平原亦鲜近水之区，水利尤为紧要。且滇省水利与别省不同，非有长川巨浸可以分疏引注，其水多由山出，势若建瓴，水高田低，自上而下，此则宜疏濬沟渠，使之盘旋曲折，再加以木枧、石槽引令飞渡，间有田高水低之处，则宜车戽。倘遇雨水涨发，迅水直下，不能停潴，则宜濬塘筑坝，或开涵洞，蓄泄得宜，两岸田地均沾灌溉矣。至于近海、临河低洼之处，下流多系小港，水发未能畅流，恐致漫淹，则当疏通水口，以资宣泄。如遇山多砂碛，又当筑堤障蔽，以护田亩。滇省水利情形大概如此。

臣蒙世宗宪皇帝畀以巡抚重任，正值升任督臣、今大学士鄂尔泰讲求水利之时，臣得与之商榷经理，次第兴修。迨后复与署督臣高其倬暨今督臣尹继善，每于农隙之时，必谆饬各属，凡境内有应修之水利，无论巨细，皆令查明，报勘兴修。

查滇省可通舟楫之水利，如通川河道：一自昭通府北境入大关之盐井渡以抵川江；一自永善县之黄草坪以抵副官村，与川省之马湖府川江会合，系升任督臣鄂尔泰与臣陆续兴修。通粤河道：一自罗平州之土黄河以抵粤西之百色；一自广南府之板蚌以抵粤西之西洋江，系升任督臣鄂尔泰及今督臣尹继善与臣节次开濬，现在舟运兵米、京钱无阻。至奉上谕，由寻甸州之牛栏江、车洪江可达川江之处，经督臣尹继善行令司道查覆具奏外，至于灌溉民田之水利，如云南府属昆明县之六河，嵩明州之杨林海，宜良县之大赤江，禄丰县之西河，罗次县之梅子箐河，呈贡县之尖山河、清水河、白龙潭，临安府属建水州之泸江、李浩寨山泉，阿迷州之盘江东、西二沟、乌甸、傍甸二河漾田，嶍峨县之城北四沟，河西县之北乡、长河、新增尾村龙泉，曲靖府属南宁县之恭家圩、白彝圩、套子圩，马龙州之块竹、李小田村坝，澄江府属河阳县之抚仙湖、海口、双龙乡大小塘、周官营、梁王冲、两朵泉，江川县之甸头乡海塘、前后卫大小塘，新兴州之梁王等坝，路南州之民河乡大河、黑白龙潭，昭通府属恩安县之滋泥沟、利济河、荔支河、擦拉河、洒鱼河、花鹿圈堤、葫芦坪堤、西戈寨二堤，鲁甸之马鹿河、罗章阁坝、落水硐堤，东川府属会泽县之蔓海左、右、中三河、马鞍山河、梅子箐河、铜厂坡、五龙、募魁塘四渠、施家、以扯、马五寨等水沟七处、那古寨龙潭，开化府属文山县之溪河堰、塘车坝，武定府属和曲州之红土田水坝、石桥、枧槽、阿家甸、腊家、向窝渚、下沟等沟，禄劝州之马家庄沟、掌鸠河、鹨鸪河、普济、道济、广济等沟，元谋县之城北溪河堤，广西府属师宗州邱北之腻革水泉、狮子山拦水坝，镇沅府属恩乐县之邦卡山水泉、白沙水泉，鹤庆府之漾弓河，剑川州之严场河、千木河、石菜江、东山湖，大理府之洱海海口十八溪，邓川州之弥苴河，云南县之近城川、周家坝、你甸川、油丰坝，浪穹县之凤羽河、福寿桥闸，楚雄府属楚雄县之乾葛顶古坝，广通县之福山泉，定远县之梁王坝等河、桃苴村、赵旗村、三江口，姚安府属姚州之丰乐、大石二溆，永北府之海河，景东府之都喇河，永昌府属保山县之九龙池、黑龙潭。以上或凿泉源，或濬河身，或置闸建坝，或开堰筑塘，或劝导修治，或动帑兴工，虽利之大小各殊，均于民田有益。此滇省历年已兴之水利也。内有官民协力捐修者，有借用公项兴修、分年还款者，有动帑兴工、造册报销者。其捐修、借修者止于详报本省备案，至动帑报销者俱经具题，准部核销在案。

又云南县修筑之段家坝，晋宁州之月表村坝，保山县之七乡水利，昭通府之漾子沟，东川府之那姑水硐，楚雄府之青龙桥河，建水州之曲江、白家寨，南宁县之亮子口、紧水滩，他郎之须立河沟，皆现在兴修，未经报竣之水利也。至东川府之者海龙潭，河曲州之黑盐井河，永善县之黄平寨马旺沟，嵩明州之崇正、日足二里河，易门县之大泼槛，宜良县之汤池海口，富民县之大沟、摆夷沟、西渠沟、大营坝，南宁县之潇湘河，陆凉州之普济寺圩，晋宁州之五龙潭，云南县之和、荞二川，定远县之乾海资等处，已经查出，现在勘议兴工之水利也。

臣因奉到上谕，复饬行各属，将已修者加意培护，现修者上紧完工，此外如有应行修治者陆续勘估报修，务使泉源皆归有用，地利不致抛荒。但工程大小不一，或应动项兴修，或应借给，分年还款，与率民自修之处，若不酌定章程，日久保无推诿。臣请分晰定例，如田间沟洫及一二村寨之闸坝，与应修之旧有沟堤，工小费轻者，令地方官查明，于农隙时按田出夫，督率兴修。如工程稍大，于出夫之外有应需工料者，令地方官率同士民公估、公议，需费多寡，于有田用水各户名下按田分定应出银数，造册详请借动司库公项，于工竣后，分年还款。倘工大费繁，非民力所能胜者，则勘定应修情形，绘图贴说，估计详请，委员覆勘结报，即于雍正九年题明官庄变价、留为水利之用项内动给，工竣，另行委员确勘，取具册结，具题核销，俱照雍正十年题定之例，除云南一府仍归粮道管辖外，其在迤东者归迤东道管辖，在迤西者归于迤西道管辖。再值大计考察及题升调补时，事实册内开造该管水利一条，以示鼓励，并令各属选择老成里民经管巡水，以司稽察。至内有工程险要，必须岁修者，除从前题定，设有岁修银两及各属捐置田亩年收租值可以备用外，如尚有应加岁修之外，容臣查明，酌量增设。庶章程既定，修治有方，已兴之水利既得永远保固，未兴之水利亦可次第查修。如此，则旱潦兼资，有利无患矣。

再查修过水利所灌田亩，有粮者得免赔粮之累，无粮者亦必渐次开垦。但新垦山地收成难定，似应溥其赋入，免其计亩升科。至于近海沿河田地，出没无常，水小之年稍有收获，不过聊偿辛力，亦应听民自行报垦，一并免其升科，使小民知有种植之利，无加粮之累，必皆自行相度，争先请修，将见遐陬僻壤无不兴之水利，可以仰慰皇上厚生足食之德意于无穷矣。是否有当，伏乞圣主睿鉴，训示遵行。谨奏。

朱批：与新任督臣和衷妥商办理。

（《张允随奏稿》卷二）

712　署理云南总督云南巡抚张允随《奏请定考课将劝补助之规折》
乾隆二年闰九月十九日

署理云南总督云南巡抚臣张允随谨奏：为请定考课将劝补助之规，以裨农政事。

窃惟足食为民生之本计，教稼为王政之先图。我皇上天锡知仁，心殷胞与，御极之初即颁谕旨，以教养斯民为首务，两载以来，纶音叠沛，无时不轸念农功，兴怀劝相，晓谕督抚大吏讲求水利，而以农桑本务倡课百姓为先。至州县之能劝民垦种者，非有大过，毋轻劾去，以期劝课有成。大哉王言！诚二帝、三王之心，而万世兆民所永赖者也。

臣奉到上谕，悉心体贴，除滇省水利另折奏闻外，所有农政事宜固已周详尽善，非臣庸陋之见可以上赞高深。但臣伏睹圣主勤求本计之圣心至殷至切，似觉尚有可以推广善治者，敬为我皇上陈之。

查劝课农桑固州县之责，而州县政务殷繁，不能遍及，是以部议，仿照《周礼》遂师之制，量设数人以司董戒，诚农政之先务。但思州县牧令熟谙农功者少，似宜定为条规，示以准的，俾选择之始既有以察其能否，考课之时亦有以验其勤惰。臣请定为十则：一曰筋力勤健，二曰妇子协力，三曰耕牛肥壮，四曰农器完锐，五曰籽种精良，六曰相土植宜，七曰灌溉深透，八曰耕耨以时，九曰粪壅宽裕，十曰场圃洁治。以上十条，以得八九为者为上农，酌量州县土田之多寡，村落之远近，即于上农之内选择老成谨厚之人专司教导，于井里之中晨夕聚处之际，勤者劝之益勤，惰者勉之勿惰，逐末者引之以务本，游手者教之以学稼，不许干预他事。至州县稽查，贵以其时。盖农人虽终岁勤勤，而其功力之齐则全在春耕、夏种、秋收之日。牧令政务虽繁，而一岁之中，要当竭此数旬之心力以勤农事。如每岁二三月间，东作方兴，州县亲行履亩一次，则耕犁之勤惰可得大概矣。四五月间，插莳方殷，再行履亩一次，则栽种之勤惰可得大概也。九十月间稼穑告成，再行履亩一次，则农功之勤惰可得其全矣。勤者奖赏之，惰者诫饬之，老农教导无效者则另选以代之，如州县奉行不力，督、抚、司、道、府为之稽查而申儆之。如此，为牧令者既克尽其劝课，亦不致纷扰闾阎，则用力少而收功溥矣。其余日月，恪遵训旨，但值公事之暇即延历乡村，所至之处，询疾苦而课农桑，奖善良而惩顽梗，则上下之情通而提撕易入，不难合四境如一室矣。

至部议所定量加奖赏之例，固所以答老农教导之劳而鼓众农力作之气。但查州县既多，老农亦众，若动帑赏给，则国家经费有定，若仅令地方官捐给，则牧令中急公之员固不乏人，而庸谨者不无苟简从事，则奖赏之典将成具文。又当斟酌一法，以为风励斯民之具。伏查遂师之制重于成周，力田之科隆于汉代。而国家现行乡饮酒之礼，凡乡民之年高而淳谨者得推为介宾，民间深以为荣。今老农虽未足于此选，然果能率民以服先畴，著有成效，亦有司所当礼貌者也。臣请略仿此意，于每岁秋成之后，州县查其所管乡村，如果地僻民勤，谷丰物阜，则为之备具花红酒醴，设席公所，进而觞之，并用鼓乐导之以出，使耕凿之俦见农民之细，而长吏亲为优礼，其观感兴起之忱有油然而生者矣。至于花红酒醴，需费无多，准各州县将所用银两详报督抚核实，于藩库备公项下支给报销。

至于贫乏之民，尧舜之世所不能无，故先王有省耕、省饮之典，即有补不足、助不给之恩。倘劝课之法既备，劝农之典复隆，而小民或有当播种之时而籽粒缺乏，值耕耨之际而工本维艰，自当酌量借给籽种，俾令及时栽插。查各属社仓谷石原系春借秋还，即常平仓谷每年出陈易新，亦得详明动借。然皆于青黄不接之时以之接济民食。既借为民食，安能复作籽种？臣查社仓系社长经理，出入例应加息还仓，应听民间自行借给外，请将常平仓谷于出陈易新之外另立借给籽种名目，再存七数内再行酌借一二分，俾民间共知其为作种之项，令州县于春夏巡行稛库之时，查系实在无种穷民，择仓内堪为籽种之新谷酌动借给，令其作种，其力稍能自备及乡胥人等不得捏冒滥借，务使贫民得沾实惠。及将借给数目造报备案，秋成照数还仓，照例不许加息。其或偶有水旱不齐，缓至次年交仓。一转移间，而贫民既得乘时布种，复得免于重利借贷之苦，感受圣天子裁成辅相之恺泽于无穷矣。是否可行，伏乞皇上睿鉴，训示遵行。谨奏。

朱批：九卿议奏。

（《张允随奏稿》卷二）

713　署理云南总督云南巡抚张允随
《奏请照例豁免马厂归公米石，以苏民困折》
乾隆二年十一月十六日

署理云南总督云南巡抚臣张允随谨奏：为仰恳圣恩，照例豁免马厂归公米石，以苏民困事。

钦惟我皇上胞与为怀，痌瘝在抱，蠲租免赋之诏叠沛频颁，四海九州之民均沾共沐。滇省僻在边徼，屡被皇仁，固已蓬屋生春、茅檐遍德矣，臣又何敢复有希冀？但事关民瘼，不敢隐匿，理合据实奏闻，仰祈睿鉴。

查滇省昆明县老丁田地一项，原系督抚两标收放营马之区，坐落省会昆海之滨，本属草泽，嗣因近河入海之处沙壅土淤，渐成可垦之地。康熙四十七年间，前督臣贝和诺、抚臣郭瑮因各营老丁孤寡日食难继，拨给开垦承种，以资养瞻，又以老丁不善耕作，各招农民佃种纳租。其时，督标五营原垦田地九顷一亩零，年收京斗租米四百二石零，抚标两营原垦田地一十五顷二十一亩零，年收京斗租米三百一十四石零。如是年雨水无多，海水不涨，则所种有收。若值雨多水大之年，即被淹没。大概丰少歉多，原非膏腴肥壤可比。迨至雍正三年，于督标老丁田地原额九顷一亩零外，又丈增田地一十六顷三十四亩零，内除拨入先农祠内田地七十五亩零外，实增出田地一十五顷五十八亩零，年增京斗租米二百六十八石零。其抚标老丁田地，又系雍正六年，于原额一十五顷二十一亩零外，又丈增田地一十五顷六十亩零，年增京斗租米五百八十一石九斗零。嗣于清查滇属文武官庄案内，将督、抚两标所有老丁田地年收租米共一千五百六十八石零，内除完纳税粮条编并给老丁口粮共需米九百二十三石零外，尚余出京斗米六百四十四石零，题报归公，较从前只纳老丁租米已加增数倍矣，实为边民重累。

伏查陆凉州马厂田地，亦系归入官庄案内年收租折之项，因收租折之项因常多淹没无收，仰蒙皇上圣明远鉴，于乾隆元年五月十二日，钦奉上谕："闻云南陆凉州马厂等处滨水低洼，难以树艺。升科未久，其征收秋粮夏税有无累民之处，该督抚查议具奏。钦此。"钦遵。臣等将年收租折题请豁免，仅令照例完纳粮条，部议覆准，陆凉穷黎永免重累，感戴皇恩。今老丁田地亦系马厂垦种，虽经补定额租，但从前原系按照年岁丰歉酌量收纳，并未常年照额全收。自雍正六年题报归公之后，年年奏报，已有定数，未便酌减。租额太重，小民无力完纳。臣与督臣尹继善目击民艰，于雍正十三年，先委昆明县知县杨大绅、文山县知县曹国弼会勘，复于乾隆二年，委晋宁州知州方廷英会同营员履亩覆勘，实系滨海硗瘠，水大无收之地，正与陆凉马厂事同一例。臣再四思维，除老丁米石并粮条应仍照旧征税完纳外，其归公米六百四十四石零，似可减免，以苏民累。仰恳皇上天恩，俯照陆凉马厂事例，特沛恩纶，全数减免，止令完纳老丁食米及应纳粮条米石，庶租额减轻，输将自易，兵民均沐皇恩于亿万斯年矣。如蒙俞允，其请免归公之米，应请即以乾隆二年为始，免其催征，以纾民力。合并陈明。是否可行，伏乞皇上睿鉴施行。

朱批：知道了。有旨谕部。

（《张允随奏稿》卷二）

714　署理云南总督云南巡抚张允随
《奏请敕拨银两接济铜厂工本，以供鼓铸、采买折》
乾隆二年十一月十六日

署理云南总督云南巡抚臣张允随谨奏：为请旨敕拨银两接济铜厂工本，以供鼓铸采买事。

窃照滇省汤丹等厂近年以来铜矿旺盛，除抽收课铜外，所有余铜照例收买，以供解京及滇、黔、蜀三省鼓铸之需。近又准部文，行令江、安、浙、闽等省将应办铜斤赴滇采买，并令每年先期核实余铜数目咨部，各省均得预年采办。则是当此厂旺铜多之时，自应收买积贮，并令炉户各得余铜价银，接济工本，多办铜斤，以备各省每年额办之数，并可停办洋铜，以免风波亏空之虞。

查收买余铜，原当以各省采买铜价发给收贮，但办铜人员一时不能即到，必须预垫银两先为买贮。前布政使陈弘谋详据管理厂务粮储道宫尔劝移称："汤丹等厂每月需本银不下六七万两，为数繁多。道库只存银八万五千余两，尚不敷汤丹一厂闰九、十两月工本，其十一、十二月两月无银放给，请于司库封贮急需银内通融借给银十五万两。"经臣恭疏具题。但此十五万两亦只敷本年十一、十二两月工本，转盼来岁正、二等月，即须放给。查司库急需银两止有一十四万九千八百余两，已经借给，尚不敷十五万两，此外无别项可动。而各省买铜人员至今尚未到滇，难以望其接济。若令招商售卖，公私淆混，管厂员役易于营私，夹带私铜，透漏日多，官铜必致日缺，无以预备各省年办之额，于铜政大有关系，且恐于深山密箐之中违禁私铸，更有未便。若不亟为筹画，则各炉户工本不敷，无力开采，势必停炉以待。臣不揣冒昧，仰恳皇上天恩，敕部于近滇省分及两淮盐课内酌拨银三十万两，委员解滇，封贮司库，仍照急需银两之例题明预动，收买余铜，接济工本，俟江、安、浙、闽等省办员到滇，即可将所获铜价归还原款报部。如将来各省采买铜价足敷收买，容臣将所拨银两另行题明，即抵作次年协饷。如此一转移间，则铜斤日见充裕，足供各省采办鼓铸，既无贻误，钱价自可常平，于铜政实有裨益。是否可行，伏乞皇上睿鉴，敕部议拨施行。谨奏。

朱批：该部速议具奏。

（《张允随奏稿》卷二）

715 署理云南总督云南巡抚张允随
《奏报京钱初运已竣，仰请圣恩敕停鼓铸折》
乾隆三年二月十二日

署理云南总督云南巡抚臣张允随谨奏：为京钱初运已竣，据实奏明，仰请圣恩敕停鼓铸事。

查滇省所产铜斤向供本省鼓铸及卖店铺打造器皿外，余铜听各省办解京局鼓铸之用。湖南、湖北、广东三省历系每年各办滇铜五十五万四千三百余斤，共铜一百六十六万三千余斤解京鼓铸。嗣于雍正十一年十一月内，钦奉世宗宪皇帝谕旨："现今五省采办洋铜，三省采办滇铜，与其令三省办铜解部，莫若令滇省就近铸钱，运至四川之永宁县下船，由水路运赴汉口，搭附漕船解京，可省京铸之半等因。钦此。"钦遵。经九卿议覆，以滇省铸钱解京较之办铜解京多有节省，行令滇、楚各督抚妥议具题。臣等接准部文，因铸运京钱关系支放禁兵制饷，办理应加谨慎。与升任督臣尹继善悉心妥商，并行令在省司道确查。去后，据布政使陈弘谋等会议通详，臣复与督臣公同覆核会题，于广西府城建局，设炉九十四座，每年鼓铸钱三十四万四千余串，由广南一带新开河道，经历粤西、湖南、湖北等省转运至京。嗣因楚省漕船不能重载，议拨运南、北站船并雇用民船起运，由江宁接运抵通，俱经先后题准。部覆："奉旨，依议。"钦遵在案。今自乾隆二年三月起，至本年十一月止，所有铸出元年分应解京钱三十四万四千六十二串六百四十七文，已全数运出滇境，饬令长运官永昌府同知顾维铸等管运赴京，以供制饷。臣等随时体察，逐事详筹，觉铸运京钱一事，虽取用铜、铅较之京局近便。至于起运之时，于民不无所累，臣何敢因其已经定议，稍存因循回护之心？用敢冒昧沥诚，仰祈圣鉴。

查钦奉世宗宪皇帝谕旨，令滇省就近铸钱解京。原因四川之永宁县即可由水路运赴汉口，附搭漕船解送，事属便益，是以敕下九卿定议。今楚省漕船不能载运，业已议拨站船并雇民船应用，水脚费繁，俱关帑项。而滇省附近川界地方无可建局，经臣与督臣尹继善会委被劾署理迤东道王廷琬、知府陈克复查勘，定于广西府城建局开铸。至于运道，始议自广西府陆运，历师宗州属飞塘河道至广所属之八达，陆路至土黄新开河道以至汉口，又自广西府由豆温乡等处陆路径抵百色，水陆兼运。继因运道务期平稳，方为万全，复委员勘修，改由广西府城陆运到广南府属板蚌地方下船，出西洋江口，与土黄大河会合，直达粤西之百色。自板蚌至百色水路九百余里，山溪曲折，难容大舟，止用本地小船，每船止装钱一百余串，轮流运送，共需三千余只，募夷民撑驾。查自发运以至运竣，偶值山水涨发之时，间有碰坏钱船十余只，所沉钱文，水平时仍即捞获，遗失无多，是水遇程途尚属平稳。惟由广西府城至板蚌旱路十站，俱系崇山峻岭、鸟道羊肠，牛行须二十四五日，马行须十二三日，每牛驮钱十二串，每马驮钱十八串。滇省牛多于马，以牛、马各半计算，共需牛一万四千余头，马九千余匹。附近钱局各地方牛马无几，势须四处雇觅，分拨轮运。以遐方荒僻之区骤用牛、马、人夫、船只至千万之多，雇募已难，且遇山水陡发、农忙瘴盛之时，既不便停滞中途，又不能克期运竣，病故、逃亡均所不免。承办各官纵极兢兢奉法，犹恐办理未协。臣等严加督率，务使加意体恤，不扰闾阎。而钱文为数既多，运道又复险远，解送艰难，细察情形，实有不便于民者如此。

至于制钱，关系国宝，理宜铸造精工，方能永久。滇省远在天末，沙水粗燥，匠役技艺蠢拙，铸出钱文少逊京局。此实水土各殊，又非宝源、宝泉二局钱法之精工所可一律相比也。上年督臣尹继善赴京陛见时与臣熟商，欲会同奏请停止。嗣因督臣到京，以亲老力恳留京，奉旨内升，未及会奏。今当试运一次已竣，行据布政使陈弘谋等将运道平险、解送难易情形具覆到臣。臣伏念铸金贡币，必须计算万全。今因滇省产铜即在滇省铸运，自滇至京水陆万里，以数百万金钱每年涉历于夷方瘴疠之乡，脱有迟误，关系非轻。再查铸运京钱，本为节省起见。查滇省铜斤，向于东川卖给各省办运，每百斤定价十一两，较之本省钱局九两二钱报销之价尚有盈余，再少用铜六铅四配搭及炒费等项，不无节省。臣查滇省东川府属之汤丹等厂近更旺盛，每年可办获铜八九百万斤。应请仍照向例，令湖南、湖北、广东三省委员赍价来滇，按照每年额办之数赴产铜之东川厂店采买，就近永宁一路解京，俾滇省官民得以专力调剂矿厂开采、收积，以供各省源源办运。其京局所需铅斤，仍令黔省将办获官铅照数解部。惟是办解铜、铅，必期于京局鼓铸钱文足敷兵饷之用，方可将滇省之广西府钱局停其鼓铸。查广西钱局自乾隆元年四月初一日开铸起，至二年三月解运第一次钱文，按计定限，于乾隆三年八月内运解至京。嗣后铸出钱文，按年起解，俱于次年八月到京。应请将湖南、湖北、广东三省额办滇铜一百六十六万三千余斤并滇省应解之三十万余斤统归三省采买，以乾隆三年为始，照数办解。滇省广西府钱局，以乾隆四年三月，停其鼓铸。则铜斤解部与滇省解京钱文宽余一年，俾京局接续鼓铸，制饷可以无误，而滇省所产之铜斤源源办解，而钱法亦可经久无弊矣。是否有当，伏祈皇上睿鉴，敕部覆施行。谨奏。

朱批： 大学士等会同海望、尹继善密议具奏。

（《张允随奏稿》卷三）

716　署理云南总督云南巡抚张允随《奏报孟连土目召贺白束身归命，土司刀派春得保其境土，承袭世职折》

乾隆三年二月十二日

署理云南总督云南巡抚臣张允随谨奏：为奏闻事。

窃查滇省西南徼外有孟连土司，所管九圈十三猛，地方二千余里，中有募乃银厂，汉夷聚集万有余人，去永昌二十八站，去普洱、镇沅各十四站，明时始入贡中国，颁给长官司印信，岁纳差发银四十八两，属永昌府提调。迨入本朝，按年输纳。至康熙五十八年，土司刀派鼎因采买贡象，布政司金世扬给与宣抚司便委。至雍正八年，该土司具呈，愿每年纳募乃厂课六百两，经升任督臣鄂尔泰奏明，蒙世宗宪皇帝俯念孟连地处极边，抒诚效顺，特降谕旨着减半收银三百两，以昭柔远之意，钦遵在案。

雍正十年，刀派鼎病故，正妻狼氏无子，妾木氏生子派春，年甫八岁，据众土目公举猛览头目刀派烈抚孤，出具甘结，呈请将派春承袭，经升任督臣尹继善檄查。去后，于乾隆元年十二月内，据普洱镇总兵杨国华、威远同知李至各报称："猛遮土守备刀细闷纳禀称：十一月十九日，有猛览小官家口三十余人经过，诉称伊父被召贺白杀害，今往永昌府控诉。"旋据永顺镇总兵苏应、署永昌府徐本仙各报称："据孟连抚孤土目刀派烈之子刀派永呈诉，伊父派烈系故土司刀派鼎同堂弟兄，因派春年幼，力任抚孤，被派鼎外甥召贺白争夺抚孤，勾结孟艮野夷，突于十一月十二日乘夜掩袭，将派烈杀死，并将派春母子挟制同居。"等情。当经督臣尹继善檄行永昌镇、府，速取宗图册结，令派春早得承袭，俾夷民有主，贺白之势自孤，不难徐图剪除。复经分晰机宜，详明指示，饬遵在案。迨臣接署总督印务，节据永昌镇、府转据猛猛土巡检罕戴亲及募乃厂客课人等前后投具缅文，将派春母子孤危望救情形具报到臣。

臣思孟连一隅虽化外远夷，然纳课输诚恭顺有年，又其土境内屏中夏，外捍番夷，实为永昌、普洱、镇沅三府之樊篱，若任其阽危而不为之所，非所以恤内附而固边围也。臣料召贺白如果擅杀抚孤，劫制孤寡，众目必不甘服。只以派春在其掌握，未免有投鼠忌器之虑。若得调离两处，则彼中头目自能图之。因密寄永昌镇、府，将发给派春委牌差役明白晓谕贺白，令其赴领抚孤，以便诱擒。嗣于乾隆二年十月十七日，据威远同知李至、游击尹国栋禀称："召贺白即刀派猷，遣夷目波愠赴威远呈诉，词称：故土司刀派鼎系刀派烈用药毒死，假托抚孤，抄夺家财，谋据爵土，又奸派鼎之妾。伊奉正妻狼氏之命领众杀死派烈，保护派春。"等情。又据波愠口禀："八月十三日，刀派烈之子与召贺白交战。"等语。游击国栋因闻交战之地与威远边境仅隔一江，恐窜入内地，禀请拨兵防护。

臣思该夷目如果有自相仇杀之事，永昌文武自必遣邻近土司解散，必不致启衅内地，毋庸轻动士卒，致滋惊扰。因查阅波愠供内，有"召贺白于雍正十年普、思用兵时，刀派鼎奉调，遣伊领兵跟尹游击把守江口，曾经认识，故来投诉"之语，遂密饬游击尹国栋借冬季游巡之名亲至江外，相机招致。去后，于乾隆三年正月初六等日，连接普洱镇总兵杨国华报称："召贺白闻尹游击巡游猛撒江边，欲来投见。先令大头目法览贸带领夷兵二百名屯扎江外，召贺白在后即来。"等情。臣即飞饬尹游击，开诚抚谕，毋令疑畏。嗣于正月十九日，据游击尹国栋会同镇沅府知府张坦、威远同知李至禀称："召贺白即刀派猷，于十二月二十六日，率同九猛头人波益、召达等五十人到威远，文武会讯，据波益等将刀派烈毒死刀派鼎及奸占、驱逐各情由供吐凿凿，众口一词，波益情愿领谕回孟连，唤刀派鼎正妻嫡艾即狼氏前来质对。"又供刀派春现在猛马等情，禀报到臣。

其召贺白已将所带在江外沿途屯扎之夷兵九百名及同赴镇沅之夷目五十人尽行遣回孟连，止同头目召达等十名，跟游击尹国栋于正月二十三日到省。即发按察司好为收管，并令永顺镇、永昌府先将所发未领委牌专差妥役前赴猛马，令派春早为承袭，以安众心，一面谕令猛猛土巡检唤齐原告刀派永及案内有名之法腊永等送省。俟嫡艾到案之日一并质审外，臣查孟连自刀派鼎故后，遗孤幼弱，以致召贺白与刀派烈争权仇杀，夷民无主，求救内地。若发差往拿，则二千余里之外鞭长莫及，万一聚众拒捕，或挟刀派春同窜外域，则事势更难料理，殊非镇静抚绥之道。如坐视不救，又无以慰远人内向之心。虽经设法招致，犹恐未肯轻离巢穴。今仰赖我皇上圣德天威，远夷怀畏，不俟差拿，即已束身归命。从此派春得保其境土，承袭世职，自必益坚爱戴之诚，永为边疆外蔽。至召贺白情罪曲直，虽尚未质审明确，但以漆齿文身之外夷乃能遵守国法，俯首归诚，可否仰恳天恩，俯照夷例完结，除俟新督臣庆复到任后，臣将办理原委详悉告知，听督臣审理题报外，事关夷情，理合缮折具奏，伏乞皇上训示施行。臣谨奏。

朱批：知道了。彼既输诚畏罪，即以夷例完结。亦可告之新督臣，令其再详酌。

717　云南巡抚张允随《奏请陛见折》
乾隆三年三月初九日

云南巡抚臣张允随谨奏：为恭请陛见，以申恋主微忱事。

窃臣一介庸愚，荷蒙世宗宪皇帝特达之知，擢授巡抚，任重恩深，涓埃未报。雍正十三年内，惊闻世宗宪皇帝龙驭升遐，恭际皇上绍登大宝，臣哀喜并至，急欲叩谒梓宫并跪觐天颜，恭请圣训，曾经缮折奏请，未蒙俞允。当谨凛奉行之际，不敢轻离。迨乾隆二年春，时豆麦丰收，民食有赖，臣正在具折奏请，又于五月二十三日，准吏部咨，奉上谕："云南总督尹继善着来京陛见，其总督印务，照例交与巡抚暂行署理。钦此。"臣应俟尹继善回滇，奏请陛见，亦经臣缮折奏明。嗣又接准刑部尚书尹继善字寄，闰九月十七日，奉谕旨："云南总督尚未到任，巡抚现在署事，地方紧要，且不能来。可令藩司陈弘谋先来陛见。钦此。"臣即钦遵，转行布政使陈弘谋遵照在案。

钦惟我皇上乘乾御宇，光被九州，恩覃四海，凡在臣工，际此圣作物堵之会，咸切瞻云就日之忱。今直省督抚皆得次第入觐，独臣远羁万里，未遂瞻依，犬马恋主之心无时敢释。今督臣庆复已于二月二十日到滇，臣将署理总督任内之事交代清楚，半月以来，凡遇公事，督臣俱与臣会同商酌，和衷办理，诸事妥协，巡抚印务不难兼摄，兼之滇省今岁雨泽及时，春收丰稔，民夷乐业，边境乂安，正臣可以恭请陛见之时。伏乞皇上天恩，俯允所请，容臣轻骑减从，趋附阙廷，仰觐天颜，并得请旨恭谒泰陵，则微臣追慕之思与依恋之诚均获稍展于万一矣。理合恭折奏恳，伏祈皇上睿鉴。谨奏。

朱批：知道了。督臣新到任，恐尚未熟练，俟八九月间，汝起身来京可也。

（《张允随奏稿》卷三）

718　云南巡抚张允随《奏报拟于九月起程进京陛见折》
乾隆三年五月三十日

云南巡抚臣张允随谨奏：为恭折奏覆事。

窃臣于乾隆三年三月初九日恭折奏请陛见，钦奉朱批："知道了。督臣新到任，恐尚未熟练，俟八九月间，汝起身来京可也。"臣恪遵谕旨，凡地方一切应办事宜，无不与督臣庆复悉心商酌，和衷计议，务期妥协，以仰副皇上慎重边疆之至意。臣蒙恩旨，令于八九月起身。查本年正届戊午科乡试，文闱例于八月初六日入场。滇省地处极边，督臣节制军务，若代巡抚监临，须入闱一月之久，恐遇紧要事件，非闱中所能料理。臣是以不敢即于八月起身，拟俟九月文场事竣，撤棘后，将巡抚印信照例交督臣署理，交代清楚，即星驰就道，趋觐天颜，则恋主微忱既得展竭，而边方要务亦可无误。所有臣拟于九月起程缘由，理合缮折恭奏，伏乞皇上睿鉴。谨奏。

朱批： 甚是。

（《张允随奏稿》卷三）

719 云南巡抚张允随《奏明办解京铜事宜折》
乾隆三年五月三十日

云南巡抚臣张允随谨奏：为奏明办解京铜事宜，以速鼓铸事。

窃查滇省僻处边方，距京万里，从前铸运京钱实有不便于民之处，经臣恭折奏明。仰蒙皇上天恩，饬停铸运，民累获苏。接准部咨，以江、安、浙、闽四省与湖南、湖北、广东三省分办铜斤全归滇省独办，并令办解四百万斤之外额外加解一二百万斤运赴京局，且令即于乾隆三年为始，将湖南、湖北、广东三省应办本年铜斤作速运解，以副明年接续鼓铸之用。

臣查铜斤既多，程途又远，部限复迫，雇脚更难，实关重大。臣与督臣庆复悉心筹画，并转行委管铜务之粮储道官尔劝会同布政司暨各道公同确议，务期运京无误，边氓无扰，方为妥协。谨将初次解运情形事宜分别条款，敬为皇上陈之：

一、铜斤出厂宜分路挽运也。查挽运京局俱系汤丹厂铜，必先运至东川府，存贮店内，然后另雇马脚再运威宁。今滇省每年运京铜四百万，再加运一二百万，自厂至东川有由小江塘至热水塘五十余里，两山壁立，中通狭涧，沿途碎石溜沙，行走甚难，兼以夏秋雨多，烟瘴盛发，脚户畏惧不前。是一年之中只可运铜半年，此半年之内断不能运至四五万之多，必两路分运方可无误。今查由厂至威宁另有车路可通，臣等现在委员查勘，另议核题。

一、黔省铅斤宜暂为停运也。查滇省运铜至京，必由威宁换马。但威宁一州路当滇、黔、蜀三省冲衢，官运铜铅、商驮货物均于此处换马。前因官商争雇，壅滞不前。案准贵州督臣咨："将马匹分作十分计算，酌定官六商四，又于官雇六分之中分作十分计算，若铜多铅少，则铜六铅四，若铅多铜少，则铅六铜四。"等因。从前各省办铜只一百余万，驼马艰难尚且如此，今查黔省现运京铅三百八十四万零，又每年运毕节铜、铅四十一万零。又准四川抚臣咨："每年买滇铜三十万斤，再加以滇省运京铜四百余万，是每年官雇六分之中约需马五六万匹，按日轮流计算，每日必得马一百五六十匹。"现今据各办员报称，威宁每日进关之马至多不过五六十匹，少则一二十匹，即加给脚价，亦断不能雇至前数之多，若不通融办理，铜铅并运，则咽喉之地已难转运，必至迟误。查黔省运京铅斤每年有三百八十余万，以铜、铅配铸之数计之，京局铅斤除供每年鼓铸外，当有余存。应请旨敕部查明，将黔省铅斤暂停起运一年，即以运铅之驼脚为运铜之驼脚，权宜措办，庶无缺误。但铅斤一项，京局必需暂停起运，究非长策。经臣等委员查勘，东川由鲁甸、昭通至大关之盐井渡下船，可由水路直达川江，若此路可通，则两路分运，可免壅滞。应俟委员明查覆到，另议核题。

一、运京钱文宜分年带运也。查运钱由广西至百色，运铜由东川至威宁，虽属两路，但滇省驼脚只有此数，多一分驼钱之脚，即少一分运铜之脚。查广西局虽奉文截至乾隆四年三月底停止，而自三年四月初一日起，至四年三月底止，应铸出钱三十四万四千六百余串，接流运京，需牛马二万余。今自四年起既运京铜四百万斤，若又将此三十四万余串之钱一时并运，势必顾此失彼，钱铜两误。似应请将三年四月以后所铸钱文分作三年运京，庶通融办理，为力稍纾。

一、承运委官宜酌定员数也。查滇省办铜四百万，需员甚多。应以五十万为一运，委滇省现任府佐或州县一员为承运官，再委杂职一员为协运官，计铜四百万，需府佐、州、县八员、杂职八员，方敷委用。如部发人员已经到滇，应于滇省现任府佐、州、县及部发人员内酌量派委，如尚有未敷，仍遵照部文，应添员若干，再行定议，题请拣发。

一、雇觅运脚宜各专责成也。查部文内开：因各省办铜长途万里，呼应不灵，是以改令滇省办理。但滇省惟自汤丹至威宁尚可呼应，若自威宁以下，即非滇省管辖，其呼应不灵与各省无异。将来办铜，每于换马、换船处所，若令承运官自雇，势难兼顾，且以滇省之员雇外省之脚，必致行户居奇，高昂价值。即令地方官协同帮雇，而非切己，谁肯急公？所关非浅。再四筹议，欲无迟误，须专责成。请嗣后滇省每于起运之前，计定铜斤到站日期，预行咨明沿途督抚，各省即照护解饷鞘之例，转咨前途督抚递委能员，在于换马、换船处所，督同地方官照数雇备，待铜斤一到，即行驼载前进，以免迟误。其马价、船价，应即于该省正项钱粮内发给，自行报销。至张家湾，应设立铜房一所，并委云省府佐或州县一员、杂职一员驻扎，总管秤收。再查张家湾，系五方杂处之地，每年数百万铜斤由此盘运，关系綦重。应请设监督一员，驻扎张家湾，以司弹压稽查，铜斤一到，监督即同转运京局之员一面给承运官回文照票，一面将某月日收明第几运铜斤若干，具文报明内部并滇省，陆续交纳，掣批备案。

一、沿途折耗宜为备给也。查滇省汤丹厂铜质浇薄，自滇至京程途万里，陆路牛马驼载，水路换船盘滩，搬运磕碰、零星失落积少成多，岂能尽符部秤？应请每正额铜一百斤外带余铜三斤，交纳之时，如正额铜斤秤折若干，即将余铜添足，如有余剩，即作正铜交部，归入带运项下，统于铜务奏销案内造报，其所需水陆脚价亦于运铜案内报销。

一、铜斤成色宜画一核定也。查滇省运京，系用汤丹等厂铜斤。前于东川鼓铸运陕钱文案内，经部核定九五成色，复经确试，炒炼熔铸每百斤折耗八斤七两，即以每百斤加耗八斤，永为定例，咨部覆准在案。今运京铜斤，亦应照例每百斤照加耗铜八斤，一并领解交纳。

一、原颁法马宜带京备用也。查雍正十二年五月内，部发法马二副。今运解京铜，应将原颁部法马二副内，以一副仍留滇省称发，其一副发给驻扎张家湾转运交部之员收存，侯押运官收到铜斤，即照部法马收明，仍于转解京局之时，将原给部法马赍赴内部，较准兑收。查滇铜分起解至张家湾称收解京，其法马携带进京之时，后运铜斤续到，无凭称收，交铜可以画一。

一、起运限期宜请暂宽也。查遵旨议奏事案内部文，行令云南将湖南、湖北、广东三省铜斤照江、安、浙、闽之例，自乾隆三年为始办解等因。查乾隆三年四月内始准部文，一切章程尚在未定，而滇省应办解京铜三百余万并江、安、浙、闽采办之二百万已多到滇，交价雇运，现皆壅滞威宁。今即委滇省现任官速运，本年断不能再运此二百万之数。应侯各省铜斤办运完日，牛马稍多，以四年为始起运，源源接济，以期不误京局五年鼓铸之用，则办理方有次第，而挽运不致壅积。

一、到京程限宜请暂宽也。查运京铜斤关系鼓铸，自应速到，以资接济。办运之始，委员俱系生手，为数既多，水陆道路万里有余，保无阻滞，若不请宽程限，致误到期，即将承运官加以处分，于公事无补。应请暂宽程限，侯试运一年，再为酌定限期，分别功过具题，以速挽运。

一、工本银两宜预拨协济也。查汤丹等厂每年约办铜七八百万斤，所需工本、厂费等项不下五六十万两；又每年办运京铜四百万，约需脚价、官役盘费银十余万两；又每年应解司库余息银二十余万两。应请每年预拨银一百万两解贮司库，除按年支销外，如有余剩，照升任督臣尹继善题定之例，即归余息项下充公。如再有余剩，截作下年工本、脚价，每年于铜务并运铜案内据实报销。

一、陆路脚价宜宽裕定给也。查汤丹厂近年以来颇属旺盛，厂民日众，食指日繁，故附厂一带饭食、草料价倍寻常。而或运东川，或运寻甸，或转运威宁，路经荒僻，食物昂贵，加以运铜数多，人马势众，物力自必更艰。若脚价不敷，脚户不前，强之势必累民，听之又必误公。惟量宽脚价，广事招徕，庶免贻误。应侯查明车路并由昭通盐井渡以达川江之路，一并议题。至由威宁至永宁陆路，现在马匹稀少，亦应量加脚价，俾脚户踊跃应募。所有增给脚价之处，应听黔省督臣核定。

一、办员养廉盘费宜为酌给也。查汤丹等厂收买、发运铜斤，向系粮道管理。今自厂运至东川换马转运，凡雇备驼脚，称发铜斤，仍照旧料理，并责成该道稽查，其本任养廉已敷支用，毋庸加给。至东川店换马运至威宁，雇觅驼脚，收发铜斤，应委东川府知府管理。若寻甸一路可以车运，自厂运至寻甸换车转运，应委寻甸州知州管理。若昭通盐井渡一路可以通行，直达川江，则自东川以至水次雇脚称收，应委昭通府知府管理。

至盐井渡雇觅船只并收发铜斤，应委大关同知管理。查该府、厅、州原有养廉，仅可敷本任之用。东川、昭通两府知府每月应酌添养廉银各六十两，大关同知及寻甸州知州每月应各酌添养廉银四十两。至该府、厅、州等既经另添养廉，如承运官役有夹带私铜等弊，即责成各该府、厅、州稽查，倘通同循纵，查出一并参处。其两店原设人役、费用照旧设立。至承运府佐、州、县一员，每月应酌给养廉银六十两，家人、跟役以及灯油、纸笔杂费十五两，协运杂职一员，每月应酌给养廉银三十两、杂费银十两。至沿途打包、换篓一切等费，饬令按日登记，回滇之时据实造报。至驻扎张家湾交铜京局之员，往来京师马脚盘费，需用颇多，稽查催攒刻刻需人。驻扎之府佐、州、县一员，每年应酌给银二百两，杂职一员，每年应酌给银六十两，监督一员，与滇省委驻之员相等，每年应给银二百两，一切家人、跟役、灯油、纸笔等项俱在其内，统于铜案内照数造销。

一、沿途保护宜先为厘定也。查运京铜斤经过处所，应令文武专兼各官选拨兵役昼夜防护，催攒前进。再运铜自永宁以下，经瞿塘峡，江河之险，偶遇不测，应照漕船定例，饬令地方文武各官查勘确实，出具保结，题请豁免。若长运官役有沿途盗卖等弊，应令地方报明本省督抚题参，照盗卖漕粮例议处。

一、加运铜斤宜暂俟缓图也。查部文内开："乘目下滇铜旺盛之时，于该省每年额办铜四百万斤外，额外再加解一二百万斤运赴京局。"等因。查滇省自东川至永宁一路，向来各省办运铜斤并未至四百万之多，尚且马脚不敷，今骤增至四百万，已恐将来不免壅积之虞，势不能于外再为加增。应请试行一年，如果尚有余力，可以加运若干，再行酌定核题。

以上各条，俱就目前情形因地因时斟酌办理，必俟试运一年，如内有应行变通之处，容臣等再行相度，会议题咨，以定永远章程。除另疏会题请旨敕部议覆外，所有拟定条款，臣与督臣庆复悉心商酌，意见相同，理合会折奏明，伏乞皇上睿鉴施行。

朱批：大学士鄂尔泰、尚书尹继善会同该部密议速奏。

（《张允随奏稿》卷三）

720　云南巡抚张允随《奏明委员先期发运京铜、开修运道情形折》
乾隆三年九月初三日

云南巡抚臣张允随谨奏：为奏明委员先期发运京铜、开修运道情形事。

窃查江、安、浙、闽等七省每年应办京铜四百万斤，部议全归云南一省办运，并令此外加运一二百万斤。臣业将筹画办理之法分条胪列具奏，仰蒙皇上敕议，遵奉在案。接准部咨，应办铜斤宽至己未年起运。但臣思铜斤既多，雇脚甚难。查本年尚有数月之期，自应预为筹办。臣与督臣庆复查照原奏，将四百万京铜以五十万斤为一运，分作八运，第一运饬委晋宁州知州方廷英为长运官，丽江府经历赵良辅为协运官，第二运饬委候补知州梁廷彦为长运官，候补巡检闺开正为协运官，分往东川府、寻甸州二处，各领铜五十万斤，运赴威宁暂行收贮，俟各省从前采办之铜起运完日，即行趱运前进。

至原奏内由昭通府大关盐井渡至乌拉塘六站，若将险峻之处逐节开修，可通车运。其自大关口至四川筠连县界之梅子沟八站内，有一站可以行车，其余皆层峦绝壁，须用大工开凿镶砌，驮马方可行走。又应建大小桥一十九座，其宽深处所应设渡船接济，内有老李渡一处，民间于冬春搭建木桥往来，至夏秋水涨，则走藤桥。查藤桥牛马难行，须设背夫驮送过桥，另换驮马接运。其水路自梅子沟起至黄水口，止一百一十里，中有巨石大滩，应疏凿者八处，又碎石小滩应疏浚者三十处。自黄水口至南广酾一百二十里，内有险滩二三处，亦须疏凿，而川省运盐船只，现在往来等语。

臣思运送京铜现在止有威宁一路，而官运铜铅，商贾百货拥挤一途，实属艰难，且东川由威宁至永宁计程十九站，若由昭通至筠连县以达川江，止十四站，水路二百三十里，既有大船装运，所费无多，若得此路开修，酌量里数安设台站，车马兼用，则两路分送，实于铜政大有裨益。但事关经久，须查勘确实，方敢定议。臣与督臣会商，差委管理铜务之粮储道宫尔劝亲往逐一覆加勘估，应俟覆勘回日，听督臣核奏。再查威宁运铜道路，止由黔省之毕节县以抵永宁。臣于未奉办运京铜之先，见各省办铜之员运送艰难，闻自威宁之高简槽、阿鸡车、菩萨塘、桃园、翟底河，共四站半即抵滇省之镇雄州，再由镇雄之刷布岭、陆井、大落脚、扎西、吼西至川省傅家嘴、天生桥，共八站半即抵永宁，较毕节一路稍近，但山路崎岖，兼多积水陷泥。臣经委令鲁甸通判姜之松勘估开修，据估需银二千六百余两，业饬布政使查议兴修。但自高简槽至翟底河之四站半系在黔省界内，自傅家嘴至永宁之三站系在川省界内，自应一体修治，以利挽运。臣已移咨川、黔两省抚臣委员查修，务使运道宽平，牛马易于行走，庶滇铜得以源源解运，上供京局鼓铸之需，不致迟误。

所有先期运送铜斤及查勘开修道路情形，理合缮折奏明，伏乞皇上睿鉴。谨奏。

朱批：所奏俱悉。

（《张允随奏稿》卷三）

721　云南巡抚张允随《奏报乡试事竣，出闱日期折》
乾隆三年九月初三日

云南巡抚臣张允随谨奏：为恭报乡试事竣，出闱日期事。

窃臣奏请陛见，钦奉朱批："知道了。督臣新到任，恐尚未熟练，俟八、九月间，汝起身来京可也。钦此。"臣因八月正届乡试，例应臣入闱监临，复经缮折具奏，请俟文闱事竣起程，即于八月初六日入闱监临。十二日，奉到朱批："甚是。钦此。"臣督同提调、监试及在闱执事各官稽查严密，内外肃清，三场事竣，至九月初二日揭晓出闱。正考官张湄、副考官葛德润抡选公明，众论悦服。计通省应试诸生五千一十四人，中式举人五十九名，副榜十一名，经臣恭疏将题名录进呈御览。臣俟正、副考官起程之后，即星驰赴阙，瞻仰天颜，跪聆圣训。除送印、起程各日期另疏题报外，合将出闱日期恭折奏明。

再滇省僻在遐方，人文素称简朴，自蒙圣主天恩加意作养，建设书院，延师教育，多士咸知奋勉，学术文风蒸然丕变。今科乡试，书院肄业诸生中式二十一人，副榜五人，士心踊跃鼓舞，共感皇上乐育深仁。臣目睹边省人文蔚起之象，合并奏闻，仰祈睿鉴。谨奏。

朱批：知道了。

（《张允随奏稿》卷三）

722　云南巡抚张允随《奏请定滇省征收地丁之期，以裕民财折》
乾隆三年十二月二十一日

云南巡抚臣张允随谨奏：为请定滇省征收地丁之期，以裕民财事。

窃查雍正十三年十一月内，总理事务王大臣等议覆内阁学士方苞条奏"各省征收地丁银两之期，请改为六月完半，十一月全完"一折，内称："查各省征收地丁银两，定例四月完半，十月全完，次年五月奏销。"嗣于雍正八年十月，奉旨将川、陕钱粮改于六月完半，十一月全完，钦遵在案。今方苞请将各省钱粮照川、陕例宽限征收，自是便民之意，但各省收成迟早不同，未可以川、陕概之各省。查旧例，二月开征，五月停征，八月接征，十月全完。其五、六、七月在在农忙之时，是以停止征此，在四月以前银两分数原属通融交纳，于八月接征，陆续输纳，次年奏销全完，以定各官考成。盖赋税出自田亩，而物土之宜树艺谷麦，纺织丝布，收获成就，其早晚多寡各省不同。四月以前力能输纳者自应责令完半，如果青苗在野，场圃未登，则是力实不能，征求无益，全在为督抚大吏者勤恤民隐，因地制宜，时时留意训伤有司，酌量分数，寓抚字于催科，征收有法，将未完之数缓至八月开征，后催令陆续全完，斯在官、在民两有裨益。

臣等公同酌议，嗣后征收地丁银两仍照旧例二月开征，五月停征，八月接征，缓至十一月全完。其四月完半之处，应令各该督抚查照地方情形，转饬州县酌量征收，不必拘定分数。如花户钱粮在一两以下者，系田亩无多、生计不足之人，若完不足数，即缓至八月接征后全完。其力能完半者，仍令照数完纳可也等因。奉旨："依议。钦此。"通行直省，钦遵在案。臣身任封疆，自应因地制宜，训饬有司酌量征收，以符原议，何敢复行奏请？但臣久处边方，目击边民贫苦情形，恒欲求一富民阜财之道，以仰副圣主勤求民隐之心。而滇当边末，舟车不通，商贾罕至，日用百物昂贵异常，又土性不宜桑麻，织纴之利亦鲜，闾阎衣食常苦不充。再四思维，惟有改定秋征一法，足以免称贷而裕仓箱，其为利于民甚溥，又惟独滇省能行？臣敢缕析敷陈，仰祈皇上采纳。

查滇省山多地少，田号雷鸣，隔岁秋成，所收稻谷，完纳粮租而外盖藏有限，及至春收豆麦更属无多，其余苦荞、燕麦等项杂粮，只堪贫夷糊口，并不至市粜卖。每当春夏之交，籽种、牛工在在拮据，固而富户、奸商乘其窘迫，盘放重债，常取倍称之息。当此之时，虽设法补助，犹患不能遍给，岂宜加以催科之扰？又夷民散处山谷，离城远者或二三站及四五站不等，如以分限催征之法施之，远徼穷夷不但往来奔走，盘费不资，而耕耨之失时者已多，若将应纳钱粮交付催差、单头代完，往往被其侵蚀。

臣自抚滇以来，每于二月开征之时，必谆切劝诫有司，听民从容完纳，毋得任意差催勒比。一届农忙，即通饬停征，以俟秋禾登场之后再行征收。但滇南地方辽阔，经征之府、厅、洲、县共有七十余处。在实心爱民之员自能体恤民艰，通融调剂，寓抚字于催科，不致操切从事。而狃于成例者，或因支放之难缓，或虑考成之有关，每以催征不早、恐误奏销之限为辞，辄行出差下乡分催。究之民力有限，稻谷未登以前完纳仍自无几，徒使良懦农民日惴惴于追呼之将及，永无安枕之时。是二月开征之法在滇省实有不便于民者也。况滇省如东川、昭通、广西、广南、普洱、镇沅、元江等府所属，向来均于九月开征，岁内全完，并无延至次年奏销时尚多尾欠之处。是即缓至九月开征，究不致有误奏销之限也。

查滇、黔两省壤地相接，土宜、物产、地气、天时无不相类。黔省定例九月开征，次年三月全完，民力宽纾，从无逋欠。因思同属边方，似应将征收之期改照画一，以纾民力。惟是议者谓征收过迟，小民或将纳赋之资浪费花消，及届完粮，反至拖欠。夫改缓征期，即免重利盘算，复无差役需索，财力已自宽余。小民各有天良，何至故意花消，安心逋欠？即使果有此等顽民，亦系千百中之一二，未必比户尽然。况催追旧欠原不在停征之例，岂可因一二顽户致良民长受剜肉医疮之累？且滇省风俗淳朴，不特力田之民性甘俭约，即在缙绅士夫之家亦撙节爱惜，无奢靡相尚之风。至于夷民，尤以银钱为性命，锱铢之细视若切肤，更无将完赋之资无端花费之事，又或虑地丁与税秋一时并征，恐民力难应。

查税秋米石，兵食攸关，十月开征，应即于岁内赶完。至条丁一项，即至次年奏销限内全完，经征之官仍得仰邀议叙，原不必取盈于一时。再查定例，二月开征，五月停征，八月接征，十一月全完。总计征收之期不过七月。若照黔省例九月开征，次年三月全完，亦系七个月，彼此并无或异。而万宝告成之所出，较青苗在野之时期之宽裕可知，更不必虑其难应也。臣伏睹我皇上宵旰忧勤，无非欲开生民衣食之源。今九月开征一事，实为滇省救时急务。臣敢仰请天恩，将滇省地丁钱粮从乾隆己未年为始，准照黔省之例，于九月开征，次年三月全完，使小民三时尽力畎亩，有司随时劝课，既省差催之扰，复免称贷之难，将见盖藏日富，蓄积饶多，两迤六诏之民永享耕九余三之乐矣。惟是地丁项下应存留各州县并解交司库支放官役、俸工及驿、堡、廪生、祭祀等项，年约需银十万两有奇，内除秋、冬季应放银两，即九月开征，所收地丁银内支放外，其春、夏二季需银五万余两，请于解存司库铜斤余息银内暂行动给垫发，俟征收之后照数解司还款。一转移间，而滇民长沐圣天子如天之恺泽于无疆矣。

臣为边方民力起见，冒昧敷陈，是否有当，伏乞皇上睿鉴施行。谨奏。

留中未批。

（《张允随奏稿》卷三）

723　云南巡抚张允随《奏请恤因公染瘴病故之员，以广皇仁折》

乾隆三年十二月二十一日

云南巡抚臣张允随谨奏：为请恤因公染瘴病故之员，以广皇仁事。

窃查雍正六年定例："沿海省分官弁、兵丁因公差委，与夫领运弁丁、黄河下埽之人，凡遇海洋、大江、黄河危险地方，如有漂没身故者，官不论衔级大小，俱以现在职任分别准荫、加赠，给与祭葬银两。再滨海岛屿并内河、运河风暴靡常，虽非海洋江河，而危险则一，亦令地方官确查，申报督抚具题，照例分别予恤。其奉调考验之官弁虽系因公，与差委游巡有间，其予恤之处，应照军功例减等赏给。"等语。查雍正六年，江苏巡抚陈时夏题松江府知府周中鋐、把总陆章督夫堵筑陈家渡险工落水身故，蒙恩恤赏在案。又查乾隆三年兵部议覆福建巡抚卢焯题报把总刘清赍折赴京，在钱塘江失水身故，准照例予恤，奉旨："依议。"钦遵亦在案。仰惟国家悯念劳臣，著为令典，俾履危触险之员生邀议叙之荣，殁蒙恤赠之泽，殊恩异数，从古所无，洵足为宣力竭忠之劝。

臣仰体圣德，以类相推，窃见边方瘴疠之害，较诸江海风涛尤为难避。盖风信犹可守候，而瘴乡不能飞越。每当瘴发之时，山岚水气上下薰蒸，触即伤人。而奉差人员只以公事为重，程期有定，不敢畏避稽迟，一经染瘴，纵有医药亦难救治。又况有瘴之地多系蛮方僻壤，本鲜良医，以致陨命者不一而足。臣目击前后运铅、运锡、运钱各委员及办本省公务之员，经时累月涉历瘴乡，不避艰险，每多触染瘴毒，旋报病故。如雍正十年，石屏州吏目叶世芳委运粤钱，在百色地方染瘴身故；雍正十一年，广南府经历金士荣委运粤钱，在剥隘地方染瘴，扶病回署身故；雍正十三年，罗次县典史史圣弼委运粤钱，在安排地方染瘴，回滇身故；乾隆元年，保山县典史邱秉达委运铅斤赴粤销售，在南宁地方染瘴身故；又南安州吏目吴三槐委运锡斤往浙销售，在百色地方染瘴，回滇身故；乾隆三年，安宁州吏目王礼委运京钱，在板蚌地方染瘴身故；又臣上年十一月署理总督任内，值迤东州县额盐不敷，查有威远按板井盐可以通融拨运，向因路远费多，不能运赴澄江、新兴等处行销。臣访得哀牢夏一带另有小路可通，但山箐崎岖，牛马难行，若开修宽并建造塘店木城，安设渡船，以便驮运，其利甚溥，当即行委威远同知李至查勘估计，动项兴修。业将道路开通平坦，取径直捷，较从前由景东府至省旧路实近八站，商旅往来俱得便益。乾隆三年六月，该同知李至奉调赴省，由新路查勘塘房等项工程，适值炎天，瘴发染病，到省身故。以上各员，均系因公差委，一旦殒身瘴疠，家乡迢递，旅榇难归，眷口孤惸流离，不免情殊可悯。虽经臣与历任督臣酌动存公、倡捐银两量为资助，俾不至漂泊暴露。但思此等奉委办差、因公染瘴身故人员，与遭风被溺、殁于公事者实属无异。似应仰请皇上天恩，俯准赏恤，不独劳吏羁魂，九原衔结，即现在办差之员亦莫不感激兴起，共矢急公效命之忱矣。

臣为推广皇仁起见，是否有当，伏乞皇上睿鉴，敕部议覆施行。谨奏。

留中未批。

（《张允随奏稿》卷三）

724　云南巡抚张允随《恭请圣训折》
乾隆四年正月初六日

云南巡抚臣张允随谨奏：为恭请圣训事。

窃臣入觐天颜已及一月，顿启愚蒙，更沐皇上逾格殊恩至深至厚，感激无地。今当请旨回任，虽依恋阙廷，犬马之私心縻尽，而边疆紧要，驽骀之报实难，自当恳圣主天恩，切加训示，奉为法守，庶免陨越。为此具奏，伏祈睿鉴。谨奏。恭缴朱批原折四扣。

留中未批。

（《张允随奏稿》卷三）

725　云南巡抚张允随《奏报沿途春熟情形折》
乾隆四年正月初六日

云南巡抚臣张允随谨奏：为恭奏沿途春熟情形事。

窃臣遵旨回任，于正月十二日出京，经过畿辅地方，正值冰雪初融，土膏滋沃，正定以南二麦已经出土，正月二十三四等日，顺德、广平等处膏雨均沾。及入河南省界，时交仲春，天气晴暖，民间俱言去秋雨水稍多，无需春雨。二月十四日，入湖北界，十五、十六两日连得大雨，历襄阳、安陆、荆州三府以达湖南之沣州、常德二府州地方，雨水沾足，小麦、菜子、蚕豆俱极畅茂，大麦业已结穗。二月二十一日，由常德水路抵贵州之镇远府，一路晴雨相间，二麦俱饱满长茂。三月十三日，自镇远府陆路起程，十四、十五、十六等日连得大雨，所过地方高下田亩处处水满，谷种已播。十九日抵贵阳府，又至贵阳以西，由安顺府，至四月初一日抵曲靖府属之平彝县，入云南省境，浃旬之间时雨频降，二麦渐次收获，秧苗将及栽插，民气甚为安恬。臣伏睹我皇上念切民依，仰体圣怀，逐处留心，除云南通省豆麦成熟、雨泽沾足另折具奏外，谨将京畿以至沿途目击情形缮折恭奏，仰祈睿鉴。谨奏。

朱批：此奏甚是，欣悦览之。

（《张允随奏稿》卷三）

726　云南巡抚张允随《闻长子张光宗选授广西桂林府同知，奏谢天恩折》
乾隆四年四月二十八日

云南巡抚臣张允随谨奏：为恭谢圣恩事。

窃臣奉旨陛见，于乾隆三年十二月初八日到京，至乾隆四年正月十二日遵旨起程回任，一月之内，趋蹡禁近，随侍班联，既得时仰天颜，复得赓歌内廷，侍宴宫廷。蒙皇上隆恩叠沛，赏赐御书"福"字、御制《喜雨诗》并貂皮、宁绸、笔墨、手炉、茶膏、鞍马暨果品食物，又时蒙颁赐克食。臣躬叨赉予，心感主恩，内惭此生何以报称？陛辞之日，钦承圣训，广大精深，无微不照。

窃念臣身在边疆，于一切机宜每愧措施鲜当。皇上一日万机，乃于遐陬万里了如指掌，自非神谟天授，焉能包举无遗若此？益信上天申命之隆，列圣佑启之笃，万年有道之基端在于是，更蒙圣恩特赐孔雀翎冠俾臣顶戴，以昭异数。凡此非常恩遇，实为旷代奇荣。奉命旋滇，五中感激，方夙夜刻励，惧不克副荷恩荣。乃于本年四月十七日，接臣长子张光宗家信，二月分选授广西桂林府同知，三月初四日引见，奉旨"依拟用"。臣闻命自天，感激无地，填膺有涕，中夜交零，御结之忱口不能述。惟有事事恪遵训旨，念念殚竭血诚，抚辑民夷，董率属员，不敢一毫怠忽，一念自欺，并切诫臣子立志向上，努力奉公，务尽臣父子世世犬马报效之心，以仰酬圣主天高地厚之隆恩于万一耳。为此缮折具奏，恭谢天恩，伏祈皇上睿鉴。谨奏。

朱批：览。既知感激朕恩，莫若使滇省亿万穷黎各得其所，斯为能报朕恩矣。

（《张允随奏稿》卷三）

727 云南总督庆复、云南巡抚张允随《密陈应革归公盐规，仰恳特恩豁免，以苏灶困折》

乾隆四年七月二十六日

云贵总督臣庆复、云南巡抚臣张允随谨奏：为密陈应革归公盐规，仰恳特恩豁免，以苏灶困事。

窃滇省从前各项陋规未革之时，每年黑、白、琅等盐井有呈送院、司、道节礼银两，内白井年送银一千四百四十两，琅井一千二百一十六两，并黑井年解锅课银二百四十两。雍正元年，经升任盐道李卫报出，解交藩库，留办通省军务并诸项公用。至雍正六年，复经升任督臣鄂尔泰奏明，归入公件项下，搭放一切公事、养廉之需，节年在于薪本银内按季扣解。在当日柴价平贱，灶户犹能供办。近年以来，童山渐多，薪价日贵，兼之卤淡难煎，所领薪本不敷购买柴薪之用，而前项归公节礼银两已成定额，不能不照数扣完，以致灶户力不能支，屡次具呈，恳请豁免，经臣庆复于兼理巡抚任内批饬查议。迨臣张回任后，据布政司徐嘉宾、驿盐道张无咎转据各提举议详，请豁前来。

臣等伏思，盐斤关系民食，煎办全资薪本，必薪本无亏，庶堕误可免。滇省僻在边方，各井灶户无力者多，煎办艰难，动辄弃灶潜逃。臣等目击各灶艰苦情形，设法调剂，饬令盐道借支一年或两季薪本，令灶户得于柴价平减之时多买备用，接济供煎，俾无堕误。但预借银两本以接济薪本，若仍此内扣解归公款项，则薪本依旧不敷，灶困终不能免。查此项原系陋规，非钱粮耗羡可比，况近年各井灶户因柴贵卤淡，困苦实甚，更当加意存恤，以苏灶困。臣等仰恳圣主特降谕旨，将白、琅二井归公礼节银二千六百五十六两并黑井锅课银二百四十两，免其扣解。如蒙恩允，所有公件项下不敷银两，统于铜息银内拨补放给。臣等谨会折密奏，伏乞皇上睿鉴施行。谨奏。

朱批：知道了。

（《张允随奏稿》卷三）

728　云南巡抚张允随《奏报遵旨密饬地方留心清厘僧道，使其渐减折》
乾隆四年十月初六日

云南巡抚臣张允随谨奏：为遵旨奏覆事。

乾隆四年七月二十七日，臣接到大学士伯鄂尔泰、张廷玉、大学士徐本字寄："奉上谕：'往昔帝王之治天下，每有沙汰僧道之令。诚以缁黄之流品类混杂，期间闭户清修、严持戒律者百无一二，而游手无籍之人借出家以图衣食，且有作奸犯科之徒畏罪潜踪，幸逃法纲者又不可以数计。夫一夫不耕或受之饥，一女不织或受之寒，天下多一僧道，即少一力作之农民。若辈不耕而食，不织而衣，且甘实美衣，公然以为分所应得，而不知愧耻。是以上农夫二三人肉袒深耕之所入，不足以供僧道一人之用，既耗民财，复溷民俗，在国家则为游民，在佛、老教中亦为败类，诚不可听其日引日多而无所底止也。惟是此教流传已久，人数繁多，一时难以禁革。是以朕令复行颁给度牒，使目前有所核查，将来可以渐次减少，此朕经理之本意也。今礼部颁发各省度牒已三十余万张，此领度牒之本僧各准其招受生徒一人，合师徒计之，则六十余万人矣。目下亦只得照此办理。但朕查看外省官员情形，不过循照部文敷衍了事，并未深知朕渐次裁减之本意。尔等可密寄信于各督抚，令其徐徐留心，使之日渐减少，需以岁月，不在取必于一时。若官吏奉行不善，致滋扰累，则又不可。钦此。'"遵旨寄信到臣，钦此。钦遵。仰见我皇上黜游惰以厚民生之至意。

除密谕布、按两司密饬地方有司遵照原准部议各条，令将滇省僧道留心清厘，使之日渐减少，不致滋扰，并查明有无隐漏外，臣伏查清厘僧道之法屡经廷议，业已周详尽善。然臣犹有请者，如僧道年逾四十方许招受一人。查僧道招受徒众，不论年齿，多有师徒年岁相等，甚或有其徒之年反长于师者。今定以年逾四十招受一人之例，倘所招之徒年长岁又逾四十，又可借口招徒而转相剃度，名为止招一人，实则数辈聚处，禁之则例所不载，不禁则徒众日多。除此之法，莫如就定例之内稍加分晰。嗣后僧道虽年逾四十，必其师既经身故，方许招受，并令地方官验看，将新招之徒法名、年貌填注牒内，凡其师现存而徒复招徒者，概行禁止，庶不有名少实多之弊。又如应付伙居僧、道士内，有老迈残疾及深山僻壤，附近无戒坛受戒，俗家无可归者，始给度牒，仍注册，永不许其招受生徒。但查原议，止于册内注明，而牒内并无分别，保无影射、顶替之弊。应请令各地方官，将从前给过此等僧道度牒逐一查明，于照内大书"不许招受生徒"字样，钤盖印信，庶私招、暗顶诸弊可绝。

再查缴销度牒，倘有影射、隐匿情弊，虽定有僧道治罪及地方官失察处分，但其中或被经承藏匿，或遗漏未缴，以致顶替转卖。应请照缴销贡监吏员执照之例，将销字戳记印于牒面，并截去一角，年终汇总送部，以杜隐匿、漏缴诸弊。再僧人、道士实力焚修者少，营心财利者多，是以赀产恒丰，田畴常裕，以致游惰之民念其所有，乐为之徒。应请此后除原有田地准其管业外，凡民间田业，永禁僧道承买，庶农民力本养生之恒产不致为僧道招徒耗食之先资。

以上数条，并无更张之繁，亦无滋扰之累，总期僧道不能加增，自必日渐减少，于清厘之法不无裨益。臣愚昧之见，是否有当，理合缮折恭奏，伏乞皇上训示施行。谨奏。

朱批：知道了。汝省即照此行，朕亦交部议也。

（《张允随奏稿》卷三）

729 云南总督庆复、云南巡抚张允随 《奏报四年分办获铜斤、发运京铜全竣折》

乾隆四年十一月二十二日

云贵总督臣庆复、云南巡抚臣张允随谨奏：为奏报四年分办获铜斤发运京铜全竣事。

窃照厂铜上供京铸，全赖出产丰盈。滇省各厂仰荷圣主深仁远被，所出铜斤日益旺盛，经臣饬令总理并管厂各官加意抚恤，厂民俾得努力开采，以期铜积饶多，无误鼓铸。兹据各管厂人员报：乾隆四年分春、夏、秋三季，青龙、汤丹等厂已办获铜六百七十余万斤。目下冬季分，正出铜之时，蒙皇上敕部拨发铜本应时接济，不误采煎，约尚可办获铜二百四五十万斤，合计四年分共可办获铜九百余万斤。

伏思出铜多寡虽不可预定，然臣窃计，自奉旨停办洋铜以来，滇省每年出铜自九百余万斤至一千余万斤不等，衰多益寡，统计有千万之数，源源接运，足供京局鼓铸，可以无误制饷。至本年运京正耗铜四百四十四万斤，据驻扎威宁承运官、候补同知金文宗报称："四年分第八运铜斤已于十月三十日运赴永宁，计岁内可以全数运至永宁水次。其乾隆庚申年第一运铜斤，已据报于十一月初旬自威宁开帮起运。"除令上紧办理外，理合附折奏闻，仰祈圣鉴。臣谨奏。

朱批：此事汝等所办甚佳，知道了。

（《张允随奏稿》卷三）

730　云南巡抚张允随《奏请封闭开化府属之
黄龙山老岩厂折》

乾隆五年二月十三日

云南巡抚臣张允随谨奏：为奏明事。

窃查开化府属之黄龙山老岩厂，自康熙四十六年题报年定课额银二百八十七两二钱，迨雍正五年起至乾隆三年，每年课额不敷。臣恐管厂人员或有抽多报少情弊，密差查访。据称数千人在厂居住开挖，业已无效，厂民聚集不散，不无偷贩私货往交情事。

臣查交匪矣长等虽经自行投诚，现奉谕旨饬审发落，而其余众犹屯聚于乾塘、洪水之间，经臣等饬令沿边将弁加谨巡防，并严禁内地沙、侬出境，以峻内外之防。该厂地近交阯，既已开采无效，若不亟为封闭，恐奸民藏匿越贩，致滋事端。但封闭矿厂例应具题，听候部文到日遵行。今因外域有事，不得不严加防范。除一面行令布政使照例取结题请封闭外，理合附折奏明，仰祈皇上睿鉴。

再交阯国内情形，经督臣庆复联衔会折恭奏。合并陈明。臣谨奏。

朱批：知道了。

（《张允随奏稿》卷三）

731　云南巡抚张允随《奏请严定丢包恶贼之例，
以警奸匪折》

乾隆五年三月二十五日

云南巡抚臣张允随谨奏：为请严定丢包恶贼之例，以警奸匪事。

窃滇省地处边末，民情淳朴。近年以来，各省走厂之民络绎来滇，因而奸良混杂。有不法之徒勾结伙党，或用药迷人，或丢包攫财，经臣访闻，严饬地方文武员弁实力查拿，设法捕辑，无令漏网。旋据元江等府县先后详报，拿获以药迷人贼犯三起，丢包贼犯三起，俱人赃并获，供认确凿。饬令将已获各犯严审定拟，并穷究同伙党羽，以杜根株。

但查以药迷人之犯与强盗同罪，律条已属森严。惟丢包之贼，因律无正条，俱依掏摸律，照窃盗计赃科断，赃五十两以下止于一杖，数至九十两，不过杖徒，未有重惩之法。查此等匪贼，或二三人为一起，或四五人为一起，分布道路，窥伺孤单行客，即将石块裹作银包，佯为坠失，以诱行人拾取。如堕其陷井，即肆行搜攫，或行人不顾，其伙贼即假作行客，将包捡拾，故绐见者商同剖分，因而丢包之贼即赶上搜查，伙贼先将自己行李任其检视，后将行客囊橐帮同开看，见有银两，仍佯言并非所失之物，即代为捆束而去，不知所有银物已于搜查代捆时窃去矣。又或行客并未拾取，而数贼伙同拦截，指为拾包之人，硬将行李检搜，抢夺财物。以上情罪，其立心之奸狡，设计之险毒，较诸白昼抢夺尤为奸恶。盖抢夺系明见其物，从而攫取，失主犹可互争，且可当时喊救追捕。今丢包之贼逞鬼蜮技俩，将人密藏银物公然搜攫，且易于兔脱，不便立时就擒，又踪迹诡秘，朋类虽繁而无勾结之迹，流毒行旅，情罪可恶，若仅照窃贼科断，实不足以蔽厥辜。臣请嗣后凡有丢包贼犯，俱照抢夺律，不计赃杖徒，重者加窃盗罪二等，刺面；三犯满贯，亦照例拟绞；杀伤人者拟斩，均分别立决监候，店家知情容留者，照为从减等治罪。如此，则狡黠匪类各知畏法矣。

至白橦、剪绺等类，原属暗窃，仍照掏摸办理。是否有当，伏乞皇上睿鉴，敕部议覆施行。臣谨奏。

朱批：该部议奏。

（《张允随奏稿》卷三）

732　云南巡抚张允随《奏请停广西局鼓铸并遣散炉役折》

乾隆五年六月十一日

云南巡抚臣张允随谨奏：为奏明事。

窃照滇省鼓铸运京钱文，于乾隆四年十月，准吏部咨："庚申年钱文停其铸解等因，奉朱批：'依议。'"钦遵在案。今扣至乾隆五年三月二十九日止，业将四年分钱文铸齐，于是日停铸。除存库钱文现在发运，并将停炉日期另疏题报外，窃查广西局自乾隆元年开铸，设炉九十四座，合计炉头、炉役共一千九百七十四名，俱系逐末贫民，其原籍远近不等。当开铸之初，每名预给安家银两，到局之后，所给米、工价又足养赡身家。其炉头一役任重而工食稍充，多有移家就业者，今当停铸，未免失业，又有家口之累，归费拮据，若不设法周给，恐致失所，且广西府地近交阯，沙夷杂处，未便骤行散遣，致生事端。

臣仰体皇上不使一夫失所之至意，于准到部咨之时，饬令管钱局之迤东道储之盘预为筹画，将各炉役应得工食钱文，按卯酌留十文，扣至停炉之日，每人可得一千数百文，足资归费。其炉头九十四名，酌量远近，每名捐给盘费钱十千、七八千不等，俾得挚眷归里，并令兵役护送出境。据报自四月初一日起，每日陆续启行，各役莫不欢呼踊跃，半月之内，俱已散归，并无在途逗留滋事之处。至原建局房、公署，例应估变归款，并各炉器具，俱饬造册，交广西府题报。

所有停止广西局、遣散炉役各情由，理合附折奏闻，仰祈睿鉴。臣谨奏。

朱批： 览。

（《张允随奏稿》卷三）

733　云南巡抚张允随《敬陈筹酌裕铜事宜折》
乾隆五年六月十一日

云南巡抚臣张允随谨奏：为敬陈管见，仰祈睿鉴事。

窃照浙、闽、江苏三省，皆因钱文昂贵，请买滇铜开铸。臣先后按准部咨，议奏在案。伏思钱文关系民用，国宝贵乎充盈。今东南各省在在钱文缺乏，而江、浙、闽三省为尤甚，鼓铸一事，实为调剂良图。惟是欲行开铸，必先筹办铜斤。滇省汤丹等厂产铜虽旺，然除运供京局及本省、川、黔鼓铸之外，余剩无几，且运道险阻，畜牧稀少，驮脚常苦不足，欲以济东南各省之鼓铸，实属甚难。

臣查滇铜未旺之时，每年京局鼓铸铜斤全从东洋取办，未尝缺乏。迨后倭夷昂价居奇，以致商人领帑采买，价每不敷。在富商，深知无利有损，不肯领办。惟销折赔本之商，希图借重帑以侥幸厚利者方肯承领，迨至出洋，往往亏欠，虽监禁比追，究于帑项无益。此洋铜所以停办也。

查商、夷交易，多系以其所有易其所无。倭夷知彼国所有之铜为中国之必需之物，故得昂价以困商人。今京局有滇铜供铸，洋铜业已停办，积久不售，其价自贱。若洋船各商挟彼中必需之货以相易，在倭夷，要挟之技既无所施，自有不得不从之势。洋商得铜而归，可以佐鼓铸之用。但查停办洋铜原议内，虽有商人自运之铜仍给价收买之例，然洋铜市价每斤值银二钱八分，而官价止给一钱四分五厘，既不可抑令半价而售，若照市价收买，又与鼓铸无益。臣愚以为，可否于沿海各关，凡商船自日本长奇岛者，其应纳税银，悉令以铜一斤准税银一钱四分五厘，免其加耗，以恤商力。如此，则商船无铜，不能上税，自必各量应纳税额易铜以归。倭夷非铜无以易中国之货，亦不敢如前掯勒。虽或于成本有亏，而洋船一只，载货值数万金，其税之为数有限，他货之利足以偿之。至完税之外如有余铜，应听其照时价卖给铺户，打造器皿。沿海各省不特鼓铸有资，亦可杜销毁之弊。现在江南、浙、闽请买滇铜，虽竭蹶应办，然通盘计算，究于京局铜斤有碍，若不设法变通，洋铜减价无期，滇铜难以接济，于三省鼓铸终非长策，故敢谬抒管见，仰祈圣裁。至江、浙、闽、广等省，凡领倭照出洋之船共有若干，及每船约上税料若干，应请敕下各该省督抚查明定议。

臣为民用起见，是否有当，伏乞皇上圣鉴施行。臣谨奏。

朱批：该部密议具奏。

（《张允随奏稿·卷三》）

734　云南巡抚张允随《奏请听滇民垦辟弃土，以资民食折》

乾隆五年闰六月二十二日

云南巡抚臣张允随谨奏：为请听滇民垦辟弃土，以资民食事。

窃滇省山多田少，当丰稔之年，本地所产仅足供一岁民食，一遇少歉之岁，穷黎即仰屋兴嗟；且舟楫不通，邻封难济，欲为滇民谋足食之方，惟有劝民广为垦辟，尽力耕耘，俾多垦尺寸之土，即多收升斗之储，庶几缓急稍资，俯仰有借。

查滇省田地，自限年报垦以来，凡有可辟之土、可垦之荒，经臣与历任督臣饬令各属勤加劝谕，遍行开挖播种，陆续题报升科，已鲜遗弃。然山头地角不无零星未耕之处，而小民往往不肯致力者，由土垦则必升科，升科则有定额，现在之收获未足偿其工力，将来之赋税必不免于追呼。又有一等土棍、汉奸，当未垦之时从未过问，一俟夷民力耕成熟，即出名报垦，告争不休，以致愚夷畏怯，虽有零星可耕之土，亦任其荒芜而莫敢垦辟。

臣伏睹我皇上念切民依，凡可以佐百姓之不足者，无不孜孜讲求，以裕穷檐衣食，边方要地，闾阎生计，尤厪宸衷。用敢乞圣主格外宏仁，为边民多谋粒食。请嗣后滇省各府、州、县地方夷民村寨，凡有未垦之土，如成段、成丘者，仍照例报垦升科外，其山头地角崎零弃土，令地方官出示明白晓谕，听该地民夷用力开垦，免其升科，严禁豪强首争之弊，俾勤耕力作之穷民无所疑畏，自必尽力开挖，无论稻、麦、杂粮，播种收获，每年可以多得籽粒，似于边地民生不无裨益。虽普天无不赋之土，然滇省夷疆，原有免丈之例。此等零星弃土，不成丘段，收获不过升斗，科粮不上分厘，与其为草宅，似应听其开垦，稍资口食。

臣愚昧之见，是否有当，伏祈皇上睿鉴施行。臣谨奏。

朱批：知道了。有旨谕部。

（《张允随奏稿·卷三》）

735 署贵州总督云南巡抚张允随《奏报遵旨署理贵州总督谢恩折》
乾隆五年八月二十二日

署贵州总督云南巡抚臣张允随谨奏：为恭谢天恩事。

窃臣于本年七月初二日，在云南巡抚任内，接准部咨，钦奉特旨，命臣署理贵州总督事务，当即恭疏奏谢天恩。又于十五日，准到贵州督臣张广泗密咨知会，即于十九日兼程赴黔，三十日抵驻扎之贵阳府，八月初一日接印视事，业将到任日期另疏题报。

窃贵州一省，在昔为蕞尔边隅，自四川之遵义一府，湖南、广西之玉屏、青溪、天柱、锦屏、开泰、荔波、永丰等州县割归黔辖，幅员之广已异从前，加以古州、丹江、台拱、清江等处地方建置营汛，分设同知、通判等官，又开拓数千余里，总其大势：土风庞杂，汉少苗多，迭嶂层峦，地形险要。近年以来，新疆甫定，阖省之民气未苏，反侧初安，一方之积薪当虑，自非宽严适当，张弛合宜，何以克尽厥职？臣仰荷主恩，躬膺简署，虽才识短浅，未胜艰大之投，而恩遇优深，敢不奋勉自效？惟有殚心抚辑，竭力绥怀，念念悉秉公诚，不敢纤毫隐饰，以期仰酬高厚于万一耳。

所有臣感激微忱，理合缮折奏谢，伏祈皇上睿鉴。臣谨奏。

朱批：知道了。虽属代庖，亦须克尽其力也。

（《张允随奏稿·卷三》）

736 署贵州总督云南巡抚张允随《敬陈更定发遣人犯事宜折》
乾隆五年九月二十八日

署贵州总督云南巡抚臣张允随谨奏：为敬陈末议事。

窃查免死盗犯，向发黑龙江、宁古塔等处。乾隆元年，刑部定议，分发云、贵、川、广极边烟瘴地方。乾隆二年七月间，又经刑部会同九卿议奏："嗣后九项遣犯，有妻室子女者佥发宁古塔、黑龙江等处，给与披甲人为奴。如无妻、子之遣犯并其余各项遣犯人民，遵照乾隆元年定例，改发云、贵、川、广，分别极边、烟瘴与烟瘴稍轻地方安插。"等因在案。数年以来，滇、黔二省解到各犯虽均匀分发，交与地方文武各官收管约束，但查滇、黔二省地处极边，半属新疆，苗猓杂处，秉性凶顽，素非安分，若复与刺面凶徒共居并处，保无暗行勾结，妄生事端。向来苗猓不法，半由汉奸主使。数年以来，此等遣犯日见加增，使与苗猓相聚，凶类杂处，隐患非浅。与其事发而加以惩创，不如先事而为之预筹。

伏读乾隆二年六月二十七日谕旨："凡外遣人犯，近日发烟瘴地方，原因此等恶人不宜在盛京等处，使满洲直朴之习有所渐染也。但伊等原系发与口外驻防兵丁为奴之犯，闻彼地兵丁有借以使用，颇得其力，且军流人犯太多，地方官亦难管束等因。钦此。"钦遵。是内地犯多之难于管束，与外地之可为兵丁使用，俱久在圣主睿照之内。查三姓地方，八姓兵丁每兵给奴一名。乾隆二年七月间，部文开载，止发过一百八十四名。可否将免死、减等九项遣犯，嗣后不论有无妻室子女，俱发八姓兵丁为奴使用，俟足数之后，或另议地方安插，或仍发黑龙江、宁古塔、吉林、乌喇等处。一转移间，在遣犯有兵弹压，咸生慑服之心；有主约束，可无纵肆之患。而且有地耕种，免于游惰，又有关隘之阻以杜脱逃，而八姓兵丁亦得资其使用，不无裨益。至不在九项内之遣犯，请照律载充军地方之例，酌定远处，四散分发，以免聚集苗猓之地。其充军应发人犯，仍照旧例遵行。

臣为边疆患思、预防起见，是否有当，伏乞皇上敕部定议施行。谨奏。

朱批：大学士会同该部详议具奏。

（《张允随奏稿·卷三》）

737　云南巡抚张允随《奏报交送黔督印务，起程回滇日期折》
乾隆六年五月十三日

云南巡抚臣张允随谨奏：为恭报微臣交送黔督印务，起程回滇日期，仰祈睿鉴事。

窃臣仰蒙恩命署理贵州总督事务，自顾才识庸愚，深恐弗克负荷，署事以来，夙夜兢惕，惟有矢慎矢勤，事事实心办理，以冀仰报主恩于万一。今督臣张广泗奉命回任，于乾隆六年五月五日抵贵阳省城，臣遵例先期一日，谨将贵州总督银关防一颗、王命旗牌并节年奉到圣谕、书籍及书吏、文卷、火牌等项，委员赍交接受。臣于督臣张广泗到省之日，跪请圣安，并将督臣任内办理过黎平军务情形毕悉告知，臣即于次日起程，回臣云南巡抚本任。除另疏题报外，所有微臣送印起程日期，理合恭折奏闻。谨奏。

朱批：知道了。汝此任颇觉实心任事，朕甚嘉之。

（《张允随奏稿·卷四》）

738　云南巡抚张允随《奏报奉旨署理云南总督谢恩折》
乾隆六年六月十七日

云南巡抚臣张允随谨奏：为恭谢天恩，仰祈睿鉴事。

乾隆六年六月初四日，准吏部咨开："乾隆六年四月十四日，内阁奉上谕：'马尔泰现丁母忧，广东广西总督印务，着云南总督庆复前往署理。云南总督印务，着云南巡抚张署理。钦此。'"钦遵，移咨到臣。臣恭设香案，望阙叩头谢恩讫。

伏念臣才本凡庸，识复浅陋，遭逢恩遇，畀抚滇疆，夙夜兢兢，惟矢勿欺匪懈之忱，冀报天高地厚之德。而心长力短，未效涓埃，复蒙圣恩署理云南总督印务，闻命自天，感激无地。

窃以滇省介在极边，百蛮环处，南连交缅，西控诸藩，地广汛遥，夷多汉少，兵防边备，关系綦重。总督统辖文武，节制保厘，责任尤巨，自非智勇兼资，未易机宜悉协。臣以微才，膺兹重寄，惟有殚竭精诚，加意敬慎，绥怀汉土，巩固疆隅，务使皇仁远布，边境乂安，庶以仰纾皇上南顾之怀，少竭微臣报效之志于万一耳。除俟接印恭疏奏谢外，所有臣感激微忱，合先缮折具奏，恭谢天恩，仰祈睿鉴。臣谨奏。

朱批： 汝署黔督，甚觉实心，今在本省，更易为力。然滇省当交阯多故之秋，金江开工之始，惟应以庆复为法，诸事熟筹，妥协为之，而不存畏难苟且之念，则得矣。

（《张允随奏稿·卷四》）

739　云南巡抚张允随《奏覆总督庆复历任，对其奏明承办之事不敢稍存推诿之念折》
乾隆六年六月十七日

云南巡抚臣张允随谨奏：为遵旨覆奏事。

窃臣于乾隆六年六月十四日，准兵部加封火票递到军机房寄字，内开："乾隆六年五月初七日，内阁奉上谕：'云南总督庆复已命往广东署理两广事务，伊在滇省奏明承办之事，如开金江河道以利济滇、蜀两省，派拨兵丁以防范安南边境，开垦碍嘉大路之荒地以增农田，开挖姚安沙地之卤源以增盐斤，种种筹画，皆系有关地方、有裨民生之事。现在经理尚未就绪，庆复既经调任，署督张自当接办。着庆复与张详细讲论，一一交代。张当念此系地方公务，不可以系前人奏办之件，稍存推诿之念，视庆复所奏之事即同己奏，庆复所委之人即同己委，无分彼此，无论前后，方不失同寅协恭、体国利民之谊。

若果事有难行、必须变通者，则亦不可瞻顾，以致迁就。钦此。'"到臣。臣跪读圣谕，仰见我皇上所训示微臣者周详谆切，俾臣识所遵循，免致陨越贻误，不禁感激涕零。

窃念臣自受任滇抚，与历任督臣办理地方事务，无不尽心商确。凡有真知确见，虽例系督臣主持之事，亦知无不言，言无不尽，既不忍违心以苟同，亦不肯矜己以立异，总期裨益于国计民生，而后自问，始觉无憾，此历任督臣所深悉。至于督臣庆复之实心为民、勇于任事，臣素所推重。而庆复亦以臣为可和衷共济，每事咨商妥办，同城四载，毫无间言。今庆复署事两广，臣蒙恩署督篆，凡未竟之事，悉系臣应办之事，如开金江河道、防范安南边境、开垦碙嘉荒地、查获姚安沙卤等事，或为利济民生，或为绸缪未雨。臣同任封疆，仰体皇上覆载深仁，为地方筹久安，为民生谋乐利，固不敢瞻顾迁就，又何敢畏难就易？倘因前人奏办之事，遂怀推诿之私，非但不可以对我圣主，且亦非臣生平自待之心也。今钦蒙谕旨，益当矢竭寸忱，务竟厥绪。至其中或有应行变通之处，自当恪遵圣谕，奏明酌办。除开修金江河道、探报安南情行、拨换猛梭土练、堵御南掌要隘四折，会同督臣详细妥商缮奏，恭请皇上训示遵行外，为此缮折奏覆，仰祈睿鉴。

再照督臣庆复于本月十九日送印，择日起程赴任。合并陈明。臣谨奏。

朱批：所奏俱悉，勉力实心为之。

（《张允随奏稿·卷四》）

740　署理云南总督云南巡抚张允随《奏明筹办开凿金沙江上、下两游工程事宜折》

乾隆六年八月初六日

署云南总督云南巡抚臣张允随谨奏：为奏明筹办开凿金沙江上、下两游工程事宜，仰祈睿鉴事。

窃照滇省开浚金沙江一案，先经调任督臣庆复委令昭通镇中军游击韩杰勘明可以开修情形，与臣会商，恭折奏请开凿，以利滇蜀两省民生。臣于上年会奏之后，即衔命前往贵州署事，迨奉到俞旨，当经督臣庆复遴委试用道宋寿图、广南府知府陈克复为总理，游击韩杰为监督，并令参将缪弘督理船筏，于上年十一月起，先将金沙厂以上至小江口一带水势滩形一面查勘，一面试修。因上游各滩查勘需时，而各处夫匠亦难克期调集，始于本年二月兴工，计陆续试修蜈蚣岭、安吉等十滩，旋因水长瘴发，详报停工。臣于五月二十七日回任，督臣庆复奉命调署两广督篆，业将开凿江工情形面相讲求，于六月十三日具折会奏在案。今臣奉旨接办，适当停工之际，与在省司道及承办各官乘暇悉心商酌，博加询访。

伏查金沙一江，发源西域，经滇省之鹤庆、丽江、永北、姚安、武定、东川、昭通等七府，以达川省，实为三峡上流，自东川府小江口起，至川省叙州府新开滩止，绵亘一千三百余里。此滇中西北之险，历代蛮夷割据，所资以为天堑者也。前明正统、嘉靖年间，靖远伯王骥，巡抚黄衷、汪文盛等屡议开浚，以通川滇血脉，事不果行。今蒙我皇上加惠边民，俞允兴修。此功告成，足以续禹力所未至，不独一省一时之利，实西南万里疆隅久安长治之计也。

查上年十月间，督臣庆复委令宋寿图等总理估勘、兴修事宜，因江程辽远，溯流查勘，自冬徂春，半年之内始勘明上游诸滩，而下游一带水势、滩形尚未及估勘。今已八月初旬，转瞬霜降之后瘴消水涸，即当乘时兴工。若令该府、道等再往下游查勘，则上游工程必致鞭长莫及。臣悉心筹酌，此案江工应分上、下两游办理，庶事有责成，而工无旷日。

查自小江口至金沙厂六百七十三里为上游，自金沙厂至新开滩六百四十六里为下游。今将上游一带工程饬交原委查勘之道府宋寿图、陈克复总理承修。令于十月初旬，调集夫匠，带领分修各官前往金沙厂，将应修各滩分别难易者，其滩大工巨者分段疏凿，滩小工易者分滩修凿，俾官吏、夫匠人等齐集工所，总理大员亲任承修之责，自必上紧督率，趁冬水已涸、春水未涨之时，将金沙厂以上各滩大施人力，自下而上以次疏凿，为巨工之始基。至下游一带，尚未估勘。第就大势而论，黄草坪至金沙厂六十里，原系未开通之路。其自新开滩至黄草坪五百八十六里，历来永善县赴川省泸州采买兵米，俱雇鳅舡从此河挽运，尚系船只可通之路，与黄草坪以上人迹罕至不同。惟挽运兵粮俱系溯流而上，每遇险滩，即起剥盘载，将空船牵挽而上，虽间有损失，不过十中之一。其下水之船中流迅疾，人力难施，空船放行易致损伤。是以历来船户受雇，皆领银买船，多索水脚，到永之后，俱弃船由陆路回泸。今欲舟楫上下通行无阻，必须将江中各滩逐一相度险易，疏凿开修，方可使下水之船无意外之失。

查有曲靖府知府董廷扬，明白强干，堪以总理下游承修事务。今于九月间，同原勘之游击韩杰前往叙州府，自新开滩起至沙厂之异石滩止一带工程，一面勘估详报，即选派分修之员，各按工程难易，分段分滩，次第修凿。臣又思江工重大，必须地方官协同办理，庶雇募夫匠、接济米盐诸事得以无误。查上游一带多在东川府境内，即令知府田震协理，下游一带俱在昭通府境内，即令知府来谦鸣协理，俾更番董率，务使岁无弃时，人无弃力，纵一时不能告竣，亦必于二三年内将河身开凿通顺，以便将来逐渐修理。惟是内地各省工程，夫匠可以随处雇觅，且止须发给工价，一切食米、盐菜俱可自行购买。今金沙江工，不但石匠一项须于迤东各府四处雇觅，即小工夫役，沿江一带村寨俱系夷人，不便雇募，亦必雇自远处，尤须宽给工价，方不逡巡裹足。又兴工之地均系夷方荒僻之区，盐、米、薪、蔬必需官为买运，颇费筹画。前据参将缪弘议请川省雇用站船六十八只，常川排设，上运盐米，下带铜斤。臣等饬令司道、总理，将船价、工食、兵役、饭食共需若干，所运盐、米若干，有无羡余，所带铜斤较陆路运脚有无节省，确加核算，定议办理，业经会折奏明在案。今据司道、总理等详称："金沙一江陡水湍急，疏凿方兴，舟楫未通。前议安设站船，原为试运起见。上运盐米，犹可施人力，下运铜斤，急流乱石未经开通，难以行舟。应请俟开通之后，再为相度安设，以济铜运。至上年试运铜斤脚价，约计已浮于陆运。"等情。

臣思江工方当经始，铜斤既难带运，即所运盐米亦不免沉失，自应变通办理。查食米一项，上年已发银五千两，令大关同知及嵩明、和曲等州县买米三千八百石，分贮巧家、桧溪等处，足供官役、夫匠之食。其余盐斤、铁器等项，臣饬令东川、昭通、武定等府预行购买铸造，由陆路运赴工所备用。所有前项站船，无需多设，应减去四十八只，止留二十只，以备修工各官往来乘坐，及修完一滩上下试行之用。其夫匠人等，臣现饬云南等府先期雇募，给以安家银两，令于各员赴工时押送前往。

至升任天津镇臣黄廷桂"请敕川陕督抚提臣会商熟筹办理"一奏，奉旨令与川陕督臣尹继善和衷妥议。钦遵在案。嗣据总理道府宋寿图、陈克复等禀称："川省委员以两游险滩甚多，不敢定议会详，经调任督臣庆复寄字前往商筹，尚未覆到。"臣查江工艰巨，不独川员见此为难，即滇省各属员中亦议论不一。殊不思今日永赖之利，皆昔人难办之功，正廷议所谓："工程原属匪易，因其有裨于国计民生，故不惜多费工力，成此巨举也。"

但查上游江程六百七十余里之内，险滩林立，或巨石亘于水中，或石壁横挡水势，兼有跌水、喷漩、倒卷等项名色，若不详察形势，或前后已经开通，中遇奇险之滩，虽加疏凿，亦难上下通行之处，则工力徒劳。臣愚以为，此项工程应宜自下而上，是以饬令总理之员从原通舟楫之黄草坪以上逐滩往上兴修，使开通一节即得一节之益，倘至难以施工之处，将来即起剥盘坝，以避危险。如此办理，庶几修过工程，尺寸皆归有用。

臣伏睹我皇上念切民生，特允督臣庆复之请，不惜帑金，为滇蜀两省开万年经久之利。臣仰体圣心，早作夜思，详审熟计，既不敢畏难推诿以隳不朽之功，亦不敢草率苟且以蹈欲速之咎，总期实力实心，务底厥绩，以上副圣主平地成天之至意。合将臣筹画开凿江工事宜缮折具奏，是否有当，伏祈圣训指示遵行。

再查调任督臣庆复任内，去冬今春用过工匠及在工人役、工价、饭食、雇船、运筏、伐木、买运盐米、发运铜斤应销之项，及木植变价归款银两，未据造报，并估计上游工册、通江河图，臣现在严经手各员造册绘图，到日分别题奏。合并陈明。臣谨奏。

朱批：所奏俱悉。如此担当办理，方惬朕意。但须察查属员，必使用归实地，则虽费帑金，将来必收其利。若稍照顾不到，将来恐庆复与汝不能当此也。

（《张允随奏稿·卷四》）

741 署理云南总督云南巡抚张允随《奏报滇省各缺籍隶两广、川、黔四省者较多，请于部选滇省州县月官引见时酌情调换折》

乾隆六年八月初六日

署云南总督云南巡抚臣张允随谨奏：为仰恳圣恩，以裨吏治事。

窃照滇南远处极边，界连外域，汉夷杂处，一切边备夷情以及调剂铜盐厂课诸务，均须因地制宜。为守令者必得心胸开阔，才具通达，始能料理无误。

今臣查通省属员，知府之中才具可观者尚不乏人，而州县各官，求其识见明敏、晓畅事机者，什无一二，皆由数年以来州县各缺半系两广、川、黔之人。查滇省州县共计六十四缺，其籍隶四省者已有二十一人，居滇缺三分之一。虽造物生才原不择地，然特出之姿未易多得，而中材之士未免拘于风气，囿于方隅，见闻既已不充，智识因之浅隘。滇省边方要地，州县各官出色之员甚少，每值应行题补之缺，不得不于各员内选择题补，究难得胜任之员。是人才一事实为要务。用敢据实密陈，仰恳皇上天恩，于部选滇省州县月官引见时，俯念边地需才，圣鉴调换，俾得收臂指之效，实于边方吏治大有裨益。臣为地方起见，冒昧密奏，伏乞皇上睿鉴。臣谨奏。

朱批：知道了。

（《张允随奏稿·卷四》）

742 署理云南总督云南巡抚张允随《奏报安南情形折》

乾隆六年八月初六日

署云南总督云南巡抚臣张允随谨奏：为奏报安南情形事。

窃臣于本年六月十四日，准兵部火票递到军机处密封内阁大学士伯鄂尔泰等议覆云南总督庆复"探报安南顺逆情形"一折，令臣整饬沿边将吏，一应卡隘严行防守，其有势穷余孽饰词投窜，及假托声援，暗藏边境以逞奸图者，皆当悉心查察，毋使少有疏懈，亦不得轻启衅端，并将探听确实情形随时奏报等因具奏。奉旨："依议速行。钦此。"钦遵。

臣查滇省开化、临元、普洱三镇所辖营汛，均与安南接壤，内普洱边境路僻瘴盛，从前伪交江矣长未经投诚之时，督臣庆复檄令各镇戒严。据普洱镇崔善元禀报："防兵跋涉瘴乡，病者接踵，且中隔南掌地方十余站，距安南北境尚远。"目今只宜饬令该镇整肃军威，无庸拨兵远戍。其临元一带土司地方，先因猛梭掌寨刀羡玉被沙贼袭占，当经饬令守备石广带兵二百名驻扎斗岩厂，遥为声援。嗣因瘴发撤回，行调猛喇土把总刀正邦与刀羡玉之子刀正民，调集本地服习水土之土练五百名，分布各要隘堵御，已为严密。应俟霜降瘴消时，臣再为相机布置。惟开化之马白汛，紧接都竜，为厂民出入之地，从前都竜土目翁贵屡挫贼锋，颇为沙贼所惮，是以黎忠君、余襄等敢于占夺小宜京，安设十八路翁查，而不敢侵扰都竜。近闻翁贵已与黎忠君等连和，且该土目狡黠异常，保无纵贼养奸、通同为恶情事，自应严加防范。臣已札行开化镇臣王大受，密饬沿边各汛，于一应通交隘口加谨巡查，毋得稍懈，并令密差侦探彼国确实情形，不时报闻。

臣又查滇省广南一府与广西之镇安接壤，镇安地近交阯，贡道所经，商旅往来无阻，声息易通，因檄令广南营参将胡大勇确探。去后，兹据该参将禀报："据差去兵目回称：奉差查探安南境内军情，当即雇觅引路交人，装扮客商前至宝乐州，探得本年二月间，牧马督镇官带领夷兵万人，以土官闭正潜为先锋，进攻谅山，于二月二十七日抵七泉州，叛目闭燕禄、闭高禄率众二万余迎敌，贼兵多执藤牌、长枪，炮火无几。三月初二日打仗，有牧马先锋闭正潜手下兵头李三重、齐麒率精锐三百余人奋勇当先，牧马之兵随后冲杀，闭燕禄抵敌不住，退往谅山，就韦福瑄一同驻扎。是日，杀死七泉州二百余人，将房屋尽行烧毁，抢得牛只数百。闭高禄奔避不及，率同家口投降，牧马督镇官仍以礼待。今牧马之兵已于三月十六日撤回，止留先锋闭正潜带夷兵七千人驻守七泉州界之巴村防守，以俟秋凉再举。又闻得此举原议宜京、太原、牧马三处进兵夹攻，后因宜京、太原两处均不发兵，是以牧马孤军不敢前进。又探得从前郑王派通国夷民赴宜京当兵喂象，三年一换，其口粮俱令各兵妻子运送，是以众心离叛。上年明都王初立时，已免谅山一半差徭，而韦福瑄必要通国全免，方肯罢兵。今谅山官民公举土官武缵基为帅，其人通晓汉话，驭兵有方，甚得民心，统兵四万余众，约束甚严，所到之处并无骚扰。凡谅山官目俱戴红帽，穿袍褂，各土兵亦有戴红帽者。"等情，转禀到臣。

臣查牧马之兵以少击众，竟能摧锋陷阵，乘胜逐北，攻下七泉州，是该国将领尚非无人，若使宜京、太原协力赴剿，则谅山之众可以一举歼灭。乃失期不至，使既败之寇得以复振，良由该国势处式微，人怀观望，以致办理失宜若此耳。所有臣分别防守边境及探到安南近日情形，理合缮折奏闻。

再查开化镇臣王大受例当轮送陛见，今因安南有事，边防紧要，未可轻离，请俟该国宁靖之后再令起程。合并陈明，仰祈皇上睿鉴。臣谨奏。

朱批： 所奏俱悉。

（《张允随奏稿·卷四》）

743 署理云南总督云南巡抚张允随《奏报
夏秋雨泽沾足、禾稼丰硕情形折》

乾隆六年八月初六日

　　署云南总督云南巡抚臣张允随谨奏：为恭报夏秋雨泽沾足、禾稼丰硕情形事。

　　窃滇省本年两迤地方得雨甚早，高下田畴夏至以前栽插已遍，因栽插之后未得大雨，高田望泽颇殷。臣与调任总督臣庆复竭诚祈祷，六月初九、十三等日，甘霖迭沛，比户欢欣，经臣恭折奏报在案。自后霖雨时降，不特平原水田处处充足，即雷鸣高田亦灌注不竭。六七月之交连得大雨，通省溥遍，凡各属最高山田，数年内不能栽种一二次者，今岁无不遍栽，其余山头岭角所种燕麦、山荞，亦青葱畅发。汉土民夷，咸称今岁雨泽充盈，百谷遂长，大有可期。自交七月十五以后，昼则秋阳皎洁，夜则甘露沾濡。目今早稻业已成熟，渐次登场，晚稻扬花者十分之三，结穗者十分之七。惟昭通一府，地近川黔，至六月二十、二十一等日始得大雨。据知府来谦鸣报称："得雨之后，禾苗发茂倍常，晚荞毕栽。"等语。总计全省年景，实属丰亨有象，理合缮折奏报，仰慰圣怀。

　　再查六月二十六七及七月初三四等日，雨势过骤，山溪暴涨，宣泄不及。据各属陆续申报：元江府冲没田数段、桥梁三处，姚州淹浸田三百余亩，富民县水浸垦塌濒河居民瓦、草房屋大小二百余间，新兴、河阳二州县各淹浸民田数十余亩，易门县冲伤田十一亩，又景东、安宁二处河水泛入盐井，淹及卤台，旋即退出。臣飞饬邻属印官确勘被淹亩数，酌动仓谷，按户赈恤，并借给籽粒，令其及时补种杂粮，并将垦塌房屋动支归公铜余银两赈给修葺，俾各得所。

　　臣查滇省田号雷鸣，形如梯磴，必得雨水充盈，始获丰收。但雨多之年，低下之区不无淹浸。然以通省高田所获计之，前项被淹田亩实不及百分之一。臣仰体皇上痌瘝在抱之至意，即时动项，不致令一夫失所。再查常年六七月青黄不接之际，米价必至增长。今查各属所报六月分米价，较四五月稍减，皆因有米之家见丰收有征，共相粜卖，是以市价甚平。臣因时当乡试，两迤士子及商贾人等云集省城，不下万余人，恐铺户借端增价，饬令云南府动拨府、县常平仓米出粜，每升卖钱十四文，合银一分二厘有零，以平市价。再臣念禾稼登场在迩，恐愚民不知撙节，或造酒以糜嘉谷，或浮费以耗盖藏，预饬所属府、州、县各官谆切劝谕，并禁烧锅、赛会、聚饮一切糜费，以期边方黎庶克享盈宁。合并奏闻，仰祈睿鉴。

　　奉到朱批原折六扣，一并恭缴。谨奏。

　　朱批：所奏俱悉。

（《张允随奏稿·卷四》）

744 署理云南总督云南巡抚张允随《奏明办理营伍事宜折》

乾隆六年十月十九日

署云南总督云南巡抚臣张允随谨奏：为奏明办理营伍事宜，仰祈睿鉴事。

窃照滇南地处极边，界连外域，汉夷杂处，蛮猓环居，安内攘外之图，较之他省倍关紧要。臣荷蒙圣恩，畀署总督重任，不敢徒以察吏安民、抚绥澄叙遂谓克尽职守，必期简阅军实，修明武备，俾疆圉巩固，庶不负我皇上委任之至意。

臣于受事后，即节次通饬各标、镇、协、营大小员弁，稽查要隘，严紧汛防，训练兵丁，按期操演，熟习枪炮弓弩，清厘粮饷公费，严禁虚兵冒占及老弱充数等弊，违者严参究革。臣伏思整饬营伍，全在将领备弁身先董率，斯能士气奋扬，师称劲旅。当经檄令各属将弁轮流赴省，臣亲加考验，察其材技出群，晓畅营务，平日操防勤慎、训练有方者，即当场优加奖励；其材技稍次，而平素料理营伍尚属精练谨饬，不致废弛者，亦即谆切告诫，俾知努力奋勉，恪供职守；其有年力就衰、材技庸下，或驭兵鲜术、疏懈操防者，容臣分别参处责革，不敢稍涉姑息。至于旗帜、甲械、马匹、军装、火药、铅弹，皆为克敌制胜之先资。滇省十余年来屡有出师征调，各项不无敝钝，虽节经历任督臣屡饬备整，亦尚有未尽齐全之处。臣复逐加委验，设法备整添补，务使甲械坚锐，旗帜鲜明，枪炮应手，发机捷速，以资利用，以壮军容。

缘臣接篆未久，旋值文武两闱，巡抚有监临考试之责，一切调考各官弁，酌量程途远近，俱饬令于场前、场后次第前来，勿虚汛守。滇省两迤幅员辽阔，已赴考验者甫及一半，当俟通省考验周遍，另折具奏。所有臣现在办理营伍事宜，是否有当，伏乞皇上训示施行。

再照新任提臣潘绍周于十月十七日至省，臣于十八日武闱揭晓后，将通省营伍事宜面为详晰告知，互相协力整饬，提臣亦深以臣言为然，力任殚心共济，旋于十九日起程前往大理赴任。合并奏闻，仰祈睿鉴。臣谨奏。

朱批：须时时留心，以实力行之，不可谓一奏了案也。

（《张允随奏稿·卷四》）

745 署理云南总督云南巡抚张允随《查奏酌减滇省粮税折》

乾隆六年十月十九日

署云南总督云南巡抚臣张允随谨奏：为遵旨查奏事。

　　窃臣接署督篆，准调任督臣庆复移交乾隆五年十二月初二日奉到朱批奏折一扣，内开："云南布政使臣徐嘉宾谨奏：为请减独重之粮税，以广皇仁事。窃查云南一省，上则民田每亩科粮自三四升以至五六升不等，中下田地照数递减，条银照米科编。惟澄江府属之河阳县，每上则民田一亩，科粮八升一合八勺三抄，中则民田一亩，科粮七升一合八勺四抄，下则民田一亩，科粮六升一合八勺四抄；上则民地一亩，科税五升九合二勺一抄，下则民地一亩，科税四升九合一勺三撮。以上每税粮一石，编条银六钱三分九厘五毫八丝三忽。缘前明时，知县张应宿见河阳田地原无额粮，竟以得水迟早定为征输多寡，以致比照通省，科则独重，实属偏枯。我朝定鼎以来，照旧征收，相沿未改。伏查康熙八年裁汰阳宗一县，其田地、钱粮归并河阳附征，上则民田每亩科粮六升，中则民田每亩科粮五升，下则民田每亩科粮三升九合八勺四抄八撮；上则民地每亩科税三升一合五勺二抄，下则民地每亩科税一升一合五勺七抄八撮。是河阳田地粮税不特较通省独重，即以本邑同征之阳宗比照，亦已迥不相同。山邑穷民完纳不前，未免向隅之泣。钦惟我皇上御极以来，减租减赋，议赈议蠲，动辄百千万亿。即如云南一省，军舍丁银永行豁免，三井节礼特旨蠲除，稍有偏枯之事，无不大沛恩膏，惟独此一邑之民未沾圣泽。臣愚请将河阳县田地钱粮减照裁并之阳宗科则征收，是否可行，伏乞皇上睿鉴，敕下督抚二臣转饬查明，造册达部定案，边远穷黎永沐皇仁于生生世世矣。乾隆五年七月二十七日，奏奉朱批：'着庆复查奏。钦此。'"移交到臣。

　　臣伏查，云南为《禹贡》梁州裔境，山高水下，本非中原沃野可比，而夷猓杂居，刀耕火耨，亦与东南各省人工克修者不同，计田制赋未能尽符中土科则，以现在通省田地顷亩合之，额征银米数目尚不及什一之数，惟其土瘠民贫，是以赋轻敛薄。然定额之初，其中仍有畸轻畸重之殊，不能均平画一。如河阳一邑赋额，上则田科粮至八升一合，条编银五分有零，较诸通省田粮科则，原属稍重，此原任布政使徐嘉宾所以有减照附征阳宗科则征收之请也。但臣思则壤成赋，原视地土之肥硗；变法易制，贵权利弊之轻重。查直省田粮定额，或一府之内而州县彼此悬殊，或一邑之中而里甲区图互异，皆以地利肥瘠为准，不能强其尽同。今河阳定额在前，阳宗归并在后，自不便以附征之科则改原定之正供。况河阳田赋，自前明定额，迄今已百年有余，百姓相习，已为固然，若遽行议减，滇省各府、州、县中粮额稍重者势必援照此例，争相吁请。是因一邑之减征，转启通省效尤呈控之端，非所以权轻重而期经久也。应将原任布政使徐嘉宾奏请减河阳田赋之处无庸议。臣谨据实查明奏覆，仰乞圣鉴。谨奏。

　　朱批：知道了。

（《张允随奏稿·卷四》）

746 署理云南总督云南巡抚张允随《奏陈滇省开浚金沙江 通川河道进展情形折》

乾隆六年十月十九日

署云南总督云南巡抚臣张允随谨奏：为奏明事。

窃照滇省开浚金沙江通川河道一案，臣于乾隆六年五月二十七日自黔回滇，经调任督臣庆复将应办江工事宜与臣会折具奏。嗣于八月二十六日，准兵部加封递到军机处字寄，内开："'金江事宜'一折，奉朱批：'军机大臣等议奏。钦此。'据奏先开修金沙江上游，分别上、次、险工及委员接修等三条。查从前该督奏称：'金江通川河道于冬、春间先开凿最紧要各滩，分析紧工、次紧、缓工，次第兴修。五月至九月江涨，应暂停工，其十月至四月可以兴工等因'一折，经臣等议，令确加估核工程紧缓，俟有成效，依次施工，奏准在案。今该督奏请上游分别险易工程，逐段接续办理之处，查与原奏相符。况下游现在可通舟楫，自应先就上游开凿。其开过之安吉等滩，目下虽暂停止，俟秋水消退之际，即宜陆续催趱兴工，应交该署督遵照办理。又奏装运站船及核销费项二条。查设立站船转运盐米，其需用费项，亦经该督奏明，先动支现存铜息银两以资工程盘费、采买盐米、船只、工匠之用，俟估计题报，部拨到日，归还原款，经臣等议覆，奏准在案。今该督奏请俟今秋将船价、工食等项与所运盐米有无羡余、运铜有无节省脚价核算定议，俱应照所请行，交该署督办理。又奏川省督抚会勘河道并分清夷寨应管地界二条，查据升任天津总兵黄廷桂奏金江开凿维艰，且经过夷穴，虑滋衅端等因一折，奉旨：'交各该督抚和衷详议具奏。'钦遵在案。今川省委员会勘，未有定议，现据庆复寄字商度。查金江开修，唯在十月水落以后可以施工。隔省咨商，往返定需时日，恐有迟误，应令张仍饬按期接办，俾在工人员不致观望推诿，并误前工。再川省查出呢革、波孤等寨，向来滇、川俱未收管，今既查明应归川省管辖，自应按照界址，以专责成，川省不得推卸，仍前遗漏管束。至木欺古适中地方添设塘汛之处，是否应行，应听该署督再为确查办理可也。谨奏，伏候谕旨。乾隆六年七月二十日，奉旨：'依议。钦此。'"等因到臣，钦遵在案。

伏查金江大工事关久远，臣奉旨接办，敢不殚竭精诚，不避艰险，上筹图计，下济民生，必使帑项不致虚糜，工力皆归实用，庶以仰副我皇上加惠边方之至意。臣自督臣庆复起程赴粤之后，又经悉心筹酌，将江工分作上、下两游办理，令原委勘估之道府宋寿图、陈克复承修自金沙厂至小江口上游一带江工，另委曲靖府知府董廷扬承修自新开滩至金沙厂下游一带江工，并委昭通、东川二府协理承修，以专责成。俱令自下而上逐滩开凿，以收得寸得尺之效。又因从前设立站船上运盐米、下运铜斤之处，经司道等议以疏凿方兴，难以行舟，请俟开通之后再为相度。臣是以议将站船停撤，令大关同知、嵩明、和曲等州采买米石，并令东川、昭通、武定府购备盐斤，铸造锤錾，由陆路运赴工所备用。于八月初六日，将分委承修及停撤站运各事宜缮折恭奏，尚未奉到谕旨。兹臣接准军机处议覆前次会奏七条，奉旨事理，即檄令委办下游工程之曲靖府知府董廷扬，并协理之昭通府知府来谦鸣，会同原勘江工之昭通镇中军游击韩杰，前往叙州府新开滩一带，溯流往上，勘估兴工。又令委办上游工程之候补道宋寿图、署广南府知府陈克复，率领分修各员前往金沙厂一带，会同协理之署东川府姜之松，将上游各滩次第往上疏凿。去后，嗣据曲靖府董廷扬报："于九月二十二日起程，但江工须于冬月半后江水归磡之时方能勘估确实，而雇募夫匠、制造器具，又须早为料理。已委员往永宁、泸州、叙州、屏山等处催备，职府先往昭通，觅带石匠数十名前去工所应用。"等情。

臣查今岁雨水颇多，江水消落稍迟，若官赴工太早，未免糜费守候。今据雇募夫匠、制备铁器、买运盐米之迤东各府报称：现已雇备齐全，陆续赴工。臣因饬令总理上游工程之候补道宋寿图等，于十月内起程，计到工之时江水已落，正可刻期兴工。臣又查沿江一带俱系夷寨，虽经调任督臣庆复奏明工程之事责在滇省，约束夷寨责在川省，但当兵役、夫匠齐集之际，恐稽查稍懈，或有滋事之处。臣发给告示，遍行抚慰，禁止在工人役毋许擅入夷寨，并酌带赏号，如有两省夷目前来迎接者，酌量赏给，以示怀柔。臣复差员弁往工所不时稽查，倘有不肖工员扣克工价、虚开工数、希图侵冒帑项及懈怠误工者，立即禀报严参，并札行昭通镇总兵官张士俊就近密加查察报闻，以杜侵帑冒工之弊。

至勘估两游图册，今上游工册已据造报，现饬司道确加核减另造，绘到江图。臣恐有未符之处，业经差员前往上游一带按图逐加核对，俟下游勘毕，将全江滩形、工费一并绘造，恭呈御览。再照新抚之木欺古夷寨安设营汛、移驻文武员弁事宜，亦经臣饬令在于昭通镇、东川营两处额兵内抽拨，毋庸另募，致糜粮饷。

除另疏具题外，所有臣办理金江工程缘由，理合缮折恭奏，仰祈皇上睿鉴，训示遵行。谨奏。

朱批：所奏俱悉，殊觉有条理也。

（《张允随奏稿·卷四》）

747　署理云南总督云南巡抚张允随《奏报恪遵圣训办理金江事宜折》

乾隆六年十一月十五日

署云南总督云南巡抚臣张允随谨奏：为钦奉朱批，恪遵圣训事。

窃臣于八月初六日陈奏金沙江通川河道工程事宜一折，兹于十月二十一日，奉到朱批："所奏俱悉，如此担当办理，方惬朕意。但须察查属员，必使用归实地，则虽费帑金，将来必收其利。若稍照顾不到，将来恐庆复与汝不能当此也。钦此。"仰见我皇上圣谟广运，睿照无遗。臣跪读之下，曷胜感激。

伏念金沙一江，界在川、滇两省，脉络天然，中间虽危滩急漩，然皆人力可施。惟因江之两岸俱属蛮夷窟穴，前代屡议开修，辄复畏难中止。今国家声教无远弗被，非复曩时委弃化外可比。先经调任督臣庆复具折奏请，荷蒙圣恩俞允，即于去冬将上游一带兴工试修。嗣因庆复调任两广，臣奉旨接办，非不知凡事易于图终、难于谋始。但以滇省僻处天末，舟楫不通，百物昂贵，民食维艰，既有江路可开，若惑于浮议，顾惜利害，实非臣心所敢出。惟是帑项攸关，责任綦重。臣自接办以来，仰体圣心，早作夜思，图成虑始，不敢丝毫轻忽。至于工程之难易，需费之多寡，尤无刻不详加审度。臣与承修之员及在省司道反覆讲求，并差员前往按图核对，如有水势滩形可以避趋险易、省费就功之处，当即奏请圣训办理。总之，臣受恩深重，夙夜思维，常愧无以少效涓埃。今蒙皇上委任，誓当竭尽血诚，悉心筹度，务期于二三年内江工早竣，发运京铜，以收节省之益。至动用帑项，务令加意撙节，不使工员稍有浮冒，以上副圣主训勉之至意。理合恭折覆奏，伏祈睿鉴。臣谨奏。

朱批：知道了。

（《张允随奏稿·卷四》）

748 署理云南总督云南巡抚张允随《奏报动支公粮将 滇省军械修制齐全折》

乾隆七年二月十七日

署云南总督云南巡抚臣张允随谨奏：为奏明事。

窃照滇省各标、镇、协、营军装、甲械、枪炮、旗帜等项，历经前任督臣次第整理，或请动库帑，或支用公费，修制齐全，尚有不备营分，臣节次檄饬上紧修整完备。马步兵丁弓箭、撒袋及马兵鞍辔，例系本兵自备。缘滇省食用昂贵，兵丁家口众多，力难兼顾，不无残缺朽敝，难以壮观，非特各营皆然，即督、抚、提、镇各标亦多新旧参差，不能画一。臣思摧坚击远，火器固属先资，而破敌冲锋，弓马实为要技，若不悉心整理，似于制胜诘戎之利器尚为缺略。除马兵鞍辔仍责令各该兵丁自行修整外，其撒袋、战箭二项，若概令兵丁自制，诚恐一时力绌，不无艰窘。臣行令各标、镇、协、营，将弓箭手兵丁撒袋、战箭逐加点验，分别修理，添补制造。据确估工料，于公粮内动支办理，其有公粮存剩无多，不敷修制，暂于息银内借支应用，俟续收公粮缴存还项。如此番修制之后，本兵视为传留公共之物，不加爱惜，致有损敝，着落本兵赔补，仍于营员交代时载入交盘项下点验。庶军容益加整肃，而兵丁仍不致有拮据之累，感沐皇仁于无既矣。

再查乾隆元年，原任福建建宁总兵官李荫樾条奏兵丁弓箭请于公粮内动支制造，经兵部以各省添制军械，公粮不敷，往往借支别项过多，不能陆续扣清，以无庸议题覆。今滇省军械俱经修制齐全，所有撒袋、战箭，可以于公粮内动支修制，即间有不敷之营，暂那铜息应用，俟续收公粮还项，可无借支过多之虑。

臣谨就滇省营伍情形酌筹办理，未敢拘泥成规，因循贻误。是否有当，伏乞皇上训示。臣谨奏。

朱批：知道了。

（《张允随奏稿·卷五》）

749　署理云南总督云南巡抚张允随《奏报开获新疆盐井折》
乾隆七年二月十七日

署云南总督云南巡抚臣张允随谨奏：为奏报开获盐井，以济新疆民食事。

窃臣因滇省迤东各属额盐不敷行销，奏拨川、粤盐斤以济滇民，仰蒙圣恩俞允。自买运拨销以来，附近川、粤地方盐斤充足，已可无茹淡之虞。惟昭通一府，向食川省边引课盐，如遇缺乏之时，每斤价银五六分不等，即最贱之时亦需四分以上，皆因道路遥远，脚价繁重，是以价值不免昂贵，民彝买食艰难。臣屡饬地方官寻觅卤源，开挖试煎，以裕民食。兹据镇雄州知州徐柄详称："查得州属石凤岩有卤水一股，可以煎盐，缘州境并无熟谙之人，赴四川雇募山匠，凿砌井泉，建造汲卤，试煎十火，得盐一千二百五斤，共费薪本、人工、饭食等项银二十两九钱五分，合每斤需银二分三厘八毫。计所出水，可供六灶煎办，每年可出盐九万余斤。招募川省灶户，令其领本开煎。该灶户等俱系川民，情愿照川省盐井之例，自备工本，上纳引课，自行贩运，不肯承领薪本，可否俯从民便。"等情到臣。

臣查滇省各井盐斤，历系官发薪本煎办，从无商销之例。但镇雄一州原系由川改隶，州境尽系猓夷，不谙煎盐，不得不招募川民承充灶户。而川民唯愿照川省纳课贩运之例，不愿照滇省盐法领本煎办，是以境内虽有盐井，亦不肯踊跃承煎。今石凤岩盐井既经试煎有效，若令照滇例领本煎办，川民俱不乐从。援虽得有卤源，亦无人承办。臣愚请将石凤岩井盐准令灶户自备薪本煎办。

至镇雄州原食川盐，毋需添售，应将煎出盐斤官为收买，每百斤定价二两五钱，俾灶户每出盐百斤，可获利一钱二分，以资日用。计自井运至昭通府城，旱路七站，即照现在运铜脚价每百斤每站一钱二分九厘零，雇运至昭销售，每盐百斤，该盐本、运脚、筐篮，共需银三两四钱二分零。照昭通平价每斤卖银四分，以九万斤计算，每年尚有余银五百一十五两以为课息，虽为数无多，而将来附近昭、东一带凡有查出盐井，皆可比照办理。出盐既多，盐价自贱，似于新疆民食不无裨益。是否有当，伏乞皇上训示遵行。臣谨奏。

朱批：大学士鄂尔泰会同该部议奏。

（《张允随奏稿·卷五》）

750　署理云南总督云南巡抚张允随《奏明增修新疆河道、陆路以通商旅，以裕兵民折》

乾隆七年二月十七日

署云南总督云南巡抚臣张允随谨奏：为奏明增修新疆河道、陆路以通商旅，以裕兵民事。

窃照滇省昭通一府地方六百余里，屯扎重兵，控扼黔蜀，形胜险要，实为全滇东北藩屏。自雍正八年乌蒙荡定之后，休养生聚，户口日以繁庶。惟因地处丛山，不通舟楫，一切米谷、油盐、布帛、食用必需之物，价值倍于省会，兵民生计甚属艰难。

臣查府城之北有洒鱼河一道，纳鲁甸、凉山诸箐之水，以达于大关之盐井渡而其流始大，自盐井渡至四川叙州府按边汛，计水路二百五十里，与滇省之金沙江、川省之成都府河、永宁河道同达于泸州，为川江总汇。每年昭通兵米赴泸州采买，俱由此溯流挽运。因从未开修，两岸俱系悬崖密树，中流又多险碛危滩，每舡上水，遇大滩必须寸节盘剥，即次险之滩亦不无撞磕损失之虞。至于下水，更难放行。若将大小各滩修凿平稳，岸傍开出纤路，使兵米商船上下无阻，百货通行，不独附近昭通各郡物价得以平减，即黔省之威宁等素不产米之处，亦可接济通流。

臣于乾隆三年办运京铜之始，即委员查勘，拟由此路分运，当于遵旨议奏事案内奏明，并委粮道宫尔劝覆勘。嗣臣赴京陛见，该道以无庸开修详覆。迨臣回任后，委大关同知樊好仁带领熟谙水手，前往盐井渡以下至安边汛一带，将水势滩形细加估勘，以凭筹画开修。旋因臣奉命署事黔省，未及办理。至乾隆六年五月回滇，据前委勘估之同知樊好仁详称："勘得自盐井渡至安边共七十二滩，内六十一滩略加修治即可上下无阻。惟大关所属之黄角碛、龙门石、大石、新滩、离梯埂、打扒沱新滩、碛石、灶孔、大白龙及川省之九龙滩、马三挡、串龙门等十一滩，水势陡险，应大加疏凿，或铲去碍船巨石，或开夹碛子河，并于两岸修整纤路，均属人力能施，非绝险可比。至由盐井渡抵昭通府城，旱路七站，计程三百九十五里，除自府城至兔勒塘九十五里路俱平坦，无庸修治外，其余三百里内，有灵山箐、大小陡口、倒角三湾、老李渡坡、手扒崖、大关脑坡、关圣殿、奔土坎坡、豆沙关口九处，皆系羊肠仄径，驮马难行，向来运送兵米俱用人夫背负，一夫仅胜三斗，行走甚属崎岖。应请开修宽广，以便人马通行。总计水陆道路共估需银八千五百九十六两零。"造册详报到臣。

臣查边方要地，惟在兵民食用充裕，斯足以资饱腾而巩磐石，凡有关于本计，所当亟为讲求。今盐井渡通川河道既经勘明可以济运通商，自应速为开修。臣思威宁、镇雄两路转运京铜至永宁水次，陆路俱在二十站以上。今由东川铜店至盐井渡，旱路止二十站，若将铜斤运至盐井渡，雇船运赴泸州，少旱路八站，脚价自多节省，即以省出运京铜之脚价作开修之工费，则帑不糜而功易就，约计两年之内便可告竣。即行委同知樊好仁、游击萧得功预发运铜脚价，将旱路险仄处所修理宽平，并将水路次险各滩先行疏浚无阻，俟运铜省出脚价，再行归还原款。其最大之滩一时未能开通，暂令起剥盘运。嗣据该同知等报：灵山箐等处旱路业已开修平坦，驮马可以往来。臣即令管理铜务之员，于东川店先发铜十五万斤转运试行。去后，兹据同知樊好仁、游击萧得功报称："前项铜斤于十二月底俱经运赴盐井渡存贮，现在雇船发运，计二月内可以全抵泸州。"等情。

以上开修大关河道、马路事宜，臣为新疆兵民生计起见，故一面筹画办理。今已试行有效，理合缮折恭奏，伏乞皇上睿鉴，训示施行。臣谨奏。

朱批： 既已试行有效，即照所议办理可也。

（《张允随奏稿·卷五》）

751　署理云南总督云南巡抚张允随《奏报办理汉奸谋占夷产一案情形折》
乾隆七年二月十七日

署云南总督云南巡抚臣张允随谨奏：为奏明事。

窃臣于乾隆六年七月初八日，据昭通府镇雄州知州徐柄详报："有州民姚文魁、姚文秀、陈良玉、刘传国、范之玉，本系川省民人，佃种镇雄土目陇串九田四十亩、地三十九亩，主、佃姓名载明州册。迨串九身故，其子陇其昌贫乏，于乾隆三年将田地卖与晋元正管业。讵姚文魁等计图占夺，驾词赴按察司衙门控告，批发署昭通府查明捏控，杖责结案。乃有事外汉奸姚文元，唆令各佃携带男妇大小共六十五名口，赴四川永宁县，捏称失业难民，耸惑邻省，挟制地方官，谋占夷产，据众夷目具呈泣诉。"等情。臣恐此案田地，该府、州审断或有未公，行令按察司委员前往永宁，给以口粮，招令回州，发大关同知樊好仁秉公查审。去后，嗣据按察司张坦熊详据委员李之兴报："于十月十八日抵永宁，唤齐姚文魁等，再三开导，据称：必将业主陇其昌等解来永宁对审，断给田地，方肯回州。又经查勘金沙下游工程之昭通府知府来谦鸣与驻扎永宁转运京铜之同知谷确，会同永宁道反覆劝谕，刁抗如故。并查得姚文魁等于秋禾成熟之时，暗令伊伙党潜回镇雄，私将业主田内稻谷收割，卖银运永。似此狡恶奸顽，相应详请移咨川省，押解回滇收审。"等情到臣。

臣查镇雄一州原系土府，并无汉人祖业，即有外来流民，皆系佃种夷人田地。雍正五年改流归滇，凡夷目田地俱免其变价，准令照旧招佃，收租纳粮，不使汉奸觊觎，夷情贴服。十余年来，夷目沦浃皇仁，悉知安分守法。乃刁猾汉奸见夷目柔懦，辄思骗占夷产，以佃欺主，百计控争。夷人别无生业，以田地为命，一旦欲夺其命，保无意外之虞，全赖地方有司秉公剖断，以安夷众之心。讵不法汉奸诡计百出，一经剖断，理屈词穷，每以越境呼冤为挟制之技。如此案逃佃姚文魁、陈良玉等，均系川省汉奸，佃种土目田地，只因谋占不遂，竟敢伙众逃入邻境，即使果有屈抑，经臣另行委员招回覆审，亦应回滇候讯。岂期抚恤备至，抗拒益坚。臣查昭、东各属外省流民佃种夷田者甚众，若不加惩创，臣诚恐群相效尤。除一面移咨川省抚臣硕色转饬永宁县，将各逃佃查交驻永同知谷确，押解回滇，确审实情，究拟详报外，合将办理缘由附折奏明，仰祈圣鉴。臣谨奏。

朱批：大学士鄂尔泰会同该部议奏。

（《张允随奏稿·卷五》）

752 署理云南总督云南巡抚张允随
《奏报开修金江上、下两游工程情形折》
乾隆七年二月十七日

署云南总督云南巡抚臣张允随谨奏：为奏报开修金江上、下两游工程情形，仰祈睿鉴事。

窃查滇省金沙江通川河道，臣于乾隆六年十月内，将办理开修、稽查浮冒、禁止扰累各事宜缮折具奏之后，与在省司道日夕讲求，并将送到上游江图、估册逐细核查。计自金沙厂至小江口六百七十余里，共五十四滩，应修者三十五滩，内自双佛滩起，历飞云渡、中流滩、猴崖二滩、猴崖头滩、峡口滩、得路滩、五德滩、热风滩、安吉滩、红崖滩、者那三滩、者那二滩、者那头滩至蜈蚣岭滩止，一十五滩，除得路、五德两滩之外，其余俱系最险、次险之滩，鳞次连接，开修之费约估银七万余两，食米六千余石。其双佛、猴崖、安吉、蜈蚣岭四滩开凿之后，重船下水仍须起载盘剥，拉放尾纤，方可无虞。

臣查此段江工，按工计日，需数年始能告竣，且计程一百五十里，顺流半日可至。乃必须数次盘剥，沿江两岸山崖窄狭，人夫背负，行走甚属艰难，况此四滩之外，尚有飞云渡、红崖、热风、者那等滩，亦系险滩，必得开出旱路，将此一带险滩全行撤过，方免节次盘运之烦。臣于广南府知府陈克复赴工之时，面为指示，令其由蜈蚣岭至滥田坝沿江一带找寻旱路。嗣据该府禀称："遍加踩勘，查得石圣滩南岸有旱路可以绕出碎琼滩，计程约有百里，虽山径崎岖，尚可开修平整，安设马站两站，凡铜船由汤丹厂之卑冲寨、枧槽滩开行，出小江口，至碎琼滩起岸，马运至石圣滩下船，即撤过蜈蚣岭至双佛滩一十五滩之险，可免层层剥运之劳，计旱路安设马站，较之水路起剥之费亦复相等。"

臣伏思我皇上轸念边民，开浚金江，为万年永赖之利，原不计帑金之多寡。但臣身任其事，苟可省费就功，理宜变通办理。前经调任督臣庆复同臣奏明，即有石大小涌，重船下水为难，亦可盘载，如江、浙河道盘坝之法，即可无虞。今勘出山路可以绕过最险诸滩，帑项既多节省，巨工复得早竣，自应速为办理。当即委令协理上游工程之东川府知府田震前往，将盘运旱路复加估勘兴修，并檄催总理、承修各员，将金沙厂以上至石圣滩一带工程上紧赶修。去后，嗣据候补道宋寿图、署广南府陈克复陆续禀报："河口滩于上年十二月二十四日完工，雾露滩于本年正月初七完工，大风湾滩二月初旬可以报竣，舡只业已通行。"现在宋寿图亲往督修小溜筒滩工程，已修至五分。陈克复督修滥田坝滩，两岸石礁俱已开凿深通，下水空舡行走稳顺，计二月底可以完工，完工之后，重舡亦可放行。其余尚有灌云、巴崖、密落、石圣等滩，工力均属易施。因工员、匠夫现俱并力开修大滩，俟大滩工竣，即行次第分修。并据差往查探弁员禀报，在工各员俱皆奋勉督率，工匠亦皆踊跃赶修。

臣查上游江工，除去蜈蚣岭等最险各滩改修旱路盘运外，现在应修各滩，惟滥田坝滩为最险，次则小溜筒滩。今该道府既将二滩分任，竭力督修，渐可告竣，是上游江工已有就绪。至下游一带工程，经臣委令曲靖府知府董廷扬、昭通府知府来谦鸣前往估勘兴修。嗣据该府等陆续禀报："自上年十月十六日从四川叙州府新开滩起，至本年正月十五日，勘至滇省昭通府之大雾基滩，勘估业已过半，内有应开凿石礁、子河者，有应凿去拦江巨石者，有只须开修纤路者，有毋庸修理者。其新开滩、锁滩二处，已于十一月十六日兴工开修，容俟通身勘竣，绘图造册详报。"等情前来。

臣查下游河道六百余里，虽系历年买运兵米之路，但其中如凹崖、三腔、锣锅耳、苦竹、木孔、大猘子、狮子口、金锁关、黑铁关、沙河滩、象鼻岭、大柯郎、大旱槽、大毛滩、锅圈崖、大雾基、异石滩等各险滩，向来米舡上水均须起剥，今欲使重舡上下通行，必须大加疏凿。至江水消长，滩形变换，开凿之际，尤当善为相度。臣已饬令该府等悉心办理，俟其勘毕回省之日，面询明确，据实奏闻。

再查江工动用银两，经调任督臣庆复奏明，在铜息银内动支，俟估计题报，部拨到日归款。臣思铜息一项，原为滇省一切修造办公之用，今臣悉心筹画，极力节省，约计年余，所办之铜息便可足用，毋庸另拨帑项。

再修工以来，官役、工匠群集江干，沿江夷寨并无惊畏，将来江工告成之后，铜运商舫可期无阻。此皆仰赖我圣主至德覃敷、深仁广被之所致。臣肩兹巨任，惟有殚竭心力，务竟厥绩，仰副圣怀。至臣去冬遣元谋县金言赍持图册前往工所逐一勘对，计该员与勘修下游之曲靖府董廷扬三月内可回省城，俟到日，将勘过全江形势并修过工程分数详晰具奏。所有臣现今办理江工及报到开修情形，理合先行缮折奏闻，仰祈皇上睿鉴，训示遵行。臣谨奏。

朱批：*知道了。勉力详酌为之，而不可欲速也。*

（《张允随奏稿·卷五》）

753　署理云南总督云南巡抚张允随《议覆近年办赈情形折》
乾隆七年五月二十四日

署云南总督云南巡抚臣张允随谨奏：为据实密奏，仰祈睿鉴事。

窃臣赍折家奴回滇，接到内阁抄寄江苏布政司安宁密呈"近年办赈情形"一折，奉朱批："安宁此折着抄录，俟各省督抚奏事之便，寄去阅看。钦此。"臣钦遵谕旨，将折内所呈事宜详细阅看。

窃惟国依于民，民依于岁，岁之丰歉，民生之休戚系焉。自古圣帝贤王，莫不以勤恤民隐为本务，不特绸缪于未雨，尤必赈济于临时，良以国之与民，本为一体也。我皇上至仁天亶，惟恐一夫不获其所，凡遇旱涝告祲，无不立沛恩纶，虽尧汤之用心亦何以过。乃愚氓贪得无厌，往往未至成灾，辄思妄邀异数，不法者徒倡于前，无知者附和于后，稍不遂意，哄闹因之。地方大吏若能洞悉土宜，周知地势，一遇雨旸愆伏，被灾轻重，心目自可了然。果有捏灾冒赈之奸民，不难立置重典，以儆刁顽。倘平时既未留心，临事又不核实，惟诿过下吏，以塞讳灾之愆。似兹措置，诚足以长刁风而糜帑项。安宁目睹其弊，宜其有此奏也。

伏思损上益下，固致治之常经；量入为出，亦理财之要道。施得其当，虽千万而不为多；用失其宜，即分厘亦所当惜。故办灾伤，所贵权其轻重。夫海内承平日久，生齿日繁，名为殷庶，实鲜盖藏，偶遇水旱为灾，人心即不免惶惧。惟一闻有赈恤之旨，群情立见帖然，所费虽多，所全实大。伏读乾隆六年六月初二日上谕，有曰："匿灾者使百姓受流离之苦，其害甚大。违道干誉，虽非正理，二者较之，究竟此善于彼。宁国家多费帑金，断不可令闾阎一夫失所，此朕之本念也。钦此。"大哉王言！所以登四海于治安，跻苍生于仁寿，而巩万年不拔之基者，胥在于是。督抚诸臣果能恪遵先事预筹之圣训，力法违道干誉之私心，使赈恤所施丝毫无滥，则不言撙节，而撙节即在其中，更不必有意裁抑，致蹈一偏之弊也。

至折内所称云、贵、川、广、福、湖等省，与秦、陇同属边方，办理灾赈尤不可宽滥之处。臣窃见皇上御极以来，因从前军兴之际，陕、甘百姓力役劳苦，豁免新租旧欠，何啻数十百万。仰惟圣心之加惠边方者如此。其至今谓边民服劳力役，偶遇灾伤，不宜破格请恩，殊于情理未协。

至云南一省形势，更与川、黔、楚、粤不同。盖川、黔、楚、粤虽称边省，尚有水路可通，倘值岁歉米贵，仓储不足，犹可告籴邻封，乏食灾黎亦得就食外境。惟全滇幅员数千里，率皆崇山峻岭，马道羊肠，界连外域。就迤东而论，自省东至贵州之镇远，二十七站始达水次；东北至四川之永宁，计二十三站；东南至广南之剥隘，亦二十一站，俱系崎岖山路，一马之力可驮运米一京石，每站需脚价二钱，数站以内，脚价即倍于米价。如迤西各府，则驮运愈远，脚价愈重，猝遇荒歉，断不能望邻省之接济。所赖一乡一邑之内，地形高下不齐，雨少之年，低田仍可收获，雨多之岁，山田定获有秋。此则天地生物之仁，滇民得以遂其生者也。然臣闻康熙五十二年，滇中通省大歉，斗米千钱，饿殍满野。当时督臣郭瑮、抚臣吴存礼不行题请赈恤，虽经设厂煮粥，所全无多。滇民经此大祲，三十年来元气未复，至今父老言之犹有余痛。

臣久任南中，深悉滇民疾苦，力筹补救之方。凡有旱地可改为水田者，虽一田一脉之微，亦必设法疏导，一应坡塘渠堰，次第借项兴修，分年扣还，俱经陆续奏报。偶值偏灾，如沙冲、石压、雹损、虫伤之类，一经勘确，立饬动支公项，随时抚恤，据实奏闻，并虑贫乏夷民缺少籽种，有误春耕，奏请于常平存七谷内酌量借给籽料，并请照黔省之例九月开征，以舒民力，均蒙圣恩俞允。数年以来收成丰稔，汉土民夷不知有饥馑之苦。然而天时难必，防备宜周。常平社仓积贮虽充，恐不足济全滇之民食。臣每遇祈晴祷雨，而寝食不宁，故于乾隆五年，会奏请开金江，以通水运。虽工力艰巨，速效未可骤期，诚得开通此江，则帆樯直达东川、巴蜀，米盐可无阻滞。凡此鳃鳃过计，实因极边瘠薄之地，不得不加意拊循。况滇民素性淳朴，凡有力役，俱各踊跃争先，断无因抚恤过优反生骄纵之理。安宁所奏"边地一切灾伤毋效尤内地"之说，实与滇省情形不符。

总之，国计民生初非两事，爱人节用理本同归。督抚办理赈务，但能一秉公诚，视国事如家事，则宽大非以市恩，即核实亦非惜费。若先怀滥施之念，而罔顾经费盈虚，与预存节省之心，而不恤闾阎疾苦，二者皆非中道。此中轻重，圣主早以审厥权衡。而臣在滇言滇，实见其有不能与陕、甘、闽、广、楚、黔诸省一概而论者，用敢缕析敷陈，仰祈睿鉴。臣谨奏。

朱批：所奏俱悉。

（《张允随奏稿·卷五》）

754 署理云南总督云南巡抚张允随《奏报金江工程折》

乾隆七年五月二十四日

署云南总督云南巡抚臣张允随谨奏：为奏报金江工程事。

窃臣接办金沙江通川水道，自上年夏秋筹画两游大局，委令道府分头承修，董率办理，所有去冬今春开凿上游滩工并勘修盘运旱路以避险就易，及下游勘估过半缘由，已于本年二月十七日缮折奏闻。于四月二十二日，奉到朱批："知道了。勉力详酌为之，而不可欲速也。钦此。"仰见我皇上睿谟深远，期成万世之大功，不责一时之速效。臣受兹重寄，敢不倍加详慎，虑始图成，以仰副圣心。

伏查金江上游，自江口双龙滩起，至金沙厂河口滩止，大小五十余滩，除双龙至碎琼一十五滩无庸修治外，下此即最险之蜈蚣岭、安吉、双佛，及次险之者那头二三滩、红崖、热风、猴崖头、二滩、中流、飞云渡、石圣，并小险之得路、五德等一十五滩，鳞次栉比，虽加疏凿，而下水仍属堪虞。经臣勘出旱路，从碎琼滩改修马站两站半，绕过石圣滩，再归水运。自石圣滩以下，由横木、对坪、回流、牛栏头二三滩、滥田坝、小田坝、大水沟、新厂、密洛、巴崖、大溜筒、小溜筒、濯云、寨底、雾露、大风湾、大井坝至河口滩，除横木、大溜筒、寨底三滩无庸开修外，凡应修者一十七滩，内滥田坝、小溜筒系最险大工。据承修上游工程之道府宋寿图、陈克复报："自上年十一月二十日兴工起，至本年四月初六日停工止，计已经开通工竣者：滥田坝、大水沟、新厂、密洛、巴崖、雾露、大风湾、河口等八滩。已修未竣者：小溜筒、濯云二滩；未修者：对坪、回流、牛栏头二三滩、小田坝、大井坝等七滩。"先经臣于去冬，遴委元谋县知县金言赍持图册前往工所，逐细勘对，并将开修情形确查详报。嗣据回省覆称："查得宋道督修之小溜筒滩，江中突生两山，俨然双门，水从中泄，跌落二丈，浪扫北岸，鼓喷高有丈余，回流卷漩，实金江之锁钥。前年试修时，在北岸开有石磖，今岁仍可拉舟上行。但磖身为跌浪所扫，崖石突出，下水断不能行。今于南岸百丈石洲中凿开石磖一道，长五十三丈，深一丈五六尺，宽一丈二三尺不等，避过险浪，开通之日，舟楫上下俱可通行。工程已有七分，实通江第一化险为平之滩。又查得陈守督修之滥田坝，实上游最险之滩，内有大跌水数段，下临笔架山之阻，滩长五里，扫崖、回漩、鼓喷诸险浪无一不备。陈守创筑园坝，将水中大石连根凿去，上水舡从北岸拉上，又将南岸巨石数十丈，亦用园坝之法打去，开成子河一道，上下舡只现可通行。其余次险各滩，分修人员亦俱上紧儹修，一俟小溜筒完工之日，直达河口。上游已通，今冬即可试运铜斤，纵有未完之处，可以一面试运，一面开修。至原议小江口下船，至碎琼滩起岸陆运，至石圣滩下船。今勘得碎琼、石圣二滩岸右偪仄，无建盖铜房之地，应于碎石滩上三里石州及石圣滩下七里横木滩二处平地，及陆路之那塘、木租寨二处，各建铜房十间、马棚五间，其金沙厂河口亦应建盖铜房十五间，以备堆贮发运。以上房屋在昭通境内，令昭通府估建；在东川境内，令东川府估建。又原估自汤丹厂枧槽滩起，至小江口石梁滩止，水路七十九里，需开修工费、食米银二万五千余两。今勘得小江源头短浅，开挖虽已为力，但冬春水涸，重载难行，夏秋水涨，沙石易壅，应停其开浚，用马驮至小江口下船，计陆路止一小站，脚费与船运相等。惟上年参将缪弘所建铜房，离江六里，搬运甚遥，应折至江口另建，即令船户装载，以省糜费。再查金江形势，百折千湾，船在江心，前后不能直望三里，陆路绕山行走，水路傍滩而行，有迂直之异。原勘小江口至金沙厂六百七十三里，系照陆路计算，今勘得水路实四百八十六里。”

又据昭通镇总兵官张士俊报称：“自兴工以来，大小各员咸皆竭力办公，拊循匠夫，给发银米毫无扣克，约束兵役，无敢私入夷寨，两岸猓夷十分宁贴。”臣又历询往来江工员弁，言亦相同。五月十二日，总理上游江工之迤东道宋寿图、署广南府陈克复及在工效力人员等到省，臣面加查询无异，当即饬令将乾隆六、七两年用过江工各项银两造册核题。计上游江工原估需银一十四万余两，调任督臣庆复任内，六年分用过银一万二千四百余两，臣任内，七年分用过银一万四千余两；又改修盘坝旱路，无庸动支修滩银八万二千余两；又停开小江内河道，无庸动支银二万五千余两，所余已修未竣二滩及未修七滩尚需银一万四千余两。又据东川府田震报：“承修石洲滩至横木滩陆路两站半，业经开修平整，人马通行，于四月初十日完工，共用过匠夫工价、食米银四百两零。”总计上游工程，约可用银四万余两即可告竣。现饬司道确核，详议具题。其上游滩形图说，已经核定无讹，现在绘造，另行进呈御览。

至下游工程，臣自上年九月委令曲靖府董廷扬、昭通府来谦鸣，会勘之昭通镇中军游击韩杰前往勘估，并酌带工匠试修。去后，兹于三月二十四日，据曲靖府知府董廷扬等回省覆称：“奉委勘估金江下游自利远滩至新开滩一带工程，于上年十月十六日，由川省叙州府新开滩溯流，逐滩勘至本年二月二十日，抵云南永善县之利远滩止，历三月有余，逾高临深，跋履险阻，测量水性，察勘滩形，悉心勘得下游六百四十六里，计八十二滩，应开修者共六十二滩，内最险之异石滩、大雾基、大锅圈、大猫滩、大汉漕五滩，次险之阿郎滩、虎口滩、象鼻头二滩、沙河滩、黑铁关、火狸子、古竹滩、凹崖、三腔等九滩，或巨石嵯峨，亘连两崖，或乱石丛迭，梗塞江心，滩身浪长数里，跌坑势高及丈，从前运送兵米船只过此，或用旱厢，或架台杆，仍多用竹篁将船捆定拉过，时有磕损，如遇水势消长、不能架厢之时，更须守候。以上十四滩，惟有相度形势，开通子磋，修平盘路，重载到滩，盘空牵放，可免临时架厢之劳。但磋面必须开宽，磋底必须收小，又必须乘江水极涸时动工，始无塌卸、干涸之虞。又次险之大虎跳、小虎跳、溜桶滩、特衣滩、小锅圈、冬瓜滩、木孔滩、新开滩等八滩，及再次险之黄草坪、金锁关、梨园滩、小狸子、中石板、贴滩、鼓喷岩、小露基、溜水崖、硝厂滩、三堆石、小狮口、大狮口、那比渡、豆沙溪、猪肚、石门坎滩、长崖、坊沟、洞子、四方石、羊角滩、枣核滩、摆定、杉木滩、大芭蕉、小芭蕉叶滩、罗锅耳、锁水滩等二十九滩，或江中矗石碍舟，或江边石嘴涌浪，或纤路微茫，崎岖偏滑，难以牵拉；或溜水迅激，石壁陡悬，不能钩挽，兼有因迁就纤路，中流抛渡，橹桡齐下，卧礴鼓喷，如此等险迅之处，俱应开凿通顺，以便挽放。又有上石板、乾田坝、焦石崖、乌鸦滩、窝落滩、硫磺滩、磨盘、车亭、贵溪、阎王塥、乾溪等十一滩，虽系小险，然米船至此每致损失，亦应修整，以免疏虞。"以上六十二滩，估需工费银十余万两。其新开、锁水二滩已兴工试修，现经昭通府来谦鸣于勘估事竣后，亲任督修。

臣思各项工程，俱奉有部颁做法。今开修金江，或从水中筑坝，凿去拦水巨石，或从山根岭角开成石磕子河，或从绝壁悬崖凿出钩梯磴路，此等工程，并非河工、海塘所有，而且同一滩而前后有难易之殊，同一石而内外有坚松之别，其间虚实，难以按册而稽。臣拟照现办上游工程，俟今冬明春开修数滩，委员覆估明确，再行逐加核实具题，庶几钱粮不致虚糜，工程皆归实用。至凡兴大利，贵在乘时。金沙一江，前代虽曾经议开，而或阻于群言，或绌于经费，以致不获举行。我圣主仁覆四海，施及蛮貊，不惜帑金，为边方兴此万年永赖之利，实为千载一时。臣以驽下，幸肩巨任，若不殚心竭力，奋勉图功，倘良会因循，则咎将奚诿？仰蒙圣恩，训臣以勉力，诫臣以欲速。臣固不敢急遽苟且，忽视巨工，亦不敢旷延岁时，坐糜帑项。况上游江工业已办有成效，下游工程业经勘估完竣，今冬水落兴工，自应一并开修。现在另折奏请，敕下川、黔督抚帮雇石匠，以供上下两游兴修之用，并与司道筹议，先发铜二十四万斤试运。

查小江口至石洲滩水路所需船只，若往川雇觅，不但旷日多费，且有双佛滩至蜈蚣岭十五滩之隔。今议雇川省造船匠数名，配以滇省船匠二三十名，就山伐木，打造鳅船十五只，以为此一段江路常川往来运铜之用。其横木滩至金沙厂河口滩，又自河口滩至新开滩，雇用川船，每只约需银五十两，为费甚多。臣查东川一府俱买食川盐，拟于今秋酌动公项银数千两，令东川府委员赴川买运川盐，上水每船可装盐二千斤，自横木滩运赴府城，每百斤再加运费六钱，照时价易银，归款之外，上水舡价已可敷用，即以此项船只并永善县买运兵米之舡，给以舡价，令其带运铜斤前赴泸州。容俟试运有效，再行具奏。

所有臣去冬今春办理金江工程缘由，合行缮折恭奏，仰祈皇上训示遵行。

再查迤东道宋寿图、署广西府陈克复、曲靖府董廷扬、昭通府来谦鸣暨游击韩杰等，自委办江工勘修事务以来，跋涉波涛，栖息瘴疠，不避艰验，且能洁己奉公，均属堪以倚信之员。合并奏闻。谨奏。

朱批： 今已有旨，命汝等亲往勘工。汝三人会面时，将此奏与尹继善、新柱看，和衷再酌，奏闻可也。

（《张允随奏稿·卷五》）

755　署理云南总督云南巡抚张允随《遵旨议奏耗羡等情形折》

乾隆七年七月初五日

署云南总督云南巡抚张允随谨奏：为钦奉上谕事。

乾隆七年六月初三日，准吏部咨开："乾隆七年四月初六日，内阁奉上谕：'办理耗羡一事，乃当今之切务，朕夙夜思维，总务善策，是以昨日临轩试士，以此发问，意诸生济济，或有剀切敷陈，可备采择，见诸施行者。乃诸贡士所对，率皆敷衍成文，全无当于实事。想伊等草茅新进，未登仕籍，于事务不能晓彻，此亦无怪其然。今将此条策问发与九卿、翰林、科道阅看，伊等服官有年，度非来自田间者可比，可细心筹画，各抒己见，具折陈奏，候朕裁夺。若无所见，亦不必勉强塞责。至外省督抚，寄重封疆，谅已筹画有素，并著各据所见，具折奏闻，务期毋隐毋讳，以副朕集思广益之意。钦此。'为此合咨，钦遵查照施行。计粘册问曰：务民之本莫要于轻徭薄赋，重农积谷。我国家从无力役之征，斯固无徭之可轻矣，而赋犹有未尽合古者乎？赋之外曰耗羡，此固古之所无也。抑亦古尝有之，不董之于官，则虽有若无，而今不可考。即且康熙年间无耗羡，雍正年间有耗羡。无耗羡之时，凡州县莅任，而亲戚、仆从仰给于一官者不下数百人，上司之苛索、京官之勒助又不在此限。而一遇公事，或强民以乐输，或按亩而派捐，业田之民受其累矣。自雍正年间耗羡归公，所为诸弊一切扫除，而游民之借官吏以谋生者即无以糊其口。农民散处田间，其富厚尚难于骤见，而游民喧阗城市，贫乏已立呈也。人之言曰：康熙年间有清官，雍正年间无清官，亦犹燕赵无铸，非无铸也，夫人能为铸也。而议者犹訾征耗羡为加赋，而不知昔之公项，皆出于此而有余，今则日见其不足，且动正帑矣。是亦徒被加赋之名，而公与私交受其困而已矣。将天下之事，原不可以至清平，抑为是言者率出于官吏，欲覆耗羡者之口乎？多士起自田间，其必不出此。而于农民之有无利弊，必知之详矣。钦此。"抄发到臣。

臣窃惟天下有万世不易之道，有一时变通之法，法虽出于一时之权宜，而其究也，上下相安，以为固然，即可行之经久而无弊，纵期间仍有不能不因时损益者，亦不过调燥湿而剂刚柔，初无事改弦而更张之也。国家则壤定赋，一准前明之旧，而崇尚宽大，正供而外别无所求，直省丁银俱摊入地亩，闾阎不知有力役之征，所以加惠元元者，非历代帝王所能及。我皇上至仁天覆，念切民依，御极以来，蠲租赐复之诏无岁不有，损上益下之政靡不举行，固已措四海于时雍，登万方于衽席矣。乃犹以耗羡归公一事上廑宸衷，临轩发问，复降明诏，令九卿、翰林、科道与外省督抚各据己见，具折陈奏。臣虽固陋，敢不竭其所知，以仰副皇上集思广益之至意。

伏查加取于正赋之外者曰耗溢，出于定额之余者曰羡耗。羡之名，汉晋以前不见史册，唐自天宝以后屡有进羡余之事。宋《经费志》云：输米则增收耗剩，交钱帛则多收糜费。明代粮运轻赍，正米一石加耗自四斗一升至六斗六升不等。是耗羡之名始于唐宋，至明而甚，相沿至于本朝，莫之有改。非不能改，由于百官俸禄不及汉唐之什一，而地方公务亦不能俱动正供，故于正赋之外，听州县倾销为名，收取火耗，以给公私之用。在赋额繁多之州县，每两自六七分至加一，已属充裕；而赋额轻少之地，虽至加二加三，犹不敷用，因而一遇公事，或强民输纳，或按亩派捐，滥取横征，流弊无极，而力本之民始困矣。至于羡余一项，在当日直省各关所征税课，除定额解部外，其余皆归私橐，监督不能独擅其利，于是地方大小各官、吏、书人等莫不从而染指焉，而农夫之疾苦、商旅之艰难，有不遑顾恤者矣。此耗羡未归公以前之弊也。然其入也易，则其出不难。身价饶足之后，亲友仆隶咸得沾其膏润，以给飧飱；用度宽舒之余，技艺百工亦得借此谋生，而无失业。虽是取诸南亩之农夫，而仍以散诸城市之黔首。虽有上司之苛索、京官之勒助，而重耗累民者未尝不挂弹章，如遇廉洁爱民之吏，减收一分，则小民即受一分之益。是以圣祖仁皇帝临御天下六十余年，官民情伪无不周知，而于耗羡一事未经厘定者，诚虑一有定额便成正供，转有所不便于民也。乃不肖官员用度无节，既以恣取于民，又复侵蚀公帑。如山西一省亏空至数百万两之多，补苴无术，抚臣诺岷始建议将州县耗羡抵补无着亏空，又请以其所余拨给各官养廉及办地方公务，蒙世宗宪皇帝敕下廷臣，定议准行。

伏读雍正二年七月上谕，有曰："法有因时制宜者，譬人有疾病，因症投药，病愈即止。今提解火耗，原一时权宜之计，将来亏空清楚，府库充裕，有司皆知自好，则提解自不必行，火耗亦可渐减矣。"又雍正五年二月，上谕曰："火耗原非应有之项，乃迫于时势，不能全行禁革耳，故加耗重者必重治其罪。而贤员爱养斯民，将旧有之数亦可轻减，若一经督抚题定数目，则火耗遂成定额，虽遇清廉之官亦不能裁减，而遇贪劣之员，又将多取于此数之外，以饱私橐，必致重累民生。钦此。"仰惟圣谟高远，即始见终，是以虽经直省各督抚次第奏请仿行，而十有三年中，反覆诰诫，谆谆以火耗非应有之项为训，亦可见圣心之有在矣。至耗羡不足之省，则仍动正供。如浙省，耗羡每年仅十四万两，不敷养廉、公项之用，特旨：于杭州等九府正额地丁银内，自雍正六年为始，岁拨银十万两添给。又如黔省，钱粮无多，本地耗羡不敷养廉公用，每年将滇省铜息三万七千余两拨解济用。即钱粮最多之江苏一省，每年征收耗羡三十九万两，尚不敷用，近复以两淮盐课羡银七万两添给。惟河南一省耗羡充裕，每年除办公外尚有余剩。然通计各省，究竟赢者少而绌者多，不免以正帑添给，无非为民生起见，国计曾何利焉？即以滇省而论，额征地丁银二十万两，每两收耗二钱，共银四万两，而通省官员养廉、地方公务需银二十万有奇。在康熙年间，地方官一切公私用度俱派之里甲头人，不无指一派二之弊，征求非艺，苦累难堪，虽经前抚臣杨名时将私派改征公件，易无定为有定，民困稍苏，而公件不敷之处，仍不免暗派里民。自雍正六年，升任督臣鄂尔泰奏定地方经费及各官养廉，将耗羡、公件通盘筹画，均匀酌给，迄今十余年来，公事无掣肘之虞，闾阎绝苛派之累。而养廉既定，州县不敢营私；馈送不行，上司无所瞻徇。催科不扰，吏治清明。此耗羡归公之效之实而可见者也。

乾隆二年，钦奉特旨，减免公件银三万两，将铜息银两通融抵拨，恩施浩荡，民力益以宽裕，较诸从前之任意加增，杂派百出，其苦累相悬宁止什百已哉？一省如是，推之各省，谅亦无不如是。度自汉唐宋元明以来，大法小廉之治未有过于今日者。是提解火耗一事，在举行之初，不过以求一时之弊，而奉行既善，实可久远遵行者也。如以征耗类于加赋，而欲复其旧则，必上司仍听苛索，京官复恣勒助，贿赂公行，吏道必致大坏。然此犹为赋多耗重之处而言，若云、贵、川、粤等省，以久经革除之项，一旦复从而征之，必致激成事端。不然，而尽蠲耗羡，永禁私征，则必给以公帑，计各省养廉工费，每省以二十万为率，当不下四百万，国家安得如许经费以给之？是耗羡一项，在未归公以前或可听其自然，若既归公之后，百度业已清明，人心业已整肃，譬处文明大启之时，而欲返结绳之始，岂可得乎？独是提解耗羡之法，上之便于吏治，下之便于农民，所不便者，惟游民耳。以彼不能劳手足以养人，以自养，平时依附亲戚长上，分其余润以赡身家，一自匪颁有常，官员仅足自给，向之能养数百人者，今且不能养数十人，无怪乎游民无以自存而日呈其贫乏。此议者欲复耗羡之说所由来也。不知耗羡复则农民困，困农民以养游民，天下固无此治法也。然游民虽不足惜，而所以区处之者则甚难。昔苏轼之论去奸民曰："严法禁，督官吏，以司察天下之奸民而去之。"至论战国养士也，则曰："彼力耕以奉上，皆椎鲁无能为者，虽欲怨叛，而莫为之先。"惟食客无所归，不能老死布褐为足惧。即此以观，今借官吏以糊口者，与食客何异？若因其惰游，遂听其窘迫而不为之，所以贻他日之隐患也。况海内承平日久，生聚日繁，不惟野无旷土，即经营末作，欲觅锱铢之利亦甚难。游民之贫乏，又不尽系乎耗羡之归公。方今天下晏安，尚未见其害，倘遇天时不济，旱涝见告，其乘机而思逞者，知不在力田务本之民矣。我皇上智周万物，仁覆群生，每遇一方小有水旱，即动帑赈恤，使无业贫民与农夫一体沾恩，又免各关米豆额税，俾商贾流通，以裕民食，且仓储丰足，缓急无忧，所以为持盈保泰计者至深至远。而臣知识浅陋，谨就臆见所及，以为游民计者三，为农民计者一，仰备圣主采择。

一、各省山泽矿厂之利，宜听民开采业。查山泽自然之利，原以供民生之用。如滇省田地无多，夷人除耕种之外别无生计，即本地民人亦只知力田，不谙逐末，凡两迤田地，仅敷滇民种植。而外省游民入滇境者不下数十万，皆赖开矿走厂度日，是以游民得以相安。臣查五金之产各省俱有，皆因地方官惟恐矿徒滋事，不敢议开耳。但思滇省矿徒原系各省流民，惟在措施得宜，调剂有法，自可以收增课便民之利。臣请敕下各省督抚，行令地方官于境内实力查勘，如深山邃谷有出产金、银、铜、锡、铅斤以及朱砂、水银、煤、铁诸矿可资利用，查明实系无主荒山，不碍田园、庐墓，听民呈报开采，薄其课额，严禁官吏侵渔，则无业贫民衣食之计赖以益广矣。议者或见明代矿差之害，虑滋扰累。然彼系私天下之利为已有，此系公天下之利以予民，公私判若天渊，利害自相什百矣。

一、游民中有材力可用者，宜令食粮以实行伍也。查兵丁名粮缺出，原令召募民人充补，自先尽兵丁子弟充补之说行，闾左精壮之民得食粮者益寡，而兵丁子弟之顶充者或不必皆精壮。今游民既多，其中岂无勇悍之姿，不能别事生业者？此辈若不设法区处，适足为奸民之倡。应请敕下督抚诸臣，饬令贤能将吏留心查察，所部境内如有材力过人而资生无策者，地方官量其捐赏，交营员，遇有应补粮缺，与兵丁子弟一体顶补。如此简募收录，则强锐者皆为公家之用，其余懦弱之辈即不能自存，亦不足为民之害，不但行伍充实，亦可弭患于未形矣。

一、各省工程，物料、工价不宜过为核减也。查地方官承办工程，一切物料以及匠夫人役等，或领价采买，或用力运送，或计日做工，皆系市井逐末之徒与食力贫民生计，亦游民觅食之一端。当题报兴修之时，皆经勘估明确，苟非甚不肖之员，断不敢浮冒，以干严谴。伏读乾隆四年六月十一日上谕，有曰："百物价值原属随时增减，各省不同，即一省之中，各郡县亦不画一。今预定数目，永远一例遵行，则价贱之年，必有余资以饱官吏之私囊，弊在侵渔钱粮，危害尚小。若价贵之年，采办不敷，势必科派闾阎，弊在苦累百姓，危害甚大。着大学士、九卿会议具奏。钦此。"经大学士等议以"嗣后工程，不必拘泥定价，令督抚悉照时价估造，报部核销"在案。惟是各省匠工精粗不一，各处营造巧拙不同，虽同一工程，有难以概论者。地方官虑及赔累，凡遇工作，无不从刻，甚至夫价一项，亦必画一支给。查兴工地方，或聚集人多，或以工代赈，食物必然昂贵。夫匠竭终日之力，亦必使其日食之外稍有余剩，足以养赡家口。今并或不能足一日之需，此无业之民所以愈见穷瘁也。臣请嗣后办理一切工程，俱照各处做法，据实造报，所给夫匠工价，俱按地方食物时价贵贱酌量定给，宁宽一分，使穷民得受一分之利，勿过从刻核，以隘其生，如有扣克、冒销等弊，督抚即行严参，则游民俱得以糊口矣。

一、蠲免钱粮，请无论特恩、被灾，俱免征耗羡也。查定例，凡遇特恩蠲免钱粮者，其耗羡仍旧输纳，若因水旱蠲免，不得仍收耗羡。盖既免维正之供，已属旷典，若并免耗羡，则公费、养廉无从出办，故仍旧征收，原属仁至义尽。伏查乾隆四年特恩蠲免江南钱粮，升任侍郎陈世倌请并免耗羡，格于部议，后经两江总督那苏图奏请，奉旨准其蠲免，不敷养廉，着以河南耗羡余银拨补。此诚格外殊恩。臣思耗羡原因正供而有，若正供既免而仍征耗羡，是耗羡竟成正供，且反重于正供矣。况特恩蠲免，亦必该地方本有应免之由，如四年蠲免江南钱粮，乃因二年被灾之故，原与水旱蠲免无异，此例似可变通。臣仰恳皇上特降谕旨，嗣后不论水旱特恩，凡蠲免钱粮，均免征收耗羡，所需公费、养廉等项，于邻省有余银内酌拨，则服畴力穑之民凡遇蠲免钱粮之年，永免追呼之扰，浩荡皇恩，直与天地同流矣。

凡臣所言，极知无当经国大计，缘奉谕旨询及刍荛，敬竭愚虑，推广敷陈，仰祈圣主睿鉴。臣不胜悚惕屏营之至。谨奏。

留中未批。

（《张允随奏稿·卷五》）

756　署理云南总督云南巡抚张允随《奏明家世从龙缘由折》
乾隆七年七月初五日

署云南总督云南巡抚张允随谨奏：为奏明家世从龙缘由，仰祈恩鉴事。

窃臣接阅邸抄，伏见我皇上轸念八旗闲散、汉军生齿日繁，困守一隅，特降谕旨："有愿改归民籍，移居外省者，限一年内具呈本管官查奏。钦此。"臣窃惟帝王之兴，皆自佐命之臣相与戮力同心，赞成大业。如汉祖龙兴，元功多出丰、沛，有明崛起，勋庸尽出滁、濠。我国家肇兴东土，一时宣力效忠者，满洲而外，即系汉军。百余年来，蒙列圣隆恩，培养生成，因材器使，多有位至将相，勋业灿然，大节彪炳者，皆为国腹心，与国休戚，非强附以取功名者比。以今方昔，满洲则萧、曹，汉军则绛、灌也。是以国初设立八旗，即置满洲、汉军、蒙古正副都统、参、协、佐领以相统辖，复定为严例，除驻防之外，不许潜往外省，所以重根本也。今因汉军户口日繁，许闲散人等分处外省，此虽出自圣主特恩，但思旗人豢养百年，稍知大义者，断不肯出旗为民。

至臣之先世，自臣高祖张，原辽东副总兵，入籍广宁卫，于太宗文皇帝天聪八年，首与守备卢国志等率众投诚，崇德七年，初编佐领，即隶镶黄旗。至臣曾祖张，从世祖章皇帝定鼎燕京，授庆云县知县，遇土寇窃发，围攻县城，于顺治五年正月二十六日登陴击贼，力尽死节，蒙世祖章皇帝特赠山东按察司佥事，恩赐祭葬，雍正七年，蒙世宗宪皇帝准从祀昭忠祠。臣曾伯祖张，从龙入关，与胡姓公一佐领，于顺治四年接管胡有，升二次佐领。七年出师湖广，驻防宝庆，嗣因人丁单弱，遂失佐领。臣祖张，由难荫历任河间、邵武两府，以母老告归终养。臣父张，仕至广西苍梧道，调任左江道，赴部引见，病故京邸。皆克全大节，不辱其身。臣以庸材，遭逢景运，备位巡抚，兹复仰荷皇上天恩，畀署云南总督印务。自高、曾、祖父以至臣身，实受五朝之恩命，殊荣异数，粉骨难酬。虽不敢谓旧有功勋，而溯厥由来，实系从龙入关，与恩旨相符。惟有世世子孙永依日月，图报国恩。合将从龙缘由恭折奏明，仰祈圣鉴。臣谨奏。

朱批： 嘉是览之。

（《张允随奏稿·卷五》）

757 署理云南总督云南巡抚张允随
《奏报遵旨起程前赴金江，会同相度机宜折》
乾隆七年七月十五日

署云南总督云南巡抚张允随谨奏：为恭报微臣遵旨起程前赴金江，会同相度机宜事。

乾隆七年七月十三日，准工部咨开："乾隆七年五月十七日，内阁抄出大学士伯鄂尔泰等议覆川陕总督尹继善奏'金沙江通川河道界接番夷，地方险阻，非可冒昧幸成，实在不宜开凿'一折。乾隆七年五月十五日，奉朱批：'此事着尹继善、张前往开工之处，和衷面商，毋得各执己见。仍差新柱前往，一同相度机宜，妥酌具奏。该部知道。钦此。'相应行文川督、云督、镶白旗满洲都统钦遵办理。"等因到臣。又准钦差都统新柱咨文知会："于六月初间，自京驰驿，由湖广荆州府至四川叙州府，相应知会，应于何处会齐，从何处查勘起，及一应事宜如何办理之处，预行沿途知会。"等因准此。

臣查金沙一江，中分滇蜀，南岸属滇，北岸属川，其川省之叙州府系金沙江汇入川江之处，距滇省昭通府永善县界九十里，即抵新开滩。今钦差都统臣新柱既由荆州至叙州，臣应赴叙州会齐，即从新开滩查勘起。当于七月十五日自省起程，由东川、昭通、镇雄一路，顺便巡阅营汛边防，其一切应办公事，沿途安设马塘接递，不致迟误。至臣查勘金江，虽在本省境内，但省会重地应需弹压。臣已就近行调曲寻镇总兵官田玉赴省驻扎，除另疏题报外，伏查乾隆二年钦奉谕旨："令督臣尹继善悉心筹画通粤、通川河道，及时兴修。"当时议开未决，盖以事关重大，不得不慎重周详。惟是滇南一省悬处极边，一入黔境，寸步皆山，商贾罕至，百物昂贵，兼之东、昭两郡俱系岩疆，产米稀少，节年办解京铜，人众食繁，陆路无从接济，欲筹水利，非开金江，别无善策。臣与调任督臣庆复亦知工巨费繁，担荷不易。而合词奏请者，实欲为边荒通此一线，以利久远。仰荷圣主念切民依，俞允开修。臣接办以来，慎始虑终，殚心筹画。

查上游自蜈蚣岭至双佛滩一十五处，险滩鳞接，虽加疏凿，难保无虞，业经奏明，改修陆路。其滥田坝等最险、次险八滩，已经开凿深通，舟楫可行。其已修未竣之小溜筒、濯云二滩，工程已有十分之七。惟余未开之对坪等七滩，皆小险之滩，易于为力，明春即可告竣。此上游现在办理之情形也。

又查下游于本年二月间始行勘竣，内最险者异石等一十四滩，极险者大虎跳等八滩，次险者黄草坪等二十九滩，小险者石板等一十一滩。经臣奏明，将最险各滩开凿，下水盘滩放空，其余或修纤路，或凿去碍船石块，以期舟行上下无阻。此下游现在办理之情形也。

查上游工费约需银四万余两，下游工费约需十余万两，统计帑金不及二十万，而千余里江路利赖无穷。若谓上游不修旱路，下游不用盘滩，从古未开之江竟可一帆直达，固不能如是其易。但查新开滩至黄草坪五百八十里江路，自昭通设镇，于雍正九年买运川米一万余石，自后历年买运永善县兵米三千余石，俱从此挽运。其黄草坪至金沙厂六十里，厂民所需米盐半由此贩运下水，亦有带运母底至永宁销售者。是下游一带，在未修以前舟楫尚可往来，断无开修之后反多阻塞之理。今奉旨着川陕督臣尹继善与臣会同都统臣新柱前往，相度机宜。臣自当和衷妥办，断不敢坚执己见，以致上厪圣怀。惟查金江每年至四月间江水涨发，至十月以后始消，是以勘估开修并将来运送京铜均在冬、春二季水落瘴消之候，节经调任督臣庆复与臣奏明在案。目下江水泛涨，滩身隐伏水底，上游一带瘴气正盛，其作何相度之处，容臣与钦差都统臣新柱、川陕督臣尹继善会晤面商，再行具奏。

合将臣起程缘由、金沙情形缮折奏报，伏乞皇上训示遵行。臣谨奏。

朱批：所奏俱悉。朕所以令汝等面议者，亦恐互相推诿，事终无成耳。今汝三人亲面相商，和衷共议，必有一定之论，断无两可之谋。可将朕此旨共观之。

（《张允随奏稿·卷五》）

758 署理云南总督云南巡抚张允随
《奏明巡阅昭、东等府疆隅、营汛情形折》
乾隆七年十月初二日

署云南总督云南巡抚张允随谨奏：为奏明微臣巡阅昭、东等府疆隅、营汛情形事。

窃臣奉旨会勘金江，自云南省城起程，取道东川、昭通、寻甸、镇雄、永善等府、州、县以抵叙州，勘竣之后，复至昭通府城，经过地方，疆隅形势、营伍汛防目击身亲，敬陈大略。

查寻甸一州为滇省门户，水田衍沃，户口殷繁，州城虽系旧建，而墙垣坚固，并无倾圮。北为东川府境，崇山峻岭，绵亘数百里，地气寒冷，稻地无多，又银、铜各厂商民云集，是以米价常贵。臣于雍正九年题建石城，楼堞完好，甚属壮观。

又由寻甸以抵昭通府境，东接黔中，西连巴蜀，南通省会，北枕凉山，幅员千有余里，山势开畅。臣于雍正十年题建砖城一座，规制宏阔，崇墉楼橹，足壮金汤。近城百里之内俱系平原沃野，兼有洒鱼河、李子湾、龙硐泉诸水环绕，经臣节年题明，动项修筑塘堰，现在开成水田，已未升科者共六万八千四百余亩。将来金沙江、盐井渡两处河道开通之后，食货转输，定成滇中雄郡。

又历镇雄一州，石城新筑，壁垒坚固，山川广袤，田土肥饶，雄关险隘，处处可守，天然滇省北面锁钥。

至沿途塘汛、墩台、甲械、旗帜，臣逐加查验，均整齐完固，锋锐鲜明，并无朽坏钝敝之处。

考验昭通一镇，奇兵、东川、镇雄三营官弁兵丁，技艺纯熟者，臣当场分别奖赏，以示鼓励；技艺生疏者，严加诫饬，勒限学习，并令该管将领申明纪律，尽心训练，俾各成劲旅，以仰副我皇上修明武备、整饬戎行之至意。

再查东、昭一带猓夷，自雍正九年经官兵大创之后，咸知凛畏天威，无复曩时桀骛之习。臣经行之际，各寨土目头人皆于道旁叩接，臣酌加犒赏，晓示顺逆利害，谕令共安耕凿，永为圣世良民，莫不欢欣感动。

所有臣顺道巡阅边隅、营汛情形，理合缮折恭奏，仰乞皇上睿鉴。臣谨奏。

朱批： 所奏俱悉。然安不忘危，不可恃此而不慎封疆之寄也。

（《张允随奏稿·卷五》）

759　署理云南总督云南巡抚张允随
《奏明遵旨会勘金江工程，酌议具奏折》
乾隆七年十月初二日

署云南总督云南巡抚张允随谨奏：为奏明遵旨会勘，酌议具奏事。

窃臣于乾隆七年七月十三日，准工部咨开："乾隆七年五月十七日，内阁抄出大学士鄂尔泰等议覆川陕督尹继善奏'金沙江通川河道'一折。乾隆七年五月十五日，奉朱批：'此事着尹继善、张前往开工之处，和衷面商，毋得各执己见。仍差新柱前往，一同相度机宜，妥酌具奏。该部知道。钦此。'"抄出到部，转咨到臣。臣钦遵谕旨，即于七月十五日自云南起程，业经具疏题报，并缮折奏明在案。嗣于八月二十一日，抵四川叙州府，钦差都统臣新柱先于八月十五日抵叙，川督尹继善亦于十九日抵叙。又臣于本年五月二十四日奏报"金江工程事"一折，于八月初四，在镇雄地方奉到朱批："今已有旨命汝等亲往勘工，汝三人会面时，将此奏与尹继善、新柱看，和衷再酌，奏闻可也。钦此。"又奏明"雇募川、黔石匠"一折，奉朱批："亦如前旨。钦此。"臣于到叙之日，即恭捧谕旨，与都统臣新柱、川督臣尹继善敬谨同看，一体钦遵。随公同订期，即于九月初三日自叙州府起程，由金江北岸川省陆路沿江会勘，十四日至雷波卫之那比渡过江，由南岸滇省陆路沿江会勘，二十四日抵滥田坝。以上即系双佛滩至蜈蚣岭等一十五滩，难以乘舟查勘，且两岸悬岩壁立，所开陆路系绕山而行，兼有牛栏江藤桥，难于行走。臣等公商，即至滥田坝而止。随于二十七日抵昭通府城，将勘过滩形、水势公同妥酌，和衷面商。

臣等看得，金沙一江发源西域，流入滇境，经丽江、鹤庆、永北、姚安、武定、东川、昭通七府，至叙州府汇入川江，源远流长，实为西南一大川。自东川府以下，南岸系滇省巧家、者那、大井坝、米贴、吞都、伣溪、副官村等汛，北岸系川省那比、雷波、黄螂、石角、屏山等县卫，夹岸营汛分布，田庐相望。迨至大井坝以上，南岸尚有田庐，北岸俱高山峻岭，田畴稀少，山后即系沙骂、阿都两土司所管地方，从前弃在夷境，原为舟楫所不到。自乌蒙改流设镇，滇省每年赴川采买兵粮数千石，均由叙州府新开滩至永善县黄草坪，五百八十里江路，溯流运送供支。其黄草坪至金沙厂六十里河道，亦为商贾贩运米粮、油盐各物之路。臣等逐加相度，内有大汉槽、凹岩、三腔、锣锅耳等滩，水势险急，冬春之际，商船虽有行走，而拉厢盘剥，每多艰难。应令工员于兴修之际，将应行施工之处细加酌量，次第修理。此下游六百四十里之情形也。

再上游自金沙厂至滥田坝，计二百二十七里，一十二滩。臣于去冬委员开修，已完工者八滩，已修未竣者二滩，未修者二滩。向滥田坝最险，次则小溜筒。臣等亲至滩头相度，小溜筒一滩系于山根百丈石嘴，近川之处凿出石礄，旁无溪箐，虽因江水未退，石礄尚未露出，而江流汛疾，断无砂石淤塞之患。其滥田坝一滩约长四里，内南岸险处所开子河亦未露出。臣于去冬委员查勘，船上载石试运，上下可行。现在江水高有丈余，波浪汹涌，情形尚险。询之水手，据称须俟江水再退数尺，船只即可放行。至开凿子河之处，离山甚远，下系稻田，无虑冲塞。其自双佛滩至蜈蚣岭，险滩鳞接，石巨工艰，纵加修凿，下水仍属堪虞。先经臣备查调任督臣庆复原奏，即有"石大水涌，重船下水为难，亦可盘载，如江、浙河道盘坝之法。"等语。是以奏明改修陆路两站半，以避一十五滩之险。本年四月二十日，奉到谕旨在案。川督臣尹继善先因委员查勘上游蜈蚣岭等各险滩，非人力所能开凿缘由奏覆。今蜈蚣岭等一十五滩，经臣改修旱路，是臣等意见原属相同。

伏思滇南僻处极边，不通舟楫，民无盖藏，设遇天行不齐，米价腾贵倍于他省。仰蒙圣主念切民依，屡颁谕旨查开通川河道，以期有备无患。臣奉命亲历江干，与都统臣新柱、川督尹继善面相商度，就勘过情形而论，实可开修，自应次第经理。查小溜筒尚未竣工，应俟修竣之日，将上游修过各滩委员详细查验，并将滥田坝以上水、陆间行一切造船、盖房、雇备夫马、试运铜斤所需费用通盘细筹，斟酌妥协，据实具奏，请旨遵行。

又原奏于本年七月间"委员前往川、黔二省雇募石匠来滇修工"一折，臣等公议，今时已十月，若差员往雇，计到滇之日当在岁底，为时无几。今拟于冬、春二季先修上游未竣各滩，俟来年七月间，再行委官分往雇募，专修下游。臣等和衷详酌，联衔缮折，交都统臣新柱覆命具奏，伏候训旨外，臣等即于十月初二日自昭通一同起程，取道威宁，都统臣新柱暨川督臣尹继善各由川省回京旋任，臣即从威宁回滇。因都统新柱由川、陕回京，尚需时日，恐上廑圣怀，合将臣等会勘金江事竣会奏缘由附折奏闻，伏乞皇上睿鉴。臣谨奏。

朱批：*所奏俱悉。既可开通，可详酌妥协为之，以成此善举。*

（《张允随奏稿·卷五》）

760 署理云南总督云南巡抚张允随
《奏报乾隆六年滇省民数、谷数折》
乾隆七年十一月十七日

署云南总督云南巡抚张允随谨奏：为钦奉上谕事。

案照乾隆六年正月十三日，准户部咨，奉上谕："将各府、州、县户口减增、仓谷存用一一详悉具折奏闻。钦此。"当经钦遵，饬行司道确查办理在案。又于乾隆七年二月十九日，准户部咨："岁报民数、谷数，令于每年仲冬缮册奏闻。但奉行之始，各该督抚因详核确数，不能依限奏报，若不酌与宽期，窃恐草率塞责。请再宽限半年，令各详慎办理等因具奏。奉旨：'所奏是，依议。钦此。'"移咨到臣，又经转行，依限造报。去后，嗣缘臣钦奉谕旨会勘金江，于十月十四日回署，催据布政使阿兰泰、粮储道宫尔劝会详，据云南等府转据昆明、嵩明等州县详称："除番界、苗疆向不入编审者，遵照部文无庸查造，又两迤各厂商民以及外来走厂贸易之人去来无定，亦无凭查造外，计通省土著民人三十五万六百七十八户，大丁五十七万三千四十五丁，小丁三十四万四千一百四十丁。总计乾隆六年分通省大小人丁共九十一万七千一百八十五丁。存仓、捐纳、捐输、积贮、社仓等项米一万八千八百七十八石一斗二升零，谷九十七万四千七十二石六斗二升零，小麦六百一十四石二斗九升零，荞一万八千七百七十六石三斗二升零，稗一百七十石六斗八升零，豆一十六石五斗，大麦一千四百八十五石五斗八升零，青稞五百七十五石六斗三升零。总计乾隆六年分通省实在仓贮米、谷、麦、荞、稗、豆、青稞共一百一万四千五百八十九石七斗六升零，俱系实贮在仓，并无亏缺。"等情。

臣伏查登献生齿，乃保世滋大之良规，稽核仓储，实酌盈济虚之要术。我皇上仁育四海，在宥万方，以《周官》薄征散利之心，行贞观口分世业之法，特命各省督抚于每岁仲冬，将民数、谷数具折奏闻，仰见圣主念切民依之至意。

滇南僻在天末，汉土杂居，国家久道化成，修养百年，新疆四辟，重译来王，兼以地产五金，矿徒云集，计其生齿，当不下数百万。第蛮夷性多疑畏，例不编丁，厂民逐货贸迁，户籍难定，只有土著、汉民实数可稽。至通省米谷，蒙皇上重农贵粟，加意积贮，历年经理，储蓄已逾百万之数。兹据司道将乾隆六年分民数、谷数查明，造具清册详报前来。臣谨缮黄册恭呈御览。谨奏。

朱批： 知道了。册留览。

（《张允随奏稿·卷五》）

761 署理云南总督云南巡抚张允随《奏明试修大关河道，京铜运行无阻，请借项兴修，以利新疆折》

乾隆七年十一月十七日

署云南总督云南巡抚张允随谨奏：为奏明试修大关河道，京铜运行无阻，请借项兴修，以利新疆事。

窃臣于本年二月十七日，将开修大关河道并发运京铜缘由具折奏请训旨，于四月二十二日，奉到朱批："既已试行有效，即照所议办理可也。钦此。"臣跪读之下，仰见我皇上仁育群生，凡属利民之举，无不俯赐准行。臣即钦遵，敬谨办理。

嗣据承办修河、运铜之大关同知樊好仁、昭通游击萧得功报称："奉委开修，自大关境兔勒塘起至盐井渡止，陆路凡险仄之处俱开凿宽平，驮马来往业已坦行无阻，并于老李渡添充渡船，小关溪建造木桥，以备两处藤桥之险，俱经修治完竣，每日商旅驮运川货赴昭通府城贸易者络绎不绝。其水路，自盐井渡至川省叙州府之安边汛二百五十里，大小七十二滩，除宝霞等三十八滩水势平缓，无庸修浚外，计应修者三十四滩，内九龙一滩为最险滩，黄果碛、丁山碛等一十五滩为险滩，石门坎滩等一十八滩为次险滩。自乾隆六年十月兴工起，至七年四月停工，已将丁山碛、打扒沱、普洱渡、穿龙滩、石灶孔、大铜鼓、大白龙、小白龙等八滩，或凿中流巨石，或凿拦河石梁，或修危崖纤路，并将沿河一带碍道荆榛芟除砍伐。川省商民闻河路已开，油、盐、布帛等货咸闻风贩运，即雇其回空船只，将东川店运到铜十五万斤陆续装运，悉皆安稳，全抵泸州，交长运之员运解京局，较由永宁至泸州近陆路七站半，每百斤节省脚价三钱有零，十五万斤共节省银四百五十两零。因试运伊始，经过未修各险滩，俱须起载盘剥，故节省无多，将来开修全竣，自必更加节省。计开修过旱路三百里，水路八滩，尚有九龙等二十六滩，或应开凿船路，或应开修纤路，并修过陆路内，隔越溪涧之处应添建桥梁。从前查勘系约估之数，今押运铜斤，水路往来，逐细覆估，实有必应增修之处。除用过工价外，仍需银八千五百余两，请于运铜脚价项下分次借给，以便雇募匠夫，乘时兴作，所用银两，即于运铜省出脚价内分年归款。"等情。

臣查滇省昭通一府，控扼川黔，幅员广袤，额兵众多，实属边方雄郡，向因舟楫不通，以致民用缺乏。雍正十一年间，曾议开大关河道以达川江，经升任迤东道黄士杰查勘，估需工费银八万余两，绌于经费，未获举行。虽经暂修陆路以通商旅，而羊肠一线，险仄难行。近年以来，生聚益繁，食货益贵，加以昭通、东川两府岁办京铜俱由陆路驮运，脚费既繁，民力亦惫。臣蒙皇上简畀封疆重任，日夕筹虑，因大关同知樊好仁诚实干练，能耐劳苦，委令查勘办理。于乾隆六年九月间，据勘明水、陆道路工程，约需银八千五百九十余两，当经酌借运脚，拨发铜斤，令将应修道路滩工一面开修试运。兹据将修过工程、运过铜斤禀报前来，除用过节省银四百五十两外，其余用过工费银两，臣捐给还款。

伏查试运京铜既已全数运抵泸州，则是河道通顺著有成效，若必俟每年运铜省出脚价逐渐兴修，未免有稽时日。臣仰恳圣恩，准于运铜案内借动脚价银八千五百两，分作两次发给该同知承领，多雇工匠上紧开修，工竣造册核实题销。并行令于东川一路运供京局铜三百一十六万五千斤内，拨铜五十万斤，由大关发运泸州，仍令管理铜务粮道宫尔劝归入东川陆运案内报销，约计四五年，节省脚价即可归款，俟归还原款之后另案报销，则公帑不费，而新疆食货流通，兵民永沾圣泽于无疆矣。谨将绘就《大关河图》附折恭呈御览，伏乞皇上训示施行。臣谨奏。

朱批：原议之大臣等议奏，图并发。

（《张允随奏稿·卷五》）

762　署云南总督云南巡抚张允随
《奏报筹画金江工程先后缓急机宜折》
乾隆七年十一月十七日

署云南总督云南巡抚张允随谨奏：为奏明事。

窃臣办理金沙江通川河道，自去冬今春，业将上游各滩开修过半，下游各滩委员查勘完竣，于本年五月二十四日恭折奏报。嗣因奉旨会勘，前赴叙州，与钦差都统臣新柱、川陕督臣尹继善会同相度，至十月初一日，将勘明可开情形会折覆奏。今臣于十月十四日回署，所有江流曲直、滩势大小、舟行难易情形，逐一详加审察，谨将江工先后缓急机宜悉心筹画。

查上游各滩，除滥田坝等八滩已经完工外，尚有已修未竣之小溜筒、濯云二滩及未修之对坪等滩，俱应于今冬疏凿。臣已先期行令司道，转饬雇募本省石匠二百名，并将一切需用铁器预为制备。兹当十一月中旬，正江水归磡之时，即催令承修上游之迤东道宋寿图等前往江干，先将小溜筒、濯云二险滩趱修完竣，其余未修次险七滩次第开修，务令舟楫上下无阻，并约束在工官役夫匠不得滋扰夷寨。约计上游工段，明春水长以前可以完竣。

至臣前奏先发铜二十四万斤试运之处，应宜筹办。查自小江口双龙滩起至石洲滩，此一百七十里内，应安设𫚔船十五只，每只设水手四名，照中站给价，每名月给银三两，四名共银十二两，每月共给食米一石五斗，盐菜银六钱，每船每月约可运铜万斤。臣查瓦屋渡现有站船五只，堪以修舱备用，即令于十二月起，先行装载，陆续运赴石洲滩。其余十只，已遴委署副官村县丞李苍霖往川省雇募船匠，招募熟谙水手来滇，并雇本地船匠帮同打造应用。其横木滩以下接运至河口滩，需船二十只。查永善县本年采买兵米回空船只甚多，如有铜到，即可装运。已饬永善县，俟米船到日，议定船价，详明于江工银内动支雇募，事竣报销。至铜斤由石洲滩起岸，运至横木滩下船，所有小江口、石洲滩、者那塘、木租寨、横木滩五处，俱应建店房、铜房、马棚共十五间，金沙厂河口应建铜房一十五间。臣已饬东川、昭通二府，一面估计册报，一面动项建盖，并雇募驮脚，以便接运。

以上筹办运铜事宜，臣原奏于秋间动项，委员赴川买盐，运赴东川，以运盐船只下运铜斤，冬间即可起运。今因会勘江工，于十月间定议后，至仲冬始行办理，将来船只办齐，恐不能运足二十四万之数。容臣于今冬先将大局立定，仍饬尽力办运，俟来岁停工时，逐细妥酌办理，务期早收实效，以仰慰圣主加惠边方之至意。理合缮折恭奏，伏乞皇上训示遵行。除上游工程估册另疏题报外，谨将绘就《金江图说》装璜成卷，恭呈御览。臣谨奏。

朱批：原议之大臣议奏，图并发。

（《张允随奏稿·卷五》）

763　署理云南总督云南巡抚张允随《奏明疏浚洱海淤沙折》
乾隆八年闰四月初七日

署云南总督云南巡抚张允随谨奏：为奏明疏浚洱海淤沙，以除榆郡水患事。

窃照滇南山多田少，民食恒虑不敷，全在水利兴修，方可灌溉无缺。臣仰遵训旨，凡通省河海，可备蓄泄、有关民生者，无不悉心讲求，以资利济。兹查大理府洱海，发源鹤庆府属之观音山，挟剑川、浪穹诸山之水，归邓川之㳽沮河，至大理苍山之十八溪水，汇而成海，下会赵州、蒙化二处之水，由波罗甸出天生桥，入合江铺，而总会于澜沧江。此洱海之源流，实迤西之巨浸。但海身长百二十里，广二十余里，而出水之天生桥一带，海口深阔俱不及一丈，长七里有余，泥沙易于停滞。自雍正四年动项疏浚，迄今十有余年，每当大雨水涨，海口子河不无沙石冲塞，兼之河边各沟冲沙成埂，海水至此，往往泛溢倒流，以致太和、赵州、邓川三州县及浪穹、宾川等处沿海田亩不免淹浸，而邓川之东湖、西湖两川低下田畴时被水患。

臣于上年十月，面嘱迤西道朱凤英前往海口逐加勘估，照"海坝关系民生等事"部文所开"嗣后各省民堤、民埝，有关田庐，民力实不能办者，动因公项下酌给饭食、物料行修"之例，并令布政司阿兰泰转饬濒海之太和、赵州、邓川三州县，调集民夫，乘时疏浚。于乾隆八年正月初九日兴工筑坝，将海口子河开宽二丈，河底浚深五六尺不等。自波罗甸、刘家园、打鱼村、清风桥、黑龙桥、子河桥、三道子河直至天生桥，节节挖深，或施人力，或用牛犁，垒石砌堤，外植柳树，以资保固。其最要之赵家园、拱沙龙二处，用犁水打坝，傍沟亦俱修浚，内垒石坝，外栽茨柳。所用人夫，每名日给食米一仓升、柴菜钱十文。该道朱凤英督同太和县知县徐淳、赵州知州施陛锦、邓川州知州唐世梁实力董率，小民踊跃趋事，于三月十八日报竣，计用米六百二十八石零、钱六百三十八千零。淤沙尽行挑去，水势畅流，不特五州县田地无漫溢之患，且涸出海田一万余亩。

臣查海口淤沙虽经疏浚，但恐水大之年，不免复有淤塞之事，饬令地方官将涸出田亩即令附近民人认垦，照民堤民修之例，责成垦户五年大修，按田出夫，自备口粮，合力疏浚，地方官各按界址就近督修，则数州县之水患既得永除，而帑项亦不至糜费，庶为经久之图。除将用过工费造册题报核销外，所有臣疏浚洱海缘由，理合恭折具奏，伏乞睿鉴。谨奏。

朱批：知道了。

（《张允随奏稿·卷五》）

764　署理云南总督云南巡抚张允随《奏报交匪矣扬攻打都竜情形折》

乾隆八年六月初七日

署云南总督云南巡抚张允随谨奏：为奏闻事。

窃照交匪矣扬，即武贤卿，于本年四月间，分遣贼党由牡丹、八宝两路进兵，攻打都竜一带地方，经臣照行开化镇、府，派拨官兵于沿边各要隘严加防堵，遥示声援，业于闰四月初七日恭折奏闻。嗣于闰四月初十、十二、十七等日，据开化镇总兵官赛都、署开化府知府孙光祖禀报："差探得四月二十九日，贼兵在草牙箐口与交兵打仗，贼兵退回马鞍山。闰四月初一、二等日，复相厮杀，互有胜负。但兵众多分作数处，逐日诱敌，每夜偷营，交兵昼夜防守，甚属疲劳。初九日，八宝一路贼兵将交官翁桂所差兵头杀败，由猛硐进至漫结，逼近都竜。是日，马鞍山贼兵攻破交阯孟武寨。探得贼营领兵头目，一名陆元，一名王奇，俱称元帅；一名金子义，称先生。两路贼兵约日共攻都竜，翁桂势甚危急。职等公商，贼众蚁聚，恐马白营汛兵力不敷，即于十三日，差把总一员，带存城兵一百五十名前往添防。"等情到臣。

臣查交阯都竜一厂,乃内地人民聚集之所,今贼兵进攻,厂民难免惊惶,倘望风奔避,一拥入口,办理甚费周章,且此番贼势颇盛,若都竜失守,则边界防堵益宜周密。虽已调拨广罗协兵三百名,尚虑不敷,又经檄调临元镇官兵三百名星往贴防,以壮军势,一面刊发告示,张贴都竜城、厂、大小马鞍山等处,谕以"都竜厂众俱系内地商民,如敢伤害,定即遣兵擒剿"等语,一以震慑贼胆,一以慰安厂民。臣又查游击赵国盛等驻兵界上,必得文职大员前往会同筹办,始无贻误。即檄令开化府孙光祖速赴军营,相机调度,并令同知姜之松在白马税所稽查进口商贩,安抚避难交民,文山县朱兴燕偿运兵粮及接解回籍人民诸务。并饬军前将领、备弁,于沿边村寨各给黄布旗一面,上书"天朝某寨"字样。如贼在境外,止宜严肃军容,示以不可犯之势;若贼匪擅入内地,务须尽力扑剿,勿令一贼兔脱,违者定以失误军机参处,飞饬去讫。

嗣于二十四至五月初六等日,据开化镇、府及军前将备陆续呈报:"贼目陆元、王奇等留兵数百看守马鞍山老营,尽率余众于十四日夜攻破隘口。十五日,都竜扎营九座,占住三面山头,放枪攻城,城中亦放枪炮对敌,未分胜负。其漫结沙贼亦至都竜厂驻扎,离城只二十里。先是,翁桂招集骁勇沙夷二百余名,号为杀手,被陆元等用计勾通,于十九日二更,里应外合,一拥登城。翁桂预先知觉,带领家口、资囊逃往南外,遗弃鸟枪、炮位、牛马,悉为贼有。二十日,探事兵役梁奇、余占鳌等至都竜,适值厂上贼目传烘、陆林、侬一豹等来城上与陆元、王奇会话,该兵役传谕不许在内地边界滋事,传烘、王奇均言:'我们奉武氏王命来拿翁桂,并不敢动天朝一草一木,倘有不知事的混入内地,只管放枪炮,打死无怨。'又探得厂上贼兵约二千四五百人,领兵大头目屈百贤,又名徐国贤,系广东人,因陆元等先踞都竜,屈百贤心甚不甘,不肯入城。两处贼兵每日各处打捞,抢搜银米,奸淫杀掳,肆行残毒。又有在厂觅食之湖南桂阳州二百余人投入贼党,勾引沙贼抢劫,厂民汹惧。二十八日,奉发告示到马白军营,即遣差兵役前往都竜、漫结、马朗、马鞍山、草牙箐等处晓谕。贼目陆元、屈百贤等见示,颇怀畏惧,即出具遵依三纸,分投镇、府、游击,内称:'具禀:小的陆元、王奇、屈百贤、李一廉等,窃安南一十三省,我主原属四省,前代赋税毫无贪隐。惟宣光土目翁桂僭位以来,胆吞田课,贡赋无由。前于己未年间,有交岗王率兵征彼,因天朝谕出,王事未了,蓄泪及兹奈蚁等籍属土处,承命往征,幸蒙差查来历,并非沙匪抄扰。本年四月内,征到都竜、宣光等处,翁桂闻声逃匿南外,蚁等正在擒拿,谅彼实难脱网。如获,令兵归土,无俟天兵防范,冒恳转详。'等语。并称:'以后当约属手下人众,不敢抢掳厂民银米。'等情。并据开化镇臣赛都,以贼匪逼近边隅,兵防难撤,权其所费,与出师相等,宜乘此时调集官兵,用彰天讨。先向都竜,如石压卵,都竜既下,安边、洪水、甘棠、保乐、牡丹等处传檄可定。"等情前来。

臣查从来出师外域,或责其逆命,或志在并兼,从未有代属国驱除盗贼者。今安南并未求援，师出无因，且沙贼蔓延交地，我兵进剿，必须内外夹攻，方可剪灭。现在都竜被围一月，被贼占据又将半月，该国不闻有一矢加遗，断难望其遇兵会剿。况师行粮从，千里转输，既非得算，欲因粮于敌，又无粮可因，兼之山深箐险，瘴疠炎蒸，地利天时，种种不便。该镇以为安边、洪水一带传檄可定，倘各处匪贼抗拒不遵，我师若不长驱进讨，则有损威声；若悬军深入，则我兵为客，贼据险出没，反足乘我之后，即剿灭一二处，而此处甫平，彼处旋起，兵连祸结，殆无宁时，较诸目前防守之劳，何止百倍。总之，此项贼人究在外域，用兵一事终属得己，就目前事势，只宜整肃军威，严防边隘，贼若敢于侵扰边界，则当奋勇剿杀，俾靡孑遗。若敛戢自守，亦不必越境贪功，致启边衅，斯为万全等语批覆，并饬军前文武，将贼众占夺都竜以后作何动静，确探报闻。去后，嗣于五月初八至二十日，节据开化镇、府及军营文武呈报："探得都竜贼目自见告示之后，即将擒某客民、交妇尽行释放，厂地稍觉安静。因甘棠贼首余襄差人到厂，约会共攻迷罗、打罗地方。陆元、王奇与屈百贤、陆林商议，分兵两路，一路往攻南外、南三，追拿翁桂、黄滚寿；一路会合余襄往攻迷罗、打罗，以擒翁桂之弟阿秃、阿秧。又探得陆元、屈百贤等于初入都竜之日，即遣人往安边迎请伪交岗王矣扬。至是差回，述矣扬之言：'都竜不是我住的地方，不便前来。'等语。闰四月十八日，陆元等所遣往攻南三之兵被翁钦杀败，带伤二十余人。贼党又添兵前往，因连日大雨，尚未进攻。五月初二日，陆元、屈百贤所遣攻取迷罗、打罗之兵回厂，云：'阿秃、阿秧先经遁去，两处地方已经投顺。'初六日，贼兵攻破南外。初八日，进攻南三，交兵出战，因众寡不敌，败入城中。贼众陆续尽赴南三，其都竜城内只有陆元、蒋思带领染病贼兵数百在彼调养，厂上贼兵亦不过二三百人，零星散处空铺之内，因米谷已尽，俱往山中采取无主生荞为食。自四月以来，厂上无米可买，每京石贵至八九两，厂民不能存住，每日进口者或百余人，或数百人不等，俱经同知姜之松查照乾隆四年矣长变乱时办理，查明凡有行李资斧者，解送府城，差押出境。又避难交民五百余名口，亦经该同知酌给口粮，安插内地，俟贼退，遣归复业。十一日，护开化镇中军游击印务、守备郭文英防守下藤桥汛，贼兵占踞交阤戛洒寨，紧逼我兵营盘屯扎，扬兵呐喊，官兵呵止，贼倚恃人众，口出狂言，经官兵放枪打倒三人，余贼惊溃。郭文英即令客民、土练撑筏过河，将空寨烧毁，以杜贼匪复行藏匿。是夜三更，贼兵数千攻打南三，至黎明，城上枪炮齐发，贼兵败走，交兵追至河边，郭文英令兵丁于隔河站墙掌号，遥助交兵声势，贼兵退回南外。交目翁钦带领交民齐至河边叩谢，具言：'翁桂已于闰四月二十三日奔往平允地方，自都竜失陷，安边一带为贼所阻，文书尚未到三歧。'等语。又探得厂上贼目屈百贤于五月十三日往安边，都竜城内仍系陆元、王奇驻扎。闻得要候矣扬安设头目管理厂务，并发兵攻打猛康、铅厂等处。查猛康与开化八寨汛接壤，已飞饬该汛把总朱鸣瑞严加防堵。其南外贼兵，日逐伏草探听，十六、十七等日未见动静。闻领兵贼首侬一豹已往各属调兵，俟到齐之日，共攻南三。又探得保乐州仍被莫正豹手下贼目王豹、王老大弟兄占夺。"各等情到臣。

臣查安南贼匪矣扬，于乾隆六年在该国牡丹、安边等处作乱，去中国边界尚远，原可无庸置议。乃本年四月间，该贼匪分遣贼目陆元、屈百贤等攻打都竜，因都竜土目翁桂素行贪虐，人无固志，贼兵所到，皆望风奔溃，自安边以北悉为贼有，仅存南三一隅，地势稍为险固，火器足备，交目翁钦、郑分率众坚守，贼兵屡次进兵，未能猝拔。但该国宜京、三奇声息隔绝，孤城无援，终必为贼所破，南三若破，开郡兵防益关紧要。臣密札开化镇及军前文武整肃兵威，控扼要害，慎固边防，并确探贼势夷情，不时飞报外，合将据报近日情形缮折奏闻，仰祈睿鉴，训示遵行。臣等谨奏。

朱批：军机大臣等速议具奏，庆复亦着入议。

（《张允随奏稿·卷五》）

765　云南总督兼管巡抚事张允随《奏报奉旨补授云南总督谢恩折》
乾隆八年八月初六日

云南总督兼管巡抚事臣张允随谨奏：为恭谢天恩事。

乾隆八年七月二十三日，准吏部咨开："乾隆八年五月二十六日，奉上谕：'庆复着补授川陕总督，马尔泰着补授两广总督，张着补授云南总督，兼管巡抚事务。钦此。'"移咨到臣。臣随恭设香案，望阙叩头谢恩讫。

窃臣猥以庸材，遭逢殊遇，蒙世宗宪皇帝特达之知，由布政使擢授巡抚，备位五载，报称未能。恭遇我皇上龙飞御极，臣以边省外臣，尚未瞻觐天颜，即蒙恩旨署理总督印务，嗣于乾隆三年陛见，回任之后，迭荷恩纶，一署黔篆，再摄滇符，八载之中，三膺宠命。臣虽勉策驽钝，矢效涓埃，而职大才微，深虞陨越，每当清夜扪心之际，常切捐糜莫报之忧。乃蒙圣主天恩，特授臣为云南总督，兼管巡抚事务，臣闻命自天，感激无地。

伏思总督统辖文武，巡抚职重抚循，非具出群之才，难以克称其实。况滇居天末，三面临边，布德宣威，举动皆关经画，安内攘外，措施务协机宜，在分理犹惧弗胜，更畀之以兼任，即暂摄已惭逾分，复加之以即实。臣膺兹异数，纵使肝脑涂地，亦何足上副恩知。惟有殚竭悃诚，夙夜匪懈，体诚求保赤子之圣心以敷政，时时为百姓计安全，推招携怀远之帝德以筹边，事事为封疆谋奠定，务期兵精饷裕，物阜民康，上纾九重南顾之怀，庶尽臣职于毫微，即以仰报主恩于万一耳。除恭疏奏谢外，谨缮折叩谢天恩，伏祈皇上睿鉴。臣谨奏。

朱批：所奏俱悉。勉力为之，以副朕望。

（《张允随奏稿·卷五》）

766　云南总督兼管巡抚事张允随
《奏报遵奉谕旨加意防范安南边境折》
乾隆八年九月二十一日

云南总督兼管巡抚事臣张允随谨奏：为钦奉上谕事。

乾隆八年八月初七日，准兵部加封递到大学士鄂尔泰、张廷玉、徐本、尚书公讷亲字寄，内开："乾隆八年六月二十五日，奉上谕：'广西之镇安府、云南之广南府各有通安南之隘口，自前岁匪徒滋扰保乐夷州以来，滇、粤两省文武大员自应严饬守隘员弁加谨防范，不许匪类往来出入，以清边境。朕闻粤省稽查颇严，而滇省则近于疏懈。广南土人出交者纷纷，甚属混杂。张亦未将隘口情形常时陈奏，未免视为泛常。尔等可传旨，密谕张，令其加意防范。钦此。'"遵旨寄信到臣。臣跪读之下，仰见我皇上万方在宥，睿虑周详，不胜祗惧惶恐。

臣先于七月二十二日，准到军机处来文，议覆前任广西提督谭行义奏"广南土目招携土民欲由粤境回滇"一折，臣将办过情形详悉奏闻，当经臣将安南贼首矣扬、莫正豹俱系粤西人，由泗城、镇安、西林等处纠集沙匪出交，现经滇省拿获粤西沙夷五百余名，解交该省地方官收审，并臣设法诱擒伪官贼目及招回广南沙夷，区处安插缘由，遵旨覆奏，自蒙圣鉴。但臣身任滇疆，值安南有事，不能严防周密，致所属土人潜出附和，疏懈之罪实无可辞。乃蒙皇上天恩，不即加严谴，特降谕旨，令其加意防范。臣感激惭悚，无地自容。惟有严饬地方文武督率守隘弁兵实力会哨，巡查防堵，并责成流、土各官，将管内夷民编立保甲，严加约束，时刻稽查，勿令潜出滋事，以仰纾圣虑，稍赎前愆。除密行钦遵防范外，理合恭折具奏，伏祈圣鉴。臣谨奏。

朱批：时常留心防范可也。

（《张允随奏稿·卷五》）

767　云南总督兼管巡抚事张允随
《奏报永善县副官村被水及赈恤情形折》
乾隆八年十一月十六日

云南总督兼管巡抚事臣张允随谨奏：为奏明事。

乾隆八年九月十九日，据昭通府知府来谦鸣转据永善县分防副官村县丞李苍林报称：

"所属火盆里地方，濒临大江，沿江一带大山沙石兼生，土性松浮，易于坍卸。本年七月初七、八、九等日，大雨连绵，山水泛涨，崖石被水浸埃，夹杂泥沙，将靠山临江田地逐段冲压，沿江房屋亦被冲坍，幸非一时倾塌，居民得以预为搬移，人口并无伤损。"等情到臣。

臣查副官村距省二十余站，村民田地、房屋被水冲坍，殊堪悯恻。臣于闻报之顷，即饬布政使阿兰泰动发备公银两，委令候补通判张子玉星夜兼程前往，会同该地方官确勘，分别赈恤，并查冲坍田地共该钱粮若干，仍查明附近有无可垦官山，拨给耕种，并令搭盖房屋，以免露处。去后，兹据勘员候补通判张子玉等报称："查得火盆里冲坍田地共二百二十七亩零，应免粮条银七两四分零，应赈人民共四十三户，大口一百二十五口，小口八十六口，照例赈给三个月口粮，每大口日给银一分，该银九钱，小口减半，共赈银一百五十一两二钱。坍塌房二十四间，草房七十一间，每瓦房一间赈银一两，草房一间赈银五钱，共赈银五十九两五钱。又踩得附近之分水岭、寺院冈、盐井溪三处官山有地三段，每段可开地五六十亩、六七十亩不等，分给各户开垦耕种，并建盖房屋居住，按照户口大小，给以工本银自四两至六两、八两不等，俟成熟后，按照年限升科。以上通共赈恤银三百六两七钱，俱系亲身散给，小民均沾实惠。"等情前来。

伏思我皇上念切民依，痌瘝在抱，屡降谕旨，凡地方偶值偏灾，俱令督抚诸臣因时就事，熟筹妥办。今副官村火盆里冲压田庐，臣仰体圣心，因时就事，加意抚绥赈恤，业已各有宁居，不致失所。除饬地方官将应免粮条并赈过银数造册出结，详请具题外，理合先缮折奏闻，伏乞皇上睿鉴。臣谨奏。

朱批：知道了。

（《张允随奏稿·卷五》）

768 云南总督兼管巡抚事张允随《奏请将已经服满例应赴部候补幕宾朱象贤留滇办理幕务折》
乾隆八年十二月二十日

云南总督兼管巡抚事臣张允随谨奏：为请旨事。

窃查雍正元年定例，内开：督抚所延幕宾，如果效力年久，择其人品醇谨、办事干练者，题请议叙，给与职衔，其本身原有职衔者，准予先用。如有才守出群者，该督、抚专折保荐，送部引见，从优议叙。奉旨：依议。钦遵在案。

臣自受任滇抚，政务殷繁，不能不需助理。而刑名一事，民命攸关，臣尤加意慎重。然幕宾中，熟精律例而又能详慎持平者甚不易得。臣于乾隆元年延有江南长洲县候选县丞朱象贤，为人端谨和平，臣与之商酌谳狱，务求明允，克副臣意。于乾隆五年，吏部掣选福建莆田县县丞，辞臣赴任，嗣闻其丁艰在籍，复由苏延致来滇。臣观其办事勤慎，有为有守，堪膺民社之任。今该员已经服满，例应赴部候补。但臣蒙皇上殊恩，实授总督，仍管巡抚事务，刑名关系紧要，一时难得深信之人。可否仰恳天恩，准照蒋祝之例，将朱象贤留滇办理幕务，俾效力，俟再著有劳绩，另折请旨叙用，以示鼓励。隆恩出自圣主，非臣所敢擅便者也。为此恭折具奏，伏候谕旨遵行。谨奏。

朱批：着照所请行，该部知道。

（《张允随奏稿·卷五》）

769　云南总督兼管巡抚事张允随《奏请将开修金江效力人员议叙折》

乾隆八年十二月二十日

云南总督兼管巡抚事臣张允随谨奏：为钦奉上谕事。

据云南布政使阿兰泰会同署按察使张坦熊、粮储道宫尔劝、驿盐道郭振仪、迤东道宋寿图等详称："窃照金沙江通川河道，为滇民万年永赖之利。案查乾隆二年，钦奉上谕：'水利所关农工綦重，云南硄步皆山，不通舟楫，田号雷鸣，民无积蓄，一遇荒歉，米价腾贵，较他省过数倍，是水利一事，尤不可不亟讲也。朕常时筹虑，曾面询大学士鄂，据奏：臣前任云南，曾开广西剥隘至云南河道。四川亦产米之区，滇属牛栏江下有车洪江，可达川江，若能开通，舟楫可直抵嵩明州。此外川河前经引导，现有可达昭通者，若由昭通次第开凿，或可通牛栏江，亦大有裨益等语。可将此情节寄字与尹继善，令其悉心筹画，无论通粤、通川及本省河海，凡系水利及凡有关于民食者，皆当及时兴修，不时疏浚，总期有备无患。要须因地制宜，事可谋成，断不应惜费。如难奏效，亦不必强作。着并谕张知之。钦此。'钦遵在案。

嗣于乾隆五年，经前任庆部院查出东川府小江口入金沙江以达泸州河道，会折奏请开修，奉旨俞允。当经委令迤东道宋寿图、广南府陈克复为总理，选择工员前往勘估开修，于乾隆六年二月兴工，试修过蜈蚣岭、者那、红崖、安吉、热风、峡口、猴崖、双佛、滥田坝、小溜筒等十滩，旋因水长停工，共用过匠夫工价、官役养廉、工食等银一万二千五百八十一两零。嗣奉本部院以金江绵亘一千三百余里，工程浩大，奏明分为上、下两游，自金沙厂上至小江口为上游，自金沙厂下至叙州新开滩为下游。将上游工程委令迤东道、广南府总理承修，下游工程委令曲靖府董廷扬总理，昭通府来谦鸣协理承修，各专责成，以速巨工。

嗣因上游自蜈蚣岭至双佛一十五滩，滩势最险，估银七万余两，食米六千余石，开浚之后，重舡下水仍须盘剥。查出旱路绕过各险滩，从对坪子滩起，至河口滩止，应修者一十九滩，共估需工价银二万七百二十二两零，又官役养廉、工食银一万三千三十二两，二项共需银三万三千七百五十四两零，食米一千八百一十八石零，业经详请咨部，奉准部覆在案。

今查上游应修一十九滩，于乾隆六年十一月兴工起，至七年四月止，又自七年十二月兴工起，至八年三月止，两次查照估计，如式开修完竣，共用过匠夫工价、官役养廉、工食等项银二万四千三百九十七两零，食米价银三千三百九十七两零，较原估节省银九千三百五十六两零。至奉发铜二十四万斤试运，据承运之东川府田震、永善县沈彩报称："自乾隆八年二月初一日开运起，至四月十五日水长停运止，共运过京铜二十万六百余斤。每鳅舡一只，载铜二千四百斤。自横木滩，历对坪、回流、滥田坝、牛栏头二三滩、濯云、小溜筒、大井坝、大水沟、新厂、密洛、巴崖、雾露、大风湾、河口等最险、次险各滩，以抵永善县铜房，俱安稳无虞，现交永善县收贮，俟下游开通，运赴泸州，配运京局。自上游开修以来，去冬今春，川省商船贩运米盐、货物至金沙厂以上发卖者较往年多至十数倍。即如二月间，金沙等厂米价每仓石卖银四两二、三钱，商船一到，即减价一两有余，村寨夷民皆欢欣交易，不但滇民免艰食之虞，且可使无知蛮獠渐被华风。所有金江上游工程告竣缘由，理合详请具题。"等情到臣。

臣伏查，金沙一江发源西域，流经万里，中贯川滇，只因僻在夷方，前代未经疏浚。我皇上仁育为怀，万方在宥，念云南硅步皆山，不通舟楫，面询大学士臣鄂通粤、通川河道情形，特降谕旨，及时疏浚兴修，以期有备无患。前督臣庆仰恳圣心，殚思竭虑，遍加咨询，查出东川府属卑中地方由小江口入金沙江以达川江水路，与臣会折奏请开修，蒙圣恩俞允，当即委员试修。嗣缘庆调任两广，臣奉旨接办，因滩多工巨，奏明作上、下两游疏浚兴修。仰荷睿谟高远，训示周详，臣黾勉遵循，敬谨办理，三载以来，业将上游各滩疏凿完竣，试运京铜，并无阻滞，而巴、蜀商舡亦溯流直上，是江路通行已有成效。臣犹恐夏秋水涨，或有沙石冲塞，致碍行舟，复于今冬十一月间水落之后，差员勘明修过工程，并无改易。

又金江两岸陆路，向缘险仄难行，人迹稀少。臣于上年奉旨会勘江工时，已将南岸那比渡以上至滥田坝六百余里修治宽平。本年开修下游，又将那比渡以下至副官村四百余里一律修治。现在商旅负贩金沙、乐马等厂贸易者，千里之内往来不绝。一俟下游工竣，江流循轨，舟楫通行，京局铜斤可收分运之效，滇民缓急更获接济之资。此皆我皇上尧、舜为心，痌瘝在念，而又不限时日，不惜帑金，能开千古未辟之大川，永万世无疆之利赖也。

至此案江工，先经调任督臣庆复奏明，俟工竣，将在工人员分别题叙，以示鼓舞。军机大臣等议得，通川河道工费浩繁，自应遴委文武各员分任办理。至效力人员，如果勤劳出力，工竣后一体题请，分别定议。奉朱批："依议。"钦遵在案。今当工竣，所有总理上游江工之迤东道宋寿图、署广南府知府陈克复，协理上游江工东川府知府田震，监督江工昭通镇标中军游击韩杰，分修上游滩工署永善县副官村县丞李苍霖，试用州同杨茂，效力候选州同朱国樑，效力革职知县刘嗣孔，效力即用州同方绎，效力考职县丞陈克敏，效力生员裴瑗，效力年满千总刘世美，效力革职守备徐文，效力革职把总刘国祥，以上各员，或膺总理，或任分修，自勘估兴工以迄报竣，悉能殚心竭力，不避艰险，不辞劳瘁，督率夫匠上紧疏凿，约束兵役，并无私入夷寨滋事，发给工价银米亦无短少扣克，日则奔走崎岖，夜则栖宿水次，较之各项河工，艰苦更甚。所当仰恳天恩，从优议叙，以励劳员者也。

至自开修以来，凡一切查议事宜，俱能悉心经理，则有布政使阿兰泰、粮储道宫尔劝；参筹工务，则有署按察使张坦熊、署驿盐道郭振仪；差查工程、弹压夷寨者，则有昭通镇总兵官张士俊。以上各官，虽与承修工员有间，然皆同心协助，实力勔勤，应俟下游工竣之日，一并请旨议叙，以示奖励。除用过工费银米现饬司道核实造册，并遵照军机大臣原议，将在工人员开具实绩，分别等次，及修工月日另疏具题外，理合缮折恭奏，伏乞皇上睿鉴施行。

再照金江水势究与内地江河不同，将来下游告成之后，一切滩工不无岁修之费，以及旱路行旅往来，沿江一带建盖桥梁、房屋，安设马头，在在需费。据管理铜务粮储道宫尔劝详据汤丹等各厂商民呈称："滇省产铜旺盛，商民赖以谋生。今蒙圣天子洪恩，不惜亿万帑金开浚金江，铜运通行，厂民得沾利益，情愿于每秤毛铜三百五十斤之内，捐出一斤，运省变价，以备岁修之用。"等情前来。臣不敢壅于上闻，合并附奏，仰祈圣鉴。谨奏。

朱批：所奏俱悉。

（《张允随奏稿·卷五》）

770 云南总督兼管巡抚事张允随《奏报筹买川米于昭通、东川两府平粜折》

乾隆九年三月初五日

云南总督兼管巡抚事臣张允随谨奏：为奏明事。

窃臣因上年昭通、东川两府秋成歉薄，恐春夏之交民食不无拮据，奏明动发铜息银二万两，令驻扎永宁转运京铜之同知谷确，于东川一带购买川米，以供青黄不接时平粜之用。奉到朱批："甚是之举，知道了。钦此。"当即钦遵办理。兹于本年二月十三日，据同知谷确报称："买得川米一万五百石，雇募鳅船三百五十七只，于正月二十一日自泸州扫帮开行，由金沙江发运，以七千五百石运至永善县之黄草坪，以三千石运至大关之盐井渡。"等情。

臣查昭通、东川二府现今米价，每京石需银三两二三四钱，川米一到，正得及时接济。但由水次运赴府城及永善、鲁甸、汤丹等处，尚有陆路，远近不等，必须增添运费。臣行令布政司、粮储道转饬各该地方官合算成本，查明市价，如市价较成本过多者，每石于成本外酌加银二钱出粜，次多者酌加银一钱，留为添补沉失、折耗之用，其东川、汤丹等处程站较远，运费已重，不能加增者，即照成本出粜，以济民食在案。

惟查东川境内汤丹等厂，每年产铜八九百万斤，运供京局鼓铸，各省民人聚集甚众，并运铜脚户往来接踵，需米浩繁，米价常贵，以致数站及十余站之云南、曲靖、武定三府附近厂地有米之家贪得高价，将米运厂发卖，本地人户反不能买获。本年正月间，寻甸州市米稀少，遂有劣衿马蘅、陈翰元暨湖广流棍胡武云等，纠约无知乡愚，向州民李云生家勒借谷石；又禄劝州民杨鹏、武朝臣，亦纠众勒借齐元公家谷石。臣据报，飞饬地方文武将首犯拿获监禁，按法究拟，附从滋事者枷责示众，其误听之无知乡愚，即于该村稠人广众之中谆切开导，分别责释，以遏刁风。自后，汉夷人民俱皆守法，安辑如故。臣行令地方官劝谕有米之家运米如市，公平售卖，仍动常平仓谷出粜，以平市价，并通查各属，如有米价昂贵、民食不敷之处，令地方官加意体察，借给籽种，以助春耕；应行平粜者，即详请平粜，总期有济民食，毋拘成例；其余蒸熬糜谷等弊，亦严加查禁，以仰副我皇上仁育义正之至意。

理合缮折具奏，伏祈睿鉴。臣谨奏。

朱批：是。此滇省最要之事，加意为之。

（《张允随奏稿·卷六》）

771 云南总督兼管巡抚事张允随《奏报孟连土夷构衅情形折》
乾隆九年三月初五日

云南总督兼管巡抚事臣张允随谨奏：为奏闻事。

窃查滇省西南徼外有孟连土司，向隶永昌府提调，岁纳差发银四十八两。雍正七年，土司刀派鼎请岁纳募乃厂课银六百两，蒙世宗宪皇帝嘉其诚恳，减去银三百两，以示优恤。该土司虽内输厂课，仍外属缅酋，未经颁给印信，与内地各土司不同。乾隆元年，刀派鼎病故，遗子派春幼弱，夷目刀派猷擅杀抚孤刀派烈，其子刀派永赴永昌控告。乾隆二年，臣署总督任内，刀派猷差土人赴威远投诉，臣令威远文武相机招致，刀派猷即束身赴省投到，经前督臣庆复审明，将刀派猷羁禁内地，俟刀派春任事渐久，夷众归心，再行酌量释放，奏明奉有谕旨，钦遵在案。该土司刀派春自袭职以来，因所管河东夷目刀派永与河西夷目法朗募等仇怨未释，以致该土司未能回连。臣屡次行令永顺镇转谕派春，努力自强，解释嫌怨，并行普洱镇转谕河西夷目，一心归附派春。嗣据永顺镇总兵官陈纶以"刀派春年已长成，久住募乃，终非长计，请与普洱镇会差干弁，化诲河西夷众，迎接派春回连住牧，俟一二年后，该土司具结保释派猷，以结尘案。"臣以该镇身任地方，所见既确，批令"如禀办理"，并令普洱镇崔善元会差化诲。嗣于乾隆九年正月初八日，据永顺镇总兵陈纶报称："乾隆八年十二月二十八日，据孟连土司刀派春禀称：'蒙差员前来送卑司回连住牧，无不欢欣。讵叛目法朗募等令法海率领夷兵数百、佧佤数百，直抵松冰驻扎阻拦，又令公恒、朗猛潜往上猛引调兵，被猛览舍目刀派永擒杀。本月十七日，刀派永与抚孤法召的、朗蟒帕等率领夷兵四百下连化诲，不料法海伏兵截杀，法召的被枪打死，猛撒二圈官杀死，朗蟒帕亦杀死，刀派永不知存亡，杀死夷目、头人、百姓无算，随撤兵回连，直欲攻打厂寨，伏乞速救。'又据驻防募乃把总徐成龙禀称：'贼势猖獗难压，厂民聚散无常，倘一旦解体，不惟土司就擒，把总等亦插翅难飞。'等语。职纶查孟连乃内地藩篱，募乃国课攸关，理应遣令官兵前往保护。当令代办右营游击萧士能带领把总三员，马步兵丁三百名，并调耿马夷兵三百名，猛猛夷兵二百，于正月初一日星往募乃防护堵御，请祈指示剿抚机宜。"等情到臣。

臣查外夷仇杀，难保其无。此案法朗募、刀派永弄兵构衅，虽未悉孰为祸首，然事在外域，何得轻动官兵？且据报法海等已退回孟连，则募乃业经宁静可知。永昌距孟连二千里，该目等闻官兵进剿，必逃匿野夷地方，时当春令，烟瘴渐起，既难深入穷搜，并不能久驻其地。臣当即飞檄该镇，速饬领兵守备萧士能，即将所发官兵、土练陆续抽撤回汛，以免暴师糜饷，一面行令永顺、普洱两镇，晓示两河夷目，各赴内地具诉，听候秉公审断详夺。去后，续据永顺镇陈纶报称："前因河西各逆肆杀抚孤人等，派春告急情切，是以发兵保护。俟普洱招调河西各目，如肯前来，事当易结，若公然抗拒，暂且严加堵御。俟普洱兵到，两路夹攻，搜擒恶首方可必。"等情。又据普洱镇总兵官崔善元报称："查得此案仇杀，系河东夷目刀派永先将河西头目朗猛、公恒二人拴擒，又与法召的、朗蟒帕等乘夜带兵下连，欲杀法朗、三猛、法海等，至离孟连二十里之猛麻地方，法海等亦带兵抵敌，河西死伤十七人，河东死伤二十三人，被获九人，刀派永败回猛览，法召的亦回募乃，并未被害。法海等追至猛冰，所带佧佤野夷将猛冰夷寨烧毁，刀派永亦将拴锁之公恒、朗猛二目杀死，以泄其忿。经差往查事之守备马世雄将法朗募等谆切开导，即将拿回之九人放归猛览，并令大头目法圈冒、法猛马带领夷民十人跟往募乃迎接派春，派春令法圈冒等先回候示，即回连。"等情。臣批行永顺、普洱两镇转饬守备马世雄、萧士能前赴募乃，会同办理该土司回连住牧事宜，并行提两河夷目赴省听审。去后，兹据永顺镇报称："前发官兵土练，遵照节次批檄，已于二月初三日，飞谕守备萧士能暂驻募乃，等候普洱守备马世雄到日，和夷商办。所有官兵悉调回营，其耿马、猛猛二处土练，亦饬令各土目带回。至河东夷目刀派永、法召的等，业于二月十八日到永昌，即行起解。"并据普洱镇报："河西夷目法圈冒、法海等亦于二月十二日到普洱。"各等情到臣。

臣查孟连夷目仇杀一案，不独河东、河西夷目两造各执一词，即永昌、普洱两镇所报情形亦属互异。应俟夷目到省，饬发司道审明起衅根由，分别情罪完结之处，容臣另折奏请训旨遵行。至永顺镇陈纶，因闻报迫切，不暇详察虚实，遽行发兵，虽属孟浪，然究非姑息贻患者比。仰恳天恩，念其平日办事尚属老诚，宽其已往，以策后效。惟把总徐成龙，身在募乃，当刀派永率兵下连之时，既不能阻止，又复张皇妄报，怯懦已极，经臣现在咨部斥革究审，以肃军纪。此案动发官兵，虽经臣于据报之日即飞檄撤旋，但师行粮从，所有出兵日起至回营日止，应需口粮、盐菜等项，臣行令司道照乾隆四年防堵交匪之例动项支给，俟报到回汛日期，另行报销。

再照永顺镇总兵官陈纶奏请陛见，奉旨俞允，业经臣委员护理镇篆。旋据报孟连用兵，又经札致该镇代为奏明，俟本案完结之日再行起程。合并陈明。臣谨会同云南提督臣潘绍周合词具奏，伏乞皇上睿鉴，训示施行。谨奏。

朱批：所奏俱悉。

（《张允随奏稿·卷六》）

772　云南总督兼管巡抚事张允随《遵旨奏报开修金江用过经费、筹办报销，并目今获效与将来有益之处情形折》
乾隆九年九月二十八日

云南总督兼管巡抚事臣张允随谨奏：为遵旨具奏事。

窃臣于本年六月十六日具奏"开修金江下游工程"一折，奉到朱批："所奏俱悉。统计此工所费若干，作何筹办，并目今获效与将来如何有益之处，详缮简明折奏来。钦此。"仰见我皇上万方在宥，为边民筹久远之至意。

臣伏查金沙一江，发源西藏，流经数千里，中贯川滇。皇上念滇地远居天末，一遇荒歉，米价腾贵，较他省过数倍。近年汤丹等厂厂民云集，米价日昂。乾隆二年，钦奉谕旨，令督臣尹筹开通粤、通川水利，以期有备无患。乾隆五年，前督臣庆查出东川府小江口达金沙江水路，约估需工费数十万金，奏请开修，蒙恩俞允，当即动帑试修，用过匠夫工价、官役盘费银一万二千五百八十余两，又按站试运盐、米、铜斤，建盖站房及官役盘费银七千一百二十余两。嗣因调任两广，臣奉旨接办，复经委员勘估，除将上游最险之蜈蚣岭等一十五滩改修旱路外，查金江上、下两游一千三百余里，应开凿大小八十三滩，计上游开修过一十九滩，用过匠夫工价、官役盘费银二万四千三百九十余两，食米一千二百三十余石；又开修绕过蜈蚣岭等滩旱路两站半，用过工费银四百七十余两；又开修过自滥田坝起至那比渡南岸旱路六百八十九里，用过匠夫工价、盘费银二千八百二十余两。下游应开修六十四滩，估需匠夫工价及官役盘费十万九千六百七十余两，食米七千一十余石；又开修过自那比渡起至副官村止南岸旱路，用过匠夫工价盘费银九百二十余两，食米一百一十余石。以上共银一十五万七千九百九十五两零，米八千三百五十六石零，较原奏不及一半，均于滇省办获铜息项下动用报销。此金江上、下两游已竣、未竣工程所费之数也。

臣因江工重大，与司道及总理道府各官日夕讲求，悉心筹画，或采用成法，或博询众论，或因时制宜，将勘过各滩，凡最险之滩中洪汹涌、不能行舟者，于历来架厢拉杆之处筑坝逼水，将滩石烧煅椎凿，开出船路，以避中流之险；其次险各滩，亦先筑坝逼水，将水面、水底碍船巨石凿去，令下水之船可以沿滩放下，又于两岸绝壁之上搭立鹰架，凿出高低纤路一万余丈，并凿去碍纤石块，使舟楫上下牵挽有资。所有上游一十九滩业已完竣，奏明在案。其下游应开六十四滩，工程亦经过半；又金江南岸陆路一千余里，向无路径，今既开浚金江，自应一体开修，以便行旅。业将自横木滩至新开滩千余里蒙茸陡绝之区开成道路，溪涧隔越之处建造桥梁，并招募人民开设歇店，安设塘汛以资保护，务使水陆往来俱安行利涉，庶几夷方僻壤日久渐成坦途。此臣奉旨开浚金江以来筹办情形也。

查金江从古未通舟楫，今自乾隆七年上游开通，川、楚商船赴金沙厂以上地方贸易者渐多，现在试运铜斤，运到河口滩者已四十三万三千六百余斤，转运黄草坪者十万二千三百余斤，一俟下游告竣，即可运赴泸州，搭运京局。至江工告成以后，每年可运铜若干之处，臣与司道悉心查酌：金江水势，惟自十一月至三月，此五个月之内可以办运，若俟采买兵米及商船回空，雇募发运铜斤又已过时，必须预雇揪船，安站接运，方可无误。就目下情形计算，每年可运铜百余万斤，较陆路运费约可节省十之二三；又上年臣因昭通收成歉薄，米价腾贵，奏明动项采买川米一万零五百石接济民食，以七千五百石由金江运至黄草坪，以三千石由臣新开之盐井渡河道运至大关，民间见有川米可买，又值春荞登场，米价旋即平减，除平粜外，余留作次年兵糇及江工食米之用。

臣查滇省米贵之患久廑圣怀，而昭通米价在通省尤为昂贵。今金江开修伊始，已少著成效，将来告成之后，设遇歉收，川省商民自必闻风贩运，或官为采买接济，从此边疆要地米谷流通，可纾圣主南顾之忧。此目今已获之效验，即将来有益之明征也。

至开浚金江，原为滇民开万年乐利之源。我皇上睿谟远大，不期近功，而臣自顾才智庸下，每虑不能速底厥绩。仰蒙圣训周详，随时指示，臣得黾勉遵循。今计全江工程明春可期完竣，但完竣之后，所有沿江一带均需相度，可以开垦者招民垦种，并安设市集、马头，俾船只上下可以停泊，庶川、楚商船至者日众，不但铜运可收节省之益，抑且盐、米渐次流通。臣拟一俟工竣，即将善后事宜详筹，奏请训示办理。

合先遵旨详缮简明折奏，伏乞皇上睿鉴施行。臣谨奏。

朱批：所奏俱悉。若果实如所言，自是美举。

（《张允随奏稿·卷六》）

773 云南总督兼管巡抚事张允随《奏报办理孟连夷案完竣缘由折》
乾隆九年九月二十八日

云南总督兼管巡抚事臣张允随谨奏：为奏明事。

窃查孟连夷目仇杀一案，经臣晓谕两造夷目各赴内地投诉，并令永顺、普洱两镇将土司刀派春回连住牧一事妥协办理，以结尘案，于本年四月初二日具折奏明。

嗣据普洱镇总兵官崔善元报："据往孟连之守备马世雄禀称：守备于三月十七日至孟连，传集河西七圈八猛头目，谆切化诲，俱各感悟悦服。当即带领河西大小头目法拿猛等三十九名、夷民二百余人前抵募乃厂，会同永顺镇所差守备萧士能，令众夷目与刀派春奠水盟誓，俱称永无二心，即出具甘结，迎请派春，于三月二十四日起程回连。守备等一路同行，目睹所过夷寨，男妇俱踊跃欢迎，该土司亦逐加抚慰。至四月初二日，抵孟连宣抚司原住大楼，该土司上楼之后，河西各目率众叩谒，极其恭顺，各隘夷民咸皆欢悦。守备等见孟连地方安静，人心帖服，暂留弁兵数名在彼弹压，即于四月二十八日起程回营。并据该土司刀派春具禀叩谢，禀称：派春边外土员，袭职之日年甫幼稚，因地方不靖，蒙准暂住募乃。查募乃虽系土职管辖，而坟茔世业俱在孟连，回首家园，情切眷恋。今蒙差员化诲，众土目俱凛遵训谕，共迎土职上楼居住，从此得安世守，皆出圣朝再造深恩，虽结草衔环，何能仰报万一？誓愿竭尽职守，永远捍卫边隅。"等情前来，理合恭折奏闻。又据永顺镇陈纶报同前由。

续据该两镇将自行投到之河西夷目法海、法圈冒，河东夷目刀派永、法召的等押解到省，臣饬发两司审讯。去后，兹据署按察使张坦熊会同布政使阿兰泰详称："审得孟连两河夷目仇杀一案，缘河东夷目刀派永与河西夷目法郎募世仇未释，以致土司刀派春寄居募乃数载，未能回连。上年冬月，调任永顺镇陈纶请与普洱镇会差化诲河西夷目，迎回派春，以结尘案，详奉准行。乃刀派永乘机思复宿仇，先将路过猛朗之河西头目榄猛、公恒擒拿枷号，又调集夷兵，与法召的假称化诲，径袭河西，被法朗募知觉，令法海带兵抵御。派永先令夷兵动手，杀死河西兵练十人，拿获七人，法海等亦杀死河东兵练十三人，带伤九人，其先被派永枷号之榄猛、公恒，被河东败回之兵杀死。河西兵见二目被杀，亦将猛朗、猛冰二寨房屋烧毁雪愤。旋奉晓谕，该夷目等遵谕投到发审，本司等会讯之下，各供认前情不讳，并哀恳愿照夷例赔偿尸骨钱等情。查例载：土苗仇杀，不欲偿命，即令赔人，仍断给烧埋等语。今孟连虽内输厂课，而仍外属缅酋，且在姚关二千里之外，隔越佧佤野夷地方，较诸黔、粤、苗、徭尤为僻远。此案河东被杀十三人，河西被杀十二人，除抵数外，应照例令河西赔出一人，仍断给牛一条、羊一只，以为烧埋之资。其河西兵练所烧草房计一百五十间，应于法海等名下追出银七十五两赔偿建盖，理合解候亲审。"等情到臣。臣亲审无异，复宣布皇仁，面加开导，该夷目等俱伏地流涕，叩头设誓，出具"日后再有违犯，愿甘诛戮"缅字甘结存案。

臣查该夷目等所犯，与土苗因事仇杀之例相符。可否仰请圣恩，俯准照例完结，以为远夷畏法归命者劝。所有臣办理孟连夷案完竣缘由，理合恭折具奏，伏乞皇上训示施行。谨奏。

朱批：照所请完结可也。

（《张允随奏稿·卷六》）

774　云南总督兼管巡抚事张允随《奏请开修川省接壤滇境河道，分运威宁铜斤折》
乾隆九年十一月十六日

云南总督兼管巡抚事臣张允随谨奏：为请开修川省接壤滇境河道，分运威宁铜斤事。

窃滇省岁解京局鼓铸铜六百三十三万一千四百四十斤，由东川、威宁两路各分运铜三百一十六万五千七百二十斤，近因滇铜、黔铅加运，驮脚不敷，自应亟筹疏通之法，庶可无误京铸。除东川一路铜斤，臣现议酌分一半铜一百五十八万二千八百六十斤，由臣新开之盐井渡河道运往泸州，另折奏明，所有威宁一路铜三百一十六万五千七百二十斤，与黔铅四百七十万斤，拥挤一隅，亦须设法疏通。据委驻威宁转运京铜之鲁甸通判金文宗详称："查得四川叙州府珙县所属地方，有罗星渡河一道，直通叙州府之南广洞，计水程五站，与镇雄州接壤，居民常以小舟逐段盘运货物，因水急滩高，重载难于上下，若将滩石加工修凿，自威宁至水次，可省陆路三站。请查勘开修，将一半铜一百五十八万二千八百六十斤由此路运抵罗星渡，雇船运至南广，盘上大船，转运泸州，其余一半仍由威宁运抵永宁，则马匹往返迅速，脚价亦可少省。"等情。

臣即委粮储道宫尔劝于办理威宁分雇驮脚事竣，前往罗星渡，将水陆道路逐一查勘。去后，兹据覆称："勘得自威宁至镇雄旱路五站，马匹可行。自镇雄至罗星渡旱路五站，山路崎岖，不无偏窄陡险之处，应加修治。又自罗星渡至南广洞，计水路五站，应修大小七十三滩，内最险者三大滩，次险者一十九滩，又次险五十一滩，均应分别疏浚。查威宁运铜至永宁，陆路十三站。今自威宁运至罗星渡，陆路十站，可省陆路三站，以每站每百斤脚价一钱二分九厘二毫计算，应节省运脚银三钱八分七厘六毫。除自罗星渡至南广洞每百斤约需水脚银二钱外，尚有节省银一钱八分七厘六毫，每年分运铜一百五十八万二千八百六十斤，共可节省运脚银二千九百六十两零。请照开修盐井渡之例，于威宁运铜脚价内借动兴修，将威宁一半额铜由此运往泸州，约计二年节省脚价即可归还原款。"

臣查滇南地接三巴，惟因寸步皆山，不能流通百货，但得多开一节水路，滇民即受一节之益，苟有可通河道，亟应筹画开修，以利民生。今罗星渡河道可以直达川江，若再加开浚，为利实溥。臣即委令镇雄营参将龙有印、署云南府同知徐柄前往查勘，一面估报，一面借动威宁铜运脚价，乘此水涸农隙之际上紧开修，俾船只装铜而下，即可载货而上，马匹不致空回，脚户往来迅速，雇募自必较易，不特铜运得济，且于地方亦有裨益。理合缮折具奏，伏乞皇上睿鉴，训示施行。谨奏。

朱批：既称有益，妥酌为之。

（《张允随奏稿·卷六》）

775　云南总督兼管巡抚事张允随《奏报开修盐井渡通川河道工程完竣，铜运坦行，商货骈集，克收成效折》

乾隆九年十一月十六日

云南总督兼管巡抚事臣张允随谨奏：为恭报开修盐井渡通川河道工程完竣，铜运坦行，商货骈集，克收成效事。

窃照滇省昭通府境内由盐井渡以达四川叙州府安边塘河道，经臣查出捐修，试有成效，绘图缮折，奏请于东川陆运京铜脚价项下借拨银两，兴工疏凿，一面试运铜斤，以水路节省运脚为开修之费，无庸另动帑项。经大学士伯鄂尔泰等议准，即以节省脚价作开河工费，俟归还原款后，再行报销等因，仰荷圣恩俞允。臣委令大关同知樊好仁勘估兴修，计全河二百五十里内，应行开凿者三十四滩。自乾隆六年十月兴工，至八年闰四月，开修过丁山碛、黄果碛等一十八滩，及自大关兔勒塘起至盐井渡，陆路五站，凡险仄倾陷之处，俱加工修垫平整，并建设桥梁、渡船，人马可以通行，经臣先后奏闻在案。

兹据承修之大关同知樊好仁详称："自乾隆八年九月兴工起，至本年六月初八日止，又开修过马三挡、将军石等一十五滩，并最险之九龙大滩，俱疏凿修浚，次第完工，重载上下无阻。惟九龙一滩，两崖夹峙，滩窄坎深，狂澜汹涌，船由陆地架木空拖而上，今开出边礁二百余丈，凡巨石高坎悉已铲凿深通，冬春重船上下，只须盘载牵放，便可无虞。是通河险滩俱已全竣，并川民请修之高滩、明滩及未入原估之犁辕等五滩，亦俱一律开修，舟行无阻。其运铜陆路五站内，有应建桥梁，并盐井渡下游沿河未通陆路，及应修纤路、桥道，添设塘卡，建盖江神庙，俱经完工，共用过工费银六千七百八十五两。自乾隆七年冬及八年秋，两次拨发东川一路运京额铜共一百万斤，已由此河运至泸州七十万斤，其余三十万斤，现在源源接运。计水运铜一百万斤，节省银三千三百两，尚不敷银三千三百八十五两，于明岁发运铜斤内，再以一百余万斤节省脚价归补，即可清款。并查新开大关河道旁多瀑布，溪流遇涨，不无崖石冲落滩中，致碍船路，及所修陆路桥梁，或山峻土松泥深，木垫恐经久雨，牛马蹂践，致有坍塌，请于每年运铜节省银内动支三百两，以为补修之费。"等情前来。

臣因河工关系永久，必须委员查勘，委令粮储道宫尔劝于赴威宁会查铜、铅分雇马匹事竣后，即往川省叙州府，乘船溯流，由安边塘至盐井渡水路二百五十里，又自盐井渡至兔勒塘陆路三百里，将所开滩身、河路及马道、桥梁等项工程逐一确勘。去后，兹据覆称："勘得修过三十四滩，俱已化险为平，往来顺利。惟九龙滩水势涌急，重船上下，均须盘载牵放。河内现有盐船三十余只，牵挽而上，约行十余日方到，下水只须两日。其陆路五站，凡险仄难行之处，或砌盘道，或铺木路，或凿去石块，或修平土坡，或建桥设船，人马通行甚属便利。现今远近客民多于泊船之处葺屋兴场，川货日见流通，店房日渐建设，商旅往来渐有内地景象。至于运铜船只，除每年额买大关兵米及盐船客载之外，尚须包雇空船一半凑用，冬春两季，可分运东川一路京铜之半，较东、威两路陆运脚价，每一百万斤可节省银三千三百两。查河路既已开修通畅，但山峻溪多，冲塌在所难免，应请酌定岁修银三百两，于节省项下支给报销。"等语。

臣查滇南僻处天末，跬步皆山，必得多开水利，使舟楫可通，庶几缓急有赖。兹大关境内盐井渡河道与金沙江相为表里，经臣奏请借动陆运铜脚开修，凡阅三载，业已告成，所有用过工费，即将水运京铜省出脚价归还原款。兹复定给岁修之费，以为善后之资。从此舟航骈集，百货通流，不独京铜运脚收节省之益，且新疆一带兵民利赖无穷，实属工省效捷。仰赖我皇上仁恩远被，圣训周详，俾臣得从容筹办，克底厥成。

再查承办此案工程及试运京铜诸务，经理咸宜、始终罔懈者，则有大关同知、今升丽江府知府樊好仁；协同监修者，则有镇雄州吏目缪之琳；大关游击、今升奇兵营参将萧得功，昭通镇把总杨英、陈玉，皆能实心出力。臣不敢壅于上闻，理合一并陈奏，仰乞睿鉴。谨奏。

朱批：此事卿担当妥办之处实可嘉悦。如果如所言，永收利赖之益，则甚美而又尽善矣。在工官员勤劳可嘉，有旨议叙。

（《张允随奏稿·卷六》）

776　云南总督兼管巡抚事张允随《密陈挑补兵丁不行亲验之弊，仰请特颁训旨，以重戎行折》

乾隆九年十二月二十一日

云南总督兼管巡抚事臣张允随谨奏：为密陈挑补兵丁不行亲验之弊，仰请特颁训旨，以重戎行事。

窃照豢养兵丁，将责以披坚执锐，陷阵摧锋，则技艺固不可不精。然技艺可以练习，而人材必本生成，倘形体过于矮小，力量本系单薄，虽朝夕训练，究难以弱为强。故必于召募之始，严加选择，须身材强壮、堪充士卒者方准入伍，然后教以坐作，而坐作必娴，教以击刺，而击刺必熟。

乃臣查滇省向来兵粮缺出，惟马粮系督、抚、提、镇亲行拨补，至步粮，均由营员验放，因而徇情市惠，往往将猥弱不堪之人混收入伍，虚糜粮饷者有之。又向例：兵粮缺出，先尽余丁顶补，余丁不足，始募民人充伍。查余丁一项，原系将营中清出火粮收养兵丁子弟，每名月给饷银五钱，既可贴补兵丁之不足，且以造就人材，立法本非不善。乃兵丁因饷银有限，凡子弟之壮大者多令别业资生，而以幼小羸弱之丁充补，徒然占食半饷，难以造就成材。

夫养兵期收实用，计百亩之赋不足供一兵之饷，岂可惜片刻选验之劳，而使国家不获收养兵之效？臣受任巡抚，以至蒙恩补授总督，凡验放马步兵丁及余丁粮缺，必身亲挑补，并咨会提镇一体办理，虽蛮方风土所限，人材素鲜魁梧，然挑选既严，近来亦渐觉改观。臣闻各省步兵粮出，每多由营员验放者，可否仰恳圣恩，饬谕直省督、抚、提、镇，当思养兵为遏乱要略，简募乃教练先资，嗣后兵粮缺出，无论马、步、战、守、余丁，务须亲自验放，必躯干材质堪胜战阵者方准收伍，庶有一兵即得一兵之用，于诘戎之道不无小补。为此缮折密奏，倘臣言可采，伏乞皇上特降谕旨施行。谨奏。

朱批：有旨谕部。

（《张允随奏稿·卷六》）

777　云南总督兼管巡抚事张允随《奏请定嗣后各省迁徙土司身故之后，家口应否回籍，行文原籍各该督抚，酌量夷情定夺折》

乾隆十年三月二十日

云南总督兼管巡抚事臣张允随谨奏：为奏明事。

窃臣接准江苏抚臣陈大受咨称："已故土司安于蕃身故，遗妻安氏、幼子安定益、女守静、奴燕爨等，在江茕独无依，援照李三斤家口回籍之例，咨部覆准回籍，合咨查照，将递到安氏等转发原籍安插。"等因到臣。正在行司查议间，据宣威州知州梁廷彦报称："安于蕃家口到滇，旧日营长、火头闻信，俱出境迎接。"等情。

臣查各省遣犯家口，凡经部议准其回籍者，例应转发原籍安插。但查安于蕃原系沾益州土知州，因恃势不法，于雍正五年参革，问拟绞罪，减等，迁徙江宁，以其地置宣威州，设官安兵，弹压夷众，迄今一十八年，经臣与历任督臣多方绥辑，加意拊循，始得渐改旧习，与内地无异。今一闻家口回籍之信，旧日舍目即纷纷出境迎接，观此情形，则党援固结之弊尚未尽除。况滇、黔两省土酋中，惟安姓最为强盛，恃其土宇人徒之众，恣行不法。自前明至本朝康熙年间，安详、安乃、安铨、安效良、安邦彦、安应龙、安坤、安如鼎等屡肆叛逆，皆穷极兵力，久而后定，始借其境土，改设流官。今寻甸、沾益、大定、威宁、黔西、平远等府州皆其故地，现在安姓族属姻党散布于数千里之内，若将安于蕃家口安插故土，将来伊子安定益长大之后，保无别生事端。臣斟酌权宜，将安于蕃家口行令按察司转饬昆明县，于省城地方暂给房屋，令其居住，并酌给口粮，以资养赡，仍责成文武官弁稽查管束，毋令潜回旧址。合将办理缘由缮折奏明。

抑臣更有请者：伏查土司犯罪迁徙，与民间军流人犯不同。盖土司爵土相传，多至数百年，夷众服属已久，一旦因罪归流，其旧管土民，或追念先世私恩，或不习流官政令，往往多事。是以改土归流之时，必将土司迁置他省。现今滇省土司迁徙江南、江西等省尚多，若照寻常遣犯之例，本犯身故，家口概准回籍，恐土司眷属接踵回滇，于边徼夷疆甚属非宜。用敢密陈，伏祈皇上特降谕旨，嗣后各省迁徙土司身故之后，家口应否回籍，行文原籍各该督抚，酌量夷情定夺，如此则边省归流郡县永享辑宁之福。

臣为地方起见，不揣冒昧，是否有当，仰祈皇上睿鉴，训示施行。谨奏。

朱批：是。有旨谕部。

（《张允随奏稿·卷六》）

778 云南总督兼管巡抚事张允随《奏报奉旨加太子少保谢恩折》
乾隆十年五月二十七日

云南总督兼管巡抚事臣张允随谨奏：为恭谢天恩事。

乾隆十年五月十八日，准吏部咨："乾隆十年三月二十三日，内阁奉上谕：'大学士史贻直、陈世倌，协办大学士事务吏部尚书刘于义，礼部尚书来保，直隶总督高斌，云南总督张，贵州总督张广泗，皆才品优长，分猷中外，勤慎素著，宣力多年。史贻直、陈世倌、来保、高斌俱着加太子太保，刘于义、张、张广泗俱着加太子少保，以昭恩眷。钦此。'"知照到臣。臣恭设香案，望阙叩头谢恩讫。

窃臣猥以凡庸，幸逢圣代，仰荷皇上特达之知，由巡抚擢授总督。受任以来，自顾才微识浅，报称无能，功少过多，恒怀逾分之惧。今复钦蒙异数，特加太子少保，臣闻命自天，感激无地。伏念宫保之职卫冀攸资，臣以何人，获邀殊眷，既抚躬而滋愧，誓铭骨以衔恩。自兹以往，惟有时时敬体圣心，事事凛遵宝训，分猷宣力，必慎必勤，务竭臣生生世世犬马御结之忱，并诫臣子子孙孙共矢捐麋顶踵之志，以期仰报高厚隆恩于万一耳。除恭疏奏谢外，理合缮折恭谢天恩，伏乞圣主睿鉴。臣无任激切屏营之至，谨奏。

朱批：览卿奏谢矣。

（《张允随奏稿·卷六》）

779　云南总督兼管巡抚事张允随《奏明分路趱运铜斤，以济京局鼓铸折》
乾隆十年五月二十七日

云南总督兼管巡抚事臣张允随谨奏：为奏明分路趱运铜斤，以济京局鼓铸事。

窃查滇省每年办解京铜六百三十余万斤，水陆运道万有余里，自乾隆四年起至八年底，各官竭力办运，幸无逾限。嗣因黔省铅额加增，驮脚不敷，以致滇铜日渐迟误，臣将误运之员照例题参。

但查滇铜虽分两路运送，自厂运至水次，均有陆路二十余站，不但威宁一路铜三百一十六万五千余斤必由黔省地方官协同雇运，即昭通一路铜三百十六万五千余斤，除本省蓄养牛马雇运之外，其不足马匹，仍须于黔省雇募。今黔省承运京铅，官员自顾考成，断无不先尽驮铅，以副部限。滇员虽极力雇运，终系隔省，呼应不灵。此滇铜不能不误之由也。臣目击情形，昼夜焦思，与司道各官再四筹画，惟有不论水路、旱路，稍有可通之处，亟为查勘开修，分头僎办，以速铜运。

查滇省镇雄州与四川接壤之罗星渡河道，经臣奏明开修，今已工竣，现饬购买川船，雇募本地水手常川运送，俟船只到齐，往来习熟，威宁额铜可以由此分运，少纾壅滞。又臣新开之盐井渡河道，亦可分运昭通一路铜斤，现在严加催僎，不遗余力。但查盐井渡、罗星渡二处河道虽通，而自厂运至各水次，尚需马匹驮运，仍恐不免迟误。查广南至粤西一路，原系京钱运道，上年曾经奏请将加运铜一百八十九万由粤运京，部议未准。今京局需铜紧急，自应多分运道，以期偿运无误。臣行令管理铜务粮储道宫尔劝于广南运钱旧路招募牛马，不拘定数，尽驮脚之多少，随雇随运，若得运发铜百十万斤，则昭通、威宁一带铜运更得宽舒。至所费脚价，容臣悉心办理，照京铜事例画一报销。

所有臣筹画分路办运铜斤缘由，理合附折奏闻，伏祈睿鉴。臣谨奏。

朱批：知道了。

（《张允随奏稿·卷六》）

780 云南总督兼管巡抚事张允随《奏报金江下游工程完竣折》
乾隆十年五月二十七日

云南总督兼管巡抚事臣张允随谨奏：为恭报金江下游工程完竣，仰祈睿鉴事。

窃照滇省开浚金沙江通川河道，经臣奏明，分作上、下两游办理。除上游工程业已报竣外，所有下游应修六十四滩，自乾隆八年十一月兴工起，至九年四月水长停工止，修过工程，亦经臣缮折奏闻。兹自乾隆九年十二月十五日接续开修，臣行令总理下游江工元江府知府董廷扬等，务乘今春江水倍涸，各滩隐石呈露，多扎拦水大坝，挑选工匠，先将水底船路工程并力疏凿，俟水势渐长，再修两岸纤路，庶工程缓急得宜，办理始有次第。复经节次批饬，随时指示。去后，嗣据报称："自交二月，江水极涸，较常年多落五六尺，工员俱各勤加董率，匠夫人等亦皆踊跃用力。所有异石、大雾基等最险五滩，柯郎、虎口十八险滩，及次险之上石板、黄草等四十一滩，于四月十五日以前次第完工。凡突出水面、隐伏水底碍船巨石，已逐加铲凿，所开船路，皆从滩身近水处层层疏凿宽深，不留礁形，使上下船只沿边行走，以避中洪之险。其夹岸峭壁亦皆凿出纤路，俾水手牵挽有资。本年川省商船载运米、盐、货物赴金沙厂发卖者约有三百余号，内有五爪船百余号，大于鳅船一倍，且上滩、下滩较鳅船为稳。乃从来未到金江者，由新开滩至河口，上水六百四十里，重载月余即到，已减前此水程之半。又厂地常年米价，每石需银四两有余，今止一两七八钱，亦属从来所未有。当即雇募大小川船二百余只，将上游运贮河口、黄草坪两处铜斤装载发运，由新修船路开放下行，自三月初三日拆坝开运起，至四月初四日水长停运止，已运过铜七十万余斤，直抵泸州，换船转运京局。至经过各滩，除上游之滥田坝、小溜筒及下游之沙河、象鼻、大锅圈、大猫滩、大汉漕等数滩盘驳半载外，余皆原载放行，均各平稳。惟新开滩之下相近叙州府大江内，有豹子脑一滩，原系叙州至屏山县商旅往来河道，冬春之间并无险阻，每交四月中旬以后，水势长至一二丈，为崖所束，激成奔湍，船只行走，倘遇泛涨之时，不无阻滞，亦应添修，为费无多，而于全江实有裨益。"等情到臣。臣复委令原署广南府陈克复前往江干，乘船溯流，逐滩查勘，据覆称："滩工稳固，江路通行情形无异。"

窃查金江工程艰巨，臣承办以来，常恐经理乏术，无以上慰我皇上利济边民之至意。仰荷圣慈随时训谕，臣得敬谨遵循，悉心办理，凡四阅冬春，而大工始获告成。现在京铜船只衔尾下行，川、蜀米盐连樯上泛，新疆民食接济无虞。当江工甫竣，已著成效，将来日久愈臻稳顺，利赖更自无穷。此皆我皇上大知开天，深仁育物，乾刚独断，允执厥中，锡此无疆之福也。除行司道，俟各工员到齐后，将用过匠夫工价、官役养廉、工食、器具等项银米造册核实，及江工善后应办事宜另折恭奏外，合将江工告竣缘由先行缮折奏闻，伏祈睿鉴。臣谨奏。

朱批：所奏俱悉，亦赖卿担任实心，而且条理井然，故得成功也。览奏曷胜嘉悦。

（《张允随奏稿·卷六》）

781　云南总督兼管巡抚事张允随《奏报开修罗星渡通川河道工程完竣并分运京铜折》

乾隆十年五月二十七日

云南总督兼管巡抚事臣张允随谨奏：为恭报开修罗星渡通川河道工程完竣，分运京铜事。

窃照滇省每年办解京局鼓铸铜斤，由黔省之威宁州雇脚分运，近因黔铅加增，驮脚不敷分雇。臣查得镇雄州与四川接壤地方，有罗星渡溪河一道，可达叙州，惟因水急滩高，重船不能上下，若疏浚深通，将铜斤由此分运，较运至永宁，省陆路三站，当委粮储道宫尔劝带同鲁甸通判金文宗前往勘估。勘得自罗星渡至叙州府之南广洞，水路五站，应修者七十三滩，请照开修盐井渡之例，在威宁一路运脚内借动兴修，即以节省脚价归还原款，不独铜运得济，且于地方有益。经臣于乾隆九年十一月十六日具折奏请开修，奉到朱批："既称有益，妥酌为之。钦此。"臣钦遵谕旨，即饬预发运脚价银两，委令镇雄营参将龙有印、署云南府同知徐柄，带领员弁，雇募工匠夫役，乘时分段开修。去后，兹据该参将等报称："查罗星渡河道原估应修者七十三滩，内最险之沐滩、僭滩、鸥滩三大滩，巨石丛积，跌水成涡，空船上下每易损坏，应大加疏凿；其余次险之乾岩子等十九滩，及又次险之老哇等五十一滩，或大石突立，或乱石散布，均须分别疏浚。当即分委员弁，先将沐滩、僭滩、鸥滩三处险工，筑坝逼水，将碍船鼓浪巨石烧毁铲凿，加紧开修，其次险、又次险各滩亦次第分派修浚。幸值天气晴明，河水消涸，夫匠踊跃用力，自乾隆十年正月二十五日兴工起，至四月初十日，全河大小七十三滩工程俱已告竣，并于沿河两岸开出纤路，及将碍纤竹木砍伐清楚，当即雇募鳅船十一只，将威宁运到铜斤装载，共试运铜三万三千斤，经过各滩俱极平稳，已直抵广南，换船由大江运赴泸州。其自镇雄州城至罗星渡陆路五站，亦经分段趱修完工。以上开修水陆道路，共用过匠夫工价、官役盘费等项银共三千三两零。"等情到臣。

臣查滇省地处极边，凡可通舟楫之路，皆宜设法开修，以宏利济。今金沙大江已蒙皇上特敕动帑疏凿，获告成功，又盐井渡河道亦蒙圣恩允臣所请，借帑开修完竣，两处河道俱已直通川、蜀，米船上溯、铜运下行，成效克著。兹罗星渡河道仰荷皇上覆准开浚，兴工两月有余即已完竣，铜铅毫无阻碍，所用工费，即于省出脚价内归还。镇雄新辟夷疆，得此舟楫通行之路，一切盐、米、布帛借以通流，于边徼民生不无裨益。但开修伊始，商船至者尚少，不能速济铜运之急。臣行令司道，动借运脚银一千二百两，委员前赴川省之宜宾、庆符、高县一带购买鳅船六十只，雇募本地水手，令其常川装运铜斤，所费船价，即在应给水脚内陆续扣除，不但目前铜运早得疏通，即将来川、滇沿河一带民人咸资利赖。此皆蒙我皇上训示办理之所致也。合将工竣日期及分运京铜缘由缮折奏报。

再查此案工程，勘估官系粮储道宫尔劝、鲁甸通判金文宗，督修官系镇雄营参将龙有印、署云南府同知徐柄，分修官系署镇雄州分防威信州州判许肇坤、试用州判席椿、镇雄营千总戴君锡、把总李恺，皆能实心出力。臣不敢壅于上闻，理合一并陈奏，仰祈睿鉴。谨奏。

朱批： 知道了，有旨谕部。

（《张允随奏稿·卷六》）

782　云南总督兼管巡抚事张允随《奏请俯顺民情，将云南顺宁府所属猛缅长官司改设流官折》

乾隆十年六月二十八日

云南总督兼管巡抚事臣张允随谨奏：为请旨事。

窃照云南顺宁府所属猛缅长官司，其先奉布，于明初据有缅地，至万历中，授长官司世职。本朝平滇，土司奉国珍投诚，仍令管理地方，岁纳差拨银五十两，原系内地土司，与木邦、孟艮介在外域者不同。雍正十一年间，猛缅长官司奉廷征患病告替，伊长子奉钦敕承袭，经前督臣尹继善题准，换给号纸，袭职已及十年。讵该休致土司奉廷征因偏爱次子奉钦诏，将久经奉旨袭职之长子奉钦敕勒死，捏称病故，贿求另案参革之顺宁府知府张珠，请奉钦诏承袭，经臣访查确实，并据迤西道朱凤英查得"奉廷征同次子钦诏、三子钦选在伊所管境内淫杀，任意苛虐派扰，夷民受累难堪。"等情。禀报前来。当经檄饬提审，于本年四月二十一日押解到省，发署按察司事布政使阿兰泰讯供。据奉廷征将致死奉钦敕、贿求另袭各情供认不讳，业经题恭请旨革职饬审在案。

兹据迤西道朱凤英、顺宁府知府彰古礼详据猛缅五十村寨夷民波岩遮耐、波岩邦色等数百人齐赴该道、府处具呈，词称："为哭请改土归流，立救夷命事情：缘土官父子残虐，自谋死奉钦敕之后，磨折百姓，苦到万分，钱粮一月几派，卖儿卖女不能支撑，动辄抄家，妇女有姿色者即行霸占，稍不顺意就要致死；又请外国莽子教学邪法，打造片刀、标子、鸟枪、弩箭头等项军器，商议抵敌官兵，因百姓不从，才出来听审。今若再放他父子回来，百姓们死无葬身之地。伏乞赏立流官，使夷民得见天日，受恩不浅。"等情，转详到臣。臣恐该道府等或有喜事徼功之心，复经委员密查，俱称："合猛夷民情愿改流，早出水火。"体访至再，均无异词。

臣查土司之设，原以拊循夷众，绥辑边隅。今猛缅休致长官司奉廷征视土民如同草芥，杀嫡子如屠犬豕，天性凶残，无复人理。其次子钦诏、三子钦选肆行科派，断难令其继袭，况又勾通缅莽，潜蓄异图，若仍令保有土宇，不独夷民被其鱼肉，且启沿边各土司效尤玩法之渐。似应俯顺民情，改设流官为便。臣与司道各官再三筹酌，意见相同，理合恭折陈奏。如蒙圣恩俞允，所有一切善后事宜，容臣另疏具题办理。

再查猛缅东、西、北三面均与内地景东、云州等府、州连界，惟南界与猛猛土巡检接壤，猛猛之外系孟连地方，并非外域。合并陈明，是否有当，伏乞皇上睿鉴，训示施行。臣谨奏。

朱批：大学士会同该部议奏。

（《张允随奏稿·卷六》）

783　云南总督兼管巡抚事张允随《奏报拆修安宁旧井煎办复额，酌将新井盐斤运济迤东，以足民食折》

乾隆十年十月二十一日

云南总督兼管巡抚事臣张允随谨奏：为奏拆修安宁旧井，煎办复额，酌将新井盐斤运济迤东，以足民食事。

窃查滇省黑、白、琅等井俱产在迤西，盐斤拨运省城及迤东各属，自十余站至二十站不等，脚费繁重，盐价不免昂贵。惟安宁井距省止七十里，每岁出盐四十二万八千余斤，向止于安宁、新兴、嶍峨三州县行销，不能接济省城。近因井卤日淡，臣于乾隆九年三月间，行令安宁州重加修砌。于旧井之旁，忽涌卤泉二眼，试煎，每年计可出盐九十九万余斤。而旧井卤味愈淡，据署盐道郭振仪详请封闭，专办新井，经臣恭折奏明在案。

至本年二月间，臣亲至该井查看，因井眼产在河心，井台低矮，恐河水长发，不无浸灌之患，饬令安宁州增筑井台三尺，并于河中垒筑偃月坝，撤去河水，将已经封闭之旧井拆至井底，内用木桶，外用石砌，不令淡水浸入，再汲试验，卤味复咸，当即令盐道委员较煎。据报，每日可出盐一千二百一十一斤，每年可煎办盐四十二万八千九百九十六斤，足符原额。除将旧井复额盐斤仍拨原销之安宁、新兴、嶍峨三县领运外，将新井盐一百万斤全运省城，添拨迤东各属盐少之处行销。虽安宁薪贵本重，每年仅增赢余银五千余两，而近省各州县多得一百万斤盐，民食更觉充裕。此皆圣德感孚之所赐也。理合缮折奏报，仰祈睿鉴。臣谨奏。

朱批： 知道了。

（《张允随奏稿·卷六》）

784　云南总督兼管巡抚事张允随《奏请开修金江上游蜈蚣岭等一十五滩，以收全江之效折》

乾隆十年十月二十一日

云南总督兼管巡抚事臣张允随谨奏：为请旨事。

窃照滇省开浚金沙江通川河道工程，臣数载以来，恪遵圣训，敬谨筹办，业将上、下两游应开大小八十三滩疏凿完竣，所有完工日期、用过工费及水运京铜节省运脚数目，俱经先后具折奏报在案。

惟查上游原勘应修共三十五滩，内有蜈蚣岭、安吉、猴崖、飞云渡、双佛等最险五滩，与者那、红崖、热风等十滩，或险，或次险，鳞次于一百五十里之内，估需工费银七万余两，滩险费繁，奏功匪易。并据川省委员永宁道刘文浩等会勘，将各滩种种危险，断非人力能开等情详覆。臣思凡兴大工，当先其易者，易者既治，则难者亦必以次就理。金江为宇内最险之水，而蜈蚣岭等各滩复为金江最险之滩，不独川员以为万难开凿，即本省各官亦议论不一。若兴修之始，首从事于难办之功，一有不当，其贻一时之口实者犹小，而坐失千载之良会者甚大。是以奏明，查开陆路两站半，以避此一十五滩之险，虽为省费图成，亦属因时就势。今仰赖圣主平成德意，凡极险之滩，开过工程俱皆稳顺，用过工费银、米，合算共银十七万八百四十两，尚不及原奏约估数十万金之半，节省运费易于抵补，而商贩米粮渐至平减，水运铜斤毫无阻滞。就目下情形，昭、东两郡人民已受福无穷。

但臣窃思，金江未开以前，蛮夷资为天堑，商旅视为畏途。今幸际不世出之圣主，不惜亿万帑金，为西南兆姓兴万年之水利，断不肯稍留未尽，致贻功亏一篑之憾。兹上、下两游八十三滩均已化险为平，若再将蜈蚣等一十五滩一律开通，更为全美。每与司道及在工人员讲求谘议，意见相同。

臣伏查川省素称沃野，米粟之利远被吴楚。滇省近在邻疆，向因舟楫未通，不得沾接济之益。今自下游工竣，川米上至金沙厂，常年每石需银三四两者，近止二两上下，成效已著。惜该厂人少食寡，川米至此不能多销，商贾利微，恐致不前。若开通此十五滩，则米船可直抵小江口，赴汤丹厂发卖。该厂商民甚众，需米颇多，倘得川米赴厂，上运多一船之米石，下运即多一船之铜斤，则水运船只可以补旱运牛马之不足，京局铸铜自无迟误，其有关于国计者甚巨。况汤丹等厂岁产铜八九百万斤，不患铜少，惟患米贵，倘得川米接济，厂民食足，自必尽力攻采，京铜可以永远充裕。厂地既有川米售卖，则东川、寻甸、和曲、禄劝等处之米不必尽运赴厂，省城一带米价复无昂贵之患。而水运多一分之船只，则旱运少一分之牛马，省出驮脚可供客商雇运，百货无忧缺乏，物价自就均平，其有益于民生者更溥。况查凿石开滩之事，原非工程所常有。当江工经始之时，不独承修各官心怀疑畏，即雇到工匠，于疏凿水底石工亦多未谙。今开修数年，于金江之水性缓急、滩石之坚松、舟行之利钝、工用之繁简，在工员既周知熟悉，可以指示咸宜，即工匠习久愈谙，可以施工得法，且查已经开过上游之滥田坝、小溜筒，下游之异石滩、大雾基、大猫滩、大锅圈、大汉漕等滩，皆系最险之滩，开浚之后现皆安稳，谅蜈蚣岭等滩，亦非必不可就之功。且经前督臣庆复委员试修，已用过工费银一万二千余两，若乘此工员谙练、匠夫熟习之时，将此一十五滩一并开凿，约计续费当不出二万金之数。盖试修于经始之初，与增修于乐成之后，难易原自不同，故工费多寡亦异，将来铜斤得以多运，节省脚价即可还项。臣不敢因前此曾经奏请停开，坐失可乘之会。为此缮折恭奏，如蒙圣恩俞允，容臣委员再加确估，奏报兴修，以收全江之效。

臣为国计民生永远利赖起见，冒昧敷陈，是否有当，伏乞皇上训示施行。臣谨奏。

朱批： 大学士会同该部速议具奏。

（《张允随奏稿·卷六》）

785　云南总督兼管巡抚事张允随《奏报云南永顺东南徼外卡瓦输诚纳贡折》

乾隆十一年二月二十日

云南总督兼管巡抚事臣张允随谨奏：为请旨事。

窃查云南永顺东南徼外，有蛮名卡瓦，其地北接直隶耿马宣抚司界，西接外域木邦界，南接生卡瓦界，东接孟锭土府界，距永昌一十八程，地方二千余里，其长名蚌筑，自号"葫芦国王"，不知其所自始，有世传铁印，缅文曰"法笼湫诸木隆"，犹华言"大山箐之长"也。所居木城草房，戴钉金叶帽，似盔形，穿蟒衣，头目戴钉银页帽，亦似盔形，穿花衣，俱跣足。夷民山居穴处，以衣缠头，敞衣短袴，妇女着短衣桶裙，红藤缠腰，田少山多，刀耕火种，兵器惟刀、标、弓、弩，无枪炮火药。又有夷目蚌坎、幸猛、莽恩、莽闷，俱系蚌筑弟兄叔侄，分掌地方，从古不通中国，亦不服属缅莽。该酋长蚌筑久慕天朝德化，屡恳耿马土舍罕世屏带伊头人赴省归顺。因无方物可贡，有夷境内茂隆山银厂，自前明时开采至今，衰旺不一。乾隆十年六月间，开获堂矿，厂地大旺，厂民吴尚贤等议给山水租银，该酋不敢收受，愿照内地厂利抽课报解，以作贡献。将自乾隆十年七月初一日起至十月底，四个月所抽银三千七百九两九分八厘，开造收课细册，央耿马宣抚司罕国楷之叔、土舍罕世屏率领头目召猛、召汉、莽看，同厂民吴安贤、通事杨公亮解课输诚前来，于乾隆十一年正月十八日到云南省城。当将呈到缅禀译出汉字，内称："葫芦国蚌筑禀：窃蚌筑生长外域，未睹天日，蒙圣天子洪恩浩荡，德被万邦，夷方土境岁岁丰登，早欲投诚，奈无物可献。有天生茂隆一厂，坐落深山，历被开采，未能旺盛。今中华人吴尚贤赴厂开采，矿砂大旺，厂地人民各守天朝法度，路不拾遗，夷心欣慕，与商民酌议，央请耿马土舍罕世屏率领头目，解课银三千七百九两九分八厘献厂投诚，稍尽微忠，以报皇恩，伏乞转达收纳，夷方得受光天化日之荣。"等情。当令司道传唤该土舍、夷目、厂民人等，公同细询夷地情形，与输诚缘由无异。

臣查卡瓦葫芦酋长僻处外域，历代未通声教，今乃倾心内向，纳课输诚，此皆我皇上至德深仁，无远弗届，凡有血气，莫不尊亲，是以徼外蛮夷咸皆重译来朝，归诚恐后。似应仰恳天恩，准其内附，以昭圣主怀柔万国之德意。至该酋长称，因无方物贡献，愿纳厂课稍尽微忠之处，负戴输将，实出诚悃。但查册开所解银三千七百九两零，乃系四个月所收，若以年计，每岁应上课银一万一千余两，为数过多，恐厂地盈缩靡常，难为定额。况远夷效顺，只取慕化之诚，原不以税课多寡为轻重。似应即饬该酋长与客长自为经管，输纳课款，以示羁縻。至厂地一切事件，仍照外夷历来厂规办理。

臣查雍正八年，孟连土司刀派鼎请纳募乃厂课，经升任督臣鄂尔泰具奏，蒙世宗宪皇帝念远夷效顺可嘉，所纳课银六百两，为数太多，着减半收银三百两，钦遵在案。今葫芦酋长系化外野夷，更非孟连土司原纳差拨者可比，所纳厂课亦属过多。臣仰请皇上，可否将此项厂课饬令减半抽收，俾厂民得沾实惠。再将所收课银以一半解纳，以一半赏给该酋长，以慰远人归顺之志，彰圣主广大之恩，庶天朝之体统益隆，外夷之感戴弥切。倘蒙圣恩俞允，所有现在解到课银，应请即照此办理。至嗣后应纳课银，令该酋长、客课人等就近解交永昌府，转解司库兑收充饷，以免夷目跋涉之劳，并于每年奏销厂课文尾叙明，不入额款。

臣因远夷输课，事当详慎，与各司道再三商酌，意见相符。除将夷目人等先行分别犒赏，安顿公所，并令地方官好为赡给，候旨遵循外，理合恭折具奏，是否有当，伏乞皇上训示施行。臣谨奏。

朱批：议政王大臣等速议具奏。

786　云南总督兼管巡抚事张允随《奏报因越次
保举总兵，蒙恩不加严遣谢恩折》
乾隆十一年二月二十日

云南总督兼管巡抚事臣张允随谨奏：为恭谢天恩事。

乾隆十一年正月二十三日，准兵部火票递到大学士张廷玉、讷亲、户部侍郎傅恒字寄，内开："乾隆十年十二月二十日，奉上谕：'张保举总兵之参将龙有印咨送来部，经朕降旨，不必带领引见。龙有印原因不胜总兵之任降调，张保举总兵，理应遵旨于副将内保荐，乃竟敢越次将参将保题，彼时即应严加处分。朕念张数年在滇，居官尚好，是以只照部议降级抵销。尔等可将从前加恩宽宥之处寄信与伊知之。钦此。'"遵旨寄信到臣。臣跪读之下，不特惶悚流汗，抑且感泣失声。

伏念臣材质庸愚，识见浅陋，仰蒙恩命，畀以边疆重寄，力小任大，咎戾滋多。前于保举总兵案内，将不应保举镇雄营参将龙有印越次保荐，罪无可逭。乃蒙我皇上特予矜全，圣恩浩荡，虽天地生物之仁亦无以过，更蒙特降谕旨，俾知宽宥之恩，开以自新之路。臣受斯高厚殊恩，此生此世，即肝脑涂地，亦不足少补涓埃。自今以往，惟有念念冰兢，时时悚惕，不敢一事疏忽，亦不敢一息稍安，益竭驽骀，以仰报圣主格外宽宥之恩于万一耳。所有臣感激微忱，理合缮折奏谢天恩，伏乞睿鉴。谨奏。

朱批：览。

787　云南总督兼管巡抚事张允随《奏报钦承圣谕，恭谢天恩折》
乾隆十一年五月初九日

云南总督兼管巡抚事臣张允随谨奏：为钦承圣谕，恭谢天恩事。

乾隆十一年四月二十六日，新任云南布政使图尔炳阿到省，口传面奉上谕："云南系边缘地方，山东事务虽繁，尚属内地，未若苗疆尤为紧要。朕调尔云南布政使，习练边情也。该省督臣张老成历练，在滇年久，熟悉边情，近年办理苗疆，甚为妥协。尔前往，须事事跟随，留心学习，当益奋勉，以副朕期望之意。到时可将朕命尔跟随督臣学习，并令其教导之处，传与张知之。钦此。"

窃臣仰蒙圣主天恩，寄以督抚重任，自揣知识短浅，凡边疆苗猓事务，惟审度情势，随宜办理，总以不敢喜事，亦不敢草率了事。十余年来，仰赖皇上德威远布，边境乂安。臣实毫无寸长，乃蒙恩谕嘉奖，臣感激之下，益切惭惶。今藩司图尔炳阿久历外任，谙练有素，虽甫经到任，臣观其议论明白，识见通达，目前与之共事，定能助臣不逮。臣钦遵谕旨，凡夷疆形势、机宜，就臣计虑所及，随事告知，以仰副圣主裁成德意。

再臣自乾隆四年正月陛辞回滇，迄今已逾七载，臣于乾隆八年蒙恩实授总督时，即奏请入觐，奉到朱批："卿陛见伊迩，况安南有事，不必来京。钦此。"臣恪遵训旨，又值金江两游巨工未竣，督抚重任交寄一身，是以不敢再行陈奏。恋阙微忱，蕴结夙夜。今安南境内渐次宁静，金江工程亦经告竣，唯续开十五滩，因水长停工，今冬上紧兴修，明春定可完竣。臣拟俟藩司图尔炳阿边情熟练之后，再为缮折奏请陛见，瞻仰天颜，面陈一切，庶犬马恋主之忱得以克遂。为此恭折奏谢天恩，并摅愚悃，伏祈睿鉴训示。臣谨奏。

朱批：览奏俱悉。

（《张允随奏稿·卷七》）

788　云南总督兼管巡抚事张允随《奏报遵奉查奏云南永顺东南徼外卡瓦输诚纳贡情形，并备陈亿万厂民生计折》
乾隆十一年五月初九日

云南总督兼管巡抚事臣张允随谨奏：为遵奉查奏，并备陈亿万厂民生计，仰祈圣鉴事。

乾隆十一年四月十四日，准兵部咨开："职方清吏司案呈，准议政大臣和硕裕亲王等奏前事。乾隆十一年三月二十六日，奉朱批：'依议。钦此。'相应抄录原奏，行文该督钦遵查照。计原奏一纸，内开：该臣等会议得云南总督张奏称：云南永顺东南徼外有蛮名卡瓦，其地北接耿马，西接外域木邦，南接生卡瓦，东接孟定土府界，距永昌一十八程，地方二千余里，自号'葫芦国王'。其酋长蚌筑，央耿马土舍罕世屏率领头目、厂民，于乾隆十一年正月到云南投禀，称蚌筑生长外域，未睹天日，蒙圣天子洪恩浩荡，德被万邦，早欲投诚，奈无可献。有天生茂隆一厂，坐落深山，历被开采，未能旺盛。今中华人吴尚贤赴厂开采，矿砂大旺，议给山价租银，该酋长不敢收受，愿照内地厂例抽课，以作贡献，央恳耿马土舍罕世屏率领，解课银三千七百九两零献厂投诚等情。当令司道传唤该土舍、夷目、厂民人等，细询情由，与所禀无异。但查所解银三千七百九两零，乃系四个月所收，若以年计，每岁应上课银一万一千余两，为数过多。查雍正八年，孟连土司刀派鼎请纳募乃厂课，蒙世宗宪皇帝念远夷效顺可嘉，所纳课银六百两为数太多，着减半，收课银三百两，钦遵在案。今葫芦国酋长系化外野夷，非孟连土司原纳差拨者可比，所纳厂课可否减半抽收，再将所抽课银以一半解纳，一半赏给该酋长，以慰归顺之志。至嗣后应纳课银，令该酋长、客课人等就近解交永昌府转解司库充饷，于每年奏销厂课文尾叙明不入额款等语。查卡瓦葫芦僻处遐方，自古未通中国，今乃倾心效顺，纳贡来朝，此皆我皇上德溥化神，无远弗届，故声教不通之地咸矢爱戴归诚之愿，自宜准其归附，以昭圣主怀柔万国之至意。惟是纳厂输课，固出该酋长贡献方物之心，然远夷拱服，只取慕化之肫诚，何计贡献之有无？且查卡瓦夷地，北接耿马，西接外域木邦，南接生卡瓦，东接孟定土府，远居徼外，尽属夷疆，且该督奏称卡瓦地方茂隆山厂有厂民吴尚贤开获堂矿，厂砂大旺，议给山水租银，该酋长不敢收受，与商民酌议输诚等语。第查定例：内地民人潜越出外开矿者，递回原籍，照例治罪，专汛各官以及该管上司均干处分。是内地民人毋许出外开矿，定例已属严明。今卡瓦葫芦茂隆山厂自前明开采至今，衰旺不一，上年因中华人吴尚贤赴厂开采，以致矿砂大旺，所给租银，该酋长不敢收受，始行酌议纳课输诚。是吴尚贤越境开矿现已违例，而该督并未将违例以及失查各情由、现在该蛮地除吴尚贤外尚有无内地民人之处，疏内未经声明。至内地民人前往卡瓦，经由番夷土司地方，来往行走，势难保其不无滋事，似属难行。应令该督将现今在滇夷目人等善为抚绥，晓谕大义，令其回巢外，仍将吴尚贤等违例出境及失察情节速行查明具奏可也。"等因到臣。

当即钦遵，传谕葫芦夷目，晓以大义，将所解厂课携带回巢，并令司道将厂民违例出境及失察情节速行查明详覆。去后，兹据布政使阿兰泰、按察使张坦熊、粮储道宫尔劝、署驿盐道郭振仪、迤东道宋寿图、迤西道朱凤英联衔会详，并据葫芦夷目召猛、召汉等呈称："葫芦夷长仰慕圣化，久怀归附，因无方物可献，故贡献厂课以表忠顺之心。今将课银发还，蚁忱无由得达。仰恳俯顺夷情，赏收厂课，感恩无极。"等情前来。

该臣覆查，滇南田少山多，民鲜恒产，又舟车不通，末利罕有，惟地产五金，不但本省民人多赖开矿谋生，即江西、湖广、川、陕、贵州各省民人亦俱来滇开采。至外夷地方，亦皆产有矿硐，夷人不谙架罩煎练，唯能烧炭及种植菜蔬、豢养牲畜，乐与厂民交易，以享其利。其打硝开矿者多系汉人，凡外域有一旺盛之厂，立即闻风云集，大抵滇、黔及各省居其二三，湖广、江西居其七八。现在滇省银、铜各厂，聚集攻采者通计何止数十万人，皆食力谋生，安静无事。铜则上供京铸，银则抽课充饷，其有裨于国计民生者甚大。

至夷方之厂，如兴隆厂坐落耿马，募乃厂坐落孟连，俱系内地民人前往开采。缘滇南各土司及徼外诸夷一切食用货物，或由内地贩往，或自外地贩来，彼此相需，出入贸易由来已久。如棉花为民用所必需，而滇地素不产棉，迤东则取给于川省，迤西则取给于木邦。木邦土性宜棉，而地广人少，皆系沿边内地民人受雇前往，代为种植，至收成时，客商贩回内地售卖，岁以为常。又苏木、象牙、翠毛、木棉等物，则贩自缅甸，云连则购自力些。又各井盐斤，仅敷两迤民食，其永昌所属之陇川、遮放、干崖、南甸、盏达、潞江、芒市、猛卯等各土司，因距井窎远，脚价昂贵，多赴缅甸之官屯地方买食海盐。

以上各项，人民往来夷方，络绎不绝，其贸易获利者皆即还故土，或遇赍本耗折，欲归无计，即觅矿厂谋生，凡此皆关滇民生计。自开滇至今，历来情形如此，非始自今日。今茂隆厂民吴尚贤等，虽于上年得获旺矿，而出外之岁月及经由汛口俱无从究诘。该酋长禀内特指吴尚贤以著厂旺之由，其余打矿、开碛及走厂贸易之人，询知解课夷目、通事，据称约有二三万人，俱系内地各省人民。缘该厂与兴隆、募乃二厂相距颇近，厂民去彼就此，往来甚易，并非近日始行潜越。查《中枢政考·关津例》载："广西之南宁等府路通交阯，汉、土各兵守御游巡，除平而、水口两关系商贾经由之路，若有捆载货物，查验明白，准其贸易外，其内地民人潜越出外开矿者，押回原籍，照律治罪，专汛官降一级调用，该管上司罚俸一年。"等语。是定例禁止内地民人潜出开矿，其商贾贸易原所不禁。但滇省原无富商大贾，凡出外贸易商民，驴驮马载者少，肩挑背负者多。厂民出外，亦皆带有货物，与商贾无异，经过塘汛，查无违禁之物，即便放行。若欲禁止开矿，势必并商贾一概禁绝而后可。然亿万人民生计攸关，未便惩噎废食。况利之所在，趋之若鹜，纵加严禁，亦必百计偷越。夷方道路丛杂，山径纷歧，不能处处安塘设汛，即如民人私越交阯，定例非不严明，然交阯境内都竜、波象、波达等厂，内地民人聚集开采者不下十余万人。乾隆四年，交匪矣长案内，经前督臣庆与臣会折奏明；乾隆八年，牡丹夷目阮兼泽等遣兵攻抢都竜，厂民逃避入马白关口者甚众，内江、楚、闽、广各省人民俱有，经臣饬令开化府遣护回籍在案。总缘生齿日盛而财不加多，是以小民觅利，不惮远涉异域。然矿厂产在夷境，夷人弃而不采，于彼原无所损，而内地民人开碛挖矿及走厂获利，少者数十两，多者千百两，携回内地，足以糊口养家。以外夷之余补内地之不足，所益良多。今该酋长既愿输纳厂课以表归附之忱，而厂民人等即踊跃报解，观此情形，可无滋事之虑。臣前请于减半之中又行减半解纳，正廷议所谓"只取慕化肫诚，不计贡献有无"之意。至厂民久费工力，得获旺矿，解纳厂课，方图久远开采。若不准其纳贡，又将厂民治罪，则该酋长必以化外自处，而厂民聚集既众，一旦强使弃去，转恐无以资生。臣自受任督抚以来，仰体圣主安边柔远之盛心，从不敢好事喜功，更不敢轻于言利。但滇省矿厂一事，实属民生衣食之源，历任督抚诸臣因内外各厂自明至今厂民从无不靖，所以因地制宜，听其开采，臣敢不据实陈明。

伏查雍正八年，孟连土司刀派鼎请每年纳募乃厂课银六百两，原奏以边远酋长惟应律以恭顺，不必科其钱粮。但土夷重财即以重礼，若无些须上纳，转无以示羁縻，奏请准其按年输纳。蒙世宗宪皇帝恩旨俞允，减半收纳，钦遵在案。臣查葫芦与孟连同系夷蛮，孟连虽纳差发银两，而向隶缅夷，不服提调，未经受职。今葫芦酋长虽处化外，历代未通职贡，而不属缅国，能知大义，愿为樊篱，且在木邦以内，其献纳厂课实出诚悃。臣仰恳天恩，俯念远夷慕化之诚，可否准照孟连之例赏定课额，令其按年报纳，并令捍卫边隅，就纳贡之诚，寓羁縻之意，不惟厂民得以相安，设有内地逃犯等类潜入厂地，亦可饬令查拿，如此，则圣朝统驭外夷之体益崇，而远徼夷情亦不致阻而弗达矣。

为此恭折具奏，仰祈皇上睿鉴，敕议施行。臣谨奏。

朱批： 原议之王大臣等议奏。

（《张允随奏稿·卷七》）

789　云南总督兼管巡抚事张允随《奏报拿获不轨要犯，搜查字迹，究出谋逆情由，仰请圣训查办折》

乾隆十一年五月初九日

云南总督兼管巡抚事臣张允随谨奏：为拿获不轨要犯，搜查字迹，究出谋逆情由，恭折密奏，仰请圣训查办事。

窃查滇省西来教首张保太，前经督臣鄂尔泰于雍正八年拿获，拟绞监候，遇赦释放。嗣于乾隆四年，因复给江南人夏天祐经卷事发，奉旨查访惩治，经前督臣庆复审系赦后再犯，年逾八十，免罪，奏明看守省城。臣于乾隆六年五月自黔省回任，接署总督印务，将张保太复行监禁。是年八月，该犯在狱病故，经臣出示晓谕，俾愚民共知邪教为圣世所不容，当于乾隆六年十月十九日，具折奏明，并搜出经板，劈烧销毁在案。本年三月初八日，准江苏抚臣陈大受来咨，有宜兴凶僧吴时济倡立龙华会，供指伊师张保太在云南等语，希将张保太现在存殁、有无怙恶不悛、招摇生事之处查明移覆等因到臣。臣当将张保太久经监毙缘由咨明江苏，一面密饬所属访查，境内如有不法奸徒踵张保太故智，煽众骗钱之犯，立即拿究，并密饬臣标中军遴差精细弁目踩访。去后，嗣于闰三月初十日，据臣标署中军李荣祖、云南府知府徐铎、署昆明县诸世钟禀称："密差弁目钟国贤、闫朝相及捕役人等各处访缉，查有寄住昆明县江西人刘钧，向同妻女投身入川已十余载，近年复回，潜住城外，每出门一月、两月不定，踪迹诡异，间有村乡男妇来送钱米，称为师祖爷，且端坐受人叩拜。"等情。臣即饬令该文武密遣妥干兵役踩明确踪，密拿务获。去后，嗣于四月初一日将该犯拿获，并搜获邪教书册，发交云南府徐铎及因公在省之署开化府金文宗、原署广南府陈克复，会同署臣标中军李荣祖严审。

据该犯供："年四十岁，原籍江西南昌县人，因投充松潘镇总兵邱名扬为家丁，入川寄寓成都，闻涪州人刘奇创立大乘教，开堂接众，人称万灵老祖，心生羡慕。于乾隆八年，在重庆遇刘奇，大首领周凤翔、谯元魁引往涪州，投拜刘奇为师，先行设誓，然后传授真言口诀，并称龙蛇之年紫云现瑞，有八王子、十六王子降生皇宫，法转秦川，教当大显。至掌教的有五中公：前中公是云南张保太，后中公是保定唐登芳，左中公即四川刘奇，右中公是贵州魏斋婆，中中公是白玉祖师，乃人之真心。"又称："在刘奇家见过魏斋婆，云：如今贵州各府、州、县俱是这教，此教有三船：一、法船，专主度人；二、瘟船，主灾劫；三、铁船，是法术。法船度满，就转四川。"等语。又供："刘奇给与《九轮册》及《存点真心图记》，令其来滇招人。于乾隆九年十二月二十三日到滇，招得斋头，分往贵州之普安等处及滇省云南、曲靖等处，哄诱男妇人等吃斋入教。"当将斋头李植、姚华、赵斌、陈连科、梅承宗、刘文广、舒有贵、戴述孔、束言祥、李应宣、毛衍、莫显、李士周、孙立武、徐鹏、杨朝用、李凤彩、艾美、王宗孔、李昆、李国选、耿文达、安天良、史章、李伦、李宏基、汪文龙等前后擒获，讯供：听刘钧遣令各处招人是实。又拿获斋头杨声，供称："刘钧是教主，其大教主乃是四川刘奇。"并于该犯搜获邪教书籍及张保太、刘奇、刘钧前后所给柬帖字迹，内有类谶纬妖言之处，并通柬人教之人年老者安静念佛，少壮能人叙立冰、玉、金、银四臂，每臂安三千七百五十人等语。当将一干人犯严行夹讯，除将各犯供明妖言另单备录，同搜获柬帖附奏外，讯据刘钧供："小的自八年九月拜刘奇为师之后，周凤翔、谯元魁常说：'刘奇不但是我们的师，将来并要作我们的主。'小的听在心里。九年三月二十五日晚上，小的在刘奇家，同卢子林、温朝鼎闲坐，刘奇向小的说：'你为人诚实，言语谨慎，可以说得话。我们于今吃斋，不但要成佛作祖，将来招足了人，且有大好处。'小的问他有何好处？他说：'先天老祖传下，我原是位在中宫的人，如今且以吃斋为名，多招集些壮丁，以备调度。你可将《九轮册》带上云南，将少壮的每格填三人，老、弱、妇女另填一册。所以要招妇女的缘故，好免人的疑惑。册子填成，定限秋季送来，我将壮丁册子验明愿结，存在这里，一时要用，就好调他。你每年秋季定要呈送一次，不可迟误。到人数满足时，我便往东京河南地方，人心一齐归顺，我做了你们的主，你们都受享富贵了。'小的问他："这不是要做叛逆的事么？"他说：'我们做祖师人，那要动兵，只天下人皆归了教，心都顺了我，到戊午之年齐来归向，就如尧舜自然立极的一般，只要上紧招人。'小的就依他的话，招了这些人，填了册子，于去年九月送至涪州，交与刘奇。草册存在家中，已搜查来了。至于'正治'二字，即刘奇年号。张保太是戊午传道于刘奇，刘奇养静，六年不吐，到甲子年，就是他'正治'元年了。到七年庚午，东、西、南、北四宫会合，金、银、冰、玉四字人满，那时直抵仪京，不动声色，坐定太平。至通柬中'少壮能人叙立冰臂'的话，是说大法中有金、银、冰、玉四字，下元为银，招得三千七百人，就升入中元金臂；中元上再招得三千七百人，就升入上元玉臂上上；再招得三千七百人，就升入最上冰臂，冰字上还要招三千七百人，愈积愈多，可招得九十二亿人，不怕天下不来归顺，无事张扬，自然一统，所以教做无为大教。这还是张保太传下的，刘奇借以招集人众，并令入教的人先要立下愿结，三人耽保，然后收纳，临收时还要立誓，以免泄漏。每年勒令造册，于秋季送至涪州，听候调用。这些都是实情。至于刘奇的心腹是谯元魁，卢子林、温朝鼎都知情的。小的该死，为刘奇所愚，又借招人为名，自己也骗些银钱使用，如今悔恨无及。"等供。覆查册开所招吃斋男妇，大小共三千一百四十四名口。

又于四月初四日，准贵州督臣张广泗密咨，内称："访得贵州省城有魏姓斋婆，假以劝人吃斋行善为名，招引徒众，不分男女，名'大乘教'，又名'上圣教'。魏斋婆系贵州掌教，号黔阳右中公。各省掌教：在四川系刘权，一名刘奇；在云南系已故张保太之弟张二郎。俱各妄称教祖，捏造妖言，诱人入伙。本应将魏姓斋婆先行拿究，悉各处要犯闻风远扬。查四月十五日，系火官会期，在教之人聚集必多，除届期密拿并奏明外，密咨将张保太之弟张二郎拿获研讯，伊等办事斋头人等一并拿究。"等因到臣。

臣查张保太原案，该犯只有胞兄张锦魁，并无弟，亦无子，系将锦魁次子张玠承继，拟状后病故。锦魁有子张环，及保太之婿马盘瀛，俱住太和县。又张保太有义子张晓，本姓名朱老二，原题照为从例拟流，发遣川省，乾隆元年赦回，乾隆四年与张保太同解省城。保太故后，勒令归宗，因伊原籍建水州，朱姓并无亲属，交伊戚河西县民杨有声收领，无许滋事。今黔督咨内所开之张二郎，是否张晓，抑系张环，均未可定。当即差弁分往太和、河西二县，会同该地员弁严拿，并密咨提臣潘绍周于迤西一带就近缉拿。去后，嗣据臣差往太和之千总陈亮禀："于四月十一日，在下关拿获张环、马盘瀛，当经太和县李堂会同大理城守营游击洪德周讯据张环供：'年七十六岁，从不信叔父张保太这教，若是信从时，当年发觉时早已充发去了，何能脱身？如今小的叔父家中只有两个寡妇，此外并无别人，原没什么张二郎。'讯据马盘瀛供亦相同，并研讯乡保里邻人等，金供：'张保太在时，张环、马盘瀛俱未吃斋从教，张保太死后，此地并无附和之人。'"又准提臣潘绍周覆称："选差弁目前往浪穹、鸡足、蒙化一带，访查得白莲一教，自张保太拿禁之后，乡民咸知畏法，无人入教，即四月十五日火官会，亦未有人举行。"等因。

又据臣差往河西之把总谢赐麟会同署河西县江宏道禀："拿获张晓、杨有声，并搜获邪教书本、图说、科仪及入教姓名册，押解到省。"当发云南府徐铎等会讯，据张晓供："年七十五岁，建水州人，本姓朱，自二十四岁时，拜张保太为继父，归教，五十多年后，因邪教事发，流往四川，乾隆元年，遇赦回籍，依靠表甥杨士敬居住。有继父旧日徒弟姜瑞之、张宏亮、张智、张理、赵国卿、董成材、何良佐及杨士敬，时给钱米周济，每年斋友们做四官会时，各出钱米于附近寺庙念经，余剩钱米给为度日之用。从不认识刘奇，惟乾隆八年八月间，有黄世睿、陆元祥、姜瑞之同四川人尹姓、王姓来说：'继父张保太死后，魂魄已入四川重庆人刘奇之窍，叫去皈依。'当写愿单寄去，并述年老不能远涉之意。后接刘奇回书云：'元会重新，隔山隔省，不能相会。'等语，因见口气不像，也就不信。至于贵州的魏斋婆，虽曾有自黔来滇之李青、明升传语问候，其实并未会面，并无暗通消息之事。"又供："众人内，只有姜瑞之、杨士敬、何良佐是斋头，其余是吃斋的人。至各人劝信吃斋的，何良佐名下有百余人，杨士敬十余人，姜瑞之二十人，张宏亮、张智、张理、赵国卿名下各十人、五人、三人不等。其刘钧曾于去年来抄六书，未经抄与，即时别去，并非同党。至于搜出经卷，因继父两次被拿，经板俱已劈烧，书籍亦被追毁，这几本是从别处零星收拾来的。如今小的年已七十五岁，眼昏耳聋，仅存皮骨，站也站不起，已是早晚就死的人，那里还掌得教？只因排行第二，人家都称张二老祖是有的。"等供。讯据杨士敬即杨有声供："因张晓年老无依，念是亲戚，所以接来同住，间有吃斋的人给与米粮以资糊口。"等语。并供："替刘奇寄信来接张晓入川之湖广人黄世睿、江南人陆元祥，均赘居滇省。"当即拿获黄世睿妻父陈光祖、陆元祥妻父宋王臣，并二犯妻氏严究，据供："已于上年十一月十二日同往涪州刘奇处。"等语。又于陆元祥家内搜出伪札一张，内字句尤属悖逆不法。复提刘钧究讯，据供："这伪札是刘奇发的，也发过小的一张，因来滇时在永宁江门峡坏船，箱子落水无存是实。这札上的伪印是刘奇同周凤翔、谯元魁刻的，至印上篆文，原系模糊，小的不曾问过是何字样，不敢妄供。"等语。

查陆元祥、黄世睿二犯，均系刘奇手下办事斋头，又得受伪札，更难容其漏网。臣遴差干练千把兵役，押同二犯的属，星夜由东川、威宁分路往川密拿，并与刘钧供出刘奇心腹首领谯云魁、周凤翔、温朝鼎等，一并飞咨川省密速查拿去讫。臣因案情重大，复率同布政使图尔炳阿、按察使张坦熊，提齐前后拿获各犯，隔别严讯，所供俱实。

臣查奸民倡立邪教，捏造妖言，煽惑愚民，迨至信从既众，遍布妖党，即阴图不轨，是以白莲、无为等教例禁綦严。臣于本年三月，接准江苏抚臣咨，据凶僧吴时济供指教主在滇，当即密饬所属访查，境内如有惑众奸徒，立即拿解。嗣经拿获招人入伙之匪犯刘钧，供出四川妖人刘奇倡立"大乘上圣"邪教，因恐各处愚民一时未即信奉，诡称张保太死后，魂魄入伊窍内，又将张保太所遗邪说剿袭附会，写成柬帖，令伙党传播各省，以为煽动之具。胆敢妄书伪号，发给伪札，潜谋不轨，大逆不道，罪不容诛。今拿刘钧，究出逆谋，所当彻底穷究，以净根株。至张晓，于遇赦释回之后，尚敢收藏邪说，又据供人皆称为张二老祖，则黔督臣来咨所指妄称教祖之张二郎，即系该犯无疑。臣将刘钧、张晓二犯及已获各伙犯斋头人等隔别监禁，并饬按察使严加究审确情，再行奏闻。至此案已获人犯，现在研审，未获人犯，亦经飞差分拿，将来或应解黔省并案严审，按律正法之处，伏候圣旨，钦遵办理。除密咨川陕督臣庆复、四川抚臣纪山、贵州督臣张广泗、直隶督臣那苏图密缉严拿外，臣谨会同云南提督臣潘绍周合词密奏，伏乞皇上睿鉴，训示遵行。

再照搜获邪教道经、柬帖字迹，拣出悖逆字帖二件并伪札一张，附折进呈御览，其余封贮存案。又此案人犯狡黠异常，供吐闪烁，屡经研审，始得实情。合并陈明，为此谨奏请旨。

朱批：此事卿所办实属可嘉。惟应尽力搜察，毋使漏网。仍应速结正法，以快人心。若解别省，未免道路疏虞。取供记明，彼此关会可也。

（《张允随奏稿·卷七》）

790 云南总督兼管巡抚事张允随《奏报究出妖人，请降谕旨令川督、直隶督臣查拿折》

乾隆十一年五月初九日

云南总督兼管巡抚事臣张允随谨奏：为请旨事。

窃臣拿获匪犯刘钧，究出四川涪州妖人刘奇谋为不轨情节，现将办理缘由折奏。内有供出"掌教后中公是保定唐登芳"之语，臣因事关叛逆，必须讯确住址，以便咨拿。复将刘钧严讯，据供："唐登芳原籍保定，不知住何州县，系刘奇手下办事之人，小的实不曾见过。闻得他有个儿子唐二，住在四川邛州。这话是刘奇说的。"又查刘奇"化浊还清帖"内，有"十八孩儿尽是空"之句，讯据刘钧供："是刘奇说李开花已死，无用了。"等语。查李开花乃奉旨严缉之逆犯，今称已死，系何年何月，死于何处，严讯刘钧，据供"是听得刘奇说的，小的实不曾见。"再三夹讯，坚供如初。

臣查逆首刘奇远在四川涪州，该犯业经贵州督臣张广泗先移咨川省，谅已拿获。仰请皇上密降谕旨，令川省抚臣研讯刘奇，务令将李开花及唐登芳确实踪迹据实吐供，就近查办，并请密敕直隶督臣查访，有无唐登芳在直，借吃斋为名招诱入伙情事，就近查拿，庶逆犯不致漏网。为此缮折密奏，伏祈睿鉴。臣谨奏。

朱批：是。知道了。

（《张允随奏稿·卷七》）

791 云南总督兼管巡抚事张允随《奏报滇省新开通川各河道水运京铜数目折》

乾隆十一年六月二十九日

云南总督兼管巡抚事臣张允随谨奏：为奏报滇省新开通川各河道水运京铜数目，仰祈睿鉴事。

窃滇省自乾隆三年接准部文，代办八省额铜，运赴京局鼓铸，正额、加运每年共六百三十余万斤，向赖马牛驮载，脚费繁重，转运艰难。荷蒙圣恩开浚金沙江、盐井渡、罗星渡三处通川河道，次第告成，京铜得由水路分运。兹据督理金江铜运迤东道宋寿图具报："乾隆十年，运抵泸州铜七十万斤。十一年，运抵泸州铜一百二十八万六千七百七十斤零。其运至沿江铜房存贮者尚有一百七十五万二千四百余斤，一俟交冬水落，即可陆续运抵泸州。"又据大关同知高为阜具报："盐井渡通金沙江水路，自乾隆九年至十一年，共运抵泸州铜三百一十三万二千七百五十斤零。"又据转运京铜之署云南府同知徐柄具报："罗星渡通川河道，自乾隆十年七月至十一年五月，十个月内，运抵泸州铜一百三十八万四千一百六十斤。"三共水运抵泸铜六百五十万三千五百八十斤零。

至昭通地方，向苦米贵，自江工告竣以后，连年米价平减，新疆民食常充，夷情益臻宁谧，此皆我皇上至德深仁之所赐也。

所有各河通顺并水运京铜数目，理合附折奏报，仰祈睿鉴。臣谨奏。

朱批：如此水运，较先前陆运每年节省几何，缮简明折奏闻。

（《张允随奏稿·卷七》）

792　云南总督兼管巡抚事张允随《奏报钦奉朱批，据实陈明滇省被雪并未成灾，无庸再为赈济折》

乾隆十一年六月二十九日

云南总督兼管巡抚事臣张允随谨奏：为钦奉朱批，恭折复奏事。

窃臣于乾隆十一年闰三月初八日，奏报蚕豆、大麦被雪损伤一折，本年五月十三日，奉到朱批："平粜出借，酌行抚恤而已，不尚有失所者乎？若有成灾景象，究以赈恤为要。滇南万里，不可少稽恩泽，使朕悬念也。钦此。"臣恭捧恩纶，伏见我皇上天亶至仁，万方在宥，一闻小民疾苦，无不大沛恩施，期于穷檐得所。

臣受任滇疆，时时仰体圣心，是以每遇一村、一乡冰雹偏灾，俱立时动项发仓，加意赈恤，一面奏闻。本年二月三十日降雪，昆明等十余州县蚕豆被伤，米价骤长。臣详察情形，去岁秋收颇稔，间阎尚有盖藏，二三月间，亦非青黄不接之时。至于春熟，原以小麦为主，今小麦并未损伤，所以米贵之故，实由有米之家观望遏粜而然。当即飞饬被雪各州县，动发常平仓谷减价出粜，并将社仓谷石多行出借，民间得有接济，富户不能居奇，米价旋即均平，且滇省本年恭逢恩旨蠲免钱粮，小民既无赋税之输，又小麦收成有望，民食不致拮据，并无成灾景象，是以未敢议赈。今仰赖皇仁，各属春收十分、九分、八分、七分、六分不等，即被雪之处，以小麦收成之数，除抵蚕豆歉收之数外，计算尚有七分，小民并无失所，无庸再为赈济。滇南去京万里，凡关民生痛痒，臣断不敢不据实入告，致少稽恩泽也。缘奉朱批事理，理合恭折覆奏，仰祈睿鉴。臣谨奏。

朱批：览奏俱悉。

（《张允随奏稿·卷七》）

793 云南总督兼管巡抚事张允随《遵旨奏覆通川河道较先前陆运节省银数折》

乾隆十一年九月二十四日

云南总督兼管巡抚事臣张允随谨奏：为遵旨奏覆事。

窃照滇省新开金沙江、盐井渡、罗星渡三处通川河道，经臣将水运京铜数目恭折奏报，钦奉朱批："如此水运，较先前陆运每年节省几何，缮简明折奏闻。钦此。"臣即钦遵，行据管理铜务粮储道宫尔劝、署迤东道谷确查明，详覆前来。谨缮简明折恭呈御览。

一、铜斤由金江水运至泸州，每百斤较先前陆运节省银六钱三分四厘零。乾隆十、十一两年，水运铜一百九十八万六千七百斤零，节省银一万二千六百六两零。

一、铜斤由盐井渡运至泸州，每百斤较陆运节省银三钱三分。自乾隆九年至十一年，水运铜三百一十三万二千七百斤零，节省银一万三百三十八两零。

一、铜斤由罗星渡水运至泸州，每百斤较陆运节省银一钱八分七厘零。自乾隆十年七月起至十一年五月，水运铜一百三十八万四千一百斤零，节省银二千五百九十六两零。

以上三路，水运过铜六百五十万三千斤零，共节省银二万五千五百四十两零。

一、臣前奏金沙江年可运铜一百万斤，应省银六千三百四十五两；盐井渡年可运铜一百五十八万二千八百六十斤，应节省银五千二百二十三两四钱零；罗星渡年可运铜一百五十八万二千八百六十斤，应节省二千九百六十九两零。以上三路，每年水运京铜共四百一十六万五千七百二十斤，每年共省银一万四千五百三十七两零。

伏查三处河道，仰蒙我皇上念切民依，特加开浚，自完工以来，运发京铜，就现在办理，较从前陆运，每年实可节省银一万四千五百余两。缘工程甫竣，商船无多，尚须安站包空。又各处转运、收铜官役养廉、工食不能减少，是以节省止有此数。将来商船众多，不须包雇，铜斤可以多运，官役养廉、工食不须增添，节省自必更多。合并陈明。谨奏。

朱批：览。

（《张允随奏稿·卷七》）

794 云南总督兼管巡抚事张允随《奏报审拟逆案，遵旨速结正法折》
乾隆十一年九月二十四日

　　云南总督兼管巡抚事臣张允随谨奏：为奏报审拟逆案，遵旨速结正法，以快人心，以绝根株事。

　　窃照大乘邪教一案，臣自拿获匪党刘钧，供出涪州妖贼刘奇擅立伪号，阴谋大逆，并于伙犯陆元祥家搜出所给伪札，又准咨拿获张保太继子张晓，究出妄称教祖、传布邪说根由，并拿获该二犯名下伙党、斋头杨声二十九名，经臣于乾隆十一年五月初八日密折奏闻。嗣于七月初五日，奉到朱批："此事卿所办实属可嘉。惟应尽力搜察，毋使漏网。仍应速结正法，以快人心。若解别省，未免道路疏虞。取供记明，彼此关会可也。钦此。"同日，又准内阁字寄，奉上谕："据张拿获不轨要犯，究出谋逆情由奏闻一折，朕已细阅，可抄录密寄各该省督抚，将折内供出各省人犯速行严审，按律定拟。其再有供出人犯，亦应拘讯，务绝根株。若情罪重大者，记明口供，各省彼此关会，即行定案，在本处正法，使本地匪类有所畏惧，免致解往他省，稽迟时日，或有疏虞。其次情节稍轻，应行发遣者，若照例充发，又在近地，伊等恶习终不悛改，不免煽惑人心，蔓延滋事。当发遣黑龙江等处，以杜复行勾结之患。钦此。"又准军机处字寄："张环、马盘瀛俱系张保太的属，应发遣黑龙江。"奉旨："是。钦此。"又于八月十九日，奉上谕："纪山奏报，审讯大乘教首犯刘奇，供出各省斋头、办事之人，俱系要犯，着将姓名抄寄各督抚严拿务获。单内末注明住址、各犯姓名，亦抄寄访缉，毋致漏网。钦此。"又于八月二十日，奉上谕："大乘教一案，据督抚审出人犯姓名，已密谕查拿究讯，务尽根株。但此时未经发觉者，固不可使之闻风远遁，即现在供出姓名可指者，亦不得任其匿迹潜逃。如云贵供出四川之人，而四川本省转未究出。川省供出云贵之人，而云贵本省每多遗漏。可见奸匪易于漏网，则办理之法须得其头绪，方可根究。前纪折奏现在投首者纷纷，又据杨锡绂奏称：'入教之人，令其自首。此等自首之人，搜缉有线，盘诘有根，正可于此跟寻踪迹。再其中情罪不一，惟实在无知被诱、觉而自悔者，方准其自首，量为末减，仍须交与地方官不时稽查。其始事之凶，为从之党，自当分别按律治罪。即情罪似乎稍轻，而有附助形迹者，似当充发，以散党羽。'朕看此案，各省办理不同。可传谕各该督抚，令其遵照此旨查办，使邪教尽除，而定拟亦得画一。钦此。"又于八月二十八日，奉上谕："张保太首倡邪教，勾结数省匪类，谋为不轨，实为罪魁，今虽已伏冥诛，尚未明正国法，该督定拟之时，应按戮尸之律具题。可传谕张知之。钦此。"又于九月初一日，奉上谕："云南逆犯张晓一案，该督张现在审拟，其案内如张晓等决不待时之犯，定案后，一面照例具题，一面即行正法。俟达青阿贵州事竣，前往云南监斩。其具题本内，仍按律定拟，将已经正法之处声明。张保太戮尸之处，亦着达青阿监看。所有一应邪教书本、图籍、简帖、字迹，结案之后，不便仍留该处，俱着达青阿带来。钦此。"又于九月二十二日，奉上谕："据张广泗奏：'妖人张保太系云南景东府贡生，于康熙二十余年间，即在大理府鸡足山开堂倡教，法号道岸，释名洪裕，妄称此教是陕西泾阳县八宝山无生高老祖开派，流传到四十八代祖师杨鹏翼，系云南腾越州已故生员，张保太得受其教，遂自称为四十九代收徒祖师。'等语。可传谕张，杨鹏翼乃始倡邪教之首逆，遗害至今，罪大恶极，应行戮尸毁墓，以灭其迹，免使后来匪犯得以借口，又复生事。即伊之子孙，亦着该地方官严加管束。仍将办理情由具折奏闻。钦此。"遵旨寄信到臣，各钦遵在案。

臣查此案匪犯，以吃斋救劫邪说哄诱愚民，阴谋叛逆，不独国法所难容，亦人心所共愤，若查拿不密，以及办理张皇，恐要犯知风兔脱，无以净厥根株，又贻将来之害。臣于密奏之后，即严饬按察司，会同布政司、迤东道及承审各官，将已获首、从各犯逐细推鞫，穷究伙党，并密行通省地方文武严密搜察。并恐兵役查拿不力，凡系供出及查实人犯，俱遴差臣标干练千把密速擒拿，俾不致漏泄远扬。每拿一犯，必将伊家所有字迹，不论书籍、契券、柬帖尽行搜出，封送查核。计陆续拿获张晓，供出姜瑞之、何良左、张宏亮、张智、张理、赵国卿、董成材等七名；又拿获刘钧，供出朱宏恭、王琛、曹汝月等三名；又拿获逆犯黄世睿妻父陈光祖、表侄刘国臣，并与黄世睿、陆元祥往来情密之李廷仪等三名；又据太和县解到逆属张环、马盘瀛二名；又准贵州督臣张广泗咨，魏王氏供出张逢道、彭心志、李洪道三名。当查张逢道即张晓，供出已获之张宏亮，其李洪道系湖广湘阴县人，已回原籍，即咨湖南巡抚臣缉拿去讫，旋将彭心志拿获；又准内阁字寄，奉旨抄单，饬拿川省首犯刘奇供出之胡大思、卢文照、陶公、马姓、刘姓、西来正宗等六名，当将卢文照、陶公即陶汝翼二犯拿获；又刘姓即刘瑞麟，先经拿获，于六月十四日在监病故；马姓即马三杰，久经身故；其胡大思一犯，讯据张晓供，系湖南僧人，故称胡大师，自乾隆三年在大理会见后，旋回湖南等供，当即飞咨缉拿。去后，嗣准湖南抚臣杨锡绂咨覆：胡大师一犯，已于乾隆五年身故等因。又西来正宗一犯，讯据刘钧供："西来是张保太的教名，正宗犹言正派，并不是专指一人。"遍讯现获各犯，佥供："张保太的教，就叫'西来正宗'，并非人名。"各等供。计此案首、从要犯，除籍隶他省者分咨密缉外，凡本省及川、黔二省供出滇属人犯，并无一名漏网。又据各属按照名单拿获从前被诱吃斋男妇及悔罪自行投首之犯，详报前来。俱饬两司分别羁保，查审办理，内稍有附和形迹者，即令解赴省城，归案并审。

又臣先于陆元祥家搜出伪札，即差臣标千把、目兵押同黄世睿妻弟陈文，分路抄往四川，缉拿黄世睿、陆元祥二犯。嗣据该千总陈亮等报称："陆元祥先于五月二十四逃往苏州，当于六月初六日在华银山慈峰庵内拿获。黄世睿因巴县不肯解滇，将黄世睿解往成都。"等情。臣即密咨江苏抚臣缉拿陆元祥解滇收审，一面饬司将现获人犯严审具题，俾逆犯速正典刑。臣因此案各省人犯情罪相同，引律必须画一，且首犯刘奇在川，当即咨询川省。去后，嗣接四川抚臣纪山覆称："此案定罪之处，现在奏请圣训，俟奉到谕旨，再为驰闻。"等因。尚未准到来咨，于乾隆十一年九月初一日，准部咨，奉旨："贵州逆犯魏王氏一案，着刑部派贤能司官一员驰驿前往，与总督张广泗会同核拟，并着乾清门二等侍卫达青阿驰驿同往，俟定案后，一面照例具题，一面将应正法重犯，着达青阿监斩，俾逆犯速正典刑，以彰国法。云南逆犯张晓之案，亦着张照贵州一体办理。达青阿贵州事竣，即着前往云南监看行刑。钦此。"钦遵等因到臣。

臣查逆贼张保太首倡邪教，蔓延数省，罪大恶极，虽经监毙，不足蔽辜。并查原案，张保太邪教，系已故腾越州杨鹏翼传授，尤为首恶。臣于拿获张晓、刘钧，究出逆情，恭折密奏之后，即与布政使图尔炳阿、按察使张坦熊等公商，密饬地方文武，将该二犯埋尸处所查明，拨兵看守，以便于定案时奏请戮尸，以儆奸邪。嗣据云南府知府徐铎、城守营参将彭大志禀报："查得张保太坟冢在昆明县古庭庵南首，离城九里，有张晓所立墓碑为记。"当即饬令云南府，会同城守营派拨兵役严加看守。又据腾越协副将胡大勇、腾越州知州唐世梁禀报："查得杨鹏翼坟墓在腾越州城南来凤山，亦有墓碑为记。该犯现有曾孙杨上柱、杨上进二名，业经会拨兵役，将坟冢严加看守，并将杨上柱、上进兄弟收管，候示在案。"嗣奉到谕旨，令"将张保太于定案时，按戮尸之律具题。"又奉上谕："据张广泗奏，将杨鹏翼戮尸、毁坟，以灭其迹。"仰见圣主惩奸锄逆之至意。臣即行令两司钦遵办理。去后，兹据普洱府知府谷确，永昌府知府徐本仙，署云南府事云南府同知徐柄，丁忧服满、留办江工、原署广南府知府陈克复等审明，由按察使张坦熊会同布政使图尔炳阿、护迤东道印务普洱府知府谷确审拟招解前来。

臣覆加亲审，除逆犯黄世睿已在川拿获，应听川省定拟正法，陆元祥获日另结，又胡大思即胡大师，马姓即马三杰，刘姓即刘瑞麟，病故不议外，查张晓系已故逆犯张保太继子，张保太首倡邪教，包藏祸心，勾结数省匪类，谋为不轨，造作妖书，大逆不道，罪不容诛，应照谋大逆律凌迟处死，虽已伏冥诛，尚未明正国法，应照律戮尸枭首示众。张晓与张保太同居，凡悖逆妖书，多系该犯抄写，又于赦后，受保太遗嘱接法收徒，擅给赦帖，应从重照谋大逆但共谋者不分首、从，皆凌迟处死律，凌迟处死。至张保太邪教，系已故杨鹏翼传授，流毒至今，尤为祸首，亦应一并戮尸枭示。刘钧投拜刘奇为师，听从谋为不轨，先于重庆开堂接众，复受刘奇妖书逆柬，入滇招诱滇、黔男妇入教，暗将少壮姓名另填格册，送与刘奇，以备调用，系刘奇从犯，已照谋大逆凌迟处死。刘钧亦应照谋大逆不分首、从，皆凌迟处死律，凌迟处死。杨声、赵斌、李凤彩、刘国臣，或接受刘奇逆书，来滇传布，或代刘钧抄传逆柬，勾党招人，或受黄世睿密寄妖书，催赶逆党赴川举事，均应照妄布邪言，煽惑人心为首例，拟斩立决，仍请枭示。李植、毛衍，系刘钧大斋头，传转妖言，勾人附逆，非寻常从犯可比，应从重比照妄布邪言为首例，拟斩立决。以上张晓、刘钧、杨声、赵斌、李凤彩、刘国臣、李植、毛衍八名，皆决不待时之犯，应俟钦差侍卫臣达青阿抵滇日，监看行刑。又张保太尸棺，业经拨兵看守，亦俟钦差至日，监看戮尸。其杨鹏翼戮尸毁墓之处，查腾越州距省二十四站，臣委令臣标左营游击范崇纯星驰前往，会同署腾越协副将胡大勇、腾越州知州唐世梁监看，戮尸枭示，并将坟冢划毁日期详报，另折奏覆。张保太、张晓、刘钧、杨声、赵斌五犯，均系罪魁逆党，流毒深远，其家属不便仍留内地，致滋复行勾结之患。除张保太嫡侄张环、女婿马盘瀛二犯，遵旨发遣黑龙江安插外，其余的属，俱查明解部，照例交旗，给与功臣之家为奴，以绝根株，财产入官。杨鹏翼曾孙杨上柱、杨上进，遵旨交与地方官严行管束，不时稽查。姚华、刘文广，系刘钧斋头，代转邪说，诱人入教，杨士敬先从张保太，死后，听信黄世睿捏语，造张保太魂魄已入刘奇窍中之词，同往川省探听，往来传说，又为张晓斋头，代为劝人入教；张宏亮即张逢道，拜张晓为师，接受经卷戒单，代写劝人吃斋柬帖，又与黔、楚邪教之人通问，均应照妄布邪言为从例，拟斩监候。曹汝月因杨声引拜刘钧为斋头，领给斗母像、戒单，代为招人，又收藏杨声所给《采茶歌》妖言；杨朝用听信杨声，入川拜访刘奇，后拜刘钧为师，敛凑盘费，接来滇省开教，收受经卷，均应比照隐藏图像、煽惑人民为首律，拟绞监候。戴述孔、汪文龙、孙立武、徐鹏、李伦、李宏基、安天良、王琛、史章、耿文达、舒有贵、朱宏恭、陈连科、梅成宗、束吉祥、李昆、李士、周艾美、王宗孔、莫显、李国选、李应宣、何良佐、姜瑞之、赵国卿、董成材、汤国聘、陈光祖、李廷仪、彭心志即彭兴志等三十名，虽审未同谋不轨，情罪似乎稍轻，但均有附助形迹，应照妖言、妖书传不及众律，拟流，遵旨改发黑龙江等处，以散其党。

又川省咨拿刘奇、黄世睿供出之卢文照、刘盛祚、刘明道、郭龙甲、穆绪等五名，审明或先曾入教，后已开斋，或虽吃斋，并非斋头，应与滇省据供拿获吃斋从教、并无附和情事各犯，分别杖徒、枷责，取具保结，再犯倍罪。至入教男妇，人数虽多，类皆被各斋头哄诱，妄称吃斋可资宴福，以致轻于信从，实不知谋为不轨情事。现在悔罪投首者，臣俱遵照谕旨，令各该地方官就此跟寻盘诘，严密查审，如有知情匪党，立即解省收审，断不容其漏网。惟实系无知被诱者，方准量为末减，仍交地方官取保管束，不时稽查，务令根株净尽，不敢一毫宽纵，贻患将来。容臣逐细研鞫，另行奏闻。

至钦差侍卫臣达青阿，已于八月二十五日抵黔，俟到滇之日，臣遵旨一面具题，一面将应正法各犯会同正法，并将一应搜获邪教图籍、字迹封固，交明带京外，先将审拟各犯罪名及办理缘由缮折奏闻，仰祈皇上睿鉴施行。臣谨奏。

朱批：览奏俱悉。

（《张允随奏稿·卷七》）

795　云南总督兼管巡抚事张允随《奏报得疾痊可缘由折》
乾隆十一年九月二十四日

云南总督兼管巡抚事臣张允随谨奏：为奏闻事。

窃臣本庸愚，荷蒙皇上畀以督抚重任，时颁训诲，逾格优容，高厚隆恩至于此极。臣存心衔结，无刻可安，惟有日夜尽瘁，殚竭血诚，以期报称于万一。仰赖圣慈眷佑，身体素无疾病。昨因大乘邪教一案，搜获逆书、伪札，不胜愤恨，又人数众多，深恐要犯漏网，逐日遴遣弁兵，指示查拿，并饬文武各官设法密缉，刻无宁晷。至六月底，右边牙龈疼痛，面颊浮肿，牵及唇吻，当服清凉药剂不减，后服养血补气之剂，渐就痊可。臣于七月初五日，即接见僚属，商论公事，审理案件，操验兵丁，至今无间。调治月余，精神如旧，惟左边口角说话时微钧，据医云，乃心气耗损、血亏所致，亦不足为患，再加调理，即可复旧。虽犬马微疾，何敢上渎圣聪？但以封疆攸系，合将臣得疾痊可缘由附折奏闻。谨奏。

朱批：览奏欣慰。善为调剂，毋过劳以伤精神，毋致朕悬念也。

（《张允随奏稿·卷七》）

796　云南总督兼管巡抚事张允随《奏报遣次子
张启宗送臣女进京选验折》
乾隆十一年九月二十四日

云南总督兼管巡抚事臣张允随谨奏：为奏明恭恳圣恩事。

窃臣次子荫生张启宗，前因年幼，于乾隆元年十一月具折奏请留署学习，奉到朱批："着照所请行，该部知道。钦此。"钦遵。今因臣女恭逢选验，长途万里，乏人伴送，谨遣臣子张启宗于本年十月起程，送臣女进京引看，理合奏明。惟是臣职守边疆，政务綦重，不能分心料理家事。仰恳皇上天恩，俯准臣子于伺候选验事竣之后，仍回滇署学习，稍长知识，以申报效，并得代臣经理家务，则臣父子生生世世皆顶戴圣恩于无既矣。臣不揣冒昧，恭折陈奏，伏乞皇上训示遵行。谨奏。

朱批：知道了。

（《张允随奏稿·卷七》）

797　云南总督兼管巡抚事张允随《遵旨覆奏禁止"火官会"情形折》

乾隆十一年九月二十四日

云南总督兼管巡抚事臣张允随谨奏：为钦遵谕旨，恭折覆奏事。

乾隆十一年七月初十日，兵部火票递到大学士张廷玉、讷亲、户部侍郎傅恒字寄，内开："乾隆十一年六月初七日，奉上谕：'据张奏称，接准贵督张广泗咨称：四月十五，系火官会期，在教之人聚集必多，密咨将张保太之弟张二郎拿获研讯。随于四月十一日拿获，并访得自张保太拿禁之后，乡民咸知畏法，即四月十五日火官会，亦未有人举行等语。又前据张广泗奏称：四月十五日，系邪教人等做火官会期，在教之人必多齐集，一面飞咨云南、四川督抚，各选差弁，务于四月望日前后，将涪州为首之刘权、滇省之张二郎以及两处妖人相机擒获。臣即于四月十五日，乘该犯等会聚之期，将黔省为首之魏斋婆勒拿到案等语。看来火官会乃滇、黔、四川等省常时举行之事，即滇省据称自张保太拿禁之后，亦未有人举行，则从前竟系公然聚集，盖此即聚众生事之渐也。张等身任封疆，似此聚众结会，理应严行禁遏，何以平日漫无查察，一任妖民借端滋事？岂火官会独非邪教，可以听其私相纠集乎？尔等可传旨询问之。钦此。'"遵旨寄信到臣。

臣伏查民间迎神赛会，滋事耗财。滇省一切神会，臣俱饬令地方官严加查禁，业于乾隆九年十一月十六日奏覆"教养有无成效折"内陈明。至火官会，臣自乾隆六年，将张保太复行拿禁监毙之后，即檄令全省通行严禁。其省城地方，臣饬令按察司、云南府出示各寺庙，如有纵令男妇烧香做会者，先将庙祝、住持枷号，仍将违禁之人责处，妇女则罪坐夫男，迄今五六年来，得以止息。至从前虽经禁止，未能尽绝之处，皆臣查察未周所致，罪实难辞。今奉谕旨询问，理合据实覆奏，仰祈圣鉴。臣不胜战栗惶悚之至。谨奏。

朱批： 以后总应时刻留心。即此案定后，迟一二年，更当留心查察，其未减留本省者，与夫此案未获者，复行此教否乎。

（《张允随奏稿·卷七》）

798　云南总督兼管巡抚事张允随《奏报因违例保举幕宾，御使以不明不公之语指摘，圣主睿照无遗，恭谢天恩折》

乾隆十一年十月初六日

云南总督兼管巡抚事臣张允随谨奏：为圣主睿照无遗，微臣衔结靡极，敬抒下悃，恭谢天恩事。

窃臣于乾隆十一年九月二十二日，接阅邸抄，乾隆十一年六月二十三日，奉旨："御使薛澂奏称：云南总督张保举幕宾、候选县丞邵岷，吏部以该督并未先将该员履历报部，与定例不符，应毋庸议等因议驳。张不知而为之，谓之不明；知而为之，谓之不公。不明不公，何以寄封疆而应察吏安民之任？请敕部查议等语。张未曾预先报部，即行保荐，是伊错误之处，然保荐幕宾，尚属向例，非有意行私可比。薛澂遽加以不明不公之语，如有徇情舞弊者，又将何辞指摘乎？此奏过于苛刻吹求矣。张不必交部，余着该部议奏。折并发。钦此。"臣戴德自天，感激无地，谨望阙叩头谢恩讫。

伏念臣猥以凡庸，叨蒙殊遇，隆恩异数，没齿难酬，惟此敬慎无欺之心可以上对君父。缘定例：督抚幕宾，原准特疏荐引。臣是以将邵岷保荐，实属错误。而御使薛澂遽加臣不明不公之语，臣心几无以自解。仰蒙我皇上垂日月之明，廓天地之量，矜原过误，洞察隐微，使臣心迹得白。恩德被于无涯，衔结深于五内，此生此世，惟有矢竭血诚，夙夜谨凛，益励初心，克尽犬马，庶以仰报高厚于万一耳。为此缮折恭谢天恩，伏乞睿鉴。臣谨奏。

朱批：览。

（《张允随奏稿·卷七》）

799　云南总督兼管巡抚事张允随《奏报处决逆犯日期折》
乾隆十一年十月初六日

云南总督兼管巡抚事臣张允随谨奏：为奏报处决逆犯日期事。

窃照大乘邪教逆犯张晓、刘钧等传布逆书，阴谋大逆一案，经臣审实，按律定拟罪名，于乾隆十一年九月二十四日，恭折奏闻。嗣于二十六日晚，钦差侍卫达青阿到滇，传奉上谕："云南逆犯张保太尸首，着同按察司监看，戮尸粉骨。其一应邪教书本、图籍、简帖、字迹，不便存留，着于回京时带来。钦此。"钦遵。

时值孟冬前三日斋期，又初一、二日不理刑名，当即定于十月初三日行刑。又达青阿谨慎细心，唯恐张保太尸棺或有错误，臣即令按察司复讯经手装殓之逆属杨士敬、马盘瀛，将该犯当日装裹之物逐细供明开单，以凭查对。至该犯戮尸之处，虽奉旨令按察司会同监看，但逆贼罪大恶极，臣民共愤，且逆家近在城外，若不目睹该逆犯锉骨扬灰，无以抒泄义愤。臣当于初三日黎明，会同钦差侍卫达青阿，率同在省之鹤丽镇总兵官温朝宰、布政使图尔炳阿、按察使张坦熊、粮储道宫尔劝、署驿盐道郭振仪、护迤东道谷确暨在城文武各官，齐至张保太埋尸处所，掘出尸棺，查验所戴巾帻及所穿衣服，均与前供符合，即将尸身起出，枭去首级，然后将尸骨碎锉焚烧，扬灰示众。再至教场，将应凌迟处死首犯张晓、刘钧二名，令兵役寸磔，不令速死，并同侍卫达青阿，令弁员数其罪恶。该犯等佥称实该万死，只求早决。剐毕枭首，并锉骨扬灰。其余斩犯杨声、赵斌、李凤彩、刘国臣、李植、毛衍六犯，俱斩讫，分别枭示。是时，军民及猓猡观者万计，莫不称快。并据乡耆人等环叩禀称："云南百姓俱属边徼愚民，老年男妇虽有吃斋者，俱系各守本业。不料有张保太父子及刘奇伙党，借劝人吃斋为名，想做不轨的事。幸逆迹败露，蒙皇上差钦差来滇，将谋造大逆之犯正法。此后邪教尽除，万民畅快。"等语。臣等将奉到谕旨，除实系要犯外，其余一概不必复行查拿，对众宣扬，莫不欢呼感激，叩谢皇恩。

臣查此次蒙皇上天恩，特差侍卫达青阿到滇，汉土民夷无不凛知国法，从此数十年流毒全消，滇民永享太平之福。至钦差侍卫达青阿，即于十月初六日驰驿回京，所有搜获一应邪教书本、图籍、简帖、字迹，遵旨悉交达青阿带回。除本案另疏具题外，谨将会同决过逆犯日期先行缮折奏报，仰祈睿鉴。

再查臣前奏定拟发遣黑龙江人犯一名陈光祖，覆核案情，外遣不足蔽辜，已于题本内改为拟斩监候。合并声明。臣谨奏。

朱批：览。

（《张允随奏稿·卷七》）

800 云南总督兼管巡抚事张允随《奏谢奉到御赐丸药，并陈明病体痊愈折》

乾隆十一年十二月二十一日

云南总督兼管巡抚事臣张允随谨奏：为恭谢天恩，陈明臣体全愈事。

乾隆十一年十一月二十八日，臣赍折家奴回，赍捧御赐丸药到滇。臣出郊跪迎至署，恭设香案，望阙叩头谢恩祗领讫。敬启折匣，臣前奏得疾痊可一折，奉朱批："览奏欣慰。善为调剂，毋过劳以伤精神，毋致朕悬念也。钦此。"又大学士等字寄一件，内开："臣等将张病症问邵正文，据邵正文云：左边口角说话微钧，看此情形，乃经络中痰饮阻遏经隧所致，揣拟早服活络丹，再加豨莶丸，晚服，自然获愈。活络丹应五十丸，豨莶丸应一百丸等语。相应请旨照数赏给，令伊赍折来人带去。所有钦奉谕旨，令伊与彼处诊视医生商酌，如何对症服用调理之处，一并传谕知之。"臣跪读朱批，敬聆谕旨，不禁涕泪盈襟，遥望阙廷，叩首陨泣，不能仰视。

伏念臣一介庸愚，荷蒙圣主殊恩，畀以督抚重寄，才微识浅，报称无能。本年六月底，忽患牙龈肿痛，连及腮颊，调治月余，腮肿已消，惟口角微钧，正在疗治。于十月二十日，得臣长子镇安府知府张光宗染瘴病故之信，因念臣子蒙皇上天恩，特擢郡守，乃涓埃未报，遽而身故，悲恸数次之后，口角即平复如旧。据医云，此病由郁结所致，今经宣泄，顾而全愈，当将口角全好缘由，于十一月十七日恭折奏明。今蒙我皇上轸念矜怜，令臣善为调剂，戒臣毋为过劳，并赏给丹丸，高厚隆恩至优至渥。当即遵旨，与诊视医生商酌，据云："活络丹系治风痰要药，但此时风痰已去，不必再服。豨莶丸性平，久服可无后患。"臣连服十数丸，精神更觉倍加。自今已往，犬马微躯皆出天恩所赐，此生此世，虽捐糜顶踵，亦不足仰报万一也。所有臣感激微忱，理合缮折恭谢天恩，伏祈睿鉴。臣谨奏。

朱批：欣慰览之。张光宗甚觉可惜，卿尚有几子乎？

（《张允随奏稿·卷七》）

801　云南总督兼管巡抚事张允随《奏报遵旨查办滇省邪教妖人折》

乾隆十一年十二月二十一日

云南总督兼管巡抚事臣张允随谨奏：为遵旨查办事。

乾隆十一年十一月二十八日，接准大学士张廷玉、讷亲、侍郎傅恒字寄，内开："乾隆十一年九月初七日，奉上谕：邪教煽惑多人，延蔓数省，皆借经堂为藏纳之所。此番严拿党羽，务绝根株。所有斋堂祠庙，若仍留故迹，恐将来不法之徒复借此招引惑众。尔等可传谕办理邪教之各省督抚，令其将现在查出之经堂，酌量地方冲僻，或拨作堆铺，分给兵丁，或改置社仓、义学，令地方官不时查察，毋使余烬复炽。俟伊等奏事之便发去。钦此。"遵旨寄信到臣。当即钦遵，转行两司查明办理。去后，兹据按察使张坦熊会同图尔炳阿具详前来。

臣查滇省邪教，首、从各犯俱未设有经堂，惟张保太、张晓、刘钧、杨声、赵斌五犯，其财产房屋，经臣题明，俱应查变入官。除张晓、刘钧原无房屋外，内张保太住房一所，坐落大理府太和县地方，该犯从前刻有邪教经卷，凡入教之人，俱赴该犯家购买，并请领授记实，与经堂无异；又赵斌住房一所，坐落昆明县地方，曾借与刘钧为抄写邪书、逆柬及收受徒众之所；又杨声住房一所，坐落沾益州，该犯在内招引惑众，均与经堂无异，不便仍留故迹，均应遵旨酌量改置。但查该犯等房屋，于堆铺、社仓均不相宜，应改为义学及栖流所，交与地方文武，拨派人役不时查察，以免余烬复然。

再查邪教人犯，臣于拿获逆犯刘钧，搜出名单、《九轮册》之始，一面将现获首、从要犯严审具题，一面行令地方官按名查拿拘唤，并出示令其自首。计前后拿获自首男妇共一千四百七十三名口，男犯八百四十八名，妇女六百二十五口，除妇女、老弱，臣仰体皇仁，陆续审明，宽免省释外，其入教吃斋男犯，分别徒、杖，照闻拿自首律减等发落，内徒犯二十七名，枷责五十二名，杖责五百八十七名，均取结交保管束。其余单内有名男妇，或虽曾被劝，并未信从，或系年幼稚，无知被诱。臣钦遵谕旨，一概免其查拿，俾各安生业，共享升平之福。臣仍饬令地方官密查，倘有不法奸徒潜匿，招引愚民吃斋从教者，立即拿解，按律惩究，务尽根株。阖省人民既畏国法森严，复感皇恩宽大，莫不共安本业，永戴尧天。理合缮折具奏，伏乞皇上训示。臣谨奏。

朱批：知道了。尚应时常留心，莫谓经此番办理，即可保再无此习也。

（《张允随奏稿·卷七》）

802　云南总督兼管巡抚事张允随《奏明盐井渡水运铜斤节省脚价归还原借工费银两折》

乾隆十一年十二月二十一日

云南总督兼管巡抚事臣张允随谨奏：为奏明盐井渡水运铜斤节省脚价归还原借工费银两事。

窃臣先因威宁、镇雄两处陆路驮脚不敷，京铜每致迟误，查出昭通府大关盐井渡溪河可达川江，委员勘明水陆道路工程，于乾隆六年九月间，酌借运脚银两，拨发铜斤，令大关同知樊好仁一面开修试运。据报："自兔勒塘至盐井渡，陆续险仄之处俱开凿宽平。自盐井渡至川省安边汛水路，应修者三十四滩，开修过丁山碛等八滩。"除将试运铜十五万斤，节省脚银四百五十两，尽数发给工费外，其余用过银两，因系试修，未便报销，经臣捐给还项。臣因开修有效，当于乾隆七年十月具折奏请，于运铜案内借动陆路运脚银两发给兴修。接准部咨，大学士伯鄂尔泰等议覆："查威宁、镇雄两路转运铜斤至永宁水次，陆路二十站，即可从盐井渡雇船直抵泸州，少陆路七站，脚费定多节省。应如所请，于归还原款后再行报。"等因。奉朱批："依议。钦此。"钦遵转行办理在案。

兹据粮储道宫尔劝会同布政使图尔炳阿详称："滇省开修大关盐井渡通川河道，自乾隆八年九月兴工起，至九年四月告竣，共用过工费银六千七百八十五两八钱一分六厘，水、陆道路俱已化险为平，每年可分运东川陆路京铜一百五十八万斤，较陆运脚价，每百万斤节省银三千三百两。惟河道新开，两旁瀑布溪流，每遇夏秋盛涨，不无沙石冲落，并陆路桥梁、马道亦多蹂践坍塌。应于节省项下，每年酌留银三百两，以备岁修之用。"亦经详奉，奏明在案。兹据大关同知高为阜详称："盐井渡水运京铜，自乾隆九年起至十一年五月底，运抵泸州者三百一十三万二千七百五十斤零，每百斤节省银三钱三分，共节省银一万三百三十八两七分五厘。除归还原借开修工费银六千七百八十五两八钱一分六厘外，其余节省银三千五百五十二两二钱五分九厘，一并详解粮道衙门，归入运铜脚价项下，造具工程细册，详请核销前来。除节省银两归还原款外，转请题销。"等情到臣。

臣查盐井渡通川河道，与金江相为表里，实关川滇利济，经臣奏请于陆路运铜脚价内借动开修，即以水运节省运脚归还原款，仰荷圣恩俞允，得以疏浚告成。现在运道疏通，商货渐集，实于国计民生交有裨益。今当报销，除另疏具题外，所有节省运费银一万三百余两，归还原款缘由，理合附折奏明，伏祈睿鉴。臣谨奏。

朱批：知道了。

（《张允随奏稿·卷七》）

803　云南总督兼管巡抚事张允随《奏报葫芦酋长蒙皇帝恩准纳贡，又蒙将厂课赏回大半，据情代奏恭谢天恩折》

乾隆十二年三月初十日

云南总督兼管巡抚事臣张允随谨奏：为仰恳代奏，叩谢皇恩事。

窃照葫芦酋长献纳茂隆厂课、输诚内附一事，经臣据情具奏。仰蒙皇上俯念远人归化之诚，准照孟连输课减半报纳之例，再将所收课银，以一半解纳，以一半赏给该酋长。臣于接到部文之后，即将应赏该酋长银一千六百七十九两零，并应发还厂民减半课银三千三百五十九两零，差署禄劝州吏目党弘烈，同解课夷目、厂民人等前赴该圈，宣布皇仁，分别散给赏赍。去后，兹于乾隆十二年正月二十六日，据该酋长蚌筑遣令茂隆厂民吴贤斌赍具缅禀，赴省投递。当令通事译出汉文，内称："窃蚌筑等世居外域，仰慕天朝圣主恩施四海，德被万邦，天下共乐升平。蚌筑倾心向化，因无方物可献，适境内产有茂隆银厂，央耿马土舍罕世屏率领头目赴省，献课归诚，蒙皇帝恩准纳贡，又蒙将厂课赏回大半，天恩浩荡，衔结难忘。蚌筑率同合圈舍目向天谢恩，即将皇赏银一千六百七十九两零叩头领受，分给头目人等，共沐皇恩，伏恳代为谢恩转奏。"等情。又据茂隆厂客课厂民杨有万等四百三十八名，分领发还减半课银三千三百五十九两零，投具领状，环吁叩谢皇恩各到臣。臣行令布政司转饬永昌府，谕令该酋长，务须抚惜夷众，辑和厂民，以报圣主柔远深恩等因，遵照去讫。

所有该酋长蚌筑等叩谢皇恩缘由，理合据情代奏，仰祈皇上睿鉴。臣谨奏。

朱批：览。

（《张允随奏稿·卷八》）

804 云南总督兼管巡抚事张允随《奏报开修金江续开各滩工程折》
乾隆十二年三月初十日

云南总督兼管巡抚事臣张允随谨奏：为恭报开修金江续开各滩工程事。

窃查金沙江上游蜈蚣岭等最险各滩，经臣奏请一律开通，以收全效，仰荷圣恩俞允。臣遴委署丽江府樊好仁、原署广南府陈克复、东川府田震前往勘估，一面兴修，于乾隆十一年闰三月恭折奏报。嗣因水涨，入水工程尚未兴举，迨交冬水势渐退，臣行令各员星赴江干，上紧开修。因蜈蚣岭等滩乃金江最险之区，恐承修之员办理不实，遴委臣标干练千把前往分修，令将修凿情形不时据实具报，又饬令承修之员将应修各滩分别最险滩、险滩、次险滩三等，均匀配搭，派定分修员弁各自承修，以专责成。嗣据署丽江府樊好仁等报："于十一月内兴工，维时江水尚未全消，水底巨石未露，先将出水碍船各石及应修纤路乘时铲凿疏修。嗣是江水日涸，所修滩工亦以水势为度，每水落一尺，即修下一尺。至正月中旬以后，江水渐涸，露出水中隐石，承修各员董率匠夫竭力施工，日无虚晷。"兹据陆续具报，各工程除已经完工外，其余俱修至六分、七分、八分不等，惟安吉、蜈蚣岭两滩工程艰巨，幸人力可施，现在上紧开凿，已修至六七分。但二月二十九日，通省大雨，江水骤长三四尺，若此后晴霁，仍复消退，可期告竣，倘日渐增长，恐未能全竣。"等情。

臣查核报到情形，合计工程已修至七八分，即或水长以前尚有未竣之处，亦属无几，一俟冬底，再加凿修，便可告成。理合恭折奏报，仰慰圣怀。臣谨奏。

朱批：知道了。

（《张允随奏稿·卷八》）

805 云南总督兼管巡抚事张允随《敬陈滇省铜厂情形，预筹开采接济，以裕京局鼓铸折》
乾隆十二年三月初十日

云南总督兼管巡抚事臣张允随谨奏：为敬陈滇省铜厂情形，预筹开采接济，以裕京局鼓铸事。

窃照钱法为理财之大政，铜斤乃鼓铸之要需，自应先事预筹，方可常盈不匮。

伏查京师宝源、宝泉二局鼓铸，岁额铜四百四十三万五千余斤，从前滇铜未旺之时，俱购自外洋。迨雍正五年，滇省开获汤丹铜厂，出铜颇旺，各省承办洋铜不足，俱赴滇买补。至乾隆元年，汤丹、大水、碌碌三厂铜矿大旺，而洋铜出产渐少，商人采办不前。乾隆三年，奉旨将江、浙等八省分办额铜统归滇省承办，并令将广西局停铸铜一百八十九万斤按年解部，计正额、加运铜共六百三十三万余斤，又岁供本省四局及川、黔二省鼓铸，共需铜八百余万斤，加以浙、闽、江西、两湖、两广等省各请开铸，需用铜斤俱赴滇采买，共通滇省每年须办获铜九百余万斤，方可足用。历年以来，铜产丰饶，不独京局铜斤有赢无绌，即各省钱亦得流通充裕。

　　查滇省铜厂共有二十余处，每年产铜百余万斤，只可搭配本省鼓铸，又皆距水次甚远，不能上供京局。惟汤丹、大水、碌碌三厂，铜质既高，每年产铜多至八九百万斤，少亦六七百万斤，由东、寻两路运抵永宁水次，止二十余站，可由川江运送。近经开浚金沙江、盐井渡、罗星渡三处河道，离水次益近，脚价更得节省。惟是汤丹等厂自雍正五年开采，计至上年冬底，共办获铜一万零五百一十余万斤。臣因该厂出铜既多，恐矿砂有时衰耗，饬令管厂之员加意调剂，复不时留心查察盈缩，以期先事筹备。乃近查汤丹厂月报册，乾隆十一年春、夏、秋三季，每季尚出铜一百二十余万斤至一百三十余万斤不等，至冬季分，仅止办出铜六十四万九千二十七斤，较前少至一半。当经遴差密查，缘该厂开采年久，磝硐深远，矿砂微薄，是以出铜之数不能如前。统计汤丹、大水、碌碌三厂，乾隆十一年分虽尚办获铜七百四十余万，目前可敷京局之用，但恐日渐减少，数年之后，所产不敷铸额，欲另觅矿厂开采，一时未必遽臻旺盛，欲仍购洋铜，价值昂贵，风信难定。臣再三筹虑，惟有乘此三厂铜斤尚足供用之时，于附近东、昭两府地方广加踩觅铜矿，招徕开挖，倘得开获旺盛之厂，便可以盈补缩，不致临事周章。（夹批：此所谓先事之良图，经邦之远猷，封疆大臣，可谓无忝。欣悦嘉许之外，无可批谕也。）当即行令管理铜务之粮储道宫尔劝及昭通、东川、武定等府、厅、州、县悉心查办。去后，嗣据委管大水、碌碌二厂景东府经历徐忠亮报："于碌碌厂南三十里大雪山箐寻获矿苗，令厂民试采，开挖磝硐十余口，已获矿者四口，其余俱有引苗。但须从峰顶环绕而下，悬崖峭壁，陡绝异常，甚属艰难，必须开出路径，方能攻采。"臣即飞饬速行办理。现今上紧开修，厂民渐集，尽力攻采，此厂可期丰旺。又据大关同知高为阜报："于盐井坝地方寻获铜矿，成色颇好，且山势丰厚，绵亘百里，又离水次路止四站，将来得获旺矿，炼出铜斤，即由盐井渡水运，脚价更可节省。"等情。以上二厂，雪山箐每月现出铜三万斤，再加调剂，所办自必更多；盐井坝虽试采伊始，尚未报有出铜，然据称山势丰厚，矿质颇高，将来亦可望有成效。

　　臣又查东川府会泽县与武定府禄劝州接壤之多那地方产有铜矿，乾隆三四年间，曾据厂民报采。多那厂，一名多乐厂，每月可出铜七八万斤，其铜质亦与汤丹相仿。初开之时，原照汤丹厂之例，每铜百斤给价六两收买，嗣因油、米腾贵，厂民无力煎揭蟹壳，以致铜色低潮，不能运京。当经减价抽收，每百斤只给价银五两。后因该厂接近汤丹，厂民日众，经升任督臣庆复具奏，请将多那厂暂行封闭，如汤丹厂旺，则多那不必并开，俟汤丹硐老，再将多那议开，以目前之有余，补将来之不足。钦奉朱批俞允在案。

今汤丹厂矿路既远，出铜渐少，自应早为筹画。况多那厂地距汤丹路仅百里，局势宽广，兼有水泉环抱，业经开采有效，将来定臻旺盛。现在饬令管理厂务之粮储道招徕开采，督察稽查，所出铜斤，严饬煎炼蟹壳，务与汤丹铜色一样，以便收买运京。仍照汤丹之例抽收，每余铜百斤给铜价银六两，即作汤丹子厂报销。此外尚有臣从前查获东川府之阿坝祖厂，年可出铜十余万斤。总计此数处铜矿，就现在情形以观，每年约可办获铜一百数十万斤。有此新增之铜，即汤丹厂渐至衰耗，亦足相补。臣现饬管厂各官设法调剂，实力稽查，务使铜积益饶，京铸常裕，庶几上裨国计，下益民生，以仰副我圣主厚生利用之至意。

所有臣预筹铜务缘由，理合恭折奏闻，伏乞睿鉴训示。谨奏。

朱批：览奏俱悉。

（《张允随奏稿·卷八》）

806　云南总督兼管巡抚事张允随《奏报钦遵谕旨整饬戎行折》

乾隆十二年三月初十日

云南总督兼管巡抚事臣张允随谨奏：为钦奉上谕事。

窃臣于乾隆十二年二月二十四日，准大学士张廷玉、讷亲、内大臣侍郎傅恒字寄，内开："乾隆十二年正月十七日，奉上谕：'朕因迩来各省武备不能及时整饬，恐其渐致废弛，降旨令统兵之员留心训练，以肃戎行。惟在提、督诸臣督率营弁，实力奉行，振作士气，以收实效。而近闻营员操演，又有烦急琐碎之弊，即如排日轮操，果能实在演习，使弓马熟练，技勇优娴，而众兵无守候之劳，方与军政实有裨益。乃众兵黎明齐集，营员巳牌方至；营员巳牌方至，而镇将又过午乃出，又不过较射三五回，演枪一两遍，以应故事，兵丁守候每至竟日。总因提镇大员养尊处优，与士卒情势隔绝，下至副、参、游、守，亦以官长自居，颐指气使，甚至千、把，甫经拨补，即踞坐自如，凌傲队伍，以致众情含怨，究于训练之方毫无实际。独不思兵当操演，镇将宁不当身先董率乎？古良将身先士卒，不但临阵为然，必其平日与同甘苦，将视兵如子弟，兵视将如父兄，始能心腹相孚，臂指相使。兵虽愚鲁，亦各具有人心，彼亲见将弁身在行间，率先操演，岂有不感发天良，反生怨望者？至穿插耳箭，惟以惩创盗窃，或军营之内违犯号令，则借以警众，其随常操演，何至用此重罚？此皆误以苛急为整肃，而不知体恤鼓舞之道，固结兵心于平日，非训练整饬之善术也。可传谕各省督、抚、提臣，善体朕谕，务使宽严得宜，于整饬之中寓体恤之意，俾众心悦服，踊跃从事。但勿因有此旨，因循怠玩，以启懈弛之渐。若张示晓谕，则无知兵丁意有所恃，益长傲上之心，不服管辖，非惟于营伍无益，其于体制所损不小。该督、抚、提臣可密行指示各营员，令其共知儆惕，身先士卒，体恤众情，实心整顿训练，毋烦苛而敛怨，毋骄蹇而惮劳，所期武备修明，以收御侮折冲之实用。钦此。'"遵旨寄信到臣。仰见我皇上轸念戎行，无微不烛。臣叨蒙圣恩，畀以封圻重任，敢不凛遵训旨，遵循办理。

伏念修武备，要在纪律维严，训练兵丁，自当恩威并济。盖怠玩因循，固易启废弛之渐，而烦苛琐急，尤易开怨望之端。况滇省地处极边，凡籍隶戎行者，除支领月饷外，并无尺土可以资生，惟赖操演之暇，或挑负煤炭，或别兼手艺，以觅蝇头，家口众多之兵，可以少补不足。若操之过急，驭之过严，则人无踊跃之心，转致长其桀骜之性。与其既犯而绳之以法，莫若先事而抚之以恩。臣每与镇将等官讲求武备，惟以得中为第一义，固不可过宽而生怠忽，更不可过严而苦烦苛，令其照臣所定操期，实心教演，务使操演一期，必得一期之益。至将备千把，皆定于黎明齐集，及时操演，交午操毕，即令解散，与为休息。盖一日之内，一人之身，果能教演有方，即半日已足，尽其精力，定其优劣。若虚应故事，则终日演习，徒滋守候之劳，究于武备无补。臣细加体访，滇省各标、镇、协、营并无凌傲队伍，以致众情含怨之弊。今钦奉谕旨，除再密咨提臣潘绍周，并札行各镇将等官，令其共知警惕，身先董率，体恤群情，既不得骄蹇而惮劳，更不得烦苛而敛怨，务使兵心悦服，踊跃从事。至穿插耳箭，非遇有应得之罪，不许擅行滥用，以仰副皇上整肃营伍，矜恤兵丁之至意。

臣谨恭折覆奏，仰祈睿鉴。臣谨奏。

朱批：滇省武备尚在妥协，此旨原为各省而言也。但今用卿为两省总督，一切更宜加之意可耳。

（《张允随奏稿·卷八》）

807 云南总督兼管巡抚事张允随《奏明密饬官兵协剿川属逆酋折》
乾隆十二年四月十一日

云南总督兼管巡抚事臣张允随谨奏：为奏明预饬官兵协剿川属逆酋事。

窃臣于本年三月初旬，闻川省金川司番夷蠢动，当即密行接连川界文武，迅差兵役查探。去后，兹于四月初二、初四等日，据永北镇总兵官马化正、昭通镇总兵官冶大雄报称："探得四川大金川土酋色勒奔纠集蛮兵数万，攻打明正土司所属之章谷地方，并有侵犯打箭炉之举。现经川省抚、提调发提标、建昌、泰宁、永定、化林、会川等镇协营官兵二千余名，令泰宁协张副将统领，前往打箭炉驻扎，又令建昌镇右营保游击带兵五百名，劈山炮七座，于扼要之泸定桥驻扎，永定营都司苟兴带兵三百名，炮三座，于清溪县驻扎，其余续调官兵陆续进发，未知确数。并探闻贼势甚是猖獗。"等情。又于四月初六日，据鹤丽镇总兵官温朝宰报："据维西营分防中甸守备刘广仁报称，有里塘客民到甸云：大金川土司领蛮兵五六万到陆密屯扎，川省调发汉土官兵一万五六千名，在牛窝扎营，把住隘口，离蛮营三四十里。二月十三日，金川蛮兵在陆密地方，遇打箭炉土兵打仗，伤损土兵三百余名，炉地客商、民夷俱皆奔避。现在里塘营官汪结奉调，带领土兵一千名，于二月初十日起身赴炉去讫等语。查镇辖中甸与里塘接壤，当差标弁刘启荣率同土把总王洁星往侦探，并饬沿边讯弁巡查防范外，理合申报。"等情到臣。

臣查四川大金川土酋色勒奔，恃险聚众，胆敢侵犯打箭炉，杀伤土兵，较之瞻对贼番尤为不法，业经川抚兼署提督纪山调遣汉土官兵进剿，以纪律之师击犯顺之寇，自必刻日荡平。但闻蛮兵聚集颇多，恐川省现调之兵不敷分布，臣飞咨川陕督抚二臣，如有需兵之处，立即咨会过滇，以凭合兵协剿，一面密咨提臣，并扎鹤丽、永北二镇，于所辖标营内密挑精壮马步兵丁共二千名，遴委将弁管领，一俟川省文到，星驰前往，共剿凶渠，以彰天讨。再打箭炉至里塘五站，里塘至翁书关一十二站，离滇省边界尚远，无庸拨兵防范，以省糜费。臣仍不时侦探，如有应行堵御之处，即行堵御。除准到回咨，另行奏闻外，所有臣据报川省逆酋不法，预备协剿缘由，谨会同云南提臣潘绍周合词具奏，伏乞皇上睿鉴。谨奏。

朱批： 此可谓以封疆为念，知轻重之见也。但滇川途远，只可于交接处所堵御可矣。驱驰行间，未必借此得力也。

（《张允随奏稿·卷八》）

808　云南总督兼管巡抚事张允随《奏明筹剿不法顽夷，以安边境折》

乾隆十二年四月十一日

云南总督兼管巡抚事臣张允随谨奏：为奏明筹剿不法顽夷，以安边境事。

窃照滇省鹤庆、大理、永昌三府所属之维西、云龙、腾越等厅、州边外，有蛮名力些，一名傈僳，又名赤发野人，原分生熟二种，熟者种地力作，设有头人管束，生者不知耕作，以罗雀、射猎为生，出入皆佩刀带弩，弱则散处崖谷，强则群聚剽掠，每为边境商民之害。乾隆六年十一月，维西江外傈僳阿腊瓜、鲁昧、五箭等抢劫白浪峒等处，经臣檄调土练，将为首凶夷悉行擒斩，余党分散安插，于乾隆七年二月奏报在案。该野夷经此惩创之后，数年以来，维西一带边境甚属宁静。兹于本年正月二十九日，据永昌府保山县知县顿权报称："上年十一月内，有猓猓潜至潞江安抚司所管之腊猛、养庆二寨，抢去耕牛、衣布、银钱等物。又于十二月内，据客民徐启圣等诉称：'芒市、遮放两土司地方，猓猓聚集拦路劫抢货物，商旅不敢前进。'等语。当即会同护理永顺镇印务、中军游击章绅，饬令潞江、遮放、芒市各土司防御擒拿。今于本年正月初三日，据施甸巡检任藻报称：'十二月二十九日，有猓猓成群结党，持刀架拿，将江外阿石寨围住，抢掠牛、猪，逼索银、布。'等语。除飞饬各土司暨该巡检上紧擒捕外，合行禀报。再查猓猓形如猛兽，贯用强弓毒矢，人莫敢撄，惟畏鸟枪。前据潞江安抚司线朗请给鸟枪五十杆，以资抵御，可否借给。"等情到臣。当即飞札永顺镇总兵官鄂海，转饬该土司严加防堵，倘仍敢入滋扰，立即擒捕，并照乡村防御盗贼之例，准给鸟枪五十杆，火药七十五斤，以资堵御，事竣将原枪呈缴。去后，又于三月初三日，据永顺镇中军游击章绅、保山县知县顿权报："据猛赖防弁王有义、上江蛮岗宣火头张士道等禀报：'二月初八日，有猓猓弄更扒，统领野夷数十人，各执刀枪、弩箭来湾桥寨，将耕牛抢去四十八条，报经目兵段天明，带兵四名前往救护，猓猓已去二十里外，即率同喧内夷民赶上，被猓猓施放药弩，将兵丁王世臣射伤，幸带有解药治好，众皆畏惧退回。查得为首之弄更扒，系云龙州边外六库土巡捕段联第管下之熟猓猓。'"等情。并据永顺镇总兵官鄂海、迤西道来凤英报同前由各到臣。

除飞饬专汛地方文武擒拿弄更扒务获外，臣查猓猓野夷，虽具人形，实同野兽，今敢连次劫掠土司地方，而边境熟夷胆敢勾结野夷，抢掠内地村民牛只，若不大加惩创，必致扰害无休。但其地处险阻，且无一定巢穴，必须以夷攻夷，庶免劳师动众。

查潞江、遮放、芒市三土司，俱有捍卫边隅之责，所辖夷民于江外地势情形亦俱熟悉。臣俟秋深瘴消，夷民收获之后，行令该土司等，各选精壮土练数百名，给以鸟枪火药，臣遴委干练将领一员，酌带弁兵，督同前往扑剿，务使凶渠悉就擒斩，余党共知儆惕，不敢再肆劫掠，庶边徼民生永享宁谧矣。臣因顽夷不法，必须惩创，谨将筹画擒剿缘由，会同云南提督臣潘绍周合词具奏，是否有当，伏乞皇上训示施行。谨奏。

朱批：知道，妥酌为之。

（《张允随奏稿·卷八》）

809 云南总督兼管巡抚事张允随《奏报遵例保荐所延幕宾折》
乾隆十二年四月十一日

云南总督兼管巡抚事臣张允随谨奏：为请旨事。

窃臣于乾隆九年三月十八日，准吏部咨开："文选司案呈，内阁抄出云南总督张奏前事，内开：'查雍正元年定例，督抚所延幕宾，如果效力年久，择其人品醇谨、办事干练者，题请议叙，给与职衔。本身原有职衔者，准予先用。如有才守出群者，该督抚另折保荐，送部引见，从优议叙。奉旨：'依议。'"钦遵在案。

臣自受任滇抚，政务殷繁，不能不需助理。而刑名一事，民命攸关，臣尤加意慎重。然幕宾中熟精律例而又能详慎持平者甚不易得。臣于乾隆元年，延有江南长洲县候选县丞朱象贤，为人端谨和平，臣与之商酌谳狱，务求明允，克副臣意。于乾隆五年，吏部挈选福建莆田县县丞，辞臣赴任，嗣闻丁艰在籍，复由苏延致来滇。臣观其办事勤慎，有为有守，堪膺民社之任。今该员已经服满，例应赴部候补。但臣蒙皇上殊恩，实授总督，仍管巡抚事务，刑名关系紧要，一时难得深信之人。可否仰恳皇上天恩，准照蒋祝之例，将朱象贤留滇办理幕务，俾令效力，俟再著有劳绩，另折请旨叙用，以示鼓励。隆恩出自圣主，非臣所敢擅便者也。为此恭折具奏，伏候谕旨遵行。谨奏。乾隆九年正月二十一日，奉朱批："着照所请行，该部知道。钦此。合咨查照。"等因到臣，钦遵在案。

臣查朱象贤人品端方，熟谙吏治，堪膺民社。前在臣幕五年，自奉旨留滇办事之后，又经三年，勤劳罔懈。臣谨恭折保荐，仰恳皇上天恩，敕部叙用，以示鼓励。如蒙俞允，容臣将朱象贤给咨送部引见，恭候钦定。为此缮折具奏，伏乞睿鉴。臣谨奏。

朱批：该部议奏。

（《张允随奏稿·卷八》）

810　云南总督兼管巡抚事张允随《奏报已将缴回邪书、字迹一并销毁折》
乾隆十二年四月十一日

云南总督兼管巡抚事臣张允随谨奏：为钦奉上谕事。

乾隆十二年正月二十三日，承准大学士张廷玉、纳亲，内大臣侍郎傅恒字寄，内开："乾隆十一年十一月初二日，奉上谕：'大乘邪教蛊惑人心，皆由伊等著有邪书，转相传播，以致愚民被诱。今邪教之案已经完结，川、黔、滇三省所有邪书已经汇缴，其审讯逆犯供词内邪说稿底，亦着检出销毁。至江南、江西、湖北、湖南等省邪教书籍、图记并一应牵涉邪说者，俱着该督抚于结案之后查明销毁，毋致留存，以滋后患。可于伊等奏事之便带去。钦此。"遵旨寄信到臣，钦遵在案。

伏查滇省邪教案内搜获一应书本、图籍、简帖、字迹，已于上年十月初六日封交钦差侍卫达青阿携带回京。此外，凡滇省上下承审衙门抄录查讯字迹，逆犯供出邪说稿底，并黔省咨送邓光熙首缴刘奇所造《末法灵文》等逆书，俱令缴回封固，于折内声明。今奉谕旨，覆行查检，并无遗漏，当将缴回邪书、字迹一并销毁讫。至滇省自各逆犯正法之后，通省人心震肃，并无崇信邪教之人。臣留心稽察，不敢稍有懈弛。理合缮折奏覆，仰祈皇上睿鉴。臣谨奏。

朱批： 览。

（《张允随奏稿·卷八》）

811 云南总督张允随《奏报奉旨授为云贵总督谢恩折》
乾隆十二年四月二十日

云南总督臣张允随谨奏：为恭谢天恩事。

乾隆十二年四月十五日，准吏部咨开："乾隆十二年三月十一日，内阁奉上谕：'大学士庆复在外多年，纶扉重地，应召取回京办理阁务。昨岁四川瞻对之役甫经告竣，今又有大金川番蛮肆横不法，已命庆复相机征缴。今思彼地番众恃强生事，屡屡不能安辑，必须经理得宜，始可永远宁贴。贵州总督张广泗于此等苗蛮情形素所熟悉，贵州地方，张广泗料理以来现在妥协，苗种向化，可以无虞。川陕总督员缺，着张广泗补授，不必来京，即由贵州取道速赴川省。大学士庆复，俟伊到川后，将彼地事机情形详悉告知，或可回京，或应留川一同办理，自行酌定，不必急于赴阙也。云、贵二省，原系总督一人管辖，着仍复旧制，即以张授为云贵总督，图尔炳阿着授为云南巡抚，孙绍武着授为贵州巡抚。钦此。'为此合咨前去，钦遵查照。"等因。移咨到臣。臣即恭设香案，望阙叩头谢恩讫。

窃念臣材质凡庸，智识浅陋，遭逢殊遇，畀制滇疆，绠短汲深，恒虞陨越。兹复钦蒙恩旨，授臣为云贵总督，闻命自天，感悚无地。

伏思黔介川、滇、楚、粤之中，经途四达，袤延千里，复嶂重岗，在在险阻，苗情既多犷悍，性复贪玩，前此反侧靡常，率由不法汉奸动以书符挖窖为名肆行煽诱，愚苗易惑难晓，遂致滋生事端。比年以来，仰赖皇上威德罩敷，苗猓咸知向化。然防微控制之道，固不可一日懈弛。臣蒙圣主天恩，畀以滇黔重寄，虽边地夷情，两省约略相同，而绸缪区画，尤须因地制宜。臣惟有恪遵圣训，矢竭丹诚，与抚、提二臣和衷协力，澄清吏治，整肃军威，务期苗猓辑宁，边隅安堵，庶以仰报高厚恩施于万一耳。除另具奏本恭谢天恩外，理合缮折奏谢，伏祈睿鉴。臣谨奏。

朱批： 览奏俱悉。云贵总督旧制甚有深意，盖所以联二省之脉络，即所以固极边之藩篱，于政务暇时，时一巡阅，于封疆、营制均不无补也。

（《张允随奏稿·卷八》）

812 云南总督张允随《奏报委署大理府篆王岱情愿捐修该府城垣折》

乾隆十二年四月二十日

云南总督臣张允随谨奏：为奏明事。

窃查云南大理府砖城一座，周围九里三分，建自前明洪武年间，迄今岁久，渐皆倾圮。从前虽时加修理，不过就坍损之处勘估补修，并未通身修整，是以乾隆十年十一月间，臣奏覆通省城垣案内，查明大理城垣残缺不一，现在筹画修葺。钦奉朱批："明年豁免正供，各省工作不急之务，应节用，以徐待有余时办理。钦此。"钦遵在案。

惟是大理为迤西咽喉，提督驻扎其地，控制保障，城垣最关紧要，且逼近苍山、洱海，风势猛烈，城楼、城垛等项每易倒坍，近年以来，复又日见颓坏。兹据署大理府事曲靖府同知王岱呈称："奉委署篆，循例阅城，逐细查看，城墙、城垛现多倒坍，且有鼓裂欹斜之处，若不彻底拆修，仍于损坏处所略为粘补，殊属无益。当饬署太和县县丞顾日乾、大理府司狱吴兆熊会同细估，周围修整齐全，通共需银四千三百四十二两五钱零，情愿捐出己资，乘此雨水未发之前逐一兴修，并无虚捏，亦无丝毫派累。"等情前来。

臣查王岱委署大理府篆，有志急公，情愿捐银四千三百余两，将大理城垣通身拆修。除转饬云南布政使委员确估具报，一面行令兴工，上紧修砌，务须坚固完好，工竣报查外，所有捐修城垣缘由，理合附折奏明，伏乞皇上睿鉴。臣谨奏。

朱批：知道了。

（《张允随奏稿·卷八》）

813 云贵总督兼管巡抚事张允随《奏报奉旨逾格褒嘉谢恩折》

乾隆十二年六月初九日

云贵总督兼管巡抚事臣张允随谨奏：为钦奉朱批奖谕，恭谢天恩事。

窃臣于乾隆十二年三月初十日，具奏滇省铜厂情形、预筹开采接济等事一折，本年五月二十日，奉到朱批："览奏俱悉。此所谓先事之良图，经邦之远猷，封疆大臣可谓无忝，欣悦嘉许之外，无可批谕也。钦此。"臣跪读之下，不禁感激涕零，谨望阙叩头，恭谢天恩讫。

伏念臣本庸愚，仰蒙皇上畀以边疆重寄，刻思竭力殚心，冀于国计民生稍有裨益。每虑措施鲜效，时切心长力短之虞。兹因汤丹厂衰微渐露，深恐有关京铸，预筹接济之方，实系臣分所当为。乃蒙我皇上逾格褒嘉，臣敢不益加奋勉，事事绸缪未雨，以图仰报圣主高厚隆恩于万一。除行管厂各官悉心办理，上供京铸不致延误外，所有微臣感激下悃，理合缮折陈奏，恭谢天恩。臣谨奏。

奉到朱批原折十二扣，一并恭缴。

朱批：览。

（《张允随奏稿·卷八》）

814　云贵总督兼管巡抚事张允随《奏明推迟陛见缘由折》

乾隆十二年六月初九日

云贵总督兼管巡抚事臣张允随谨奏：为奏明事。

窃臣自乾隆四年陛辞赴滇，远隔阙廷，经今八载。前于乾隆八年恭请陛见，钦奉朱批："卿陛见伊迩，况安南有事，不必来京。钦此。"臣遵旨，不敢渎请，而恋主之心一日不能自遂，即一刻无以自安，是以于乾隆十一年五月，复经具奏，俟金江续开各滩工完之后，奏请陛见。奉到朱批："览奏俱悉。钦此。"窃幸计日即可瞻觐天颜，曷胜欢忭踊跃。旋将江工加紧催偿，修至本年二月下旬，工程已有七八分，因江水较往年早涨一月，未克如期告竣。臣催令承修各员赴省，将用过工价造册核明，以凭于陛见时面奏。乃该员等尚未到省，先于四月十五日，钦奉恩旨，授臣为云贵总督。

伏查巡抚由本省藩司升授者，交代库贮钱粮，例应总督盘察。臣拟于六月间起程赴黔盘察，并乘便将营务、苗情、文武贤否与应行兴革事宜详阅，跪请圣训。不意自交五月，滇省之曲靖、云南、临安、姚安、永北、蒙化、楚雄、大理等八府所属州县雨泽愆期，秧苗不能全栽，目下正在确勘，未能即赴黔省，俟查勘到日，酌核情形，倘至成灾，必须请旨赈恤。滇省僻处天末，舟楫不通，告籴无所，办赈一事，非他省可比。抚臣莅任日浅，臣当与之竭虑殚心，会商筹办，以纾圣主西顾之忧。若得仰荷皇仁，竭尽人事，挽回补救，不致成灾，臣即请旨陛见，以遂犬马依恋之忱。臣受恩深重，值此民瘼攸关，不敢避嫌自逶，理合恭折具奏，伏乞圣主训示遵行。臣谨奏。

朱批：是。安辑地方正卿之责也，陛见虽迟何妨。

（《张允随奏稿·卷八》）

815　云贵总督张允随《探报川省进剿番贼情形折》
乾隆十二年六月初九日

云贵总督臣张允随谨奏：为探报川省进剿番贼情形事。

窃照川属金川逆酋色勒奔细犯顺跳梁，肆行不法，经川省抚臣纪山奏请发兵征剿。臣因邻封接壤，行令鹤丽、昭通、威宁等镇遴差侦探。去后，近据威宁镇总兵官曾长治报称："探得大金川司住牧保县之西，在西南各土司之中。乾隆十年间，该土酋色勒奔细诱小金川土司泽旺及孙克宗头人，夺其地；十一年，又计夺巴旺土司地方，自此渐肆狂逞。本年正月，该酋发兵攻革什咱之正地及明正司之本滚、纳顶、竹笼等寨，经川抚发兵防堵。官兵未到之先，该酋已抢渡鲁密河口，攻陷章谷，并攻取孔隅，直至牛厂一带，所到夷民迫胁投顺，势愈猖獗。川省官兵于打箭炉、清溪县、泸定桥等处驻扎声援，并令附近各土司并力攻袭，其后，又调威茂协副将马良柱驻扎杂谷闹应援。乃该酋令绰斯甲蛮兵攻打杂谷之三印可寨，并图袭党坝，又驱令小金川土兵攻打沃日等处，四出劫掠。及打箭炉官兵稍集，游击罗于朝带领汉土兵六百名前至毛牛一带抵御，该酋胆敢聚众冲突，致该游击带伤，并阵亡千总向朝选、潘浩二员，损伤兵丁七十余名。四月初四日，川督庆阁部抵成都，调发抚、提二标及各镇、协、营官兵九千名，陕西官兵三千名，杂谷、瓦寺等土兵一万名，分三路进剿。"等情。又据鹤丽镇总兵官温朝宰报称："探得金川贼兵于四月十三日，正在攻围热龙、沃日，适威茂副将马良柱带兵一千五百名，由瓦寺地方翻山援剿，杀死金川兵一百六十余名，擒获生口十余名，大获全胜，贼兵败退。四月二十六日，副将马良柱大破党坝、杵溪等处贼兵，夺得卡伦三十六处，寨子四十八处，夺回被占地四十里，杀死番众甚多。官兵亦有伤损，阵亡游击一员，千、把总数员，兵丁数十名。并探得四月十六日，成都查街兵丁拿获金川细作七人，经臬司讯供：'系色勒奔细差来放火，要烧尽成都，好占地方。'等语。又泸定桥亦拿获砍桥蛮兵十三名。"又据昭通镇总兵官冶大雄报称："探得川督张部院于五月初一日抵成都，即接印视事。初六日，有河营千总马化鳌到省报捷，云：'小金川、孙克宗二处已经投诚归顺，逆酋甚是胆寒。'等语。并探得总督张部院于五月十六日自成都起程前往军营。"等情各到臣。

臣查金川贼番胆吞并附近土司，甚至窥伺打箭炉内地，伤犯官兵，经川陕升任督臣庆复与四川抚臣纪山调遣汉土官兵二万余名，分路进剿。党坝一战，官兵奋勇攻剿，贼番业已败退，潜归巢穴。今新任督臣张广泗到川，定议分头出口，调度合剿，蠢兹小丑自必刻日成擒，立归殄灭。以上情形，乃系得之探报，与川省诸臣所奏恐不无异同，但事关军情，理合奏闻。

再照臣于闻信之初，密备滇省官兵二千名，一面咨询川省督抚。今于六月初五日，准新任川陕督臣张广泗咨覆，已就近咨调黔省官兵二千名赴川贴防协剿，其滇省官兵无庸调遣等语。合并陈明，伏祈圣鉴。臣谨奏。

朱批： 知道了。

（《张允随奏稿·卷八》）

816　云南总督兼管巡抚事张允随
《奏明安插孟连夷目，以结尘案折》
乾隆十二年八月初二日

云南总督兼管巡抚事臣张允随谨奏：为奏明安插夷目，以结尘案事。

窃查孟连夷目刀派猷，先因擅杀抚孤刀派烈，自行投到，经臣奏请，照夷例完结，奉旨俞允。嗣经收管普城，奏明俟土司刀派春长成之后，地方宁静，出结具保，再行释归，奉有谕旨，钦遵在案。迨刀派春袭职之后，因所管河东、河西两处夷目仇怨未释，派春寄居募乃，不敢回连。臣于乾隆八年，行令永顺、普洱两镇会遣弁员前往化诲，将该土司送归孟连住牧，取具两河夷目不敢挟仇报复甘结存案。

兹查刀派春回连住牧，业经四载，地方甚属宁静。而刀派猷收管普城，十载以来，安分守法，且常常寄信伊所管夷目，嘱令不得滋事。理应查照原奏，令派春具保释归。但臣查刀派猷向在孟连，素为夷众所信服，恐释归之后聚居一处，彼此凤怨未忘，日后或致滋事，既非所以安辑派春，亦非所保全派猷，终成不结之案。是以臣饬令普洱文武，传谕派猷，将臣念伊拘留日久，既未便释回，而伊妻子家口相见无期，甚可矜悯，拟给以盘费，接伊家口一同安插省城，俾与内地编氓共享升平之福，永无后患。详切开导，该夷目欢忻感激，情愿举室内徙。臣行令普洱镇、府转饬刀派春，将刀派猷家口好为护送。去后，兹于本年七月二十一日，据护普洱镇印务游击李时升、普洱府知府谷确禀报："据孟连土司刀派春、驻连把总范崇文等会差兵目，将刀派猷妻女、婢仆共十名口，于六月二十九日护送到普。"臣行令该镇、府，即将刀派猷及伊家口人等押送来省，到日给以房屋、田地，以资养赡，俾该夷目永为内地良民，以示圣天子柔远深仁，不特孟连土境永除后衅，且使十年尘案得以完结。

所有臣办理缘由，理合恭折奏明，是否有当，伏祈皇上训示。臣谨奏。

朱批： 好。知道了。

（《张允随奏稿·卷八》）

817　云贵总督张允随《奏报滇省新开铜厂渐臻旺盛情形折》

乾隆十三年正月二十七日

云贵总督臣张允随谨奏：为奏报滇省新开铜厂渐臻旺盛情形，仰祈睿鉴事。

窃臣前因汤丹等厂开采年久，产铜渐少，恐京局及滇、川、黔等省鼓铸不敷应用，于附近东、昭两府地方广踩铜矿，招徕开采。嗣据委管大水、碌碌二厂景东府经历徐忠亮报开大雪山厂，大关同知高为阜报开盐井坝厂；又会泽县、禄劝州接壤地方，前经封闭之多那厂，亦经饬令管理铜务之粮储道招集厂民，复行攻采，当将筹办缘由具折奏明。钦奉朱批："览奏俱悉。钦此。"臣即通行各管厂官悉心调剂，实力稽查，务期厂旺铜丰。去后，兹据厂官徐忠亮具报："大雪山厂自路径开通之后，厂民聚集，所开礁硐多获大矿，每月可办获铜六、七、八万斤不等，较之上年春夏办获铜数，已加倍有余，年可出铜百万斤。此厂日见旺盛，可期久远。"又多那一厂，前令护粮储道徐本仙调剂开采，先据报每月出铜三万余斤。

臣等查，此厂山势丰隆，矿苗深厚，惟因厂民缺乏工本，未能遽获大矿，是以出铜尚少。当令该护道多发工本接济，远近民人闻风，踊跃赴厂攻采，入冬以后，据报每月出铜五、六、七万斤，业已日渐加多。但该厂系会泽、禄劝两州县交界之处，道路纷歧，易滋走漏，据该道详请增拨人役，分布稽查，更于要隘处所设立卡房，以杜私贩，俱经行令照议妥办。就现在情形而论，已属大有成效。惟盐井坝一厂，矿质甚薄，开采无效，业饬封闭在案。统计大雪山、多那两厂，每年现办获铜一百五六十万斤，目前已定补汤丹等厂之不足，将来再加调剂，产铜自必更多，京外鼓铸可以常盈无缺矣。

所有滇省新开铜厂旺盛情形，理合会折奏闻，伏祈皇上睿鉴。臣等谨奏。

朱批：欣悦览之，此皆卿调剂有方也。

（《张允随奏稿·卷九》）

818　云贵总督张允随《奉旨议奏筹酌降低米粮价值折》

乾隆十三年三月十三日

云贵总督臣张允随谨奏：为钦奉上谕事。

乾隆十三年二月十四日，承准大学士张廷玉、讷亲、尚书傅恒字寄，内开："乾隆十二年十二月十二日，奉上谕：军机大臣等议覆西安巡抚徐杞所奏'民间粮石，有奸徒射利，预先给银贱价定买及囤户居奇等弊，应令各督抚不时严饬地方有司查禁。'等语，所议固属现在应行之事，然督抚奉到部文，不过转行各属出示禁约，多一番文告而已。有司果否实力奉行，而于米价之贵贱实在有无裨益，尚未可知也。朕思米谷为民生日用所必需，而迩年以来日见腾贵，穷黎何以堪此？即如川、湖，素称产米，而川抚纪山则以商贩云集、米价腾涌为奏，湖北督抚则以江南被灾，资楚粮接济，以致本省米贵为奏。又如直隶一省，向借八沟粮石，今岁畿辅尚属有秋，而八沟亦以搬运太多而贵。夫商贩流通，贵则微贱，间或暂时翔涌，何至连岁递增，有长无落？若谓囤户居奇，此实弊薮，然自地方官力所能禁，何至全不奉行，任其垄断累民？而督抚漫无觉察，竟无一实力严禁著有成效者。若谓户口繁滋，则自康熙年间以来，休养生息，便应逐渐加增，何独至今日而一时顿长？若谓水旱偏灾，则以向来所有，何以从来未闻如此之贵？且亦当歉者贵，丰者贱，又何至到处皆然，丰歉无别？若谓康熙年间仓储有银无米，雍正年间虽经整饬，尚未详备，今则处处积贮，年年采买，民间所出半入仓庾，未免致妨民食。此说似乎切近。然在当时分省定额，悉经该督抚分别酌议，自按各省情形，且至足额者寥寥，亟需采买，所在皆是，借以备荒拨赈，难议停止。设或果由于此，则当切实敷陈，商酌妥办，不当听其自然，而不为之所也。朕反覆思之，不能深悉其故，亦未得善处之方。夫人事不修，则民生不裕。今日政治之阙失何在？所以致此者何由？米豆关税业经通免，虽不可因此遽求奏效，而于米价宜不为无补，又何以价不日减，转益日增？今使复征，不且较此更增乎？朕自御极以来，宵旰励精，勤求民隐，闾阎疾苦无或壅于上闻。乃不能收斗米三钱之益，而使赤子胥有艰食之累，殊益焦劳。各督抚身任封疆，于民生第一要务，必当详悉熟筹，深究其所以然，如果得其受病之由，尤当力图补救。乃各省督抚，或不以介意，或归咎于邻封，或责过于商贩，而应作如何办理之处，并未筹及。可传谕各督抚，令其实意体察，详求得失之故，据实陈奏。或朕举诸条之外别有弊端，俱宜确切入告，务期实有裨益，以裕民天，更不得因谕旨中偶及免税一节，误会朕旨，以谓意在仍征米税也。钦此。"遵旨寄信前来到臣。

钦惟我皇上宵旰忧勤，无时不以闾阎疾苦为念，一切厚生足食之政罔不备举，又尽免米豆关税，以期谷价均平，至德深仁，千古未有，宜乎荠粟饶多，而收斗米三钱之效矣。乃迩年以来，各省米谷日见昂贵。以畿辅殷实之地、川湖产米之区，亦复少少价昂，时虞艰食。臣窃推致此之由，其端有二：一在生齿日繁之势，一在积贮鲜调剂之宜，而偏灾、商贩囤积诸弊不与焉。臣请详言其故：水旱天行之常，尧、汤之世亦所不免。况亢旸之岁，水田定属有秋；积涝之年，山地每多倍获。此赢彼绌，统计不甚相悬，何至因一隅之偶歉，遂使各省米价俱为腾涌？商贩贸迁有无，原以哀多益寡，使远近流通。自昔江湖之间舳舻相望，贩运之多不始今日。况商人志在获利，一闻米贵，本重利微，即当裹足不前，何至日增月长？至于囤户之弊，各省多有。然在市井小民，资本有限，囤积无多，亦不能久贮待价。即豪绅富户力足多囤，而例禁綦严，邻里得以举首，官吏得以拘拿，彼既多钱善贾，百货皆可居奇，焉肯不顾身家，自蹈文网？以上数端，皆不足操米谷贵贱之柄。而连岁有长无落，且到处皆然，丰歉无别者，则以休养之余生齿日繁，所产之米不足以给日增之民。而自常平定额以来，各省竞事采买，不加剂量，是以米谷渐少，价值渐增，相推相激，至今日而益甚耳。天下沃野首称巴蜀，在昔田多人少，米价极贱，雍正八九年间，每石尚止四五钱，今则动至一两以外，即最贱之处亦八九钱，较前已属增长。臣于上年，奉命兼辖贵州，检查旧案，计自乾隆八年至今，广东、湖南两省人民，由黔赴川就食者共二十四万三千余口，其自陕西、湖北而往者更不知凡几。国家定蜀百有余年，户口之增不下数十百万，而本地之生聚者尚不在此数。一省如此，天下可知。食者日以益众，而地不加辟，谷不加赢，此时势之不得不贵者也，况又加采买之不已乎。

夫积贮者，天下之大命，常平之法，自古便之，何独至今而遂以为病？不知积贮非病，病在处处积贮；采买非失，失在年年采买。何也？天生米谷，止有此数，不在官则在民，官多一石之贮，即民少一石之用，而民之爱惜米谷较甚于官，非必在官者谨守无失，而在民者即糜耗无余也。故古之积贮，止以有余补不足，不特因乎其实，亦必审乎其初，无一概取盈而不为之剂量者。汉晁错使天下入粟于边，不闻中原内地亦皆入粟也。唐韩滉转江淮之粟以实关中，不闻江淮之间更转他处之粟也。大抵积贮之计，京师根本而外，次重者莫如西北沿边各省，若东南泽国，舟楫通行，商米源源接济，倘遇岁歉乏食，每荷皇仁，截漕数十万石，不虞米粮之少，且贫民领银，即得糊口，尽可银米兼赈，不必尽赖仓储。康熙年间，有银无米，而赈济未始不办。今普天下有城社之处，皆令积贮米谷，每岁出陈易新，存七粜三，秋成买补，绳以一定之价，限以必盈之额，官难自购，势须压派里民，压派不行，必致官为赔垫。

至于本地不敷采买，远购邻封，有盘运水脚之费，有波涛沉失之忧，弊累多端，公私交病。而且各省每当新谷上市，价值本平，一闻采买，立即增长。盖商贩买米，价贱则买，价贵则止，操纵得以自由。官员买补仓储，例有定限，价值虽贵，不得不如额买足。奸邪市侩习知其然，因得肆其把持之术，遂使丰收之处与灾地同忧。及至平粜，地方官恐不敷买补，名为减价，实则所减无几，在民未收积贮之利，而先受米贵之害。此救时急务，诚莫有如暂停采买者。然则仓储概置勿问欤？非也。沿边要害，商贾罕至之地，必使积贮充盈，而后缓急足恃。即以川省而论，近因瞻对、金川两处军兴，动用至四十万石，仓贮已觉不敷。现在金川尚未竣事，若不乘时买补，兵食将何以济？故暂停采买之议，止可行于东南泽国商贾四达之区，而不可行于沿边重地舟楫不通之所。即所议暂停省分，亦非听其仓额虚悬，良法终废。俟二三年后，民间稍有留余，仍当于丰稔之年，略仿古人平籴之法，酌量收买，使无谷贱伤农之患，则目前之米价可平，而经久之仓储亦可渐裕，庶策之两全者也。

至于滇、黔两省，道路崎岖，富户甚少，既无商贩搬运，亦无囤户居奇，夷民火种刀耕，多以杂粮苦荞为食，常年平粜，为数无多，易于买补，与他省情形迥别。乃历年米价亦视前稍增者，特以生聚滋多，厂民云集之故。近蒙圣恩开凿金沙大江，川米流通，滇属东、昭二府向来米价最贵之处渐获平减。上年滇省夏雨愆期，秋成稍薄，臣虑米价翔涌，饬令各属将应买谷价暂存，以俟今秋买足。数月以来，各处米价并无增长，此亦可为暂停采买之验。黔省从前苗警之时，仓储无几，迩年逐渐采买，计通省实贮约有一百二三十万石，自此每年酌民食之有余，补官仓之不足，即有水旱偏灾，亦可有备无患。

总之地力有限，生齿日繁，此所以致贵之源。而积贮之太广，采买之非时，此其流之所以益贵。是在各省督抚审地势之轻重，察仓廪之盈虚，视年岁之丰歉，以定采买之缓急，庶可因时补救，以裕民天，而慰宸衷于万一耳。

臣受恩深重，仰睹圣主念切民依，询谋孔亟，思竭一得，有裨时政，不敢撚拾陈言。而知识短浅，意所欲陈，词不能达，就臣千虑之愚，敬抒管见，缮折具奏，伏祈睿鉴，训示施行。谨奏。

朱批：统俟奏齐交议。

（《张允随奏稿·卷九》）

819　云贵总督张允随《奏报续开金江各滩工竣，铜运通行折》
乾隆十三年六月十一日

云贵总督臣张允随谨奏：为恭报续开金江各滩工竣，铜运通行事。

窃照金沙江续开蜈蚣岭等各滩，自乾隆十一年十一月开修起，至次年二月，工程俱修至六七分，因水长停工，经臣于乾隆十二年四月十一日恭折奏报，奉朱批："知道了。钦此。"臣于九月间赴黔巡阅，先期行令司道雇募匠工，制备器具，以便于水落时兴工疏凿。因原委承修官系署丽江府知府樊好仁、东川府知府田震、原署广南府知府陈克复三员，内陈克复送部引见，田震推升道员赴部，止有樊好仁一员，恐滩险工多，难以兼顾，当委署东川府事大关同知高为阜，协同樊好仁，带领分修员弁董率兴修。

嗣据樊好仁、高为阜陆续报称："江水自正月中旬以后日渐消落，较去春又涸七八尺，凡已竣、未竣各滩，水底碍船巨石俱露出水面，自五六尺至七八尺不等。因常年江水从未消涸至此，诸石林立水底，激成骇浪惊涛，故议将可以施工之处开修，以减水势，重船下水，仍须盘载放空。今幸水涸石露，职等指示匠工，趁此难遇之时，逐一加工疏凿，分修各员皆实力监督，匠役勤者优加奖赏，莫不踊跃施工。至二、三两月，江水日消一日，较常年涸至丈余，凡水底碍船之石，无不凿凿完竣。自乾隆十二年十二月十五日开工起，至十三年四月初三日撤工止，所有各滩工程俱已告竣。于二月二十八日，开船装运铜斤，至四月十五日，共运过铜三十二万二千余斤，俱安稳无虞。内绿草、石洲、碎琼、者那头二三滩、红崖、热风、五德、得路、峡口、猴崖二滩、中流、飞云渡、石圣、风硐、横木等一十七滩，凡重载铜铅，俱从中流顺放。惟蜈蚣岭、安吉、猴崖头滩、双佛等四大滩，虽屡将船只试放，俱属平稳，但滩长浪大，宜加慎重，且恐新雇船户未识水性，暂令盘载放空，俟行之渐熟，或装半载直放，或满载吊放，再为因时办理。至于从前所开石洲滩至横水滩陆路两站半，历年水运铜斤俱赖以接递无误。今自蜈蚣岭至双佛一带险滩虽经开通，但江工甫竣，船户行走未熟，应请水陆兼运，以利攸往。"等情。并据承修官樊好仁等于六月初六日回省，臣逐加面询无异，又复委员前往各滩覆勘。

臣覆查金沙一江，从古未辟。仰蒙皇上特旨，动帑开浚，以利滇、蜀民生。因经始之时，众虑巨功难就，是以议将上游百余里内最险各滩停止开凿，迨两游工竣，将京铜由金江、盐井渡、罗星渡三处水运，所省陆路运脚按年还项，奏明在案。臣复念如此巨工，未便仍留未尽，又经奏请开修，荷蒙圣恩俞允。臣承办二载，督率工员上紧开修，幸今春水势消退倍常，得以乘时疏凿完竣，皆由我皇上圣德广运，无远弗周，故江神效灵，克底平成之绩也。此次所委承修之樊好仁、陈克复、田震、高为阜、方缚等，或始终经理，或前后督修，皆涉历险阻，备极勤苦，疏凿修浚，指示有方，及分修人员，亦能董率匠工，尽心办理。统俟委员覆勘结报到日，行令司道将用过工费银两及善后事宜、工员劳绩悉心查核，妥议详报，另疏具题外，所有江工完竣缘由，理合恭折奏闻，伏祈圣鉴。

再臣前经奏明，自己巳年为始，将威宁一路陆运铜一百五十六万余斤，改由金江水运，兹本年水运铜斤业已如数运竣。合并陈明。谨奏。

朱批：览奏俱悉。卿督率有方，成千古未成之巨工，甚可嘉也。

（《张允随奏稿·卷九》）

820　云贵总督张允随《奏报滇黔两省田禾、雨水情形折》
乾隆十三年六月二十九日

云贵总督臣张允随谨奏：为奏报滇黔两省田禾、雨水情形事。

窃照滇、黔素称山国，田号雷鸣，凡雨多之岁，高田定获丰收，而低下之区不无淹浸之患。本年自入夏以来，甘霖普降，夏至前后，栽插已竣，经臣于本月十一日恭折奏闻。嗣是阴晴相间，禾苗正在长发，乃于十六日酉时起至二十日止，云南省城大雨滂沱，山水长发，各河宣泄不及，云南府属之昆明、昆阳、富民、宜良、呈贡、晋宁、罗次、嵩明、禄丰、安宁等州县，低洼田亩、庐舍多有淹没、浸倒者，内昆明县被淹田二百七十八顷零，以通县民、屯田二千五十五顷零计算，虽不及十分之二，而在一村一里，实属偏灾。其省城内外并县属远近各里，沿河及村庄地势低下之处被水浸倒，兵民瓦、草房屋及垜塌墙壁共约二千七百余间。臣与抚臣图尔炳阿率同在省各官竭诚祈祷，并举行荣祭典礼，至二十日巳刻，始获晴霁。当雨势未霁以前，臣等恐村乡被淹人户道路阻隔，无处避水，差委标弁并饬云南布政司宫尔劝，派委在省正、佐、杂职文员，同昆明县，多雇船只，携带银两，分往各村济渡，暂令于邻村及空闲寺庙安顿，人口并无损伤，每大口日给米五合，小口减半，共赈济十二日，水势消退，各归复业。又据曲靖府属之平彝县，澄江府属之河阳、路南二州、县，广西府属之弥勒州及元江府各禀报，所属地方低下田亩亦有被淹，乡村房屋间有浸倒。又安宁州之安洪等井，河水淹过井台，将各灶房浸塌，所贮盐本、柴枝悉行漂失。除被水较重之昆明县，现在委员确勘是否成灾，照例分别会奏，并安宁井盐可否偿煎，不致缺额，亦俟查明办理外，其余十数州、县被水田亩，或旋即消涸，秧苗仍复转清，或沙石冲压，不能开挖补种，现饬司道委员会勘，并此外或尚有续后报到之处，容臣等逐细查明，应赈恤者即行赈恤，应借给者酌量借给，竭力查办，务使被水穷黎咸各得所，以期仰副我皇上轸恤民艰之至意。

又滇省各属内雨水稍多、山溪暴涨处所，城垛、桥梁不无倾圮、冲塌，亦俟委勘明确，作何补修，再行具奏。

至于通省高阜田地，值此雨泽充盈，常年未栽之雷鸣梯田皆栽种禾稻，长茂倍常，秋荞、杂粮亦无不发荣滋长。以全省合计，低田少而高田多，仍与秋收大局无损。是以目前通省米价，除被水之昆明首邑因乡米不能上市，价值稍昂，臣等饬发仓米减价平粜，以济民食外，其余俱各平减如常。

再查贵州一省，现据司道及各属禀报："自五月以来陆续得雨，高下田亩皆已栽插齐全。六月十六、七等日，贵阳省城连日大雨，因山田形如梯磴，水势易消，禾苗并无损伤，秋成可期丰稔。"

所有滇、黔两省田禾、雨水情形，理合缮折奏报，伏祈皇上睿鉴。臣谨奏。

朱批：览奏俱悉。被水成灾处所加意抚绥，实力妥办可也。

（《张允随奏稿·卷九》）

821　云贵总督张允随《奏报奉温纶褒奖谢恩折》
乾隆十三年闰七月三十日

云贵总督臣张允随谨奏：为钦奉朱批，恭谢天恩事。

窃臣奏报续开金江各险滩工程告竣一折，于乾隆十三年闰七月十七日，奉到朱批："览奏俱悉。卿督率有方，成千古未成之巨工，甚可嘉也。钦此。"臣跪读之下，感极难名。

窃以金沙一江，千古未辟。幸际我皇上圣仁首出，念切民依，特诏开修，为边方兴万世之利。臣以菲才，幸叨承办，因工程艰巨，浮议纷纭。仰荷宸衷独断，宽以岁时，不期速效，俾臣得殚心力底于成，不独铜运攸资，兼且缓急有备。凡此民生之利，赖皆本睿算之高深。在臣犬马微劳，实鲜涓埃之效。乃荷朱批，特加奖谕，臣恭聆天语，惊惭甚而梦寐难安，敬捧温纶，感激而深，心神莫措，惟有益抒丹赤，矢竭精诚，加谨节宣，因时疏导，务使江流千里，共庆安澜，以永圣主平成之巨绩于无疆耳。为此缮折恭谢天恩，伏祈圣鉴。臣谨奏。

朱批：览。

（《张允随奏稿·卷九》）

822　云贵总督张允随《奏明办理昆明等处被水赈务情形折》
乾隆十三年闰七月三十日

云贵总督臣张允随谨奏：为奏明办理赈务，仰祈圣鉴事。

窃查云南昆明等处本年六月十六七八九等日大雨，山水涨发，各河宣泄不及，低洼田庐多被淹浸，经臣具折奏明，并会疏题报在案。当饬云南布政使宫尔劝，同粮储道徐本仙分委人员逐一查勘。去后，兹据勘明详报："安宁、嵩明、富民、禄丰、罗次、平彝、河阳、路南、弥勒、元江等府、州、县被淹田亩，或水即消退，禾苗转青，或补杂粮，现在滋长，秋成均有可望。"据委员同各地方官出具勘不成灾印结，由该管府、道加结申报，均应照例俟秋获之时查明分数，另折奏报。

至淹坍房屋墙垣，为数无多，俱系有力之家，现已修理完好，无庸赈恤。惟昆明地方被水田庐，除浸倒营兵房屋，臣与抚臣图尔炳阿商酌修理，给兵栖止外，据委员署东川府徐柄等勘报："共被淹低田二百七十八顷七十七亩零，系十分灾；淹坍民间瓦房八百四间，草房一千六百五十八间，墙一千六百七十堵。又呈贡县被淹低田三十四顷六十一亩零，系十分灾；淹坍瓦房十间，草房四十三间。宜良县被淹低田十六顷六十七亩零，系九分灾；又被淹低田四顷五十六亩零，系七分灾；淹坍瓦房四十七间，草房八十六间，墙一百八十九堵。昆阳州被淹低田四十二顷六十六亩零，系十分灾；淹坍瓦房四十五间，草房五十间，墙十二堵。晋宁州被淹低田五十一顷三十六亩零，系十分灾；淹坍瓦房十一间，草房一百五十三间，墙十九堵。"经臣会商抚臣，飞饬司道钦遵乾隆五年谕旨，因时就事，熟筹妥办。其昆明县被水安顿寺庙人口，前赈十二日口粮，共谷七百六十五石五斗零不计外，统计昆明、呈贡、宜良、昆阳、晋宁五州县，共被淹成灾低田四百二十八顷六十亩零，被灾人民七千二百余户，大口二万二千三百余口，小口一万四千五百余口，先赈一月口粮，大口日给米五合，小口减半，共赈过仓谷八千八百六十六石零；每坍瓦房一间，酌量赈银一两五钱，草房一间，赈银一两，墙一堵，赈银二钱，以为添补修葺之费；共淹坍瓦房九百一十七间，草房一千九百九十间，墙一千八百九十堵，共该赈银三千七百四十三两零。其散赈银谷，委令道、府大员，查照被灾户口，按户亲行散给，不令假手胥役头人，致滋冒滥、扣克、中饱等弊。臣与抚臣督率司、道、府、州、县悉心经理，殚力查办，务使被灾灾民均沾实惠，仍俟秋冬之际，查照定例，分别极贫、次贫，按户加赈。除成灾分数现经会题，其赈恤银谷并应免钱粮各数，依限造册另报外，所有臣等会商筹办缘由，理合据实奏闻。

再查七月初十、十一等日，昆明、安宁、呈贡、晋宁、元谋、他郎、五嶍、陆凉、景东等府、厅、州、县续又被水淹浸田房，前经题明，现在委员逐一确查，照例分晰，妥协酌办。又闰七月初一二三等日，大理属之赵州、云南、宾川、邓川、浪穹等州县大雨连绵，河堤塌坍，田亩冲淹，亦经一面会题，一面飞行查勘，统俟勘报到日，酌量情形，实心经理。

伏念我皇上胞与为怀，痌瘝在抱，臣职任封疆，不敢隐匿玩视，亦不敢虚糜帑项，庶以仰副圣主轸恤灾黎之至意。至于安宁等井淹浸井台、漂没柴枝等项，及各属坍塌城垣、桥梁、冲决河堤、道路，均俟查实，另案分别办理。合并陈明，伏祈皇上睿鉴。臣谨奏。

朱批：知道了。督率属员详妥为之，务使灾黎沾实惠可也。

（《张允随奏稿·卷九》）

823　云贵总督张允随《遵旨覆奏嗣后用兵夷寨宜慎重折》
乾隆十三年闰七月三十日

云贵总督臣张允随谨奏：为钦遵圣训，恭折奏覆事。

乾隆十三年闰七月十七日，承准大学士伯张廷玉、协办大学士尚书傅恒字寄，内开："乾隆十三年七月初九日，奉上谕：'据总督张奏称，上年秤戛贼首弄更扒纠众抢夺保山县属村寨，旋将逆犯擒斩，仍有祝老四及伙党枝花扒、黑得窝等，因鲁掌土目茶尚庆随征多所斩获，遂纠合二别啰贼首焚杀茶尚庆家口，抢掠新寨、练地一带夷寨，经臣檄调兵练，连破秤戛、阿勒、挖底喇、白乌别、核桃登、二别啰等逆寨，止有祝老四、枝花扒二犯窜伏响习箐内，现今分头剿捕，札商提臣潘绍周酌度时势，量留兵弁，驻适中之地，实力搜拿，其余分布各路官兵陆续撤回等语。此等徼外野蛮，仇杀劫掠，自其性然，官兵随时捍御，亦易于扑灭。而衅端一开，势不容已，往往遂成大役。如蜀之瞻对、大金川，皆前鉴也。向闻汛防兵卒，遇野蛮愚弱易欺，恣意凌虐，逼以人理之所不堪，汉奸从而勾结教诱，遂致啸聚荒箐，汛兵利其掳获，张大其词，营弁本无远识，加之喜事邀功，虚报捷音，以一作十。即如该督所奏，弁兵无不奋勇，而所擒杀，亦不过数人而已，略有劳绩，即可奏请叙功。且如所奏内，用兵仅一千五百余人，所向克捷。而至川省大金川之事，调集如许重兵，不以为崇山密箐，地险难攻，则以为暑雨雪寒，天时失利，以致经时历久，顿师不前。两者相较，何以难易悬殊若此？夫兵以制胜，若率意用之，未免为敌所轻，司土者不可不知此意。毋轻信属员，存好大喜功之见，庶可宁谧封圉，永息烽烟。此案业已将竣，嗣后宜为慎重，且滇省从前剿戮不为不严，该督所亲见。野蛮虽异类，亦有血气者，盍并生哉。可传谕该督知之。钦此。'"遵旨寄信到臣。臣跪读圣训，仰见我皇上覆育为心，机衡运掌，虽八荒之大，万里之遥，无一不在睿谟之内。臣受任边疆，不能消患未形，致劳师旅，实切悚惶。

伏查滇省㑽㑽野夷，散处边境之外，恃其狡悍，时肆劫掠。乾隆五六年间，焚杀丽江、维西所属夷寨，经臣奏明，遣兵征剿，将首犯按名擒斩，余党分别安插，数年以来，边境始得宁静。上年秤戛等寨㑽㑽野夷复敢侵扰潞江、芒市、遮放等土司地方，并抢夺保山县属村寨，又伏弩射伤弁兵，种种凶顽，势难宽纵，是以奏请用兵擒剿。预于进剿之先，密遣兵目，将贼巢路遥险易及贼党人户多寡逐一探明，以便攻剿，又饬令沿边土目，晓谕附近夷寨以大兵只擒首恶，并不滥及无辜，散其党翼，是锋刃未接而贼势已孤，故一举而秤戛阿倡、赛林、老泉等三处野贼悉就剪除。迨至撤师之后，贼党祝老四等复肆仇杀，又经奏明，遣兵清理。然臣料度野贼此番蠢动，止有祝老四等一二余孽挟仇报复，其余附和之众易于解散。臣严饬领兵将备剿抚兼施，凡悔罪投诚者，俱准安插故址，不得滥加杀戮，于是怒江内外数十寨头人夷目相率投诚，情愿擒贼自效，卒将贼首祝老四擒斩解献，所以用兵无多，擒杀亦止贼首数人。而不致旷日持久者，由于先散其党，逆贼虽欲负固苟延，而无与为守也。

臣蒙皇上天恩，久膺边寄，亲见从前苗猓之变多由兵役欺凌，汉奸教诱，遂致铤而走险，迨经兵力荡平，不免多所剿戮。虽彰遏乱之略，亦妨并生之仁，是以严禁兵役，不得滋扰苗寨。现今内地苗夷咸皆宁谧。惟此徼外野贼既多，无兵卒欺凌，又无汉奸教诱，乃屡肆不法，杀掳公行，若不示以惩创，恐野贼以为兵威所不能加，愈无顾忌，边徼夷民将无宁宇。臣不敢避难就易，借口息事宁人，以致养痈贻患，且料野贼伎俩，断不致难于收拾，是以奏请加兵征剿。兹幸仰赖天威，凶渠授首，余众归诚，军务得以完竣，已于本年七月二十六日恭折奏报在案。盖缘此项野夷，原非瞻对、金川可比，故得易于扑灭。然兵凶战危，自古所戒，苟非万不得已，何可轻言用兵？今蒙我皇上训谕深切，指示周详，臣敢不敬谨祗遵？现饬领兵将备，会同地方官，将善后事宜尽心经理。此后惟有仰体皇仁，恪遵圣训，倍加谨慎，不敢轻信属员，稍存好大喜功之见，务期烽烟永息，疆圉辑宁，庶几上副圣主涵育群生之德意于万一耳。为此缮折奏覆，伏乞睿鉴。臣谨奏。

朱批：览奏俱悉。若遇不得已应行征剿者，不可因此旨而有所姑息也。

824 云贵总督张允随《恭报起身查阅边防、营伍日期折》
乾隆十三年九月十九日

云贵总督臣张允随谨奏：为恭报微臣起身查阅边防、营伍日期事。

窃臣奉旨巡阅边疆，前经奏明，俟秋深之时前往迤西查阅。兹查民间早稻虽已登场，晚稻须至九月底方得收获齐全，臣是以择于十月初三日自云南省城起程，由楚雄、鹤庆、剑川、永北以至大理，查阅迤西各标、协、营，考验将弁、兵丁弓马材技，简阅甲械、军装，并顺道查看城垣、塘汛、墩台，约计两月即可回署。其迤东营伍，因本年正届举行大计，应与抚臣会同考察，俟办理计典完竣，另行奏报起程，前往查阅，务期武备修明，疆隅巩固，仰慰圣主西顾之怀。除起程日期另疏题报外，合先缮折具奏，伏祈皇上睿鉴。臣谨奏。

朱批：知道了。

（《张允随奏稿·卷九》）

825 云贵总督张允随《奏明查阅滇省迤西营伍情形折》
乾隆十三年十一月初四日

云贵总督臣张允随谨奏：为奏明查阅滇省迤西营伍情形事。

窃照滇省地处天末，三面临边，安攘绥怀，讲求宜豫。上年钦奉朱批："云贵总督旧制甚有深意，所以联二省之脉络，即所以固极边之藩篱，于政务暇时，时一巡阅，于封疆、营制均不无补也。钦此。"臣于去冬先将贵州一省通加查阅，并顺道考校云南之曲寻、寻沾二镇、营官兵，业经恭折奏闻在案。

兹臣钦遵圣训，于本年十月初三日，前赴迤西查阅楚姚、永北、鹤丽三镇，剑川一营，于十一月初二日抵大理府，校阅提标五营及大理城守营官兵，其永顺镇及维西、腾越、景蒙等协、营，因道路迂绕，遴委副将、游击分住，会同考校。除阅过各标、协、营将弁、马步兵丁材技、军实，俟查阅迤东事竣日，汇核齐全，分别等次，恭呈御览外，伏查云南迤西各府，大理居全省上游，负山面河，上、下两关天然锁钥，蒙段以来久称都会，形胜甲于列郡，地势四达，提督居中扼要，额兵三千九百名，足资援剿，营制、疆隅无可置议。楚姚西接提标，东连省会，地居腹里，然该镇为迤西各府之咽喉，且景蒙地逼哀牢，磠嘉界邻新嶍，皆属猓夷渊薮，防范宜周。永北在金沙江北岸，岔入川界，与木理、瓜别等番部毗连，山川回复，田土肥饶，幅员千里，自为一隅，是以改协为镇，设立总兵驻扎，内为滇北樊篱，外与川南犄角，制兵一千九百余名，除汛防外，余俱驻府城。议者请将镇标左营移驻金江，右营移防浪蕖，以资联络。臣以兵势合则见多，分则见少，永北土境辽阔，镇兵本属无多，惟全数存城，尚不觉其单弱，若零星散布，益觉势分力寡，自宜仍循旧制，无庸更张。其鹤丽一镇，风土高寒，俨同边塞，所辖维西、剑川二协营俱属扼要。前此维西、中甸未归版图，剑川即为西藏门户，迨维西、中甸既经归滇，则剑川之势，又经提臣潘绍周奏准，将维西改协，剑川改营，始为轻重合宜。惟是该镇、协、营所辖丽江、中甸人民，尽系摩些、猡猓，奔子栏、翁书关一带与巴塘接壤，直通西藏，边防在在紧要，实为滇中西北重镇，额兵虽有二千三百余名，而边境延袤，不无汛广兵单。至永顺一镇及所辖之腾越、顺云二协营，地居形胜，控扼三宣六慰土司，营制周密，亦可毋庸增损。

总计滇省各镇，曲寻东控黔疆，昭通北扼蜀塞，临元、开化备交匪之潜滋，永顺、普威杜缅夷之窥伺，永北、鹤丽所以御蒙番，楚姚、蒙景所以防哀牢、鲁魁，虽建置各有所为，而轻重缓急，尤贵因时制宜。今黔苗久安耕凿，交夷内难渐平，南掌贡职克修，缅酋安静无事，惟川省番夷不靖，连年用兵。就目下情形而论，则鹤丽、永北二镇尤关紧要。臣于较阅之余，密饬该镇等加意边防，尽心训练，务使疆隅巩固，士马精强，以仰副我皇上经武诘戎之至意。理合缮折恭奏，伏祈睿鉴。臣谨奏。

朱批：览奏俱悉。

（《张允随奏稿·卷九》）

826　云贵总督张允随《奏报未能查出属员违例剃头，奉旨不加严遣，仅罚银二万两谢恩折》

乾隆十三年十一月初四日

云贵总督臣张允随谨奏：为恭谢天恩事。

乾隆十三年十月十四日，臣行次姚州普淜地方，赍折家奴回，承准大学士伯张廷玉、协办大学士尚书傅恒字寄，内开："乾隆十三年八月二十九日，奉上谕：'前据云贵总督张具奏，孝贤皇后大事百日期内，该督饬谕所属通省文武弁员，均遵制不敢剃头。朕当以为尚知大义，即降旨令该部知道，且于塞楞额案中降旨褒嘉张。今据巡抚图尔炳阿奏到，并单开剃头各员至二十余人。此事朕已降旨，第欲知其姓名，不治其罪。但张属员内既有如许违例剃头之人，即并不加查察，何至竟以通传众人悉皆遵制？为此欺诳之奏，诚出朕意想之外。朕姑念其平日居官，于地方事务尚能留心，从宽罚银二万两，交内务府，以示薄惩。所有图尔炳阿原单一并发往，令其阅看。如张因图尔炳阿此奏致生嫌隙，于公事或有掣肘，经朕察知，则为罪更大。图尔炳阿倘缘此或有挟制督臣，意见参差之处，亦不能逃朕之洞鉴。着一并传谕知之。钦此。'遵旨寄信前来。"等因到臣。臣跪读之下，惶惧流汗，感激涕零。

伏念臣家世从龙，上至祖父，下逮子孙，无不受国家豢养之恩，而臣以犬马微躯，遭逢恩遇至深至厚，常恐不能仰报涓埃，扪心五夜，魂梦难安，倘敢稍存欺诳之念，即为自绝于天，何以立于人世？缘臣于本年四月二十四日，惊闻孝贤皇后大事，当即告知抚臣图尔炳阿，恪遵定制，百日以内均不剃头。大义所在，属员谅无敢违，是以冒昧具奏，实由一时昏愚所致，即加以严遣，亦复何辞？乃蒙皇上如天之仁，念臣平日居官，于地方事务尚能留心，特沛殊恩，格外矜全，是臣从此有生之日，皆出圣主再造洪慈，誓当竭尽驽骀，捐糜顶踵，以冀仰酬高厚，并与抚臣图尔炳阿凛遵圣训，益矢和衷，以上报我皇上成全教导之深恩，断不敢稍存嫌隙，自重愆尤。所有臣感激微忱，理合恭折奏谢天恩，伏祈睿鉴。

至臣应缴银两，现在速办，俯容臣于三月间作两次解赴内务府交纳。合并陈明，臣不胜惶悚战栗之至。谨奏。

朱批：不必交内务府，交三和可也。

（《张允随奏稿·卷九》）

827　云贵总督张允随《奏报准咨酌量办造挡牌缘由折》
乾隆十三年十二月十七日

云贵总督臣张允随谨奏：为遵旨议奏事。

乾隆十三年十一月二十四日，准兵部火票递到军机处字寄，内开："大学士伯臣张廷玉等奏前事，内一段开：傅尔丹、班第奏称攻碉必借挡牌，据现在军营之贵州铜仁协副将胡大勇称：云南从前有挡炮棉牌，大、小二项，大牌可遮枪手二十名，于空眼处放枪，小牌可备兵丁冲敌之用。云南有原任宜昌镇陈纶之侄、武举陈元藻及开化外委王廷用能制，并恳敕令云贵总督臣张照式制造大、小挡牌各二三面试用，若果可御枪石，即令多为制造，速解来营等语。查挡牌为步战所必需，但枪矢之来，其锋坚利，若制以木板，易于透越损坏，莫若用丝棉毡片柔软之物制就，临用时以水浸湿，不但携带甚便，而以柔制刚，枪不能入，矢不能穿，于军伍更有裨益。今据奏云南有能制人员，应请旨交云贵督臣转饬，照式制办挡炮大棉牌一百，小棉牌三千，限文到二十日内造成，即速解军营听用。再据奏，副将胡大勇于制造挡牌亦称谙悉，俟奉到谕旨，即飞遣赴滇，听候该督监造，押送来营等语。亦应如所请，即令胡大勇至滇指示监造，并行领解可也。谨奏。"乾隆十三年十一月初四日，奉朱批："依议速行。钦此。"钦遵，咨移到臣。

臣查川省军营需用挡牌，接准廷寄，令副将胡大勇赴滇监造，并据该副将在军前称，有云南武举陈元藻、开化外委王廷用能制，当即飞檄专差分头飞调，并差弁前往滇、川一带，如遇胡大勇，即催令星夜前来。嗣于十一月二十八日，武举陈元藻到省，询以制造之法，据称："用棉纸二百层，将白矾、盐、蜜三项熬水拖染，晾干，外用蓝布缝好，将水浸湿，约离七八十步，枪不能透。"等语。当令该武举如法制造，就臣张、臣图尔炳阿暨司道公同验试，安五十弓，用鸟枪试打，枪子俱透越；又安一百二十弓，试打复透；再以二面合打，并以水浸湿试打，仍俱穿透。诘讯陈元藻，据称："从前只做过棉甲，并未做过挡牌。"等语。至十二月初二日，调到开化辞退外委王廷佐即王廷用，询以制法，据称："雍正十年，曾跟守备胡大勇出兵新平，因贼众放枪利害，胡守备与功加商量，将带去的棉甲四身拆开，裁成方块，寻了一寸五分厚的木板，将棉甲钉在上边，做成一面大挡牌，泼上水，抵挡枪子。这是同胡守备办过的。"等语。当令照式制成挡牌，复经臣等会同验试，安一百二十弓，施放鸟枪，枪子亦俱透过。以上该二员所制挡牌，均属无用。臣询据军前带伤回营之守备王一柱等，俱称："军营所用挡牌，系用铁叶或鞋底钉于生牛皮之上，或束木条，夹以石板。各营俱有挡牌，制造不一，重者两人扛抬，轻者一人挽进，在在均被打透，兼因逼近碉堑，下不能挡钩镰，上不能搪擂石。"等语。又据总统滇兵之昭通镇冶大雄禀称："现今在营百法制造挡牌，究未有一可以遮蔽枪子者。"适新任提臣武绳谟过省，询之，言亦相符。

伏思挡牌必须能御枪子，方为有济。廷议令用丝棉制造，原为柔能制刚。奈滇中素不产棉，而他物所制之牌又不足以资抵御。臣等朝夕率同城文武各官多方试制，均属无验。内惟竹帘铜网棉牌一种，颇为有效。其制长六尺五寸，宽二尺九寸，用丝网一层，矾棉纸五十层，矾揉旧棉花十斤，均匀铺垫，用布包缝成牌，又用厚润毛竹片帘三扇，以两扇置棉牌之前，以一扇系挂后面，于五十弓外，用鸟枪试打，透者甚少；又于二十五弓外试打，透者渐多；复以两副合为一副，远则竟不透，近则间有透者。每面约需工料银九两零。自试制挡牌以来，惟此较别项为胜。当即饬令布政使宫尔劝、署驿盐道郭振仪、迤东道宋寿图、署臣标中军副将印务云南城守营参将袁士林、云南府知府徐铎监督制造。

惟查制造竹帘必须大竹，滇省大竹甚少，闻四川之永宁、叙、泸一带出产毛竹，且系军营顺道，臣委令昭通府知府金文宗、臣标前营游击王永胜，携带工价，并制就样牌二副，每副棉牌一面，竹帘三扇，先往川省永宁、泸州地方购买毛竹，就近雇匠制就毛竹扁片竹帘三千扇，俟滇省解到棉牌之日，令委解之员一并解送军前，俱经差遣分办去讫。至十二月十四日，据军前副将胡大勇于途次，具禀预备挡牌物料数目前来，内称："大挡牌每面宽一丈二尺，高五尺五寸。须用皮纸矾过四五次，又用盐水盖二三次，阴干，不见日色，并用包头、丝棉、松香、毡片等项；小牌宽四尺，高五尺五寸。"等情。当即饬司备料。胡大勇即于十五日辰刻到省，臣询制法，据称："容酌定开单呈报。"随据开具清单，由司转禀前来，内称："挡牌一面，横宽二尺八寸，直长五尺五寸，计用双料纸一千七百六十四张，共一百四十七层；制纸矾、盐十斤，包头一百二十三个，共四十九层；丝棉十二斤，乱长头发十斤，网过棉花四斤，熬尿浸透，洒入松香末二斤，豆腐干一千块，蒸烘如铁铜丝，结双层网为络，共用铜丝二十八斤，蓝布四丈。"等语。当即行司，照单购备试制，饬令于三日内先制样牌一面呈验，以凭照式制造，并令布政使将各项物料价值照时估计，动项购买。去后，续据该副将禀称："制造样牌实为不易，请宽限一月，咨明内部，容上紧办理，俟来年正月十六日呈验。"等情。并据布政使宫尔劝等详称："胡副将所开物料，照时价计算，每小牌一面，共需工料银一百五十四两六钱九分零，每面计重三百五十三斤八两，以制造三千面计算，需银四十六万四千七十两。又大挡牌一百面，折小挡牌四百面，需工料银六万一千八百七十六两，共需银五十二万五千九百四十余两。每面需扛抬夫八名，三千四百面，共用夫二万七千二百名，为费既巨，运送又难，而各项物料内，如丝棉，并非滇省出产，亦无商贩货卖，即出产之地，一时亦不能购买四万斤之多。又滇省民间妇女包头，惟汉人有余之家始用绸帕，其余俱用青布包头。况制造挡牌三千四百面，需用包头四十余万个，从何购觅？又乱发原系委弃之物，并无蓄积售卖之家，今需至四万余斤，亦非一时所能收买。该副将所制挡牌，不惟需费浩繁，而且难于定限，甚至物料无从购觅，万难照式制造。"等情前来。

臣等伏查，胡大勇所开挡牌工料，需银至五十余万两，脚价在外，物料又非滇省所有。现令制造样牌一面，已请宽限一月，若令照数制造，更难计算时日。臣等公商，所有试验之竹帘棉牌，应宜制就，解送军营，以资攻剿之用。正在赶办间，又准护川陕督臣传咨，据古州镇总兵哈尚德呈称："金酋碉坚地险，坡陡如梯，目击攻战，虽有挡牌，难以施用。拟制小袖棉甲，内用纸棉，不宜过重。请咨云南制棉甲三千身，贵州制二千五百身，烦为转饬制解。"等因。查挡牌既难施用，自未便多为制解，致縻帑项。臣等细加斟酌，滇省制造挡牌，已备一千面物料，现在次第完工。应将已造之一千面，雇募人夫，委员分起解送军营，俾攻打贼碉之时用为前蔽，足壮三军之胆，如逼近贼碉，用挡牌二副，即可抵御枪矢。至此项挡牌，两傍俱有绊系，进攻之时，酌量地势宽窄，将挡牌或二面、或三面联成一处，即可多藏枪手，毋庸另制大牌，庶军器皆归实用，帑项不致虚縻矣。除军营需用棉甲，现在饬令布政司动项制造解送，另折奏闻外，所有臣等酌量办造挡牌缘由，理合会折恭奏，伏祈皇上睿鉴施行。

再查云南各标营内，从前虽有挡牌，即弓箭亦可穿透，并无能挡枪炮之牌。合并陈明。谨奏。

朱批：另有谕旨。

（《张允随奏稿·卷九》）

828　云贵总督张允随《奏请陛见折》
乾隆十四年二月二十日

云贵总督臣张允随谨奏：为请旨事。

窃臣前于云南巡抚任内，自乾隆四年正月初七日陛辞赴滇，远隔阙廷已及十载，犬马恋主之心萦结五内，踧踖靡宁，无时暂释。乾隆八年，恭折奏请陛见，未蒙俞允。上年蒙恩授为云贵总督，臣本拟赴黔盘查后即赴京跪请圣训，嗣奉巡阅两省封疆营制，遵于去冬将贵州通省营伍查阅奏闻，并声明俟巡阅滇省事竣，即奏请陛见，奉有命旨，钦遵在案。

兹臣自本年十月初三日起程查阅迤西营伍，至十一月十四日回省，挑选官兵赴川，办理大计考察，一俟开印，即往迤东查阅。惟是臣瞻恋之忱历久未遂，若俟查阅旋省之后再行请旨，往返又需两月，孺慕微衷实难一刻自安。伏恳圣恩俯鉴愚悃，准臣于巡阅迤东事竣，即行题报起程，俾得早觐天颜，跪聆圣训，庶臣志克遂，臣心稍安矣。为此恭折奏请，伏乞圣主俞允施行。臣不胜依恋虔切之至。谨奏。

朱批：且不必来。若滇省无事，酌量岁底到京可也。

（《张允随奏稿·卷九》）

829　云贵总督张允随《奉旨将金沙江源流、道里、开修岁月暨创议、接办任事诸臣，在工效力人员、夫役、帑项数目开明具奏，并进呈〈金沙江志〉稿本折》
乾隆十四年二月二十三日

云贵总督臣张允随谨奏：为钦奉上谕事。

乾隆十三年十月十四日，臣赍折家奴回，承准大学士伯张廷玉、协办大学士尚书傅恒字寄，内开："乾隆十三年八月二十九日，奉上谕：'金沙江亘古未经浚导，今平险为夷，通流直达，不独铜运攸资，兼且缓急有备，于边地民生深有利益。工巨役重，成千古之大功，不可不为文纪事，垂之久远。其发源何地，经流所历郡邑几何，起讫计若干里，险峻者几处，经始以迄竣工为时几何，创议始于何人，接办何人，前后经理督率之大吏几人，在工效力人员几何，统用夫役若干人，费帑金若干两，一一明晰开具清单，以备采择，载入碑记中。钦此。'"遵旨寄信前来。

臣等伏查，金沙一江，与黄河同发源于星宿海，经流万里，始入滇境，又五千里而与岷江合，源远流长，无过此水。昔人谓："《禹贡》岷山导江，犹导河积石。"盖纪治水所自始，非源所从来，则金沙江不特为滇川脉络，抑且为江渎根原。惟因禹迹未经，遂致功遗疏凿。今蒙我皇上以明天察地之大知，敷诚民阜物丰之深仁，举前代所畏其艰巨而不能开通者，一旦毅然举行，不数载而遂底厥绩，圣德神功，炳耀万古，群生利赖，永永无极。臣等猥以庸才，幸襄盛事。

窃念是役也，事事钦承睿谟，恪遵圣训，乃克使险阻奠为夷庚，滇蜀联为一体，皇朝不朽之鸿烈，允宜纂辑成书，上诸史馆。爰将经始以来，节奉诏旨以及奏疏、工费并志乘所当纪载者，分门别类，纂成《金沙江志》二十二卷，正在缮写进呈。蒙我皇上念大功既成，将特颁御制，以垂久远，敕谕将源流、道里、开修岁月暨创议、接办任事诸臣，在工效力人员、夫役、帑项数目开明具奏，仰见圣主创制显庸，昭示来兹之至意。除遵旨逐一明晰开具清折恭呈御览外，合将臣等所辑《金沙江志》稿本附折进呈，以备采择。惟是地当边徼，典籍不足搜罗，人乏通儒，体例未能妥协。可否仰恳天恩俯鉴，特命词臣重加修饰，冠以天章睿藻，勒为盛代鸿编，则成功文章之巍焕，直与天地同其悠久矣。臣等无任惶悚瞻仰之至，谨恭折会奏，伏祈睿鉴。臣谨奏。

朱批：知道了。书留览。

（《张允随奏稿·卷九》）

夹片：今将金沙江发源、经流、起讫里数、险峻处所、开修年分，及创议、接办、经理、督率大吏，在工效力人员，用过夫役、帑金各数，逐一开具清单，恭呈御览。

计开：

一、金沙江发源于西藏之乳牛山，由云南之中甸东南流至塔城关，经丽江、鹤庆、永北、大理、姚安、楚雄、武定、东川、昭通九府，至四川之叙州府以合于岷江。

一、金沙江自发源至塔城关，共九千九百八十五里，自塔城关至小江口三千五百二十七里，自小江口至新开滩一千一百三十里，又自新开滩至叙州府与岷江合流处二百五十里，总计起讫共一万四千八百九十二里。

一、金沙江上、下两游共一百三十四滩，内险峻者一百一处。

一、上游自乾隆五年十一月试修起，至乾隆八年四月工竣。下游自乾隆六年十月开修起，至乾隆十年四月工竣。又续开蜈蚣岭等二十一滩，自乾隆十一年三月开修起，至乾隆十三年四月工竣。通计七年有余，全功告竣。

一、创议开浚，系前大学士伯臣鄂尔泰，于乾隆二年面奉谕旨，询问云南水利，奏以滇属牛栏江下有车洪江可达川江。至乾隆五年，前云南督臣庆复与臣张查出，东川府自小江口入金沙江以达四川叙州府一千三百余里江路，会折奏请开修，奉旨俞允。

一、接办开修上、下两游江工及续开二十一滩险工，自经始以迄告成，系臣张。

一、前后经理督率之大吏，内商筹工务、稽核钱粮，自题估以迄善后，同心协助者，系前任云南布政使今升太仆寺卿臣阿兰泰，前任云南布政使今升任云南巡抚臣图尔炳阿，前任云南粮储道今升云南布政使宫尔劝。查议事宜、参酌经理者，系云南按察使张坦熊、署云南驿盐道郭振仪、云南粮储道徐本仙。至于躬亲疏凿之员内，总理上游工程、督理金江铜运系迤东道宋寿图，总理上游工程、协理续开滩工系署广南府知府陈克复，总理下游工程系元江府知府今推升陕西延绥道董廷扬，总理续开滩工并承修大关河道工程系署丽江府知府樊好仁，协理上游工程并开滩工系东川府知府今升湖北督粮道田震，协理下游工程系昭通府知府今升福建延建道来谦鸣，协理续开滩工并承罗星渡河道工程系署东川府知府徐柄。又昭通镇标游击今升奇兵营参将韩杰，委勘全江水路，颇著勤劳。大关同知高为阜、开化府同知姜之松，协理江工，虽为时未久，亦俱宣力无误。理合一并附陈。

一、在工效力人员内，分修上游工程，系永善县知县沈彩等文武佐杂十一员。承修、分修下游工程，系顺宁府通判赵珮、云南府通判卢元、峨峨县知县辜文元等文武佐杂三十五员。分修续开滩工程，系东川府经历李谦等文武佐杂八员。

一、夫役、帑金数目。查开浚金江上、下两游并沿江陆路及续开蜈蚣岭等滩，统计用过夫役八十八万八千五百六十八工，给过工价、盘费、官役养廉、工食、船只、器具、食米、赏恤等项，共银一十九万三千四百四十六两五钱六分零，除将水运铜斤节省过运脚银五万二千六百七十余两抵补外，再加六年节省运脚，即可全抵原款。合并陈明。

留中。

（《张允随奏稿·卷九》）

830　云南总督兼管巡抚事张允随《陈明金江铜运安设水站缘由折》
乾隆十四年四月初三日

云南总督兼管巡抚事臣张允随谨奏：为陈明金江铜运安设水站缘由事。

乾隆十四年三月二十八日，准户部咨，议覆臣金江善后一疏，以"沿江接替承运，按站分设船只，恐水道尚未深通，驳令据实声明，另行妥办。"等因。奉旨："依议。钦此。"钦遵，咨移到臣。

伏查此案工程，臣前后凛遵圣训，殚力经营，务使帑不虚糜而事归实济。疏凿以来，川省商船可抵上游之滥田坝等处，是以昭、东两府米、盐价值渐平，铜运亦多节省，业将节省过脚价银五万二千六百七十余两零解还司库归款，现收开江之益。只因江路一千三百余里，每年运铜惟在冬、春二时，额运一百五十八万二千余斤，需船四百五十二只，若俱从川省泸州包空雇募，逆流上溯，牵挽需时，惟恐有误严限。是以臣与抚臣图尔炳阿及司道等悉心筹画，于上、下两游安设站船二百七十只，往回接递，分段责成，较之远雇川船，千里溯洄，力省而运速，实属因地制宜。

至每年采买兵米及客商回空船只，仍雇令装铜，由滥田坝、金沙厂、黄草坪等处直运泸州。上年冬春，金江水运铜至二百万之多，逾于所定之额，原系长站兼运，并非专恃站船。惟续修之五滩工程虽已告竣，而滩长浪大，不得不加慎重，且新雇船户未识水性，暂令盘载放空，俟行之渐熟，或装半载直放，或满载吊放，再为因时办理。经臣于乾隆十三年六月十一日，恭报续开金江各滩工竣等事折内奏明，奉有谕旨，钦遵在案。部臣未曾目睹江工，帑项所关，理应详慎。今蒙圣主天恩，特命户部尚书臣舒赫德、湖广总督臣新柱会同阅看，则金江实在情形自可洞悉无遗。除江流果否有济，应听钦差大臣查明奏覆外，所有设站济运缘由，臣谨据实陈明，伏祈皇上睿鉴。谨奏。

朱批：知道了。

（《张允随奏稿·卷十》）

831　云贵总督张允随《奏报钦差户部尚书舒赫德抵昭通查阅营伍及所开金沙江水道折》

乾隆十四年五月二十一日

云贵总督臣张允随谨奏：为奏闻事。

窃臣接准钦差户部尚书臣舒赫德咨开："奉旨查阅贵州、云南等省兵丁，于三月十九日自成都起程，由叙州一路进发，咨明知照。"等因。又准署湖广督臣新柱咨开："奉上谕：'云南所开金沙江水道，着驰驿前往，会同覆勘。钦此。'希将开修金江工程段落、动用钱粮开具清折，并令承修大员携带底案前来，以备询问。"各等因到臣。当即转行滇、黔各标、镇、营遵照，并令承修江工之迤东道宋寿图、知府陈克复、樊好仁并原勘官参将韩杰等赍持册籍，前赴江干听候查看去讫。嗣据宋寿图等及署昭通镇总兵刘应莲、昭通府知府金文宗等陆续报称："钦差户部尚书舒于四月初五日抵黄螂所，十六日起程赴滇，二十一日抵昭通府城，二十二日阅看昭通镇标及镇雄营官兵，二十三日在八仙营地方阅看贵州威宁镇标及水城、毕赤二营官兵，二十五日自昭通起程，仍赴四川雷波卫，等候湖广总督新到日，沿江查勘江工，凡经过各滩，俱亲至滩头逐加查勘，并将铜运商船试放验看。目今五月，江水正当涨发，并闻湖督新于四月十二日自武昌起程。"等情前来。理合附折奏闻。

至臣因未经奉有会同查看谕旨，是以未敢冒昧前往。合并陈明，伏祈睿鉴。谨奏。

朱批： 览奏俱悉。

（《张允随奏稿·卷十》）

832　云贵总督张允随《奏报接奉谕旨金沙江工程难收利济之功，暂宽严谴，策励有加谢恩折》

乾隆十四年六月二十六日

云贵总督臣张允随谨奏：为圣恩宽大，训示谆详，沥陈感激下情，仰祈睿鉴事。

乾隆十四年六月十三日，臣赍折家奴回，承准大学士伯张廷玉、大学士公傅恒、大学士来保字寄，内开："乾隆十四年四月二十九日，奉上谕：'金沙江一事，现差尚书舒赫德、总督新柱查勘，尚未覆奏。但朕看来，金江巨石层滩，湍流奔激，铜沉船损，难收利济之功，即所称节省运费，亦大概有名无实。该督张身当其任，于建议开工之始，不能确见其难成，预为力阻，致历年糜费帑项，咎所难辞。然自大学士鄂尔泰首倡其说，而庆复在川力为赞成，又复奉旨交办，该督欲以独力挽回中止，此大臣持正不挠之风节，难以责之该督者。该督在滇年久，尚属干练，将来即查出工程未能实有裨益，亦不忍遽加重谴。今日见该督奏折，未免有畏葸观望之意。可传谕该督，令其安心职守，绥辑苗疆，事事实力报效，以副朕施恩宥过之意。朕办理庶务一秉大公，功过各不相掩，误由于众人者，必不令一人独蒙其责，该督谅允服。若因此而置诸事于不理，贻误封疆，是自速其咎也。钦此。'"遵旨寄信前来。臣跪读之下，不禁感激涕零。

伏念臣一介庸才，滥叨边寄，荷蒙皇上推心置腹，知遇优隆，训诲成全，至于今日，纵使事事有功无过，不足仰报涓埃。乃臣识见短浅，措置多疏，前承办金沙江一事，窃谓工力虽艰，利赖永久，臣受恩深重，正欲力图报称，不敢偷安诿卸。数载以来，竭蹶经营，无如巨险未能悉平，铜船难免损失，以致上廑宸衷，特命大臣查勘。臣抚躬局蹐，寤寐靡宁，自分责有攸归，万无邀恩曲恕之理。兹蒙圣主开诚训示，格外优容，念过误不在一人，犬马可期后效，暂宽严谴，策励有加，仰见我皇上建极执中，不偏不倚，权衡至当，赏罚大公。而于臣之一身，尤以天地曲成之心恢复，载兼容之量，恩纶切至，深入肺肝，呜咽而感莫能名，惶恐而汗流浃背。臣于边疆虽承乏有年，然一切措施，只是格守诏条，勉循职分，本无微长之足录，猥蒙节取以涤瑕。臣非木石，为心何忍自甘暴弃？惟有凛遵训旨，益矢精勤，痛惩粉饰。事应详慎者固不敢侥幸以图功，职所当为者亦不敢因循而贻误，殚报效之实力，绝瞻顾之私衷，总期吏治澄清，营伍整饬，苗夷绥靖，边宇乂安，庶克仰副高厚生成、施恩宥过之至意耳。臣不胜感激悚息之至，谨缮折沥陈愚悃，恭谢天恩，伏祈圣慈垂鉴。臣谨奏。

朱批： 览奏俱悉。勉之。

（《张允随奏稿·卷十》）

833　云贵总督张允随《奏报滇省乾隆十三年分办获铜斤数目折》
乾隆十四年六月二十六日

云贵总督臣张允随谨奏：为奏报滇省乾隆十三年分办获铜斤数目事。

窃查云南每年办解京局鼓铸，正额、加运铜六百三十三万余斤，并省城、临安、东川、大理四局及贵州毕节局鼓铸铜二百五十九万余斤，每年必需办铜八百九十余斤方可足用，尚有各省采买铜百余万斤不在此内。前因汤丹一厂开采年久，出矿微薄，恐将来日渐减少，一时筹办不及，有误京局鼓铸，当令经管铜厂各员乘此尚足供用之时，预行踩觅矿苗，招徕开采。旋于东川府附近碌碌厂之大雪山箐开获铜矿，并将从前封闭之多那厂复行开采，以补汤丹厂之不足，经臣于乾隆十二年三月恭折奏明，奉有谕旨，钦遵在案。兹据管理铜务粮储道徐本仙报称："乾隆十三年分，各厂共办获铜一千三十四万七千七百余斤，较之乾隆十年、十一、十二等年，多办获铜二百余万斤。"

臣查钱文关系民用，鼓铸必资铜斤。近年各省钱价昂贵，上廑圣怀。今仰赖我皇上圣德覃敷，地不爱宝，滇省各厂产铜较多，从此再加调剂，自必益臻旺盛，不独京局及滇、黔二省鼓铸铜斤可以常盈不匮，即各省赴滇采买亦可通融拨济，实于国计民生交有裨益。所有滇省乾隆十三年分办获铜斤数目，理合恭折奏报，伏祈睿鉴。谨奏。

朱批： 另有旨谕。

（《张允随奏稿·卷十》）

834　云贵总督张允随《奏明撤减防堵交匪官兵、土练折》
乾隆十四年七月初四日

云贵总督臣张允随谨奏：为奏明撤减防堵交匪官兵、土练事。

窃云南开化一府与安南接壤，乾隆八年，该国伪交冈武氏矣扬攻夺都竜城厂，边防紧要，镇兵不敷分布，檄调临元镇、广罗协官兵六百名贴防。嗣因都竜既靖，商民复业，经臣于乾隆九年十二月，奏请将贴防之临、广二镇协官兵撤回，即于开化镇标存城兵内派拨官兵二百五十五员名，开化府属土练酌拨土练一百七十名，于马白、牛羊等处，协同原设汛兵防守，廷议覆准，奉有谕旨，钦遵在案。臣仍饬镇、府文武不时差探彼中情形，因矣扬与都竜土目黄文棋连年构衅，互相胜负，未便遽议撤防。臣近闻该国各处贼氛渐减，所有贴防兵练应宜酌撤，行令开化镇速行查议。去后，兹据开化镇总兵官岳钟璜、开化府知府觉罗彰古礼查明议详，复饬云南布政使官尔劝等议覆前来。

该臣看得，安南属国境内，前因各处夷匪不靖，开化密迩边界，防范宜严，是以派拨兵练，于通交要汛协同驻守，以资堵御。今查甘棠贼目余荪已经病故，伪交冈武贤卿，即矣扬，仍踞安北夷府及上下洪水一带地方，伪高平莫康仍踞保乐夷州及牡丹、研台一带地方，时复自相仇杀，虽该国不能及时剪灭，而贼势亦俱衰弱。匪党散出扑食，不过在该国之南安边等处滋扰，不敢近内地边界。所有拨防马白汛官兵一百一员名，应全行撤回，以省劳费。责成原设防守弁兵加谨巡防，时勤探报。该汛离镇城二站，即有缓急，可以应声援。惟牛羊一汛，地势延袤，所辖天生桥、桂皮树、马达、者囊、扣揽等隘，均与交地相近，原设汛兵不足分防，且距城窵远，设遇有警，鞭长莫及。应将拨往贴防之官兵一百五十五员名内，酌留一百名，派委千总一员管领，驻扎马达，巡防上下藤桥及桂皮树一带要隘，其余五十四员名，撤回镇城差操，俟一二年后交地无事，再行全撤。又留防新现、坝洒二汛之土练一百七十名，应分别地势紧缓，将协防新现之土练九十五名，悉行撤令归农，其协防坝洒之土练七十五名，仍令协同官兵巡查戍守，以重边防。以上共撤回官兵一百员名，土练七十五名，照例分别支给盐菜口粮，以资腾饱。如此，则帑项不致多糜，而边备亦未为单弱。除饬令开化镇、府遵照办理外，所有臣酌量撤减防堵交匪兵练缘由，理合奏明，伏祈皇上睿鉴。谨奏。

朱批：知道了。

（《张允随奏稿·卷十》）

835 云贵总督张允随《奏报拟于十月初旬自滇起程进京陛见折》

乾隆十四年七月初四日

云贵总督臣张允随谨奏：为奏明事。

窃臣于乾隆十三年十二月恭请陛见一折，钦奉朱批谕旨，若地方无事，准臣年内到京。当即缮折恭谢天恩，并声明秋末冬初，一面束装，一面题报在案。兹查滇、黔两省，仰赖圣主福庇，民夷乐业，边境敉宁，不日万宝告成，时和岁稔，地方可无他虑。臣现将应办之件逐一清理，于十月初旬自滇起程，以副年内到京之期。所有总督印务，向系同城巡抚署理。臣此次入觐，应将印务交云南抚臣图尔炳阿照例署理。除交印起程日期临时具疏题报外，合先声明，伏祈皇上睿鉴。臣谨奏。

朱批：览。

（《张允随奏稿·卷十》）

836　云贵总督张允随《遵旨奏覆筹议中甸喇嘛情形折》
乾隆十四年七月二十二日

云贵总督臣张允随谨奏：为钦奉上谕事。

乾隆十四年七月初八日，兵部火票递到办理军机处封寄，内开："大学士伯张廷玉、大学士公傅恒、大学士来保字寄云贵总督张，乾隆十四年六月二十五日，奉上谕：'据驻藏侍郎拉布敦奏称，达赖喇嘛朱米那木札尔因中甸地方向系红教，康熙年间，达赖喇嘛曾拣选喇嘛前往居住。今仰体振兴黄教之意，请于西藏色拉噶尔旦布英庙内拣选喇嘛前往等语，已交理藩院定议，令该督张查看彼中情形覆奏。朕观朱米那木扎尔为人，不似乃父起由凡庶，受恩知感，其外貌虽属恭谨，究未必能安静奉法。即如此事，不过借振兴黄教之名，欲多辖人众，希图收税射利，恐由此滋生事端，不可不为预防。传谕张，于议覆时，以中甸地方行教已久，番众相安，毋庸另遣喇嘛前往，一面将此情节奏明，一面移会驻藏大臣遵照。如此办理，既与振兴黄教本旨无碍，又可断绝葛藤，庶为得体。已另谕尚书舒赫德，如尚在滇省，即与该督会商办理，如已往黔，该督自行遵旨奏覆可也。原折一并抄寄。钦此。'"遵旨寄信前来。臣舒赫德于本月初十日在宾川州亦接奉谕旨，于十八日回抵云南省城，与臣张公同商酌。

查得中甸一隅，明时属丽江土府，后为西海蒙古所据，曾布施于达赖、班禅两喇嘛为香火之地。至雍正二年，西海逆贼罗卜藏丹津悖叛，经大兵征剿荡平，中甸仍归滇辖。当时总理事务王大臣等议覆善后事宜，内称："巴以西中甸等处，皆西海蒙古所有，今因西海悖叛而取之，并非取达赖喇嘛香火田地，未可因此借口。至各寺喇嘛，应为制，寺屋不得过二百间，喇嘛多者只许三百人，少者不过数十人。"等语。行知到滇，经前云贵督臣高查明，中甸红、黄二教喇嘛共一千余名，内出身西藏者不过二十余人，其余悉系附近番夷披剃。每年中甸额征青稞、麦、荞不敷赏给，又将差拨银两买备供支，糜费甚多，应选诚实者三百名，咨部颁给度牒，此外，除无处还俗者姑听焚修，余悉令其还俗，其寺屋过二百间者拆毁，器械收缴入官等因。雍正二年十一月具题，奉世宗宪皇帝谕旨，钦遵在案。至乾隆五年七月，钦奉上谕："闻云南中甸喇嘛每年所领青稞不敷食用，着加赏青稞三百石，即于岁征中甸额数内支给。其喇嘛等应与度牒，以便查考。应定为若干名之处，着总督庆复等酌议具奏。钦此。"嗣因庆复调任两广，经臣张查明："中甸黄教喇嘛现有一千二百二十六名，内已受戒者五百名，红教喇嘛一百三十名，内已受戒者三十二名。当将受戒喇嘛五百三十二名，奏请给以度牒，作为定额。其未受戒者七百九十七名，内少壮衰老不一，不便勒令还俗，仍着看守寺庙，渐次开除。"等因。经理藩院会同礼部覆准，奉旨："依议。钦此。"钦遵，转行遵照在案。

伏读乾隆五年上谕，虽加给口粮，用昭恩赉，而给牒定额，实严示限制。臣张仰体圣主安边怀远至意，时切防维。上年六月间，有中甸夷民玉见延请红喇嘛三滇等诵经，被黄喇嘛渡回、康千等将三滇寺屋拆毁，抢去耕牛、什物，当即饬令该地文武严拿究冶。当据大喇嘛伦都边左出具永不敢滋事甘结，并将毁抢房屋、牛只、物件追银给主。又据合甸番民公吁乞恩，始准从宽结案。仍出示严加禁约，近始稍知敛戢。若复由藏拣选喇嘛前来执掌寺庙，在该寺原有执事之喇嘛，因有如理藩院所议，未必心服，而其余不安本分之辈倚借疑贰，必致更生事端。兹蒙我皇上睿谟广运，无远弗周，凡伊等借名射利，欲图多辖人众之肺腑，业已洞照无遗，并深悉朱米那木札尔为人不及伊父之受恩知感，恐由此滋事，特将办理机宜训谕臣等，俾得知所遵循，不致舛错歧误。仰见圣主明并日月，虽遐方万里，无一不在包涵运量之内，而昭示国体，义正词严，使窥伺不生，奸萌永绝，尤足为千古驭夷之准则也。

所有前后情节，臣等恭折奏覆，伏祈睿鉴。

再查理藩院来文及抄录驻藏侍郎拉布敦原折，俱系清文。臣等会商，亦应用清字，俱另行缮写，恭呈御览。其移会驻藏大臣咨文，已遵旨一面咨行。再臣舒赫德查得原奉谕旨，如臣若在滇，可会同臣张商办。而理藩院议覆折内，称交与总督张查明议覆。此案系该省总督应行承办之事，是以臣只同臣张商办，于查议之折及行藏咨文内俱未列衔。合并陈明。谨奏。

朱批：览奏俱悉。

此件会折送交钦差户部尚书舒大人装入报匣，在云南省贡院内，于七月二十二日公同拜发。至八月二十二日，舒大人行至曲靖府，接到回折，录送朱批前来。于八月二十四日，接奉抄送朱批，其原折，舒大人收存恭缴，将自奏此案清字折一扣，行驻藏大臣清字文一件，俱奉清字朱批移送前来，附便恭缴，于本年十月初九日缴讫。

（《张允随奏稿·卷十》）

837　云贵总督张允随《奏报金江工程糜费帑项，咎实难辞，蒙恩姑免议处谢恩折》

乾隆十四年八月十二日

云贵总督臣张允随谨奏：为臣咎难宽，天恩罔极，恭折奏谢，俯沥愚忱事。

窃臣接准钦差户部尚书舒赫德、湖广总督新柱咨抄，乾隆十四年六月二十四日，内阁奉上谕："据舒赫德、新柱查奏金沙江工程，自新开滩以上至黄草坪，尚属有益，其余上游四十余滩，实系难行。张附会粉饰，请交部严加察议。其用过工费银八万余两，应令原办之人赔补，张赔缴六分，承办各员分赔四分。再据该抚图尔炳阿奏称：'该省承办各员，以工程浩繁，势必核减，于上游各员扣留银二千七八百两，下游各员留贮银一万六千余两，以备报部核减缴完之用。应将扣贮之司道等员及批准之大员交该抚查明，交部察议。'等语。金沙江工程原因铜运艰难，期于一劳永逸，先经原大学士鄂尔泰倡议，而张附和陈请开凿。今上游四十余滩既不能化险为平，且蜈蚣岭十五滩已议停止，而张又复奏请开浚，以致妄费多金。张之固执回护，自应严行议处，所有帑项着落赔补。但下游各滩尚足以资铜运，计历年节省脚费五万二千余两，虽系下游节省较多，但总系张承办者，亦非全无裨益，尚有可原，着从宽姑免议处。其上游糜费八万余金，更加恩准，将下游节省银两抵补，其不足者，照所议，着张及承办各员四六分赔。至于工程报销，自应据实具报。乃预备核减，扣贮抵补，似此舞弊玩公，不可不加严惩，谅该督等亦无辞可辩也。此项扣留银两，着追入官。其详请之司道等及批准之上司，着查明交部严察议处。图尔炳阿身为巡抚，一任伊等朦胧作弊，及朕问彼，始行奏出，亦属不合，一并严察议奏。折并发。钦此。"臣跪读恩纶，局天蹐地，抚躬刻责，涕泗交颐。

伏念金沙一江工巨费繁，臣不量才力，肩任接办，更将停开之十五滩冒昧奏请开修，以致糜费帑项，咎实难辞。乃蒙圣主俯念足资铜运，节省较多，尚非全无裨益，姑免议处。而上游应赔工帑，复又格外加恩，准将节省银两抵补，不足之数，着臣与承办各员四六分赔。仰见我皇上至圣至明，无远弗照，原情宥过，执两用中，非惟深垂体恤，臣之合家长幼，莫不感激涕零。似此高厚生成，实同再造，臣虽肝脑涂地，无以仰酬万一。此生此世，苟一息尚存，惟有事事矢公矢慎，实力实心，冀收薄效于桑榆，稍赎从前之愆咎耳。

所有臣感激愚忱，谨缮折具奏，恭谢天恩，伏祈睿鉴。谨奏。

朱批：果如所言，自可长承恩眷。若少存顾忌之念，致政务废弛，贻误封疆，则系自取罪戾。一切勉为之。

（《张允随奏稿·卷十》）

838　云贵总督张允随《奏报滇黔两省地方情形折》

乾隆十四年八月十二日

云贵总督臣张允随谨奏：为钦奉朱批，恭折奏覆事。

窃臣于本年五月二十一日，奏报滇、黔二省雨泽沾足、秧苗栽插一折，兹于七月二十七日，奉到朱批："欣慰览之。有因得雨迟而不及栽种者，若果成灾，不可讳饰也。钦此。"仰见我皇上念切民依，训饬臣工，无使一夫不获之至意。

伏查滇省晴雨情形，自臣五月二十一日具奏之后，嗣即大雨时行，迨交六月，雨泽尤溥，各属报到俱极沾足，并有过多之处。惟迤西之永北、鹤庆二府得雨稍迟，高田栽插未齐。又黔省古州、都江、下江、桐梓等处山水骤发，田庐被淹，俱经臣于六月二十六日缮折奏报。旋据永北、鹤庆二府报到得雨日期、栽插分数，即于七月初四日恭折奏闻。嗣是滇省天气雨多晴少，凡高阜之区及平原阪田，禾稻杂粮丰稔倍常，而低下田畴，不无积水盈溢。臣于七月十一、十二三等日，与抚臣图尔炳阿举行荣祭典礼，并率同在省文武分诣各坛庙竭诚祈祷，旋获开霁，然间一二日，仍复阴雨。自七月二十二日以后至今，将及二旬，秋阳皎洁，阴翳全消，各属秋禾颗粒更加坚好。据元江府册报："头发稻谷，高田收成八分，低田收成七分，二发稻谷亦将出穗。"又景东、广南等府，六月下旬，禾稻、杂粮已经陆续登场。其余各属，早稻业经垂头，晚稻亦渐次成熟，西成可期丰稔。惟据安宁州报："于六月二十四、七月初八等日，连次大雨，螳螂川水泛涨，溢入城，冲塌灶房、枧槽、淹过井台及漂失柴桐、船只。"又大关同知报："六月二十六日夜，盐井渡地方大雨起蛟，山水陡发，冲没濒河民居二十一户，共草房五十八间；又招募运铜船户被水漂没空船三十七只，幸旋即消退，人口、田禾俱未伤损。"又太和县报："六月二十八日晚大雨，苍山水发，冲塌城壕土堰，涌入城门，刷损城圈墙脚，现在即时修理，其田禾并无伤损。"又弥勒州报："七月十九、二十一二等日，河水泛涨，淹损沿河两岸下则田三百八十三顷，业经按亩借给常平仓谷，以资接济。"等情。臣即飞饬布政司，查明被水人户，分别赈恤；漂失船只，速行寻获修艌，以济铜运。并饬盐道将被淹灶房、井台、枧槽修整，偿煎补额详报，俱经分檄饬遵在案。

至贵州一省，本年夏秋雨水亦多，低下田亩间有被淹之处，据报俱未成灾，秋成有望，汉土民夷咸皆安恬和乐，共庆康年。理合缮折恭奏，上慰圣怀。

奉到朱批原折八扣，一并恭缴。谨奏。

朱批： 览奏欣慰。

（《张允随奏稿·卷十》）

839 云贵总督张允随《奏报滇、黔两省秋成丰稔情形折》

乾隆十四年十月初九日

云贵总督臣张允随谨奏：为恭报滇、黔两省秋成丰稔情形事。

窃照滇、黔地当边徼，田少山多，百谷丰盈，全资雨泽。本年夏秋之际，霖雨滂沱，低下之区虽间有被淹，而高阜山田及平原广隰，禾稻、杂粮发荣长茂，秀硕倍常。臣于乾隆十四年八月十二日恭折奏报之后，嗣自秋分以至立冬，五十余日之内，阴雨不过数日，余皆秋阳皎洁，晴爽暄和，并无疾风骤寒之患，是以稻谷已成熟者愈加坚好，未成熟者亦黄茂盈畴。据云南布政使宫尔劝禀称："各属册报秋收分数虽未齐全，已到者计算，约在八分以上。"又据贵州各府、厅、州、县禀报："本年雨泽及时，高低田亩禾稻均获有秋。"并接抚臣爱必达来札，云："黔省秋成，原隰并登，五谷皆熟，市集米价每石不及七钱，诚为大有之年。"等语。其通省收成，总册尚未据藩司详报。

再查前此雨潦普降之时，云南之安宁盐井被水冲淹；大关蛟水陡发，漂失草房、船只；弥勒、太和二州县冲淹城圈、田亩，俱经臣恭折奏闻。兹据云南布政使宫尔劝、署驿盐道郭振仪查覆："安宁井台业经修整，汲卤趱煎；大关民房、船只亦经修葺、抢获；太和城圈，久据该县砌筑完固。惟弥勒州被淹低田三顷八十亩零，虽水势旋即消退，伤损无多，内有不能收获者，酌动常平仓谷出借接济，亦皆得所。"现在两省军民苗猓无不欢愉和乐，共庆康年，边境乂安，疆隅宁谧，此皆我皇上圣德广运，上迓天庥之所致也。臣受任封圻，睹此盈宁有象，不胜感激庆幸之至。理合缮折恭奏，仰慰圣怀。

奉到朱批原折十七扣，一并恭缴。谨奏。

无朱批。

（《张允随奏稿·卷十》）